Jannik Brauckmann
Die Wirklichkeit transsexueller Männer

W0049160

Folgende Titel sind bisher im Psychosozial-Verlag
in der Reihe »BEITRÄGE ZUR SEXUALFORSCHUNG« erschienen:

Gunter Schmidt: Jugendsexualität. Sozialer Wandel, Gruppenunterschiede,
Konfliktfelder
BEITRÄGE ZUR SEXUALFORSCHUNG 69

Sonja Düring und Margret Hauch (Hg.): Heterosexuelle Verhältnisse
BEITRÄGE ZUR SEXUALFORSCHUNG 71

Ulrich Gooß: Sexualwissenschaftliche Konzepte
der Bisexualität von Männern
BEITRÄGE ZUR SEXUALFORSCHUNG 72

Bettina Hoeltje: Kinderszenen.
Geschlechterdifferenz und sexuelle Entwicklung im Vorschulalter
BEITRÄGE ZUR SEXUALFORSCHUNG 73

Heinrich W. Ahlemeyer: Geldgesteuerte Intimkommunikation.
Zur Mikrosoziologie heterosexueller Prostitution.
BEITRÄGE ZUR SEXUALFORSCHUNG 74

Carmen Lange: Sexuelle Gewalt gegen Mädchen.
Ergebnisse einer Studie zur Jugendsexualität.
BEITRÄGE ZUR SEXUALFORSCHUNG 75

Gunter Schmidt und Bernhard Strauß (Hg.): Sexualität und Spätmoderne.
Über den kulturellen Wandel der Sexualität.
BEITRÄGE ZUR SEXUALFORSCHUNG 76

Gunter Schmidt (Hg.): Kinder der sexuellen Revolution.
Kontinuität und Wandel studentischer Sexualität 1966–1996.
Eine empirische Untersuchung.
BEITRÄGE ZUR SEXUALFORSCHUNG 77

Eberhard Schorsch und Nikolaus Becker: Angst, Lust, Zerstörung. Sadismus als
soziales und kriminelles Handeln.
Zur Psychodynamik sexueller Tötungen.
BEITRÄGE ZUR SEXUALFORSCHUNG 78

Hermann Berberich und Elmar Brähler (Hg.):
Sexualität und Partnerschaft in der zweiten Lebenshälfte.
BEITRÄGE ZUR SEXUALFORSCHUNG 79

Jannik Brauckmann: Die Wirklichkeit transsexueller Männer.
Mannwerden und heterosexuelle Partnerschaften
von Frau-zu-Mann-Transsexuellen.
BEITRÄGE ZUR SEXUALFORSCHUNG 80

BAND 80
REIHE »BEITRÄGE ZUR SEXUALFORSCHUNG«
ORGAN DER DEUTSCHEN GESELLSCHAFT FÜR SEXUALFORSCHUNG
HERAUSGEGEBEN VON MARTIN DANNECKER,
GUNTER SCHMIDT UND VOLKMAR SIGUSCH

Jannik Brauckmann

Die Wirklichkeit transsexueller Männer

Mannwerden und heterosexuelle
Partnerschaften
von Frau-zu-Mann-Transsexuellen

Psychosozial-Verlag

Die Deutsche Bibliothek - CIP-Einheitsaufnahme

Die Wirklichkeit transsexueller Männer : Mannwerden und
heterosexuelle Partnerschaften von Frau-zu-Mann-Transsexuellen /
Jannik Braukmann. - Gießen : Psychosozial-Verl., 2002
(Beiträge zur Sexualforschung)
ISBN 3-89806-135-3

Inhalt

Einleitung   9

Erster Teil   Transsexuelle Wirklichkeit   13

1. Rückschau und Lebenswirklichkeit   13
2. Bewältigung der Kindheit   15
   Immer schon Junge   15
   Das vergessene Mädchen   24
   Ein geradliniges Leben   26
3. Bewältigung der Pubertät   28
   Der andere Körper   28
   Erotische Wege   37
   Bagatellen   43

Zweiter Teil   Zwei Wirklichkeiten   51

1. Entdecken und Behandeln des Transsexuellen   51
2. Entdecken des Partners: Irritationen   61
3. Entdecken des transsexuellen Körpers   70

Dritter Teil   Verwirklichungsmöglichkeiten   77

1. Legalisierte Identität   77
2. Behandlungsangebote, Behandlungswünsche   82
3. Stützen der Behandlung   85

Vierter Teil   Wirklichkeitsangleichungen   99

1. Leben mit dem Transsexuellen   99
2. Verwirklichte Partnerschaft   111
   Beruhigende Normalität   111
   Heirat und Kinder   115
   Erwerbsarbeit und Hausarbeit   122
3. Erleichterte Verwirklichung: Der Blick auf das Gegenüber 127
   Die Partnerinnen: Selbstbewusst und feminin   127
   Die Partner: Einfühlsam und zugewandt   132
   Das verleugnete Transsexuelle   142
4. Verwirklichung mit anderen   151
   Eltern und Erziehungspersonen: Eröffnung
       des Weges   151
   Reaktionen der Kinder   164
   Die frühere Frau: Offenlegen oder nicht   170
   Reaktionen: Diskriminierungsstrategien   174
   Reaktionen: Vorschau und Rückschau,
       Authentizität und Offensivität   182
5. Die Wirklichkeit mit Frauen und mit Männern   186
   Kontakte zu Frauen: Weibliche Lebenswelt   187
   Kontakte zu Männern und Männergruppen:
       Stereotypie und Abwertungen   195
   Unsicherheiten, Offenheit und Akzeptanz   210
   Der veränderte Umgang   220

Fünfter Teil   Die Wirklichkeit als Mann   229

1. Mannsein - Frausein: Bewusstsein, Identität und Rolle   229
2. Männlichkeit, Weiblichkeit und Partnerschaft   264
3. Verwirklichung des Unabänderlichen   285
4. Zuordnungen und Abgrenzungen: Transsexuelle Männer
       und burschikose Lesben   297
5. Heterosexuelle Identität   309
6. Hetero-sexuelle Körperbezüge   317

Sechster Teil Körper und Fiktionen:
             Entweiblichung und Vermännlichung   347

1. Hormone: Der vermännlichte Körper   350
2. Die entweiblichte Brust   360
    Fiktive Entweiblichung   363
    Operative Entweiblichung   383
    Fiktive Stützung   392
3. Das vermännlichte Genital   397
    Fiktiver Penisaufbau: Die Klitoris als Penis   401
    Ein Ersatzteil und seine Bedeutung   418
    Der unverzichtbare Penis   433
    Operativer Penisaufbau: Wirklichkeit und Fiktion   447
4. Die sexuelle Wirklichkeit   477

Schlussbemerkung   505

Anhang   509

1. Zur Methode   509
    Die Interviews und ihre TeilnehmerInnen   509
    Kennzeichnung der TeilnehmerInnen   511
    Durchführung, Bearbeitung und Wiedergabe
        der Interviews   512
2. Begriffe und Zuordnungen   514
3. Die Fragebögen   518
    Fragebogen für die Partnerinnen   518
    Fragebogen für die transsexuellen Männer   529
4. Rechtliche und medizinische Vorgaben   538
    Das Transsexuellengesetz   538
    Standards der Behandlung und der
        Begutachtung von Transsexuellen   545
5. Literaturverzeichnis   556

Einleitung

Was kann über das Phänomen Transsexualismus noch geschrieben werden, sind Transsexuelle doch inzwischen nicht mehr nur in wissenschaftlichen Diskursen, sondern auch in Talkshows, Dokumentationen, Autobiografien etc. immer präsenter? Längst ist dieses Thema - wenn auch nicht unbedingt der gewöhnliche Transsexuelle - aus seiner noch vor kurzem so verfemten Nische herausgetreten. In der Sexual- und Geschlechterforschung finden hitzige Debatten über die Position Transsexueller im Geschlechterdualismus statt und manch ein Transsexueller zieht von Talkshow zu Talkshow. Offenbar wird hier ein Nerv der Zeit getroffen, ein Nerv, der mit der Lust am Leben anderer und mit der Faszination an der scheinbaren Einfachheit, mit der sich alles Gewohnte umkehrt und am Ende wieder im Gewohnten aufgeht, nur grob skizziert ist.

Und Letzteres kennzeichnet schon das ungeschriebene Gesetz, dem auch Transsexuelle unterliegen: Nach einer auffälligen Phase des Wechsels sollen sie möglichst wieder in die Unauffälligkeit des Normalen eintauchen. Zur Bändigung zu großer Irritationen soll aus einem vormaligen Mann eine richtige Frau und aus einer früheren Frau ein richtiger Mann werden, sollen sie also das leben, was ihr neues Geschlecht gemeinhin beinhaltet.

Mit etwas Glück - und für die meisten Betroffenen ist es ein Glück - gelingt dies denn auch. Und wie dies gelingt und vonstatten geht, ist Inhalt der vorliegenden Studie, in der einmal genauer auf das geschaut wird, was einen Frau-zu-Mann-Transsexuellen eigentlich definiert: auf sein soziales Mannwerden und Mannsein. Es wird versucht nachzuvollziehen, wie genau der Transsexuelle sein biologisches Frausein in soziales und körperliches Mannsein umformt, wie aus einer Frau ein Mann wird, dem man am Ende sein früheres Leben weder ansieht noch anmerkt.

Es erstaunt, dass hierauf bisher so selten der Blick fiel, liegt es doch so nahe, die verschiedensten Facetten von Mannsein gerade am Beispiel transsexueller Männer zu thematisieren. Sie nämlich repräsentieren am anschaulichsten die Bandbreite zwischen der so gern verborgenen Zerbrechlichkeit des Mannseins und der unumstößlichen inneren Sicherheit, tatsächlich ein Mann zu sein, eine Bandbreite, die auch die alltägliche Konstruktion von Mannsein und Männlichkeit geborener Männer umspannt.

Diese Lücke soll hier geschlossen werden. Transsexuelle Männer geben Auskunft über ihr früheres und gegenwärtiges Leben, beantworten Fragen wie: Was macht sie so sicher, ein Mann zu sein; ab wann genau sind sie ein Mann; welche Art von Mann wollen sie sein; wie verhalten sich ihr Gefühl, Mann zu sein und ihr Körper zueinander; bewahren sie sich klassisch weibliche Seiten und, wenn ja, wie stellen sie sich dazu; wie leben sie ihr Mannsein, etwa mit Frauen, mit Männern; wie reagieren diese auf sie usw. usf.. Am Ende steht ein komplexes Bild vom Transsexuellen als Mann, mit einem in vielerlei Hinsicht neuen Verständnis von dem, wie genau er sein Mannsein verwirklichen will und schließlich verwirklicht.

Und eine weitere Lücke im Wissen um transsexuelle Männer galt es zu schließen: Diese leben seltener alleine, als manch eine(r) es vielleicht vermuten mag. Vielmehr führen sie oft befriedigende Partnerschaften, überwiegend mit Frauen, und diese Partnerschaften sind von nicht zu unterschätzender Bedeutung für die Art der Darstellung und Umsetzung ihres Mannseins. Für viele transsexuelle Männer ist eine solche Beziehung wesentliche Stütze bei der Verwirklichung ihrer gefühlten geschlechtlichen Identität, von der alltäglichen Lebensbewältigung bis hinein in die intimste Körperlichkeit.

So ist es wichtig und nützlich, auch den Erfahrungen der Partnerinnen einmal aufmerksam zuzuhören, etwa wenn sie Stellung nehmen zu Fragen wie: Was ist das Spezifische einer solchen Beziehung; wie stellen sie sich zum Mannsein, zum früheren Frausein des Transsexuellen, zu seinen weiblichen Seiten, zu seinem Körper; wie ordnen sie sich selbst in der Skala der Geschlechter ein; wie bilden die Partner gemeinsam die verschiedenen als weiblich verstandenen Zeichen seines Körpers zu männlichen um usw. usf., bis sich auch hier ein vielschichtiges Bild der Partnerin und der Interaktionen des Paares gerade auch in Hinblick auf die Verwirklichung seines Mannseins herausbildet.

Das Besondere und besonders Ergiebige an der Beschäftigung gerade mit den Partnerschaften Transsexueller ist auch, dass nur hier deren Körper bis ins Detail ins Blickfeld rückt. Und da der Umgang mit dem Körper Mannwerden und Mannsein des Transsexuellen in ganz spezifischer Weise leitet und prägt, können am Beispiel der körperlichen Vermännlichung wichtige Verwirklichungsstrategien seines Mannseins veranschaulicht werden. Und da es um Partnerschaften mit heterosexueller Ausrichtung geht, ist darüber hinaus die Bewegung zum Zentrum sozialer Akzeptanz, also zu den Erwartungen, die herkömmlich an einen Mann gerichtet werden, und nicht ein Verbleib an seinen Rändern zu beobachten - was wieder ein anderes Thema wäre. Die Konzentration auf heterosexuelle Partnerschaften bot sich im Übrigen schon deswegen an, weil mindestens 90 % der transsexuellen Männer - exaktes Zahlenmaterial liegt hierzu nicht vor - diese Lebensweise, also Partnerschaften mit Frauen, bevorzugen. In einer verbindlichen Partnerschaft lebende schwule transsexuelle Männer sind so selten, dass sie kaum aufzufinden waren und sich deshalb eine Studie mit den hier relevanten Fragestellungen kaum gelohnt hätte. Als Ergänzung zu den Erkenntnissen über heterosexuelle transsexuelle Männer wäre sie aber durchaus interessant.

So führte ich Tiefeninterviews mit elf in einer verbindlichen und stabilen Partnerschaft lebenden transsexuellen Männern und ihren jeweiligen Partnerinnen, wodurch insgesamt 22 jeweils mehrstündige Gespräche zustande kamen. (Wie die TeilnehmerInnen für diese Studie gewonnen wurden, einige ihrer Sozialdaten und Erläuterungen zur Durchführung, Auswertung, Verschlüsselung und Zitierweise der Interviews sowie zu Begriffsdefinitionen finden sich im Anhang.) Mit einer stabilen Partnerschaft ist hier eine Partnerschaft von mindestens einem halben Jahr Dauer und mit einer von den Betroffenen selbst als verbindlich verstandenen Perspektive gemeint. Tiefeninterviews sind - nicht nur - nach meiner Erfahrung die am stärksten am Subjekt orientierte und damit die vielschichtigste Möglichkeit, Lebensweisen und die dahinter stehenden Gedanken und Gefühle von Menschen differenziert erfassen und verstehen zu können. Im Mittelpunkt des Interesses sollen hier nämlich der Einzelne, die Einzelne, das Paar in seinem Zusammenwirken stehen, also die von mir Befragten mit ihren Wünschen, Ängsten, Hoffnungen, mit ihrem Leiden, ihren Enttäuschungen und ihren Erfolgen, mit ihren Einschätzungen und inneren Widersprüchen.

Und genau an diesen konkreten Erfahrungen der Betroffenen werden die aktuellen Erkenntnisse und Diskussionen zum Thema Transsexualismus gemessen. Nicht selten nämlich verlieren sich diese in abstrakten Debatten, die am täglichen Leben der Betroffenen vorbei zielen und von diesen - so sie denn überhaupt verstehbar sind - nichts als Kopfschütteln ernten. Und allein aus den konkreten Schilderungen der Befragten entwickeln sich auch die hier gewonnenen Erkenntnisse. Sie allein sind die Grundlage für alle in dieser Studie dargestellten Einsichten und Argumente.

Dies wiederum hat zum einen zur Folge, dass ich kaum andere Autoren zu Wort kommen lasse. Statt dessen sind die für die Entwicklung mancher Fragestellungen wesentlichen Bücher und Artikel im Literaturverzeichnis durch Kursivdruck hervorgehoben. Zum anderen sollte die Studie aus diesem Grund vom Anfang zum Ende hin gelesen werden: Sowohl lebensgeschichtlich als auch erkenntnistheoretisch entwickelt sich nämlich das Spätere aus dem zuvor Dargelegten, es handelt sich also um eine

Argumentationskette und nicht um eine bloße Datensammlung. Von daher verschließt ein Blättern und Suchen nach spezifischen Themen den Gedankengang eher, als dass es ihn eröffnet. Und damit dieser Gedankengang auch von allen und nicht nur von so genannten Fachleuten und den Theoretikern des Transsexualismus nachvollzogen werden kann, bin ich um eine verständliche Sprache bemüht. Auch wenn dies nicht in jedem Abschnitt gelungen sein mag, hoffe ich, dass vorangehende oder folgende Erläuterungen dann doch verdeutlichen, was gemeint ist.

Voraussetzung für all das, was diese Studie beinhaltet, war das Vertrauen, das mir die Befragten entgegen brachten. Ohne ihre bis in intimste Details reichenden Schilderungen hätten wesentliche Fragen nicht erhellt werden können. Hierfür bin ich ihnen sehr dankbar. Sie - und insbesondere die Frauen - haben sich mir so weit geöffnet, wie ich es anfangs nicht zu hoffen gewagt hätte. Vertrauen vermittelte den Befragten dabei in erster Linie meine eigene Betroffenheit als transsexueller Mann. Sie setzten voraus, dass ich sensibel mit ihren Daten umgehen würde und äußerten die Hoffnung, mit diesen Gesprächen zu Erkenntnissen über transsexuelle Männer und ihre Partnerinnen beizutragen, die am tatsächlichen Erleben und Alltag orientiert sind. Gerade die Partnerinnen nämlich beklagten die Ignoranz gegenüber ihrer Existenz und Bedeutung für das Leben transsexueller Männer in den bisherigen Veröffentlichungen zum Thema Transsexualismus und freuten sich darauf, nun endlich einmal etwas über Frauen in einer ähnlichen Situation erfahren zu können.

Den TeilnehmerInnen dieser Studie gilt mein Dankeschön jedoch nicht nur wegen des besonderen Vertrauens, das sie mir schenkten, sondern auch für die nicht unbeträchtlichen Mühen, die sie für die langen Gespräche auf sich nahmen, dafür, dass sie mir für diesen Zeitraum an zwei aufeinander folgenden Tagen ihre Wohnung zur Verfügung stellten, mich nicht selten über längere Strecken zum Bahnhof oder Hotel kutschierten und mich darüber hinaus noch freundlich bewirteten. Ich bedanke mich für ihre Offenheit, ihr Interesse, ihre Neugierde und ihre Geduld angesichts des langen Fragebogens und mancher technischer Probleme.

Dankbar bin auch Dr. med. M. Szukaj für seine uneigennützige Hilfe und ganz herzlich danken möchte ich nicht zuletzt meiner Ehefrau, die mir in jeder Hinsicht erst ermöglicht hat, meinen Weg zu gehen und diese Studie auch tatsächlich zu verwirklichen.

Transsexuelle Wirklichkeit

1. Rückschau und Lebenswirklichkeit

Die meisten transsexuellen Männer erleben schon in ihrer Kindheit bzw. insbesondere in ihrer Jugend ein - meist diffuses - Gefühl von Andersartigkeit, das im Vergleich zu ihren AltersgenossInnen über die üblichen Verunsicherungen in dieser prekären Phase der Ich-Findung hinausgeht. Dieses Gefühl tritt bei den Betroffenen in sehr unterschiedlicher Ausprägung zu ganz verschiedenen Zeitpunkten aus unterschiedlichen Anlässen auf und setzt vielfältige und komplexe Bewältigungsversuche in Gang. Jeder Transsexuelle hat diesbezüglich seine ganz eigene mehr oder weniger leidvolle Geschichte. Der Weg, den jeder Einzelne gegangen ist und geht, ist auf dem Hintergrund seiner Biografie von jeweils unabweisbarer Notwendigkeit. Ein anderer Weg war nicht möglich. Im Heute angekommen, verweist er auf ein beachtliches Maß an Energie, Durchsetzungsvermögen, Individualität und Nonkonformismus.

Die Bewältigung dieser Irritationen in Kindheit und Jugend ist für den Transsexuellen selbst und im sozialen Austausch, so auch im Gespräch mit mir, nur in der Rückschau erfahrbar und darstellbar. Eine Überprüfung ist nicht möglich: Es handelt sich nicht nur um ganz individuelle Erlebnisse in der Vergangenheit, sondern auch um einen ganz subjektiven Blick zurück auf diese Zeit. Man könnte sagen, dass die mitgeteilten Erfahrungen dadurch an Aussagekraft und Wert einbüßen. Flapsig gesagt: Die Teilnehmer können mir ja erzählen, was sie wollen, ich kann ihre Darstellung ohnehin nicht kontrollieren, ob nun auf ihre Vergangenheit oder auf ihre Gegenwart bezogen. Abgesehen davon, dass ich keinen Grund sehe, warum sie mich bewusst täuschen sollten, steht für mich bei der Bewertung ihrer Berichte jedoch ein viel wichtigerer Aspekt im Vordergrund: Was und wie mir die Befragten etwas schilderten, nehme ich gerade als Hinweis darauf, was für sie wichtig ist in Bezug auf ihren Weg bei der Bewältigung ihrer spezifischen Lebenssituation. Durch das, was sie hervorhoben oder vernachlässigten, durch die Art und Weise, wie sie selbstbestimmte Erlebnisse und Erfahrungen bewerteten, offenbart sich für mich, wie sie ihr Mannsein verwirklichen, verwirklicht haben und verwirklichen wollen. Und genau das ist Thema dieser Studie, genau hierauf konzentriert sich meine Auswahl aus der großen Vielfalt ihrer Lebensberichte.

Für die Zeit der Kindheit und Pubertät bedeutet dies: Diese Lebensabschnitte sind Phasen immens komplexer Entwicklungsschritte, die weder im Gespräch mit den Betroffenen noch mit den hier herausgegriffenen Schilderungen auch nur annähernd erfasst werden konnten. Es sind Jahre neuer, meist irritierender Erfahrungen, Jahre des Ausprobierens, der Auflehnung und Anpassung, und gerade für Transsexuelle Jahre des kurzen Glücks und des langen Leidens, Zeiten voller Einsamkeit und neuen Aufbruchs. Es bleibt Vieles, was hier fehlen wird. Vor allem das Leiden und die täglichen Kämpfe und Enttäuschungen sind nicht darstellbar.

Für eine erste Annäherung an die Bewältigungs- und Verwirklichungsstrategien des gefühlten Mannseins der befragten transsexuellen Männer beschränke ich mich in diesem Teil der Studie auf folgende Erfahrungs- und Lebensbereiche:

- auf ihr frühes Gefühl, ein Junge zu sein
- auf ihre Konfrontation mit dem eigenen Körper und auf ihre Reaktionen auf dieses Erlebnis in der Pubertät
- auf erste erotisch - sexuelle Kontakte in der Jugend
- auf den rückschauenden Umgang mit Beziehungen zu Frauen und erotischen Kontakten zu Männern während der Pubertät und in späteren Lebensphasen.

Wichtig ist, sich vorab vor Augen zu führen, was für die gesamte Studie gelten soll: Begriffe wie Konstrukte, Strategien u.ä. meinen nicht, dass die Männer und ihre Partnerinnen mir oder sich selbst etwas vormachen, sich und mich womöglich belügen oder beschummeln. Dies würde bedeuten, es gäbe noch eine Wahrheit hinter der von ihnen geschilderten, subjektiv erlebten Wirklichkeit. Jede Lebensgeschichte und ihre individuelle Aneignung aber beinhaltet bereits ihre ganze Wirklichkeit. Sie ist die volle Wahrheit.

Bezogen auf die Biografie eines jeden Einzelnen gibt es also nichts, das von so genannter objektiver Warte aus, also quasi aus einer objektiven Wirklichkeit heraus, die subjektive Wahrheit mit all ihren Erfahrungen ins Unrecht setzen könnte. Es gibt keinen Betrachter, der die individuelle Wirklichkeit als wirklicher setzen könnte als der / die Betroffene selbst. Eine vermeintlich objektive Sichtweise und Wirklichkeit wäre ebenso wahr oder unwahr und ebenso viel oder wenig konstruiert, also hergestellt, wie die subjektive Wirklichkeit jedes / jeder Einzelnen und die intersubjektive z. B. eines Paares. Von daher gibt es auch kein Sich-Etwas-Vormachen im Sinne von falscher Wirklichkeit, weil seine Wirklichkeit für das Subjekt immer die einzig wahre Wirklichkeit ist, auch wenn und gerade weil sie immer eine gemachte ist. Jede Wirklichkeit ist ihre Konstruktion. Die Tatsache, *dass* dies so ist, ist banal und belanglos, weil alltäglich. Jeder Mensch konstruiert sich seine Biografie. Es gibt gar keine andere Möglichkeit, mit seiner Vergangenheit umzugehen. Interessant ist immer und auch hier, *wie*, das heißt mit welchen Inhalten und mit welcher Intention diese Konstruktions- und Re-Konstruktionsprozesse erfolgen. Bei den hier befragten transsexuellen Männern eröffnen sich gerade hierdurch nämlich Einblicke in die Verwirklichung ihres Mannseins.

Der Beginn dieser Verwirklichungsstrategien liegt in der Kindheit und Jugend der Männer bzw. in ihrer Rückschau hierauf.

2. Bewältigung der Kindheit

Immer schon Junge

Alle an den Interviews teilnehmenden transsexuellen Männer sagten, sie seien schon immer - also solange sie zurückdenken können - ein Mann bzw. im Rückblick auf die Kindheit, schon immer ein Junge gewesen bzw. hätten sich so gefühlt. Hier einige ihrer Schilderungen:

Benno: *Ab wann hattest du das Gefühl, wirklich als Mann zu leben, gab's da nen Einschnitt?*
Ich hab eigentlich schon immer als Mann gelebt, ob ich nun zu Hause gewohnt hab oder hier.
Schon immer?
Seit ich denken kann, seit Kindheit an.

Dirk: *Hast du denen gesagt, dass du dich als Junge fühlst?*
Nee, hab ich ja nicht, ich hab's gar nicht, ich hab's nicht verbalisiert, für mich war's klar, darüber braucht ich eigentlich gar nicht zu reden. (...)
Du hast so gelebt, ohne es einzuordnen?
Ja, genau! (...) Das war für mich klar, ich hab als Mann gelebt! und musste das gar nicht irgendwie in Worte fassen.

Felix: *Es gab nicht einen Punkt, wo du sagtest, da war ich ne Frau, jetzt bin ich ein Mann?*
Ja, geistig war ich immer ein Mann, aber körperlich sind das richtig so kleine Schritte.

Hans: *Also du hast in der Zeit nichts von Transsexualität gewusst, aber deine Gefühle*
         waren schon da, dass du keine Frau bist?
         Ja, die waren schon immer da! (...) Ich hab mich nie als Frau gefühlt!
         nie!
         Was heißt nie? Von klein auf?
         Von klein auf. (...)
         Was heißt es denn für dich, dich als Mann zu fühlen? (...)
         Ja, ich bin ein Mann (lacht), (...) ich fühl mich einfach so und das bin
         ich auch. (...) Ich hab mich schon immer als Mann gefühlt, deswegen
         hab ich nie drüber nachgedacht.

Kurt: *Hast du dich, soweit du dich zurückerinnern kannst, als Junge gefühlt?*
         Ja! Immer! Ich weiß nicht, wann ich mich mal als Frau gefühlt hätte
         Gibt es keine Phase in deinem Leben?
         Nein. (...)
         Was heißt es denn für dich, also was bedeutet es für dich, dich als Mann zu fühlen,
         also woran machst du das fest? (...)
         Ja, was soll ich dazu sagen. Für mich, ich war ja, wie gesagt, vom
         Denken her, immer, immer ein Junge. Ich bin eigentlich nie in diese,
         diese, diese andere Situation gekommen. (...) Es gab nie nen Zweifel, es
         gab einfach nie nen Zweifel.

Lars: *Aber, dass du für dich so wusstest: Ich bin ein Mann! Das muss man ja wissen,*
         sonst geht man ja diesen Weg nicht.
         Ich war ja schon Junge! (...) Ich war nicht Mädchen. Ich war nicht
         Mädchen.
         Kannst du gar nicht so empfinden?
         Nein!

Marc: *Hast dich wie ein Junge gefühlt, oder?*
         Ja
         Würdest du das sagen? Schon ganz früh?
         Ja. (...) Ich wusste auf jeden Fall von Anfang an schon immer,
         dass ich ein Junge sein wollte.

Jan und Gerd schränkten ihre frühen Gefühle als Junge ein. So antwortete
Jan auf meine Frage, *ob er sich damals schon als Junge gefühlt habe:*

Jan: Eigentlich irgendwie schon. Ich hab das irgendwie nie verstanden,
         warum ich, ich, ich nie ein Fahrrad haben durfte, (...) ein Jungenfahrrad
         haben, mit Stange, aber das durfte ich nicht! Also das, das, das war zu
         viel! (...)

Aber so von deinem Gefühl! her? Du hast ja nun mit diesem einen Jungen gespielt als Kind, hast du da gedacht, eigentlich bin ich genau wie der? Oder was waren da für Gefühle?

Eigentlich, also ich hab damals irgendwie schon, da war ich also höchstens fünf, wo ich mir schon wirklich Gedanken gemacht habe, erstens ist das irgendwie nicht richtig und zweitens ist das gemein, weil er

Was war gemein?

Ja, dass ich eigentlich genauso war wie er! Aber irgendwie dann auch nicht ganz genauso, außer bzw. eben auch, auch nicht alles genau machen! durfte wie er, sondern eben dann doch schon in gewissen Situationen anders sein musste, was ich eigentlich gar nicht wollte. Das hab ich eben nicht verstanden.

Später setzte Jan sein Mannsein dann aber doch in seine Kindheit, in ein „Immer", zurück:

Jan: *Kannst du denn sagen, ab wann du Mann warst? Gab es da irgendwie so einen Einschnitt?*
         Also generell für mich in Gedanken war ich es eigentlich immer. Und dann, glaube ich, so, als ich es wirklich auch zugelassen hab, als ich mir erlaubt habe, Mann zu sein, irgendwann im Laufe der Therapie.

Gerd merkte ebenfalls, dass irgendetwas mit ihm anders war, ordnete sich aber zunächst nicht in eine der angebotenen „Schubladen" ein:

Gerd: *Wie hast du dich damals gefühlt? Als Frau?*
         Auch nicht so richtig. Als ich!, irgendwann bin ich auf den Trichter gekommen, ich bin halt ich, wer mich in ne Schublade stecken will, ist doof.

Aber auch Gerd verwies später auf sein schon frühes Empfinden als Junge, nämlich indem er wie folgt differenzierte:

Gerd: *Und ab wann bist du ein Mann oder ab wann warst du ein Mann? Wovon hängt das ab?*
         Wenn ich an meine eigene Geschichte zurückdenke, war ich immer ein Mann, seit ich geboren bin. Nur durch den, ja durch den Fehler, dass ich nun mal nen weiblichen Körper habe und deshalb natürlich auch von außen hin so definiert bin, also durch mein Umfeld eben auch und

durch meinen Körper definiert bin, war das nie klar!, musste ich also immer in der Uneindeutigkeit oder Ambivalenz leben.

Die „Ambivalenz" hatte für Gerd - aber auch für Jan - nichts mit seinen Gefühlen zu sich selbst, sondern damit zu tun, wie das „Umfeld" seinen „Körper definierte". So versperrte ihm sein Körper in dieser Zeit den Weg zu seiner wirklichen geschlechtlichen Identität.

Bei allen Schilderungen der befragten transsexuellen Männern schien durch, wie wichtig es ihnen war, hervorzuheben, dass sie schon früh Jungen waren oder zumindest doch zurückzuweisen, irgendwann in ihrem Leben einmal ein Mädchen gewesen zu sein bzw. als solches gelebt zu haben. Als bevorzugte Beweise hierfür dienten ihnen die Art der Spiele und der Kleidung, die Zuordnung zu Jungen als Spielkameraden sowie als jungenhaft verstandene Verhaltensweisen: Alle befragten Männer hatten Fußball oder Handball gespielt und jeder von ihnen schilderte weitere Erfahrungen etwa der folgenden Art: Er hat sich mit Jungen geprügelt, sich schmutzig gemacht, sich Beulen, blaue Flecke oder sonstige Verletzungen geholt, war Cowboy, Ritter oder Agent, baute Baumhäuser, Hütten und Höhlen im Wald, trug an Karneval Jungenkostüme, konnte mit Mädchenspielzeug wie Puppen, Kinderwagen und Kaufmannsladen nichts anfangen, derartige Geschenke wurden enttäuscht zurückgewiesen. Bevorzugt wurden dagegen Autos, Eisen- und Carrerabahn, Gewehre und Pistolen. Sie fühlten sich genau so stark, schnell, sportlich, mutig, gewitzt, geschickt und phantasievoll wie Jungen. Mädchenspiele waren langweilig, Hausarbeit wurde gar nicht oder nur widerwillig übernommen, mit Schwestern spielten sie wenig, zumindest keine Spiele der Mädchen, deren Beschäftigungen wurden belächelt und vehement abgelehnt. Keiner der als Einzelkind aufgewachsenen Männer wünschte sich damals eine Schwester, sondern immer einen Bruder. Der Kampf um Hosen statt Röcke und Kleider, um kurze statt lange Haare wurde meist schon früh ausgefochten, und zwar je nach Widerstand der Eltern mehr oder weniger hart und ausdauernd. Manchmal ging dies mit Zwang, Schreien und Treten einher, nicht selten wurde die Jungenhaftigkeit von den Eltern oder Erziehungspersonen aber auch akzeptiert.

Neben all diesen wiederkehrenden Erfahrungen hoben manche Männer darüber hinaus besondere Ereignisse als Hinweise auf ihr frühe Identität als Junge hervor:

Marc: Bei mir war das schon so, dass ich mich als Junge gefühlt hab, und mein Onkel sagte dann auch immer zu mir, du bist wie ein Junge und

hat mich immer ein bisschen damit geärgert, und hat dann auch immer gefragt, wie ich denn wohl heißen würde wolle, wenn ich ein Junge wäre, und dann hab ich dann Arno gesagt, warum weiß ich auch nicht, irgendwie fand ich den Namen gut und dann hat mein Onkel mich dann auch schon immer Arno gerufen, so, um mich ein bisschen zu ärgern. (...)
Konntest du das denn haben, so wie er dich aufgezogen hat?
(...) Wenn er dann schon mal Arno gerufen hat, dann hab ich mich auch dann gut gefühlt, ne, weil, fand ich dann nicht schlecht.

Benno erinnerte sich auf meine Frage, *ab wann er sich denn wohl nicht mehr als Mädchen gefühlt habe*:

Benno: Mit drei Jahren schon!
        Was war da?
        Ich hab immer probiert, im Stehen zu pullern. Am Fahrrad hatte ich immer son Strick drüber gespannt als Stange, weil ich hatt ja bloß en Damenfahrrad.

Eike wiederum berichtete von der verstörten Reaktion seiner Mutter, als er sich selbst einen kleinen Penis bastelte:

Eike: Wenn ich schon damals so gesagt habe, ich möchte lieber ein Junge sein, hab ich angefangen, weiß der Geier, so mit sieben oder so, mir son Penis zu kneten, in die Hose mit rein zu machen.

Auch Kurt hatte sich bereits als Kind einen Penis konstruieren lassen:

Kurt: Und dann hatten wir nen guten Bekannten, eine Straße weiter, das war ein Tischler, der hat immer für uns so Kleinigkeiten gemacht und zu dem soll ich, ich weiß das nicht, aber meine Mama erzählt das immer, soll ich immer als ganz kleines Kind, zwei, drei Jahre oder drei, vier, dann bin ich immer zu dem hin gegangen und hab gesagt, er soll mir bitte einen Holzpillermann machen. Also, ich weiß das nicht, meine Mutter erzählt das.

Kurt war im Übrigen einer der wenigen befragten Männer, bei denen seine früh gefühlte geschlechtliche Identität auch von seinem Umfeld weitgehend respektiert wurde:

Kurt: Ja! Ja, ich wurde auch immer so behandelt, immer, immer! In der Schule hab ich mich beim Sport nicht in der Mädchenumkleide umgezogen, sondern in der Jungenumkleide, das war normal eigentlich. *Was ham die Lehrer da gesagt?* Da ist eigentlich, eh, wurde komischerweise eigentlich nie drüber diskutiert. (...) *Und die anderen Jungens, in der Umkleidekabine, unter der Dusche, die ham überhaupt nicht in irgend ner Weise darauf reagiert?* Nee, nee. *Und wie hast du dich gefühlt? Ich meine, du sahst ja nun anders aus.* Wie das für mich war, kann ich jetzt eigentlich gar nicht sagen. Für mich war es halt, denk ich mal, in Anführungsstrichen normal, also dass ich halt in Anführungsstrichen nichts habe, die aber schon, also dass ich mir in dem Moment keine Gedanken drüber gemacht habe.

Die Schilderungen der Teilnehmer könnten Seite um Seite füllen und waren, was ihr Junge- und Mannsein betrifft, bemerkenswert vielfältig und ausgeschmückt. Ihre Erzählungen verwiesen auf ein beachtliches Erinnerungsvermögen bzw. eine besondere Erinnerungsbereitschaft an ihr Leben als Junge. Wahrscheinlich auch wurden derartige Einzelheiten in Anekdoten ihrer Eltern, Verwandter oder anderer Nahestehender gerne aufgegriffen, erinnert und immer wieder erzählt.

In diesen Schilderungen zeigte sich aber auch eine gewisse Stereotypie des Jungeseins: Es definiert sich im Wesentlichen über recht eindeutig umgrenzte Verhaltensweisen und Vorlieben und wirkt relativ gleichförmig, insbesondere die Auswahl der Spiele, der Spielkameraden und die Ablehnung, oft Abwertung, alles Mädchenhaften und Weiblichen betreffend. Implizit ist immer klar, was ein Junge tut und vor allem, was er nicht tut. Denn wie alle Geschlechterforscher betonen, konstituiert sich Mannsein und Männlichkeit für jeden Mann - nicht nur für transsexuelle Männer - vorrangig gerade aus der Negation und Ablehnung des Weiblichen: Junge ist man im Wesentlichen, indem man nicht Mädchen ist, Mann, indem man nicht Frau ist. So fielen denn auch von Seiten der hier interviewten Männer immer wieder oft ironisch gefärbte, nicht selten sehr abwertende Bemerkungen über Mädchen, ihre Spiele und ihre Vorlieben. Dazu hier nur einige Beispiele:

Eike: Ja, ich glaub, ich hab auch nen Puppenwagen gekriegt oder irgend so-was, ja, den hab ich dann als Spielzeugkiste benutzt (lacht). (...) Damals war ja auch schon diese Barbie-Saison, da konnte ich nichts mit anfangen, diese Puppen erziehen und all son Quatsch.

Hans: Ich hab mal ne Puppe gekriegt, die hab ich in die Ecke geschmissen.

Jan: Ich hatte, eh, Puppen zu Hause und so was, man hat mich also tot geworfen damit, aber die waren wenig interessant. (...) Daraufhin bin ich dann zum Ballett gekommen und hab dann mit sechs schon angefangen, irgendwann nach nem halben Jahr zu schwänzen, weil ich hatte keine Lust! dazu, es, es, also da in som Tütüröckchen rum zu laufen, war bescheuert!

Lars Meine große Schwester, die lief immer mit meiner Mutter, mit som, som Kehrblech hinterher. Die putzte mit meiner Mutter immer, oder. Die war wie son Mädchen, die kämmte sich ewig die Haare! Die wollte immer gut riechen! Oder so was, ich hab Creme gehasst! (...) Ich habe alles das, was mit meiner großen Schwester zu tun hatte, ich hab die dafür gehasst! Ich hab die, wie kann, ich hab immer so gedacht (sehr akzentuiert): Wie kann man nur so sein, wie sie das ist so!? Das, so willst du nie sein!! Das bist du nicht! (...) Ich hab mich für diesen Mädchenscheiß niemals interessiert.

Marc: Sonst so speziell eigentlich hatte ich mit Mädchen so nicht viel zu tun, weil das war mir immer zu langweilig, die waren dann da draußen mit ihren Puppen oder was weiß ich.

Von außen, also durch Schwestern oder Geschenke, mit als weiblich verstandenen Beschäftigungen und Spielen konfrontiert, war es den Männern wichtig, sich rückblickend in vehementer Weise von all dem zu distanzieren, was sie ihrer Meinung nach mit dem verhassten Mädchensein in Verbindung brachte. Vor ihren Augen hatte nur Bestand, was sie genau hiervon absetzte und sie damit zu einem Jungen machte. In dieses Bemühen, sich im Rückblick von Anfang an als Junge zu erleben, fügten sich auch ihre Antworten auf meine Frage, was sie meinten, *warum sie transsexuell sind*. Da die Ursachen des Transsexualismus nicht geklärt sind, konnten sie nur Vermutungen hierüber anstellen. Und jeder der befragten Männer sah rein körperlich-biologische Ursachen am Werk, nicht ein Einziger griff auf die Erziehung oder auf soziale Erfahrungen zurück. Nur bei Marc schien eine Ambivalenz durch, als er erzählte, dass seine jetzt 15-jährige Halbschwester offenbar auch transsexuelles Verhalten zeigt. Hatte er zuvor noch körperlich-biologische Ursachen als Auslöser seiner eigenen Transsexualität genannt und die Erziehung als Grund explizit ausgeschlossen, überlegte er nun, ob seine Schwester eventuell doch ihn als Vorbild nehme oder vielleicht das burschikose Auftreten ihrer Mutter Schuld daran sei. Auf diesen Widerspruch angesprochen, räumte er ein:

Marc: Also da blicke ich noch nicht ganz so durch.

Dirk beschrieb seine Überlegungen zu diesem Thema ausführlicher als die meisten anderen Befragten. Letztlich schienen aber auch ihm körperliche Ursachen näher zu liegen:

Dirk: Für mich denk ich, einerseits, mit begründet von körperlichen Voraussetzungen her. Wenn ich vielleicht ein bisschen graziler, schlanker oder weiß nicht was auf die Welt gekommen wär, hätt ich vielleicht die weibliche Seite mehr gelebt. Ich hätte vielleicht auch meine weibliche Identität ausgeprägt, möglich, weiß ich nicht, kann ich nicht mit Bestimmtheit sagen. Wenn ich vielleicht früher, fragt man immer, was ist zuerst gewesen, die Henne oder das Ei, wenn ich ne Männerbeziehung gehabt! hätte, hätt ich vielleicht auch! nen Weg gefunden, als Frau zu leben, also diese sozialen Umfelder. Die Frage ist, hab ich mich immer so gefühlt und deshalb keine Männerbeziehung gehabt, klar, wie gesagt, weiß man nicht, aber das sind so zwei Faktoren, wo ich mich lange mit beschäftigt habe, ob's nicht da mit en Grund ist, eh. Also ich denke, sozial bedingt ist es schon mit.
Und von der Erziehung her?
Würd ich nicht sagen, ehm, ich denke, andere ham auch diese Erziehung, oder ne ähnliche Erziehung und ham nicht den Wunsch. (...)
Vererbung, Gene?
Nee, eigentlich Vererbung, ist bei mir keiner in der Familie, der transsexuell ist (lacht etwas). Vielleicht, was ich vielleicht noch annehme, was wirklich en Ausschlag geben kann, sind irgendwelche Hormonstörungen, die bei der Schwangerschaft passieren, durch Stress oder so was, dass das hormonell bedingt ist.

Auch Jan und Eike sahen eine pränatale Hormonstörung als mögliche Ursache des Transsexualismus an, alle anderen sprachen eher allgemein von Angeborensein oder Vererbung. Felix ging für seine eigene Transsexualität davon aus, genetisch tatsächlich männlich zu sein, also XY-Chromosomen zu haben. Im Rahmen der Behandlung - mein Verständnis dieses Begriffs im Rahmen dieser Studie ist im Anhang erläutert - musste er sich nie einem

Gentest unterziehen, Grund für seine Vermutung war vielmehr ein sehr hoher Ausgangswert männlicher Hormone.

Lars wiederum erklärte sich seine Transsexualität damit, dass seine Seele in den falschen Körper hineingegangen war. Auch Hans verwies auf den falschen Körper. Und er benutzte seine Überzeugung, immer ein Junge bzw. Mann gewesen zu sein, im direkten Umkehrschluss, um sich gerade deshalb nicht um die Ursachen seiner Transsexualität kümmern zu müssen:

Hans: Hab ich mir noch nie Gedanken drüber gemacht. Kann man schlecht, wenn man immer das Gefühl hat, man ist ein Mann, hat nur nen falschen Körper.

Die Annahme, Transsexualismus sei angeboren bzw. vorgeburtlich verursacht, untermauert die Auffassung der Männer, immer schon ein Junge gewesen zu sein: Wenn man mit einer solchen Anlage auf die Welt gekommen ist, ist es nur natürlich, dass sie sich irgendwann entfaltet. Abgesehen davon, was tatsächlich die Gründe für Transsexualismus sein mögen, ist dies auf jeden Fall die stringentere und auch entlastendere Vorstellung. Sie führt zu einem schlüssigen Kontinuum des eigenen Lebens. Die Erziehung als Auslöser anzunehmen, ist demgegenüber viel komplizierter: Unter einer solchen Voraussetzung müssen ein mehr oder weniger langes Leben als Mädchen und dann so etwas wie eine Lebenswende angenommen werden. Diese Vorstellung aber scheint den transsexuellen Männern zu unangenehm zu sein, als dass sie sich darauf einlassen möchten.

Einen anderen Weg, zu starken Brüchen in seinem Leben zu entkommen, zeigt Gerds Reaktion. Er kümmert sich einfach nicht um die Ursachen seines Transsexualismus:

Gerd: Also wie auch immer die Gründe sind, letztendlich interessiert mich das auch herzlich wenig. (...) Das ist mir ehrlich gesagt ziemlich scheißegal, wo das herkommt.

Damit entgeht er auch einem weiteren Problem, nämlich, wie die Entdeckung seiner Transsexualität wohl auf seine Mutter wirken musste:

Gerd: Also Gedanken hab ich mir auch darüber gemacht, ich hab meine Mutter übrigens direkt danach gefragt, ob sie irgendwelche Schuldgefühle hat, sie hätte irgendwas mit mir falsch gemacht. Aber wir hatten beide das Gefühl: Das ist einfach so!

Nebenbei entbindet die Überzeugung, die Ursachen von Transsexualität seien im genetischen, hormonellen oder seelischen, nicht aber im erzieherischen Bereich zu suchen, die Betroffenen also auch von einer Konfrontation mit ihren Eltern bzw. speziell mit ihrer Mutter, der sie andernfalls die „Schuld" an der Transsexualität geben müssten. Genau dies aber bemühten sich die hier befragten Männer immer wieder zu vermeiden. Weder als Verursacher und schon gar nicht als Schuldige wollten sie ihre Eltern hingestellt sehen. In Hinblick auf die Kontinuität ihrer eigenen Lebensgeschichte und auf ihren inneren Frieden spricht für transsexuelle Männer also einiges dafür, neben ihren tatsächlichen Erfahrungen als früher Junge auch mögliche störende Brüche ihrer Biografie auf ein Bild hin zu glätten, das sie schon immer als Junge zeigt.

Das vergessene Mädchen

Schilderungen aus einer Zeit als Mädchen bzw. Erinnerungen an Phasen, in denen die später transsexuellen Männer tatsächlich als Mädchen gelebt haben, erscheinen gegenüber den farbigen Schilderungen des Jungenlebens seltsam verblasst. Die Mehrheit der Teilnehmer (Ahmed, Benno, Dirk, Eike, Felix und Gerd) hob denn auch ausdrücklich - bei Jan wurde es implizit deutlich - beträchtliche Erinnerungslücken entweder hinsichtlich des eigenen Mädchenseins oder überhaupt bezüglich ihrer Kindheit hervor. Immer wieder führten sie in diesem Zusammenhang an, wie viel sie von früher vergessen hätten.

Offen bleiben muss die Frage, ob diese Männer sich an sich als Mädchen nur nicht erinnern können oder wollen oder ob es sie als Mädchen tatsächlich nicht gab. In jedem Fall aber erfuhren unliebsame, nicht zu vermeidende Erinnerungen kreative Interpretationen, die wieder auf die Jungenseite zurück lenkten: Übte ein Betroffener z. B. doch als weiblich empfundene Tätigkeiten aus, wurden diese mit der Jungen- oder Männerwelt verknüpft. Spielte jemand früher doch mit Mädchen, gab es Gründe, die auch sein Jungesein nicht infrage stellten:

Ahmed: *Du hast deinen Vater also auch im Haushalt erlebt?*
Jaja, klar! Der hat meistens viel besser als Mutter gekocht.
Du kochst auch?
Ich koche auch, ist ja was Schönes. (...)

Dann kennst du das so: Männer im Haushalt?
Ja, dann wurde gesagt: Ich musste nicht aufräumen nur, sondern meine anderen Brüder auch! Das war immer geteilt, also da wurde keine Grenze gemacht, das ist jetzt ein Junge.

Felix: *Und was hast du für Spiele gemacht: waren das mehr Jungenspiele? Oder? Hast du überhaupt Mädchenspiele gemacht?*
Ich habe nie Mädchenspiele gemacht, ich habe nie mit Puppen gespielt. Sagen wir mal, in der Schule hatten wir ja Nähen und son Zeugs, hat man ja auch als Junge gelernt. (...)
Hast du denn mehr mit Jungens oder mit Mädchen gespielt?
Das war bei uns schwierig, mit Jungens zu spielen, weil zwei Familien jeweils sieben Kinder hatten, und das waren alles Mädels, ein Junge war bei den einen dabei und die anderen, mit den Jungen hatte ich keinen Kontakt, ein einziger Junge, zwei Jungs waren auf der ganzen Straße, also blieb mir nix anderes übrig als mit Mädels (lacht).
Du hast aber trotzdem Jungenspiele gemacht?
Ja, die ham auch alle Jungenspiele gemacht. (...) Wir waren alle so irgendwie mehr auf Jungenspiele, bolzen, Fußballplatz. War schon schön.

Entweder wird Halt bei anderen Jungen und Männern gesucht, die als weiblich verstandene Tätigkeiten kurzfristig geschlechtlich neutralisieren oder aber die umgebenden Mädchen bevorzugten - was ja so selten nicht ist - ebenfalls die Spiele der Jungen, womit sie dem Transsexuellen aus der Bredouille halfen. Letztlich wird jeder Mensch ihm unliebsame Erlebnisse eher verdrängen, angenehme Erinnerungen dagegen konservieren. Er-Innerung meint eben auch, sich seines Inneren gewahr zu werden und zu bleiben. Und dieses Innere, dieses von ihnen als wahr und wirklich erlebte Selbst, war für die späteren Männer eben auch damals schon nicht ihr Mädchensein, sondern etwas anderes, wohl zu Beginn noch Undefinierbares oder mit etwas Glück etwas, das sie so früh noch nicht eindeutig definieren mussten. Nicht bei allen wird es sich schon so ausgeprägt um ein Jungesein gehandelt haben, wie sie es im Rückblick ihrem damaligen Inneren zuordnen. Der Aneignungsprozess dürfte komplexer und verschlungener gewesen sein, als er in ihrer Erinnerung haften blieb. Aufgrund der Zweigeschlechtlichkeit unserer Gesellschaft aber gibt es letztlich nur die Kategorie Junge als einzig mögliche Restkategorie für Mädchen, die in keinem Fall als solche leben wollen und können. Und so „sehen" die transsexuellen Männer dann auf das, was ihnen als Junge „in Erinnerung" blieb, während alles andere zunehmend an Farbe verliert:

Dirk: *Du sagtest, wenn du an deine Vergangenheit denkst*
Ja, dass ich dann immer mehr diese Jungenentwicklung seh, also das, was an mir schon immer männlich war, das bleibt in Erinnerung, das andere verblasst zusehends.

Felix: *Wie geht ihr denn mit deiner Vergangenheit als Mädchen, Frau um? Redet ihr darüber oder ist das kein Thema?*
Also von meiner Seite her ist das gestrichen! Ich seh die Vergangenheit eigentlich nur in nem männlichen Körper, ich seh mich nie! als Frau mehr.
Auch rückblickend nicht?
Auch rückblickend nicht. Für mich ist das so! weit weg, dass ich mich selber kaum dran erinnere, und nicht mehr dran erinnern will.

Was sichtbar bleibt, ist bei vielen der hier Befragten eine erstaunliche Geradlinigkeit und manchmal sogar scheinbare Problemlosigkeit ihres Weges zum Leben als Junge, zumindest während ihrer Kindheit, etwa bis zu ihrem zwölften Lebensjahr. Selbst wenn von den Teilnehmern wahrscheinlich manch leidvolle Erfahrung nicht geschildert oder auch verdrängt wurde, die Kindheit also nicht immer so unproblematisch gewesen sein muss, wie es aus den Gesprächen heraus scheint, kann es doch auch Gründe für eine gewisse Geradlinigkeit geben:

So ist einmal bis zum Eintreten der Pubertät speziell auf Mädchen der Druck zu stereotypem Mädchensein meist nicht ausgesprochen stark, es wird Mädchen in dieser Zeit durchaus gestattet, sich jungenhaft zu benehmen und zu kleiden. Auch viele später nicht transsexuelle Frauen schildern Erfahrungen als so genannte Wildfänge. Ist soziales Frausein ohnehin weiter angelegt als soziales Mannsein, gilt dies speziell für die Phase der Kindheit, was den später transsexuellen Männern zugute kommt. Zum anderen hängt die Geradlinigkeit des Weges auch von den Einstellungen der Eltern bzw. Erziehungspersonen ab. Lassen diese dem Betroffenen weitgehend freie Hand, zeigen sich weniger leidvolle Kindheitsgeschichten als bei Eltern, die gezielt gegen das Verhalten ihrer „Töchter" ankämpfen. Hier hatten es Männer wie Hans und Lars besonders schwer. Beide kommen aus der Unterschicht mit einer ausgeprägt polaren Auffassung der Geschlechter. Im Gegensatz dazu etwa erlebte Gerd, einem bürgerlichen Elternhaus entstammend, eine gewisse Rollenoffenheit und damit die Möglichkeit, Schritt für Schritt auf sich selbst zuzugehen, „die zwei Welten in eins zu bringen" und seinen „Platz zu finden", wie er es beschrieb.

Ein geradliniges Leben

Aber warum ist es für die meisten Betroffenen überhaupt so wichtig und offenbar unausweichlich zu betonen, sie seien schon immer Jungen gewesen, hätten so gelebt und so ausgesehen? Wieso ist es so schwer für sie, weibliche Seiten und ein früheres Mädchensein einzuräumen, gar zu erinnern, falls es denn so war?

Ganz offensichtlich erlangt dieses Anliegen eine solche Bedeutung, weil die transsexuellen Männer ihr jetziges Mannsein, also die Glaubwürdigkeit ihrer heutigen emotionalen und sozialen Wirklichkeit durch eine - teilweise - „weibliche" Biografie gefährdet sähen, so, als könnten frühere Uneindeutigkeiten oder „falsche" Zuordnungen, sich in ihre jetzige Identität hineinfressen und diese zerbröseln. Diese Angst geht von der Voraussetzung aus, dass jemand, der sich womöglich jahrelang - partiell - als Mädchen verhalten und gezeigt hat, danach - vor sich selbst und vor anderen - nicht mehr glaubwürdig als Junge oder als Mann leben kann, so als gäbe es nur das ein für allemal „richtige" Geschlecht. Hiermit folgen die Betroffenen der Auffassung von einer starren (Geschlechts-) Identität, einer Identität also, die von klein auf deutlich vorgegeben ist, die sich quasi nur entfalten muss, und zwar eingleisig, nachvollziehbar, möglichst ohne Umwege, zumindest nicht auf derart verschlungenen Wegen. Vor dem Hintergrund eines solchen, den Transsexuellen angetragenen Verständnisses von Identität, ist die Rekonstruktion des Jungen im Rückblick auf ihre Kindheit für sie eine für das aktuelle emotionale und soziale Überleben als Mann notwendige Strategie: Sie hilft ihnen, immer neu und immer wieder eine männliche Biografie und eben gerade auch ihr jetziges Mannsein herzustellen, zu verwirklichen, zu entwickeln, zu bestätigen, sich bestätigen zu lassen, zu erleben.

Felix machte deutlich, wie diese Art der Re-Konstruktion seiner Kindheit auf sein jetziges Mannsein hin dazu führt, seine Erinnerung an ein Mädchen oder andere gegenläufige Erfahrungen auszulöschen:

Felix: *Manchmal ist ja auch in Gesprächen die Vergangenheit Thema, die Kindheit.*
Nee, das wird von uns so erzählt, als wenn ich das immer schon als Junge erlebt hätte, und ich kann mich auch, muss ich jetzt zugeben, sehr schlecht an meine Kindheit als Mädchen erinnern, weil ich mich immer in nem männlichen Körper drin sehe.

Je mehr im Rückblick das frühere Mädchen verschwindet, umso mehr Raum erhält der jetzige Mann in der Wahrnehmung des Transsexuellen selbst, aber auch für alle anderen. So hat jeder Transsexuelle zur täglichen Verwirklichung seines heutigen Mannseins nicht nur für Nachfragen Uneingeweihter, sondern gerade auch für sich selbst seine spezifische, vom Heute aus auf die Vergangenheit projizierte, kongruente Geschichte zur Hand.

Mit einer derartigen Biografie-Konstruktion stehen Transsexuelle nicht allein: Jede(r) von uns erinnert sich und konstruiert seine Vergangenheit immer genau auf die Lebensthemen und Selbstkonzepte hin, die gerade für ihn von Bedeutung sind und im Vordergrund stehen. Bei Bedarf lässt sich damit eine Lebensgeschichte sogar mehr oder weniger vollständig umkonstruieren bzw. eine neue Kohärenz in sie hinein interpretieren.

3. Bewältigung der Pubertät

Der andere Körper

So unproblematisch ihre Kindheit ganz allgemein verlief, so erstaunlich problemlos schien in ihrer Kindheit auch das Verhältnis vieler Befragter zu ihrem Körper gewesen zu sein. Auf Nachfragen hin erhielt ich jedenfalls kaum Antworten zum Körpererleben in dieser Zeit, vielmehr bezogen die Teilnehmer sich dabei meist auf die Phase ab der Pubertät. Lediglich Eike und Kurt berichteten von den schon vor dieser Zeit künstlich hergestellten Penissen und Lars erinnerte sich, mit der unterschiedlichen Art des Urinierens beschäftigt gewesen zu sein:

Lars: Was mich eigentlich immer gewundert hat, ist, dass die Jungens so pinkeln können oder so, ne, das hab ich immer, das wollte ich auch.

Ansonsten spielte der Körper in den Beschreibungen dieser Phase kaum eine Rolle. Entweder war hier Verdrängung im Spiel oder die tendenzielle Androgynität des kindlichen Körpers stürzte die Betroffenen tatsächlich nicht in eine solche Verwirrung wie die Pubertät. Schließlich konnten die transsexuellen Männer damals noch mit nacktem Oberkörper umherlaufen und standen auch kräftemäßig den geborenen Jungen in nichts nach. Der kindliche Körper lässt noch Spielräume offen und ruft verhältnismäßig wenig geschlechtliche und soziale Zuschreibungen hervor. Kurt etwa schilderte seine Körpererfahrungen so:

Kurt: *Hast du dich denn, soweit du dich erinnern kannst, von deinem inneren Körperbild her, also nicht im Spiegel, als Jungen gesehen?*
Sicherlich, anfangs, eh, bevor meine Brust anfing zu wachsen, als totaler Junge. Wenn ich schwimmen war, dann hab ich mir so kleine Überraschungseier in die Hose gesteckt.

Ein kleines Hilfsmittel war damals ausreichend für die Konstruktion eines Jungen.

Spätestens in der Pubertät aber erleben die Transsexuellen die schmerzliche Konfrontation mit der sozialen Kategorisierung ihres Körpers und den veränderten Anforderungen, die nun an diesen ungeliebten Körper geknüpft werden. In der Pubertät wird der Körper das gleichzeitig aufdringlichste und prekärste Erlebnisfeld für die transsexuellen Männer. War es in der Kindheit noch möglich, die Andersartigkeit dieses Körpers hinter dem gefühlten, gelebten und manchmal auch von außen akzeptierten Jungesein verschwinden zu lassen, tun sich nun Diskrepanzen auf, die nicht mehr zu überbrücken sind. Die körperlichen Veränderungen wirbeln das mühsame Arrangement dieser sich als Jungen fühlenden Mädchen gänzlich durcheinander. Irritiert bis geschockt stehen viele nun vor dem Scherbenhaufen ihres Selbsterlebens: Auf meine *Frage, wie es denn für sie war, als sich die Pubertät mit ihren körperlichen Veränderungen ankündigte,* reagierten sieben der elf Männer mit spontanen Ausrufen wie Horror, schlimm, fürchterlich, schrecklich, grausam, ekelig, unangenehm, und zwar jeweils begleitet von der entsprechenden Gestik oder Mimik:

Eike: Schlimm! Dann ging das los in der Schule, da sollten wir dann Turnhemden anziehen, ja, ich hab aber keine Turnhemden. Ich habe solche Diskussionen mit der Sportlehrerin gehabt, dass ich also grundsätzlich immer irgendwie ein weites Hemd an hatte, aber nicht son weißes Turnhemd, hab ich nicht angezogen, weil ich das nicht wollte, dass man das da irgendwo, irgendwie sieht.
Also „das da" wuchs dann auch?
Ja, ja, das war fürchterlich! (...)
War denn die Pubertät dadurch ein richtiger Einschnitt für dich, dadurch, dass sich der Körper veränderte oder ging das so mehr eins ins andere über?
Na, ich hab das alles gehasst! Ich hab meine Brust gehasst, ich hab das gehasst, wenn da alle vier Wochen sich der Besuch da angemeldet hat, das war fürchterlich! Absolut! (...) Dann ging das los, mit diesem heimlich Abbinden, ich wollte ja diese Brust nicht haben, dann mit diesen Elastikbinden, dann hast du keine Luft gekriegt, dann musstest du drauf achten, dass du dich nicht, bloß nicht ruckartig bewegst, dass

es weder unten noch oben irgendwo raus rutscht. Also es war schon, es war schon schlimm.

Felix: Ich empfand die Tage schon als unangenehm, ich hatte also regelmäßig! erst mal sieben Tage lang meine Tage, und dann drei Tage Bauchschmerzen, also wirklich Hammerbauchschmerzen, drei Tage lang Heizkissen gehabt. (...)
Das war hauptsächlich das, und von der Brust her?
Da hab ich Glück gehabt! Ich hab nicht viel gehabt, das war mehr, (...) ich hatte weite Sachen an, dann ging das. Ich konnte damit leben.

In der Gesamtrückschau resümierte er aber dann doch:

Felix: Wie lange ging meine Pubertät? Angefangen hat die mit zwölf, also das war für mich der Horrortrip, bis, ja, ich sag mal, bis ich meine Hormone genommen hab. Das war grauenvoll, die Zeit.

Hans: Grausam! Pubertät! (Er schüttelt sich)
Und was war das Schlimmste?
Das Schlimmste ist glaube ich, wenn jemand die Regel dann kriegt (lacht verlegen), also das ist das Schlimmste. (...) Ich hab ihr [der Mutter] gesagt, dass ich da blute, und da hat sie gesagt, das ist normal, das ham Frauen. Ach so, ja dann, gut, aber ich bin keine Frau, hab ich mir noch so gedacht, ich darf das nicht haben (lacht).
Und von den sonstigen körperlichen Entwicklungen, wie war das für dich?
Horror!
Brust auch?
Ja, hatte ja nicht viel, ich sag mal, hätte ich trainiert, dann wär das eh weg gewesen.

Jan: Das war ziemlich schrecklich, weil ich hab eigentlich sehr, sehr früh angefangen, dass sich das alles so entwickelt hat, ich hab also früher, wenn wir gespielt haben, gerade auch im Sommer draußen, ich hatte dann immer nur ne Hose an, (...) und dann irgendwann ging das ja leider nicht mehr. (...) Das war schon, schon schrecklich. Und dann diesen anderen Spaß, jeden Monat, hatte ich auch sehr, sehr früh, ich weiß gar nicht, wie alt, (...) ich hab's, glaub ich, so verdrängt, so zehn oder elf. (...) Ich hab geheult und geschrieen. (...) Und meine Mutter sagte dann auch noch und das hat mir dann den Rest gegeben: Nun bist du eine richtige Frau! Das wollte ich ja schon immer sein! (Lacht laut) Wunderbar! Jetzt hab ich mein Ziel, dass ich nie erreichen wollte, endlich erreicht. (...) Das hat mich wirklich fertig gemacht. Also an dem

Tag sowieso, aber auch generell, da war ich wirklich am Ende, das war das Fürchterlichste, was, was passieren konnte.

Kurt: *Und wie war das dann in der Pubertät, als dann die Brust anfing zu wachsen?* (Macht ein würgendes Geräusch) Das war natürlich schlimm, ne.

Lars: Diese Blutungen, ich wusste ja gar nicht, was das ist! (...) Also das war nicht schmerzhaft oder so, das war einfach da. Ich habe es einfach als ekelig und widerlich, (...) fand das alles sehr, sehr ekelig! Und war dann immer froh, wenn das vorbei war, und hab dann immer schon Angst gehabt, wenn das dann kam.

Marc: *Und wie ging das weiter, z. B. in der Pubertät*
Ja, das war noch schlimmer, also, ich sag mal, die Brüste, da hab ich immer zugesehen, dass die keiner sieht, also hab ich immer auch son Gürtel drum gehabt, son Stretchding. (...)
War das denn viel, was du da verbergen musstest?
Ja doch, war schon ne ganze Ecke. Ja, das war dann auch immer blöd, also dann konnte man nicht schwimmen gehen, dann musste man immer aufpassen, was man sich anzieht, also so. (...)
Und als du deine Tage bekommen hast, wie war das?
Ja, das war auch blöd, aber da hab ich mich eigentlich nie so drum gestört, dann waren sie halt da und, ja, schön war das natürlich nicht, aber. (...) Ich meine, war dann halt auch nichts, was ich nach außen, was man sehen konnte oder so und deshalb.

Nur Ahmed und Benno verwiesen bei der Frage nach dem Einsetzen der Pubertät nicht unmittelbar auf die körperlichen Veränderungen, sondern darauf, dass sie in dieser Zeit begannen, für Mädchen zu schwärmen, diese Mädchen aber nicht mit einem „anderen Mädchen" zusammen sein wollten. Aus Angst vor dieser verletzenden Erfahrung zog sich Benno lieber ganz zurück:

Benno: Na, die Pubertät war nicht so schön. Ich konnte das ja nicht ausleben, so wie ich das wollte. Man hat sich halt verliebt und man konnte das ja nicht so darstellen

In der Pubertät also konnten die Transsexuellen aufgrund der Veränderungen ihres Körpers die diesem Körper nun massiv zugeschriebene Weiblichkeit, ihr Mädchen- und Frausein, viel schwerer abwehren als noch in der Kindheit. Und da die Brust das sichtbarste Zeichen von Weiblichkeit ist, knüpften sich für die meisten Transsexuellen die unangenehmsten Erinnerungen an sie, weil sie am unausweichlichsten diese Weiblichkeit verkörperte. Als problematisch erinnerten sie aber auch an die einsetzende Regel.

Bemerkenswert ist dabei, dass das Fehlen des Penis von kaum einem der Teilnehmer direkt angesprochen wurde. Dieser Mangel an Männlichkeit wird - und dies begleitet das ganze Leben vieler transsexuellen Männer - von den Betroffenen offenbar als sehr schmerzlich, aber in letzter Konsequenz doch als nachrangiges Übel erlebt, zumindest solange die weibliche Brust noch vorhanden ist und sich in den Vordergrund drängt.

Nur Lars erwähnte das Thema Penis von sich aus, als es um den Beginn der Pubertät ging:

Lars: Ja, ich hab z. B. auch so gedacht, dass ich, wenn, eh, ich größer bin, also je größer ich werde, irgendwann wächst mir schon was nach. Also, so jetzt keine Brüste oder so, sondern irgendwann krieg ich schon das, was die Jungs haben.

Lars ging in dieser Zeit ganz selbstverständlich davon aus, dass sich sein innerer, sein gefühlter Körper auch nach außen hin verwirklichen würde.

Drei der von mir befragten Männer versuchten trotz der körperlich nicht mehr zu verbergenden Weiblichkeit und entsprechender Zuschreibungen auf ihren Körper die damit einher gehenden Konflikte zu verdrängen:

Dirk: *Gelitten hast du gar nicht darunter [unter der weiblichen Brust]?*
Ja, nee, ich hab's wirklich eher ausgeblendet, weil, wenn Leute mich drauf aufmerksam gemacht haben, ist es mir natürlich bewusst geworden, hab ich's natürlich versucht zu vermeiden mit weiter Kleidung
oder so. Aber das war eben, für mich warn's eher Muskeln. (...) Ich hab auch nie! drunter gelitten, dass ich ne Brust habe, sondern ich hab die einfach ausgeblendet aus meinem Bewusstsein! Die war für mich nicht existent in dem Sinne.
Von Anfang an?
Ja, ich hab die immer nicht akzeptiert, die war nicht da. Meine Mutter hat dann irgendwann gesagt: Jetzt solltest du mal en BH tragen! Ich sag: Hööh, was ist denn das!? Da sagte sie: Na ja, sonst kriegst du en Hängebusen. Oh Gott, na ja, noch schlimmer, als en Busen zu haben, war, en Hängebusen zu haben. Dann hab ich von meiner Mutter BHs genommen, ich hab mir nie selber welche gekauft.

Solange es möglich war, seine Brust zumindest partiell zu vermännlichen, wurde ihre Weiblichkeit nicht so aufdringlich „existent", dass Dirk darunter hätte zu sehr leiden müssen.

Lars wiederum weigerte sich zunächst schlichtweg, die entstehenden weiblichen Zeichen seines Körpers in Beziehung zu setzen zu seinem gefühlten Jungesein:

Lars: Als die Pubertät einsetzte, da hab ich gedacht: Was ist das denn, das kann doch nicht dir! passieren, dass dir Brüste wachsen, das geht doch gar nicht, das, nee, da läuft was falsch, so. Und genauso war das, (...) das wollte ich nicht! Das war nicht!, das war nicht ich, das war was anderes.

Aufrecht zu erhalten war diese Weigerung jedoch nur, solange es Lars gelang, diesen ihm so fremden neuen Körper als etwas „anderes" von dem abzuspalten, was er als sein „Ich" erlebte.

Gerd stellte sich zwar partiell seiner neuen körperlichen Situation, zog es aber vor, sie phasenweise immer wieder zu „vergessen":

Gerd: Es gibt natürlich da auch wunde Punkte, die ich lange Zeit ausgeblendet habe.
Z. B.?
Z. B. als ich meine Tage gekriegt habe zum ersten Mal, entsetzlich, bin ich gestorben. (...) Ich fand es einfach nur! furchtbar! Und es war so furchtbar, dass ich es irgendwann, also sehr bald eigentlich, von der Liste der Möglichkeiten gestrichen habe, immer so lange, bis es kam. Dann war es zwei Tage absolut entsetzlich, nur entsetzlich! Und danach hab ich es direkt wieder vergessen. Sofort, wenn es vorbei war, hab ich's vergessen, gab das nicht mehr. Und das sind so Punkte, an die ich mich jetzt erst wieder erinnern kann, also in der Intensität, in der sie stattgefunden haben.

In der Abwehr zunehmender weiblicher Zeichen ihres Körpers zeigten sich die Befragten recht kreativ: Sie reichte von der Abspaltung des Körpers vom eigenen Ich, über die Umdeutung weiblich verstandener in männliche Körperlichkeit bis hin zum schlichten Vergessen. Um der für sie unerträglichen Verknüpfung von körperlicher und sozialer Wirklichkeit zu entkommen, versuchten diese drei, aber auch die anderen befragten Männer, ihren Körper zu ignorieren, ihn also auszublenden oder sich ihn als männlich phantasierten Körper zu erhalten: Ausnahmslos jeder der von mir befragten Männer gab an, den Anblick seines Körper nicht nur in der Pubertät, sondern in der gesamten Zeit vor den für ihn wichtigen Operationen gemieden zu haben. So erhielt ich auf die *Frage, ob er früher sehr mit seinem Körper beschäftigt war*, etwa folgende Schilderungen:

Ahmed: Nein, überhaupt nicht.
Obwohl alles nicht so stimmte?
Schon, aber wenn ich z. B. geduscht habe oder mich angekleidet, hab ich kaum hin geguckt.

Benno: Nee, nee. (...) Nee, das hat mir nicht gefallen, aber ich hab jetzt nicht ununterbrochen dran gedacht.
Hast du dich denn im Spiegel angeguckt?
Wenig. Ich wollte das nicht so sehen, weil das ja nicht meiner Phantasie entsprochen hat.

Eike: Ja, ich war damit beschäftigt, die Brust abzubinden.
Und sonst, hast du den Körper angeguckt oder hast du das eher vermieden?
Vermieden.

Felix: (Schüttelt den Kopf) Überhaupt nicht.
Hast du mehr ignoriert oder wie hast du das gemacht?
Ich hab ihn gar nicht bewusst wahrgenommen.

Gerd: Also ich kann das nicht als bewussten Gedanken wiedergeben: Ich hab mir das so vorgestellt und das war nicht da oder da war an ner anderen Stelle was da, das hab ich nicht mir als Vorstellung gemacht, nicht als bewusste Vorstellung. Und trotzdem war der Schock! beim Blick in den Spiegel oder auf den Video oder wenn mich jemand drauf angesprochen hat (macht ein angeekeltes Geräusch), das war das Allerschlimmste, dass das nicht so war. (...) Also es war letztendlich furchtbar, aber dieses Furchtbare, mit dem wollte ich nicht leben, also hab ich das gesehen, dass ich nicht dran erinnert werde.

Hans: Ignoriert, ich hab mich angezogen, wenn ich aufgestanden bin.
Und beim Duschen, Waschen oder so?
Da war ich in zwei Minuten fertig! Einseifen und duschen, weg! (lacht), ab, angezogen sofort.

Jan: Nee, ich hab eigentlich versucht, das alles eher zu ignorieren. Weil, ich hab mich ja nicht gemocht und es hat mir nicht gefallen und ich konnte damit nicht leben.

Kurt: Ja klar, und da hab ich mich halt mehr geärgert, ne, über die Brust usw.

Hast du die denn überhaupt angeguckt oder gar nicht?
Wenn es ging nicht! Wenn es irgendwie möglich war, dann hab ich nicht hin geguckt.

Lars: Mein Badezimmer war immer ne Folterkammer, hab ich so gesagt. Das war, ich hab nicht mehr so gerne geduscht oder irgendwie so, das war schon merkwürdig.

Weil sie mit den weiblichen Zeichen ihres Körpers weder „leben konnten" noch wollten, blieb den Befragten nichts Anderes übrig, als diesen Körper möglichst weitgehend zu ignorieren, um ihn sich wenigstens in ihrer Phantasie als männlichen zu erhalten. Eine Verbindung zwischen ihrem gefühlten Ich und diesem Körper war offensichtlich nicht herzustellen.

Folgerichtig beschrieb denn auch Lars im Zusammenhang mit seinen Schwangerschaften, wie sein Gefühl zu sich selbst nichts mit den weiblichen Funktionen seines Körpers nichts zu tun hatte:

Lars: *Wolltest du denn eigentlich Kinder haben?*
Ich habe nicht gedacht, dass ich schwanger werde. Ich hab auch die Pille nicht genommen, weil, ich hab an so was gar nicht gedacht!
Wie kam das? Wusstest du gar nicht, wie Kinder entstehen?
Doch, doch, wusste ich. Ich wusste nicht, dass das bei mir! geht! Also ich hab mich damit nicht beschäftigt, das war für mich kein Thema. Ich hab mich lieber mit anderen Sachen beschäftigt. (...)
Hast du gedacht, eigentlich bist du ein Mann, das funktioniert wahrscheinlich gar nicht alles bei dir so? Oder ging das nicht soweit?
Die Einstellung zu meinem Körper war halt eben kaputt, die war von Anfang an kaputt. (...) Ich hab den Körper, ich hab das nicht gewollt!

Auch Benno schilderte diese Ungläubigkeit gegenüber seiner Schwangerschaft:

Benno: Für mich! war ich eigentlich schon immer ein Mann. Darum konnt ich das auch nie verstehen, dass ich ein Kind gekriegt habe.

Die Erfahrungen dieser beiden Männer verdeutlichen die z.T. immensen Diskrepanzen zwischen dem innerlich gefühltem männlichen Körper und seinen weiblichen Funktionen und Zuschreibungen.

Dirk blieb bei seiner oben beschriebenen Strategie der Ausblendung und erklärte:

Dirk: Das ging aber alles über'n Kopf, wir [er und eine Freundin] waren immer sehr! intellektuelle Typen. (...) Und insofern hab ich auch immer diese Platon-Ebene vertreten, dass man das Körperliche erst mal überwunden haben muss, um halt richtig, die wahre Erfüllung zu finden.

Spielt der Körper erst einmal keine Rolle mehr, ist es auch egal, welchen Körper man hat. Zumindest kann er einen nicht mehr fortwährend mit seiner Andersartigkeit behelligen.

Jeder der Männer versuchte also auf irgendeine Art, die mit der Pubertät eintretende massive Zuschreibung von Weiblichkeit auf seinen Körper von sich fern zu halten, meist, indem er diesen Körper einfach nicht anschaute oder auch, indem er den Anderen den Blick durch weite Hemden, Westen, Pullover und Jacken verstellte. Damit aber befanden sich die Männer in einem Dilemma: Um die Aufmerksamkeit zu verringern, waren sie gegenüber sich und den anderen fortwährend mit dem Verstecken beschäftigt. Und dieses Verstecken lenkte die Wahrnehmung umso mehr auf das, was nicht gesehen werden sollte. Eike etwa erlebte genau dies beim täglichen Abbinden seiner Brust. Der Verhüllung und dem Ignorieren des Körpers konnte so letztlich kein anhaltender Erfolg beschieden sein. Solange und sobald man sich mit ihm beschäftigte, beschäftigen musste, drängte er sich wieder in den Vordergrund.

Da der Körper aber nun einmal so aussah wie er war und - zunächst - nicht medizinisch in Richtung Männlichkeit korrigiert werden konnte, blieb den Betroffenen nichts Anderes übrig, als mit allen Mitteln zu versuchen, anstelle der äußeren die innere Wahrnehmung dieses Körpers zu steuern. Nur hierdurch konnte sich jeder der elf befragten Männer trotz aller entlarvenden äußeren Zeichen auch ab der Pubertät weiterhin innerlich als Junge bzw. Mann sehen. Lediglich Dirk vermied jede körperliche Imagination in dieser Zeit. Und Gerd hatte, wie oben bereits deutlich wurde, keine bewusste Vorstellung von seinem Körper, erlebte aber eine schockierende Diskrepanz beim Hinsehen. Insgesamt antworteten, gefragt nach ihrem *früheren inneren Körperbild,* sechs der Männer, dass sie sich eindeutig als Mann sahen, jedoch als Mann ohne Penis:

Hans: Man dachte, der hat irgendwas bei mir vergessen, der hat irgendwas falsch gemacht, das war auch alles.

Zwei Männer gaben an, einen Penis phantasiert zu haben (Marc) bzw. versucht zu haben, ihn sich vorzustellen (Felix). Und Eike sah sich damals mit Penis, heute jedoch nicht mehr.

Dies macht deutlich, dass für die überwiegenden Mehrheit der befragten Männer ihr inneres Bild des eigenen Mannseins, also ihre männliche Identität, auch in der Pubertät nicht an die Existenz eines Penis geknüpft war. Die Identität als Mann bildete sich also offenbar grundsätzlich ohne die innere Vorstellung von einem eigenen Penis heraus (vgl. Stoller 1977, S. 39ff). Viel mehr wurde diese innere Vorstellung vom eigenen Körper offenbar durch die jetzt massiv Raum greifende soziale Übereinkunft gefährdet, dass nun grundsätzlich und einzig und alleine dieser Körper, und zwar der Körper, wie er sich mit seinen äußeren Zeichen präsentierte, maßgeblich sein sollte für die geschlechtliche Zuordnung. Das Hauptaugenmerk dieser Verengung des Blicks richtete sich dabei auf das Brustwachstum und das Einsetzen der Periode. Nicht umsonst hörten Hans und Jan, als sie ihre Regel bekamen, von ihren Müttern die erschreckende Mitteilung: „Jetzt bist du eine Frau". Der Körper sollte nun bestimmen, wer sie waren. Damit wuchs natürlich das Legitimationsproblem der Betroffenen: Jetzt, da das Geschlecht zunehmend an den Körper gekoppelt wurde, erschien ihr Mannsein immer unglaubwürdiger, ja lächerlicher, sie wurden immer einsamer mit ihrer Sicht der Dinge: Es gab den ständigen Gegenbeweis des „falschen" Körpers.

So erlebten sich die Männer in dieser Zeit denn auch als unnormal, krank, als Missgeburt und verrückt, um nur einige ihrer Beschreibungen aufzugreifen. Es war aber nicht der einzelne Transsexuelle, der verrückt geworden war, sondern die Ver-Rückung geschah durch die jetzt zunehmende Bedeutung des Körpers für die Bestimmung des Geschlechts. Mit dieser Ver-Rückung hatte der Transsexuelle sich nun unausweichlich und ununterbrochen auseinander zu setzen. Ein Energien fressender Kampf um die wahre Wirklichkeit setzte ein. Es war der fortwährende Versuch, die Zuschreibung Frau von seinem Körper fern zu halten. Dieser Kampf überschattete über Jahre oder Jahrzehnte den gesamten Alltag des Betroffenen. Letztlich, und das ist erstaunlich genug, aber würde er ihn gewinnen, sofern er ihn überlebt hatte.

Erotische Wege

Gerade das an sich hoffnungsvolle Aufkeimen von Erotik und Verliebtsein in der Pubertät treibt viele Transsexuelle - und den hier Befragten erging es nicht anders - in Frustration und Rückzug. Voller Enttäuschung erleben sie, dass nun nicht mehr ihre Person, sondern ihr Geschlecht maßgeblich ist. Und damit haben sie von vornherein einen schweren Stand gegenüber den geborenen Jungen. Es ist nicht möglich, all die täglichen Kränkungen,

Rückschläge und Verletzungen dieser so wichtigen Zeit der sozialen Orientierung einzufangen. Die Befragten selbst tendierten eher dahin, diese Erfahrungen herunterzuspielen als sie vor mir auszubreiten.

Manche der Teilnehmer, die sich in Mädchen verliebten, wussten offenbar intuitiv, dass sie für diese uninteressant sein mussten bzw. sich ihnen nicht nähern durften. Andere waren einfach nur völlig verunsichert über ihre geschlechtliche Identität und sexuelle Orientierung.

Dirk, Eike und Hans hatten aus eben diesen Gründen bis zu ihrem 20. Lebensjahr oder darüber hinaus gar keine erotischen Kontakte oder Beziehungen aufgenommen. Sie fühlten sich zwar - ausschließlich - von Mädchen angezogen, machten diesen aber keine Avancen.

Auch Benno konnte seine Gefühle gegenüber Mädchen nicht „darlegen", wie er es nannte, ging aber zweimal einen sexuellen Kontakt mit einem Mann ein. Jan erlebte es ähnlich: Auch er hatte ab der späten Pubertät hin und wieder Pettingerfahrungen mit Jungen, nahm aber noch vor seinem 20. Lebensjahr eine Beziehung zu einer Frau auf.

Lars, ein Mann mit schweren Missbrauchserfahrungen, schwärmte wohl auch für Mädchen, wie ihm erst im Rückblick anhand mancher früherer Erlebnisse klar wurde, hatte aber zunächst ausschließlich - unangenehme bis brutale - erotische Kontakte mit Männern.

Hier einige Erlebnisschilderungen über die erotischen Erfahrungen, Phantasien, Wünsche und Enttäuschungen der befragten Männer aus der Zeit ihrer Pubertät:

Dirk: Im Gymnasium fing's dann an, dass ich mich absolut dann nicht mehr einordnen konnte, in dieses Hin und Her, halt Mann und Frau, hab ich mich gar nicht mehr zurecht gefunden, hab (...) sehr in meiner Phantasiewelt gelebt. (...)
Dir war klar, dass du für Mädchen
Ja, mir war klar, dass ich für Mädels eigentlich mehr empfinde und von Jungs immer so als Kumpel angesehen werden wollte. Und wenn ich so nicht akzeptiert wurde, sondern wenn die mehr wollten, dass ich dann befremdet war, dass ich nicht wusste, was wollen die von mir und wie geht das jetzt hier eigentlich. Und bei den Mädels, da hab ich mich dann schon in die verliebt, war ich gerne mit denen zusammen und, ehh.
Hast du konkret ne Situation erlebt, dass du verliebt warst und auf die dann auch zugegangen bist?
Nee, das hätte ich mich nie getraut!! damals. (...)

Hast du ganz konkret was angefangen mit ner Frau?
Nee, ich hab nur geflirtet und hatte das Glück, vielleicht Glück oder Unglück, dass keine eigentlich auf mich einging in dem Sinne.

Eike:
Ich habe nur damals gemerkt, dass ich mich da auch für eine Schulfreundin interessiert habe. Da hab ich auch immer gesagt: Schade, dass du kein Junge bist. Ich weiß nicht, da brach für mich wieder eine Welt zusammen, weil, die fand mich ganz nett, ich fand sie ganz nett, aber trotzdem, das funktionierte ja überhaupt nicht.
Wie alt warst du da, als das los ging?
Da war ich schon in der Realschule, 16 vielleicht. (...)
Gab es denn überhaupt einmal so eine Situation, dass du mal mehr drauf zugegangen bist, auf ein Mädchen, sie angemacht hast?
Nein, angemacht nicht. Man hat sich ja dann so seine Gedanken gemacht, dass das nicht funktioniert oder so, dass das nicht sein darf!
Du hast dich also praktisch sofort zurückgenommen?
Ja. (...) Ich hatte immer nur im Hintergrund: Warum bist du kein Junge!? Ich hab immer gesagt: Ich bin eine Missgeburt, weil das alles nicht so war, wie ich mir das vorgestellt habe, ja, dann hat man sich halt zurückgezogen, sich eingeigelt.

Hans:
Hast du dich mal verliebt früher?
Nee
Weder in Frauen noch in Männer?
Überhaupt nicht
Und ne Schwärmerei für ein Mädchen oder so? Oder hast du überhaupt nicht gewusst, ob du Männer eher bevorzugen würdest oder Mädchen, Frauen?
Ich wusste überhaupt nicht wohin, und wenn du das nicht weißt, dann möchte man auch irgendwie mit keinem zusammen sein.
Also du warst so mit dir noch im Unklaren?
Ja. (...)
So diese ganzen Jahre, was hast du da für dich gedacht, was eigentlich los ist?
(Lacht etwas verlegen) Dass ich verrückt bin, verrückt, verrückt, gehör in die Klapsmühle. (...) Ich hab immer gedacht, ich bin unnormal.

Jan:
Hast du denn in der Zeit, ich meine, Mädchen waren da [in der Mädchenschule] ja genug, dich mal verliebt?
Andauernd! (Lacht) Ja, aber wie gesagt, immer nur, nur Mädchen, ich hatte ja jetzt auch viele zur Auswahl, über 30 in meiner Klasse (lacht).
Hast du das denn geäußert?
Nein!

Sichtbar werden in diesen Schilderungen immer wieder die immensen Irritationen, die Unmöglichkeit, die eigenen Gefühle in die Vorgaben des sozialen Umfeldes einzuordnen. So verwundert es auch nicht, wenn die Mehrzahl der hier befragten Männer es auch mit erotischen Kontakten zu Männern versuchte und dass sechs der acht Männer, die in ihrer Jugend derartige Kontakte aufnahmen, dies taten, um der Konvention zu genügen. Viele von ihnen hofften, hierdurch ihr Anderssein vielleicht doch noch zu überwinden, der Norm zu entsprechen und als heterosexuelle Frau mit einem heterosexuellen Mann leben zu können:

Eike: Weil man wirklich gedacht hat, man hat einen auf der Pfanne, das ist nicht normal, das muss man doch mal ausprobieren. (...) Weil ich dachte, jetzt musst du doch mal.

Benno: Versuch mal, irgendwas muss ja da nicht normal gewesen sein, hab ich gedacht.

Felix: Ich wusste ja gar nicht, was mit mir los war, und da hab ich gedacht: Freund, gucken wir mal.

Jan: Um mir zu beweisen, (...) du kommst schon auf den Geschmack. Und eben auch, um den anderen zu beweisen: Gut, ich bin genauso wie ihr. (...) Ich hab mir ja dann zwischendurch auch eigentlich immer gedacht: Ich schaff das schon, (...) andere können das auch, als Frau leben, und warum sollst du das dann nicht auch schaffen, mit nem bisschen guten Willen, klappt das schon.

Marc: Dann hab ich da halt gedacht: Ja, vielleicht versuchst du das mal einfach, (...) vielleicht kannst du doch noch alles irgendwie umreißen.

Kurt, der allerdings nie erotische Kontakte zu Jungen oder Männer aufnahm, kannte ähnliche Überlegungen:

Kurt: Du wirst, automatisch wirst du schon auf Männer stehen, hab ich mir gedacht. Ist nicht! eingetroffen, aber ich hab irgendwann mal gedacht: Na klar, es kommt jetzt.

Interessant ist, wie jede dieser Schilderungen um nahezu identische Begriffe kreiste. Alle hingen sie mit dem Reflektieren ihrer Situation zusammen, immer taucht der Begriff „hab ich gedacht" auf. Ganz offensichtlich also trieb hier keinen der Betroffenen ein spontanes Gefühl, ein Verliebtsein in einen Jungen oder Mann, also die Aufregung einer erotischen Anziehung zu diesen Annäherungsversuchen. Vielmehr beschäftigten sie sich eher verzweifelt mit ihrer so massiv veränderten Situation und suchten gezielt nach einer Lösung zwischen den eigenen Gefühlen und dem Druck der sozialen Norm. Am Ende aber gingen nur drei der sechs Männer tatsächlich einen im engeren Sinne sexuellen Kontakt mit einem Mann oder Jungen ein und von den elf interviewten Männern erlebte nur Gerd eine zeitweise positive Sexualität mit einem Mann.

Drei der Männer (Ahmed, Marc und Kurt) konnten mit einer gewissen Hartnäckigkeit und einem fast schon naiven Selbstbewusstsein bereits in ihrer frühen Jugend - nämlich schon mit etwa zwölf Jahren - erotische Beziehungen zu Mädchen aufbauen. Diese Kontakte erlebten sie selbst und auch die be-teiligten Mädchen als heterosexuelle Beziehung, also als einen Kontakt zwischen einem Jungen und einem Mädchen. Dies ist umso erstaunlicher, als die jeweiligen Freundinnen um ihre nach herkömmlichen Maßstäben weiblichen Körper wussten. So gelang es diesen drei Männern offenbar schon sehr früh zumindest partiell, ihr Identitätserleben auch in einer intimen Situation gegen die mächtigen Zuschreibungen auf ihren Körper durchzusetzen. Wichtig war dabei offenbar immer, dass der Betroffene vor der ersten Intimität seine männliche Identität durch entsprechendes Auftreten bewiesen hatte. Die Mädchen hatten ihn also bereits eindeutig als Jungen wahrgenommen, selbst wenn sie um seine körperliche Weiblichkeit wussten. Mit einem spitzbübischen Lächeln erläuterte mir Ahmed sein Vorgehen:

Ahmed: Ich hab mich erst verliebt und dann hab ich das auf ne freund-
schaftliche Ebene gebracht (lacht).
Ist das auch leichter?
Es ist leichter!! Du bist mit der Person erstmal befreundet und die mag dich dann auch. (...) Und wenn du das jetzt veröffentlichst, du kriegst dann nicht sofort einen Tritt und sagt: Nee, jetzt möcht ich nicht mit dir zusammen sein. Die überlegen sich das dann auch und später, wenn die dich als Mensch lieben, dann klappt das. (...) Ich hab die geküsst, und dann kam kein Ton mehr.

Kurt dürfte es, wie schon deutlich wurde, nicht besonders schwer gefallen zu sein, als Junge durchzugehen. Von früh auf schon wurde er als solcher wahrgenommen:

Kurt: *Da warst du ja eigentlich noch ein Mädchen, oder hat die dich als Jungen gesehen?*
Die ham mich ja immer alle als Jungen gesehen, schon im Kindergarten, also ich war immer in dieser Jungenrolle, im Kindergarten schon.
Wussten die das nicht?
Natürlich, natürlich, natürlich wussten die das, nur ich denke, weil ich halt von Anfang an.

Auch Marc gehörte zu denjenigen, die entweder das Glück hatten, von Seiten der Erziehungspersonen nicht nachhaltig in die Mädchenrolle gedrängt worden zu sein oder die aus anderen Gründen schon früh ihre männliche Identität durchsetzen konnten, und zwar bis hinein in die Welt erotischer Kontakte:

Marc: *Weißt du denn, wie das für die jeweils anderen Mädchen dann war, haben die sich lesbisch gefühlt?*
Nee, auch nicht, also die ham in mir halt auch immer den Jungen gesehen.
Obwohl sie es ja wussten.
Ja, aber die ham halt immer gesagt: Ja, Maja ist, ist eben ein Junge. Die ham das auch so gesehen, (...) weil ich mich halt immer so verhalten hab. (...)
Hast du der das sofort gesagt, als ihr euch kennen gelernt habt oder quasi erst im Bett?
(Lacht) Nee, das hab ich ihr erst später gesagt. Wir ham uns vorher so ein paar Mal getroffen, ohne dass irgendwas war. Und dann hab ich sie halt so ein bisschen ausgefragt, weil, sie hatte, glaub ich, irgendwas im Fernsehen gesehen, weiß ich nicht, was sie denn davon hält und so und dann sagte sie, ja, fände sie nicht schlimm. Ja, und dann hab ich ihr das gesagt, dass ich! das auch wär. Und dann hat sie mir erst mal nen Vogel gezeigt, das wollte sie gar nicht glauben. Ja, und dann fand sie das dann auch nicht schlimm, ne.

Obwohl die meisten anderen der interviewten Männer, wie sie erzählten, ebenfalls schon damals durchaus als Jungen auftraten, mag ihnen die Sicherheit gefehlt haben, diese Identität offensiv auch in einer intimen und damit außerordentlich fragilen Situation voller Verletzbarkeiten darzustellen und durchzuhalten. So bezogen sich dann auch viele, nämlich sechs der Männer, auf meine Frage, *ob sie manchmal traurig seien über die Zeit und die Erlebnisse, die unwiederbringlich verloren sind,* vor allem auf entgangene erotische Erlebnisse. Und hierzu gehörten auch Ahmed, Kurt und Marc, die ja durchaus frühe Erfolge bei Mädchen vorweisen konnten. Dies unterstreicht, um wie viel frustrierter die anderen gewesen sein bzw. wie sehr sie sich zurückgenommen haben mussten:

Eike: Die Pubertät, das schon manchmal, weil, wenn sie so erzählen, weiß der Geier, was sie früher so alles abgeschleppt haben, das konntest du ja alles nicht mitmachen, das ist irgendwie eine geklaute Kindheit (...) *Kindheit oder Pubertät?* Nee, Pubertät!

Kurt: Ja, immer! Immer! *Was fehlte z. B.?* Ja, z. B., dass ich eh, (...) dass ich dann so gewisse Sachen halt nicht erlebt habe, wie z. B. jetzt das, ja, ich werd das zwar auch haben, wenn ich dann [nach dem Penisaufbau] mit Karin z. B. schlafe oder so, aber so das erste sexuelle Austauschen, wenn man ganz jung ist, man verhält sich ja ganz anders, (...) wenn man wirklich noch son junger Kicker ist, so zwölf oder 13, was weiß ich, ich denke das ist schon! ne tolle Sache, und dass ich das nicht erleben konnte, ist schon ein bisschen traurig.

Marc: Ja! Doch, ich sag mal, (...) mir ist halt auch viel verloren gegangen, weil ich mich immer verstecken musste oder so. Und das finde ich dann schon traurig. *Was meinst du, was ist dir verloren gegangen?* Ja halt so diese natürliche! Entwicklung zu anderen, so Frauen! gegenüber und so. Das find ich dann schon schade.

Dirk, Lars und Benno schilderten ähnliche Erfahrungen, während Ahmed und Hans ihre Trauer nicht direkt auf entgangene erotische Erlebnisse richteten. Und Jan und Gerd relativierten: Ihre Trauer sei früher schlimmer gewesen. Nur Felix meinte, er könne - nach dem operativen Penisaufbau - ja alle verlorenen Erfahrungen nachholen.

Bagatellen

Wie bei Ahmed, Kurt und Marc schon deutlich wurde, stuften diese rückblickend ihre Beziehungen zu Mädchen bzw. Frauen in der Pubertät und als Heranwachsende nicht als lesbische, sondern als heterosexuelle Kontakte ein. Diese Zuordnung zur Heterosexualität geschah, wie auch für die anderen befragten Männer, nicht nur beiläufig, sondern war für die befragten Männer offenbar von Identität stiftender Bedeutung. Und ebenso wichtig schien es ihnen zu sein, etwaige Kontakte zu Männern damals und auch später in ihrer Bedeutung herunterzuspielen. Diese in allen Gesprächen auftauchende Tendenz kann man schon als Bagatellisierung solcher Erfahrungen bezeichnen. Zwar dürften sie für die meisten Befragten tatsächlich nicht von zentraler Bedeutung gewesen sein, dennoch aber werden sie ein gewisses Ausmaß an Gefühlen und Lebenszeit gebunden haben.

Im Folgenden einige Schilderungen, die das Ausmaß dieser Bagatellisierung verdeutlichen. Einbezogen wurden auch entsprechende Erlebnisse und Bewertungen aus späteren Lebensphasen:

Ahmed: Dann hab ich gemerkt: Sie allein war lesbisch. Ich habe mich nicht sehr! wohl gefühlt in der Rolle mit ihr zusammen als Mann. (...) Die ham zu mir ne Beziehung immer als Mann gehabt. (...) Ich hab ja immer die männliche Rolle gehabt, weil die ja nicht sehr viel von mir gesehen haben.

Benno: *Siehst du das denn so, dass ihr da ne lesbische Beziehung hattet? [mit über 20]*
Nee, eigentlich würd ich's nicht so sehen.
Und was denkst du, wie sie das gesehen hat?
Sie hat das sicherlich auch nicht so gesehen. (...)
Davor hattest du ne Beziehung mit nem Mann
Beziehung kann man dazu nicht sagen. (...) Das war son Ausrutscher. (...)
War der denn schwul oder hetero?
Der war nicht schwul!
Also hat der dich als Frau gesehen?
Mhm, was ich gar nicht verstehen konnte zu dem Zeitpunkt. (...)
Hast du dich denn in dem sexuellen Akt als Frau erlebt?
Nee, eigentlich nicht, eigentlich war das gar nichts für mich so. Das kann ich jetzt so schlecht beschreiben. Kann ich nicht sagen, dass ich da als Frau war oder als Mann.

Eike: Ich wusste auf jeden Fall, dass ich nicht lesbisch bin! Ich weiß nicht, wie ich das erklären soll, aber ich wusste es!

Felix: So mit 18 kam mir so der Gedanke: (...) Bist du lesbisch? Aber irgendwie konnte ich mich da auch nicht rein versetzen, konnte ich mich nicht mit anfreunden. Ich wollte immer irgendwie so den Stand von nem Jungen haben. (...) Damals hieß es ja noch: Lesbisch, hmmm (abwehrende Gestik und Mimik). (...) Und ich wollte nicht in diesen Ruf stehen wahrscheinlich, ehh, und dann hab ich mir auch den Körper von nem Jungen gewünscht. (...) Das war mit 17, das war der erste richtige Freund, mit dem ich dann auch intimer wurde, das hatte ich ja schon erzählt, das war gar nix.

Also einmal zusammen geschlafen?

Ja, war nix. (...) Ich hab es dann noch mal mit nem neuen versucht, aber das war es auch nicht. Also das war es gar nicht! (...) Ich kam mir komisch vor, als ob wir beide das gleiche Geschlecht hätten. Wobei das war's ja nun nicht, aber ich kann's gar nicht richtig erklären, das war nur ein komisches Gefühl.

Hattest du denn damals bei beiden das Gefühl, es ist eine heterosexuelle Beziehung oder war es eine schwule Beziehung?

Ich hab mir eingeredet, es ist ne Heterobeziehung, aber das Gefühl sagte mir irgendwas anderes, dass es doch ne Schwulenbeziehung. (...)

Aber die waren nicht schwul?

Nee, beide nicht, beide nicht.

Gerd: *Was war das denn für eine Sexualität? Mit dem Mann war es ja Heterosexualität, da warst du ne Frau, oder wie hast du dich da erlebt?*

Das ist die Frage, die ich bis heute weder mit Ja noch mit Nein beantworten kann, also ich müsste lügen oder es wäre eben nicht ganz der Wahrheit entsprechend, wenn ich sagte, ich hab mich nicht als Frau erlebt, sondern als Mann. Also ich hätte sie damals auf keinen Fall als schwul definiert. (...) Für mich war es nicht so klar, ich hab es einfach gemacht. (...) Ich war ich, Punkt. (...) Also ich hab es einmal, also ausprobiert mit (...) einer Frau, die sich wirklich auch als lesbisch selbst sieht. (...) Das war ein Wochenende, das war es aber irgendwie nicht, ansonsten waren es nur Frauen, die sich, die heterosexuell gelebt haben. (...)

Und wie hast du dich mit den Frauen gefühlt, warst du da Mann, Frau oder auch wieder ich, wie du sagtest?

Ich hab mir zu dem Zeitpunkt, kann ich mich einfach nicht direkt erinnern, ob ich mir die Frage gestellt habe. (...) Ich kann mich aber rückwirkend an mein Auftreten und mein Gebaren erinnern. Das war eindeutig männlich.

An anderer Stelle räumte Gerd differenzierend ein auf meine Frage: *Es war ja eigentlich eine lesbische Sexualität oder wie hast du es erlebt?*

Gerd: Ich habe das von meinem Kopf her, von meinem Wissen, weil, irgendwann war mir dann klar, wie ich so zwei Sachen, da konnte ich ja vergleichen, und habe es auch eingeordnet, in ein System eingeordnet. So von der Vorstellung, vom Wissen her hab ich das als lesbische Beziehung definiert.

Hans: Ich hatte mal en Kumpel, der hat mich irgendwann mal angefasst, da war ich noch ne Frau, und das fand ich so widerlich, da bin ich abgehauen! (Lacht etwas)
Also der hat dich quasi als Frau angefasst?
Ja, der hat den Arm um mich gelegt, ich sag mal: Nähh! jetzt musste aber gehen! (Lacht) (...)
Hast du denn mal für dich ne Zeit gehabt früher, wo du dachtest, lesbisch zu sein?
Nee, höchstens schwul, wo mich mein Kumpel angepackt hat (Lacht). (...) (Schüttelt sich vor Ekel) Widerlich! (Lacht)

Jan: *War das denn für dich doch irgendwie eine lesbische Beziehung? [mit über 20]*
Ehhh, ja und nein, also auf der einen Seite schon, weil es waren nun mal irgendwie zwei Frauen, aber auf der anderen Seite, ich fühlte mich nicht so, sie wollte eher nen Mann. (...) Sie ist jetzt mittlerweile verheiratet. (...) [Bzgl. Petting mit Männern] Wobei ich nie irgendwie Anstalten gemacht hab, irgendwas, eh, näher zu erkunden, das war mir also völlig (lacht laut) gleichgültig, das hat mich überhaupt nicht gereizt, gar nicht. (...) Und da hab ich mal eine Nacht mit nem Mann verbracht,
aber eben, da hab ich zwar schon Hormone und so gekriegt, aber war noch als Frau. Und das fand ich also schon fürchterlich ätzend (lacht etwas verlegen).
War das ein schwuler Mann?
Nee.
Der hat dich auch als Frau gesehen?
Nee, der wusste das und eh, ich glaub, irgendwie hatte der auch son paar andere Vorstellungen oder so von sich. (...) Der war erstmal körperlich normal, das fand ich schon ziemlich ätzend. (...) Also das war auch nicht, weil ich ihn attraktiv oder interessant fand, sondern weil ich dachte: Einmal richtig, sonst bereust du es vielleicht, dass du es nicht gemacht hast.
Also ihr habt richtig zusammen geschlafen?
Ja, also nicht weil ich, das war auch wirklich nur (lacht) darauf angelegt und das hatte auch nix mit, mit Gefühlen oder toll finden oder attraktiv oder so zu tun, sondern einfach völlig berechnend. (...)

Hat es irgendwann mal eine Zeit gegeben, wo du dich als Lesbe gesehen hast oder überlegt hast, dass es so sein könnte?
Ich hab z. T. drüber nachgedacht, ob es denn so ist, weil (...) bist du mal wieder verliebt, (...) dann überlegt man natürlich, woher kommt das. Aber ich musste auch wirklich immer erst drüber nachdenken, da ist was nicht richtig, es war für mich normal, dass ich eben Frauen toll fand. (...) Also, ich war dann mal auch auf so komischen Partys, eh, eh, so [Name einer Lesbenorganisation] oder irgendwie was. Aber, eh, da hab ich, also nee. Außerdem sind die meisten lesbischen Frauen, die finde ich eher unattraktiv, also (lacht). (...) Außerdem wollte ich auch Frauen! (...) Frauen, die ich attraktiv fand, das waren in Anführungsstrichen ganz normale! Frauen, Frauen, die eben ganz normale Männer wollten.

Kurt: Also ne lesbische Beziehung hatte ich mein ganzes Leben noch nicht, also ich hatte, das heißt, ich hatte einmal ne Beziehung, da hab ich im Nachhinein erst erfahren, dass sie wohl auch ganz gerne mal mit Frauen, obwohl sie mich! nicht als Frau gesehen hat. Ich war für sie ein Mann.

Lars: *War das denn ne lesbische Situation für dich oder nicht? [Mit Ende 20]*
Nein! Nee, in keinster Weise, also ich war glücklich. (...) Sie hat mich auch immer mehr als, zwar, ich war dann noch Lisa, (...) aber sie hat immer mehr gesagt, ja, du könntest auch als Junge durchgehen oder als Mann oder so. (...)
Hast du dich denn damals, als du mit den Männern zusammen warst, als heterosexuell empfunden?
Gar nicht! Ich hab ja meine Sexualität auch gar nicht empfunden!

Marc: *War das denn ein heterosexueller Mann? Also hat er dich als Frau gesehen? Oder war der schwul?*
Ja, das weiß ich auch nicht (lacht). Ich hab halt immer so gedacht, weil ich halt auch schon so aussah, hab ich gedacht: Mein Gott, dann muss er vielleicht irgendwie schwul sein oder so. (...)
Gab es denn dann irgendwann nochmal eine Situation, dass du dann dachtest oder dass es von der Partnerin kam, dass es einen lesbische Situation ist?
Nee, (...) war immer ganz klar. (...) Ja, kam von beiden Seiten aus.

Sicherlich haben viele der Männer in vielen der beschriebenen Situationen ein beträchtliches Unbehagen mit sich und ihrem Körper sowie verwirrende Irritationen über ihre sexuelle Orientierung empfunden. Bemerkenswert ist freilich, wie wenig sie sich bei diesen Rückblicken in der Lage sahen, sich genau diese Ambivalenzen zuzugestehen. Vielmehr zielten ihre Schilderungen auf eine Eindeutigkeit ab, die zur damaligen Zeit nur bei wenigen der Befragten oder doch in nicht allen Situationen so bestanden haben kann. Immerhin war ja schon zu erkennen, wie sehr sie sich seinerzeit als außerhalb jeglicher geschlechtlicher Konventionen stehend erlebten. Und solche Gefühle sind selten von Eindeutigkeit, sondern in der Regel von Verwirrung begleitet.

Dennoch war es den befragten Männern, ähnlich wie schon beim weitgehend vergessenen Mädchensein, offensichtlich wichtig, sowohl ihre - jeweils an ihrem damaligen Körper gemessenen - lesbischen als auch ihre heterosexuellen erotische Erfahrungen als unbedeutsam darzustellen bzw. sie als an ihrem gewünschten Körper orientierte einzustufen. In den Gesprächen hatte ich oft das Gefühl, es war ihnen richtiggehend peinlich, mit mir über diese Themen zu sprechen, etwa, wenn sie einräumen mussten, dass der frühere männliche Partner nicht schwul war, dass er diese Beziehung als heterosexuelle einstufte oder sich eine Freundin eventuell doch als lesbisch empfand.

Auch derartige erotische Beziehungen schienen die befragten Männer also in ihrem jetzigen Mannsein infrage zu stellen. Durch eine Biografie mit lesbischen Phasen oder heterosexuellen Beziehungen zu Männern befürchteten sie offenbar, ihre heutige Glaubwürdigkeit als Mann zu gefährden. Lediglich eine als schwul definierte Beziehung greift nicht störend in ihr Selbstkonzept ein, sondern wird vielmehr gerade - anders als im Übrigen von den meisten geborenen heterosexuellen Männer - als Nachweis ihrer männlichen Identität gewertet.

Entsprechende lesbische und heterosexuelle Phasen stellen aber nicht nur die Geradlinigkeit ihres Weges zum Mann infrage, sondern suggerieren darüber hinaus ein zeitweises Hinnehmen des Frauseins sowie des eigenen Körpers als weiblichen. Gegen diese nicht erwünschte Ausrichtung ihrer Körpererfahrung beschrieben und betonten die Männer in Bezug auf erotische Situationen mit Männern, wie sie dort ihren Körper nicht spürten oder deren Berührungen als nichts sagend bis außerordentlich unangenehm erlebten. Und hinsichtlich ihres Kontaktes zu lesbischen Frauen hoben sie hervor, wie unstimmig für sie das lesbische Begehren und lesbische erotische Handlungen waren. Ist der Körper im Rückblick auf diese Erlebnisse schon nicht als wirklich männlicher darzustellen, so soll er doch zumindest nicht als weiblicher oder weiblich gewollter erscheinen und agieren.

Gerd: Also da hab ich das erste Mal gemerkt, (...) dass das komisch ist, dass mir das peinlich ist, (...) es war mir unangenehm, dass sie mich so sieht, wie ich bin, und nicht so sieht, wie ich mich eigentlich fühle.

Der Blick lesbischer Frauen und heterosexueller Männer ist in der Lage, die Wirklichkeit der eigenen Körpererfahrung zu gefährden oder sie gar zu vernichten, und dies nicht nur in der aktuellen erotischen Situation, sondern auch in der Rückschau auf solche Erlebnisse. Und grundsätzlich hat die Angst vor solch einer Gefährdung ihre Ursache nicht in der Überempfindlichkeit der Betroffenen, sondern in den engen Normierungen ihres sozialen Umfeldes und in dessen oft noch weit reichender Ignoranz, auch brüchige Lebensgeschichten Transsexueller zu respektieren.

Allgemein ist davon auszugehen, dass die Pubertät von einer noch größeren Orientierungslosigkeit geprägt war, als dies die Schilderungen der Befragten vermuten lassen. Schon der allgemeinen Norm entsprechend empfindende Jugendliche haben in dieser Zeit beträchtliche Kämpfe um ihre Identität und ihre sexuelle Initiation auszufechten. Umso mehr ist dies von Menschen anzunehmen, die in so bedeutenden Bereichen wie dem der geschlechtlichen Identität und der sexuellen Orientierung vollkommen aus der Bahn geworfen werden. Deshalb wird auch kaum einer der Befragten damals schon eine so sichere Geschlechtsidentität und sexuelle Orientierung entwickelt bzw. gegen alle Angriffe verteidigt haben, wie es in manchem Rückblick auf diese Zeit erscheint. Vielmehr ist anzunehmen, dass die heutige, gesicherte männliche Identität der Teilnehmer der Kompass ist, mit dessen eindeutiger Ausrichtung sie sich durch ihr damaliges Leben schiffen.

Zwei Wirklichkeiten

1. Entdecken und Behandeln des Transsexuellen

Die spezifischen Irritationen der transsexuellen Männer in der Zeit der Pubertät und z. T. schon in der Kindheit rührten daher, dass diese ihre eigenen Gefühle, ihr Identitätsempfinden, nicht in eine sinnhafte Beziehung setzen konnten zu dem, was sie um sich herum beobachteten: Sie sahen Mädchen, die begannen, sich erotisch für Jungen zu interessieren; Jungen, die sich in erotischer Absicht Mädchen zuwandten; erlebten eine zunehmende Bedeutung des Körpers für den zwischengeschlechtlichen Austausch; Gleichaltrige, die genau dieser Ausrichtung in körperlichem Erscheinungsbild, geschlechtlicher Identität und sexueller Orientierung entsprachen, die ihren Körper dahingehend betonen und nutzen lernten und mit den Jahren zunehmende Selbstsicherheit gewannen; Eltern, die Wert darauf legten, dass auch ihre Tochter sich in diese Kategorien hineinfindet, Unverständnis für ihre Weigerung oder ihr Misslingen, Druck in Hinblick auf passende Kleidung, Frisur, Aussehen, Benehmen, Hobbys, Umgang und so weiter und so fort. Alles in allem verengen sich die Zuschreibungen ab der Pubertät immer mehr, die sozialen Zwänge werden immer größer, ein transsexuelles bzw. transidentes Empfinden erscheint zunehmend unpassender. Was sich vorher vielleicht noch in diffusen Randbereichen entfalten konnte oder zumindest partiell lebbar blieb, fällt nunmehr immer öfter über die Ränder hinaus in ein soziales Nichts, begleitet von Verunsicherung, Vereinsamung, Selbstzweifeln und Selbsthass.

Michael Meuser beschreibt, sich auf Goffman beziehend, die Tragweite solcher Erfahrungen: „Wenn [...] Geschlecht die wichtigste Quelle der Selbstidentifikation ist, steht zu erwarten, dass eine fundamentale Unsicherheit über den eigenen Geschlechtsstatus Auswirkungen hat, die auf die gesamte Existenz der Person übergreifen [...So] gerät die habituelle Verunsicherung tendenziell zu einer Gefährdung ontologischer Sicherheit. [...] Die Ungewissheit über die eigene Position in der Geschlechterordnung greift auf andere soziale Zusammenhänge über. Unsicherheit wird zu einer sozialen Basiserfahrung" (Meuser 1998, S. 300f). Die Irritationen des Transsexuellen überspannen in jeder Hinsicht seinen gesamten Erfahrungshorizont. Sie berühren jeden sozialen Bereich ein, weil es keinen Lebensbereich gibt, in dem das Geschlecht eines Menschen keine Bedeutung hat. Die nun durchgreifende soziale Basisübereinkunft, mit der sich der Transsexuelle konfrontiert sieht und auf die die Geschlechterordnung grundlegend baut, besagt, dass es der Körper ist, der maßgeblich für die geschlechtliche Identität und die sexuelle Orientierung sein soll. Gerade der für den Transsexuellen so prekäre Körper, das körperliche Mannsein und das körperliche Frausein, sollen also festlegen, ob jemand als Mann oder als Frau gesehen wird und wie seine Partnerschaften zu bewerten sind: als heterosexuelle oder als homosexuelle. Auf dem Erfahrungshintergrund einer solchen Bedeutung des Körpers muss in dem Betroffenen das Gefühl wachsen, dass es nur eine Lösung seines Dilemmas gibt: Hätte sein Körper das von ihm gefühlte Geschlecht, nämlich das eines Jungen bzw. Mannes, wäre alles in Ordnung, dann wäre er normal, integriert und richtig. So entsteht die Ideologie vom Körper, der ein falscher ist und Schuld ist an den ganzen Problemen, so entsteht die Ideologie vom „falschen Körper", in dem der Transsexuelle steckt. Falsch aber ist ein Körper nur gemessen an der sozialen Übereinkunft, dass man in dieser Gesellschaft einen ganz bestimmten Körper benötigt, um als Mann oder als Frau zu leben, dass der Körper Maßstab für diese Einordnung ist. Diese Ideologie bedarf immer neuer Verschleierungen, um ihr eigenes Scheitern zu verbergen. Dieses Scheitern nämlich zeigt sich gerade an der Verwirklichung des Transsexuellen zum Mann hin, ist dieser doch in letzter Konsequenz auch ohne den entsprechenden Körper ein Mann.

Aufgrund der nicht zu entrinnenden Bedeutung des Körpers für das Geschlecht eines Menschen aber konzentriert sich das Leiden und die Suche des Transsexuellen nach einem Ausweg zunehmend auf den „falschen Körper", den er meint zu haben. Das Gefühl des Falschseins reicht bis hin zu der von Meuser beschriebenen Gefährdung ontologischer Sicherheit, die ja ein Herausfallen aus der Sicherheit und Sinngebung wesentlicher sozialer Bezüge ist. Eine derart tief greifende soziale Grenzerfahrung kann jeder Mensch nur für begrenzte Zeit ertragen, er muss in irgendeiner Form eine Lösung finden. Und auf der Suche nach dieser Lösung, nach der Verwirklichung einer oft noch diffusen männlichen Identität, stößt der Transsexuelle irgendwann im Laufe der Jahre mehr oder weniger plötzlich und überraschend auf die Bezeichnung für das, was er schon so lange empfindet, auf die Kategorie des Transsexualismus. Diese „Entdeckung" ist eine wesentliche Erfahrung im Leben eines jeden Transsexuellen: Er ist transsexuell, so etwas gibt es wirklich. Diese Bezeichnung ermöglicht ihm und seiner immer gefühlten Wirklichkeit eine Anknüpfung an die soziale Realität und eine reale soziale Existenz, wie er dies vorher nicht kannte. Seine Wirklichkeit wird ihm damit einerseits als legitime und sozial andere bestätigt, gleichzeitig wird ihm jedoch schon über den Begriff (*trans*sexuell) suggeriert, dass diese Wirklichkeit nur als Übergangsstadium erwünscht ist. Geknüpft an die Ideologie vom falschen Körper wird dem Transsexuellen als Lösung und Auflösung seines Dilemmas also angeboten, diesen Körper an das von ihm gefühlte und sozial oft schon gelebte Geschlecht anzupassen: Vermännlicht er auch seinen Körper, sind die anderen bereit, sein Mannsein anzuerkennen. Die Akzeptanz dieser Lösung bedeutet vordergründig eine Vereinnahmung seiner widerspenstigen Wirklichkeit durch die soziale Realität aller anderen, der Transsexuelle übernimmt die These vom „falschen Körper". Faktisch durchgesetzt hat sich aber die jahrelange Wirklichkeit des Transsexuellen. Sie beinhaltet und beweist, dass das Geschlecht gerade nicht vorrangig vom Körper her bestimmbar, sondern eine soziale und emotionale Kategorie ist.

Die Entdeckung, transsexuell zu sein, also die Entdeckung, dass eine solche Kategorie überhaupt existiert, machen Transsexuelle in ganz unterschiedlichen Lebensphasen, abhängig von vielerlei Umständen, wie Elternhaus, Freundschaften, dem sozialem Umfeld und insbesondere dem Zugang zu Medien wie Zeitschriften und Fernsehen. In der jüngeren Generation, der auch die von mir interviewten Männer angehörten, stoßen die Betroffenen hauptsächlich durch Berichte in den Medien auf diese überlebenswichtige Entdeckung. Das Tabu scheint inzwischen offenbar so weit gebrochen zu sein, dass transsexuell Empfindende hier auf Identifikationsfiguren ihrer eigenen Wirklichkeit treffen.

Neun der elf von mir interviewten Männer entdeckten die Kategorie Transsexualität durch die Medien, sechs davon zuerst über Berichte im Fernsehen, zwei über die Zeitschrift „Bravo", einer über eine Tageszeitung. Einer der Männer erhielt Informationen über einen Psychologen in einer Rehabilitationsmaßnahme und einer konnte sich nicht an eine spezielle Informationsquelle erinnern. Die Medien, speziell das Fernsehen, haben also offenbar eine große Bedeutung bei der Darstellung anderer Lebensmöglichkeiten. Direkte Bezugspersonen wie Eltern und Lehrer tauchten zumindest bei den von mir befragten Männern diesbezüglich nicht auf. Im Gegenteil ist aufgrund der Schilderungen der meisten von ihnen davon auszugehen, dass sie die normierte Realität so lange und massiv wie möglich gegen die Wirklichkeit des Transsexuellen vertraten und ihn auf diese umzuorientieren versuchten.

Sieben der elf von mir interviewten transsexuellen Männer kamen erstmals bereits in ihrer Kindheit oder Jugend, also etwa bis zu ihrem 20. Lebensjahr, mit der Bezeichnung „transsexuell" oder einer diffuseren Benennung ihrer spezifischen Gefühle in Kontakt. Zwei weitere waren 22, die verbleibenden zwei schon etwa 30 Jahre alt.

Vier dieser sieben Männer - Gerd, Dirk, Jan und Marc - wurden schon im Kindesalter, also bis zum 13. Lebensjahr, hierauf gestoßen (die drei anderen mit 15/16, 17 und 19/20). In Gerds Erinnerung zeigte sich dabei auch damals schon der Bezug zum nicht stimmigen Körper, während die anderen drei ihre Gefühle und die entdeckte Zuordnungsmöglichkeit nicht direkt auf ihre körperliche Situation bezogen, dies zumindest nicht gesondert erwähnten. Dies könnte die im vorigen Kapitel gewonnene Erkenntnis bestätigen, dass der Körper in der Kindheit für die Geschlechtszuordnung noch nicht eine solch exponierte Rolle spielt wie dann ab der Pubertät.

Bei Gerd wie auch bei Marc hatte die Entdeckung der Transsexualität darüber hinaus etwas emotional recht Selbstverständliches, nicht sehr Aufwühlendes. Tendenziell scheint sich die emotionale Beteiligung zu verstärken, je älter die Betroffenen zum Zeitpunkt der Entdeckung sind. Hier zunächst Gerd zu seiner frühen Konfrontation mit dem Transsexuellen:

Gerd: *Wann kam denn für dich überhaupt mal das Thema, der Begriff, transsexuell zu sein?*
Also es gibt bewusst eigentlich drei Stationen, an die ich mich erinnern kann, dass ich den Begriff kenne und auch was es bedeutet, also natürlich nicht die Bedeutung, die ich jetzt natürlich kenne, aber was es überhaupt heißt, das muss ungefähr mit sechs oder sieben gewesen sein, dass ich es das erste Mal wusste.
Diesen Begriff?
Ich weiß gar nicht, wie das, wie wir das als Kinder so bezeichnet haben. Man kann sich umoperieren lassen, genau, so hieß das.
Wodurch kam das?
Ja, das war ja ganz witzig. (...) Wir waren zu dritt oder zu vier und alles Jungs, also ich im Nachhinein jetzt natürlich auch und ham uns im Garten gespielt. (...) Und einer von denen, (...) hat mir erzählt, er hätte im Fernsehen gesehen, da wär ne Frau gewesen, die hätte sich umoperieren lassen. Und da habe ich drauf geantwortet: Ich lass das auch machen und dann hat Christoph gesagt, dann wirst du aber nicht stärker, dann hab ich gesagt, das macht nichts, ich bin stark genug.
Das weißt du noch ganz genau?
Ich hab dieses Bild noch vor Augen, wie wir da springen und uns unterhalten darüber, und da wusste ich das und war mir dem auch ganz sicher, und diese Sicherheit hab ich in der Pubertät verloren, also so ab zehn, denke ich, da war das nicht mehr da, dass ich mir darüber Gedanken gemacht hätte.

Die Leichtigkeit der Situation ist verblüffend, ebenso bezeichnend aber ist, wie lange es, nachdem sich die Schwere des ungebetenen Körpers auf ihn gelegt hatte, dann noch dauerte, bis Gerd den Behandlungsprozess tatsächlich aufnahm.

Für Marc dürfte bei der Entdeckung bestätigend und beruhigend gewesen sein, dass nicht nur er sich selbst, sondern auch eine Freundin ihn als Transsexuellen - mit welchem Begriff damals auch immer - einordnete:

Marc: Irgendwann hab ich dann in der Bravo irgendwas über Transsexuelle gelesen, und dann hab ich halt gedacht: Das passt ja auf dich, ne! (...) Und dann, meine Freundin dann damals, sagt sie, ja, das passt ja zu dir, also, ne. (...)
Wie alt warst du da?
Ehm, wie alt war ich da?Ich glaub so zwölf. (...)
Was hast du dann gemacht mit dieser Information?
Ja, also, da war ich ja noch ziemlich jung und wusste auch nicht, wo ich mich jetzt dran wenden sollte und dann hab ich mich auch nicht so recht getraut, mit meinen Eltern darüber zu sprechen, und. Ja dann, phh, wusste ich das zwar und hab mich auch dafür interessiert, aber hab dann da irgendwie nichts gemacht so, also bin nicht los gegangen und hab mich informiert oder so. (...)
Warst du denn dann sicher, dass es stimmt?
Ja!
Dass es zutrifft, oder warst du dann auch mal wieder verunsichert?
Nee, ich sag mal, je älter ich geworden bin, desto mehr war ich mir dann sicher auch.

Auch Jan und Dirk stießen relativ früh auf die Transsexualität. Bei ihnen aber schienen ambivalentere Gefühle bei seiner Entdeckung durch als bei Gerd und bei Marc:

Jan: *Kanntest du denn den Begriff transsexuell z. B.?*
Also, in irgend ner Zeitung, ich weiß gar nicht, in der Bravo, ich weiß aber nicht mehr, wann das war, da stand so was mal drin, von ner Frau, nee, von nem Mann, der als Frau leben wollte. Und dann hab ich, da war ich zwölf, (...) mit meiner Mutter mal (...) sowas im Fernsehen gesehen darüber, nen Bericht, und unter anderem eben auch, auch so, so wie ich, und eh, da meinte meine Mutter, das hat mich eigentlich sehr geschockt: Guck mal, das wär doch eigentlich auch was für dich! Und deshalb glaube ich, dass meine Mutter es im Endeffekt irgendwie immer geahnt oder gewusst hat. (...)

Und dich! hat es aber geschockt, sagst du?
Ich, nein, ich wusste, dass es kam, und ich hab es deshalb auch geguckt, ich hätte es nur gerne alleine geguckt. Für mich war es eben
vorher schon klar und als ich ist dann gesehen hatte, ist mir ein Stein
vom Herzen gefallen, weil ich wusste, aha, es gibt erstens mehrere
Leute, die solche Probleme haben, ich bin damit nicht ganz alleine und
man kann vielleicht auch sogar was dagegen machen! (...) Mir! war es
eher unangenehm, weil ich, weil ich mich so ertappt! fühlte, das war
irgendwas, was man nicht machen durfte, weiß ich nicht, du rauchst
verboten und dann kommt deine Mutter rein und du schämst dich
oder was weiß ich was und so war es eben auch.

Diese nicht wenigen Transsexuellen vertraute und quälende Scham, von der
Jan hier sprach, erwächst aus dem in Peinlichkeit umschlagenden Gefühl
einer Anmaßung, wenn sie ihre ganz eigene Wirklichkeit offen gegen die
sozial akzeptierte Wirklichkeit stellen wollen.
    Dirk konnte sich nicht mehr erinnern, wie alt er war, als er das erste Mal
mit der Bezeichnung seiner Gefühle konfrontiert wurde. Aber er war davon
so aufgewühlt, dass er dieses Ereignis nicht mehr vergessen hat:

Dirk: Das hatte ich irgendwo mal im Fernsehen gehört, da war ich noch
         recht klein, hat mich das fasziniert, dass es sowas gibt, hab ich auch nie
         vergessen, dass ich sowas mal gesehen habe. Aber ich hab's erstmal
         nicht auf mich bezogen, weil es waren ja so wenig Fälle, dass ich das
         nun sein könnte.

Indem er die Möglichkeit, transsexuell zu sein, erst einmal von sich weg
schob, entging Dirk dem potentiellen Schamgefühl. Er sah es seinerzeit
wohl noch als Anmaßung an, sich dieser zahlenmäßig so verschwindenden
Minderheit und ihrer anderen Wirklichkeit zuzuordnen. Nur die Faszination
bestätigte die Affinität zu seinem eigenen Inneren.
    Sehr wichtig an der Entdeckung des Transsexuellen ist für alle Betroffe-
nen, damals schon erlebt zu haben, sich ihre Gefühle nicht bloß einzubilden,
sondern nun zu wissen, dass es „sowas" wirklich „gibt", wie Dirk es formulierte, dass es also in der Wirklichkeit der anderen eine soziale Kategorie für
ihre Gefühle gibt, die ihnen eine gewisse Anbindung an diese Wirklichkeit
gestattet. Diese Erinnerung konservieren die Betroffen mehr oder weniger
lange. Sie führt aber nicht unbedingt zu einem früheren Behandlungsbeginn
als bei Männern, die erst später auf das Transsexuelle stoßen: Dirk, Gerd
und Jan waren nämlich jeweils schon über ihr 25. Lebensjahr hinaus, als sie
die Behandlung angingen. Nur Marc begann sie bereits mit etwa 20 Jahren.

Damit war er bei Behandlungsbeginn der Jüngste unter den von mir befragten Männern. Aber auch Ahmed und Kurt, die ihren Transsexualismus erst mit 15 bis 17 Jahren entdeckten, nahmen die Behandlung schon relativ früh auf, nämlich mit 23 bzw. 21 Jahren.

Insgesamt gesehen schien die übermächtige soziale Realität die gefühlte Wirklichkeit, also die geschlechtliche Identität, der transsexuellen Männer in der Phase der Jugend und des jungen Erwachsenenseins also noch weitgehend zu dominieren. Bei Gerd z. B. zeigte sich seine Affinität zum Transsexuellen zum Ende seiner Schulzeit noch einmal, als er sich im Unterricht gezielt ein Referat zu diesem Thema aussuchte und sogar entsprechend gekleidet, in Hemd und Sakko, vor die Klasse trat. Dennoch vergingen danach noch einmal etwa acht Jahre, bis er - schon in der Beziehung zu seiner jetzigen Partnerin - ein regelrechtes Aha-Erlebnis hatte, die Transsexualität also nochmal und endgültig für sich entdeckte und nun auch in der Lage war, sie gegen die Wirklichkeit der anderen durchzusetzen:

Gerd: Ich hab diesen Film eigentlich per Zufall aufgenommen, weil ich mal so ne Zeit lang für den Konfirmandenunterricht 37° immer aufgenommen habe. Und dann hab ich diesen Video am nächsten Tag gesehen. (...) Ich bin fast in meinen Bildschirm rein gekrochen. Meine Augen wurden immer größer. Und ich wusste irgendwann, also weil der, (...) der auftritt, mir auch noch so ähnlich ist. (...) Auf einmal war das ich, war ich in dem Film. (...) Ich hab den Video zurück gespult und dreimal hintereinander geguckt! Also das war auf einmal, es war einmal sehr erregend, so das Wissen: Jetzt hab ich irgendwo was an der Hand und das ist es auch, ich kann es noch gar nicht ganz genau bestimmen, was es ist. Und auf der anderen Seite sehr erschreckend, also in der Szene selber hab ich mich am meisten erschrocken über dieses Krankenhaus. (...)
Aber das heißt, dass du das das nicht wieder vergraben hast?
Ja, also es war eine Stelle erreicht, wo sicher auch mit meinen sonstigen Lebensumständen, da waren wir beide ja schon zusammen, (...) so, die Zeit war gekommen und mir auch nicht mehr möglich, das war unmöglich!, so wie ich das vorher, denke ich, gemacht habe, es kommen zu lassen und auch sofort wieder gehen zu lassen, das war nun nicht mehr so.
Bist du es dann gleich angegangen oder wie bist du damit umgegangen?
Ich habe dann, (...) glaube ich, einige Tage verstreichen lassen. (...) Und dann hab ich Gerda gesagt: Komm, ich muss dir mal nen Video zeigen. (...) Und ab da war (...) so ne Phase des Erzählens und (...) wie son Film. (...) Mir sind so viele Sachen eingefallen, an die ich seit 25 Jahren

nicht mehr gedacht habe. (...) Ja das war erstmal ganz toll, das war ganz euphorisch. (...) Ja, und irgendwo hab ich (...) geahnt!, was auf mich zukommen würde, sozial und dass, dass, wenn ich den Weg gehe, ist das wie son Schnitt in meinem Leben und ich muss so alles auf eine Karte setzen, und ich kenne das Ergebnis nicht.

Die Wucht seines Aha-Erlebnisse deutet darauf hin, dass Gerd seine früheren Entdeckungen verdrängt hatte. Wahrscheinlich wurde die damalige Leichtigkeit und Selbstverständlichkeit seiner Wünsche über die Jahre unter der Macht des Tabus begraben. Aus einer solchen Situation heraus bedarf es eines hohen Maßes an Irritation und Verzweiflung, aber auch an Kraft und Reife, um es endlich mit der Übermacht der anderen Wirklichkeit aufnehmen zu können und zu wollen. Dass solch ein Aha-Erlebnis möglich wird, setzt beim Betroffenen psychische und soziale Realisierungsmöglichkeiten also bereits voraus, d. h. er muss grundsätzlich fähig sein, sich der Wahrheit seiner Gefühle mit all seinen sein Leben umwälzenden Konsequenzen zu stellen. Erst dann wird die Konfrontation mit dem Transsexuellen zu einem solchen Aha-Erlebnis, zu einem entscheidenden Erlebnis auf dem Weg der Aneignung und Umsetzung seiner anderen Wirklichkeit.

Auch Eike und Felix, jeweils auch schon in ihrer jetzigen Partnerschaft lebend, sowie Lars berichteten von derartigen einschneidenden Aha-Erlebnissen. Eike erzählte nicht selbst von seiner Entdeckung, aber seine Partnerin, Eva, erinnerte sich genau:

Eva: (Lacht) Da haben wir hier gesessen, auf der Couch, und haben einen Film gesehen im Fernsehen. Da hat ein Junge erzählt, er ist zwar im Mädchenkörper, aber er fühlt sich als Mann. Da haben wir beide wie fasziniert hier gesessen, haben uns angeguckt, und da hat Eike gesagt: Das bin ich auch! Und da wussten wir plötzlich, dass das Wort Transsexualität, dass es das gibt, und dass es das ist, was er eigentlich auch empfindet, ich hab ihn dann wiedererkannt auch.

Noch dramatischer schilderte Lars, wie er den Eindruck hatte, sich selbst, sein wahres Selbst plötzlich auf dem Bildschirm zu sehen:

Lars: Nee, ich hab das nicht gewusst, dass ich das so, dass es dafür ein Wort gibt, also ich hab dieses Wort nicht gekannt. So, ich hab das irgendwann mal gehört. (...) Ich hab so ne Reportage, (...) ich hab mir das mal angeguckt, das war auch ein Zufall, dass ich gerade auf diesen Kanal geschaltet habe, da lief das. (...) Und dann hab ich das so gelassen und hab gedacht: Was ist das denn!? Die reden doch da über dich! So, das kam sofort!! Sofort! Und (...) ich bin fast schwindelig geworden, weil ich hab gedacht: Die können doch nicht deine Sache da erzählen! So, ich hab gedacht, da wär hier irgendwo ein Spion gewesen oder so, weißt du, das war schon heftig, diese Erfahrung, also das muss ich echt sagen, aber ich war froh, ein Wort dafür zu haben.

Auch in den Befragungen von Holly Devor beschreiben die Betroffenen mit fast identischer Wortwahl, wie sie meinten, sich selbst, ihr eigenes Ich, Berichte über ihr eigenes Leben zu sehen oder zu lesen (Devor 1999, S. 353ff). Die scharfe Konturierung dieser Identifikation ist kein Zufall, beweist sie doch die so deutliche Andersartigkeit der transsexuellen Wirklichkeit gegenüber der Realität des sozialen Umfeldes. Erst durch die Kategorie „Transsexualität" nimmt die langjährige Wirklichkeit der Betroffenen Gestalt an, der zur Verfügung gestellte Begriff beweist ihnen, dass es ihre Identität mit diesen Gefühlen tatsächlich gibt und geben darf. Er verleiht den Betroffenen eine reale Existenz und eine Biografie, in der Tat ein Vorgang von ontologischer Dimension. Dieser Begriff und das Leben anderer Transsexueller legitimieren die nicht zu vernichtende Wirklichkeit des transsexuellen Erlebens.

Hans hatte wohl schon die Hoffnung aufgegeben, seine Gefühle jemals realisieren zu können, als ihn ein Psychologe in die Transsexuellensprechstunde einer Klinik schickte. Erst dort wurde seine Identität für ihn greifbar:

Hans: *Und was war das für ein Gefühl, als du merktest, da nimmt dich jemand ernst und da gibt es sogar eine Klinik für?*
          Ja, befreiend! Man weiß endlich, dass man nicht verrückt ist! (Lacht)

Mit der sozialen Einbettung der transsexuellen Gefühle beginnt schnell die Verengung auf den medizinischen Behandlungskanon und damit auf die Angleichung des als falsch angesehenen Körpers an das „richtige" Geschlecht. Auch alle mit dem Transsexualismus befassten Medienberichte schenken diesem Aspekt eine hohe Aufmerksamkeit und befriedigen damit sicherlich auch eine gewisse Sensationsgier des Publikums. Im Wesentlichen aber orientieren sie sich an der Bedeutung, die dem Körper grundsätzlich für die Zuschreibung des Geschlechts zukommt. Der Transsexuelle soll sich über die Angleichung seines Körpers verwirklichen. Das Angebot, ohne körperliche Veränderungen als Mann anerkannt zu werden, sucht man vergeblich. So werden die Betroffenen, die ohnehin bereits seit Beginn der Pubertät so schmerzlich mit der Bedeutung des Körpers konfrontiert waren, nun endgültig auf diesen sozial einzig gangbaren Weg verwiesen. Und so konzentrieren auch sie die Umsetzung ihres transsexuellen Empfindens auf die Anpassung ihres Körpers.

Felix etwa ergriff schnell nach seinem Aha-Erlebnis das Angebot körperlicher Korrekturen:

Felix: *Wann kam denn für dich dieser Begriff Transsexualität überhaupt mal ins Spiel?*
Wie alt war ich da? 20, 19, 20
Und wodurch, wie kam das?
Durch diese Doppelpunkt-Sendung. Da hab ich das erste Mal davon gehört. (...) Dann war mir erst mal bewusst, was mit mir eigentlich los ist, hab mit Frauke auch sehr viel darüber geredet. (...) Und irgendwann abends hab ich dann zu ihr gesagt: Ich mach es! Da hat sie mich dann erst mal wie von ner Tarantel gestochen angeguckt, und ich hab gesagt: Ja, ich lass mich umoperieren, das ist es!

Die Operation „ist es", die nun den Weg zur Verwirklichung seiner Gefühle weist, sie erst belegt, dass er es wirklich „macht", etwas tut, den Weg zum Mann also ernsthaft gehen will.

Die von mir befragten Männer begannen ihre Behandlung zwischen ihrem 20. und 32. Lebensjahr, also bis zu zwölf Jahre nach dem definitiven Erkennen ihres Transsexualismus. Die oft bemerkenswert lange Dauer bis zur Umsetzung ihrer Wünsche zeigt, wie wichtig hierfür eine soziale Stützung ihrer gefühlten Identität ist. Um eine derart einschneidende Entscheidung treffen zu können, brauchen sie einen Rückhalt, den die meisten von ihnen während ihrer gesamten Kindheit und Jugend vermissten. So dürfte es kein Zufall sein, dass sieben der elf interviewten Männer ihre Behandlung erst *nach* Beginn der Beziehung zu ihrer jetzigen Lebenspartnerin und drei weitere sie während einer früheren verbindlichen Beziehung zu einer Frau aufnahmen. Nur Jan hatte die Behandlung unter Missbilligung einer anderen Partnerin begonnen. Dies rückt die immense Bedeutung der Partnerin bzw. einer - heterosexuellen - Partnerschaft für die Verwirklichung des Mannseins transsexueller Männer ins Bild. Zwar nehmen nicht alle transsexuellen Männer die Behandlung innerhalb einer Partnerschaft auf, eine Partnerschaft aber bietet ihnen offenbar den ermutigenden und verlässlichen Rückhalt, den sie in ihrem sonstigen sozialen Umfeld selten finden.

Die Bedeutung der Partnerin für das Mannsein des Transsexuellen beginnt bereits beim Kennenlernen und in der ersten Phase der Begegnung der beiden: Erstaunlich schnell ist die Partnerin in der Lage, sich weitgehend der Einordnung des Geschlechts durch körperliche Kriterien zu entziehen - und dies trotz ihres intimen Kontakts mit dem Körper des transsexuellen Mannes. So hilft sie ihm dabei, sich der Realität aller anderen nicht zu beugen, sich also aufzugeben und Frau zu werden, sondern seinen Weg zum Mannsein wirklich zu gehen.

2. Entdecken des Partners: Irritationen

Beim Kennenlernen der jeweiligen Partner sind zwei verschiedene Konstellationen zu unterscheiden, und zwar, ob die Partnerin den transsexuellen Mann zu Beginn als Frau oder als Mann sah und einordnete.

Fünf der Teilnehmerinnen (Anna, Doris, Gerda, Laura, Maria) wussten, dass er eine Frau ist, erlebten ihn jedoch eher als Mann bzw. als ambivalent oder waren irritiert über sein Auftreten, das sie nicht mit einer Frau in Verbindung bringen konnten. Einer dieser Männer (Marc) hatte zu dieser Zeit bereits die Hormonbehandlung begonnen, verbarg ihre Wirkungen jedoch vor anderen, weil er noch nicht die korrekten Papiere hatte. Ebenfalls fünf der Teilnehmerinnen (Britta, Eva, Frauke, Hanna, Karin) nahmen ihre späteren Partner eindeutig als Männer wahr, obwohl nur zwei (Benno, Kurt) von diesen bereits Hormone bekamen und die Brustentfernung hinter sich hatten. Drei dieser Männer hatten also noch gar nicht mit der Behandlung begonnen. Eine Frau, Jana, sah ihren späteren Partner von Beginn an als Mann, wusste aber über eine Freundin von seiner Transsexualität. Zu dieser Zeit hatte Jan gerade die Brustoperation hinter sich.

Diese Auflistung zeigt, dass die Einstufung des Transsexuellen als Mann oder als Frau für die Partnerinnen grundsätzlich nicht an seinem Körper gekoppelt war bzw. damit zusammenhing, ob er sich schon in Behandlung befand oder nicht. Ausschlaggebend war vielmehr entweder das authentische Auftreten als Mann oder umgekehrt das reine Wissen darum, dass es sich bei diesem Menschen um eine Frau handelte bzw. handeln sollte.

Wie einflussreich dieses Wissen, also die bloße geschlechtliche Kennzeichnung ist, wurde an Maria und Marc deutlich: Als sie sich an ihrem Arbeitsplatz begegneten, nahm Marc seit eineinhalb Jahren männliche Hormone, übertünchte den Bartwuchs aber mit Schminke, weil er wegen der noch fehlenden Papiere keinen Ärger provozieren wollte. Maria ordnete ihn, der ihr als Maja vorgestellt worden war, denn auch hartnäckig als Frau ein und machte ihn Außenstehenden als solche bekannt, obwohl diese sich dadurch irritiert fühlten: Er sah offenbar zu eindeutig wie ein Mann aus. Erst, nachdem sie und ihre Freundin von seiner Transsexualität erfahren hatten, orientierten sie sich nicht mehr an der bloßen Zuschreibung, sondern an dem, was sie sahen und erlebten, nämlich an seinem Äußeren und Auftreten:

Maria: Wir konnten dann halt anders damit umgehen, so mit seinen ganzen Verhaltensweisen.

Umgekehrt bei Frauke und Felix: Sie „baggerte" ihn an, weil sie sicher war, einen Mann vor sich zu haben, was alle anderen amüsierte, die um sein körperliches Frausein wussten:

Frauke: Das ist mir so peinlich im Nachhinein! Aber ich wusste es ja nicht anders.

Ihr war es „peinlich", einen körperlich ausschließlich weiblichen Menschen der Kategorie Mann zugeteilt zu haben. Das soziale „Wissen" um sein körperliches Frausein fehlte ihr am Anfang noch. Schnell aber verlor dieses Wissen dann wieder an Bedeutung und die anfängliche Wahrnehmung seines Geschlechts war die richtige gewesen.

Für manche der Frauen war die Offenbarung der Transsexualität ihres späteren Partners ein regelrechter Schock: All ihre bisherigen Zuordnungen, aber auch ihre konkreten Zukunftswünsche standen plötzlich infrage. Umso erstaunlicher ist es, wie schnell sich diese Frauen nach der ersten Verstörung wieder fingen:

Anna: Und wo er mir das gesagt hat, erzählt hat, da war ich im ersten Moment schockiert. Aber ich hab ihn nicht abgeschoben, (...) obwohl er das von mir erwartet hat. (...) Ich hab gesagt: Jeder Mensch ist ein Mensch.

Starke Irritationen erlebten insbesondere die Frauen, die ihren Partner zu Beginn als Mann eingestuft und sich in ihn als solchen verliebt hatten: Sie sahen sich zwar in ihrer den Körper überlagernden sozialen Zuschreibung bestätigt, mussten sich nun aber damit auseinander setzen, was es bedeutet, nicht mit einem geborenen Mann zusammen zu sein. Gerade für die jüngeren Frauen (Hanna, Frauke, Karin, Jana) war es durchaus ein Problem, mit diesem Partner keine gemeinsamen Kinder bekommen zu können. Und auch die erwartete soziale Ächtung machte manchen von ihnen zu schaffen.

Karin: Ich war geschockt, ich war fertig (...) und hab geheult, weil ich dann überhaupt erstmal wusste, wie es denn wirklich ist und hab mir

Gedanken gemacht, wie soll das weiter gehen, wie soll ich damit fertig werden, so auf die Art.

Was waren deine hauptsächlichen Ängste, Überlegungen oder was den Schock ausgelöst hat?

(Stöhnt etwas) Ja Ängste, ja mhm. Ich war einfach, ich hab so was ja nicht gekannt, (...) und dass es dann so was überhaupt gibt und dass ich dann mit so was konfrontiert werde, das war für mich irgendwie schon Schock genug (lacht verlegen). Und ich wusste einfach nicht, wie ich da drauf jetzt reagieren sollte. Aber eigentlich, dadurch dass ich ihn ja wirklich geliebt hab, hat sich ja dadurch nichts verändert. Und dann hab ich ihm halt auch klar gemacht, dass mich das dann nicht weiter stört.

Karin hatte nicht gelernt, wie sie auf eine solche Situation „reagieren *sollte*", konnte also nicht auf gewohnte soziale Regeln zurückgreifen, sondern musste sich allein auf ihr Gefühl zu Kurt verlassen. Erstaunlich ist auch bei ihr, wie schnell sie ihr Verliebtsein dann doch zu diesen Gefühlen zurückführte und wie diese Gefühle die psychischen und sozialen Irritationen verscheuchten. Letztlich ging es den meisten Frauen so: Sie hatten bemerkt, dass sich an ihren Gefühlen zu der geliebten Person nichts veränderte, eine Reaktion, die sie so von sich nicht erwartet hatten.

Die meisten der befragten Frauen erlebten bei der erstmaligen Konfrontation mit der Transsexualität des Partners, egal ob sie ihn nun zunächst als Frau oder als Mann wahrgenommen hatten, eine massive Verunsicherung in einer ganz speziellen Richtung, nämlich bezüglich ihrer gewohnten Kategorisierung der Geschlechter und der Sicherheit ihrer sexuellen Orientierung. Ganz selbstverständlich waren auch sie bisher davon ausgegangen, dass die Zuschreibung des Geschlechts eines Menschen und damit auch die Partnerwahl über seinen Körper erfolgt und machten sich meist keinerlei Gedanken über die Wahrheit dieser Zuordnung.

Die Frauen, die sich des Mannseins ihres Gegenübers sicher gewesen waren, mussten nun erfahren, wie sehr sie sich getäuscht hatten, dass sie zwar einen Mann vor sich hatten, sein Körper aber ein im herkömmlichen Sinne nicht männlicher war. Die Frauen dagegen, die ihren Partner zunächst als Frau bzw. als nicht eindeutigen Mann kennen gelernt hatten, erlebten jetzt hautnah die Diskrepanz zwischen der sozialen Zuschreibung auf seinen Körper und ihrer sich festigenden eigenen Wahrnehmung seiner Identität als Mann. Jede dieser Frauen sah sich also gezwungen, sich mit grundlegenden sozialen Übereinkünften, nämlich den maßgeblichen Kriterien der Konstituierung des Geschlechts, auseinander zu setzen und anzulegen. Am leichtesten fiel dies noch den sich als bisexuell verstehenden Frauen Doris und

Laura. Da für sie Partnerschaften und Sexualität zumindest potentiell mit beiden Geschlechtern vorstellbar sind, fühlen sie sich diesbezüglich nicht auf den Mann festgelegt. Es ist ihnen grundsätzlich egal, ob sie mit einer Frau oder einem Mann zusammen und in der Sexualität mit einem weiblichen oder einem männlichen Körper konfrontiert sind. Für die anderen Frauen dagegen war ihre eigene sexuelle Orientierung bei der Begegnung mit dem Transsexuellen zunächst das Hauptproblem. Als typische erste Reaktion schlugen sie sich damit herum, ob sie nicht doch eventuell lesbisch seien. Grund für diese häufige Reaktion ist, dass sie sich entgegen ihrer Erfahrung mit ihrem Partner, gegen ihr konkretes Sehen und Fühlen, also allein durch ihr Wissen um seinen als weiblich kategorisierten Körper veranlasst sahen, ihre gelernte Kennzeichnung des Geschlechts durch den Körper abzurufen: Zwei weibliche Körper in einer intimen Situation definieren eine lesbische Begegnung. Sehr plastisch schilderte Eva, wie sie zwischen ihrem Gefühl, also ihrer gefühlten Wirklichkeit, und ihren Gedanken, den gelernten Kategorien, hin und her sprang und mal auf der heterosexuellen, mal auf der lesbischen Seite landete:

Eva: Als wir längere Zeit zusammen gearbeitet haben, hab ich gemerkt, dass sich son Gefühl entwickelt. Und da hab ich gedacht: Nee, du bist nicht lesbisch! Das gibt's nicht! Das kann nicht sein! Weil, ich hatte nie!! solche Kontakte. Ich war immer hetero veranlagt. Ja, ich war richtig in nem Konflikt: Was machst du? Bist ne Lesbe, dann muss du dazu stehen. Aber eigentlich bist du keine Lesbe. Na gut, er ist aber nun ne Frau. Aber vom Gefühl her hab ich ihn immer als Typ. (...) Bei mir war das richtig mit total! viel Herzklopfen und so, also total verliebt! Aber in nen Mann! (...) Und dann hab ich mir überlegt: Es ist so wie es ist. Na gut, du siehst für außen dann lesbisch aus, aber das ist dir scheißegal. Weil du möchtest einfach diesen Menschen haben. (...) Und hab dann einfach zugelassen, weil, egal was die Leute jetzt sagen, dann reden sie eben: Da laufen die Lesben, musst du mit leben. Wenn du mit ihm zusammen sein willst, musst du da durch, bleibt dir nichts Anderes über. (...) Die Leute haben einen sicherlich so betitelt. (...) Das hat ihn immer fürchterlich genervt, weil er immer gesagt hat: Ich bin nicht lesbisch! Da hab ich gesagt: Ja gut, das wissen wir!, dass wir nicht lesbisch sind, aber erklär' das mal den andern Leuten! Wie willst du denn das erklären?!

Eva hat Recht: Zu „erklären", also rational zu begründen, sind ihre Gefühle und die andere Wirklichkeit seiner Identität nicht. Intuitiv war ihr offenbar bewusst, wie müßig es ist, dies ohne die sozial akzeptierte Kategorie Transsexualität, die sie damals noch nicht kannten, überhaupt zu versuchen - da mögen die beiden sich seines Mannseins und ihrer Heterosexualität noch so sicher gewesen sein. Eva und Eike lebten auf diese Weise elf Jahre die Wirklichkeit ihrer Gefühle gegen die soziale Realität und Zuordnung ihrer Körper. Eva ließ sich hierdurch nicht irritieren und liebte diesen Menschen, in dem sie für sich ganz sicher den Mann sah und erlebte. Das genügte ihr und musste ihr genügen.

Ganz ähnliche Erfahrungen beschrieb Gerda. Auch sie versuchte zunächst, ihre Gefühle und Gerds erlebte Identität „einzuordnen", also eine Zuordnung nach den gängigen Kriterien zu finden. Diese aber standen fortlaufend im Gegensatz zu ihren Gefühlen zu Gerd:

Gerda: Also ich hab mich wirklich gefragt: Das kann doch wohl eigentlich nicht sein, dass ich nun schon so alt bin, und dann erst merke, dass ich irgendwie Gefühle für ne andere Frau entwickle. Weil mir das weder vorher noch hinterher noch sonst wie irgendwann mal so gegangen ist. (...) Ganz stark irritierend erst mal, dass ich das auch wirklich dann nicht so richtig einordnen konnte. (...) Und dann wollte er mich eigentlich küssen, und eigentlich wollte ich das irgendwie auch. Und dann hab ich dann aber, hat mich doch der Mut verlassen. Aber da war für mich, zu dem Zeitpunkt war für mich ganz deutlich: Also ich fühl mich ganz, ganz klar zu ihm hingezogen. Und, ja, da war ich dann auch ziemlich fertig, muss ich ganz ehrlich sagen. Also einerseits so zu sagen: Ja, das ist eben das Gefühl. Aber andererseits eben auch (stöhnt leicht): Puih, auf was lass ich mich jetzt ein. (...) Und dann ham wir uns verabredet. (...) Ja, und dann war es irgendwie klar. Dann war es wirklich irgendwie klar. Und dann hab ich so gedacht: Ist egal!, wie man das jetzt nennt, ob man das jetzt lesbische Beziehung nennt oder sonst wie, ehm. Ich fühl mich erstmal zu ihm hingezogen.
Egal wie man das nennt, wie hast du es denn für dich genannt so ganz am Anfang?
Ich konnte das nie lesbische Beziehung nennen. Ich hab auch zu meiner besten Freundin, der wollte ich das natürlich auch gerne erzählen, da hatte ich auch schon erzählt, ich hab ein Rendevouz, aber ich habe immer gesagt: Ich habe ein Rendevouz mit einem Mann, nämlich mit Gerd.
Weil dir das peinlich war ihr gegenüber, lesbisch zu sein, oder weil er für dich wirklich! ein Mann war?
Ja, weil ich immer gedacht habe, wenn ich das irgendjemandem erzähle und sage, ich bin mit ner Frau zusammen, dann stimmt das aber gar nicht, weil ich das Gefühl hatte, das trifft unser Verhältnis nicht.

Also insofern hast du das "ehrlich" gesagt?
Ja, also sonst würde mir das auch gerade meiner Freundin gegenüber
unheimlich schwer fallen, so was dann ja, zu lügen. Aber das war völlig!
o.k.! Also ich hab's wirklich so erzählt und das war völlig o.k. Und ich
hatte das Gefühl: Ja, das trifft es, genau das trifft es!

Irgendwann kam auch für Gerda der Punkt des „ist egal, wie man das jetzt
nennt", sie nahm es hin, dass das, was sie erlebte, erst einmal aus allen bekannten und anerkannten Zuordnungen herausfiel, und dass sie sich für eine
Beziehung mit Gerd letztlich auf die Seite seiner Wirklichkeit schlagen und
von der ihr lange vertrauten Realität verabschieden musste. Denn Gerdas
Thema war nicht die mögliche Peinlichkeit einer lesbischen Beziehung, sondern die Irritation darüber, diese Beziehung gar nicht als solche zu empfinden, obwohl sie mit einer „Frau" zusammen war. Im Zusammensein mit
Gerd, damals noch Gudrun, war die Kategorie lesbisch offenbar völlig unstimmig. Wo sie ihre Freundin nach gängigen Maßstäben belog, hatte sie für
sich das sichere Gefühl, ihr nur so die Wahrheit zu sagen. Alles andere wäre
eine Lüge, nämlich eine falsche Darstellung ihrer erlebten Realität gewesen.
   Die Zeit des Kennenlernens bzw. der Konfrontation mit der Transsexualität des Mannes war, wie die Gesprächsausschnitte im Ansatz verdeutlichen, für die Paare die Phase der höchsten Spannung zwischen den beiden
Wirklichkeiten, eine Spannung, die sich zu Beginn z.T. massiv auf die
Betroffenen und ihre Beziehung niederschlug.
   Gerd, der über verschiedene Lebensphasen hinweg selbst auf der Suche
nach den für ihn stimmigen Zuordnungen war, verunsicherte Gerda in der
Folgezeit noch einmal, nämlich als er ihr ihre Beziehung als eine lesbische
antrug. Gerda aber ließ sich nun letztlich nicht mehr beirren:

Gerda: Ganz so einfach war das für mich (...) natürlich nicht (lacht), weil wir
         dann auch ne Phase hatten, wo Gerd mir dann eben erzählt hat: Ja, das
         ist was ganz Normales, eine lesbische Beziehung, (...) Wo ich immer
         dachte: Er erzählt hier was und es stimmt doch einfach nicht! (...) Aber
         hab ich mich auch nicht getraut, das zu sagen, weil ich dann ja nun
         dachte: Vielleicht ist es ja nun so, dass ich das nicht akzeptieren kann,
         dass ich jetzt ne lesbische Beziehung habe. (...) Ich hab zwar ganz
         deutlich mein Gefühl gemerkt, ich denke, es ist ein Mann, aber ich hab
         dann eben auch gedacht: Ist das jetzt so, dass ich mir das so zurecht
         rede, dass das praktisch ein Mann ist? Das wollte ich ihm eben auch
         nicht einreden, also da hatte ich schon auch noch Bedenken, und hab
         gedacht: Nee, das muss ich auch für mich erstmal so ein Stück ordnen.

Bemerkenswert ist, wie Gerda sogar gegen den Kategorisierungsversuch des transsexuellen Mannes selbst letztlich bei ihrer für sie allein stimmigen eigenen Wahrnehmung seiner und ihrer gemeinsamen Wirklichkeit blieb, bis auch Gerd einige Zeit später durch das Aha-Erlebnis aufgrund des Fernsehberichtes nachzog und sich selbst klar als Mann vor sich sah.

Auch bei Maria wurde deutlich, wie - in diesem Fall - ihre Angst, lesbisch zu sein, nur auf gelernten Einstufungen und psychologischen Deutungen, nicht aber auf ihrer eigenen Wahrnehmung und Erfahrung basierte:

Maria: *Hast du mal das Gefühl gehabt, oder Unsicherheiten, jetzt küss ich ne Frau?*
Doch, am Anfang wohl, weil ich ja darüber schlechte Erfahrungen mit Männern gemacht habe und da hab ich dann teilweise gedacht: Mein Gott, jetzt bist du lesbisch oder so, son Scheiß (lacht). (...) Aber das hat sich nachher dann eigentlich so gelegt. (...)
Also eine Unsicherheit war da. Hatte das mit seinem Äußeren zu tun oder womit?
Ehmm, ja, mit seinem Äußeren eigentlich nicht, weil, als ich das wusste, war eigentlich klar: Der sieht ja auch aus wie ein Mann, wie konntest du ein Jahr nur so blind gewesen sein.

„Eigentlich", d.h. wenn sie sich nicht durch herkömmliche Zuschreibungen ablenken ließ, war Marcs Mannsein für Maria „klar", also unübersehbar. „Blind" wurde sie nur durch die ihr von außen angetragene Zuordnung seines Geschlechts: Man hatte ihr gesagt, Marc sei eine Frau und gegen ihre innere Erfahrung orientierte sie sich an dieser Kategorie, bis Marc ihr von seiner tatsächlichen Wirklichkeit erzählte.

Hanna verliebte sich bei der ersten Begegnung in Hans als Mann. Kurz darauf offenbarte er sich ihr als jemand, als eine Frau, die sie seit ihrer frühen Jugend kannte, was ihre Orientierung immens durcheinander wirbelte. Als Hans ihr dann von seiner Transsexualität und dem Weg erzählte, den er zu gehen plante, war sie erleichtert:

Hanna: In dem Moment, das glaubt mir nie einer!, wenn ich das sage, aber es ist wirklich! so: In dem Moment hab ich nur Erleichterung gefühlt!, weil ich mir gedacht hab: Meine Güte, du bist ja doch nicht so dämlich, du hast dich ja doch in nen Mann! verliebt. Weil ich hatte ja auch ganz große Angst, meine Güte, das ist irgendwo halt ne Frau und, bin ich jetzt bisexuell! Das war halt so, so mein! Problem. (...) Ich war fürchterlich!! erleichtert! Ich habe gedacht: Phhh, Gott sei Dank!! (lacht), hast du dich gefühlsmäßig ja doch nicht so verirrt! (...) [Kurz später zog sie bei ihm ein]. Und es ging natürlich rum! ohne Ende! (...) Die Tratschküche. (...) Und es wurde mir halt nur gesagt: Ha, wie konntest du nur bei der einziehen! (...) Und ich halt immer wieder: Meine Güte, kriegt ihr es denn nicht gebacken, das ist ein Kerl! Das ist Hans und fertig!

Hanna war es wichtiger, bewiesen zu sehen, dass sie ihre sexuelle Orientierung nicht verloren hatte, als dass es sie störte, nun mit einem Transsexuellen zusammen zu sein. Andernfalls hätte sie sich entsprechend der gängigen sozialen Einstufung ins Lesbischsein „verirrt", eine „Dummheit" begangen, wie sie es sah. Von ihrem Gefühl her aber empfand sie sich jederzeit als heterosexuell. Allein das Wissen um den transsexuellen Weg ihres Partners, also um Hans' Identität als Mann, bestätigten ihr dann voller Erleichterung dieses Gefühl. Weder die Anwürfe von außen noch sein nach gängigem Verständnis noch vollkommen weiblicher Körper konnten ab sofort die Heterosexualität ihrer Beziehung mehr infrage stellen. Vielmehr war Hanna kurz später sogar in der Lage, diese neu erlangte Wirklichkeit gegen ihr Umfeld zu verteidigen. Und mehr noch: Diese Wirklichkeit verschaffte ihr die innere Sicherheit, die Wahrnehmung aller anderen ins Unrecht zu setzen. Sie waren ihrer Auffassung nach einfach noch zu verblendet, Hans als das zu sehen, was er doch ganz offensichtlich war, nämlich als Mann.

Für Jana brachen durch die Begegnung mit Jan zunächst alle Selbstverständlichkeiten geschlechtlicher Zuordnungen zusammen: Einerseits nahm sie nun auch Frauen auf der Straße ganz anders wahr als vorher, nämlich durchaus mit einem erotischen Blick, andererseits stellte für sie, die Jan trotz des fehlenden Penis auch körperlich als Mann sah, durch den alltäglichen Umgang mit ihm und seinem Körper plötzlich ein Mann *mit* Penis eine irritierende körperliche Erfahrung dar. Nicht nur die Kategorien sexueller Orientierung, sondern auch die des geschlechtlichen Körpers an sich standen für Jana nun infrage. Für sie, die bis dahin, wie sie selbst es formulierte, völlig in der heilen Welt ihres Elternhauses verankert war, muss dies ein schockierendes Erlebnis gewesen sein:

Jana: Also seit dieses Thema mit Jan aufgekommen ist und meine Eltern mir dann eben vorgeworfen haben, dass ich lesbisch bin, seitdem bin ich eben hellhörig auf dem Gebiet geworden und ich wunder mich selbst, also, es, es erschrickt mich eigentlich mehr, dass ich, wenn ich so über die Straße gehe und so gucke, dass ich bei Frauen, die eben wie gesagt, so, so für meine Begriffe ganz gut aussehen, denke: Ach, die sieht ganz gut aus, dass ich darauf reagiere. Das, das schockt mich eigentlich. (...) *Könntest du dir vorstellen, wieder mit einem geborenen Mann zusammen zu sein?* Ja.

Würde sich dadurch was ändern? Also außer, dass es natürlich ein anderer Mensch ist?

Vielleicht, mhm, ja. Ich weiß nicht, es war ne Zeit lang, das ist auch ne ganz komische Erfahrung, (...) dass ich ne Zeit lang! Eehm, ich glaub diesem, ich sag mal, diesem männlichen, diesem ganzen Penis, ehm, ja ganz, ja komisch gegenüberstand, dass, dass irgendwie, phhh, ja, dass ich das eben als sehr männlich empfunden hab und dass ich das.

Was meinst du mit komisch?

Jaa (stöhnt schwer), wenn ich das richtig ausdrücken könnte, ehm, Ich weiß nicht, so zwiespältig, ich mein, (...), irgendwie war ne Zeit lang, da hab ich glaub ich, ich sag mal, gerade eben dieses Geschlechtsteil, und das ist eben auch das Männliche, ehm, ja, ich glaub, glaub auch differenzierter gesehen! Weil ich sag mal, solange du nur männliche Freunde hast, kommst du gar nicht in das Nachdenken, weil so sieht jeder Mann aus und jeder Mann hat son Ding und fertig, ne. Und, und, nachdem ich irgendwie, gemerkt habe, nach dem Motto, hm, er hat ihn eben nicht, ehm. Ja weiß ich nicht, wie soll ich das sagen. (...) Ja, wie gesagt, ich kann das schlecht ausdrücken, hab ich dieses, hab ich diesen Penis ganz anders, phhh, empfunden! plötzlich, weil, weil. Ich weiß es nicht, (...) ja vielleicht wirklich phasenweise so, so, so, so z. T. so ne Abneigung, dass ich auch, wenn ich dann meinen Vater gesehen hab oder überhaupt so, was weiß ich, ich geh eben auch, mal, mal in die Sauna oder so, dass ich dann gesagt hab, hm, nach dem Motto: Was ist das denn für'n Ding!! Irgendwie, also, ne! (...) Hätte ich auch früher nie gedacht, weil, wie gesagt, ich hätte immer, für mich war Mann eben Mann, fertig, und wie gesagt, ich hatte auch nie ne Abneigung: Ich glaub, dass ich auch, ja, weiß ich nicht, für mich, finde ich, ein relativ normales sexuelles Leben und Entwicklung hatte, ne, ganz normal. Also ich hatte nie, also aus meiner Sicht, ne, nie irgendwelche größeren Probleme nach dem Motto, wie fühl ich mich, wie, wie komm ich mit den Männern klar.

Ihr Ringen um Worte zeigt Janas Probleme, ihre neuen Erfahrungen in gängige Begriffe zu fassen. Die zwei konträren Wirklichkeiten wirbeln alle Kategorien durcheinander: Mann ist jetzt nicht mehr einfach Mann, Frau nicht mehr Frau, ein weiblicher Körper gewinnt an Anziehung, ein männlicher Körper ist nicht mehr einfach männlich, ein männlicher Körper irritiert mehr als ein transsexueller, die normale Realität ist die kompliziertere, die transsexuelle Wirklichkeit die einfache und normale, der Körper verliert an Bedeutung, die Anbindung des Mannseins an den Körper ist kaum noch greifbar. Umso mehr ist Jana in dieser Verwirrung bemüht, sich ihrer „normalen" Biografie und Gefühle rückzuversichern. Die von einer solchen

Erfahrung betroffenen Frauen geraten in die schwierige Situation, soziale Kategorien abzugleichen mit ihren konkreten Erfahrungen und diese sozialen Kategorien letztlich als unpassend und unstimmig verwerfen zu müssen: So sicher sich nämlich ihr Partner als Mann fühlt und bewegt, so sicher und wirklich nehmen sie ihn als solchen wahr. Indem er seine Identität in authentisches soziales Mannsein umsetzt, lässt er auch für die Frauen seinen Körper hinter diesem sozialen Mannsein verschwinden, für die meisten von ihnen sogar in den intimsten Situationen. Den Weg, sich derart weitgehend auf die gelebte Identität eines Menschen einzulassen, ebnet offenbar die spezifische Gefühlslage des Verliebtseins. Sie drängt die soziale Zuschreibung des Geschlechts durch den Körper in den Hintergrund und lässt das von beiden als authentisch gefühlte Geschlecht als wirkliches erscheinen.

Dieser intuitive Zugang zur Wirklichkeit des transsexuellen Mannes wird den Partnerinnen von dessen Eltern oft dahingehend ausgelegt und vorgeworfen, sie hätten ihn überhaupt erst in die Richtung des Mannseins gedrängt. Dies ist natürlich Unsinn, weil niemand sich zu einem solch beschwerlichen Weg zwingen ließe. Kann also von Drängen keine Rede sein, so greifen diese Frauen doch eine über die Identitätsdarstellung des Transsexuellen ihnen vermittelte andere Realität auf, die sie oft als Einzige in seinem Umfeld nicht durch soziale Kategorisierungen verkleistern. Sie nehmen diese Realität vielmehr wahr, wie sie ist, und ermöglichen dem Transsexuellen damit, seine lange gefühlte Identität zu verwirklichen. Diese von manchen Theoretikern als folie à deux (u.a. Huxley & Kenna et.al. 1981) bezeichnete und damit abgewertete Beziehung dieser Paare rückt in Wahrheit zurecht, was der Transsexuelle bis dahin als folie à tous ertragen musste: Jahrelang alleine mit seinen Gefühlen ist es für ihn oftmals die erste Erfahrung einer Übereinstimmung seines eigenen Empfindens mit der Wahrnehmung eines anderen Menschen und damit der Beginn einer gemeinsamen Verwirklichung seines Mannseins.

3. Entdecken des transsexuellen Körpers

Die meisten Beziehungen der von mir interviewten Paare bahnten sich zunächst auf einer freundschaftlichen Ebene an, und dies z. T. über mehrere Jahre, wie etwa bei Britta und Gerda. Nur Eva, Hanna, Karin und Jana - Letztere mit dem Wissen um seine Transsexualität - verliebten sich sofort in ihn als Mann. Alle Frauen (außer Britta), die erst eine Freundschaft pflegten, wussten zu Beginn um sein Frausein. Und die

Frauen schilderten tief gehende und Gewinn bringende Freundschaften, in denen sie ihren späteren Partner als sehr sensiblen, einfühlsamen Menschen, als guten und verständnisvollen Zuhörer schätzen lernten, mit dem sie Spaß haben und auf den sie sich verlassen konnten. Dass diese Freundschaften einmal in eine intime Beziehung münden würden oder dass sie überhaupt einmal mit einem transsexuellen Mann in einer Partnerschaft leben könnten, hätte sich keine der Frauen träumen lassen. Jana dürfte ihnen aus dem Herzen sprechen:

Jana: Wenn mir ein anderer erzählen würde, glaube ich, hätte ich immer son, son schalen Beigeschmack oder würd immer denken, kann ich nicht verstehen. Also ich sag mal, wenn ich vorher nie damit, oder wenn ich's nicht selbst erlebt! hätte und mir würde einer erzählen: Ich, ich lieb da nen Mann und der war mal ne Frau, würde ich wahrscheinlich sagen: Kann ich nicht! Komisch, könnte ich wahrscheinlich nicht mal nachvollziehen. Aber ich so selbst, ich weiß nicht, das, das war nie ne Frage, das war für mich immer ein Mann, ich hab da nie! ne Frau drin gesehen!

Die unüberbrückbar erscheinende Diskrepanz zwischen „kann ich nicht" und „das war nie ne Frage" ging mit der Leichtigkeit des Verliebtseins völlig verloren. Gegenüber der Erfahrung der Wirklichkeit seines Mannseins verlor die Realität gelernter Vorstellungen ihre Bedeutung.

Auch Karin wurden alle Fluchtwege durch ihr Verliebtsein verbaut. Ihr war bewusst, dass allein ihre starken Gefühle zu Kurt den Sieg der früher so sicheren Unmöglichkeit einer solchen Beziehung verhindert hatten:

Karin: *Was denkst du, angenommen er hätte es dir am ersten oder zweiten Tag gesagt?*
Ja, das hab ich, diese Gedanken hab ich mir auch schon sehr oft gemacht, wie hätte ich dann reagiert. (stöhnt etwas). Weiß ich jetzt nicht, jetzt im Nachhinein finde ich aber, es ist besser, dass er es mir später gesagt hat, weil dann war ich ja richtig in ihn verliebt, und dann konnte ich ihn ja nicht ablehnen. Wenn ich das von Anfang an! gewusst hätte, dass da irgendwas nicht stimmt, dann hätte ich mich vielleicht gar nicht erst, eh, hätte ich es gar nicht so weit erst kommen lassen, dass ich mich in ihn verliebe, sag ich jetzt mal.

Anna erinnerte sich ebenfalls an ihr „normales" Empfinden, das sie mit der Beziehung zu Ahmed hinter sich gelassen hatte:

Anna: So normal wär ich, wenn ich von Anfang an wüsste, das ist ein Trans-
         sexueller, weiß ich nicht, ich hätte, glaub ich nicht, es nicht so gelassen,
         dass ich mit dieser Person eine Beziehung eingehen kann.

Ahmed hatte ihr allerdings schon drei Tage nach ihrem Kennenlernen von
seiner Transsexualität erzählt. Offenbar war es für sie da schon zu spät. Wie
schnell sie alle gewohnten Orientierungen aufgeben würde, hatte sie selbst
nicht gedacht, es machte sie regelrecht ratlos:

Anna: Ja, das hab ich alles selber nicht verstanden, wie das sich alles so
         entwickelt hat.

Das Umdefinieren einer Frau zu einem Mann, eines normalen Mannes zu
einem transsexuellen Mann und eines weiblichen Körpers zu einem männlichen verlief entgegen der normalen Undenkbarkeit meist erstaunlich fließend und problemlos. Die den Frauen vertraute Wirklichkeit nahm ihren
Weg über zwei gegeneinander gerichtete Realitäten hin zu einer neuen inter-
subjektiven Wirklichkeit mit ihrem Partner, die sie beide Stück für Stück zu
einer sozialen Wirklichkeit auszuweiten verstanden.
      Maria, die Marc erst als Frau einordnen sollte, konnte ihn, nachdem sie
von seiner Transsexualität erfahren hatte, unmittelbar als Mann sehen:

Maria: *War er damals für dich eine Frau oder ein Mann?*
         Nee, da war er schon Mann für mich, also ich konnte das ziemlich
         schnell eh eh abgrenzen so. Ich wusste das dann und dann war das für
         mich auch ein Mann, weil so viele andere Sachen sich auf einmal
         erklärt haben, so wie er rum gelaufen ist.

Bei Maria verlief die Einteilung der Geschlechter am deutlichsten von allen
befragten Frauen über polare soziale Zuschreibungen. So, wie sie vorher
„wusste", dass er eine Frau ist, konnte sie ihn mit dem korrigierten Wissen
problemlos als Mann einordnen. Sie stellte jeweils die für sie nötige Eindeutigkeit her, indem sie die eine von der anderen Wirklichkeit „abgrenzte".
      Jana machte beim ersten sexuellen Kontakt - Jan hatte zu der Zeit gerade
die Brustentfernung hinter sich - die für sie überraschende und nicht erwartete Erfahrung:

Jana: Ja, und das finde ich eben, das war absolut normal!! für mich, das war
         so, ich, ich hatte auch nie das Gefühl, nach dem Motto, da hast du
         jemanden vor dir, der ist oben Mann und unten Frau! Oder so. (...)

Was meinst du jetzt mit normal? In welcher Hinsicht?
Ja, also in dem Sinne normal, dass ich mich nicht gewundert, ich mein, ich wusste ja, was mich erwartet, das ist klar! Aber ich hab das nicht als komisch empfunden! So, so, ich hab ja nichts vermisst! Weil, ich hab nicht gedacht: Ups, sieht der komisch aus oder: Der sieht ja genauso aus wie ich, oder eh, sondern, ich weiß nicht, das war so, na ja, das war Jan für mich, das war nicht, nicht, nicht komisch. Also normal hätte ich erwartet, dass ich sagen würde, dass ich irgendwie, das sind zwei Personen in, in, in einem Menschen oder so.
Meinst du denn mit normal: Er blieb dadurch doch ein Mann für dich?
Ja!

Durch ihre Konzentration auf diesen einen bestimmten Menschen wurden Janas „normale Erwartungen" abgelöst von der sich wie selbstverständlich vollziehenden Ausdehnung seines Mannseins auf seinen gesamten Körper, der ab dann ihre neue Normalität war.

Auch Gerda erwartete bei ihrem ersten intimen Kontakt mit Gerd, dass sich ihr nun „klar" sein körperliches Frausein offenbaren würde und sie damit in einen lesbischen Kontakt eintrat. Was sie erlebte, war indessen etwas völlig anderes:

Gerda: Und dann hab ich immer gedacht auch, als wir dann das erste Mal zusammen im Bett waren, ja, jetzt müsste das ja irgendwie klar sein! Es war für mich aber keineswegs klar, dass ich mit ner Frau im Bett war!
Sondern, wie war das erste Erleben dort?
Ich hatte das Gefühl, ich bin mit nem Mann im Bett, der vielleicht etwas anders gebaut ist als andere Männer.
Wodurch kam denn dieses Gefühl?
Das lässt sich immer so wahnsinnig schwierig beschreiben! Das ist natürlich wirklich mehr so ne Gefühlssache. Also genauso eben wie in Gesprächen oder in allem ich das Gefühl hatte, mir sitzt da ein Mann gegenüber. (...) Es war nicht anders, als wenn ich mit nem Bio-Mann ins Bett gehe, so das Gefühl hatte ich. Also es war für mich auch nicht einen Moment irgendwie fremd, dass ich jetzt überlegen müsste, was mach ich denn jetzt. (...) Dann lief er dann irgendwie so nackt in der Küche rum und hat uns Frühstück gemacht. Ja, das war für mich eben, ja, ich hab das meiner Freundin hinterher erzählt, tja, ich hab jetzt nen Verhältnis mit nem Mann. (...)
Also du hast die damals noch weiblichen Körperteile ausgeblendet?
Ja, würd ich so sagen, weil ich von Anfang ein anderes Gefühl hatte.

Ihr Gefühl zu Gerd, vermittelt durch seine gelebte Identität, überdeckte seinen damals noch vollkommen weiblichen Körper und formte diesen Körper um zu einem zwar „anders gebauten" männlichen Körper, der für sie aber nicht anders war als der Körper eines „Bio-Mannes".

Auch für Hanna trat durch ihr Verliebtsein der Körper ihres Partners hinter ihm als Individuum und authentischem Mann zurück:

Hanna: *Hattest du keine Probleme damit am Anfang, also so die ersten Male, wo ihr zusammen ins Bett gegangen seid?*
Ich hatte da eigentlich echt keine Probleme mit, weil ich wusste ja, o.k., es ist zwar irgendwo noch der Körper, aber es, es ist Hans! ne, und das ist ja der Mann, den ich liebe.

Eva beschrieb, wie beglückend für sie ihr erstes sexuelles Zusammensein wurde, nachdem sie alle nagenden Gedanken hatte fahren lassen und nur ihren Gefühlen und Sinnen folgte:

Eva: *Wie hast Du das dann konkret gemacht, dass du ihn als Mann gesehen hast, hast du wirklich die Augen zu gemacht?*
Ja, als wir uns das erste Mal so näher gekommen sind. Eigentlich brauchte ich das gar nicht. (...) Was ich gefühlt! habe, da war gar nichts mit Frau! (...) Er hat mich dann in den Arm genommen, und ich hab das einfach alles zugelassen (...) und hab aber nicht drüber nachgedacht, vom Verstand, das ist ne Frau, du darfst das nicht, oder es ist nicht normal. Weil ich vom Gefühl her so gefühlt habe, das ist richtig so, wie's ist, er ist en Mann.

Seine von ihr „gefühlte" männliche Ausstrahlung war stärker als der sichtbare weibliche Körper. So konnte sie ihn mit offenen Augen lieben. Nur ihr „Verstand", also gelernte Zuordnungen über das, was „normal" ist, hätten ihr Gefühl zerstören können. Aber warum sollte sie dorthin schauen, hatte ihr Gefühl doch bereits die Antwort gegeben: Eike war ein Mann und alles war in Ordnung, ihre Wirklichkeit war „richtig".

Karin erläuterte, wie sie durch ihren spezifischen Blick auf ihren Partner, mit ihren „Augen", seine auch körperliche Männlichkeit herstellte:

Karin: *Hast du denn irgendwann mal gedacht, in so eine Richtung: Ja, bin ich jetzt lesbisch?*
Nee, nee! Nee auf keinen Fall! Nee, weil er hat ja wirklich keine Spur von einer Frau! Er hat ja keine weiblichen Züge, in keinster Weise! Gar nix! (...) Überhaupt nicht! Klar, er hat nun mal ein anderes

Geschlechtsteil, sag ich mal, das gleiche wie ich, aber trotzdem, hab ich das irgendwie nicht so gesehen, als Frau. Überhaupt nicht, kein bisschen!
Also es war immer ein Mann für dich und eine heterosexuelle Beziehung?
Immer! Ja, ich hab ihn nie mit anderen Augen gesehen.

Weil Kurt nichts von einer Frau hatte, konnte Karin auch sein Geschlechtsteil nicht als weibliches „sehen", zumindest war dies bedeutungslos gegenüber allen anderen Eindeutigkeiten. Gestützt auf sein authentisches Mannsein konstituierte ihr spezifischer Blick auch den Körper eines Mannes.

Nach dem von ihr als peinlich erlebten faux pas zu Beginn ihrer Bekanntschaft wusste Frauke, dass Felix von seinen herkömmlichen körperlichen Zeichen her eine Frau war:

Frauke: *Hast du ihn denn dann als Frau gesehen?*
Nein, eigentlich immer schon als Mann, weil er hat sich so benommen und, ich mein, gut, er war zwar körperlich nicht so, aber das war mir irgendwo egal. (...) Ich hab ihn nie als Frau gesehen, komischer Weise, da hab ich mir hinterher auch Gedanken drüber gemacht.

Auch Fraukes Darstellung verdeutlicht, dass die selbstverständliche Aneignung von Felix' männlicher Wirklichkeit nur durch die Einschaltung ihres Verstandes ins Befremdliche hätte abrutschen können. Als sie sich „hinterher Gedanken" über ihre erste sexuelle Begegnung machte, fand sie es schon „komisch", dass er für sie keine Frau war, rational war dies nicht zu erklären. Ohne diese Gedanken aber war ihr sein gemeinhin als weiblich verstandener Körper „egal".

An den Schilderungen der befragten Frauen wird deutlich, dass und wie sich letztlich die Identität des transsexuellen Mannes und die an diese Identität anknüpfenden Gefühle seiner Partnerin zu behaupten begannen gegen die zunächst übermächtig erscheinende soziale Realität der Zuschreibung des Geschlechts über den Körper. Diese neue Wirklichkeit ist für die betroffenen Paare die Basis für den weiteren Fortgang ihrer - heterosexuellen - Beziehung.

Verwirklichungsmöglichkeiten

1. Legalisierte Identität

Nachdem die transsexuellen Männer ihre Zuordnung zum Transsexuellen entdeckt haben und in einer stabilisierenden Partnerschaft leben, sind sie ein großes Stück voran gekommen: Mit zwei ihre Wirklichkeit stützenden Säulen im Hintergrund können sie nun die Lösung ihres Dilemmas angehen und nach dem Bindeglied zwischen ihrer eigenen Wirklichkeit und der Wirklichkeit ihres sozialen Umfeldes greifen, nämlich nach dem rechtlich und medizinisch vorgegebenen Behandlungsangebot für transsexuelle Menschen.

Die Behandlung Transsexueller hat in der Bundesrepublik Deutschland durch das Transsexuellengesetz (TSG) eine Basis erlangt, die den Transsexuellen legal und mit weit reichenden formalen Konsequenzen die Umsetzung ihrer gefühlten Realität gestattet. Diese reichen bis zur Änderung des Geschlechtseintrages in die Geburtsurkunde, stecken das medizinischen Vorgehen ab und sind Voraussetzung für die Finanzierung der körperlichen Eingriffe durch die Krankenversicherungen. Im Anschluss an dieses Gesetz haben mit seiner Durchführung befasste und interessierte Fachleute, in erster Linie MedizinerInnen und Sexualforscher-Innen, „Standards der Behandlung und Begutachtung von Transsexuellen" erstellt und immer wieder, zuletzt 1997, neu überarbeitet. Von KritikerInnen des gesamten Behandlungsprozesses transsexueller Menschen wird dieses Gesetz und werden insbesondere die daran anknüpfenden medizinischen Behandlungsstandards interpretiert als Vereinnahmung einer Minderheit durch eine Mehrheit, als Okkupation ihrer Lebensentwürfe durch fest gezurrte Aktionsschemata des Rechts und der Medizin, die den transsexuellen Menschen passiv in einem fremdbestimmten Räderwerk zurücklassen und seine Identität in eine Facon bringen, die allein gesellschaftlicher Anpassung und Normalität Genüge leisten soll. In vielem ist diesen KritikerInnen zuzustimmen. Tatsächlich besteht nach aller Erfahrung das Problem, dass Gesetze und Ausführungsbestimmungen zur Folge haben und nicht selten bereits in ihrem Entwurf darauf angelegt sind, Räume durch Zuschreibungen eher zu verengen als zu erweitern, gerade auch, wenn sie an den betroffenen Zielgruppen vorbei erarbeitet und umgesetzt werden. Beim TSG und den Standards tritt die Besonderheit hinzu, dass es hier um die sozial brisante Kategorie des

Geschlechts geht und das pure Identitätsgefühl, also die Selbstzuschreibung einer einzelnen Person ausschlaggebend dafür ist, den gesamten Apparat von Rechtsprechung und Medizin in Gang zu setzen. Es wird also tatsächlich ein gesteigertes Interesse von Seiten normierender Organe bestehen, diesen Einzelnen in den Griff zu bekommen und in seiner Selbstdarstellung in für die Mehrheit erträgliche und überschaubare Bahnen zu lenken.

Um den Betroffenen gerecht zu werden, ist es aber auch wichtig, das Gesetz und den Behandlungsverlauf einmal von einer anderen Seite aus zu betrachten, nämlich unter dem Blickwinkel zweier konkurrierender Wirklichkeiten. Faktisch ist es nicht nur und vielleicht gar nicht einmal in erster Linie so, dass die Transsexuellen vom common sense vereinnahmt werden, vielmehr sind sie in vielerlei Hinsicht auch wesentliche Akteure im Prozess der Umsetzung ihrer ganz spezifischen Wirklichkeit, also ihrer Identität und ihrer Wünsche, gegen die scheinbar alles reglementierende Realität der sozialen Mehrheit. Schon das Transsexuellengesetz selbst muss begriffen werden als Ergebnis eines ungeheuren Drucks, der von Seiten transsexueller Menschen, ihrer Selbsthilfeorganisationen und AnwältInnen über Jahre und Jahrzehnte hinweg auf die Politik ausgeübt wurde. Gegenüber einer lange ablehnenden und distanzierten Öffentlichkeit ließen sie nicht locker, bis das Gesetz am 1.1.1981 endlich in Kraft trat. Und mehr noch, immer wieder erkämpften sie sich neue Erfolge bei der Anwendung des Gesetzes: So musste das Bundesverfassungsgericht schon ein Jahr danach feststellen, dass das Recht auf Vornamensänderung erst ab Vollendung des 25. Lebensjahr verfassungswidrig ist. In der Rechtsprechung erging bis heute eine Vielzahl an Urteilen und Beschlüssen zugunsten der Betroffen, wie etwa, dass diese schon nach der Vornamensänderung mit der entsprechenden Geschlechtsbezeichnung anzureden sind oder - von großer Bedeutung für transsexuelle Männer -, dass die Feststellung ihres männlichen Geschlechts nicht von der „Ausbildung eines künstlichen Geschlechtsteils" abhängig gemacht werden darf. Auch im Kampf um die Übernahme der Kosten der Behandlung haben die Betroffen wichtige Siege gegen die medizinischen Dienste der Krankenkassen errungen.

Und bereits durch Begriffe und Passagen im Gesetz selbst lässt sich anschaulich die Durch-Setzung der Gesetzgebung als Repräsentanten der sozialen Wirklichkeit mit der Wirklichkeit des Transsexuellen dokumentieren. Dies beginnt schon im Titel des Gesetzes als „Gesetz über die Änderung der Vornamen und die Feststellung der Geschlechtszugehörigkeit in besonderen Fällen". Sicherlich kann man Lindemann folgen, wenn sie schreibt, der Begriff „Feststellung" beinhalte, dass die Geschlechtsidentität eines Menschen als nicht veränderbar erscheinen darf (Lindemann 1997), der

Transsexuelle also schon immer das Geschlecht gehabt haben müsse, das er am Ende sein wird. In gewisser Weise bestätigen die vom mir befragten Männer diese These durch ihr Bestreben, im Rückblick immer schon als Junge erscheinen zu wollen. Dies aber ist nur die eine Seite der Medaille. Die andere Seite ist, dass die Formulierung „Feststellung" eben auch die Sichtweise der Betroffenen übernimmt: Es wird festgestellt, dass der Sachverhalt so ist, wie sie ihn erleben. Der transsexuelle Mann ist ein Mann und keine Frau, weil er sich als Mann und nicht als Frau fühlt. Unter bestimmten Voraussetzungen wird ihm diese Sichtweise nicht mehr streitig gemacht, sondern sie wird übernommen.

Dann ist von Bedeutung, dass die Änderung des Vornamens im Gesetz nicht von körperlichen Eingriffen abhängig gemacht wird. Das TSG verlangt in § 1 lediglich den mindestens drei Jahre währenden inneren „Zwang" des Betroffenen, seinen Vorstellungen entsprechend zu leben. Der psychiatrische Begriff des „Zwangs" kann auch verstanden werden als erzwungenes Zurückweichen der sozialen Realität vor den hartnäckigen Gefühlen des Transsexuellen. Weiter setzt § 1 TSG die „hohe Wahrscheinlichkeit" voraus, dass sich das „Zugehörigkeitsgefühl zum anderen Geschlecht nicht mehr ändern wird". In § 6 lässt es sogar die Umkehr zu, sollte der Betroffene doch noch Unstimmigkeiten bei sich bemerken. Der transsexuelle Mann kann also - mit formalen Einschränkungen - sozial als Mann leben, ohne in seinen Körper eingreifen zu müssen, wenn er dies nicht möchte. Allein ausschlaggebend sind sein „Gefühl", sein „Empfinden", seine „Vorstellungen", also seine ganz spezielle Wirklichkeit. Er kann sogar gegen Personen vorgehen, die sein soziales Mannsein zerstören, indem sie seinen alten Vornamen offenbaren (§ 5 Abs. 1 TSG).

Problematischer sind da schon die zur Veränderung des Geschlechtseintrages selbst geforderten Voraussetzungen. Hierfür nämlich werden körperliche Veränderungen verlangt, und zwar die dauernde Fortpflanzungsunfähigkeit und „eine deutliche Annäherung an das Erscheinungsbild des anderen Geschlechts" (§ 8 Abs. 1 TSG). Für transsexuelle Männer bedeutet dies das Entfernen der Brust, der Gebärmutter und der Eierstöcke, was einen beträchtlichen Eingriff in die körperliche Unversehrtheit eines Menschen darstellt. Es bleibt zu klären, ob dies als unabdingbare Maßnahme nicht gegen die Wahrung der Menschenwürde verstößt (vgl. auch den Entwurf eines Transgendergesetzes der PDS - Pressemitteilung vom 20.11.00). Auch wäre - vorausgesetzt man akzeptiert grundsätzlich die operativen Eingriffe - zur Erlangung der Fortpflanzungsfähigkeit an sich eine Entfernung der Eierstöcke ohne die Gebärmutter ausreichend. Auch diese Vorschrift ist noch auf ihre Rechtmäßigkeit zu überprüfen.

Die rein subjektive Befindlichkeit des Betroffenen ist durch zwei Sachverständige zu begutachten (§ 4 Abs. 3, § 9 Abs. 3 TSG). Und hier setzen die „Standards" an: Sie differenzieren bis ins Detail aus, wer als Gutachter fungieren sollte, beschäftigen sich ausführlich mit den diagnostische Kriterien und machen Aussagen zur psychotherapeutischen Begleitung sowie zu den so genannten Transformationsoperationen und zur Hormonbehandlung. Manche KritikerInnen dieser Standards - wie Lindemann und Hirschauer - halten das Einspannen des rechtlichen und medizinischen Systems für die Umsetzung der Lebenskonzepte Transsexueller an sich für fragwürdig, da sie spezifische Identitäts- und Körperentwürfe erst konstruierten und Geschlechterauffassungen unter dem Deckmantel, den Transsexuellen helfen zu wollen, verfestigten. Damit haben sie sicherlich Recht. Nur, so zutreffend viele dieser Analysen sind, so seltsam abgehoben erscheinen sie, wenn man mit den Transsexuellen selbst spricht. Diese nämlich empfinden das Gesetz und die Behandlungsangebote als Segen, als Rettungsanker in ihrer Not. Dies mag man daraus ableiten, dass soziale Konstruktionen bis tief hinein in die Empfindungsebene Einzelner wirken. Weil sie diese Konstruktionen verinnerlicht haben, erfolgt der Griff der Transsexuellen gerade nach diesem Strohhalm und sie setzen sich nicht einfach über die ihnen dargebotene Geschlechterpolarität hinweg. In all ihrer geschlechtlichen Widerspenstigkeit sind auch und gerade Transsexuelle Kinder und Konstrukte ihres sozialen Systems.

Nur: Wem nützt das?! Was bringt diese Erkenntnis konkret? Den Betroffenen jedenfalls nützt sie nicht. Für sie ist ihr Leiden und sind ihre Wünsche nicht konstruiert, sondern sehr real. Und für sie ist ihre Wirklichkeit realer als die ihres sozialen Umfeldes. Für sie geht es einzig darum, ihr Umfeld von der Richtigkeit ihrer Wirklichkeit zu überzeugen. Die Vorhaltung, sie ließen sich vereinnahmen und in die herrschende Geschlechterordnung einpassen, müssen sie als Entmündigung und als Ignoranz gegenüber ihren wirklichen Problemen und ihrem wahren Erleben verstehen. Eine solche Haltung übersieht ihre individuellen Lebensentwürfe, trägt nichts zur Bewältigung ihrer Situation bei und liegt in vielem auch neben die Realität. Denn es sind ja gerade die Transsexuellen, die ihre Wirklichkeit, die Wahrheit vom sozialen Geschlecht, durchsetzen und aktiv (mit) gestalten. Für sie sind die - auch körperlichen - Behandlungsmöglichkeiten ein Bindeglied zwischen den beiden Wirklichkeiten, oder ein Anker, den sie in die soziale Realität hinein werfen. Er gewährt ihnen die unabdingbare ontologische und soziale Versicherung, die jeder Mensch braucht. Damit aber gehen sie keineswegs in der Realität der anderen und in der normalen Geschlechterordnung auf oder unter, sondern bewahren sich nicht zuletzt gerade hierdurch ihre schwer erkämpfte Identität.

In der Bewertung der Behandlungsangebote und -wünsche setzen die KritikerInnen die Konzentration auf den Körper offenbar gleich mit der vollständigen Vereinnahmung und Anpassung des Transsexuellen. Tatsächlich gewinnt ja der Körper bei der Zuschreibung des Geschlechts spätestens ab der Pubertät eine derart vorrangige Bedeutung, dass es nahe liegend erscheint, die Durchsetzung dieser Ideologie als Kapitulation der Betroffenen zu interpretieren. Hiergegen verlangen gerade auch feministische Stimmen, die Betroffenen sollten sich diesen Zwängen der Geschlechterzuschreibungen entziehen und, wenn schon nicht als Frau, dann doch ohne körperliche Eingriffe als Mann (weiter) leben. Aber es geht ja auch den Betroffenen vorrangig um ihre soziale und nicht um ihre körperliche Identität, also um die kontinuierliche Verwirklichung ihrer mühsam erkämpften Identität als Mann in den sozialen Kontext hinein. Diese soziale Verankerung ihres Mannseins aber wird ihnen langfristig nur unter der Voraussetzung körperlicher Veränderungen gestattet. Andernfalls werden sie weiterhin stur als Frauen gekennzeichnet, eine für transsexuelle Männer unerträgliche, weil unstimmige, Situation. Deshalb akzeptiert und internalisiert der Transsexuelle die Forderung nach körperlichen Veränderungen und setzt diese ein, um endlich sein soziales Geschlecht verwirklichen und unbehelligt leben zu können. Und von daher trifft zu, dass sich die Transsexuellen meist genau die körperlichen Veränderungen wünschen, die von ihnen verlangt werden. Nicht zutreffend ist aber, dass damit Sex - das körperliche Geschlecht - Gender - das soziale Geschlecht - verdrängt, dass also die Zuschreibung des Geschlechts über den Körper gesiegt hat. Vordergründig ist dies zwar der Fall: Nur mit dem „richtigen" Körpergeschlecht darf man „als Mann" in dieser Gesellschaft leben. In Wahrheit aber verschleiert diese Ideologie genau das, was nicht sichtbar werden darf, und was der Transsexuelle tagtäglich lebt: Dass nämlich ein körperlich weitgehend unvollkommener Mann ein sozial unbehelligtes Leben als Mann führt. Die Leichtigkeit, mit der sich unauffällig als Mann leben lässt - meist reichen schon wenige Gaben männlicher Hormone - löst denn auch nicht selten beträchtliche Irritationen über die Zerbrechlichkeit geschlechtlicher Zuschreibungen aus, nämlich dann, wenn sich ein solcher Mann als transsexueller Mann sichtbar macht.

2. Behandlungsangebote, Behandlungswünsche

Auf meine Frage, wie sie es denn finden, *dass es die Behandlungsangebote gibt,* wurden diese ausnahmslos von den von mir befragten Männer befürwortet. Ich erhielt Antworten wie:

Ahmed: Ich find das schön, ich find das toll!! Hätt ich mir nie gedacht, dass es so was gibt, dass das überhaupt gehen würde.

Dirk: Natürlich positiv!

Felix: Gut. Sie müssen noch ein bisschen weiter entwickelt werden, aber finde ich jetzt schon in Ordnung.
Was meinst du, was muss weiter entwickelt werden?
Die Operationsmethoden müssten noch weiter entwickelt werden, aber so die Behandlung, so wie man aufgenommen wird, ist schon in Ordnung. Und die Kassen sollten mehr tolerant sein.

Gerd: Also dass es die Möglichkeit gibt und auch in der Form, wie wir es jetzt haben, ist für mich! ausgesprochen positiv. (...) Hat mir einfach so die Möglichkeit geschaffen, so zu leben wie ich bin und wie ich will. Also insgesamt an der Behandlungsform! oder den, den Hürden, die aufgebaut worden sind oder wie ich behandelt worden bin, hab ich schon ne Menge Kritik. (...) Ich denke an die Gutachtersituation, die man verbessern muss, also wenn man weiterkommen will, wenn, wenn Medizin menschlich sein soll, wenn es menschlich etwas Positives sein soll, muss man es verbessern.
Meinst du die Zeiträume? Das hast du ja gestern kurz angesprochen.
Also die Zeiträume, im Prinzip, also prinzipiell (...) ist es gut und notwendig, einen angemessenen Zeitraum zu haben, also einfach, dass es nicht so schnell, zack, zack geht. (...) Was in diesem Fall an dem Zeitraum nicht so gut war, dass die zweite Gutachterin so lange mit ihrem Gutachten gebraucht hat! Das war völlig unnötig! Ich hab keinen größeren Erkenntnisgewinn gehabt, das hat mich nicht weiter gebracht, hat's mir nicht, mein seelisches Befinden nicht verbessert, sondern verschlechtert, das war eine völlig unnötige Quälerei, die nur daran lag, dass sie nicht in die Pötte gekommen ist. Und auch die Form der Gutachten, das denk ich, muss man schon auch anders machen. (...) Dass dem Gutachter nicht so freie Hand gelassen ist, wie er es denn macht.

Hans: Find ich o.k., gute Erfindung. Da ham sie mal was Gutes gemacht.

Jan: Also für mich ist es das Beste, was mir passieren konnte!

Marc: Ja, ich sag mal so, es ist nicht einfach, aber, ich sag mal, nach den
         Operationen und so hab ich mich auch besser gefühlt dann.
         Und was war nicht einfach?
         Ja, ich sag mal, man hat immer son bisschen Schiss vor den Operatio-
         nen und so, aber ich sag mal so, der Wille, dass das endlich alles weg
         kommt und so, war dann größer.
         Und von daher findest du es gut, dass es so was gibt?
         Ja, auf jeden Fall!

Nach dem erlösenden Aha-Erlebnis über die Existenz der Kategorie Transsexualität waren die Männer erleichtert und manche auch erstaunt, dass es
tatsächlich einen Weg aus ihrem Dilemma gab, dazu noch einen Weg, der
genau auf der Linie ihrer Wünsche lag. Denn wenn auch manchem beim
Gedanken an die notwendigen Operationen mulmig wurde, so überwog
doch die Freude über die Übereinstimmung zwischen dem Angebot und
den eigenen Vorstellungen. Für viele von ihnen war die Existenz der Behandlungsmöglichkeiten an sich schon Beweis genug, dass sie sich ihre eigene Wirklichkeit nicht eingebildet hatten und damit nicht verrückt waren.
Allein das Wissen um die Möglichkeit der Behandlung trug so schon oft zur
psychischen Beruhigung und sozialen Verankerung bei.
     Jeder der befragten Männer ging den Weg in die Behandlung aus sich
heraus und völlig freiwillig. Auf meine entsprechende Frage gab keiner der
Männer an, von außen irgendeinen *Druck zur Behandlung* oder zu einzelnen
Schritten verspürt zu haben. Im Gegenteil, nicht selten versuchten andere,
insbesondere Angehörige, sie zu behindern, ihnen Steine - meist moralischer
Art - in den Weg zu legen, die die Männer erst mühsam beiseite räumen
mussten. Zwei der Männer erzählten, ihr Arbeitgeber sei aufgrund der Dauer des gesamten Prozesses etwas ungeduldig geworden, was sie zwar als
Zeitdruck erlebten, jedoch nicht als Druck zu von ihnen nicht gewollten
Behandlungsschritten. Ebenfalls keiner der Männer hat die Behandlung, also
seine *Entscheidung* hierfür, bisher jemals *bereut*. *Lars* dürfte den meisten aus
der Seele sprechen:

     Nee! Ich bereue es, nicht als Bio Mann auf die Welt gekommen zu
     sein!

Lediglich Ahmed erwähnte, die Wirkung der Hormone sei „komisch", was
auf Nachfrage bedeutete, dass Anna seine gesteigerte Aggressivität auf die

männlichen Hormone zurückführte und bedauerte. Eike bereute nicht die Behandlung, sondern das nicht so gut ausgefallene Operationsergebnis.

Fünf der Männer antworteten auf meine Frage, was wohl passiert wäre, wenn eine solche *Behandlung nicht möglich* gewesen wäre, sie hätten dann wohl erwogen, sich umzubringen. Die meisten von ihnen wollten sich diese Situation lieber nicht ausmalen.

Abgesehen von der Vornamensänderung konzentrierten sich die Veränderungswünsche der Befragten tatsächlich in erster Linie auf ihren als unzulänglich erlebten Körper: *Ziel* aller Teilnehmer war es, einen möglichst männlichen Körper zu haben. Im Einzelnen äußerten sie u.a. folgende Erwartungen: Die Penetration und das Urinieren im Stehen sollten möglich sein; der Körper sollte der inneren Vorstellung entsprechen; sie wollten von anderen so gesehen werden, wie sie sich fühlten; es sollte zu einem Gleichgewicht zwischen Fühlen und Sein kommen; sie wollten komplett sein. Insgesamt gesehen wollte jeder von ihnen seinen Körper so weit wie möglich in seine gefühlte Wirklichkeit hinein holen. Das Neben- und Gegeneinander von Körper auf der einen und Geist, Seele, innerem Sein, das für sie jeweils mehr beinhaltete als nur soziales Mannsein, auf der anderen Seite sollte ein Ende haben. So bevorzugte fast jeder der befragten Männer auf meine entsprechende Frage hin denn auch den Begriff „Geschlechts*angleichung*" oder „Geschlechtsanpassung" gegenüber dem Begriff „Geschlechtsumwandlung": Der Körper wird an das von ihm erlebte Sein als Mann angeglichen.

Zur Klärung der Vermutung, die Männer könnten alle oder bestimmte Behandlungsschritte nur durchgeführt haben, um den *formalen Anforderungen* des TSG bzw. der Behandlungsstandards der Gutachter und Gerichte zu folgen, fragte ich sie: *Wenn du ohne medizinische Eingriffe als Mann - inklusive Personenstand - leben könntest, was würdest du trotzdem aus freien Stücken machen an Eingriffen?* Viele der Interviewten verstanden diese Frage überhaupt nicht, sie lag einfach zu weit entfernt von ihrer Realität. Meist musste ich die Frage erst umständlich erläutern, um mein offenbar ziemlich abgehobenes Interesse zu verdeutlichen: *Ich meine, angenommen du könntest in der Gesellschaft vollkommen akzeptiert als Mann leben, heiraten, Kinder adoptieren, alles, ohne irgendwelche körperlichen Eingriffe zu machen, das heißt, Hormone zu nehmen und dich operieren zu lassen, welche dieser Schritte hättest du dann trotzdem gemacht?* Zehn der Männer hätten auch ohne irgendwelche Vorgaben dieselben Eingriffe aus eigener Entscheidung durchführen lassen. Hier einige ihrer Reaktionen:

Ahmed: Ich würde mich sofort operieren lassen! (...) All die Schritte, die ich auch gesagt habe!

Benno: Also ich hab diese Operationen nicht gemacht, um die Personenstands-
        änderung zu machen!

Dirk: Würd ich trotzdem machen lassen!

Eike: Trotzdem: Das alles weg!

Felix: Ich würd trotzdem dieselben Schritte machen. (...) Das Formelle war
        für mich, na ja, so ne Nebensache.

Hans: Ich hätte die Operation trotzdem gemacht. (...) Alles!

Marc: Ja, dasselbe, was ich jetzt auch gemacht hab, hätte ich dann auch
        gemacht.

Einer der zehn, Jan, gab an, sich zunächst gegen die Total-Operation „ein
bisschen gesträubt" zu haben. Dies sei ein großer Eingriff und deshalb hielt
er den Zwang hierzu für „vom Staat" her „anmaßend". Letztlich sprach sich
aber nur einer der Männer, nämlich Kurt, gegen einen der geforderten
Schritte, nämlich gegen diese Total-Operation, aus.

3. Stützen der Behandlung

Die Partnerinnen der transsexuellen Männer finden sich zunehmend in die
für sie zunächst neue Wirklichkeit ein, treten sozusagen über in ein erst
fremdes, dann immer vertrauteres Terrain und erobern es sich gefühlsmäßig.
So begreifen sie, was es bedeutet, transsexuell zu sein und mit dieser ganz
eigenen Wirklichkeit der sozialen Realität gegenüberzustehen. Und von
daher wissen sie, wie unabdingbar die Behandlung für ihre Partner ist. So
bewerteten denn auch die befragten Frauen auf meine entsprechende Frage
hin die *Möglichkeit der Behandlung* als sehr positiv und oft noch zustimmender
als die Männer selbst. Hier einige Reaktionen der Frauen:

Anna: Ich find das absolut klasse, dass es Leute gab, die das erfunden haben,
        den Menschen zu helfen, die sich so gefühlt haben, dass es Mittel und
        Wege gibt, das zu verwirklichen.

Britta: Ich finde das toll, dass es sowas gibt!! Weil den Menschen dann eben
        geholfen wird, die im falschen Körper sind.

Doris: Dass es das gibt, ja, das ist ja überhaupt die Erlösung, weil, (lacht) weiß ich nicht, wie er sonst weitergelebt hätte, manchmal sagt er ja, das wär dann nicht gegangen.

Eva: Ja super! Ansonsten wären die Leute arm dran, würd ich sagen.

Gerda: Ja, ich denke, das war einfach dringend nötig, ehm, damit er weiterleben konnte, damit er die Möglichkeit hatte, ehm, sein Leben so zu leben wie er sich fühlt. Insofern, ja, denk ich, ist das wirklich wie son, ja, wie so notwendige Medikamente, die man eben braucht, z. B. jetzt die Hormone, das ist eben einfach so. Und diese Operation, denk ich, war genauso nötig, absolut nötig und auch wirklich jetzt zum letztmöglichen Zeitpunkt fast schon, um ja, sei es nur um das Bild stimmig zu kriegen, vom Gefühl mal ganz abgesehen.

Hanna: Natürlich gut, ne! (...) Ja klar! Weil, ich sag mal, wo es das noch nicht gegeben hat, da waren ja die Transsexuellen ziemlich aufgeschmissen, ne, und hatten natürlich ein ziemliches Problem. Die meisten sind ja dann doch im Selbstmord geendet, und ich denke mir mal, Gott sei Dank, dass es das gibt. Weil, ich denke mir mal, dadurch wird (stöhnt) für diese Menschen das Leben auf jeden Fall wieder lebenswert.

Karin: Dass es das gibt, finde ich natürlich sehr gut, so kann ja jeder Transsexuelle überhaupt erst glücklich werden eigentlich. Also ich denke nicht, dass Kurt glücklich wäre ohne das alles, weil, dann würde er sich ja noch wie ne Frau fühlen, also das gibt ihm ja die eh, das Recht, halt sich als Mann zu fühlen, allein der Bartwuchs, das Äußere halt vor allem natürlich, das was einfach dazu gehört.

Maria: Also ich find das gut! Also ich kann mich jetzt natürlich nicht voll in die Lage eines Transsexuellen rein versetzen, aber ich denk mal, wenn es jetzt so was nicht geben würde, und man müsste da jahrelang halt mit rum leben, ohne dass man da was dran ändern könnte, das wäre mit Sicherheit schlimm. (...) Und ich finde gut, dass er endlich mal ein bisschen mehr akzeptiert wird auch, dass Krankenkassen das überhaupt bezahlen, dass Ärzte das auch machen.

Laura: Also ich find das sehr gut, dass es das gibt so! Wie gesagt, also ich, ich möchte, dass er das halt macht, damit er für sich glücklich ist.

Die Frauen erleben hautnah, welch ein Leiden durch die Behandlungsmöglichkeiten beendet bzw. verhindert wird. Es geht dabei um so etwas Existentielles wie Glück, Erlösung und ein lebenswertes Leben. Bei den meisten von ihnen klang ein starkes Mitgefühl nicht nur mit dem eigenen Partner, sondern mit Transsexuellen allgemein an. Diese Anteilnahme macht nachvollziehbar, eine welch große Hilfe die Frauen für ihre Partner sind. Neben Hanna wies auch Frauke auf die große Errungenschaft der Behandlung hin:

Frauke: Also ich finde es o.k. Ich sag mal, im Mittelalter gab es das nicht, da wird es auch so Menschen gegeben haben, da mussten die auch damit leben. Na gut, oder die haben sich eben umgebracht, gut, das finde ich nicht die richtige Lösung (lacht).

Außer bei Frauke klang auch bei anderen Frauen zumindest implizit an, ohne die Behandlung wäre für die Transsexuellen bzw. für ihren Partner nur der Freitod als Ausweg geblieben. Jana war die Einzige, die neben dem Positiven auch eine problematische Seite der medizinischen Behandlung andeutete. Und aufgrund mangelnder Informationen schien sie durch die Dauer und Schwere des Behandlungsprozesse regelrecht überrumpelt worden zu sein:

Jana: Ja, zum einen total positiv, weil ich gut find, dass! es so was gibt. Zum andern hab ich ein bisschen! Angst, hmmm, weil ich, ehm, ja, bei den Hormonen so denk, nach dem Motto: Wie, wie, wie, wie wirkt sich das auf den Körper aus, wenn du das ein Leben lang machst. (...) Irgendwie, weiß ich nicht, war ich so dieser irren Annahme, der macht das einmal und dann ist das fertig. (...) Ich weiß nicht, ich glaub, ich hab mir das einfacher vorgestellt. (...) Ich denke auch, manchmal mach ich mir was vor, oder hab ich mir was vorgemacht, nach dem Motto: Das geschieht irgendwie wann und irgendwann ist es nur noch Vergangenheit, dann leben wir nen normales Leben und jetzt stelle ich immer fest, dass es immer noch kein normales Leben ist!

Während der gesamten zweijährigen Dauer ihrer Beziehung befand sich Jan in der Operations- bzw. Korrekturphase. Jana hatte offenbar nicht bedacht, wie sehr die Behandlung ihren Alltag beeinflussen und beeinträchtigen könnte.

Die Antworten auf meine Fragen nach den *Zielen* der Behandlung und ihren Wünschen an sie zeigten ebenfalls die große Unterstützung, die die transsexuellen Männer durch ihre Partnerinnen erfahren. Für drei der Frauen gab es kein anderes Ziel als das Glück ihres Partners:

Anna: Ziel ist, eine glückliche und zufriedene Person vor mir zu haben.

Laura: Dass er glücklicher ist mit seinem Körper!

Karin: Für mich hab ich, für mich ist das ja eigentlich gar nicht, es ist ja alles nicht für mich, das ist ja alles nur für Kurt! Ich will einfach nur, dass er glücklich ist, dass er sich rund rum körperlich als Mann fühlt. Und wenn das der Fall ist, dann ist Kurt glücklich und davon profitiere ich ja dann schließlich auch (lacht etwas).
          Weil er glücklich ist?
          Weil er glücklich ist!

Auch für Britta und Frauke stand das Wohlbefinden ihres Partner im Vordergrund. Sie aber hoben zusätzlich die Hoffnung auf eigene größere sexuelle Zufriedenheit hervor:

Britta: Dass er glücklicher ist!
          Und für dich?
          Letztendlich, dass das, dass das ohne Dildo geht und dass ich ihn angucken kann.

Frauke: Dass er sich wohl fühlt, sich äußerlich, wie, wie ein Mann, dass er völlig wie ein Mann aussieht, sich auch so fühlt. Ja, und dass ich dann schließlich auch was davon hab.
          Was meinst du?
          Ja, ich will nicht sagen, ordentlichen Sex, aber ich sag mal, normal in Anführungszeichen.

Die hier anklingenden spezifischen sexuellen Probleme (Britta) bzw. Erwartungen (Frauke) werden in einem späteren Kapitel ausführlich Thema sein.
      Eva, Doris und Gerda führten die Angleichung des Körpers, aber auch die richtigen Papiere als wichtig für eine bessere „Lebensqualität" an:

Eva: Ja, dass der Körper dem Inneren angeglichen wird, damit er endlich ja, sich so bewegen kann, wie er sich eigentlich innerlich fühlt, (...) stimmenmäßig, bartstoppelmäßig, das rundet das Ganze ab.

Doris: Dass er als Person so leben kann, wie er sich fühlt, dass das dann alles mal stimmig ist, dass auch im Ausweis und überall. (...) Und dass das dann wirklich irgendwann mal abgeschlossen ist und dass er dann nur noch Mann sein darf.

Gerda: Also das Hauptziel war sicherlich so die, die Angleichung des Körpers an das seelische Befinden. Aber natürlich schon auch so die, ja, auch so die Begleitung dieses ganzen Prozesses, fand ich schon auch gut, dass das da mit dazugehört hat, also diese therapeutische Betreuung z. B. (...) Ziel ist natürlich auch noch die offizielle Vornamensänderung und die Personenstandsänderung! Das hab ich am Anfang also auch nicht so (...) entscheidend gesehen. Aber wenn ich so denke, da an der Grenze jedes Mal zu zittern, ob er seinen Ausweis zeigen muss, oder eben nicht mit Karte bezahlen zu können oder solche Sachen, finde ich einfach ne wahnsinnige Einschränkung der Lebensqualität.

Hanna und Jana wiederum gaben als vorrangiges Ziel der Behandlung an, diese selbst endlich zum Abschluss zu bringen. Ihre Partner waren von den befragten Männern die einzigen, die den operativen Penisaufbau hatten durchführen lassen und die immer noch mit Korrekturen beschäftigt waren. Bei aller Geduld der Partnerinnen gibt es auch für sie Grenzen der Belastbarkeit und vor allem die Sehnsucht nach einem Leben, das nicht immer neu von riskanten und langwierigen Eingriffen in seinen Körper gekennzeichnet ist:

Hanna: Das Ziel!? (sehr akzentuiert:) Dass diese Behandlung irgendwann mal ein Ende nimmt! Dass diese ganzen Krankenhausaufenthalte endlich zu Ende sind! Weil es waren ja doch immer recht gute ne, Zeitspannen, die er ja dann auch weg war.

Jana: Ja, dass es irgendwie, in Anführungsstrichen irgendwann abgeschlossen ist. Also ich meine, klar, die Hormone, klar, die nimmt er weiter, das ist ja nix, eh, Tragisches. Aber dass er irgendwie, (...) ja, ich sag mal, fertig ist, auch für ihn! Weil er auch einfach so sagt: Ich kann! einfach nicht mehr.

Auch für Maria standen als letztes Ziel körperliche Korrekturen im Vordergrund, bei ihr allerdings bezogen auf eine korrigierende Brustoperation ihres Partners:

Maria: Ja, natürlich wünsch ich mir auch wohl, dass das mit der Nachkorrektur, weil es ja wirklich nicht ganz so schön ist, dass das vielleicht besser wird.

Abgesehen von diesen kurzen Sequenzen klagten die Frauen erstaunlich wenig über die Belastungen durch die Behandlungen bzw. machten diese überhaupt zum Thema, und dies, obwohl die meisten von ihnen alle Eingriffe von Anfang bis zum Ende miterlebt bzw. noch vor sich hatten. Nur Britta, Karin und Maria waren im bisherigen Verlauf ihrer Beziehung nicht direkt mit einer Operation konfrontiert worden. Alle drei Partner planten zum Zeitpunkt des Gesprächs jedoch für die nahe Zukunft den operativen Penisaufbau, so dass die Frauen zumindest innerlich damit beschäftigt waren. Ganz offensichtlich sind auch für die Partnerinnen diese körperlichen Eingriffe unausweichlich. Und diese unabdingbare Notwendigkeit relativiert das massiv Einschneidende insbesondere der Operationen. Dies zeigt erneut das bemerkenswertes Eintauchen der Partnerinnen Transsexueller in deren Wirklichkeit, vor allem, wenn man bedenkt, von welch unverständigem, abwehrendem oder angeekeltem Kopfschütteln die Operationen oft von Menschen kommentiert werden, die weitaus weniger direkt davon tangiert sind. Eine Hilfe mag den Frauen sein, dass sie, ähnlich wie ihre Partner, Transsexualismus weit überwiegend als angeboren betrachten. Wie ihre Partner sich hierdurch einer stringenten Biografie versichern, wird den Frauen Transsexualismus damit als nicht veränderbare, quasi Gott gewollte Tatsache erscheinen, die sie hinnehmen müssen, aber auch hinnehmen dürfen und deren Leiden nur durch die zur Verfügung gestellte Behandlung zu lindern ist. Mit ihrem akzeptierenden und geduldigen Verhalten sehen die Frauen sich also gewissermaßen im Einklang mit Natur und Gesellschaft. Darüber hinaus können sie damit sicher sein, dass ihr Partner tatsächlich ein Mann ist und sein wird, dass das Ganze also nicht auf einer Täuschung oder einem Irrtum beruht. Dies aber dürfte eine beruhigende Erkenntnis und Perspektive gerade in den so unruhigen Umbruchphasen ihrer Partner sein.

Von den elf befragten Frauen meinten zehn auf die Frage nach der *Ursache des Transsexualismus*, er sei angeboren bzw. genetisch bedingt. Anna formulierte dies noch am vorsichtigsten:

Anna: Wenn das nicht ein bisschen erblich ist, würde nicht ein Mensch den Körper umwandeln wollen.

Dennoch schien bei ihr die Verknüpfung der Notwendigkeit des Weges mit der natürlichen Ursache am deutlichsten durch: Wäre Transsexualität nicht angeboren, täte kein Mensch sich derartige Strapazen an - und sie selbst sich vielleicht auch nicht. Die meisten der Frauen zeigten sich in ihrer Meinung über die Ursachen sehr sicher:

Eva: Das ist ein genetischer Fehler, würd ich mal sagen!

Gerda: Das ist anscheinend wirklich so ne Laune der Natur. Er ist eben wirklich eigentlich ein Mann, im falschen Körper geboren.

Hanna: Es ist schlicht und ergreifend angeboren.

Karin: Er ist einfach so geboren.

Laura: Also ich glaub schon, dass das einfach so ist, dass man so geboren wird.

Maria: Das ist eben nun mal einfach so von der Geburt an.

Begriffe wie „einfach" und „schlicht und ergreifend" signalisieren den Wunsch nach dem leichten und nachvollziehbaren Weg. Theorien vom später erworbenen Transsexualismus sind demgegenüber komplizierter, widersprüchlich und kollidieren wohl auch mit dem als so „einfach" und „wirklich" erlebten Mannsein ihrer Partner. Frauke sah als einzige der Frauen den Grund für das transsexuelle Empfinden ihres Partners in seiner Erziehung. Auf meine Frage, ob sie eine Idee habe, woher sein Transsexualismus komme, antwortete sie:

Frauke: Ja, hab ich, nicht nur eine Idee, sondern ich bin mir ziemlich sicher, warum das so ist Und zwar seine Mutter, die war früher wohl selten da, und er ist auch bei Oma und Opa aufgewachsen, weil die zusammen in einem Haus gelebt haben, er, Mutter, Oma und Opa. Und der Opa war immer so eine Idealfigur, die wurd da verehrt, so hab ich den Eindruck. Ich kannte den Opa nicht, der ist kurz bevor wir uns kennen gelernt haben gestorben. Und der Opa wollte wohl immer nen Jungen haben. Und er hat auch von seiner Mutter nie Kleidchen gekriegt, sondern ist im Grunde immer so erzogen worden. Und als wir uns kennen gelernt haben und dann auch zusammen waren und seine Mutter das wusste, ich hab immer den Eindruck gehabt, ich bin die Tochter, die sie nie hatte, weil ich hab immer von ihr Lippenstifte gekriegt und so was. Die wäre nie auf die Idee gekommen, ihm mal so was zu schenken.

Mit diesen sehr detaillierten Überlegungen stand Frauke im diametralen Gegensatz zur Einschätzung ihres Partners, hatte Felix doch ebenso sicher die Vermutung geäußert, seine Veranlagung beruhe auf einem männlichen Chromosomensatz. Alle anderen Frauen stimmten dagegen mit den Annahmen ihrer Partner weitgehend überein. Britta und Maria bezogen sich sogar explizit auf die Sichtweise ihrer Partner:

Britta: Er hat mir gesagt, er hat sich einfach in seinem Körper nicht wohl gefühlt.

Maria: Er hat es mir halt so erzählt, dass er (...) immer schon sein wollte wie ein Junge.

Einen weiteren Hinweis darauf, wie die Frauen die für sie zumindest zu Beginn sicher schwierige Situation seines Transsexualismus managten, gaben ihre Antworten auf meine Frage, *ob sie Transsexualität als Krankheit ansehen.* Sieben von ihnen fanden, Transsexualität sei keine Krankheit, zwei sahen sie als Krankheit an, Anna hatte dazu keine Idee und Maria war unsicher, formulierte aber gleichzeitig das Dilemma um diese Bezeichnung:

Maria: Ja, das ist ja wieder schwierig, wie man das jetzt bezeichnen soll, also ehm. Ich hab mir das halt nur so erklären lassen, dass einem das eben in die Wiege gelegt wird oder man eben so geboren wird. Das ist ja einerseits ne anerkannte Krankheit in Anführungsstrichen, weil die Krankenkassen die Kosten übernehmen, und, ja.
Also du schränkst das son bisschen ein: Die Krankenkassen übernehmen es, aber eigentlich, du selbst erlebst du es gar nicht so als Krankheit?
Nee, als Krankheit nicht, ich seh ihn ja jetzt nicht als krank an oder so, also nicht, dass ich. Der ist! halt so geboren.

Das Verständnis von einer Krankheit widerspricht offenbar nicht nur der Vermutung einer natürlichen, von Geburt an mitgebrachten Veranlagung, der die Frauen überwiegend anhingen, sondern auch, dass sie ihren Partner als gesunden Menschen erleben. Näher lagen den Frauen da Beschreibungen wie: Behinderung (Doris), Dilemma (Frauke), Verirrung der Biologie (Hanna), Umstand, Versehen (Laura). Diese Begriffe verweisen auf die Möglichkeit einer Korrektur, die den Frauen so offenbar leichter und weniger dramatisch erscheint als bei der eher stigmatisierend und verfestigend wirkenden Zuschreibung einer „Krankheit". Oder wie *Laura* es formulierte:

Nee, Krankheit ist so was Negatives.

Nur Gerda und Eva sahen Transsexualismus als Krankheit an. Sie begründeten dies jedoch ganz unterschiedlich:

Eva: Ja, ist ja genetisch bedingt, würd ich sagen, ist ja ne Krankheit.

Genetische Defekte können durchaus Krankheitswert haben, ohne dass der Betroffene als krank zu identifizieren ist, eine elegante Lösung, die gleichzeitig die Annahme von der Veranlagung nicht infrage stellt.

Gerda: Also Krankheit in dem Sinne, dass ich denke, es muss behandelt werden. Und es behindert das Wohlbefinden oder die Gesundheit. Die psychische Gesundheit, denke ich, behindert das ganz stark. Insofern kann man es schon irgendwie auch Krankheit nennen, natürlich.

Gerda stieß, anders als Eva, tatsächlich auf Krankheitssymptome, die der Partner durch Probleme mit seiner transsexuellen Wirklichkeit entwickelt hat. So gelang es aber auch ihr letztlich, einen gesunden Partner zu behalten: Gerd muss lediglich die Behandlung zu einem für ihn zufrieden stellenden Abschluss bringen, dann ist auch seine „psychische Gesundheit" nicht mehr „behindert". Dies entspricht im Übrigen auch dem Krankheitsverständnis des Gesetzgebers bzw. der Krankenkassen, weshalb die Kostenübernahme weitgehend gesichert ist.

Der Wunsch der Frauen nach Entdramatisierung bzw. Normalisierung von Transsexualität bzw. ihres Partners wird ebenfalls deutlich an ihren Antworten auf meine Frage, ob sie den Behandlungsprozess *Geschlechtsumwandlung oder Geschlechtsangleichung* nennen würden: Sechs der Frauen bevorzugten den Begriff „Geschlechtsangleichung", eine weitere (Laura) den eher ähnlichen Begriff Anpassung, eine (Maria) meinte, sie spreche zwar meistens von Umwandlung, obwohl es ja eigentlich eine Angleichung sei und korrigierte sich im Gespräch entsprechend. Beispielhaft für diese acht Frauen stellte *Hanna* fest:

Es ist ja nur, dass der Körper der Seele angeglichen wird.

Und *Karin* erklärte:

Er wandelt sich persönlich ja nicht um, gefühlsmäßig wandelt er sich nicht um.

Insgesamt suggerierten die Erläuterungen der Frauen eine Leichtigkeit des Prozesses, bei dem es ja „nur" um die Angleichung an schon immer Vorhandenes, an das Gefühl, das Empfinden, die Seele, das Denken, also an das eigentlich Wesentliche eines Menschen ginge. Eine wirkliche Veränderung fände nicht statt. Aus diesem Grunde auch lehnten diese Frauen die Bezeichnung „Umwandlung" ab. Umwandlung verweist nicht nur auf einen eher dramatischen Prozess, sondern auch auf etwas ganz anderes, nämlich auf das frühere Frausein ihres Partners. Damit möchten viele von ihnen vielleicht nicht konfrontiert sein, insbesondere aber entspricht es nicht dem, was sie mit ihrem Partner erleben, wie sie ihn erleben: er ist eben „einfach" ein Mann für sie. Auch mit der Wahl der Begriffe setzen die Frauen also ihre gemeinsame Wirklichkeit um.

Laura: Umwandlung hat für mich so was, so was, irgendwie son bisschen was, son bisschen was Negatives, ich weiß auch nicht, warum. Kann ich jetzt auch schwer sagen irgendwie. Umwandlung umwandeln, das klingt so sehr nach Veränderung oder so. Irgendwie hat das was Negatives für mich.

Laura bevorzugte den Begriff „Anpassung", „Angleichung" enthielt für sie noch zu wenig Übereinstimmung mit dem tatsächlichen „Empfinden" ihres Partners:

Laura: Weil Angleichung!, das ist für mich, ehm, das heißt für mich, also angleichen, das heißt für mich irgendwie in die Nähe rücken von etwas, aber nicht ganz nah eben, so dass immer noch was dazwischen ist irgendwie. Und (...) Anpassung heißt eigentlich für mich, dass, dass der Körper an das Empfinden angepasst wird.

Auch Gerda und Hanna erlebten ihre Partner vor der Behandlung nicht als essentiell anders als danach:

Gerda: Weil es ja nicht ne Umwandlung ist von irgendwas, was vorher anders war.

Hanna: Wenn es ne Umwandlung wäre, dann müsste man ja dein Innersten auch noch irgendwie umkrempeln.

Wie sehr ein Begriff das Erleben und das Arrangement der Partner stören bzw. zerstören kann, zeigte Evas Ausruf:

Eva: Wenn ich Umwandlung höre, dann gehen mir die Haare hoch!
Wieso?
Das ist einfach, der Körper wir der Seele angeglichen und nicht umgewandelt! Umwandlung, das ist so was wie verwandeln, und das stimmt ja nicht! Die männliche Seele ist ja da! Da wird der Körper ja nur angeglichen!

Nur zwei der Frauen (Anna sprach allgemein von „Behandlung"), nämlich Britta und Jana, wählten die Bezeichnung Geschlechtsumwandlung:

Britta: Ja, weil es ne völlige Umwandlung ist, des Menschen
          Des Menschen?
          Ja.
          Des Körpers?
          Des Körpers, ja. Das ist jetzt so mein Gefühl.

Jana: Ja, weil es für mich wirklich ne Umwandlung von der einen zur anderen Sache ist. Phh, ja Angleichung, ich weiß nicht, vorher ist er ja schon anders, er wird ja nicht angeglichen, sondern ich finde, es ist eine richtige Umwandlung.
          Von einer Frau zu nem Mann?
          Ja.

Die Erklärungen dieser beiden Frauen waren jedoch nicht ganz eindeutig: Was stand hinter Janas Bemerkung „vorher ist er ja schon anders"? War Jan eine Frau, die zu einem Mann umgewandelt wurde oder war er damals bereits ein Mann, dessen Körper vermännlicht wurde? Und bei Britta blieb am Ende offen, ob sie an die Umwandlung des Menschen oder des Körpers dachte.

Wie den meisten Frauen die Bezeichnung „Angleichung" aufgrund ihrer Leichtigkeit und Stimmigkeit zusagte, grenzten sich viele vom *Begriff Transsexualität* ab, weil er ihnen zu unverständlich und fremd war, aber auch wegen seiner engen und für sie nicht realen Nähe zur Sexualität. Auf meine Frage, wie sie zu diesem Begriff stünden, meinten drei der Frauen, wenn man ihn höre, wisse man gar nicht, was gemeint sei bzw. dass das gemeint sei, was er letztlich bedeuten solle:

Britta: Wenn ich dieses Wort höre, also irgendwo, als ich das noch nicht kannte, hätt ich das niemals! damit in Verbindung gebracht. (...) Ich hätte das überhaupt nicht gewusst!, was das bedeutet.

Frauke: Der hört sich so nach Lexikon an, finde ich. Da kann sich kein Mensch was drunter vorstellen. (...) Im falschen Geschlecht find ich passender.

Maria: Also wenn mir jetzt früher einer gesagt hätte, der ist transsexuell, hätte ich nicht gewusst, was ich damit anfangen sollte. Und das wissen auch die wenigsten. (...) Viele ham dann halt gedacht: Eh hier, was ist das jetzt, Travestiten, so in der Richtung ham die halt gedacht.

Die Aussagen dieser Frauen verdeutlichen, dass sie das, was ihr Partner ist und so auch ihre Beziehung als etwas Alltägliches, „Verständliches" erleben und auch nach außen präsentieren möchten, und nicht als etwas, worüber die Leute rätseln müssen, was ihnen fremd ist und was den Transsexuellen und sie selbst zu Fremden macht. In eine ähnliche Position sahen drei der Frauen sich durch die enge Verknüpfung des Begriffs mit Sexualität gedrängt:

Doris: Dann denken die Leute doch immer: Was wollen die mir jetzt ihre Sexualität aufdrängen!? (...) Das Ganze hat doch nichts mit Sexualität zu tun, sondern mit dem Gefühl, mit der Identität eines Menschen.

Eva: Dieses ‚Sexualität', das ist das, ich find, das stört, dieses dass, wenn Leute dieses Transsexualität, das Erste, was sie denken ist: Sex, bohh, wie werden's die wohl machen!

Gerda: Also ich finde es furchtbar ärgerlich!, dass da Sexualität in dem Wort ist. Weil ich denke, dass eben viele das nur auf dieses eine Thema dann auch münzen, dass das eben sofort son merkwürdigen Touch kriegt, und das stört mich sehr! Also ich denke, dieses Transidentität wäre sehr viel besser.

Allein durch den Begriff Transsexualität sahen sich diese Frauen in eine für sie unstimmige und tendenziell sogar anrüchige Ecke gerückt, Letzteres nicht zu Unrecht, dient doch auch heute noch die Sexualisierung von Menschen ihrer Stigmatisierung. An der Wirklichkeit dieser Frauen geht dieser Begriff jedenfalls gänzlich vorbei. Nur zwei der Frauen empfanden die Bezeichnung Transsexualität als zutreffend:

Hanna: Hab ich mir eigentlich noch nie Gedanken zu gemacht, (...) weiß ich nicht. (Spricht sehr langsam:) Transsexualität, ja eigentlich trans, ja, entgegen der Sexualität, ja. (...) Joo, passt eigentlich

Karin: Eigentlich passend. Also auf die Situation hin schon, ja, dadurch, dass es, es ist ja nun mal transsexuell, also Verschiedenheit sozusagen, also irgendwie, ich weiß jetzt nicht genau, wie ich das jetzt genau definieren soll, aber ich finde, der Begriff passt schon auf die Situation.

Mit ihre ganz eigenen Übersetzung von Transsexualität „passten" diese beiden Frauen den Begriff jeweils an das an, was sie als Wirklichkeit mit ihrem Partner erleben: Die Definitionen „entgegen" und „verschieden" nämlich bezeichnen für sie den Gegensatz zwischen Körper und Gefühl, unter dem ihr Partner leidet und den sie aufgrund seiner ihnen authentisch vermittelten Identität so gut nachempfinden können.

Wirklichkeitsangleichungen

Im letzten Teil galt es, spezifische *Einstellungen* der transsexuellen Männer und ihrer Partnerinnen transparent zu machen, und zwar Einstellungen zu den Behandlungsvorgaben, zur Transsexualität selbst, zu ihren Ursachen, ihrem Krankheitswert etc. In dieses Teil nun steht das *Lebensalltag* der Paare im Mittelpunkt: Es geht um ihr tägliches Erleben der transsexuellen Situation, um ihre Gefühle zueinander, um Kontakte zu ihrem Umfeld, um das Offenlegen seiner Transsexualität und um die Reaktionen, die den Partnern begegnen. Allgemeiner ausgedrückt, wird der Blick gerichtet auf spezifische Formen der Angleichung zwischen der Wirklichkeit des Transsexuellen und der sozialen Realität, also auf die Verankerung des Paares in seinem sozialen Umfeld, aber auch der Partner untereinander.

1. Leben mit dem Transsexuellen

Zunächst war von Interesse, wie sich die Partnerinnen von transsexuellen Männern eigentlich selbst sehen, ob sie sich *im Vergleich mit anderen Frauen als eher anders oder als ganz normal* einstuften?

Sechs der Frauen hielten sich für eine „ganz normale Frau", erlebten sich als „nicht anders als andere Frauen" auch. (Insgesamt erhielt ich von zehn Frauen eine Antwort auf diese Frage). Gerda und Laura differenzierten diese Normalität:

Gerda: Ich kenne so viele Frauen, die irgendwie alle anders sind.

Laura: Mhm, also ich glaub schon, also ich bin wahrscheinlich nach außen hin ganz normal irgendwie so, aber, aber für mich selber, ich finde irgendwie schon so, (...) dass ich irgendwie doch was Besonderes bin.

Sah Laura ihre Besonderheit als etwas Positives an, konnte Maria, die sich als Einzige im Vergleich mit anderen Frauen als „anders" bezeichnete, sie nur als negativ bewerten:

Maria: Nee, ich denk schon, dass ich anders bin als andere Frauen, (...) weil ich halt eben so, eh, diese Schwierigkeiten hab. Ich vergleich mich halt auch oft mit anderen Frauen, ich bewundere die dann immer, wenn die selbstbewusst werden.

Die meisten Frauen erlebten sich im Vergleich mit anderen Frauen nicht als in irgendeiner Form unnormal oder anders. Ihr Zusammensein mit einem transsexuellen Mann macht sie für sich selbst also nicht zu etwas Besonderem oder gar zu Außenseitern ihres Umfeldes. Und auch Laura und Maria stützten ihre Andersartigkeit nicht auf ihre Verbindung zu einem Transsexuellen, sondern allein auf ihr spezifisches Selbstwertgefühl.

So war es für die meisten Frauen denn auch „Zufall" oder „Schicksal", dass sie *sich in einen Transsexuellen verliebt* hatten. Dies hätte jeder anderen Frau auch passieren können. Sie mochten diesen Menschen eben einfach so wie er war. Doris kokettierte etwas mit diesem Zufall:

Doris: (Lacht) Ja, weiß nicht, vielleicht hat's ja en Sinn, dass es en Mann ist, der keinen Penis hat, ich hab keine Ahnung.
Dass es dann vielleicht doch kein Zufall ist!?
(Lacht) Hmm, ja, genau.

Karin und Hanna hoben hervor, sich nicht in einen Transsexuellen, sondern in ihren Partner als Menschen verliebt zu haben:

Hanna: Weil ich ihn liebe! Es ist völlig egal, ob er jetzt transsexuell ist oder ob er als Mann geboren worden wäre. Ist völlig egal!

Karin: (Lacht) Ja, nicht weil er transsexuell ist, sondern weil er so ist wie er ist, weil ich mich in den Menschen verliebt habe. (...) Am Anfang wusste ich es ja auch gar nicht. (...) Hat sich ja erst im Nachhinein dann gezeigt.

Die Transsexualität des Partners erschien hier völlig nebensächlich gegenüber dem, was sie an ihm als Menschen schätzten. Auch *Maria* verliebte sich in Marc

Von seiner Art, vom Charakter her.

Für Maria war jedoch ernst, was bei Doris mehr als Spaß anklang: Sie, die schon einmal vergewaltigt worden war und auch ansonsten sexuell eher unangenehme Erfahrungen mit geborenen Männern gemacht hatte, überlegte:

Maria: Vielleicht damals auch, weil ich dachte: Der kann dir auch bestimmt nicht weh tun, vielleicht war das auch noch ein Grund mit. *Meinst du körperlich?* Ja. *Also kannst du dir vorstellen, dass das wirklich auch ein Grund war?* Mhm.

So hatte ein transsexueller Mann für Maria, und womöglich auch für Doris, einen Vorzug, der vielen meist als Mangel erscheint: den fehlenden Penis. Aber auch Gerda und Jana sprachen ausdrücklich Vorteile der transsexuellen Situation ihres Partners an: Gerda hob neben der Zufälligkeit ihrer Begegnung die andere Art seiner Männlichkeit hervor:

Gerda: (Stöhnt) Tja, das hat sich so ergeben (lacht etwas). Also ich denke, der Hauptgrund ist wirklich, dass es sich so ergeben hat. Ich glaube aber schon, ehm, dass für mich eben ein absolut hyper super männlicher Mann eben auch nicht in Frage kommt. Also das denk ich schon, insofern hat das, kriegt das dann schon eine bisschen andere Bedeutung. (...) Ich fühl mich eben auch von solchen, sag ich mal einfach, Mackern überhaupt nicht angezogen. (...) Es gibt natürlich auch TS-Männer, die sich dann so zu den Wahnsinnsmackern entwickeln. Aber wenn es eben gut gelingt, dann mein ich, ist das eigentlich nicht so, dürften das eigentlich nicht so Macker werden (lacht). Ja vielleicht, das wär so der einzige Grund, der mir so einfällt. Ansonsten ja, hab ich mir das ja nicht irgendwie ausgesucht.

Gerda fühlt sich durch „Macker" nicht angezogen, sie stoßen sie regelrecht ab. Von transsexuellen Männern erwartet sie offenbar ein alternatives Angebot, nämlich einen anderen, weniger harten Mann. Insofern hat „es sich" zwar „ergeben", mit Gerd ist ihr aber genau der Mann über den Weg gelaufen, der für sie der passende ist. Auch für Jana ist ein transsexueller Mann offenbar die optimale Lösung: Neben ihrer allgemeinen Faszination durch das Phänomen Transsexualismus, beschrieb sie die spezielle Mischung aus männlichen und weiblichen Seiten bei ihrem Partner als angenehm:

Jana: Das weiß ich eigentlich auch nicht so jetzt. Zum einen denk ich, weil ich, wie gesagt, son Hang son bisschen immer zu, zu, zu Anderem hab, so, so wie gesagt, neugierig auf alles, und, und eh. Und vielleicht auch anfangs mal dachte, so nach dem Motto: Ausbrechen aus meiner Konvention, ehm. (...) Das vielleicht zum Teil. Ansonsten würde ich's auch, ja, vielleicht auch, weil ich beides drin vereint sehe, ne. Also es ist, er ist zum einen männlich, aber hat auch diese weiblichen Züge, und das ist, ja, erfüllt beides, was ich eigentlich ganz gerne, was ich brauch, ne.

Wenn die Frauen sich selbst überwiegend als „ganz normal" erleben, finden sie es dann eigentlich *außergewöhnlich, mit einem transsexuellen Mann zusammen-zuleben?* Ihre Antworten auf diese Frage hielten sich exakt die Waage: Von den zehn Frauen, die hierzu Stellung nahmen, war für fünf eine solche Beziehung schon außergewöhnlich, für fünf von ihnen nicht. Eine Frau, die mit „Ja" geantwortet hatte, begründete ihre Auffassung nicht näher. Zwei dieser fünf Frauen fanden es einfach deshalb außergewöhnlich, weil es selten vorkommt. Zwei weitere bezogen sich auf das Behandlungsverfahren, aber auch auf die besondere Auseinandersetzung mit Fragen des Geschlechts und des Körpers, womit andere Paare weniger intensiv konfrontiert seien:

Gerda: Also von meinem Gefühl her! ist es überhaupt so, ja, ich bin nicht mit nem Transsexuellen zusammen!, sondern ich bin mit Gerd, ich bin mit nem Mann zusammen! (...) Dann denk ich, ist es sehr ungewöhnlich, sich so über das eigenen Geschlecht oder das Geschlecht des anderen zu unterhalten. Das denke ich, macht man in anderen Beziehungen auch nicht.

Laura: Na ja, so häufig ist es ja nun mal nicht, ne, und (...) wir beschäftigen uns auch ganz, also teilweise mit ganz anderen Dingen irgendwie, also weiß ich nicht, mit diesen Operationen z. B. und das alles. (...) Oder überhaupt mit dem Körper irgendwie. Das ist ja alles, was für andere ganz normal irgendwie ist.

Von den fünf Frauen, die die Partnerschaft mit einem Transsexuellen als nichts Außergewöhnliches erlebten, nahmen Anna und Karin gewisse Einschränkungen vor:

Anna: Außergewöhnlich find ich das nicht, weil die Person ist auch eine ganz normale Person. Aber nicht, wie, sag ich mal, eine richtig weibliche oder richtig männliche. Aber die Person, die kann auch nichts dafür. (...) Es ist auch eine ganz normale Beziehung.

Karin: Für mich ist das ganz normal. (...) Ja gut, ganz am Anfang, (...) da fand ich es dann natürlich schon außergewöhnlich, aber jetzt.

Für Karin war die Situation nur zu Beginn ungewohnt, während aus Annas Schilderung schon eine dauerhafte Andersartigkeit heraus klang.

Frauke dagegen wunderte sich über sich selbst, wie wenig außergewöhnlich es für sie ist, mit einem Transsexuellen zusammen zu sein:

Frauke: Komischerweise nicht (lacht), nee.

Trotz mancher Relativierungen ist es bemerkenswert, als wie „normal" die meisten Frauen letztlich das Zusammenleben mit einem transsexuellen Mann erlebten, wie schnell seine Transsexualität für viele der Partnerinnen zum normalen Alltag wurde und alles Außergewöhnliche verlor. Die meisten von ihnen sahen in ihrem Partner nur noch den Mann bzw. den Menschen, mit dem sie zusammen sind. Folgt man dem Eindruck, den die Frauen vermittelten, könnte jede - normale - Frau mit einem transsexuellen Mann eine Beziehung eingehen und führen - wenn es sich denn zufällig so ergibt.

Inwieweit aber nimmt das Zusammensein mit einem Transsexuellen Einfluss auf ihr eigenes Leben? *Hatte sich in ihrem Leben also grundsätzlich dadurch etwas verändert, dass sie eine Partnerschaft mit einem transsexuellen Mann führten?* Alle elf Frauen bejahten diese Frage. Dabei nannten sechs der Partnerinnen - Gerda mit einigen Ambivalenzen - als Begründung eine Ausdehnung ihres Horizontes: Sie erlebten die neue Wirklichkeit des Transsexuellen als Erweiterung ihres bisherigen Blickfeldes:

Britta: *Nein, nein, höchstens (...) eigentlich verändert sich doch nur, (...) wie man das Leben halt eben sieht, dass man wieder ein bisschen mehr Weitblick hat. Ansonsten, so direkt jetzt ne Veränderung ist da nicht eingetreten.*

Jana: Nee, so generell nicht, nur dass ich jetzt eben so über einige Sachen, ich sag, auch z. B. die Beziehung zu meinen Eltern nachdenklicher geworden bin, weil sonst hab ich das einfach nicht hinterfragt.

Karin: Ja, halt die Toleranzschwelle ist natürlich größer geworden, dass ich toleranter gegenüber Schwulen und Lesben und natürlich Transsexuellen bin, dass ich das nicht mehr irgendwie als komisch oder anders oder als irgendwas ansehe, sondern einfach zu lernen, das sind ganz normale Menschen, die geliebt werden wollen wie andere auch und die nicht irgendwie auszugrenzen.

Laura: Nee, würd ich nicht sagen, dass sich dadurch jetzt was verändert hat oder so, nee. Ich bin vielleicht noch toleranter geworden, würd ich sagen. Kann mich noch son bisschen mehr einfühlen, aber das ist eigentlich auch alles, also, so verändert hat sich nichts jetzt speziell dadurch, nee.

Insbesondere Toleranz gegenüber gesellschaftlichen Minderheiten sowie Nachdenklichkeit über die eigenen Lebensauffassungen hatten zugenommen. Auch Hanna sprach von einer größeren Tiefe und Weite ihrer Sicht, war sich aber nicht sicher, ob dies durch die Transsexualität ihres Partners oder nicht vielleicht eher durch seine Persönlichkeit verursacht war:

Hanna: Ja! Bei mir hat sich Etliches verändert. Aber ich weiß nicht, ob es darauf beruht, dass er jetzt transsexuell ist, sondern, ehm, ich habe festgestellt, dass ich früher wesentlich oberflächlicher! war.(...) Vielleicht war ich auch etwas naiver. (...) Und Hans hat mir dann halt son bisschen die Augen geöffnet, ne, hat mir klar gemacht, dass ich eigentlich! sterbensunglücklich bin, ne. (...) Ich war immer cool, war mehr oder weniger unantastbar. Und habe selber da drunter aber gelitten, was ich nicht gemerkt habe. (...) Und ich bin seitdem auch wesentlich nachdenklicher geworden und, eh, gucke den Leuten teilweise auch schon mal in! den Kopf, auch wenn sie es gar nicht wollen.

Gerda kam im Zusammenhang mit dem Außergewöhnlichen der Beziehung auf die Belastungen zu sprechen, die sie abwog gegen die positiven Seiten. Nachdem sie es als ungewöhnlich bezeichnet hatte, sein Geschlecht so intensiv zu thematisieren, wollte ich wissen, ob sie dies als Bereicherung erlebe:

Gerda: Ja! Aber natürlich teilweise auch ausgesprochen anstrengend. Das wäre falsch, das jetzt irgendwie zu verleugnen, und teilweise auch durchaus, ehm, klärungsbedürftig. (...) Also ich denke, solche Gespräche wären sonst einfach auch nicht da gewesen. (...)
Aber mehr bereichernd, positiv?
Ja, aber
Und dann auch die andere Seite?
Auch belastend, wie gesagt, es ist wahnsinnig viel, mit diesem Ganzen, was eben sonst noch so nebenbei ist, (...) ja, denk ich, sind wir da beide auch ganz doll an unsere Grenzen gekommen, des Möglichen. Aber es hat durchaus eben auch eine ganz positive Seite.

Die Veränderungen, die die fünf anderen Frauen beschrieben, waren von eher allgemeiner Art. Drei von ihnen stellten sie ebenfalls in einen direkten Zusammenhang mit der Transsexualität ihres Partners. Für fast alle Frauen waren die Veränderungen in ihrem Leben also in irgendeiner Weise mit dem Transsexualismus ihres Partners verknüpft.

So normal es mit der Zeit für die Frauen auch sein mag, *ist es nicht auch manchmal schwierig, mit einem Transsexuellen zusammen zu sein?* Fast alle Frauen bejahten diese Frage, nur zwei der Frauen - Karin und Laura - verneinten sie. Britta sah ebenfalls keine besonderen Schwierigkeiten, schränkte jedoch ein:

Britta: Also, das spielt nur in sexueller Hinsicht ne Rolle für mich jetzt, aber (...) das kann ich jetzt nicht unterscheiden, ob das jetzt damit zusammenhängt oder ob das allgemein mit meiner Situation zusammenhängt. Ansonsten würd ich sagen, absolut ist das kein Thema. Da ist viel schlimmer, dass er kleiner ist als ich, das stört mich viel mehr!

Anna war die Einzige, die anfangs Schwierigkeiten damit gehabt hatte, dass ihr Partner transsexuell war, also mit der Transsexualität an sich:

Anna: Es ist schon nicht einfach, es ist schon schwierig, es braucht schon unheimlich lange Zeit, bis man darüber hinwegkommt bzw. bis man es verarbeitet oder die Person versteht.

Auf dem Hintergrund derart massiver Probleme hatte aber auch sie sich recht gut mit seiner Transsexualität arrangiert. Neben Anna war für sieben weitere Frauen das Zusammensein mit einem Transsexuellen manchmal schwierig. Die Ursachen dieser Probleme lagen für alle Frauen - abgesehen von Maria - jedoch ausschließlich im medizinischen und rechtlichen Procedere der Behandlung bzw. im hierdurch ausgelösten Stress auf Seiten ihrer Partner. Gerade *Jana* setzte die lange Dauer der Behandlung, insbesondere die zahlreichen Korrekturen am operativen Penisaufbau, zu. Sie träumte davon,

irgendwie mal ne stinknormale Beziehung zu führen. (...) Also ansonsten find ich's eigentlich nicht! schwierig mit nem Transsexuellen, weil, das ist eigentlich, ja, normal.

Hans und Hanna schienen unter dem gesamten Behandlungsablauf gelitten zu haben:

Hanna: Ja, ich sag mal inzwischen nicht mehr. Es war halt diese Umbruchzeit, das war halt schlimm. Aber nicht zwischen uns. (...) Es war halt, weil seine Nerven öfter blank lagen und so. Aber ich denke mal, das hab ich mit Verständnis eigentlich ganz gut hin gekriegt, weil ich ihn ja auch irgendwie verstehen konnte.

Was waren denn die Probleme, die er hauptsächlich hatte?
Ja, halt irgendwie, diese ganzen Gutachtenklamotten, diese Rennerei, von einem Arzt zum andern, und, krieg ich jetzt ein Gutachten, wo drinsteht, ne!, dass ich wirklich transsexuell bin. (...) Dann war er natürlich schon extrem angespannt. (...) Da wurde er ja dann auch immer wieder geprüft, ne, dieses ewige Testen.

Für Frauke dagegen lag der Stress eher zu Beginn ihrer Beziehung, jedoch ebenfalls nicht in der Person ihres Partners oder in der Transsexualität selbst. Ihr Problem waren die am Anfang notwendigen „Lügereien", um die Beziehung vor ihren Eltern zu verheimlichen.

Eike und Gerd standen während des Behandlungsverfahrens und insbesondere während der Operationen offenbar unter hohem emotionalem Stress. Allerdings raubten sie ihren Partnerinnen zusätzlich die Nerven durch ein Verhalten, das manche transsexuelle Männern kennzeichnet, nämlich durch eine zeitweise unangemessene Anmache von Frauen:

Gerda: Also eben einmal dieses, diese ganze Belastung von diesem Verfahren, aber das denk ich, ist ja nun mehr so ne zeitliche Sache, (...) dass ich so denke, was da eben auch bei ihm für so Gefühlswallungen sozusagen gekommen sind, das finde ich schon schwierig. Da denk ich, dass das eben bei Menschen, die diesen Prozess nicht durchleben müssen, nicht so stark ist. (...) Ja, ansonsten fand ich es am Anfang ausgesprochen schwierig, (...) dass er sich eben für meine Begriffe sehr merkwürdig verhalten hat, mehr eben, ja, fürn Mann (...) passte das nicht so, z. B. diese Flirterei, (...) dass ich das Gefühl hatte am Anfang: Er flirtet wirklich mit allen möglichen Frauen, die irgendwie in seiner Nähe sind. (...) Und das denke ich, das lag schon eben auch an seiner Transsexualität. (...) Ich musste ihm dann schon auch son bisschen Nachhilfestunden geben, wie das wirkt, wenn man als Mann so und so auf ne Frau eingeht.

Eva fühlte sich von Eike richtiggehend „stehen gelassen", wenn dieser sich nun nur noch um seine Transsexualität und um andere Frauen kümmerte:

Eva: (Lacht) Nein, das ist genauso schwierig wie mit jedem anderen Mann zusammen zu sein!
Also durch die Transsexualität ist es nicht schwieriger?
Ja, es kommt darauf an, was du jetzt meinst, ob du dieses normale Leben meinst, was wir leben oder die Phase, von dem Outen praktisch bis hin zum, ja zum, zur Personenstandsänderung.

Das war damals schwierig?
Fürchterlich! schwierig! Also wenn mir das jemand!
Was war denn da so schwierig?
Ja dieses, ach, das sind tausend Sachen! Also (...) wenn wir uns trennen,
und ich würde jemand kennen lernen, den würde ich erst mal fragen:
Bist du eventuell transsexuell!? Das würd ich nicht nochmal mit ma-
chen! Im Leben nicht mehr!! (...)
War er da so schwierig in der Zeit oder?
Nee. Das ist schwer zu erklären. Noch nicht mal schwierig, ja, abwei-
send und man wollte ihm helfen, und unterstützen und, und, und
trotzdem wurd man abgewiesen. Das war, ich weiß gar nicht, das war
Stress ohne Ende. (...) Dieses Selbstbewusstsein, das wuchs immer. (...)
Wir waren, son Weg zusammen gemacht und irgendwann hat er mich
da stehen gelassen und ist alleine weiter gegangen. (...) Ja, ich war überhaupt nicht da! Bedürfnisse hatte nur er, mit dieser TS-Sache. Hab ich
wieder verstanden, ich sag, gut, man muss drüber reden, man muss
immer wieder drüber reden, und das hat mich auch alles gar nicht genervt, nur: Ich existierte gar nicht mehr! Es ging nur noch um TS und
um Eike!

Doris erlebte ihren Partner ebenfalls und noch zum Zeitpunkt des
Gesprächs als fast ausschließlich mit sich selbst beschäftigt. Dirk hatte nur
noch seine Transsexualität im Kopf und strotzte vor neuem Selbstbewusstsein als Mann. Fremdgehen und Eifersucht kannte auch Maria, bei ihrem
Partner jedoch war dies Verhalten offenbar nicht nur eine Übergangsphase,
sondern ein Persönlichkeitsmerkmal, das Maria allerdings auf seine transsexuellen Biografie zurückführte. Beide hatten deshalb jedenfalls erhebliche
Beziehungsprobleme:

Maria: Marc wollte halt immer ein Mann! sein. Ist er jetzt auch und, eh, wollte
sich auch immer entsprechend verhalten, weil manche Verhaltensweisen hab ich halt einfach gar nicht verstanden oder verstehen können.
(...)
Also das waren so Verhaltensweisen, wo du denkst, die haben auch mit seiner
Transsexualität zu tun?
Ja, weil er immer sagt, er brauchte diese Anerkennung, auch von Frau-
en z. B. In den ganzen vier Jahren ist kaum ein Monat vergangen, wo
er nicht irgendeiner Frau hinterher rennt, das ist schon bald nicht mehr
normal. (...) Das ist eben so seine Art, er ist immer sehr nett, zuvorkommend und kann gut zuhören. Das können halt nur wenige Männer
und das ist wohl unheimlich anziehend so. Er kann auch schlecht nein
sagen und, ja, da bin ich halt nicht so mit klar gekommen, weil anders

rum ist er so! eifersüchtig, wenn dann mal in meiner! Nähe ein Mann ist, dann würd der da sogar für morden. (...)
Das ist sehr schwierig, die vier Jahre, die ihr
Ja, das waren eigentlich, ich sag schon, andere erleben das vielleicht in dreißig Jahren Ehe und wir machen das in noch nicht einmal vier Jahren!

Marc flirtete nicht nur gerne mit Frauen, sondern zog die Frauen mit seiner speziellen Art offenbar auch an, konnte also durchaus Erfolge bei ihnen verzeichnen.

Wenn acht von elf Frauen Schwierigkeiten im Zusammensein mit ihrem transsexuellen Partner schilderten, ist das nicht wenig. Bei fast allen waren diese Probleme jedoch auf die Dauer der Behandlung beschränkt und bezogen sich nicht auf die Transsexualität selbst. Da sich eine solche Behandlung mit all ihren Formalitäten aber oft über Jahre hinzieht, wird den Frauen für eine geraume Zeit ein beachtliches Ausmaß an Energie, Selbstbeschränkung und Verständnis abgefordert. Eva und Hanna hatten angedeutet, mit welch geduldigem Bemühen sie auf ihre Partner eingingen, ohne immer den entsprechenden Lohn zu ernten. Das Behandlungsverfahren, das alle Frauen als Segen für ihren Partner empfanden, brachte manche von ihnen auf der anderen Seite also nicht selten an die Grenzen ihrer Belastbarkeit.

So schwierig phasenweise das Zusammenleben mit einem transsexuellen Mann sein mag, so ist den meisten der Frauen erstaunlich oft gar nicht mehr bewusst, dass sie mit einem Transsexuellen zusammen sind. Meine Frage, ob sie manchmal einfach vergessen können, dass ihr Partner ein Transsexueller ist, beantwortete jedenfalls nur Doris mit einem eindeutigen Nein, und zwar, weil Dirk zur Zeit des Gesprächs kurz vor seiner ersten Operation stand und dies all ihre Aufmerksamkeit beanspruchte. Britta relativierte ihr spontanes Nein zwar zunächst, letztlich schien sie Bennos Transsexualismus wegen seines fehlenden Penis jedoch nicht vergessen zu können:

Britta: Nee!!!
Wie kommt das?
Manchmal vielleicht schon, im Alltag schon, aber wenn er jetzt ohne Sachen ist, dann kann ich's nicht vergessen.
Also wenn du ihn körperlich siehst!?
Ja.

Frauke und Maria erlebten es ähnlich, ihnen aber schienen die nackten Tatsachen im Alltag weniger im Wege zu stehen als Britta. Gerda setzte es sich zum Ziel, Gerds Transsexualität noch öfter vergessen zu können als ihr dies schon vor seiner Brustoperation erstaunlich gut gelungen war:

Gerda: Ja, also, ich bin eigentlich über jede Zeit dankbar, wo das eben nicht so Thema ist, weil das jetzt so vorherrschend auch war. (...) Also ich hab das sogar ganz, ganz oft zwischendurch immer wieder vergessen.
Also ist das auch dein Ziel?
Ja natürlich!
Dass das mal abgeschlossen ist?
Ja, ja, ja! Oder es war z. B. auch ganz extrem vor der OP eben, wenn er sich dann abends ausgezogen hat, dass ich irgendwie dann manchmal einfach gedacht habe: Huch, kann doch nicht sein, dass da irgendwie ne weibliche Brust ist!
Was meinst du mit huch, warst du da
Erstaunt!
Ich meine, du wusstest es ja!
Weil ich es wirklich so!, nicht verdrängt, sondern das gehört eben nicht zu ihm.

Gerda hatte vor der Operation den zu Gerd eigentlich passenden männlichen Körper innerlich schon vorweggenommen. Andere Frauen sprachen von einem noch viel weiter gehenden, manchmal völligen Vergessen:

Eva: Ja, eigentlich immer! Er ist immer für mich mein Mann!

Hanna: Ja! Also ich denk da nicht ständig dran, weil es ist einfach Hans und fertig!

Karin: Ja, ich vergess es ja immer! Ich denke eigentlich nie dran!

Laura: Ja! Das vergess ich sogar oft! (...) Wenn, in so bestimmten Situationen kommen dann halt, (...) dann fällt mir das überhaupt erstmal so richtig ein!
Es ist eigentlich die normale Situation, dass du es vergisst?
Ja genau!

Wie schon im Kapitel über das „Entdecken des transsexuellen Körpers" erstaunt auch hier, wie viele der Frauen den Körper ihres Partners innerlich in den Hintergrund treten lassen konnten, und dies, obwohl gerade von den Partnern der zuletzt zitierten vier Frauen Lars noch gar keine Operation und nur einer, nämlich Hans, einen Penisaufbau hatte durchführen lassen.

Trotzdem verdeckt das authentisch gelebte Mannsein dieser Männer nicht nur das Transsexuelle, sondern manchmal sogar die Frau in ihnen (Gerda). Und dieses Verdecken des Transsexuellen bzw. das so glaubwürdige Mannsein ihres Partners könnte im Zusammenhang damit stehen, dass fast alle Frauen meine Frage verneinten, ob sie *seine transsexuellen Gefühle nachempfinden können?* Bei aller beschriebenen Einfühlung, bei allem Verständnis, das die Frauen mitbrachten, blieb ihnen das transsexuelle Gefühl selbst, dass eine geborene Frau sich also als Mann fühlt, fremd. Manche der Frauen versuchten sich über Phantasiespiele den Gefühlen ihres Partners zu nähern. Hanna war dies offenbar am besten, nämlich erschreckend gut, gelungen:

Hanna: Ja, also ich hab mir das immer am Anfang versucht vorzustellen: (...) So, ich bin jetzt ne Frau, ne! Und ich fühle wie ne Frau. (...) Jetzt guck ich an mir herunter und seh nen Penis. Also das würde mich völlig wahnsinnig machen! Das würde mich fertig machen! Wenn ich, wenn ich jetzt sag ich mal im Körper eines Mannes stecken würde! (...) Ich hab mir mal, sag ich mal, völlig dunkel, Augen zu, echt versucht vorzustellen. Ich hab gedacht: Ohhh, Gott sei Dank musst du den Mist nicht durchmachen, den er durchmacht! Hab ich blanke Panik bei gekriegt! (Lacht)

Doris, Eva und Laura beschrieben ähnliche, jedoch nicht ganz so erfolgreiche Versuche. Es ist aber zu vermuten, dass es für die Frauen gar nicht nötig ist, die transsexuellen Gefühle ihrer Partners tatsächlich nachempfinden zu können. Verständnis und Einfühlung sind zwar erfolglos, vielleicht aber auch ohne Bedeutung. Und hier liegt die Verbindung zum Verdecken seiner Transsexualität: Wenn die Frauen ihren Partner völlig authentisch als Mann erleben, reicht ihnen das völlig aus. Er ist für sie einfach ein Mann, hierdurch ist ihnen sein Gefühl hinreichend verdeutlicht. Seine innere Wirklichkeit präsentiert sich ihnen auf diese Weise tagtäglich neu:

Britta: Das ist mir sehr! fremd. Ich kann ihn insofern verstehen, als ich ihn erlebe: Das ist ein Mann! Das ist absolut keine Frau! Und insofern kann ich ihn dann schon verstehen.

Das Verstehen gelingt über das „Sehen" und das Erleben, die anfängliche Frau oder das spätere Wissen um sein geborenes Frausein verschwinden unmittelbar hinter seiner so authentisch gelebten Wirklichkeit als Mann:

Maria: Also ich hab ihn dann auch nie irgendwie als Frau mal wieder gesehen, auch so von seinen Verhaltensweisen her halt.

Karin: Nachempfinden? Er ist einfach ein ganz normaler Mann, er hat Gefühle wie ein ganz normaler Mann, natürlich kann ich das nachempfinden.

Für Karin war die Möglichkeit, die Gefühle ihres Partners nachempfinden zu können, unmittelbar mit seinem offensichtlichem Mannsein verknüpft. Wenn das Mannsein so „normal" ist wie bei Kurt, kann sie es „natürlich" nachempfinden - wie bei jedem anderen Mann auch. Auch dessen Mannsein ist schließlich nur über seine authentische Darstellung nachvollziehbar. Anders als beim geborenen lässt beim transsexuellen Mann das Unvertraute Erklärungen als nötig erscheinen - um regelmäßig zu erfahren, wie unmöglich oder damit auch überflüssig sie eigentlich sind: Die Wirklichkeit des Transsexuellen als Mann vermittelt sich allein über seine entsprechende Darstellung oder eben gar nicht.

2. Verwirklichte Partnerschaft

Beruhigende Normalität

Wenn die Partnerinnen transsexueller Männer sich als ganz normale Frauen sahen und die Transsexualität ihrer Partner im Beziehungsalltag oft einfach vergessen konnten, überrascht es nicht, dass fast alle Befragten - außer Britta und Lars - auf meine entsprechende Frage hin *auch ihre Beziehung als ganz normal, als klassisch heterosexuell und nicht irgendwie anders* bezeichneten:

Gerda: Ja, also ich wüsste nicht, als was sonst! Klassisch!

Hanna: Klassisch hetero, ganz eindeutig!

Karin: Ganz normal heterosexuell!

Laura: So normal oder unnormal ist, wie jede andere Beziehung auch.

Dirk: Doch, als klassisch heterosexuell, absolut!

Eike: Stinknormal!

Den gesamten Gesprächsverläufen folgend scheinen transsexuelle Männer und ihre Partnerinnen tatsächlich eine nach außen und im Innenbereich völlig normale heterosexuelle Beziehung leben können - wenn sie es denn wollen. Für manche der befragten Männer wurde dies allein durch ihre körperliche Situation relativiert:

Ahmed: Obwohl ich noch nicht körperlich wie'n Mann! aussehe, ist klar

Jan: In einigen Bereichen eben, anatomisch nicht ganz normal, das ist klar, aber ansonsten, absolut, ganz normal.

Die Normalität ihrer heterosexuellen Beziehung war für beide durch ihre körperlichen Defizite jedoch nicht gefährdet. Für Britta löste sich diese Normalität durch die körperliche Situation ihres Partners schon mehr auf, auch wenn sie am Ende einräumen musste, ihre Probleme in der Sexualität mit jedem Mann zu haben:

Britta: Am Anfang (stöhnt), würd ich sagen, eher wie ne heterosexuelle, aber mit der Zeit hab ich doch mehr Schwierigkeiten bekommen und da seh ich es jetzt doch als etwas anderes an.
Schwierigkeiten? Hat das mit der körperlichen Situation zu tun oder noch mit was anderem?
Da bin ich im Moment dabei, das rauszufinden. Das weiß ich nicht (...)
Also nicht nur mit der körperlichen Seite?
Ich weiß! es nicht. Ich habe damit Schwierigkeiten, aber ich habe auch mit jedem andern Mann Schwierigkeiten.

Benno, Lars und Kurt schränkten die Normalität ihrer Beziehung insofern ein, als jede Beziehung für sie etwas Besonderes ist. Für Benno war genau auf diesem Hintergrund auch seine Beziehung zu Britta eine ganz normale und ganz normal heterosexuelle:

Benno: Ja, was heißt das, klassisch heterosexuell?! Jede Beziehung ist für sich was Einzigartiges (lacht) und da würd ich schon sagen, ja

Lars und Kurt dagegen setzten sich ausdrücklich davon ab, ganz normal, so etwas wie ein „Durchschnittstyp", zu sein:

Lars: Es ist was Besonderes also, ich sag mal, das normal Klassische natürlich, dafür fehlt mir das, was ein Bio-Mann hat, dieses Klassische. Und ich würde meine Beziehung, egal, ob das jetzt mit Laura mein ganzes

Leben lang hält oder ob ich vielleicht irgendwann noch mal ne andere Frau, was ich nicht glaube und ich mir auch nicht vorstellen kann, haben werde, das wird für mich nie klassisch sein, meine Beziehungen, sondern die werden immer! was anderes sein.

Kurt hatte zunächst festgestellt,

> Klassisch, ganz klassisch (...) heterosexuell!
> *So ganz normal?*
> Ja,

dies jedoch bei meiner anschließenden Frage, ob er denn *gerne normal sei oder ob ihm das nicht so wichtig sei,* eingeschränkt:

Kurt: (Stöhnt) Ja, Moment, was ist normal?! Was ist normal, also. Ich denke, ich bin in Anführungsstrichen, ja, nee, normal also, für mich ist normal, wenn man son Durchschnittstyp ist und ich empfinde mich nicht als Durchschnittstyp.
Ist das dann eher negativ: normal?
Nee, nee, negativ nicht! Negativ sicherlich nicht, aber ich empfinde mich nicht als normal (...)
Hat das mit deiner Transsexualität zu tun?
Nee, das hat damit gar nichts zu tun! Aber, dass ich vielleicht nen anderen Lebensstil habe, wie gewisse normale Leute, sag ich mal.

Auch von den anderen Befragten wollte ich wissen, ob sie gerne ganz normal leben wollten: Jede(r) von ihnen stimmte dem zu. Nur Dirk und Gerd war es wichtig zu erwähnen, hiermit aber nicht ihre Individualität verlieren zu wollen. Und Laura fand es besser, ab und an auch „ein bisschen unnormal" zu sein, nicht „völlig stur und starr" zu leben. Alle anderen dagegen betonten nochmals und oft vehement ihre Normalität. Hier einige Beispiele:

Eva: Ja, ich lebe normal! Ich wüsste nicht, was es Normaleres geben sollte.

Hanna: Ja, halt dieses ganz Normale, Schlichte (lacht laut). (...) Ja, eigentlich immer so, ein Häuschen im Grünen, Mann und Kinder.

Karin: Gut, ich, ich kann mir jetzt schwer vorstellen, was abnormal jetzt heißen sollte in unserer Beziehung.

Hans: Ich lebe schon ganz gut so, ich bin zufrieden.

Jan: Ich wollte immer stinknormal irgendwie, eher konservativ leben, also nicht irgendwie abgehoben.

Marc: Ja, ein normales Leben, ja, wie andere halt auch, arbeiten gehen, am Wochenende Spaß haben, in Urlaub fahren.

Der Wunsch nach Normalität, nämlich so zu sein wie alle anderen, war bei fast allen Befragten sehr ausgeprägt. In den Gesprächen mit Gerda und Gerd schien durch, was ein Grund hierfür sein könnte:

Gerda: Also über allem steht eigentlich diese ganz große Sehnsucht nach Normalität. Gerade nach dieser langen Zeit, wo es immer darum ging, und immer irgendwie dadurch irgendwelche Einschränkungen waren oder irgendwelche Termine oder irgendwelche Sachen, hab ich ein ganz großes Bedürfnis nach Normalität, dass wir uns einfach, was weiß ich, wir sind im Tanzkurs, wir sind eben ein Paar, wie ganz viele andere

Die Belastungen des Behandlungsverfahrens sind für viele dieser Paare über Monate, oft Jahre hinweg außerordentlich groß, viel größer als bei „normalen" Paaren. Sie gehen manchmal an die psychischen Grenzen gerade auch der Frauen, die ihre Partner bei allen Rückschlägen, Ängsten, aber auch in ihren Hoffnungen stützen. In dieser Zeit lebten die befragten Paare alles andere als einen normalen Alltag. Probleme mit der Familie und dem sonstigen Umfeld waren zu bewältigen, neue berufliche Orientierungen zu finden, und all das neben den Anforderungen von Beruf, Kindern und was sonst auf einen einströmt. So wird die Sehnsucht verständlich, endlich ein ruhiges Leben führen zu können. Je unnormaler ein Leben - aus welchem Grund auch immer - ist, je mehr es sich abhebt vom Leben der Anderen, umso anstrengender ist es, sich nicht nur äußerlich, sondern auch innerlich immer neu zu integrieren. Bei den transsexuellen Männer dürfte die Sehnsucht nach Normalität sogar noch größer sein als bei ihren Partnerinnen, mussten sie doch über Jahre oder Jahrzehnte erleben, oft sehr weit reichend aus dieser Normalität herauszufallen. Und dies ist eben nur für eine begrenzte Zeit zu ertragen und weckt den Wunsch nach einem normalen und sozial und psychisch integrierten Leben. So wird auch Gerds Differenzierung nachvollziehbar:

Gerd: Also ich möchte immer natürlich ein Stück Individualität behalten und mich nicht gleichmachen lassen. Aber was ich anstrebe ist ein ganz normales Leben, wo die, vielleicht die Unruhezeiten möchte ich gerne selber bestimmen können.

Gerd war sich durchaus der Bereicherung bewusst, die er durch sein Leben in einer Nische - wie er es selbst genannt hatte - über die Jahre erfahren hatte. Dieses Stück Individualität will er sich erhalten. Aber er möchte auch der permanenten inneren und äußeren Beunruhigung entkommen, wie sie alle Transsexuellen kennen, bis sie ihr Leben selbst in die Hand nehmen und ihre Wirklichkeit gegen die Realität der anderen behaupten können.

Heirat und Kinder

Die Verbindlichkeit einer Beziehung, aber auch ihre angestrebte Normalität lassen sich auch heute noch am besten durch eine *Heirat* oder einen gemeinsamen Kinderwunsch dokumentieren. Zwei der elf befragten Paare waren zum Zeitpunkt des Gesprächs miteinander verheiratet: Frauke und Felix seit eineinhalb und Hans und Hanna seit dreieinhalb Jahren. Zwei weitere Paare zeigten sich entschieden zu heiraten, ein Paar konnte es sich sehr gut vorstellen, wobei der Mann es klarer zum Ausdruck brachte als seine Partnerin. Zwei Paare waren ebenso sicher, nicht heiraten zu wollen. Bei einem Paar erschienen beide Partner sehr unschlüssig, auch hier tendierte der Mann eher zur Eheschließung. Bei einem Paar wollte die Partnerin eindeutig, bei einem weiteren Paar eher nicht heiraten, während auch hier ihre jeweiligen Partner sehr gerne heiraten würden. Bei einem Paar war es umgekehrt: Hier war sie entschieden, ihn zu heiraten, er aber zögerte noch.

Alles in allem wollten insgesamt sechs der befragten Frauen ihre Partner heiraten, konnten es sich gut vorstellen oder waren bereits mit ihm verheiratet. Eine weitere Frau, die zum Zeitpunkt des Gesprächs nicht mehr heiraten wollte, hätte es früher gerne getan und war enttäuscht, dass ihr Partner sie nicht danach gefragt hatte. Jetzt war das Thema für beide abgehakt.

Von den Männern würden sieben ihre Partnerin gerne heiraten bzw. waren schon mit ihr verheiratet. Letztlich äußerten sich nur zwei der Männer tatsächlich entschieden, nicht heiraten zu wollen, wovon einer es sich früher hatte vorstellen können, heute jedoch nicht mehr. Fast alle der befragten Männer tendierten also zu einer Eheschließung.

Von den vier Frauen, die ihre Partner nicht heiraten wollten - Eva nehme ich hier aus, da sie es früher gewollt hatte -, stellte nur eine einen direkten Zusammenhang mit der Transsexualität ihres Freundes her: Sie wollte gerne leibliche Kinder mit ihrem Partner bekommen, was mit ihm nicht möglich ist. Damit kann diese Beziehung für sie an sich keine langfristige Perspektive haben. Eine weitere Frau meinte, man wisse ja nie, was so komme und eine Scheidung sei sehr aufwändig. Eine andere wollte nach einer gescheiterten Ehe überhaupt niemanden mehr heiraten und einer weiteren Frau war Heiraten an sich nicht so wichtig.

Für die Eheschließung gaben die meisten der Befragten, die damit beschäftigt oder bereits verheiratet waren, natürlich als vorrangigen Grund an, sich zu lieben, zusammenbleiben und gemeinsam alt werden zu wollen. Für manche der Partner kam einer Heirat jedoch zusätzlich eine sehr spezifische Bedeutung zu, die besonders für transsexuelle Männer nicht zu unterschätzen ist: Mit einer Eheschließung werden sowohl Mannsein als auch Heterosexualität sehr offensichtlich dokumentiert. Viele transsexuelle Männer sahen von daher in einer Heirat eine ausdrückliche Bestätigung ihres soziales Mannseins. Eine Heirat kann ein bedeutender Akt bei der Verwirklichung ihres Mannseins sein, ein Akt, an dem die jeweilige Partnerin allein schon durch ihre Existenz und umso mehr noch durch ihren nach außen dokumentierten verbindlichen Einstieg in die Wirklichkeit des Transsexuellen einen wesentlichen Anteil hat. Dirk beschrieb gerade diesen Aspekt - neben anderen Gründen - am prägnantesten:

Dirk: *Würdest du gerne heiraten?*
Ja!!
Wieso?
Ja, ich denke einerseits diese Bestätigung, dass man jetzt, als Mann!! ne Bestätigung, dass man jetzt wirklich nicht mehr Frau ist und auch der Gesellschaft zeigt!, dass man nicht mehr Frau ist. Das ist ein! Grund.(...) Und der Gesellschaft gegenüber also wirklich zeigt, da sind nicht zwei Frauen zusammen, sondern wirklich jetzt en heterosexuelles Paar, das auch heiratet. Weil ich auch wirklich denke, manche Leute wären erstaunt, auch gerade meine Kollegen, die würden wahrscheinlich als Erstes sagen: Zwei Frauen können doch gar nicht heiraten, obwohl sie es wissen! im Kopf, dass ich jetzt Mann bin, aber trotzdem, denk ich mal, dass diese grundlegenden Sachen für sie dann noch, ehm, noch nicht selbstverständlich sind.
Meinst du, dass sich für die dann auch was verändern würde?
Ja, also, vielleicht würden sie das dann eher akzeptieren, weiß ich nicht, wenn das so, staatlich sozusagen, abgesegnet ist, dass es dann für die noch en Schritt ist.

Eine Heirat könnte Dirks Wirklichkeit und sein Recht auf diese Wirklichkeit denjenigen vor Augen führen, die sich bisher beharrlich weigerten, sie zu respektieren. Sie ist quasi der letzte Stich des Transsexuellen gegen die Ignoranz mancher seiner Zeitgenossen. Felix spielte diesen Stich gegenüber seiner zukünftigen Schwiegermutter aus: Erst nach Wissen um die Heiratspläne des

Paares akzeptierte sie ihn als Schwiegersohn und - wie Frauke es schilderte - auch als Mann:

Felix: Nur mit der Mutter (lacht), also das war. Das ist heute Gott sei Dank nicht mehr so der Fall, das war damals grauenvoll, ich hab mich also gar nicht mit ihr verstanden.
Ging das länger so?
Mhmm, sehr lange! Eigentlich bis es raus kam, erst mal, dass ich operiert war und dass wir dann heiraten.

Frauke: Sie hat es akzeptiert, sag ich mal, weil sie weiß, sie kann mir da auch nicht entgegen reden, wir sind jetzt verheiratet. Gut, als ich ihr gesagt haben, dass wir heiraten wollen, dann, an diesem Termin, als wie ihr letztendlich gesagt haben: Wir haben jetzt einen Termin, wir wollen heiraten, ich hab ein Hochzeitskleid gekauft, da hat sie schon noch geschluckt, aber sie hat es akzeptiert.
Ist es dadurch leichter geworden für sie?
Ja natürlich! Ja, weil früher, das war immer noch so auch so im Haus, weil, blöd wie sie war, hat sie immer noch gesagt: Ja, Frauke mit ihrer Freundin Friederike, so.

Erst durch die Heirat wurde Felix für seine Schwiegermutter wirklich zum Mann, zum Mann ihrer Tochter, oder wie er es in einem anderen Zusammenhang erläuterte:

Felix: *Sie bestärkt mich also darin, jeder sieht, ich bin verheiratet, hab ne Frau. Keiner merkt mehr, dass ich mal ne Frau war.*

Auch Hans erlebte, wie seine Mutter sich erst durch die entsprechenden Dokumente davon überzeugen ließ, dass er „wirklich" ein Mann war:

Hans: Mich hat sie ja jetzt im Grunde so akzeptiert, weil ich auch Hanna geheiratet habe und sie gesehen hat, dass das gesetzlich möglich ist. Vorher hat sie auch ihre Schwierigkeiten damit gehabt.
Also dadurch, dass das von außen! auch möglich war, ging es für sie auch?
Ja, sie musste schon sehen, dass das irgendwo im Gesetz verankert ist, sie musste erleben, dass das wirklich so ist und dass das auch mehrere gibt.

Manch einen vermag nur die Autorität einer staatlichen Behörde von der Wirklichkeit der transsexuellen Identität zu überzeugen.
Nach der Hochzeit widerfuhr Hans dann das, was Dirk schon vermutet hatte:

Hans: *Meinst du denn, dass sich was verändert hat, seit ihr wirklich verheiratet seid?*
Ja, ich glaub mal, die Hälfte von B. hat ihre Wette verloren und deswegen sind die schon ein bisschen erstaunt (lacht).
Was meinst du, haben die gewettet?
Die ham bestimmt gewettet, wie lange wir zusammen sind und dass das nur ne Phase von Hanna ist oder so.
Dass sie sich irgendwann mal en richtigen Mann sucht
Ja, ja, ja, ja, ja, nen richtigen Mann, der es auch richtig kann und was weiß ich nicht alles. Und ich denk mal schon, dass die, die gewettet haben, ganz schön auf den Arsch gefallen sind.

Hanna bestätigte die Einschätzung und den Triumph ihres Partners:

Hanna: *War es dir wichtig zu heiraten?*
Also mir war es eigentlich schon sehr wichtig zu heiraten, weil es einfach auch, sag ich mal, so ne Demonstration ist, so: Hallo, wir gehören zusammen und das wollen wie jetzt hiermit auch öffentlich beurkunden, und auch allen zeigen. Weil, das ist ja hier in B. so Tradition, wenn man dann so im Rathaus war, dann raus und die Treppen runter schreitet, und das ist immer freitags und freitags ist auch gleichzeitig Markt und dann ist wesentlich viel Rummel in B. und gucken natürlich alle immer und hach, wer hat jetzt geheiratet und wie sieht die Braut aus, wie sieht der Bräutigam aus, man kennt das ja.

Nicht nur wird durch die Eheschließung aus einem transsexuellen Mann offiziell ein sozial vollwertiger Mann. Wichtig ist auch, dass hierdurch eine ganz normale und auch für andere Männer attraktive Frau diesen Menschen nach außen als Mann bestätigt, dass eine solche Frau ihn quasi durch Siegel und Stempel noch einmal mehr zum Mann macht. Aufgrund dieser geradezu existentiellen Funktion eine Eheschließung ist verständlich, dass so viele transsexuelle Männer so bald wie möglich heiraten wollen. So erstaunt es auch nicht, dass sechs der sieben Männer, die gerne heiraten wollten bzw. bereits verheiratet waren, dies mit der ersten Partnerin in ihrem Leben anstrebten, mit der eine Heirat formal überhaupt möglich war. Eike, der sich gegen eine Heirat entschieden hatte fühlte sich durch diese Eile und Selbstverständlichkeit des Heiratswunsches in seiner Selbsthilfegruppe richtiggehend unter Druck gesetzt. Auf meine Frage, warum er nicht heiraten wolle, schilderte er:

Eike: *Weil es jetzt, weil es nicht, nicht, nicht wichtig ist! Am Anfang haben wir, weiß nicht, waren wir beide irgendwie dafür zu heiraten. Ich hab auch gedacht, oh Gott, wenn alle so in der Gruppe so erzählt haben: Wenn ich fertig bin, dann wird geheiratet, die eine Freundin hatten. Als wenn das irgendwie so dazu gehören muss: Jetzt bin ich fertig operiert, weil ich vorher nicht heiraten konnte, ne Frau, muss ich jetzt unbedingt ne Frau auch heiraten. Aber heute seh ich das nicht mehr als wichtig an, weil, man lebt so zusammen, und ob ich dann so ein Stück Papier unterschreibe, da ändert sich nichts dran.*

Ein weiterer Ausdruck von Normalität und normalem Mannsein kann für das Paar bzw. für den transsexuellen Mann der *Wunsch nach Kindern* und Vaterschaft sein. Obwohl der Transsexuelle nicht leiblicher Vater eines Kindes werden kann, wollten fünf der befragten Paare zusammen ein Kind haben. Eines dieser Paare befand sich zur Zeit des Gesprächs bereits in der Phase der künstlichen Befruchtung. Alle hätten gerne zwei Kinder, manche mit einer gewissen Offenheit zu nur einem Kind. Vier der Paare hatten sich gegen gemeinsame Kinder entschieden. Von diesen vier Paaren brachten bei einem Paar beide Partner, bei einem anderen Paar die Frau bereits Kinder in die Beziehung ein. Die vier Frauen, die keine Kinder - mehr - wollten, waren im Übrigen die ältesten der von mir befragten Partnerinnen, zwei bereits über 40, zwei Ende 30, was auch eine Rolle bei ihrer Entscheidung gespielt haben mag. Bei den verbleibenden zwei Paaren hätte ein Paar sehr gerne Kinder zusammen. Da für die Partnerin jedoch nur gemeinsame leibliche Kinder in Frage kamen, standen sie vor einem schwerwiegenden Beziehungsproblem. Bei dem anderen Paar wollte der Mann gerne Kinder, sie jedoch nicht.

Alle Paare, die zusammen Kinder wollten, hatten sich entschieden, sich diesen Wunsch über eine künstliche Befruchtung zu erfüllen, keines über eine Adoption. Beiden Partnern war dies wichtig, damit die Kinder wenigstens leibliche Kinder der Frau waren. Auch wollten die Frauen nicht auf das Erlebnis der Schwangerschaft und Geburt verzichten. Die Männer bedauerten, nicht selbst ein Kind zeugen zu könne, alle waren jedoch sicher, ein solches Kind dann als ihr eigenes annehmen zu können. Felix und Kurt fanden es allerdings schade, damit nicht ihre eigenen Gene weiterzugeben. Die meisten Partnerinnen gingen sehr sachlich mit der künstliche Befruchtung um:

Anna: Dann muss ja automatisch die Ehefrau sich befruchten lassen, sonst
         gibt es ja keine andere Möglichkeit.

Nur Jana verwies zunächst auf ihr inneres Dilemma, fand für sich dann aber ebenfalls ein rationales Arrangement:

Jana: Eigentlich über künstliche Befruchtung. (...) Also am Anfang hab ich
        mit der Beziehung, ehm, ja ich sag mal, mehr Probleme gehabt, (...)
        also ich kämpfe jetzt seit zwei Jahren eigentlich gegen meine Eltern.
        (...) Und die Kinderfrage war ein Thema mit. Und dann hab ich mir am
        Anfang schon überlegt: Ist es wirklich das, was du willst?! ne, also willst
        du ein so großes Opfer im Endeffekt bringen?! ne, also ständigen Zoff
        mit deinen Eltern und dann auch möglicherweise dann doch keine
        Kinder?! Und dann hab ich eben, dann hab ich auch mit meiner Frau-
        enärztin drüber gesprochen bzw. mit zweien ehm, wobei ich denen
        nicht gesagt hab, warum mein Freund keine Kinder kriegen kann, aber
        hab eben gesagt: Wie sehen die Chancen aus? Und die ham mir beide!
        bestätigt, dass es nicht so schwierig ist, dass es ehm also durchaus reali-
        stisch ist und eh ja, das hat für mich dann eigentlich so, so den Aus-
        schlag gegeben, dass ich gesagt hab: Es gibt ne realistische Chance, gut,
        die ist wahrscheinlich genauso hoch, oder vielleicht ein bisschen
        schlechter als bei normalen Paaren, aber da hast du auch keine Garan-
        tie! Ich könnte nen ganz normalen Freund haben, ne, und vorher sag
        ich mal, nimmst du ja fast immer die Pille und probierst es auch nie aus
        und plötzlich sagst du: So, jetzt will ich Kinder! Oder wer sagt mir, dass
        ich! Kinder kriegen kann! Ich hab's ja auch noch nicht ausprobiert, ne!
        Also von daher.

Jana löste ihre schwierige Situation, indem sie das Problem und ihre Partnerschaft normalisierte: Auch bei normalen Paaren lässt sich der Kinderwunsch
nicht immer leicht verwirklichen. Es wäre also möglich, dass sie in jeder
Beziehung ein solches „Opfer" bringen müsste und dass sie hierfür sogar
selbst der Auslöser sein könnte. Dieses Arrangement entlastet sie wahrscheinlich auch von den schweren Schuldgefühlen, die sie ihren Eltern
gegenüber wegen ihrer Beziehung zu Jan hat.
So dringend den fünf Männern ihr Wunsch nach Kindern war, so konnte
sich doch keiner von ihnen vorstellen, sich diesen Wunsch früher als Frau
erfüllt zu haben:

Kurt: Das wär ja, in dem Moment wäre ich ja eine Frau gewesen!
        Also das hättest du dann sehr deutlich
        Ja, das wär einfach nicht gegangen, in dem Moment wär ich im Kopf
        her automatisch ja Frau gewesen und das Denken hab ich ja nie!
        gehabt.

Demgegenüber bestätigt eine Vaterschaft diese Männer gerade in ihrem
„Denken", ihrer Identität als Mann, denn einen klareren Beweis für funktio-

nierendes Mannsein gibt es kaum, auch wenn es in diesem Fall vom Körperlichen her eine vorgetäuschte Vaterschaft ist.

Benno und Lars, die jeder bereits ein bzw. zwei Kinder selber geboren hatten, hatten die Situation bewältigen müssen, die Kurt als für sich unvorstellbar schilderte. Beide erlebten denn auch mehr oder weniger starke Fremdheitsgefühle und hielten sich ihre Schwangerschaft(en) regelrecht vom Leibe:

Benno: Es ist schon ne komische Situation, ich wollt ja nie eigene Kinder kriegen! Ich wollt zwar immer welche haben, aber ich wollt nie welche kriegen.
Warum nicht?
Ja, weil das nicht mein Ding war. (...)
Und wie hast du die Schwangerschaft erlebt?
Das ging eigentlich, das hat sich bei mir nicht so doll ausgewirkt wie bei manchen.

Lars: Ja, und das wollte ich nicht! Das war nicht!, das war nicht ich, das war was anderes! (...)
Nun warst du ja schwanger: Wie war das für dich vom körperlichen Erleben her?
Gar nicht, ich hab das nicht, ich hatte auch keinen Bauch, so großartig, also das war, eh. Das war, ich weiß nicht, ich, ich hatte kein Erbrechen, ich hab das gar nicht gespürt. (...) Ich konnte alles machen, (...) das war was Fremdes, das gehörte nicht so zu mir. (...) Ich habe keinerlei Muttergefühle, ich, das ist hart, wenn ich das so sage, ich liebe meine Kinder und ich werd für meine Kinder alles tun, aber ich weiß nicht, was Muttergefühle sind.
Hast du denn so was wie Vatergefühle oder würdest du das auch nicht sagen?
Nee, das ist das auch nicht, ich bin, das ist einfach ein Liebesgefühl für diese Kinder. (...) Das ist so ne Mischung.

Weder die körperlichen Wirkungen einer Schwangerschaft noch Muttergefühle passen zum „Denken" des transsexuellen Mannes, also zur männlichen Geschlechtsidentität. Aufgrund der Fremdheit der Situation werden sie einfach nicht „gespürt". Lars ließ seine Geburten in Vollnarkose vornehmen. Damit waren sie mehr eine passive Erlösung als ein aktives Erlebnis.

Es muss offen bleiben, ob alle transsexuellen Männer, die selbst Kinder geboren haben, ihre Schwangerschaften erlebten wie Benno und Lars. Zumindest werden sie sie ähnlich verarbeiten, solange es ihnen wichtig ist, einen geradlinigen Weg als Mann in Erinnerung zu behalten und darzustellen.

Von den elf Frauen waren acht zur Zeit des Gespräches voll erwerbstätig, zwei arbeitslos, eine beendete gerade ihr Studium. Bei den Männern standen sieben voll im Erwerbsleben, drei waren arbeitslos und einer befand sich in der Examensphase seines Studiums. Bei zwei Paaren waren jeweils beide Partner arbeitslos, der andere arbeitslose Mann lebte in der Beziehung mit der Studentin, d. h. in sieben der Partnerschaften gingen beide Partner gleichzeitig einer vollen Erwerbstätigkeit nach, darunter auch vier der Paare, die z. T. schon sehr konkret die Verwirklichung ihres Kinderwunsches planten. Gefragt, ob sie, wenn sie Kinder haben, weiter arbeiten gehen oder ihren Beruf aufgeben wollten, brachten die fünf Frauen mit Kinderwunsch zum Ausdruck, nach einer Kinderpause in jedem Fall wieder in den Beruf zurückzukehren. Keine von ihnen malte sich ein langfristiges Leben ausschließlich im Haushalt aus. Anna wusste allerdings, dass Ahmed dies gerne sehen würde, ließ sich aber nicht in diese Richtung drängen. Auch Felix tendierte offenbar dahin, der alleinige „Ernährer" der Familie zu sein und sich ansonsten von seiner Frau versorgen zu lassen. Für Frauke kam dies zwar mittelfristig in Frage, ganz wollte sie ihren Beruf aber nicht aufgeben. Bei Karin und Kurt war es umgekehrt: Er wäre gerne Hausmann, während sie erwerbstätig sein sollte. Auch seine Partnerin konnte sich diese Arbeitsverteilung vorstellen, sofern ihr der Beruf weiterhin Spaß macht. Allerdings kämpfte sie innerlich damit, dann als „Rabenmutter" dazustehen.

Die Übernahme der vollen Haus- und Kinderarbeit ist auch heute für Männer noch ungewöhnlich. So nutzen bisher nur ca. 1,5 % der deutschen Männer den ihnen zustehenden Erziehungsurlaub. Dies liegt natürlich an den weiterhin ungünstigen Arbeitsstrukturen und daraus erwachsenden finanziellen Nachteilen, wirft aber auch ein Licht darauf, wie Männer diese Arbeit auf ihrer Werteskala einstufen. Um diesbezüglich die Einstellung der hier befragten transsexuellen Männer, aber auch ihrer Partnerinnen einschätzen zu können, fragte ich sie, ob sie sich selbst bzw. sich ihren Partner *als Hausmann vorstellen* könnten.

Die Ergebnisse zeigten Unterschiede zwischen den Männern und den Frauen: Während neun der Frauen sich ihren Partner gut bis sehr gut als Hausmann vorstellen konnten, waren es fünf der Männer (Benno, Eike, Hans, Kurt, Lars). Für zwei weitere Männer war diese Lebensform nicht Vollzeit bzw. nicht über einen längeren Zeitraum denkbar (Gerd, Jan. Die größten Differenzen bei den Einschätzungen der jeweiligen Partner gab es zwischen Anna und Ahmed und Jana und Jan, begrenzte Unterschiede zwischen Karin / Kurt, Maria / Marc und Gerda und Gerd. Bei all diesen Paaren bis auf Karin / Kurt waren es die Frauen, die den Partner eher als Hausmann sehen konnten als umgekehrt. Nur bei Doris und Dirk sowie Frauke und Felix verneinten beide Partner meine Frage gleich eindeutig.

Bei jeder der neun Frauen, die sich ihren Partner als Hausmann vorstellen konnten, resultierte ihr Urteil aus entsprechenden Erfahrungen und nicht aus Projektionen auf die Zukunft: Sie hatten ihn - zumindest partiell - bereits in dieser Rolle erlebt:

Anna: Wie das in letzter Zeit war, wo er arbeitslos ist, dann ruft er an: Ich koche, komm nach Hause.

Britta: Das ist! fast so!

Eva: Ja!. Ich bewundere Männer, die kochen können, und irgendwie hat er son bisschen Draht zum Kochen, er kocht manchmal besser als ich. Ich find's herrlich!, wenn er mal in der Küche steht und kocht, ich genieße! das.

Hanna: Auf jeden Fall! Das hatten wir schon, ja sicher, er war ja arbeitslos. (...) Und dementsprechend (...) hat er hier den ganzen Haushalt geschmissen, (...) Wäsche alles! Er hat gestaubsaugt, Staub geputzt.

Jana: Also wir ham da schon drüber gesprochen, (...) weil er sehr viel macht im Haushalt, also eigentlich zum Teil mehr als ich.

Karin: Ja, ja, ja auf jeden Fall! (Lacht)
Putzen, bügeln, einkaufen und das alles?
Ja, macht er alles!

Für die meisten der befragten Männer war es offenbar selbstverständlich, einen - großen - Teil der Hausarbeit zu übernehmen. Vielen blieb wohl auch nichts Anderes übrig, wohnten doch sieben Paare getrennt, zwei davon in verschiedenen Städten.

Die stärkere Ablehnungsrate der Männer bezog sich weitgehend auf eine Vollzeit-Rolle als Hausmann. Lars und Benno mussten diese Rolle im Übrigen bereits über Jahre ausüben, nämlich als allein erziehende Mütter / Väter ihrer Kinder:

Benno: Heute ja! Also früher war das alles für mich ein Grauen, weil ich musste es damals machen. Ich hatte den Haushalt allein, da war ich alleine mit

meiner Tochter, da musst ich ja auch alles machen. Da war es ein Grauen!
Heute als Mann kannst du's eher als als Frau?
Ja.

Zum Zeitpunkt des Gesprächs hatte Benno für zwei Kinder zu sorgen, da inzwischen ein Pflegesohn hinzugekommen war. Die Arbeit hatte also eher zugenommen. Sein „Grauen" lag von daher offenbar nicht in der Tätigkeit selbst, sondern in der Rollenzuweisung begründet: Wie Benno schien sich auch manch anderer der Männer das Dasein als Haus*mann* besser vorstellen zu können als die Rolle einer Haus*frau*, die ja auch heute noch mit klassischem Frausein und Weiblichkeit assoziiert wird. Offensichtlich ist es für transsexuelle Männer tendenziell leichter, ein fortschrittlicher Mann als eine typische Frau zu sein.

Aber auch Männer, die das Dasein als Hausmann für sich nicht - gänzlich - ablehnten, sahen sich veranlasst, Erklärungen, Vergleiche und Entschuldigungen zu liefern. Wahrscheinlich wollten auch sie eine zu starke Identifizierung mit einer als weiblich besetzten Rolle vermeiden. So relativierte Benno im weiteren Verlauf des Gesprächs:

Benno: *Aber Hausarbeit ist ja traditionell mehr Frauenarbeit*
Aber heute, muss ich dir sagen, ist das gar nicht mehr so, wenn ich so sehe, wer jetzt alles Wäsche aufhängt, Fenster putzt.

Auch Jan führte geborene Männer an, um seine Hausarbeit zu normalisieren:
Jan: Also ich kann alles im Haushalt, bis auf Nähen, denk ich, kann ich alles, weil ich auch alles immer machen musste. Mein Vater kann das wohl auch, kann auch kochen und so. Etliche Cousins von mir können das und machen das. Also insofern, ich hab auch einen Onkel, der ist Hausmann, einen Cousin, der ist Hausmann.

Hausarbeit als Vollzeitbeschäftigung lehnte er jedoch ab:

Jan: Aber, nee, muss, glaube ich nicht, ich glaube, ich hätte damit Probleme. (...) Ich hätte da einfach generell keine Lust zu, dass meine Freundin (...) dann aus dem Haus geht und ich schlurf dann da den ganzen Tag im Haus rum. Ich glaub, das wär nichts für mich, also so ne, so phasenweise, was weiß ich, ich würde z. B. durchaus auch, wenn Kinder da wären, son Kinderjahr oder son Babyjahr machen, das fänd ich, glaube ich, gar nicht so! schlimm, obwohl mir das glaube ich auch ziemlich auf die Nerven gehen würde irgendwann. Also das würde ich vielleicht! noch machen.

Männer und eben auch transsexuelle Männer können es sich immer noch leisten, Hausarbeit abzuwerten („rum schlurfen"; Marc: „zu langweilig") oder Bedingungen zu stellen, welche Tätigkeiten ihnen nicht zuzumuten sind. Negative Seiten an der Hausarbeit beklagen auch viele Frauen. Sie aber haben meist keine Möglichkeit, die Rosinen heraus zu picken oder sich bei Bedarf zurück zu ziehen, wie etwa Hans:

Hans: *Also hier praktisch alles machen: einkaufen, putzen, spülen, Wäsche*
          Ja, außer kochen (lacht).

Gerd schilderte seine Bemühungen während einer siebenwöchigen Krankschreibung:

Gerd: Ich hab das ausprobiert, weil ich dachte, das wär so eine Möglichkeit
          für mich. (...) Und am Anfang fand ich das auch ganz nett. Ich koche
          sehr gerne, finde einkaufen toll, kümmere mich auch gerne um Kinder,
          putze nicht so wahnsinnig gerne, bin da eher etwas luschig. (...) Aber
          ich habe dann sehr schnell gemerkt, dass mir dabei auch die Decke auf
          den Kopf fällt, (...) fand ich unglaublich frustrierend und, ich geb mir
          total die Mühe, z. B. ich koche, die Bande kommt und frisst es in zehn
          Minuten auf, und sagt noch nicht mal, wenn es gut geschmeckt hat!
          Oder diese Putzerei ist auch so ne Sisyphusarbeit: Du musst immer
          wieder von vorne anfangen, das gibt nicht so den Kick, das
          Erfolgserlebnis.

Gerd war der Spaß an der Sache vergangen und Spaß sollte es schon machen. Auch sind Männer gewohnt, sich aus ihrer Tätigkeit Bestätigung zu ziehen, was die Hausarbeit ihnen nicht unbedingt bietet. Und wenn der „Kick" fehlt, ist es nur noch „frustrierende" Arbeit.

Bei einigen der befragten Männer traf man auf die typische, immer für die Männer selbst amüsanteste Unbeholfenheit im Umgang mit der Technik im Haushalt, auch und gerade, wenn sie ansonsten ihr technisches Verständnis - etwa für ihr Auto - gerne hervorhoben:

Eike: Obwohl ich da vielleicht am Anfang Schwierigkeiten hätte, die Spül-
          gänge einzustellen, bei der Waschmaschine. (...) Ich würde, weiß der
          Geier, alles auf 40 Grad waschen, und dann hat sich das (lacht).

Völlig ohne Einschränkungen konnten sich nur Kurt und Lars ein Dasein als Hausmann vorstellen. Beide strebten es sogar gezielt an:

Lars.   Ja! Auf jeden Fall! (...) Ja! Würde ich auch begrüßen, wenn wir so ne Einigung finden würden, weil ich a) erstmal schon viel zu lange arbeitslos bin, b) die Laura sich (...) das so erarbeitet hat, ihren Beruf, ich würde sie in jeglicher Hinsicht unterstützen! Dass sie da drin glücklich wird in ihrem Beruf. (...) Das würde ich alles schmeißen. (...) Mir würde das überhaupt nichts ausmachen, ich wäre glücklich.

Kurt: Auf jeden Fall! Ich möchte! Hausmann sein. (...) Ja, ich würde gerne, sehr! gerne zu Hause bleiben. Ich seh auch immer so ein bisschen zu, dass Karin irgendwie echt (...) nen super Job kriegt, weil sie ist auch so ne kleine Karrierefrau, dass ich hoffe, dass die nen Job kriegt, wo sie so viel Geld verdient, dass ich zu Hause bleiben kann
         Und das würde deinem Mannsein
         Überhaupt nicht!
         abträglich sein
         Ich finde die Männer total super, die zu Hause bleiben. (...) Das finde ich auch absolut nicht, nicht dass, dass die zu weich sind oder so, gar nicht! überhaupt nicht! Im Gegenteil!

Lars und Kurt waren die beiden Männer, bei denen Ausbildungsstand und berufliche Perspektive am deutlichsten von denen ihrer Partnerinnen abwich, die höhere Positionen als sie einnahmen. Aus diesem Grund dürften sie - ganz pragmatisch - die Karriere ihrer Partnerinnen forcieren. Eine psychische Bereitschaft hierzu muss jedoch vorhanden sein. Neben Kurt und Lars konnten sich auch Ahmed, Jan und Marc vorstellen, ein Erziehungsjahr einzuschieben und in dieser Zeit die Hausarbeit zu übernehmen. Ob sie dies dann tatsächlich umsetzen würden, muss natürlich offen bleiben.

Alles in allem vermittelten die hier befragten transsexuellen Männer ähnliche Einstellungen zu Hausarbeit und Kindererziehung wie geborene Männer. Faktisch aber waren sie aktiver im Haushalt als in einer festen Partnerschaft lebende Durchschnittsmänner. Nach außen bekundete Haltung und Realität differierten bei manchen beträchtlich. Zu deutlich wollten sie sich mit einer immer noch als weiblich definierten Tätigkeit offenbar nicht identifiziert sehen. Innerhalb der Partnerschaft gefährdete Hausarbeit aber offensichtlich nicht ihr Mannsein. Im Gegenteil: Die meisten Partnerinnen forderten sie gerade von ihnen als Mann offensiv ein.

3. Erleichterte Verwirklichung: Der Blick auf das Gegenüber

Nachdem die z. T. vehementen Bestrebungen der Paare nach Normalisierung und Integration deutlich wurden, soll hier im Vordergrund stehen, wie sich die Partner gegenseitig sehen und erleben, welche Seiten sie als besonders liebenswert hervorhoben und ob sie Persönlichkeitsmerkmale des männlichen Partners mit seiner transsexuellen Situation verknüpften oder nicht.

Die Partnerinnen: Selbstbewusst und feminin

Zunächst sollen die Männer *ihre Partnerinnen mit einigen Eigenschaftswörtern beschreiben:*

Ahmed: Lieb, nett, alles Mögliche (lacht). (...) Sie ist auch sehr verständnisvoll. (...) Das Schöne ist bei ihr: Sie sagt mir nie, ich soll's nicht machen! Oder ich darf! es nicht machen!

Benno: Sehr liebevoll ist sie. Ich musst echt überlegen! (lacht), wie ich das jetzt beschreiben soll. Zugänglich, offen ist sie auch, warmherzig.

Dirk: Verständnisvoll, lieb, sehr, (...) sehr geduldig, also ich hätt's mit mir nicht so lange ausgehalten. Hat auch den nötigen Abstand, sie mischt sich nicht ein, manchmal ist es mir zu wenig, dass sie irgend ne Stellung bezieht. (...) Sie ist sehr parteilos und objektiv, was unheimlich mir auch geholfen hat. (...) Sie hat mir nie zum Munde geredet. (...) Sie hat richtig therapeutische Arbeit schon teilweise mit mir geleistet. Allerdings auch negativ phlegmatisch, sehr alt! manchmal also älter als sie eigentlich ist, so energielos, so antriebsarm. Sie muss immer nen Anschub haben. (...) Ja, eifersüchtig. (...) Und insofern ist sie so wichtig in meinem Leben, dass sie mich auf den Boden der Tatsachen, hat sie schon immer, (...) zurückgezogen und ich kann mir absolut keine bessere Beziehung, keine bessere Partnerin vorstellen. (...) Ich könnt mir vorstellen, mit ihr alt zu werden. (...)
Du suchst mehr ne femininere Partnerin, eigentlich vom Klischee her?
Ja, ja, eigentlich vom Klischee her!

Eike: Die ist zuverlässig, man kann sich drauf verlassen. Sie kann aber auch manchmal sehr zickig sein. Da könnte ich sie manchmal an die Wand

nageln. Früher war sie sehr eifersüchtig, hat geklammert. (...) Und sie war leichtlebig mit dem Geld. (...) Also, sie würde alles für einen tun und hat einem auch unwahrscheinlich beigestanden in dieser ganzen Sache, wo man doch oft ziemlich unten war, und schon gesagt hat: Ich schmeiß die ganze Scheiße hin, ich kann nicht mehr, da hat sie einen dann immer wieder hochgezogen, das ist auch viel Wert. Obwohl ich das zum damaligen Zeitpunkt alles nicht gewürdigt habe, das war für mich alles selbstverständlich. (...)
Hast du denn überhaupt so einen Typ Frau?
Ja, ich sage mal, meistens waren sie blond (lacht laut).
Und sonst so, eher feminine Frauen oder eher burschikose Frauen?
Nee, feminin.

Felix: (Lacht) Dickkopf, störrisch, einen Touch zum Geizigen hin, aber das hält sich noch in Grenzen, also sehr sparsam lebend, ehh. (Stöhnt laut) Ja, gemütlich, verschlafen. (...) Die sagt mir, was ich zu machen habe. (...)
Und wie findest du Frauke: eher feminin oder eher maskulin?
(Stöhnt laut) Sagen wir mal so, sie hat auch beides, sie ist einfühlsam, sowieso, aber sie kann auch hart sein, so wie ein Mann.

Gerd: Sinnlich, sehr sinnlich! Verantwortungsvoll, strahlend, aber manchmal auch traurig und zurückgezogen, geduldig und ausdauernd, eher langfristig planend, langfristig handelnd, viel geduldiger als ich z. B. Sehr mütterlich und fürsorglich, sehr sexy, sehr weiblich, sehr schön. Sehr organisiert, viel organisierter als ich, sehr ordentlich, sehr! gefühlsbetont. (...)
Und wie findest du Gerda: eher weiblich oder eher männlich?
Weiblich!
Magst du das?
Das mag ich unglaublich gern (lacht.) (...) [Aber ich] schätze es auch, wenn Gerda nicht zurückhaltend ist, oder überhaupt, wenn eine Frau mir gegenüber nicht so zurückhaltend ist, sondern auch fordernd. Ich mag auch fordernde Frauen.

Hans: *Ja, sie ist ein Kumpel, Freundin. Das Einzige, was mir auf den Keks geht bei ihr, ist die Unpünktlichkeit, (...) ja Vergesslichkeit, ja, das sind die Nachteile. Aber sonst ist das wie ein Kumpel. (...) Alles drei in einem: Kumpel, Freundin, Ehefrau. (...) Wir gehören zusammen, es ist wie eins. (...) Ich denk mal, Hanna ist sehr weiblich. Wodurch ist sie sehr weiblich?*
Durch ihr Gefühl her auch. (...) Sie kann auch sehr rabiat sein.

Jan: Sie ist extrovertiert, manchmal etwas, ja, ja, so, wie ein Elefant im Porzellanladen, je nach dem, etwas, etwas laut, sie ist, das hat sich etwas gebessert, sie kann manchmal sehr launisch sein. Sie, eh, denkt oft zuerst mal an sich! (...) Sie ist sehr ehrgeizig, was Schule Studium Beruf und so, (...) angeht. Das war jetzt sehr viel Negatives (lacht)
Vielleicht suchst du mal nach Positivem! (Ich lache)
Ja, sie ist eigentlich so sehr lebenslustig und will viel machen oder macht auch ziemlich viel und ist unheimlich vielseitig interessiert, (...) also probiert gerne was aus, ist sehr aufgeschlossen Neuem gegenüber. (...) Sie ist grundsätzlich eifersüchtig. (...)
Und Jana, ist die eher feminin oder maskulin?
Das ist auch wieder so extrem, auf der einen Seite sehr feminin, auch so, was Aufmerksamkeiten, die sie ganz gerne hat, haben möchte, angeht, auf der anderen Seite aber auch oft in manchen Sachen eher, eher maskulin, (...) z. B. hat sie auch einen wahnsinnigen Karrieredrang. (...) Wenn sie Kleidung aussucht, (...) dass sie dann schon doch manchmal, sagen wir, eher so, so ne Männlichkeit, ja, so hervorbringt und die stört mich dann. (...) Also lieber extrem weiblich als, als ein Hauch zu viel männlich!

Kurt: Sie ist zickig, sie ist total zickig. (...) Sie hat so ne zickige Art. Ja, wie soll ich das sagen, sie denkt z. B. oft nur an sich, in dem Moment, wenn sie was will, dann muss das passieren. (...) Ansonsten ist sie lieb! Eh, ja, bringt mir immer viele Geschenke mit in letzter Zeit. (...)
Findest du denn Karin eher weiblich oder eher männlich?
Absolut weiblich, das ist ne absolute Frau!
Hat auch keine männlichen Züge?
Nee, überhaupt nicht!

Lars: Laura ist sehr schön. (...) Laura ist ehrlich, sie ist abenteuerlich für mich, sie ist sexy, sie ist humorvoll, ganz doll. Sie ist behutsam. (...) Ich vertraue ihr, ich kann! ihr auch vertrauen, also sie ist, warte mal, also mir fällt ne Menge zu Laura ein und ich möchte das auch sagen, wie das ist für mich. (...) Manchmal ist sie sehr kompliziert. (...) Sie ist sehr, sehr (...) zärtlich. (...) Sie sagt auch die Meinung. (...) Also Sie hört mir zu, die ist aber auch die Frau, die mir sagen kann: Alter, so nicht, so ungefähr, die also, weißt du, bei ihr lass ich das zu! (...) Sie ist, behutsam geht sie mit mir um, sie ist aufrichtig. (...) Wichtig ist mir noch, (...) dass ich (...) bestimmt noch nicht (...) so weit wäre, dass ich so viel Kraft für mich hätte. (...) Für mich ist das einfach wichtig! auch zu sagen, dass (...) ich noch niemals so empfunden habe und nicht gewusst hab, dass ich dadurch auch so viel Stärke habe und soviel Kraft raus ziehen kann. (...) Laura ist sehr, sehr, sehr, sehr weiblich, aber sie hat auch sicherlich irgendwelche männlichen Anteile, so, die sind nicht, nicht immer da, nicht immer sichtbar, nicht immer zu spüren. (...) *Spürst du manchmal bei ihr Unsicherheiten in ihrem Frausein?* Nein!! Also, mehr Frau! (lacht), also mehr Frau kann man gar nicht sein!

Marc: Maria ist schwierig, sensibel, dickköpfig manchmal, aber auch sehr lieb, kann man, sag ich mal so, das letzte Hemd von kriegen. (...) Maria ist manchmal ziemlich nah am Wasser gebaut, ja, sehr empfindlich sag ich mal, kränkelt auch oft son bisschen rum. Ja und ab und zu ist sie dann auch schon mal unternehmungslustig, irgendwas zu machen oder so. (...) Ja, dass sie halt immer so sensibel ist, so schnell verletzbar. (...) *Und findest du sie eher weiblich oder eher männlich?* Ja, also Maria finde ich weiblich. *Uneingeschränkt? Oder hat sie auch männliche Anteile?* Uneingeschränkt. *Und das magst du auch?* Ja!

Fast alle Partnerinnen wurden von ihren Partnern als liebevoll, einfühlsam, verständnisvoll, offen und hilfsbereit geschildert. Die Frauen stützen und unterstützen ihre Partner und stellen sich voll hinter sie. Diese Unterstützung hat aber offensichtlich nichts mit Selbstaufgabe zu tun, die Frauen traten nicht hinter ihren Partner, seine Pläne und Bedürfnisse zurück. Vielmehr schienen sie zu wissen, was sie wollen und setzten dies auch durch. Die meisten von ihnen - vielleicht bis auf Maria, zum Zeitpunkt des Gesprächs Britta und in manchen Bereichen Doris - wirkten sehr selbstbewusst, selbstbestimmt und kritisch und wurden von ihren Partnern auch so beschrieben. Letztlich dürften es psychisch stabile und starke Frauen auch leichter haben, die vielfältigen Probleme und Anforderungen des Transsexuellen durchzustehen. Und offenbar suchten die befragten Männer genau solche Frauen - und hielten sie auch aus. Eine autonome Frau schien ihr männliches Selbstbewusstsein nicht zu gefährden. Allerdings verschleierten manche von ihnen die Stärke ihrer Partnerin durch abwertende Bemerkungen wie „zickig", „dickköpfig" u.ä. Diese Bezeichnungen griffen zwar deren Durchsetzungskraft auf, spalteten sie aber tendenziell als eine verschrobenen Eigenart ab.

Vier der Männer schnitten ungefragt an, wie sehr sie sich in den schwierigen Zeiten der Behandlung oder überhaupt in ihrem Transsexualismus von ihren Partnerinnen unterstützt fühlten. Diese einfühlsame Haltung der Frauen ist für viele Transsexuelle ungewohnt und eine unschätzbare Erleichterung. Allein deswegen schon sind diese Frauen für sie attraktiv: Sie akzeptieren ihre transsexuelle Wirklichkeit, übernehmen sie und setzen sie mit ihnen gemeinsam durch. Immer liebt man einen Menschen besonders auch deshalb, weil er einen in seinem gesamten Sosein, in seiner ganz eigenen Wirklichkeit, will und seinerseits liebt. Und besonders hilfreich bei der Aufwertung ihres Mannseins dürfte auch die von den befragten Männern so sehr bevorzugte - äußere - Femininität der Partnerin sein: Eine feminine Frau unterstreicht per se die Männlichkeit ihres Partners und zwar deshalb, weil Heterosexualität immer auf Gegensätzlichkeit, auf Polarität, basiert. So beweist der Transsexuelle sein Mannsein auch dadurch, dass er in der Lage ist, eine solche „richtige" Frau - wie feminin wirkende Frauen immer noch bezeichnet werden - für sich zu gewinnen. Weil sie eine richtige Frau ist, ist ihr Partner ein richtiger Mann.

Nicht nur die Männer, auch die befragten Frauen selbst stuften sich durchgehend als „feminin" ein, wobei sie im Gesamteindruck der Gespräche dieses Feminine etwas weniger klischeehaft besetzten als ihre Partner. Beide aber schienen keinerlei Probleme damit zu haben, Femininität - und selbst klischeehafte Femininität - mit einer autonomen Lebenshaltung und selbstbewusstem Auftreten zu koppeln. Oft sogar standen gerade bei den Beschreibungen der Männer beide Zuordnungen direkt nebeneinander, selbst wenn sie dann nicht selten mit einem „Aber" und nicht mit einem „Und" verknüpft waren. Im Beziehungserleben jedoch rückte offenbar das „Und" in den Vordergrund.

Die Partner: Einfühlsam und zugewandt

Auf meine Bitte, *ihren Partner mit einigen Eigenschaftswörtern zu beschreiben,* schilderten ihn im Verlaufe des Gesprächs sechs der Frauen jeweils als „einfühlsam" „empfindsam" und / oder als „verständnisvoll", fünf von ihnen als „lieb" bzw. „liebevoll". Sechs der Frauen sprachen davon, ihr Partner sei gefühlvoll bzw. gefühlsbetont oder könne besser als andere Männer seine Gefühle zeigen. Bei nahezu allen anderen Partnerinnen klangen diese Charakterzüge im Laufe des Gespräches an. Sieben der Frauen betonten, mit ihrem Partner gute Gespräche führen zu können, insbesondere, weil er so gut zuhören könne:

Anna: Er ist eigentlich ein ganz, ganz Lieber, eigentlich zu! lieb überhaupt auch, könnte nie einem Menschen Leid zufügen. (...) Er würd seinen letzten Pfennig aus der Tasche geben. Er ist son ganz lieber Mensch.

Britta: Er ist ja sehr herzlich, (...) sehr großzügig, sehr liebebedürftig, sehr empfindsam, würd ich sagen, unpünktlich (...) und sehr tolerant. *Was magst Du an ihm am meisten, was stört dich am meisten?* Seine Unpünktlichkeit stört mich sehr! Und am meisten mag ich eigentlich, der ist offen für alles, also das find ich ganz toll. (...) *Bist du eher zufrieden damit, wie er sich dir gegenüber gefühlsmäßig verhält* Ja, ja, doch. (...) Also, ich find das schon gut, dass er so ist, ich find das eigentlich ganz toll, weil ich so was noch nie erlebt habe.

Doris: Er ist egozentrisch, (...) sehr mit sich selbst beschäftigt, (...) absolut perfektionistisch, also bevor er was entscheidet, sichert er sich immer erst eher zehnmal ab, dann steht die Entscheidung aber ganz sicher, (...) sehr selbstbewusst inzwischen, (...) lieb, einfühlsam. *Und was stört dich an ihm?* (...) Durch seine Hobbies, die auch alle sehr viel Zeit beanspruchen, bleibt oft nur noch wenig Zeit für mich und für uns.

Eva: Verantwortungsbewusst, (...) hilfsbereit. (...) Wenn er was gesagt hat, dann kann man sich darauf hundertprozentig verlassen. (...) Ich hab einfach gefühlt, dass er unter diesem harten Kern da, eigentlich sehr weich! war und sehr sensibel. Was stört dich an ihm? *(...) Was mich ein bisschen nervt, er ist besserwisserisch, also er weiß immer eigentlich alles besser.*

Frauke: Er ist treu, (...) er ist eine richtig treue Seele, (...) tierlieb, (...) ja lieb sowieso, (...) anpassungsfähig, er weiß mit meinen Macken umzugehen. *Was magst du denn am meisten an ihm?* (Stöhnt) Dass ich mit ihm reden kann, egal um was es geht, ich kann mit ihm reden. *Und was stört dich an ihm?* Dass er so langsam ist, also ich mein jetzt, (...) bis ich ihn erstmal dazu gebracht habe, bis er was macht. (...) *Bist du denn zufrieden damit, wie er seine Gefühle äußert?* Ja, mmh, absolut! Ja, (...) ich denke mal, viel mehr geht auch nicht.

Gerda: Verständnisvoll, gutmütig, tolerant, liebevoll, (...) unkonventionell. *Und was magst du am meisten an ihm?* Ja, dass er z. B. sehr viel Verständnis hat, dass wir gut miteinander reden können, also dass er überhaupt sich zumindest sehr viel Mühe gibt, im Gespräch zu bleiben. Ich mag so die Art, wie er mit mir umgeht, wie er mit den Kindern umgeht. (...) Was für mich wirklich auch wichtig ist, ist so, (...) eine Gesprächsebene zu haben, wo man nicht tausend Sachen erklären muss, sondern wo manchmal son wortloses Verständnis da ist.

Und was stört dich eher?

(...) Dass, wenn er von einer Sache überzeugt ist, dass er dann unheimlich vehement dann da dran ist. (...) Er fliegt ganz schnell auf irgendwelche Sachen oder auch Menschen. (...) [Ich] fühle mich dann auch so zurückgesetzt.

Hanna: Jaaaa, Hans! Hmm, ja, er ist eigentlich ein sehr guter Zuhörer, manchmal etwas dickschädelig bzw. stur wie ein Muli (lacht). (...) Ja aber ansonsten ist er sehr liebevoll, ein sehr gefühlsbetonter Mann. Vor allen Dingen, der auch zu seinen Gefühlen steht. (...) Er ist mein ruhiger Pol, der mich dann immer son bisschen wieder auf den Boden der Tatsachen zurückholt. Und ehm, ja, ist einfach lieb (lacht etwas).

Und was magst du am meisten an ihm?

Ja, dieses Gefühl der Geborgenheit.

Das er dir gibt?

Genau, dass ich genau weiß, ich kann mich jederzeit bei ihm in den Arm kuscheln, und halt einfach nur dieses Kuschelige, dieses Schmusige, (...) also er gibt mir dadurch unwahrscheinliche Kraft! (...)

Und was stört dich eher?

Ja, wie gesagt, dieses Sture, dieses Dickschädelige! (...)

Fühlst du dich denn von ihm verstanden, ich meine, so grundsätzlich?

Ja, auf jeden Fall!

Jana: Sehr sensibel! Sehr gefühlvoll, ehm, aber auf der andern Seite eben auch, ich denke, weil er so labil ist und gefühlvoll auch, ehm, ja, was heißt, nicht gefestigt, sondern, ähnlich wie ich sehr, sehr, sehr, sehr schwankend in seinen Gefühlen, ehm. Ja, auch, ja eher schüchtern, eher unsicher, aber auf der anderen Seite finde ich, in gewissen Sachen wieder sehr, sehr, sehr mutig. Sehr bestimmend, lustig, fröhlich, spontan. Auf der andern Seite aber auch manchmal im Gegensatz zu diesem Lustigen, ehm, ja, depressiv z. T.

Was magst du denn am meisten an ihm?

Ja, ich denke eben, so dieses, dieses Gefühlvolle, dass es eben das ist, oder dass ich eben en Partner brauche, der, ich sag mal, nicht dieses typische Männliche, um den Vorurteilen gerecht zu werden, dieser Macho. Ich brauch jemanden, der mir kleine Liebesbriefe hin heftet, der mich in den Arm nimmt, der, der, weiß ich nicht, romantisch ist, der mit mir bummeln geht, weil er, was weiß ich, auch ein Gefühl für Kleidung hat oder für, für Einrichtung oder was weiß ich, der ein bisschen verträumt ist, (...) dass er wie gesagt, sehr, sehr spontan ist.

Als störend an ihm empfand Jana, die schon eine gewisse gesellschaftliche Stellung inne hatte, manchmal seine Unsicherheit und Schüchternheit, wodurch er nach außen nicht den gestandenen, starken Mann darstellte, den sie in solchen Situationen gerne präsentieren würde. Auch sei er ihr zu wenig ehrgeizig und wiche vor Problemen und Entscheidungen eher aus.

Karin: Oh jee! Sturköpfig (lacht), nein, auch ein sehr lebenslustiger Mensch und immer fröhlich, eh, ab und zu ein bisschen launisch vielleicht, aber das ist jetzt nichts Großartiges, (...) geduldig ist er auch. (...) *Was magst du denn am meisten an ihm?* Einfach seine Art, (...) wie er mit mir umgeht, wie er mit anderen Menschen umgeht. (...) Er ist jetzt kein komplizierter Mensch. (...) Ich mag ihn einfach so, wie er sich verhält. (...) Er ist sehr lieb und rücksichtsvoll, einfühlsam. *Gibt es irgendetwas, was dich stört an ihm oder was du nicht so magst?* Och, Kleinigkeiten, (...) wenn eh irgendwelche Komplikationen sind, sag ich mal, er redet nicht gerne drüber, wenn wir irgendwie Streit haben. (...) *Fühlst du dich denn von ihm verstanden?* Ja, eigentlich schon, (...) er hört mir immer zu, wenn ich irgendwas hab und er gibt mir Tipps. (...) Er versteht mich eigentlich immer.

Laura: Mhm, hilfsbereit, verlässlich, einfühlsam, aber auch schwierig, aufbrausend. Ja, manchmal ist er auch ein bisschen jähzornig. Ja, und er ist jemand, der sehr schnell was auf sich bezieht. (...) Also er ist auch jemand, der meistens immer erst das Schlechte im Menschen sieht. Aber ist auch nicht verwunderlich. Tolerant, offen. *Und was magst du besonders an ihm?* Besonders? Ja, ich glaub, dass er so ehm, ja, dass er gut zuhören kann, so einfühlsam ist, ja, und dass ich auch gar nicht so viel erklären muss. (...) *Und was stört dich an ihm?* Ja, wie gesagt, dass er eben sehr schnell alles auf sich bezieht. (...) *Zeigt er dann alles von sich? Seine Gefühle?* Ja, also er ist dann wahnsinnig offen. (...) Er vertraut mir also wirklich total.

Maria: Wie gesagt, er ist halt auch lieb, nett, verständnisvoll, sehr zärtlich, hat immer ein offenes Ohr, kann sehr gut zuhören, hat auch immer gute

Ratschläge, ehm, ja, ist auch so wohl einigermaßen selbstständig, was seine Wohnung so angeht, ich hab halt auch schon Männer kennen gelernt, wenn du die Wohnung da teilweise siehst, fällt dir da gar nichts mehr zu ein. (...)
Und was magst du am meisten an ihm?
Ja, halt eben so seine Art, seine Charakterzüge
Und was stört dich eher?
Was mich an ihm stört, ist sein Alkoholkonsum und seine oftmalige Unzuverlässigkeit, das ist eigentlich so. (...)
Was denkst du denn, wie es dazu kam, dass du ihn anziehend fandest?
Ehm, (...) er war lieb, verständnisvoll, ich konnte ihm alles erzählen, er hat immer so zu mir gehalten, wenn ich dann meine Phasen hatte. (...) (Lacht) Ja, so halt vom Typ her, vom Charakter her, eben doch halt, ja, was heißt so diese frauliche Seite, aber diese verständnisvolle Seite, die andere Männer oft nicht haben, dann, ehm, ja eben härter sind oder so.

In anderen Gesprächszusammenhängen sahen fünf der Frauen die gefühls-mäßige Offenheit ihrer Partner nicht zu ihrer vollen Zufriedenheit verwirk-licht. Manchmal jedoch standen diese Einschränkungen tendenziell im Wi-derspruch zu Schilderungen im Gespräch. So bezog sich *Gerda* darauf, dass Gerd

meinen Gefühlsregungen eben dann nicht so bis ins Letzte folgen kann. Das wär manchmal ganz schön. (...) Andererseits denk ich dann wieder, wäre ich vielleicht auch nicht zufrieden, weil gerade in so Krisen hat sich auch durchaus bewährt, wenn einer dann auch wirklich mehr, ja, so dieses Rationale, Strukturelle vertritt.

Auf meinen Hinweis, vorhin habe sie gesagt, er sein verständnisvoll, stellte sie klar:

Ist er ja auch! Fürn Mann! ist er auch ausgesprochen verständnisvoll!

Hanna, Karin und Maria wünschten sich, ihr Partner würde öfter erzählen, wie es ihm geht und was er empfindet. Auf meine Frage, ob sie damit *zufrieden seien, wie er seine Gefühle äußert,* erhielt ich ähnliche Beschreibungen:

Hanna: Ja, so manchmal, meistens tut er es eigentlich schon, das hat er inzwi-schen auch gelernt. Am Anfang war es schwieriger, da musste er es auch erstmal lernen, zu sagen, mir geht es nicht so gut. (...) Aber inzwi-schen, (...) dann irgendwann purzelt es dann aus ihm raus.

Karin: Manchmal wünschte ich mir, er würde ein bisschen mehr seine Gefühle zeigen mir gegenüber, z. B. wenn er irgendwelche Probleme hat oder irgendwas ist oder, ich weiß nicht, so ein bisschen mir die Seele offenbaren.

Maria: Ja und ich bin wahrscheinlich auch zu blauäugig, ich frag wohl auch zu selten nach, was wirklich so in ihm vorgeht, weil er ja immer alles gut verstecken kann, hat er ja jahrelang gelernt, seine ganzen Gefühle zu verstecken. Und, ja, manchmal, wenn es sich zuspitzt und dann kommt das alles raus, oft aber auch mit Wut und ungerecht.

Eva *antwortete auf meine Frage, ob Eike denn* eher ein gefühlvoller Typ sei, *schlicht:*

Nee, nee, eigentlich nicht,

was - abgesehen von der ihm zuvor zugeschriebenen großen Sensibilität - durchaus im Einklang mit ihren sonstigen Schilderungen stand.

Gemessen an den vielen Stunden der Gespräche blieben diese wenigen, hier vollständig wiedergegebenen, Einschränkungen in Bezug auf die Gefühlswelt ihrer Partner marginal und für die Beziehungen offensichtlich wenig beeinträchtigend. Im Wesentlichen nämlich waren die Schilderungen der Frauen von einer bemerkenswerten Zufriedenheit mit ihrem Partner geprägt. Besonders Einfühlung, Verständnis, Offenheit und Zuwendung zeichnete diese Männer aus, alles Eigenschaften, die gemeinhin nicht unbedingt als typisch männliche gelten. Genau diese Charakterzüge aber schienen die Frauen an einem Partner zu suchen, andernfalls hätten sie sie nicht immer wieder als so positiv und bereichernd hervorgehoben. Und dass sie nicht den typischen Mann neben sich haben, war den meisten Frauen durchaus bewusst. So hatte Jana das von ihr so geschätzte „Gefühlvolle" als das „nicht typisch Männliche" und Maria das „verständnisvolle" Verhalten ihres Partners als eher „fraulich" bezeichnet. Offenbar suchten die Frauen gezielt einen gefühlsmäßig aufgeschlossenen und insofern nicht herkömmlichen Mann. Besonders deutlich wurde dies auf meine Frage, *welche Art von Mann sie denn gerne haben möchten:* Acht - und mit Karin, deren Aussage dasselbe implizierte, neun - der Frauen legten ausdrücklich Wert darauf, nicht mit einem „Macho" zusammen sein zu wollen. Vielmehr war ihnen wichtig, dass ihr Partner männliche und weibliche, weichere und härtere Seiten in sich vereine. Die verbleibenden zwei Frauen, nämlich Maria und Laura, schilderten auf diese konkrete Frage hin eher allgemeinere Charakterzüge ihrer Partner, im Verlauf des Gesprächs war bei ihnen jedoch eindeutig dieselbe Tendenz festzustellen:

Britta: Macho find ich überhaupt nicht toll! Ich find (...) dieses Partnerschaftliche, das find ich schon gut, das gegenseitig sich akzeptieren. Ein Macho akzeptiert ja nicht den jeweiligen Partner unbedingt.

Eva: So ein Mittelding, kein Macho, kein Softie, kein Weichei, sondern ein Mann, der mit beiden Beinen fest im Leben steht, sich um seine Partnerin sorgt und kümmert, genau wie ich mich dann um den Partner kümmere. (...) Eigentlich ist er kein Macho, er ist auch kein Softie, sondern einfach so, wie viele Frauen sich wünschen, son Mittelding, zwischen Macho und Softie.

Frauke: Ja, lieb einerseits, weich, aber doch ein bisschen Macho, nicht zu sehr Macho, aber ein bisschen.
Was ist Macho?
(Stöhnt schwer) Ja, dass er doch den anderen ganz klar sagt: Hör mal, ich bin ein Mann und das ist meine Frau, die gehört zu mir.

Gerda: Ja an sich, son Traummann ist natürlich ein männlicher Mann mit vielen weiblichen Anteilen, der irgendwie einfühlsam ist (lacht) (...)
Aber zu dem Traummann gehören bei dir auch weibliche Anteile?
Also insofern, dass ich mich deutlich von so nem, ehm, Macker-Mann sozusagen absetzen möchte, (...) der so in der Richtung (...) alles Weibliche erstmal so ab klassifiziert, so. Das wäre ja nun für mich wirklich überhaupt! keine Möglichkeit, da ne Basis zu finden. Also ich merke schon, wenn man dieses, z. B. auch Gesprächsbereite oder auch mal so über Gefühle reflektieren und so als weiblich, irgendwie, eh, sieht, dann finde ich das schon schön, wenn das auch bei nem Mann dabei ist, klar.
Ist das denn bei ihm dabei?
Ja.

Hanna: So wie er ist (lacht) ehm, ja, halt, dass er vom Charakter her mich als gleichgestellten Partner sieht. Nicht dieses eklige Machogehabe hat! (...) Und, dass er halt auch irgendwie so, hm, son, son, ja son gewisses Auftreten hat, irgendwie hat so (...)
Ein männliches Auftreten?
Ja auf jeden Fall, also nach dem Motto: Hier bin ich!, so, ne! (...) Und ich steh halt irgendwo meinen Mann, wie ein Fels in der Brandung!

Jana: Ja, wieder zum einen das Starke und zum andern aber auch dieses, dieses, ehm, ja, dieses Gefühlvolle, diesen Mann zum Anlehnen, der einen versteht. (...)
Würdest du sagen, dass du grundsätzlich eher maskuline oder eher weibliche, weichere Männer magst?
Mhm! Denk ich ja, also vom Körper nicht, also vom Körper will ich eben schon, (...) also schon, ja, einen männlichen Körper, das auf alle Fälle, aber eben so von der Seele her, (lacht etwas) ich sag mal, eher Frau.

Karin: So wie er ist! (...) Er ist halt schon anderen Menschen gegenüber ein sehr starker Mann, ein harter Mann halt gefühlsmäßig. (...) Aber mir gegenüber halt sehr liebevoll und sehr zärtlich, (...) wo ich halt sehr viel Wert drauf lege, ich brauche sehr viel Zärtlichkeit.

Auch Doris wollte nicht mit einem Macho zusammen sein und Anna hatte bereits bei ihrer Schilderung, wie sie Ahmed kennen lernte, hervorgehoben:
Anna: (...) weil er mir vielleicht dieses Gefühl gegeben hat, dieses Mann-Gefühl gegeben hat, (...) oder dieses, ein anderer, ein besonderer Mann zu sein, nicht so Männer, die mit mir was anfangen wollten, und ich hinterher gemerkt habe, die ham mich doch nur versucht zu verarschen, auszunützen und bei ihr, bei ihm das Gefühl nicht hatte, bis heute noch.

Interessant ist, wie Anna bei der Beschreibung seiner „besonderen" Seiten kurzfristig das männliche Pronomen verloren ging.
    Charakterzüge wie Einfühlung, liebevolle Zuwendung, Gesprächsbereitschaft und Partnerschaftlichkeit waren für die Frauen nicht nur von peripherer, sondern von ganz zentraler Bedeutung. Ihr Fehlen würden sie nicht lediglich bedauern, sondern eine Beziehung ohne diese Qualitäten ihres Partners wäre für sie offensichtlich nicht erstrebenswert. Manche von ihnen zogen Vergleiche zu früheren Partnerschaften, die eben aus diesen Gründen keine Perspektive für sie hatten. Anna etwa ergänzte ihre eben zitierten Feststellungen:

Anna: Das sind einfach nur Arschlöcher, türkische Männer sind alle Arschlöcher! Die versuchen die Frau oder Mädchen, versuchen sie einfach auszunutzen. (...)
Und du willst ihn heiraten, weil er der Richtige ist?

Ja, weil ich mit ihm besser zurecht komme und weil ich mit ihm über alles reden kann, weil ich mit ihm alles teilen kann, er versteht mich, ich versteh ihn.
Anders auch als mit den geborenen Männern?
Anders auch! Wesentlich besser!

Auch Britta hatte schon erwähnt, mit anderen Männern eine solche gefühlsmäßige Offenheit „noch nie erlebt" zu haben. Und die Akzeptanz, die Benno ihr entgegenbringt, war für sie ebenfalls etwas völlig Neues:

Britta: Dieses jemanden Verstehen, obwohl man selber, nee, nicht verstehen! Jemanden zu akzeptieren!, der jetzt auch mal ganz anders denkt. (...)
Also bei deinem Mann ist das nicht so gewesen?
Nein, nein, wenn er was nicht verstanden hat, dann konnte er das auch nicht akzeptieren.

Gerda griff auf eigene Erfahrungen und auf die ihrer Freundinnen zurück. Auf meine Frage, ob Gerd überhaupt weibliche Anteile habe, überlegte sie:

Gerda: Also ich denke schon, dass er für einen Mann (...) eher gefühlsbetonter ist und auch mehr an seinen Gefühlen dran ist und auch gesprächsbereiter als so, ja, was ich so eben höre, auch so von Freundinnen oder auch selber so weiß, dass es sonst eben immer so schwierig ist, überhaupt mal über Beziehung zu sprechen so. Das denke ich schon, wenn man das als weibliche Anteile hinzu zählen will, dann ist das schon so, ja, ist es doch, denk ich schon, ja.
Magst du das?
Ja, das finde ich in dem Falle wirklich ausgesprochen schön , ja. Also, nicht weil es jetzt weiblich oder männlich ist, sondern weil das einfach auch, denke ich, für unsere Beziehung gut ist.

Laura verglich Lars' Anteilnahme, sein Verständnis und seine Gesprächsbereitschaft mit ihrem früheren Freund:

Laura: Also Lars, der interessiert sich halt viel mehr, mit dem kann ich auch viel besser reden. Ich hab das Gefühl, er versteht mich viel besser, was ich meine, so, also. Bei dem andern, da war das dann, ja, er wollte dann darüber gar nichts so wissen irgendwie, (...) hat dann auch teilweise son bisschen so abgewunken: (...) Das wird schon wieder. (...) Da hab ich mich schon manchmal gar nicht, also hinterher, schon gar nicht mehr getraut, irgendwie was zu sagen, weil ich dann teilweise dachte: Ach, das ist sowieso viel zu lächerlich oder so. (...) Und, ja bei Lars, (...) der ist dann irgendwie schon viel einfühlsamer.

Auch Marias Vergleich bezog sich vorrangig auf Marcs Verständnis für ihre psychischen Probleme:

Maria: In meiner damaligen Beziehung, da war ich auch damals in Therapie, (...) und mein damaliger Freund hat auch gedacht: Jetzt war sie 14 Wochen weg, jetzt ist sie wieder gesund und dann lief da trotzdem noch nichts im Bett. Und dann hat er halt zwei Tage später voll den Aufstand gemacht und so, das sind halt so Sachen, wo Marc dann schon ein totales Verständnis für hat.

Später konnte Maria die guten Gesprächsmöglichkeiten mit Marc dann nur noch an einer Frau, nämlich ihrer Freundin, und nicht mehr an einem anderen Mann messen:

Maria: Ich mein, so! gute Gespräche wie mit Marc hab ich eigentlich mit keinem vorher gehabt. Also wir ham wirklich (...) gequatscht ohne Ende, das hab ich vorher eigentlich nicht so gehabt, ja klar, mit meiner Freundin.

Hanna war diejenige, die nach all ihren Erlebnissen mit geborenen Männern am deutlichsten das Resümee zog, in Hans den „perfekten Mann" gefunden zu haben:

Hanna: Ehm, ja, mein Problem war es, ich hab ja immer den perfekten! Mann gesucht, ne. Und irgendwie hatte ich an jedem ständig was auszusetzen und irgendwie was war immer. (...) Das hat mich wahnsinnig gemacht! Und, na ja, dementsprechend war das dann halt immer schon vorzeitig beendet. (...)
Was ist denn ein perfekter Mann? Also wonach hast du gesucht?
(Lacht) Ja und zwar, der perfekte Mann ist für mich, wenn ich drei Männer quasi in einem habe: Er muss mein Ehemann sein, also mit dem ich in sexueller Hinsicht klar komme. Er muss mein Freund sein, mit dem ich reden kann über alles und über jegliche Probleme. Und er muss ein Kumpel! sein, mit dem ich raus gehen kann, mit dem ich auf Partys gehen kann, mit dem ich Spaß haben kann!, ne, also brauch ich quasi drei in einem (lacht).
Das ist nicht so leicht.
Nee, das ist überhaupt nicht leicht (lacht laut).

Aber bei Hans ist das so?
Ja, ist total jovel!

Auch *Eva* hatte schon angedeutet, dass Eike für sie - und für andere Frauen - genau die richtige Mischung Mann ist, nämlich

einfach so, wie viele Frauen sich wünschen.

Jana war, wie bereits erwähnt, von der Ausgewogenheit ihres Partners angetan. Sein männlicher Körper paarte sich für sie ideal mit seiner weiblichen Seele:

Jana: Wenn wir privat zusammen waren, war alles traumhaft, weil er absolut das ist, was ich mir vorstelle.

Immer wieder haderte Jana allerdings mit der sie quälenden Konvention, einen Mann vorweisen zu müssen, der etwas darstellt:

Jana: Aber sobald wir den Schritt raus gewagt haben: (...) Eigentlich möchtest du da jetzt nen großen, starken Mann, der (...) in der Gesellschaft was darstellt.

Britta wurde, nachdem wir uns länger über Benno unterhalten hatten, bewusst:

Britta: Wenn ich das immer so überlege, ist er eigentlich ein ganz idealer Partner!

Und sogar Maria, die mit Marc großen Stress erlebte, kam letztlich zu dem Ergebnis:

Maria: So ist er genau auf mich zugeschnitten, was ich als Mann brauch! (...) So!! einen finde ich mit Sicherheit nicht wieder, und das weiß ich auch!

Außer diesen fünf Frauen waren auch Karin und Anna der Überzeugung, keinen besseren Mann finden zu können: Karin zeigte sich durchgehend begeistert von Kurt und Anna hatte in ihrer besonderen Situation als emanzipierte türkische Frau in Ahmed genau den richtigen Partner gefunden.

Es ist schon bemerkenswert, wie viele der befragten Frauen ihren Partner als idealen Mann beschrieben, wobei sie das Ideale vorrangig an ihre Zufriedenheit auf der Gefühlsebene, also an emotionales Verständnis, Interesse und Zuwendung knüpften. Diese Männer können offenbar genau diese Bedürfnisse in besonderem Maße befriedigen, und dies, obwohl die befragten Frauen gerade in diesen Bereichen hohe Erwartungen und Wünsche an sie richteten, nachdem die meisten von ihnen schon manche Enttäuschung in dieser Hinsicht erlebt hatten. Meist waren die transsexuellen Männer die ersten Männer überhaupt, mit denen ein Austausch auf emotionaler Ebene in diesem Umfang möglich war.

Das verleugnete Transsexuelle

Bei einer solch großen Zufriedenheit der Frauen drängte sich die Frage auf, ob sie selbst diese emotionalen Qualitäten ihres Partners an dessen Transsexualität koppelten oder ob sie es für einen puren Zufall hielten, dass diese einfühlsameren Männer transsexuell waren. Von sich aus stellte keine der Frauen diese Verbindung her. Von daher fragte ich sie zunächst eher allgemein, ob sie meinten, dass *transsexuelle Männer anders seien als andere Männer* und präzisierte anschließend, ob *sie anders zu Frauen seien als geborene Männer?*
Da mir die Bedeutung dieser Fragen erst im Laufe der Gespräche, nämlich durch Evas Schilderungen, klar geworden war, richtete ich sie nur an acht der elf Frauen. Annas Ausführungen in anderen Zusammenhängen ließen sich hierfür jedoch ebenfalls verwerten. Neben Anna, für die Ahmed ein „besonderer" Mann war, verknüpften nur Jana und Laura auf meine erste Frage hin die spezifische Gefühlswelt ihres Partners mit seiner Transsexualität:

Anna: Ich würd ihn nie verlassen für einen geborenen Mann!
        Wieso?
        Ja, weil er ist viel verständnisvoller.

Jana: Ich denk wohl, weil die einfach, ich sag mal, die andere Rolle kennen, sich da besser einfühlen können.

Anna und Jana banden die Einfühlung ihres Partners direkt an seine weibliche Vergangenheit, an die „andere Rolle", die diese Männer „kannten". Laura dagegen führte die gefühlsmäßigen Qualitäten ihres Partners bzw. Transsexueller allgemein unter einem anderen Aspekt auf den Transsexualismus zurück:

Laura: Ich glaube, dass sie ihre Frau oder die Partnerin, ehm, ganz, also ganz anders noch mit ihr umgehen, also, ehm, mhm, dass für diese Männer die Frauen nicht selbstverständlich sind, also dass sie, dass sie in der

Beziehung vielleicht auch noch mehr geben als jetzt andere oder so, dass es auch wirklich dann was, was Besonderes ist für diesen Menschen dann, so, und auch nicht so austauschbar vielleicht. Vielleicht weil! eben auch viele, mhm, viele, viele nicht so tolerant sind oder so.

Für Laura war nicht die weibliche Vergangenheit transsexueller Männer, sondern ihre jetzige transsexuelle Situation ausschlaggebend: Hierdurch fänden sie ihrer Meinung nach nicht so leicht eine „tolerante" Partnerin, eine Partnerschaft sei für sie nicht so „selbstverständlich" wie für andere Männer. Dies wiederum veranlasse sie zu besonderer Zuvorkommenheit.

Gerda monierte die starke Abwertung alles Weiblichen durch viele Transsexuelle, was aus deren Geschichte heraus verständlich, für sie als Frau jedoch verletzend sei. Ansonsten sah sie keine Differenz zu geborenen Männern.

Wenn auch bei dem ein oder anderen der befragten transsexuellen Männer tatsächlich keine oder kaum Differenzen zu den emotionalen Qualitäten geborener Männer bestanden haben mögen, sticht die Kluft zwischen dem von fast allen Frauen als sehr befriedigend geschilderten emotionalen Austausch und der vermiedenen Assoziation mit seiner Transsexualität doch ins Auge. Haben sich die Frauen einfach noch nicht damit beschäftigt oder macht es für sie und ihre Partner einen Sinn, eine solche Koppelung zu vermeiden? Bei einer solchen Verknüpfung würde nicht lediglich die Erinnerung an die weibliche Vergangenheit, an klassisch weibliche Seiten, des Transsexuellen angestoßen, sondern diese weibliche Vergangenheit würde sich in die Gegenwart hinein ausdehnen. Und eine solche Ver-Gegenwärtigung ist - zumindest auf Seiten der Männer, wie schon öfter deutlich wurde - nicht unbedingt erwünscht. Viele von ihnen sehen darin einen Angriff auf ihre gegenwärtige männliche Identität. Womöglich stellen sich ihre Partnerinnen hierauf ein und vermeiden es deshalb, eine Verbindung zwischen emotionaler Befriedigung und Transsexualismus zu verbalisieren bzw. sich überhaupt bewusst zu machen.

Je direkter ich durch meine Fragestellung aber eine Verknüpfung von emotionalen Qualitäten und Transsexualismus nahe legte, umso mehr reflektierten die Frauen einen möglichen Zusammenhang. So sahen schon fünf von neun Frauen auf meine Frage, *ob transsexuelle Männer anders zu Frauen seien als geborene Männer,* diesbezüglich Besonderheiten in deren Verhalten. Eva, Gerda und Maria schilderten zum Teil sehr engagiert, wie transsexuelle Männer Frauen mit ihrem Charme umgarnen:

Eva: Das Thema hatten wir in Frankfurt [bei der Selbsthilfetagung] auch schon mal, dieses: Wie wirken Transsexuelle auf Frauen. Manchmal ist es so süß, da kriegst du Karies von, ehrlich, ohhhh!! (...) Dieser ganz charmante Charmeur, so!, der wird dann raus gehängt. Und die Frauen finden das natürlich ganz toll weil, das gibt es ja nicht so oft. (...) Ja, sehr charmant und nett, und so, blickemäßig, und so verschmitzt, (...) sehr, sehr, sehr nett (lacht). (...) Da kriegt man Karies vom Zuhören, wenn die mit Frauen reden. (...) Das ist für eine Frau wie eine Aufforderung. (...) Jaaaa, das ist ein ganz anderes Verhalten, als wenn ein biologischer Mann mit ner Frau zusammentrifft. (...) Für die Frau ist es irgendwie anders.

Solange sich Eike nur ihr gegenüber so verhielt, nahm sie es als Kompliment, bei anderen Frauen aber provozierte er damit ihre Eifersucht. Gerda kannte dasselbe Verhalten von Gerd:

Gerda: [Da] musste ich ihm (...) sagen: Pass mal auf, so wirkt das auf Frauen, weil die Spielregeln sind irgendwo auch abgesteckt, ob es nun gut oder schlecht ist, ist ja egal, so funktioniert es ja nun mal. (...) Er flirtet so mit allen weiblichen Wesen, die irgendwie in der Nähe sind. Bis wir eigentlich so das auch lösen konnten, (...) dass es nicht so als Flirten gemeint war, sondern eigentlich eher so als Höflichkeit!

An Gerdas Überlegungen wird deutlich, dass sie - und Eva wohl auch - ein solches Verhalten nicht auf grundsätzliche emotionale Qualitäten, sondern auf die Unkenntnis des Transsexuellen zurückführten, wie er nun als Mann auf Frauen wirkt. So reduzierten sie die - wenn auch manchmal übertriebene - spezifische Art ihrer Partner, auf Frauen zuzugehen, auf ein charmantes, aber etwas naives Umgarnen. Offensichtlich machten sie sich nicht klar, dass es genau diese anfängliche und später tief in die Beziehung einwirkende emotionale Offenheit und Zugewandtheit ihrer Partner war, weshalb diese auch für andere Frauen so attraktiv sind. Jedenfalls trennten sie das einfühlsame Verhalten ihrer Partner in der Phase des Flirtens und Kennenlernens von ihrem alltäglichen, hoch befriedigenden emotionalem Erleben in der gemeinsamen Beziehung. Auch Marc kommt offenbar sehr gut bei anderen Frauen an:

Maria: Ja, das ist eben so seine Art, er ist immer sehr nett, zuvorkommend und kann gut zuhören. Das können halt nur wenige Männer und das ist wohl unheimlich anziehend so.

Maria und auch Jana waren die einzigen Frauen, die auf meine Frage hin eine direkte Verbindung zwischen der Gefühlsorientierung ihres Partners und dem allgemein eher einfühlsamen Verhalten transsexueller Männer gegenüber Frauen herstellten:

Maria: Mhmm, ja das kann ich halt auch nur wieder sagen, von meiner Erfahrung her, denk ich mal doch, dass die eben einfühlsamer sind, dass die doch das Denken von früher noch haben teilweise halt, von der Erziehung her und was sie halt eben so mitgemacht haben, und mit Mädchen zusammen waren. Merk ich das bei Marc halt auch, dass er eben halt viel mehr Verständnis für mich hat als alle anderen Männer so hatten, find ich schon zum Vorteil, auf jeden Fall.

Jana: Ja, denk ich ja, obwohl ich nicht weiß, in, in, in welcher Form. Zum Teil denk ich, dass sie, weil sie einfühlsamer sind, sich eben, ich sag mal, eh, ja eben freund, was heißt freundlich, ja eben nicht so dieser, dieser Macho sind. Auf der anderen Seite hab ich das Gefühl, dass sie extra! den Macho raushängen lassen. Das hab ich auch in L. da erfahren, dass ein paar, die da lagen, (...) ja so die Krankenschwestern so ziemlich doof angemacht haben, wo die Krankenschwestern auch gesagt haben: Gerade von denen! in Anführungsstrichen hätten wir es nicht erwartet! Also eben diese typischen dummen Sprüche gegenüber Krankenschwestern. Ich dachte, das darf doch nicht wahr sein, weil, wenn ich die andere Position kenne, dann weiß ich nicht, ob ich mich da so machomäßig verhalten muss, ne, ich weiß es nicht!

Jana und die von ihr zitierten Krankenschwestern erwarteten von transsexuellen Männer gerade wegen ihrer Vergangenheit als Frau, sich besonders einfühlsam und verständnisvoll gegenüber Frauen zu verhalten. Sie forderten von ihnen in dieser Hinsicht also mehr als von geborenen Männer. Dabei war Jana offenbar nicht bewusst, dass für manche transsexuelle Männer genau diese Vergangenheit zumindest im Übergang oft der Grund ist, sich als Machos, also extrem wenig einfühlsam, aufzuführen. Diese Transsexuellen müssen - zunächst - ihre weibliche Vergangenheit gänzlich abwerfen, um ein unbeeinträchtigtes und geradliniges Mannsein zu demonstrieren. Gerade in der Übergangsphase scheint die Verwirklichung des Mannseins durch weibliche Züge besonders gefährdet zu sein.

Zur noch gezielteren Auseinandersetzung mit der möglichen Verknüpfung emotionaler Qualitäten aus der weiblichen Vergangenheit mit denen in der jetzigen Beziehung, fragte ich die Frauen direkt, ob sie fänden, *dass ihrem Partner die Sinnwelt von Frauen, also wie Frauen denken und empfinden, eher fremd*

oder eher vertraut sei? Fünf (von diesmal elf) Frauen antworteten darauf uneingeschränkt mit Ja, drei sprachen von einer bedingten Vertrautheit und drei
Frauen (Eva, Gerda und Karin) verneinten die Frage mehr oder weniger
eindeutig:

Anna: Ein geborener Mann kann nie so empfinden, mit einem anderen
        Menschen umgehn, wie, sag ich mal, wie er hier.
        Wieso nicht?
        Weil die Personen diese zwei Gefühle haben, denk ich mal. Die kön-
        nen eine weibliche Person viel, viel besser verstehen als ein männlicher
        versucht es zu tun. (...) Wenn mich irgendetwas bedrückt, dann kann
        ich ganz! offen mit ihm darüber reden und der versteht! mich dann
        auch. Und ich weiß nicht, ob ein geborener, ein richtiger Mann mich in
        dem Moment auch verstehen würde, ob er das auch fühlen würde, was
        ich fühle, wenigstens zum Teil. Und bei ihm hab ich das Gefühl, er
        fühlt es auch, er weiß es auch.
        Du könntest sagen, dass das Frauenleben ihm vertrauter ist als einem geborenen
        Mann?
        Ja, ja!

So wie Anna von den „zwei Gefühlen", den beiden Seiten der Ge-
schlechterwelt, die Transsexuelle ihrer Meinung nach kennen, sprach,
kennzeichnete Maria dies als die „beiden Lagen", in die ihr Partner sich
hinein versetzen könne. Er zeige sich als guter Zuhörer und Berater
nicht nur für sie, sondern auch für andere Frauen - was sie allerdings
weniger schätzte:

Maria: Ja, doch.
        Findest du schon? Hast du da ein Beispiel?
        Ehmm, ja, das merke ich immer, wenn ich mal Probleme habe. (...) Der
        kann sich dann immer in beide Lagen rein versetzen, der kann einmal
        als Mann antworten, aber teilweise, von den Gefühlen her und von
        früheren Erfahrungen, weiß er halt auch noch, wie so ne Frau in dem
        Moment halt denkt und eh, das merke ich dann halt. (...)
        Findest du das eher angenehm?
        Ja natürlich finde ich das einerseits angenehm. Natürlich anders rum,
        wenn ich dann sehe, wie viele Frauen da immer hinter ihm her sind,
        finde ich das unangenehm. (...) Er sieht dann halt die Frauen vielleicht
        wirklich nur als Freundinnen. (...) So hat er mir das schon mal erklärt,
        (...) für ihn ist da nichts Erotisches oder der will nichts von den Frauen,
        sondern der versteht sich nun mal auch gut mit Frauen.

Sich gut mit Frauen zu verstehen bzw. sogar eine beste Freundin zu haben ist ein klassisches Zeichen für das Eintauchen in die Sinnwelt von Frauen. Lars hatte eine solche „beste Freundin". Und vielleicht, weil allein dieser Begriff einen Mann recht nahe an das Weibliche rückt, relativierte Laura ihn durch ihren Hinweis auf ihre eigenen männlichen Freunde bzw. durch die Verwischung des Geschlechtlichen: Lars sei „halt einfach so", ob als Mann oder als Frau. Zum Abschluss ihrer Überlegungen aber kam auch sie auf die anderen Einfühlungsqualitäten transsexueller Männern zu sprechen:

Laura: Vertraut, ja, doch.
Auch, sagen wir mal, er ist nur mit Frauen zusammen, also nicht nur mit dir, sondern noch mit ein paar anderen Frauen?
Ja, doch. Er hat auch ne beste Freundin und so. Also aber, das ist ungefähr so, wie ich das auch mit Jungs irgendwie hab, ja, mit Männern hab, irgendwie, dass ich da genauso tolerant und offen bin. Ich glaub auch, er denkt da auch gar nicht so drüber nach, das ist halt einfach so. Also ich glaub, selbst wenn er jetzt von Anfang an Mann wäre, dann wäre er vielleicht auch sehr, könnte er sehr einfühlsam gegenüber Frauen sein, denk ich schon.
Vom Typ her?
Ja, ich denk nicht, dass das jetzt nur damit zu tun hat, dass er jetzt selber mal ne Frau war, wobei es natürlich viel damit zu tun hat, klar, weil, wie gesagt, also kein Mann wird ne Frau besser verstehen, als jemand, der mal ne Frau war (lacht etwas), also das ist ganz klar.

Frauke bezog sich mehr auf Felix' Fähigkeit, körperliche Missempfindungen von Frauen nachempfinden zu können:

Frauke: Vertraut!
Kannst du da ein Beispiel nennen?
Ja, kann ich: Als er Frau war, hat er ja auch seine Tage gehabt, und er weiß also auch, wie ich mich dann fühle, und wenn ich sage, nee, lass mich in Ruhe, heute no Sex, so in der Art, ist das o.k. Und ich weiß das von meinen früheren Freunden: Ja warum denn nicht und mmh, dann musste ich unheimlich lang und breit erklären. Ich hab dann immer schon einen dicken Hals gekriegt, weil ich hab gesagt, lass mich doch einfach in Ruhe! und fertig!

Während Felix sie ohne Erklärungen versteht, bleibt bei einem geborenen Mann selbst nach langwierigen Erläuterungen nur Unverständnis zurück.

In Janas Beschreibung von Jans Nähe zur Sinnwelt von Frauen zeigte schon die Spontaneität ihrer Zustimmung und dann die Schilderung seines Verhaltens, wie vertraut ihm die gefühlvolle, die weibliche Seite ist. Demgegenüber wirkte seine betonte Männlichkeit künstlich und gewollt und auch für Jana nicht wirklich glaubwürdig:

Jana: Eher vertraut.
Hast du ein Beispiel dafür?
(Stöhnt etwas) Nee, ein richtiges Beispiel fällt mir jetzt nicht ein, aber ich denk so alles Sachen, ich sag ja, so wie er reagiert, dass er eben so mehr gefühlsmäßig reagiert, eher eigentlich vertraut. Ich meine, manchmal bin ich auf der anderen Seite dann wieder geschockt, wenn er dann, wie gesagt, in Anführungsstrichen, was Männliches loslässt oder wenn es dann so um die Rollenverteilung geht, meinetwegen, wie stellen wir uns unsere Zukunft vor, wenn er dann schon sagt: Ja, du bleibst zu Hause, so, dann denk ich: Hups, ist doch! ein Mann irgendwo!
Meint er das dann auch so oder sagt er das nur so?
(Stöhnt) Ich glaub zum Teil meint er es.
So halb und halb?
Halb und halb. Generell glaub ich schon, dass er eben noch wirklich wie, wie, eher wie ne Frau denken kann, oder diese Probleme so kennt. Aber andererseits hab ich das Gefühl, dass er auch dadurch, dass er jetzt eben versucht, Mann zu, eh, versucht Mann zu sein, nein, dass er versucht [unverständlich] männlich zu sein, dass er das noch ein bisschen überkompensieren will, beweisen will: Ich bin eben Mann! Und dann natürlich, ich sag mal, extra! nen derben Spruch machen muss, damit es, ne, um bloß keinen Verdacht aufkommen zu lassen: Ich bin ja eher ein Weichei.

Jana bestätigte hier meine Annahme, dass viele transsexuelle Männer versuchen, ihr Mannsein nicht durch weibliche Seiten torpedieren zu lassen, aber auch, wie bemüht die Partnerinnen sind, die Männer insofern nicht bloßzustellen. Janas Suche nach Worten spiegelt den beiderseitigen „Versuch" wider, seine hinreichende Männlichkeit unter Beweis zu stellen.

Britta, Doris und Hanna dagegen konnten nur eine bedingte Vertrautheit ihrer Partner mit der Sinnwelt von Frauen ausmachen. Britta und Doris meinten, ihr Partner sei zwar sehr einfühlsam, aber wirklich hineinversetzen in das Frauenleben könne er sich nicht. Hanna wog die beiden Seiten ihres Partners gegeneinander ab:

Hanna: (Stöhnt schwer) Teils, teils. Also ich würde sagen, so wie ein Mann eine Frau behandelt, das hat er ja früher leider Gottes erfahren müssen, weil er ja nun nach außen hin eine Frau war, körperlich gesehen. Dementsprechend hat er schon gemerkt, wie gemein manche Männer sich verhalten können. Also in der Beziehung hat das schon, sag ich mal, ein paar Vorteile. Aber andererseits, von der Gefühlswelt her, nee, weil er ja gefühlsmäßig schon immer ein Mann war! Und er hat ja auch immer so gefühlt und so gedacht, und dementsprechend, eh, kann er das meistens gar nicht nachvollziehen.

Hans habe zwar zu spüren bekommen, was es heißt, von Männern als Frau behandelt zu werden, könne aufgrund seiner immer schon männlichen „Gefühlswelt" jedoch nicht wirklich in die Sinnwelt von Frauen eintauchen. Ebenso Karin: Da Kurt ja „normal männlich" sei, wurde sie in ihrer anfänglichen Hoffnung enttäuscht, nun einen männlichen Partner zu haben, der eine Frau besser verstehen kann:

Karin: Das war was, da hab ich ganz am Anfang, als ich das ja erfahren hab, sagte ich noch zu meiner Freundin so: Eigentlich ist es vielleicht ja auch gut, weil dann kann er mich als Frau ja vielleicht auch besser verstehen. Aber das hab ich ganz schnell gemerkt, das ist nicht so, (lacht) weil er ist ja wirklich, weil, da ist ja absolut nichts Weibliches, also er ist ganz normal männlich.

Auch Eva und Gerda hatten insofern auf das frühere Frausein ihrer Partner gehofft und mussten erkennen, dass er ja schon „immer Mann" war:

Gerda: Fremd! (Lacht) Also wirklich fremd!
Ist nichts, wo du sagen würdest: Ach, guck mal?
Nee! Nichts, klingt jetzt so absolut, aber es ist eben auch so, dass ne Freundin zu mir gesagt hat, die das eben wusste: Oh, Mensch, das ist doch toll! Jetzt hast du ja so den Partner, ehm, der eben auch ganz viele weibliche Anteile, eigentlich so das Positive, was uns an den Männern fehlt oft, Verständnis. (...)
Fändest du es denn schön, wenn er da was rüber gerettet hätte, weil er dann eben doch was nachfühlen könnte, was du als Frau so kennst?
Also es wäre sicherlich einiges einfacher. Aber andererseits denke ich mir, woher soll er es haben, weil, er war eben immer Mann, und woher soll er dann das andere haben.

Eva: (Lacht laut) Nein, das hab ich früher immer gedacht, ich hab gedacht, irgendwie muss er doch verstehen, wie ich mich als Frau fühle, weil da muss doch irgendwie son bisschen wenigstens sein!! Aber das kann man sich hundertprozentig! abschminken. Da ist gar! nichts! von Frauendenken! (...) Das ist hundertprozentig nur Männerdenken!! Also wenn so ne Frage kommt, könnt ich mich köstlich amüsieren! (Lacht) Ja wie siehst du das? Amüsierst du dich oder würdest du dir das auch eigentlich mehr wünschen?
Nein, nein! Eigentlich nicht! Nein! Weil, dann würde es ja, irgendwie anders sein, nicht mehr so, dieses, das ist eben so: Männer haben ein ganz anderes Empfinden als Frauen!
Dann wäre es für dich nicht mehr stimmig? Dann wäre er zu viel Frau?
Nee! Nee! Nein, dann wär das, ja, dann wär's nicht normal! Für mich wär's dann unnormal irgendwie. (...) Das ist eben normal, dass Männer und Frauen sich auseinander setzen müssen in vielen Sachen, also, wir müssen es genauso, wie ein normales Heteropaar!

Egal, ob Gerd und Eike die Sinnwelt von Frauen tatsächlich nicht oder vielleicht doch mehr, als ihre Partnerinnen meinten, nachempfinden können, allein an der Wahl ihrer Formulierungen wird greifbar, was ich schon mehrmals andeutete: Indem diese vier Frauen das fehlende „Frauendenken" ihres Partners damit verknüpfen, dass er schon „immer Mann" war und Eva zwischen dem Mangel seines Verständnisses eine direkte Verbindung zur „Normalität" eines „heterosexuellen" Paares herstellt, zeigt sich, wie eng die glaubwürdige Geradlinigkeit seines Männerlebens und auch die Heterosexualität ihrer Beziehung mit einer Distanz zu einer weiblichen Vergangenheit verkoppelt sind bzw. sein müssen. Für Eva etwa wäre es „nicht normal", sich bei ihrem Partner ein Übergreifen seiner Vergangenheit als Frau in seine Gefühlswelt auch nur vorzustellen. Dies würde ihr Verständnis vom „normalen" Verhältnis zwischen „Männern und Frauen" infrage stellen. Zugespitzt formuliert heißt dies, dass seine Nähe zur weiblichen Gefühlswelt mehr durch die Bewahrung der heutigen heterosexuellen Normalität, also seines heutigen, als durch sein schon damaliges Mannsein ausgeschlossen wird.

4. Verwirklichung mit anderen

Wie nun aber präsentieren sich die Paare nicht nur mir, sondern allgemein ihrer Umwelt gegenüber? Wem gegenüber machen sie die Transsexualität des Partners offen, wem verschweigen sie sie, nach welchen Kriterien entscheiden sie dies? Welche Reaktionen erleben sie von Seiten der Familie, von Freunden, Bekannten, Kollegen, von Frauen, von Männern? Haben sich die Kontakte der Paare durch seine Transsexualität und ihr Offenlegen verändert? Grundsätzlich sind zwei Situationen zu unterschieden. Die erste bezieht sich auf das Offenbaren der Behandlungswünsche des Transsexuellen, also auf die für die Umwelt mehr oder weniger neue Tatsache, dass dieser Mensch transsexuell ist. Die andere richtet sich auf ein späteres Stadium, nämlich auf die Entscheidung, ob und wem gegenüber der Betroffene selbst oder die Partner offen legen, dass er früher körperlich und sozial eine Frau war. Zunächst soll es um die zuerst genannte Situation gehen, in die insbesondere die eigene Familie involviert ist.

Eltern und Erziehungspersonen: Eröffnung des Weges

Durch ihre oft uneindeutige oder auch eindeutig männliche Art der Geschlechtsdarstellung haben die transsexuellen Männer meist schon Jahre vor Beginn der medizinischen Behandlung mehr oder weniger starke Irritationen bei ihren Mitmenschen ausgelöst und standen ihrem andersartigen Empfinden oft selbst verständnislos bis verzweifelt gegenüber, bis sie endlich die Wirklichkeit ihres Mannseins entdeckten und gegen die Realität aller anderen durchsetzen konnten. Sieben der von mir interviewten Männer gingen diese ersten Schritte zusammen mit ihrer jetzigen Partnerin.

Tritt der Transsexuelle bzw. tritt das Paar mit der Entscheidung für eine geschlechtsangleichenden Behandlung nach außen, verschärft dies die Konfrontation mit dem sozialen Umfeld, die Auseinandersetzung um die Wahr-Nehmungen spitzt sich zu: Was soll von nun an für wahr genommen werden, ist der Transsexuelle in Wirklichkeit eine Frau oder ein Mann? Die Härte dieser Auseinandersetzungen ist abhängig von der Rollenrigidität des jeweiligen sozialen Milieus, aber auch von der Authentizität, mit der der Betroffene seiner Umwelt sein Mannsein vermittelt bzw. bereits vermittelt hat. Bei allen elf interviewten Paaren standen die Wirklichkeitsauffassungen tendenziell dort am stärksten im Widerstreit, wo die Beziehung am engsten an vertraute Geschlechtsrollen(erwartungen) gekoppelt war. So hatten die Eltern des Transsexuellen, aber auch die Eltern der Partnerin meist die größten Schwierigkeiten, seine Transsexualität zu akzeptieren. Seine Eltern kannten den Transsexuellen am längsten als Frau, ihre Eltern setzten am selbstverständlichsten auf eine Beziehung ihrer Tochter zu einem Mann. Und für die Partnerinnen schienen die Probleme noch größer zu sein als für den Mann selbst, hatte er seine Erziehungspersonen doch oft schon sukzessive an sein Mannsein heran geführt, während die neue Situation für ihre Eltern einem Einbruch in alle gewohnten Vorstellungen und aller Erwartungen gleich kam. Die Frauen spürten dies offenbar, hielten aus Angst vor Ablehnung zum Zeitpunkt der Interviews doch immerhin fünf der Frauen zumindest einem Elternteil gegenüber seine Transsexualität oder ihre Beziehung geheim: Bei Anna und Laura wussten die Eltern zwar jeweils von seiner Transsexualität, nicht jedoch von der Beziehung. Bei Britta galt dies für ihren Vater, ihre Mutter dagegen war informiert. Karin wiederum hatte außer ihrer besten Freundin niemandem etwas von der Transsexualität ihres Partners erzählt. Maria hatte gezielt ausgewählt: Ihre Mutter und eine ihrer beiden Schwestern wussten von Marcs transsexueller Geschichte, nicht jedoch der Vater sowie die andere, von ihr als sehr konservativ geschilderte, Schwester:

Maria: Bei meiner Schwester würde ich befürchten von wegen hier von Gott gegeben oder was weiß ich, da ist nichts zu ändern.

Konservative Grundeinstellungen oder auch gezielte Tests, wie jemand z. B. auf Schwule oder Transsexuelle in den Medien oder im Alltag reagiert, sind oft maßgeblich für die Entscheidung zur Offenheit oder zum Verbergen. So hatte Lars zuvor eine kurze Beziehung zu Lauras Zwillingsschwester, woraufhin diese von den Eltern enterbt wurde. Deshalb weihte Laura ihre Eltern lieber nicht ihre Beziehung zu Lars ein, obwohl sie die Reaktion insbesondere ihrer Mutter nicht nachvollziehen konnte:

Laura: Ich weiß es nicht, warum, also die machen sich eigentlich selber lächerlich damit. Und ich versteh das auch nicht, weil wir, weil sie! uns ja eigentlich auch nicht so erzogen hat, das ist ja gerade das Kuriose daran, aber, ich weiß es nicht, was sie für ein Problem damit hat.

Auch Karin wurde sehr offen erzogen, trotzdem beobachtete sie schon seit Jahren die Reaktionen ihrer Mutter auf soziale Außenseiter und erlebte immer neue Rückschläge, die ihr ansonsten sehr vertrautes Verhältnis zu ihrer Mutter belasteten:

Karin: Meine Mutter, die ist normalerweise sehr locker drauf, mit der kann ich über alles! reden. Aber ich hab halt einfach Angst, dass sie ihn dann ablehnt. Ich hab mir schon so viele Gedanken darüber gemacht, auch mit Kurt drüber geredet, mit Kurts Mutter drüber geredet (stöhnt etwas). Es tut mir selber Leid, dass ich sie damit, nicht belüge, aber dass ich es verheimliche. Eigentlich würde ich es ihr ja gerne sagen, aber ich hab einfach Angst vor der Reaktion. Manchmal denk ich, sie mag ihn ja auch, sie verstehen sich gut, und sie hat ihn ja, sie war ja von Anfang an dabei, sie hat ihn kennen gelernt, sie weiß ja, er ist ein sauberer Kerl, sag ich mal. Sie ist auch glücklich, dass ich mit ihm zusammen bin. Sie ist froh, dass ich glücklich bin, und dann denk ich, sie hätte da kein Problem mit. Aber andererseits, wenn ich dann so mit ihr Fernsehen gucke, und dann ist irgendwie so ein Bericht, oder von Schwulen oder so, oder wenn sich zwei Schwule küssen: Muss das denn sein und im Fernsehen und so, dann wieder diese andere Seite, dann denk ich: Ohh, dann lieber nicht. (...)
[Und dein Vater], der weiß es auch nicht?
Nee.
Und soll es auch nicht wissen?
(In weinerlichem Tonfall) Ich weiß es nicht!
Da läuft es genauso wie bei deiner Mutter?
Ja.

Scheinbar liberale Einstellungen können schnell zusammenbrechen, wenn das eigene Kind von sozialem Außenseitertum betroffen ist. Karin befürchtete, dass ihre Mutter Kurt nicht mehr als Menschen und Mann sehen und schätzen, sondern ihn allein aufgrund seines Transsexualismus ablehnen würde. Britta dagegen war die „Intoleranz" ihres Stiefvaters von vornherein bekannt, weshalb sie ihm nicht von ihrer Beziehung zu Benno erzählte. Und mit ihrem Vater und dessen neuer Frau hatte sie nicht darüber gesprochen, u. a. weil er die Beziehung in eine rein sexuelle Ecke drängen würde. Brittas Mutter hatte demgegenüber „toll reagiert" und akzeptierte ihre Beziehungswahl voll und ganz.

Die Ängste dieser fünf Frauen vor Ablehnung waren nicht unbegründet: Von den sechs Frauen, die ihren Eltern bzw. einem Elternteil von der Transsexualität ihres Partners erzählt hatten, waren drei Frauen auf massive Ablehnung gestoßen. Jana belastete die Reaktion ihrer Eltern seit zwei Jahren beträchtlich. Aufgrund der Schuldgefühle, die ihr ihre Eltern wegen der Beziehung zu Jan machten, hatte sie bereits eine psychotherapeutische Behandlung aufgenommen   und Gespräche mit zwei Pfarrern geführt:

Jana: Für sie [die Eltern] ist: Man ist geboren als Mann und Frau und der liebe Gott hat Mann und Frau erschaffen, und Mann und Frau sollen zusammenleben, alles andere ist Schmuddelkram, das macht man nicht und das tut man nicht und das ist unnormal! (...) Und da waren auch so die Sprüche so nach dem Motto: Jetzt ist unser Leben vorbei, unser Leben hat jetzt keinen Sinn mehr und alles was wir aufgebaut haben, hat sich nicht gelohnt. (...) Sie ham beide gesagt: Wir ham geschuftet und wir ham gerackert und so und wofür jetzt, ne!? (...) (...) Also ich hab auch mit Pfarrern und Psychologen drüber gesprochen immer, und auch, um es einfach für mich klar zu kriegen. Also das ist eigentlich das, was ich ihnen am meisten vorwerfe, dass sie mir Schuldgefühle machen. (...) Es ging eben so weit, dass sie gesagt haben: Du bringst uns ins Grab, ne, weil wir eben damit nicht klarkommen mit deiner Wahl, deiner Beziehungswahl. Das finde ich eben am schlimmsten, weil, ich meine, ich bin nicht deren Eigentum, ich mein, die ham natürlich berechtigte Hoffnungen und Wünsche und die ham sicherlich auch ihr Bestes getan, keine Frage! Oder versuchen, ihr Bestes zu tun, aber, ja, hm, können mir keine Schuldgefühle machen, aber das tun sie. (...) Und dann hab ich gedacht, (...) wenn ein katholischer Pfarrer dir dann sagt: Das ist nicht schlimm! Dann ist es in Anführungsstrichen wirklich nicht schlimm (lacht etwas).
Das wäre eine Absolution oder so?
Ja, ne! In dem Sinne!
Und hat er das gesagt?
Ja, das hat er so gesagt. Also erst hat er gesagt, dass das, was meine Eltern treiben würden, mit Sicherheit nicht! christlich wär, weil die mich, ja, einfach damit quälen würden und weil das ein Horror wäre. (...)
Sind denn deine Eltern sonst eher offene und tolerante Menschen?
Hab ich die immer für gehalten, eigentlich ja, finde ich wohl.
An sich ja, aber wenn ihre eigene Tochter betroffen ist, ist ja oft so
Eben, das ist ein Unterschied, das ist ein großer Unterschied! Sonst wohl.

Wie Laura und Karin musste auch Jana die leidvolle Erfahrung machen, dass - wenn es um das eigene Kind geht - hinter der liberalen Fassade rigide und moralisierende Einstellungen hervorbrechen. Janas Eltern führten mit allen Mitteln einen erbitterten Kampf um die von ihnen für ihre Tochter vorgesehenen Vorstellungen. Für Hanna verschärfte sich durch die Beziehung und Hochzeit mit Hans der ohnehin schwelende Konflikt mit und zwischen ihren Eltern:

Hanna: *Und deine! Eltern, wie haben die drauf reagiert?*
Oh Gott! Weltuntergang! (...)
Und wie ging das weiter, wie hast du denen das eröffnet?
Ja, ich hab es Muttern einfach gesagt.
Was hast du gesagt? Ich bin jetzt mit dem zusammen?
Ja, ich bin jetzt übrigens mit Hans zusammen. Wer ist denn das? Ja, wo ich wohne! Das ist doch ne Frau! Ich sag: Nee, eben nicht! Und für Muttern brach natürlich auch eine halbe Welt zusammen. Weil sie das halt auch nicht kannte.
Ich meine, die ist ja relativ offen, hast du gesagt
Ja.
Aber trotzdem?
Ja, für sie brach auch ne halbe Welt zusammen.
Weil ihre Tochter? Oder weshalb?
Nee, ich glaube eher, es ging ihr darum, ja, Mutter hat immer versucht, mich von allem Bösen, von allen Komplikationen fern zu halten, quasi son, son, son Schirm um mich gebildet. Ja, und weil sie jetzt genau wusste, wenn ich mit ihm zusammen bin, das gibt nur Komplikationen! Vor allen Dingen wieder mit meinem Vater! Und der war ja sowieso schon son Streitpunkt! Weil ich ja einfach ausgezogen bin, das ziemt sich ja übrigens auch nicht für ein Mädchen: Mein Gott, das zieht erst aus, wenn es geheiratet hat. Und (stöhnt schwer) dementsprechend wusste sie genau, oh Gott! (Lacht) (...)
War deine Familie denn bei eurer Hochzeit dabei?
Nein, nur mein Bruder.
Ist ja auch enttäuschend
Ja nun, was will man machen.

Dass die Tochter eigenmächtig von zu Hause ausgezogen war, war für die Eltern der erste Affront. Durch die Ehe mit einem transsexuellen Mann verwarf Hanna dann alles Gute, das die Eltern für sie vorgesehen hatten. Und neben den Problemen mit ihrer eigenen Familie wurde sie noch von Hans' Mutter angefeindet, die ihr die Schuld für seinen Weg gab.

Die Reaktion von Fraukes Mutter war bereits Thema: Sie wollte die Beziehung ihrer Tochter zu einem transsexuellen Mann zunächst nicht akzeptieren, was sich erst durch die Ankündigung der Hochzeit veränderte.

Frauke: Meine Mutter, weiß ich nicht, wie gesagt, die war, ist immer noch sehr christlich, und die denkt sich: Ja, Gott wird das schon so gemacht haben, weil er geglaubt hat oder wusste, das ist richtig so, im Grunde. Das ist ja so ein Eingreifen in die normale Entwicklung, in die normale, von Gott geschaffene.

155

Wie Janas stützte auch Fraukes Mutter ihre Ablehnung auf die vermeintliche Unnatürlichkeit der geschlechtsangleichenden Behandlung.

Für jemanden, der Mannsein und Frausein, also die eindeutige Zuordnung zu einem Geschlecht, als unverrückbar voraussetzt und der das Zusammensein von Mann und Frau in einer intimen Partnerschaft als Einzige von Gott gegebene Beziehung begreift, erscheint nicht nur Transsexualismus, sondern auch Homosexualität als unnatürlich und unmoralisch. So überrascht es nicht, dass für die Eltern oder für einen Elternteil, meist die Mutter, von immerhin vier der befragten Frauen bei der Ablehnung der Beziehung zunächst die Angst, ihre Tochter sei lesbisch geworden, eine wesentliche Rolle spielte. Janas Eltern „warfen" ihr „vor", eine lesbische Beziehung eingegangen zu sein, und dies, obwohl Jan, als sie ihn kennen lernten, in seinem Behandlungsprozess bereits weit fortgeschritten und als Frau gar nicht mehr identifizierbar war. Auch für Felix lag bei der ersten Begegnung der Beginn seiner Hormonbehandlung schon etwa zwei Jahre zurück. Dennoch reagierte Fraukes Mutter zuerst auf die lesbische Bedrohung, statt seine tatsächliche „Wirklichkeit" wahrzunehmen:

Frauke: Die war am Anfang richtig fertig. Die kam damit nicht klar, die hat immer gedacht: Mein Gott, jetzt wird meine Tochter lesbisch und so was, weil, sie hat gar nicht daran geglaubt, dass er das wirklich so macht.

Hannas Mutter spiegelte Hannas eigene, bereits deutlich gewordene, Erleichterung wieder, nicht lesbisch geworden zu sein:

Hanna: *Und hat sie dann mit der Zeit mehr Verständnis aufgebracht, also heute?*
Ja, so inzwischen, sag ich mal, hat sie sich natürlich schon schlau gemacht, was ist das überhaupt, ne, und ist natürlich erst mal hellauf be, also erleichtert, dass es jetzt nicht irgendwie was Lesbisches ist, weil das war ihre größte Sorge, ne!
Das wär viel schlimmer gewesen?
Ja, ihre Tochter lesbisch! Oh mein Gott!

Auch Gerdas und Evas Eltern, die die Partner ihrer Töchter jeweils vor deren Behandlungsbeginn kennen gelernt hatten, befürchteten zunächst eine lesbische Tendenz ihrer Tochter:

Gerda: *Und deine Eltern oder eure Eltern, wie haben die reagiert?*

Das muss man getrennt sagen! Meine Eltern, das ist ziemlich schwierig, also inzwischen geht es einigermaßen, die ham eben auch im Zuge dieses outings, (...) dann hab ich ihnen das praktisch auch erzählt: (...) So ist es. Ja, da waren sie erstmal froh, dass es keine lesbische Beziehung ist, (lacht) und natürlich auch, dass sie wissen, was Sache ist, also das hat sie wohl auch sehr belastet, dass ich nichts erzählt habe. Ham dann, also erstmal fand ich so, ganz verständnisvoll reagiert, ham dann auch gemeint: Na, da hätten wir ja einen sehr schwierigen Weg vor uns und so. Und dann kam aber, fand ich, doch eine sehr deutliche Ablehnung, oder Ignorieren.

Da die Angst vor dem Lesbischsein inzwischen ausgeräumt war, musste sich ihre weiterhin subtile „Ablehnung" auf Gerd Transsexualität beziehen.

In Evas Schilderungen wurden - hier am Beispiel der Eltern ihres Partners - die Hintergründe der elterlichen Ängste, aber auch ihrer Umkehr zur Akzeptanz, nachvollziehbar:

Eva: Das hat sich irgendwie so wie legalisiert für die. Früher waren wir in ihren Augen auch lesbisch, mussten auch den Leuten sagen, wenn man da zusammen einge-, also: Freundin von, und heute ruft der Vater an, und bestellt für seinen Sohn! und seine Freundin ein Zimmer, das ist legal. (...) Nun wissen es alle Leute, nun haben sie endlich den Mut gefunden, die Mutter hat, nachdem sie die erste gute! Erfahrung gemacht hat, ganz toll reagiert, und hat es dann jedem! erzählt, der mal gesagt hat: Bestell deiner Tochter einen schönen Gruß: Übrigens, wir haben ja gar keine Tochter mehr, wir haben jetzt nen Sohn, und die Leute alle: Oh, das finden wir ja toll, und mutig. Und seitdem sie diese Erfahrung gemacht hat, sagt sie es eigentlich jedem, der es noch wissen muss, der ganzen Familie, und, und, und dann eigentlich auch voller Stolz! Und jetzt ist es eigentlich irgendwie in Ordnung.

Die Kategorie des Transsexualismus ermöglicht eine „Legalisierung" der Beziehung zwischen zwei geborenen Frauen: Indem die Identität der/des einen als Mann ganz legal in soziales Mannsein überführt wird, erlangt die Beziehung den Status der Normalität, der durch den formalisierten Behandlungsprozess voller „Stolz" zu beweisen ist. Eikes Eltern wissen natürlich noch um seine Geschichte, diese versinkt jedoch in ferner Vergangenheit im Vergleich zu der auch für „die Leute" nun sichtbaren Rechtmäßigkeit einer normalen heterosexuellen Beziehung. Für Eikes Eltern ist die Welt wieder „in Ordnung".

Außer Eva und Doris erlebten alle Partnerinnen negative Reaktionen von Seiten ihrer Eltern. Maßgeblich für dieses hohe Ausmaß an Ablehnung dürften auch deren Erwartungen an eine „glückliche" Zukunft ihrer Töchter sein. Unter dieser Voraussetzung bricht das Transsexuelle mit seiner völlig anderen Wirklichkeit überfallartig in die geordneten Vorstellungen der Eltern ein. Kann die Tochter über Gefühle der Liebe in diese Wirklichkeit eintauchen, bleibt ihren Eltern bestenfalls der Wille, ihr Kind zu verstehen, um es nicht zu verlieren. Innere Nähe zur Tochter auf der einen und totale Fremdheit des Neuen auf der anderen Seite führen zu einem erheblichen Zwiespalt: Einerseits verbieten sich Gleichgültigkeit und Desinteresse. Das emotionale Nachvollziehen dieser fremden Wirklichkeit aber ist - zumindest zunächst - kaum möglich. So muss sich jeder Elternteil auf seine eigene Weise arrangieren. Hilfreich kann dabei sein, die Reaktion und Akzeptanz Außenstehender oder noch besser der eigenen Enkelkinder auf das Mannsein des Transsexuellen zu beobachten:

Gerda: Und eigentlich jedes Mal, wenn sie gesehen haben, wie die Kinder! mit ihm umgehen, besonders [der Enkelsohn], das hat ihnen glaube ich ganz gut geholfen, dass es ja wohl doch nicht so furchtbar sein kann.

Die Selbstverständlichkeit, mit der Kinder oder Uneingeweihte auf authentisches Mannsein reagieren, kann Angehörige davon überzeugen, dass dieser Mensch „wirklich" ein Mann ist.

Unter dem Blickwinkel des Wirklichkeitseinbruches wird auch die Tatsache verständlich, dass die Eltern und Erziehungspersonen der betroffenen Männer tendenziell weniger Probleme hatten als die Eltern ihrer Partnerinnen, waren seine Eltern doch meist schon über Jahre zumindest durch diffuse Rollenüberschreitungen mit dieser neuen Wirklichkeit in Kontakt gekommen. Dennoch eintretende Schockerlebnisse sind dann weniger auf Ahnungslosigkeit zurückzuführen, als darauf, dass nun wahr und wirklich wird, was die Eltern sich immer zu vermuten verboten hatten.

Sechs der elf befragten Männer erwähnten denn auch, dass Eltern, ein Elternteil oder damalige Erziehungspersonen schon früh von ihrer Identitätsausrichtung wussten oder etwas davon ahnten, wenn sie es sich auch nicht immer offen eingestanden hatten. Bennos Mutter sah sich schon früh mit der Andersartigkeit ihres Kindes konfrontiert:

Benno: Die ham auch in meiner Kindheit nicht daran gezweifelt, da ham sie meiner Mutter immer gesagt: Ach, sie ham drei! Jungens und so.
        Und was sagte deine Mutter?

Meine Mutter hat immer gar nichts gesagt. Mein Bruder hat dann immer gesagt: Nein, ich hab auch eine Schwester (lacht).

Als Benno seiner Mutter dann eröffnete, nun Behandlungsschritte einzuleiten, machte sie ihm keinerlei Probleme oder Vorhaltungen. Offenbar konnte sie frühere Erlebnisse als Bestätigung seiner heutigen Realität annehmen. Hans dagegen musste seine Eltern in einem harten, täglichen Kampf von klein auf dazu zwingen, nicht über seine Empfindungen als Junge hinwegzusehen:

Hans: Ja, sie hat Schwierigkeiten damit gehabt. Ich denk mal, meine Mutter wusste immer, dass das so ist. Ich kann mir nicht vorstellen, dass ne Mutter das so hinnimmt [unverständlich] und sag, ich zieh ne Hose an und hör mit deinem Rock auf. (...) Sie hat sich hinterher dran gewöhnt, das war ein normales Bild für sie, sie hat ja hinterher auch meine Klamotten davon gewaschen.

Trotz aller „Schwierigkeiten" begann Hans' Mutter, vielleicht nicht offen aber doch unterschwellig, seine spezifischen Wirklichkeit spätestens in seiner frühen Jugend zu akzeptieren.

Gerd bedauerte, erst durch ein spätes Gespräch mit seiner Mutter erfahren zu haben, dass diese schon viele Jahre seine wirklichen Gefühle geahnt, dies aber für sich behalten hatte:

Gerd: *Und wie hat sie reagiert auf deine, ja ich weiß nicht, wie hast du es gemacht?*
Am Telefon.
Was hast du da gesagt, dass du jetzt den Weg gehst? Wusste sie davon?
Ich weiß, dass ich, da hatte ich so einen Abend, da hab ich das meiner Familie offenbart. Die Erste, der ich das gesagt hab, war meine Tante, also die Schwester meiner Mutter. Das war wie so ne Übung. Und meiner Tante sagte ich, ja, also ich hab das Gespräch eröffnet: Nun setz dich mal hin, ich muss dir mal was Wichtiges sagen, das ist nicht so ganz einfach. O.k., sitzt sie, ja, gut. Und dann, ich weiß gar nicht, was ich dann gesagt habe, ich hab gesagt: Ich habe festgestellt, ich bin ein Mann, und will diesen Weg auch gehen, also so ähnlich. Und die Reaktion meiner Tante war: Ja, irgendwie hab ich mir das schon gedacht, und ist für mich nichts, was für mich jetzt aus heiterem Himmel kommt. Das war die Reaktion meiner Tante. Das war wie so ne Übung. Und dann hab ich direkt danach meine Mutter angerufen, und meine Mutter hat das noch deutlicher gesagt: Also, das schockiert mich nicht, ich hätte mich gar nicht hinsetzen brauchen, irgendwie hab ich

das schon immer so gedacht. Und meine Mutter hat das noch ein bisschen weiter ausgeführt: Ich hab das oft schon als Kind bei dir gedacht. *Hat sie das näher erläutert?*
Also wenn sie mich so hat spielen sehen, das hat sie mir am Telefon oder hinterher, weiß ich gar nicht mehr, in einem der direkten Gespräche danach, wenn sie mich so gesehen hat, hat sie gedacht: Das ist kein Mädchen, das ist irgendwie anders. Hat sie mir aber leider nie gesagt, ich denke, schade, dass sie es nicht gemacht hat.

Wie für Bennos resultierte auch für Gerds Mutter die Leichtigkeit ihrer Akzeptanz ganz offensichtlich aus ihren durch sein gesamtes Auftreten gespeisten frühen Ahnungen. Kurt erzählte zwar nicht direkt von derartigen Ahnungen seiner Mutter. Da er aber von klein auf durch und durch als Junge bzw. Mann auftrat, dürfte auch seine Mutter keineswegs überrascht von seiner Eröffnung gewesen sein:

Kurt: *Wie hat die denn reagiert, damals schon auf dein Jungesein, sag ich mal und später dann, als du ihr eröffnet hast, dass du jetzt diesen Weg gehst?*
Die hat da eigentlich überhaupt nicht drauf reagiert.
Was hat sie denn gesagt?
Sie hat gesagt, wenn ich so leben möchte, wenn ich das machen möchte, dann ist das in Ordnung, sie würde immer hinter mir stehen, ich könnte machen, was ich wollte. Sie hat mir nur gesagt, mich drauf aufmerksam gemacht, dass das Leben sehr schwierig ist so, mit Arbeit und allem drum und dran und da hatte sie auch Recht, so gesehen.
Sie hat nie irgendwelche Probleme gemacht?
Nein, nein.

Die eher pragmatische Sorge seiner Mutter um seine Zukunft hat Kurt offenbar durch manch schmerzliche Erfahrung bestätigt gefunden. Gestützt auf ihre Erfahrungen in der Vergangenheit förderte sie aber ohne Einschränkung sein Wirklichkeitsempfinden. Anders bei Eikes Eltern: Sie hatten offenbar im tiefen Inneren immer gehofft, dass das, was sie vermuteten, nicht „wirklich" werde. Umso schockierter waren sie, als es dann doch so war:

Eike: Ja, beide Eltern sind irgendwie zusammengebrochen. Die ham das nicht, nicht für möglich gehalten, dass das wirklich mal so kommen sollte. Ich hab immer schon mal versucht, im Fernsehen, irgendwelche Sendungen, mit der Zeit hatte man ja ein paar Sendungen, dann haben wir versucht, das hier vorzuspielen. Dann hat meine Mutter gesagt:

Ach! Immer diese Umgemodelten, war der Ausdruck. Ausmachen! Dann war es wieder totgeschwiegen. (...) Das Wichtigste war Verwandtschaft, Nachbarn, was sagen die Leute.

Mit Tante und Onkel hatte Eike offenbar mehr Glück. Ihnen als eher distanzierte Verwandte fiel es leichter, die jahrelang unübersehbare Realität nicht durch wirklichkeitsfremde Hoffnungen zu verzerren, sie vielmehr sogar gegenüber einer offiziellen Instanz zu bezeugen:

Eike: Also, meine Tante, mein Onkel, wo ich in Kontakt bin, weil er immer meine Autos repariert, die fanden das ganz in Ordnung. Die haben sogar mein Schreiben für den Gutachter mitgemacht, dass ich also von klein auf schon immer so war.

Auch Jans Mutter ahnte offenbar etwas von den Gefühlen ihres Kindes:

Jan: (...) mit meiner Mutter mal, ich weiß nicht, ob mit meiner Mutter alleine oder sogar zu dritt sowas im Fernsehen gesehen darüber, nen Bericht, und unter anderem eben auch, auch so, so wie ich, und eh, da meinte meine Mutter, das hat mich eigentlich sehr geschockt: Guck mal, das wär doch eigentlich auch was für dich! Und deshalb glaube ich, dass meine Mutter es im Endeffekt irgendwie immer geahnt oder gewusst hat.

Trotz dieser Vermutungen tat sie sich, als sie Jahre später von Jans Entscheidung für die Behandlung erfuhr, sehr schwer damit, seinen Weg zu akzeptieren. Marc dagegen hatte mit seinem Onkel und seiner Tante, bei denen er in seiner Kindheit aufwuchs, keinerlei Probleme. Auch sie mussten sich, ähnlich wie Eikes Verwandte und die Mütter von Benno, Hans, Gerd und Kurt, nur an sein Auftreten ab seiner Kindheit und Jugend erinnern, um seine Realität vor Augen zu haben:

Marc: *Wann hast du denen das erzählt, wenn du die solange nicht gesehen hast?*
Ja, ich hab denen das jetzt geschrieben und meine Tante hat dann gesagt, also hat dann halt auch zurückgeschrieben, dass sie sich das sowieso gedacht haben, weil ich früher schon immer so war wie ein Junge, also dass das für die keine große Überraschung mehr und auch kein Problem ist.

Auch für Marcs Stiefmutter war seine Entscheidung offenbar nachvollziehbar. Nur Marcs Vater, der ihn ja ähnlich jungenhaft erlebt haben dürfte, musste erst mit dem Kopf auf die Wirklichkeit seines Kindes gestoßen werden, bis er reagierte. Jahrelang hatte er sich Marcs eigentümliches Verhalten mit einer möglichen lesbischen Orientierung zu erklären versucht, und dies sogar noch, als Marc schon seit zwei Jahren männliche Hormone gespritzt bekam. Der Vater wollte das Offensichtliche offenbar nicht sehen:

Marc: *Und wie lange warst du dann schon dabei, als du das deinem Vater und deiner Stiefmutter erzählt hast?*
Zwei Jahre bestimmt.
Ham die das nicht gemerkt?
Ja, es fing dann auch an, dass Post zu mir nach Hause kam, halt von der Uniklinik und so, und dann hat mein Vater gesagt: Ja, mein Gott, was ist das denn immer? Was machst du denn da?! Ja, und dann musste ich ja irgendwann mit der Sprache rausrücken, dann musste ich ihm das dann sagen, ne.
Und wie hat er reagiert?
Ja, er war also erst mal enttäuscht, dass ich ihm das nicht sofort gesagt habe. Und enttäuscht sowieso und hatte auch überhaupt keine Ahnung, was das überhaupt alles sein soll.

Mit der Zeit konnte sich Marcs Vater dann aber offenbar recht gut mit der für ihn neuen Situation arrangieren. Jedenfalls hatte Maria zu diesem Thema erzählt:

Maria: Für den Vater ist ne Welt zusammengebrochen, weil er dachte, er hätte da was falsch gemacht. Aber der hat auch immer geholfen, der ist auch mit Marc nach A. gefahren zum Arzt. Oder, wenn irgendwas war, hat er auch immer dazu gestanden.

Schuldgefühle quälten zu Beginn nicht nur Marcs Vater. Auch Jans, Dirks und Felix' Mutter hatten sich zunächst vorgeworfen, etwas falsch gemacht zu haben. Wie Marcs Vater fing sich aber auch Felix' Mutter nach einer Zeit und arbeitet heute aktiv in einer regionalen Transsexuellen-Selbsthilfegruppe mit, um andere betroffene Eltern zu unterstützen.

Dirk schilderte über seine Mutter, was viele Eltern Transsexueller erleben: Dass sie sich entscheiden müssen, ob sie ihr Kind verlieren oder dessen Realität akzeptieren wollen:

Dirk: Sie hatte wirklich Schwierigkeiten, das zu akzeptieren. (...) Da ham wir wirklich keinen Kontakt mehr gehabt bis vorm halben Jahr. (...) Dann ham wir uns ausgesprochen und ihr! wurde dann bewusst, dass sie eben nur ein Kind hat. Entweder, (...) sie hat gar kein Kind mehr oder sie akzeptiert mich so, wie's ist. Und jetzt wird's wieder besser und das tut mir auch sehr gut. Und jetzt merk ich auch, dass meine Mutter mir eben sehr wichtig ist und dass ich das schön finde, dass sie das versucht zu akzeptieren. (...) Meine Mutter hatte sehr große Schwierigkeiten, das anderen gegenüber zu vertreten, man könnte sie! ja verurteilen, dass sie in der Erziehung was falsch gemacht hat.

Aber selbst scheinbar akzeptierende Eltern halten sich manchmal subtile Fluchtwege offen, um der Wirklichkeit ihres Kindes nicht voll und ganz ins Auge blicken zu müssen: Ahmeds Eltern etwa erkennen ihn in seinem Mannsein weitgehend an. Wie brüchig diese Haltung ist, zeigt jedoch eine Aktion gegen Anna, der sie die „Schuld" an seiner Entscheidung geben:

Anna: Ich mein, die Eltern von ihm sind nachts um zwölf Uhr gekommen und ham Terror vor meiner Haustür gemacht! (...) Ich hab höflich mit denen gesprochen. Ich hab versucht, denen das zu erläutern, denen das beizubringen, aber trotzdem wurd ich als Schuldige dargestellt.

Mit einer solchen Schuldzuweisung wird schlichtweg der gesamte Entwicklungsweg des eigenen Kindes sowie dessen freie Entscheidungsfähigkeit geleugnet.

Dennoch berichtete etwa die Hälfte der von mir befragten elf Männer von keinerlei - langfristigen - Problemen mit ihren Eltern, was in Anbetracht der Konsequenzen einer solchen Entscheidung durchaus nicht wenige sind. Die anderen Männer wiederum schilderten überwiegend weniger massive Schwierigkeiten als ihre Partnerinnen. Ob die im Vergleich zu ihren Partnerinnen eher positiven Erlebnisse der betroffenen Männer zu verallgemeinern sind, muss offen bleiben. So hörte etwa Felix in seiner Selbsthilfegruppe meist von problematischen Erfahrungen mit Eltern und anderen Verwandten:

Felix: Also ich hab gestaunt, dass die das alles so gut aufgenommen haben. Was ich sonst so gehört habe in der Gruppe, mein lieber Scholli! *Schon negativer?* Phhh, sehr negative Sachen sogar! Ein oder zwei waren vielleicht darunter, die genauso empfunden haben wie ich, wie wir das mitgekriegt haben. Ansonsten, die haben alle nur schlechte Erfahrungen gemacht, sowohl mit den Eltern, Großeltern, Freunden. Ich weiß nicht, ob sie sich da rein gesteigert haben oder ob das wirklich so war.

Natürlich ist es denkbar, dass die betroffenen Männer ihre Erfahrungen mit der Offenlegung ihrer Gefühle und ihrer Entscheidung zur Behandlung negativer bewerteten als sie tatsächlich waren. Möglicherweise lassen sie ihre Erfahrungen im Rückblick aber auch gerade in einem positiveren Licht erscheinen. Immerhin stand auch in diesem Zusammenhang ihr schon immer empfundenes Mannsein zur Disposition: Wenn Eltern oder Verwandte gar nichts davon bemerkt haben sollten, drängt sich ihre Vergangenheit als Mädchen oder Frau mehr in ihre Gegenwart hinein, als manchen von ihnen lieb sein mag.

Reaktionen der Kinder

Drei der elf von mir befragten Paare lebten mit Kindern bzw. einem Kind entweder des transsexuellen Mannes oder seiner Partnerin zusammen. Wie ihren Eltern gegenüber kommen die Betroffenen auch den Kindern gegenüber nicht umhin, die Transsexualität des Partners offen zu legen. Bei diesen drei Paaren handelte es sich jeweils um Paare, die zwar viel Zeit miteinander verbrachten, formal aber getrennte Haushalte führten:

Bennos leibliche Tochter war zum Zeitpunkt des Interviews 13, sein Pflegesohn zwölf Jahre alt. Beide wohnten bei ihm. Von Brittas beiden Söhnen, 19 und 22 Jahre alt, war der eine bereits aus dem Haus war und der jüngere wohnte noch im früheren gemeinsamen Elternhaus, jetzt bei seinem Vater. Beide besuchten Benno und Britta regelmäßig, und zwar fast immer bei Benno. Hier bleiben sie außen vor, da sie nicht in der neuen Familie lebten. Beide hatten Brittas Meinung nach aber keine Probleme mit Bennos transsexueller Geschichte.

Gerda brachte vier Kinder mit in die Beziehung: Drei Töchter, die zum Zeitpunkt des Gespräches 19, fast 17 und 14 Jahre alt waren, sowie einen elfen Sohn. Alle vier lebten in Gerdas Haushalt.

Lars' 14-jährige Tochter wohnte seit ihrem vierten Lebensjahr wieder bei Lars. Nach der Trennung von Lars' damaligen Ehemann, als die Tochter zwei Jahre alt war, hatte sie zunächst zwei Jahre bei ihrem Vater verbracht, von dem sie sexuell missbraucht wurde. Daraufhin holte Lars sie zu sich. Der Vater tauchte unter. Lars' Sohn war zur Zeit des Gesprächs zwölf Jahre alt und lebte aufgrund verschiedener Verhaltensauffälligkeiten - auch er war von seinem Vater misshandelt worden - in einem heilpädagogischen Heim. Lars und er sahen sich regelmäßig.

Grundsätzlich schienen die Söhne bzw. Stiefsöhne weniger Probleme mit der Transsexualität ihrer „Mutter" bzw. des Partners ihrer Mutter zu haben als die Töchter. Das kann Zufall sein, am Alter oder tatsächlich am Geschlecht liegen. Bei Lars kam hinzu, dass sein Sohn nicht bei ihm wohnte und so - anders als seine Schwester - nicht täglich mit dieser Situation konfrontiert war. Am wenigsten Probleme hatte wohl Gerdas elfjähriger Sohn:

Gerda: Bei meinem Sohn war das von Anfang an eigentlich, denke ich, so Liebe auf den ersten Blick.
Zu ihm?
Ja, sofort! Die ham sich sofort irgendwie auf so ner Kumpel-, Knuddel-, Kämpfebene irgendwie getroffen, und ich glaube, für ihn war das irgendwie einfach auch kein Problem.

Gerd bestätigte dieses lockere Verhältnis und führte als Grund das Geschlecht, aber auch das Alter des Kindes an:

Gerd: Bei [dem Sohn] ist es, denke ich, ganz klar, das ist der Jüngste, der wird mich! wohl auch so als Vater sehen. Und dann nach Abstufungen, würde ich je nach Alter, die Älteste, die ist einfach aus dem Haus, da hat man wenig Gelegenheit. Ich glaube, dass die mich auch nicht als Vater sehen.
Meinst du, dass es auch mit dem Geschlecht zusammenhängt?
Ja.
Inwiefern?
Für [den Sohn] als Junge war, ja war das die Gelegenheit, endlich ein männliches Gegenüber zu haben, in dem, sag ich mal, Weiberhaushalt, also nur Frauen um ihn rum, jedenfalls als engste Bezugspersonen. Da war es einfach wichtig, dass er auch nen Mann! als Gegenüber hatte. Deswegen ist auch die Beziehung die dichteste.

Bei Gerdas Sohn kam einiges zusammen: Von allen vier Kindern war er der Jüngste und vor ihm waren ausschließlich Mädchen. So wird Gerd für ihn als Mann in der Familie willkommen gewesen sein. Aber auch das Alter dürfte eine Rolle spielen: Mit elf Jahren sind Jungen üblicherweise noch nicht in der Pubertät, Geschlechtsidentität und Geschlechtsrolle stehen damit noch nicht im Mittelpunkt ihrer Gedanken und Gefühle.

Auch Bennos Pflegesohn war mit seinen zwölf Jahren noch nicht so weit. Der Junge war mit fünf Jahren von Benno und seiner damaligen Frau aufgenommen worden und Benno hatte ihm vor einem Jahr, an seinem elften Geburtstag, von seiner Transsexualität erzählt, und zwar in erster Linie, weil er es nicht von anderen erfahren sollte:

Benno: *Wie hat er reagiert?*
Er wollt's erst nicht glauben.
Was wollte er nicht glauben?
Dass ich erst ne Frau war und jetzt en Mann. Für den war ich immer en Mann. Er hat mich ja auch nicht mit Brust gesehen, d. h, er hat mich mit Brust gesehen, stimmt, da hat er gesagt, ich muss mich operieren lassen, da ist was krank. Und dann bin ich auch kurz danach operiert worden. (...) Und dann hatte ich mich nochmal mit ihm unterhalten, und dann muss er sich damit beschäftigt haben. Er hat mich auch jetzt gefragt, ob ich en Puller habe oder so, weil das hat er ja nie so richtig bei mir gesehen, weil ja auch nichts da war.

Benno hatte ungefähr in der Zeit angefangen, Hormone zu nehmen, als er und seine damalige Frau den Pflegesohn zu sich nahmen. Für den Jungen gab es also keine andere Wirklichkeit. Er hatte Benno auch immer nur in einer heterosexuellen Beziehung, also als Papa mit einer Mama erlebt, so wie er es von anderen Kindern gekannt haben dürfte. So gab es keinen Grund für irgendwelche Zweifel. Zweifel hegte er vielmehr an Bennos alter Wirklichkeit: Es war ihm offenbar nicht möglich, sich Benno als Frau vorzustellen. Dann war es schon leichter, Bennos Brust als etwas Krankhaftes zu interpretieren, ähnlich wie Benno selbst. Weil Benno kurz darauf tatsächlich die Operation durchführen ließ, deckten sich ihre Wirklichkeiten. Dann allerdings war der Sohn mit dem fehlenden Penis beschäftigt. Letztlich wird damit ein Bruch mit der für ihn jetzt so selbstverständlichen Wirklichkeit unvermeidbar sein, insbesondere, wenn er etwas älter ist.

Auch Lars schilderte hinsichtlich seines zwölfjährigen Sohnes keine besonderen Probleme mit der Transsexualität seiner „Mutter", allerdings war der Kontakt auch sehr eingeschränkt. Als schwieriger schätzten Lars, insbesondere aber Laura, die Situation für Lars' 14-jährige Tochter ein. Sie schien ihre wirklichen Gedanken oder Gefühle oft zu verbergen oder zu überspielen:

Laura: Wobei ich manchmal denke, dass [die Tochter] nicht so gut damit klar kommt, wie sie tut. Also ihr ist das manchmal auch ehm, ja, peinlich. Ehm, also sie macht das dann z. B. auch nicht, ehm, ehm, Lars dann als, also, ihr ist es dann unangenehm, Lars als die Mutter vorzustellen oder so, weil die meisten dann natürlich auch ein bisschen komisch gucken, wenn Lars als Mutter vorgestellt wird (lacht etwas). Ehm, ja, oder so, sie sagt! dann zwar immer, was weiß ich, wenn Lars so: (...) Guck mal, hier hab ich Haare gekriegt und so irgendwie, dann sagt sie zwar immer: Ohh, ist ja toll! Und, das sieht dann so aus, ich meine, irgendwo freut! sie sich vielleicht auch, weil sie möchte mit Sicherheit auch, (...) dass er glücklich ist, aber ich glaub schon, dass sie das manchmal schon vermisst, dass sie, mhm, dass sie schon manchmal ein bisschen mehr Normalität haben möchte, und manchmal, dass ihr das auch manchmal, dass sie meint, sich dafür schämen zu müssen oder so.

Lars' Tochter befand sich offensichtlich in einem Zwiespalt zwischen kindlichem Zorn, kein „normales" Elternhaus zu haben und dem eher erwachsenen Gefühl der Verantwortung, dem Wunsch, ihre „Mutter" glücklich zu sehen oder zu machen. So wird sie bemüht sein, eher Anteilnahme und Freude als Bedürftigkeit und Enttäuschung zu zeigen. Und wenn Lars schilderte, seiner Tochter gingen die Veränderungen oft zu schnell, wird deutlich, wie schwer es ihr fiel, mit seiner für sie neuen Wirklichkeit mitzuhalten. Für sie war und ist Lars offenbar doch vorrangig die Mutter, die sie über Jahre in zwei Ehen jeweils mit Männern erlebt hatte - eine vollkommen andere Situation als etwa für Bennos Sohn:

Lars: *Wie haben die reagiert, als du denen eröffnet hast, dass du jetzt vollständig diesen Weg gehen willst?*
Sie hatte, glaube ich, sie hatte Schwierigkeiten und hat die eigentlich auch immer noch, aber die sind weniger geworden, so. Es ist immer, wenn irgendwie jetzt, wo ich beim Gericht war oder so, (...) dann wird sie merkwürdig, dann geht es ihr dann doch ein bisschen zu schnell, ne, dann ist sie auch ein bisschen zu. (...) Also manchmal ist sie auch sehr neugierig oder sehr, sehr distanziert. (...)
Hätte sie dich denn lieber so behalten?
Sicherlich ihre Mama, denk ich, aber das war ja nie so. Und ihre Mama hat sie ja auch, irgendwo trägt sie die mit sich rum oder ich weiß es nicht. Sie hat mich ja nicht verloren. Ich hab ihr gesagt, du musst mich ja nicht begraben, so, sondern du gewinnst ja noch was dazu.

Auch wenn die Tochter die Mutter in sich bewahren kann, ist dies doch etwas völlig anderes, als sie täglich und im Umgang mit ihren Freundinnen vor sich zu sehen und als solche vorstellen zu können. Diese Wirklichkeit muss für sie zur Vergangenheit werden.

Möglicherweise hatten die Probleme von Lars' Tochter auch etwas mit ihren pubertären Erfahrungen als Mädchen zu tun. Immerhin setzte bei ihr gerade das Brustwachstum und die Regel ein, als ihre „Mutter" sich damit beschäftigte, für sich beides zu eliminieren. Wie irritierend dies für Mädchen dieses Alter sein kann, wurde in Hinblick auf Töchter transsexueller Männer bzw. für Töchter von deren Partnerinnen bislang noch nicht untersucht. Jüngere Studien über pubertierende Töchter von Müttern mit Brustkrebs aber weisen auf mögliche - nicht notwendige - tiefe Verunsicherungen ihres weiblichen Körpergefühls hin (Brech & Richter 1999).

Auch Bennos 13-jähriger Tochter fiel es - im Gegensatz zu ihrem Pflegebruder - schwer, mit der Situation zurecht zu kommen. Benno schilderte zwar, dass sie ihn schon seit früher Kindheit zu ihrem „Papa" erkoren hatte, offenbar aber, um eine für sie verwirrende Familienkonstellation zu ordnen:

Benno: *Wie lange nennt sie speziell dich schon Papa oder Vater?*
Knappe zehn Jahre.
Habt ihr darüber geredet?
Nee, das hat sie damals selber festgelegt.
Wie kam sie dazu?
Durch meine damalige Freundin, hat sie gesagt, du bist jetzt meine Mama und du bist mein Papa.

Dieser kindliche Akt der Normalisierung konnte die Probleme, die ihr die irritierende Wirklichkeit ihrer Mutter bereitete, aber nicht vollends beseitigen. Und auch hier war es die Partnerin, die diese Tatsache offener ansprach als Benno es als direkt Betroffener vielleicht wahrhaben wollte:

Britta: (...) zumal dass [seine Tochter] Bettnässer ist. Also ich denke schon, dass sie ein arges Problem hat, auch wenn sie immer sagt, sie hat damit keine Probleme. Es wird sicher nicht die einzige Ursache sein, (...) aber es spielt meiner Ansicht nach ne Rolle. (...) Sie war in psychologischer Behandlung, es kommt niemand an sie ran, sie öffnet sich halt eben nicht. Den richtigen Grund weiß man nicht, man kann nur vermuten. (...) Auch wenn man jetzt Bilder von ihr sieht, ihr ganzes Verhalten und jetzt, man sieht's schon an den Bildern, dass das Mädel irgendwie ganz anders geworden ist, das war so ein fröhliches Kind, aber sie ist so ein kleines Biest.

Auch Benno sah durchaus die Schwierigkeiten seiner Tochter, führte sie aber vorrangig auf häufige einschneidende Veränderungen in ihrem Leben zurück:

Benno: Rein äußerlich, bin ich der Meinung, geht sie ganz gut damit um. Was innerlich in ihr so vor sich geht, glaub ich, nicht so gut. (...) Nun hat sie auch einiges schon erlebt, die Tatsache, erst war sie mit mir alleine, dann kam W. dazu, dann war ich en Mann, dann ist die Ehe meiner Eltern in die Brüche gegangen und dann ist [der Pflegesohn] gekommen, das heißt, der ist davor gekommen, dann war sie kein Einzelkind mehr, dann ist W. wieder gegangen.

Es wäre verständlich, wenn transsexuelle Männer besonders Außenstehenden die Probleme ihrer Kinder nicht in voller Schärfe vor Augen führen wollen, quälen sich viele von ihnen sicherlich ohnehin bereits mit Schuldgefühlen herum, was sie ihren Kindern alles zumuten. Auch Gerd nannte vorrangig andere Ursachen für die eher verhaltene Reaktion von Gerdas Töchtern, nämlich Eifersucht auf den neuen Partner der Mutter, gegründet auch auf den zeitraubenden und energiefressenden Behandlungsprozess:

Gerd: Ich weiß nicht, wieweit die darunter gelitten haben, dass jetzt das Verfahren viel von der Familienenergie, besonders von Gerdas Energie abgezogen hat und dann für die Kinder weniger übrig geblieben ist. Ich denke, man hat nur eine Verteilungsmöglichkeit. Das weiß ich nicht ganz genau. Und ansonsten haben die Kinder das wirklich so genommen und mich eher auch unterstützt.

Wieder aber waren es die Töchter, die tendenziell mehr Probleme hatten als der Sohn, der ja ebenfalls einen Teil der mütterlichen Aufmerksamkeit entbehren musste - diese Aufmerksamkeit allerdings gerne von seinem neuen Stiefvater annahm. Und wieder waren die Töchter älter als der Sohn und befanden sich überwiegend in der Pubertät. Erleichtert wurde Gerdas Töchtern die Akzeptanz schließlich durch Gerds glaubwürdige Geschlechtsdarstellung. Sie hatten ihn nie als jemanden kennen gelernt, der für sie nach den gängigen Kriterien eine normale Frau war:

Gerda: Ich denke, sie waren auch ziemlich irritiert. (...) Also ich glaub, sie ham schon deutlich auch gemerkt, das ist eigentlich nicht jetzt so Frau, wie sie das bis jetzt gekannt haben eben von meinen Freundinnen oder von mir. Den Unterschied ham sie schon deutlich gemerkt. (...) Er wär ja schon immer so kerlig gewesen.

Von Bedeutung für die am Ende doch leichtere Verarbeitung der Situation wird auch gewesen sein, dass diese drei Mädchen, anders als die Töchter von Benno und Lars, nicht die eigenen Kinder des transsexuellen Mannes waren.

So nah sie auch mit Gerd zusammenlebten, hatten sie doch keinen Elternteil verloren bzw. umdefinieren und sich mit körperlichen Veränderungen der eigenen „Mutter" auseinander setzen müssen. Letztlich blieben sie indirekt Betroffene, für die es vor allem wichtig war, endlich Klarheit hinsichtlich der Geschlechtszuordnung des Transsexuellen zu bekommen, also von ihren Irritationen und Wirklichkeitsvermischungen entlastet zu werden. Danach erst konnten tief greifende Gespräche über Transsexualismus, Geschlechtsrollen und Geschlechtsidentität beginnen, die Gerda als sehr Gewinn bringend erlebte:

Gerda: Was so bewusst passiert ist und das finde ich aber eben nur positiv, durchaus son Nachdenken eben über die eigene Rolle. Oder eben dieses Gespräch, (...) wie können wir eigentlich als Frauen beweisen, wir sind Frauen, wenn wir uns nicht ausziehen. Solche Sachen hab ich aber wirklich eher als positiv erlebt. (...) Ich denke, was sie miterleben ist, dass es wenige Dinge im Leben gibt, die man nicht irgendwie ändern kann, wenn man damit nicht leben kann, und das denk ich, ist was ganz Positives, wenn sie das mitkriegen!

Auch wenn hier nur in wenigen Beispielen die Reaktionen von Kindern transsexueller Männer bzw. deren Partnerinnen auf den Transsexualismus beschrieben werden konnten, muss doch die oft so leicht hingeworfene Floskel ‚Kinder haben es am leichtesten, mit dem Phänomen Transsexualismus zurechtzukommen' mit einem Fragezeichen versehen werden. Für gänzlich unbeteiligte Kinder mag dies gelten, sind sie mit ihrem noch unbestechlichen Blick geradezu Maßstab für authentisch vermitteltes Mannsein. Je näher sie dem transsexuellen Mann aber stehen, mit umso größeren Problemen haben sie zu kämpfen, und zwar offenbar am meisten, wenn sie leibliche Töchter in der Phase der Pubertät sind.

Die frühere Frau: Offenlegen oder nicht

Die durch die medizinische Behandlung eingeleiteten körperlichen Veränderungen geben dem Transsexuellen zunehmend die Möglichkeit zu entscheiden, ob er sein früheres Frausein bzw. seine transsexuelle Geschichte offenbaren will oder nicht. Immer weniger ist er aufgrund körperlicher Auffälligkeiten hierzu gezwungen. Manche der Männer waren selbst überrascht, wie schnell dieser Prozess verlief bzw. wie wenig an Veränderung nötig war, um nach außen ganz als Mann durchzugehen:

Dirk: Selbst wenn ich Bilder gucke so von früher und im Vergleich, ich seh
         da keine große Veränderung und deshalb hat mich das auch so er-
         staunt, dass wirklich von einem Tag auf den andern die Leute mich als
         Mann gesehen haben. (...)
         Du weißt auch nicht, was es war?
         Nee, ich weiß nicht, was es war. Ich weiß, dass die Haare hier dunkler
         geworden sind am Unterarm. (...) Und selbst wenn ich nicht gespro-
         chen habe, ham sie mich als Mann angesprochen. (...) Dann muss es
         wirklich irgendwas im Gesicht sein. (...)
         Im Grunde ziemlich abrupt?
         Ja, das war wirklich fast von einem Tag auf den andern.

Manche der Männer waren sogar schon vor der Behandlung als Mann
angesehen worden bzw. die Leute waren sehr irritiert von ihrem Geschlecht. Die meisten jedoch hatten immer wieder die schmerzliche Erfahrung gemacht, über ihre Stimme, fehlenden Bartwuchs und weiche
Gesichtszüge als Frau entlarvt zu werden. Dennoch ist es bemerkenswert, wie wenig es braucht, um in unserer Gesellschaft als Mann durchzugehen. Gepaart mit einer glaubwürdigen Darstellung von Mannsein
machen einige wenige äußere Merkmale einen Menschen sozial zu einem
Mann. Nur deshalb konnten immerhin vier der hier befragten Frauen
ihren späteren Partner beim Kennenlernen eindeutig als Mann einstufen,
ohne dass dieser mit der Behandlung überhaupt begonnen hatte (Benno,
Eike, Felix, Hans).

Nachdem die meisten der transsexuellen Männer, überwiegend zusammen mit ihrer Partnerin, solange darauf hingearbeitet hatten, voll und ganz
als Mann angesehen zu werden, ist es verständlich, dass sie es sich, als sie
denn so weit waren, genau überlegten, wem sie ihre Vergangenheit offen-
barten. Eine solche Offenbarung kann nämlich die mühsam errichtete
Gegenwart ihres Mannseins untergraben und sie zurückwerfen in die zu-
meist verhasste Zeit ihres Frauseins. So tendierten denn auch alle 22 Befragten dahin, ihrem Umfeld nichts von der Vergangenheit zu erzählen.
Doris und Lars schienen richtiggehend verwundert über meine entsprechende Frage gewesen zu sein:

Doris: Das wäre doch widersinnig, Dirk ist doch froh, dass er endlich unauf-
         fällig als Mann leben kann.

Lars: Ich werde nicht irgendwie mich! in irgendwelche merkwürdigen Situa-
         tionen selber bringen, also das ist ja, wär ja, meine Logik wär da ja
         kaputt!

Auch für Karin und Felix machte es keinen Sinn, Bekannten von seinem früheren Frausein zu erzählen und damit etwas anzusprechen, was längst Vergangenheit war:

Karin: Jetzt bei Leuten, mit denen man einfach nur so mal weg geht, ich finde, das erregt unnötig Aufsehen und das muss nicht sein. Da hab ich auch einfach keinen Bock, mich zu rechtfertigen oder blöde Fragen zu beantworten, wo man weiß, mit denen geht man eh nur einmal im Jahr weg. (...) Für mich und eigentlich auch für ihn ist das Thema ja wie abgeschlossen, er ist einfach ein Mann und er war auch schon immer ein Mann.

Felix: Weil das Leben für mich abgeschlossen ist. Ich möchte es nicht mehr aufrollen. Dann muss man wieder: Warum denn, warum hast du das denn gemacht, wie sahst du denn früher aus, wie hast du denn geheißen und solche Sachen, da hab ich einfach keine Lust mehr drauf. Für mich ist das Leben abgeschlossen damit, also mein früheres Leben ist komplett abgehakt, (...) ist komplett gestrichen.

Die Vergangenheit zu offenbaren impliziert, sich wieder zu „rechtfertigen" und Erklärungen abzuliefern, etwas, wozu sich die Männer meist über Jahre gezwungen sahen und was nun endlich vorbei sein soll. Nicht alle Männer aber gingen derart rigide mit ihrer Geschichte um wie Felix. Jan etwa wollte zwar ebenfalls nicht immer wieder daran „erinnert" werden, „verdrängte" sie aber auch nicht:

Jan: *Und du willst es grundsätzlich eigentlich abhaken? Diese Vergangenheit, diese Zeit, oder wie gehst du damit um?*
Ich will sie nicht abhaken, sie ist irgendwie Teil von meinem Leben, aber, eh, (...) ich möchte da einen Strich ziehen! Ich möchte als Mann leben! (...) Ich möchte Mann sein, bzw. ich bin! Mann und ich halte mich dafür und ich möchte das also insofern abhaken, ich möchte irgendwie nen Schlussstrich ziehen. Ich möchte es nicht verdrängen oder so was, es ist Teil von mir, aber ich möchte jetzt nicht immer daran erinnert werden.

Jan machte - wie die meisten anderen Männer - einen Unterschied zwischen dem Verschweigen gegenüber Außenstehenden und der eigenen Auseinandersetzung mit seiner Vergangenheit. Er selbst kann für sich immer entscheiden, wann und wie er sich ihr nähert. Weiß jedoch ein anderer darüber Bescheid, ist er davon abhängig, wie dieser Mensch damit umgeht.

Gerda war froh über Gerds nunmehr unauffälliges und „normales" Mannsein. Hierdurch war endlich Ruhe in ihr Leben eingekehrt, die durch das Offenlegen nur gestört würde:

Gerda: Also jetzt sagen wir es eigentlich nicht mehr, wenn ihn jemand neu kennen lernt oder so. Also einfach auch, weil keine Notwendigkeit mehr besteht.
Also deswegen hauptsächlich?
Also über allem steht eigentlich diese ganz große Sehnsucht nach Normalität.

Endlich kein Exot mehr zu sein, kein Aufsehen mehr zu erregen, der Wunsch nach „Normalität", war wesentliches Ziel der meisten befragten Paare:

Lars: Ich will normal, ich will so anerkannt, in der Gesellschaft, überall will ich als Mann anerkannt sein, so, ohne dass da ein Wenn und Aber kommt oder was weiß ich, sondern ich will so leben dürfen.

Lars brachte hier die beiden Seiten von Normalität zur Sprache: Zum einen fühlt er sich so „normal" wie jeder andere Mann und will auch normal leben dürfen. Zum anderen weiß er, dass er, wie er fühlt, nur leben darf, wenn er „normal", also genau wie die anderen Männer, ist. Auch seine Partnerin stellte auf Unauffälligkeit und Normalität ab:

Laura: Man bindet das ja nicht jedem so auf die Nase oder so, zumal das für uns auch ganz normal ist.
Also das wäre gar kein Thema für euch, das anzusprechen?
Nee, nee, also, und vor allen Dingen, ich meine, es kommt ja auch keiner darauf. Also wenn, wenn man Lars und mich zusammensieht, dann würd niemand auf die Idee kommen, dass Lars mal ne Frau war.

Lars' eindeutiges Mannsein garantiert die normale Heterosexualität ihrer Beziehung und die offensichtliche Heterosexualität ihrer Beziehung bestätigt wiederum sein Mannsein. Karin spitzte ihre Sehnsucht nach Normalität auf eine völlige Übereinstimmung mit der Normalität der anderen hin zu:

Karin: Ich will einfach, dass das ganz normal gesehen wird, als ob da nichts wäre.

„Nichts" beinhaltete für Karin in diesem Fall das gänzlich unauffällige Normale.

Interessant war Bennos Strategie: Als Kleinunternehmer klärte er jeden seiner Angestellten bei Neueinstellung über seine spezifische Situation auf, um gerade hierdurch die Normalität seines Alltags zu bewahren. Er befürchtete Unruhe und Gerede, wenn die Angestellten über andere von seiner Geschichte erführen.

Dirk war es, der explizit das Exotische mit diesem Normalen kontrastierte. Bei allem gelegentlichem Reiz entschied auch er sich letztlich für die Normalität:

Dirk: Eigentlich bin ich da auch nicht so, ich will damit weder kokettieren, noch mich interessant machen, was man ja auch durchaus machen könnte. (...) Aber einfach mich einreihen in die Normalen, das würd ich eigentlich lieber.

Dirk hatte erlebt, dass es nur den einen oder den anderen Weg gibt: sich interessant zu machen oder sich einzureihen, anders zu sein oder normal zu sein. Und da Transsexuelle lange Zeit ihres Lebens anders waren, entscheiden sich die meisten für die Normalität.

Und auch die Partnerinnen der Transsexuellen sehnen sich nach einem ruhigen und normalen Leben. Ihnen ist es wichtig, die eigene Wahrnehmung von ihrem Partner als eindeutigem Mann und die Wahrnehmung der anderen möglichst bald in Übereinstimmung zu bringen. Die fortwährende Konfrontation, der Streit um die Wirklichkeiten, ist unangenehm, anstrengend und störend. Die Verankerung der gemeinsamen Wirklichkeit in ihrem Umfeld aber ist nur möglich über die Normalität ihres Partners, also darüber, dass sich dieser möglichst unauffällig „einreiht" in die Masse aller Männer. Die relative Gleichförmigkeit glaubwürdigen Mannseins hat für transsexuelle Männer sowohl Vor- als auch Nachteile: Zum einen ermöglicht sie ihnen durch die Veränderung nur weniger relevanter Merkmale eine schnelle Integration und ein problemloses Untertauchen. Andererseits verschärft sie die Gefahr, ebenfalls aufgrund nur weniger Merkmale aus der Masse der Männer herauszufallen.

Reaktionen: Diskriminierungsstrategien

Nun gibt es aber Situationen, in denen die Männer oder ihre Partnerinnen die Vergangenheit als Frau entweder gezielt offen legen, etwa in Freundschaften, oder in denen es sich nicht vermeiden lässt, auch ihr nichtfamiliäres Umfeld mit ihrem Weg zu konfrontieren. Welche Reaktionen haben sie daraufhin erlebt, Verständnis, Ablehnung, Interesse?

Insgesamt berichteten die Befragten von erstaunlich wenigen Problemen mit Außenstehenden wie Freunden, Bekannten, Kollegen, Vorgesetzten, Nachbarn usw. Dies ist umso bemerkenswerter, als die meisten der Betroffenen zum Zeitpunkt des Gesprächs noch in dem sozialen Umfeld lebten, in dem der Transsexuelle als Frau bekannt war.

Nur Frauke und Felix hatten das Wohnumfeld und Felix zusätzlich die Arbeitsstelle, Lars die Wohnung sowie Kurt und Hans den Arbeitsplatz gewechselt. Bei den anderen Paaren wussten die Kollegen, Vorgesetzten und Nachbarn insbesondere der Männer von seiner Geschichte. Neun der Männer wohnten noch am selben Ort und fünf von ihnen arbeiteten noch am selben Arbeitsplatz wie vor Behandlungsbeginn (die anderen drei waren arbeitslos). Und die meisten hatten auch noch dieselben Freunde wie vor den ersten medizinischen Schritten. Alles in allem verlief die Einpflanzung der spezifischen Wirklichkeit des transsexuellen Mannes und des Paares in ihr jeweiliges soziales Umfeld also recht problemlos. Dennoch gab es Unterschiede zwischen den Paaren. Diese waren im Wesentlichen schichtbedingt. So ist es kaum verwunderlich, dass die Diskriminierungen Hans und Hanna am härtesten trafen. Hans arbeitete auf dem Bau und beide lebten in einem kleinen, sehr konservativ strukturierten Ort. Wenn ihre Erfahrungen in dieser Krassheit auch eher ungewöhnlich waren, sollen sie doch ausführlicher zu Wort kommen: Ihre Erlebnisse verdeutlichen Diskriminierungsstrategien gegenüber Transsexuellen und ihren Partnerinnen, die anderen manchmal auf eher subtile Weise begegnen. Im Wesentlichen knüpfen sie - auf dem Hintergrund der herrschenden Geschlechterordnung - an den unterschiedlichen Wirklichkeitsauffassungen an.

Nach der Entscheidung, den Weg der Behandlung zu gehen, musste Hans an seinem neuen Arbeitsplatz die Kündigung befürchten, sobald er geoutet würde und Hanna und Hans mussten sich im Ort auch nach Jahren noch viel Gerede gefallen lassen. Für Hanna begannen die Anfeindungen schon zu Anfang ihrer Beziehung, nur wenige Freunde waren beiden geblieben, sie konnten jedoch auch einige neue gewinnen:

Hanna: *Was hast du denn sonst für Reaktionen erlebt, nachdem es offen klar war, dass ihr zusammen seid?*
Ja, also dass mich teilweise die Leute nicht mehr gegrüßt haben.
Was waren das für Leute? Bekannte oder Freunde oder mehr so Leute in der Nachbarschaft?

Das waren Leute, wo ich eigentlich dachte!!, das wären meine Freunde, und wo ich dann doch sehr verbittert feststellen musste, dass es ja nun doch nicht so war.

Und was fielen da für Sätze? Oder haben die gar nichts gesagt und haben dich einfach nur gemieden?

Ich sag mal, der größte Teil hat mich eigentlich gemieden, mich einfach ignoriert, und ist dann teilweise einfach auch auf die andere Straßenseite gegangen, um mich nicht grüßen zu müssen, also ziemlich feige. Und andere wiederum kamen dann auf mich zu und sagten so zu mir: Hej, bist du jetzt etwa Lesbe geworden oder was! Völlig blöd halt. (...) Ja, und so mit der Zeit, hab ich festgestellt, dass die Leute, die mich nicht gegrüßt haben, oder von denen dann hinten rum, sag ich mal, gehört, dass die fürchterlich über dich abgelästert haben, weil, es sind ja doch noch einige Freunde, Gott sei Dank, über geblieben und die ham's dann natürlich zu hören gekriegt und haben es dann warmbrütig mir dann erzählt. (...)

Du sagtest, ein paar Freunde sind ja geblieben. Wenige? Viele?

Wenige, wenige

Und wie ham die reagiert? Ham die offen mit dir oder euch geredet?

Ja, also die waren eigentlich Gott sei Dank ziemlich neugierig und kamen dann auch auf uns zu: Du hör mal, Transsexualität, klasse Sache, was ist das! (Lacht) (...) Ja gut, dann hat man versucht, das Ganze zu erklären, und dann kamen die an: Ist ja hochinteressant, (...) die (...) wollten dann auch (...) verstehen. (...)

Sagen wir mal, man baut einen neuen Kontakt auf, es entwickelt sich langsam eine Freundschaft. Würdet ihr es trotzdem eher verschweigen?

(Zögernd) Jaa, also, man merkt ja, wie die Leute so drauf sind, also so, so, was weiß ich, wenn man hier sitzt, und im Fernsehen läuft jetzt irgendwas über Homosexualität, meinetwegen, und wenn da irgendwie einer sagt: Ej, guck dir die schwule Sau an, und so, dann siehst du schon: Aha, ne! Also hat es keinen Sinn, den lässt du da von weg.

Nicht nur in der Familie, sondern auch bei Außenstehenden testeten viele der Befragten zunächst deren Einstellung zu sozialen Minderheiten und wogen ab, von wem Toleranz zu erwarten war. So entschied Hans, seinem jetzigen Chef lieber nichts von seiner Transsexualität zu erzählen:

Hans: Ja, dann bin ich auf jeden Fall meinen Job los.
Warum?
Weil alles, was anders ist, ist in dieser Firma tabu. Der würd auch keinen Schwulen einstellen. Wenn er es wüsste, dann würde der raus-

fliegen. Oder er würd von den Arbeitskollegen so fertig gemacht, dass er freiwillig ginge.

Ein Kündigungsgrund ist es natürlich nicht, aber man kann ja so schikaniert werden

Ja, mein Chef, wo der das raus gekriegt hat, mein alter Chef, wo ich das Jahr war, der hat auch nur nen Grund gesucht, der hat mich so fertig gemacht, ich bin freiwillig gegangen! (...)

Aber du sitzt doch immer irgendwie auf som Pulverfass?

Ja klar! Aber wo will man sonst Arbeit finden!

Hans war abhängig vom Wohlwollen seines Vorarbeiters, der von seiner Vergangenheit wusste, davon aber bisher dem Chef und den Kollegen nichts erzählt hatte. Und wie schnell auch ein unfreiwilliges outing geschieht, hatte Hans schon erlebt:

Hans: *Gibt es auch welche, die es gar nicht wissen?*

Gibt's welche, aber die erfahren es irgendwann, weil irgend son Trottel überall ist in B., der das rum erzählt. Und ich hab das schon erlebt, da hat sich jemand mit mir unterhalten, da kam der andere Typ an: Mit dem darfst du nicht reden, das war früher mal ne Frau, und dann hat er sich eben verzogen.

Solche Menschen versuchen gezielt, die Wirklichkeit des transsexuellen Mannes zu torpedieren, indem sie seine Vergangenheit als Frau ins Spiel bringen. Zumindest aber soll das Paar in seiner Wirklichkeitsauffassung isoliert, seine Wirklichkeit abgekapselt werden. So legte Hans' Schritt von dieser Nischenwirklichkeit in eine legale soziale Realität als Mann die Diskrepanz zwischen Wohlwollen und Ablehnung in seinem Umfeld offen:

Hans: Ich hab (...) mit Vertrauen nur schlechte Erfahrungen gemacht.

In früheren Beziehungen?

Nee, Freundschaften, wo sie das dann mitgekriegt haben, wo ich dann endlich wusste, was mit mir los ist und wo ich es dann so Kumpeln erzählt habe, und die gesagt haben: Nee, verschwinde und so. Und ich denk: Du Arsch, ej, ich sag, dich brauch ich jetzt auch nicht mehr.

Also jetzt speziell bezogen auf deine Transsexualität?

Ja, klar, ich durfte ja rumlaufen, weil ich ja in Anführungsstrichen für die sowieso verrückt war. Aber wo ich mich verändern wollte, das durft ich nicht! Das, das wollten sie nicht.

Also so lange du so rum gelaufen bist als Frau

Das war o.k. Aber als ich ankam, und sagte, dass ich auch meinen Körper ändern kann, das war nicht o.k. Dann ham sie gesagt, verschwinde! (...) Ich darf zwar so rum laufen, aber ich darf mich nicht operieren lassen, weil es ist unnormal und: Gott hat deinen Körper so gegeben, dann muss man damit leben, dann kommt wieder die Kirche ins Spiel, so ungefähr.

Vor der Behandlung schenkten (!) seine „Kumpels" Hans ihr Wohlwollen, von dem er aber auch abhängig war. Rechte konnte er hieraus nicht ableiten, die anderen behielten die Macht der Definition. Geht der Betroffene dann den Weg der Behandlung, ist er es, der definiert, was wirklich ist. Bei rigide strukturierten Menschen setzt dies die Angst frei, die Sicherheit ihrer vertrauten Wirklichkeit zu verlieren. Diese Angst schlägt um in wütende Aktionen, die einzig und allein darauf abzielen, der allgemeinen Sicht der Dinge Nachdruck zu verleihen. Hilfe wird hierbei von einer höheren, ordnenden Instanz erwartet. Da der Staat wegfällt - stellt er sich doch hinter die Transsexuellen - bleibt nur Gott und dessen natürliche Ordnung der Geschlechter. Zu diesem Weg gehört auch die rabiate Rückführung auf den Körper: Über die Verkörperlichung und Sexualisierung der Situation soll der Transsexuelle oder seine Partnerin hautnah darauf gestoßen werden, dass niemand ungestraft sein angeborenes Geschlecht verlässt:

Hanna: Und ich hatte auch am Anfang teilweise sehr unschöne Begegnungen, wo, sag ich jetzt mal, man kann ihn nicht als Mann bezeichnen, als Männchen vielleicht, vor mir stand und seine Hose runter ließ und sagte: Hier, guck mal, so sieht ein Schwanz aus.
Das hat er wirklich gemacht?
Ja.
War das ein Bekannter von dir?
Das war ein Exfreund von mir.
Also mit dem du auch mal ne Beziehung hattest?
Ja.
Ne sexuelle Beziehung?
Sexuell war sie Gott sei Dank nicht. Also wir waren auch, glaube ich, nur drei Wochen oder so zusammen, und dann hab ich auch schon festgestellt, dass er wohl ein ziemlicher Spinner ist.
Aber das ist ja heftig. Da hat er sich wirklich dahin gestellt?!
Ja, ja, und ich sag: Na und, und auf das Stückchen Haut bildest du dir jetzt was ein oder was? Ist das alles?! Ist das alles, was dich irgendwie ausmacht?!

Dieser Mann, verletzt und fassungslos darüber, dass Hanna keine sexuelle Beziehung mit ihm eingehen wollte, und weil er sie dann auch noch an einen penislosen, also unvollständigen, Mann verloren hatte, präsentierte ihr sein Mannsein in seiner für ihn einzigen und eindeutigen Wirklichkeit. Indem er sein Mannsein auf das für ihn Wesentliche reduzierte, versuchte er, alle Kennzeichen sozialen Mannseins, die auch Hans besaß, möglichst vollständig zu entwerten. Mit seinem Penis und nur damit meinte er beweisen zu können, dass nur er wirklich ein Mann ist und dass Hans ohne Penis kein wirklicher Mann sein kann. Sehr schmerzhaft musste es da für ihn sein, am Beispiel von Hans tagtäglich das Gegenteil zu erleben: Soziales Mannsein ist viel wirklicher und maßgeblicher als ein Schwanz in der Hose. Hanna hatte noch ein weiteres, ähnlich gelagertes Erlebnis:

Hanna: Und das waren noch so ne andere heftige Klamotten, da kam auch irgendwie son Typ auf mich zu und sagte so: Hej, sag mal, du bist ja jetzt lesbisch, und ich sag: Ja, und seit wann bist denn du doof! Ja, sagt er so, ja warum, ich hätte mal Bock mit euch beiden und solche Scherze.

Auch dieser Mann versuchte, Hans' soziale Wirklichkeit als Mann und damit die Heterosexualität der Beziehung durch rein körperliche Anwürfe zu überspringen: Er fixierte Hans' Körper als weiblichen, konstruierte daraus eine lesbische Beziehung, um sich diese durch Sexualisierung zu unterwerfen.
Der für manch einen - und vorrangig für Männer - offenbar unerträgliche Angriff auf die für ihn allein wirkliche Ordnung der Geschlechter wurde auch an Karins Erfahrung deutlich:

Karin: *Und wie ist es für dich? Wenn du mit einem Transsexuellen zusammen bist, wenn es bekannt ist, bist du dann in einer besonderen Situation, wie die Leute auf dich reagieren?*
Ich hatte mal ne ganz blöde Situation, da waren wir mal auf ner Geburtstagsparty von irgend ner Tante oder so von ihm, da waren wir zusammen da und ich hatte ein schwarzes kurzes Kleid an, und da sprach so irgendein Bekannter mich an und fragte mich so ganz blöd: Männlein oder Weiblein?
Dich?
Ja mich! (Lacht etwas verlegen) So ungefähr: Was bist denn du jetzt, wenn dein Freund schon so was Komisches ist. Was bist du denn jetzt von beidem oder so. Was soll das!? So ein blöder Kommentar?! Das war das erste und letzte Mal, dass so was Blödes rüber gekommen ist.

Der Anwurf gegen - die sehr eindeutig als Frau identifizierbare - Karin diente diesem Mann nur als Mittel zum Zweck: In Wirklichkeit wollte er nicht ihre, sondern Kurts eigenmächtige Geschlechtszuordnung treffen und torpedieren. Ein anderer Mann versuchte demgegenüber ganz direkt, Kurts Mannsein zu zerstören:

Kurt: Es gab mal so ne Situation in der Diskothek hier in D. Gut, hinter meinem Rücken wird viel geredet, das weiß ich. Nur er sagt es mir offen ins Gesicht, weil er mich kränken will. Und zwar weil, das ist auch wieder so typisch, die meisten Männer können mich aus dem Grund nicht leiden oder ziehen über mich her, nicht weil sie die Sache an sich nicht verstehen können, sondern weil die sauer sind, dass denen die Freundinnen von denen sagen: Das ist ein Toller. Und von ihm z. B. die eine Freundin, die hat mich halt immer hoch gehimmelt, wenn er daneben stand. Sie kannte ich also wesentlich länger und ihn hab ich dann halt kennen gelernt, als die beiden zusammen waren und er war halt am Anfang noch ganz nett. Nur dass sie halt ständig sagte: Ja, Kurt, das ist halt nen Toller und so. (...) Hat er wirklich versucht, mir das Leben zur Hölle zu machen und in einer vollen Disco war der halt besoffen und machte mich da vor allen Leuten nieder, hält mich so fest: So, jetzt ziehen wir dir erstmal die Hose runter, mal gucken, was du da drinne hast und so. Also der ganze Laden voll, das war mir schon unangenehm, weil, das war ein Brocken von Mann, der hätte ohne weiteres mich da ausziehen können und ich hätte mich da nicht gegen wehren können. (...) In der Situation, da war's schon schwierig, weil, das ist ja ein ganz anderer Angriff in dem Moment, das ist ja nicht nur, dass er, dass er dich körperlich schlägt jetzt, sondern das ist ja richtig en, en Angriff eh auf die Persönlichkeit und so, das ist einem ja auch unangenehm, ist ja klar. Und seit dem Tag, muss ich sagen, war ich in den Laden noch nicht wieder drin, obwohl ich da oft war.

Kurt lebt nicht nur als sozial authentischer Mann, für die Freundin des anderen Mannes war er sogar der attraktivere, „tollere" Mann, eine beträchtliche Kränkung für ihren Partner. Diesem blieb nur, Mannsein auf das rein Körperliche zu reduzieren, Kurt seines Mannseins zu „entkleiden", ihm seine soziale Maske, wie er es empfunden haben mag, „seine Persönlichkeit", zu entreißen, um allen zu zeigen, dass er nichts „da drinne" hat und deshalb in Wirklichkeit kein Mann ist. Da Kurt diese Diskothek, in der er ja Bestätigung gerade auch als Mann fand, nach diesem Vorfall nicht mehr besuchte, ist es diesem Mann gelungen, Kurts sozialen Aktionskreis einzuschränken, d.h. seine Wirklichkeit ein kleines Stück in ihre Nische zurückzudrängen.

Lediglich Lars berichtete noch von einer Erfahrung gänzlich verweigerter Akzeptanz. Auch er wurde dabei auf seinen Körper reduziert, und zwar von einem Schwulen, dem er von seinen Plänen erzählt hatte:

Lars: Also ich hatte einen Bekannten, (...) der ist schwul gewesen und dem hab ich das erzählt. Da hab ich eigentlich gedacht, der hätte da son bisschen, weil er ja auch son bisschen anders ist usw. Der ist damit nicht klar gekommen, der hat mir auch knallhart gesagt: Du bist für mich kein Mann, weil du hast keinen Schwanz. Und da hab ich ihn rausgeschmissen, da hab ich gesagt, ich will dich nie wieder sehen.

Durch Fixierung auf Körper und Sexualität gelingt es manchem schwulen Mann nicht, soziales Mannsein als hinreichend für die Konstitution von Mannsein zu akzeptieren. Ohne Penis ist für ihn niemand ein Mann. Besonders problematisch wirkt sich dies für schwule transsexuelle Männer aus: Sie haben es schwer, einen (Sexual)-Partner zu finden.

Deutlich werden sollte an diesen eher krassen Beispielen, woraus Diskriminierungen Transsexueller und ihrer Partnerinnen entstehen und worauf sie zielen. Ob es sich nun um pure Leugnung der transsexuellen Wirklichkeit handelt bis hin zu körperlichen Angriffen, immer basieren sie vorrangig auf der zerbrechlichen Männlichkeit von Männern, die ihr ebenfalls mühsam konstruiertes Mannsein durch den sozial schnell integrierten Transsexuellen bedroht sehen und es über ihren einzig wirklichen männlichen Körper wiederherzustellen versuchen. Die wenigsten der von mir befragten transsexuellen Männer bzw. Paare waren allerdings derart groben Anfeindungen ausgesetzt wie Hans und Hanna und punktuell Kurt und Karin. Vielmehr hatten sie eher wenige Probleme bzw. erlebten überwiegend positive Reaktionen beim Offenlegen seiner Geschichte und seiner Pläne. Nur wenige verloren Freunde, manche von ihnen den ein oder anderen Bekannten. Sie schienen sich überwiegend in Kreisen zu bewegen, in denen die Männer nicht darauf angewiesen waren, ihr Mannsein über die Demontage eines Transsexuellen zu beweisen.

Aber auch die medizinische Strukturierung und Legalisierung der Behandlung dürfte vielen Außenstehenden die Akzeptanz erleichtern: Der potentiell brisante Angriff auf die vertraute Ordnung der Geschlechter wird hierdurch auf eine heilbare Krankheit und ein juristisch lösbares Problem reduziert. Nicht selten wird den Betroffenen auf genau dieser Basis auch Anerkennung für ihren Mut gezollt (Dirk, Eike, Kurt) oder Anteilnahme für ihren schweren, schmerzvollen Weg zuteil (Eike, Jan), alles gut gemeinte

Zuwendungen, die jedoch die Auflösung des Diffusen im eindeutigen Mannsein immer schon voraussetzen.

Reaktionen: Vorschau und Rückschau, Authentizität und Offensivität

Die Betroffenen erlebten jedoch auch positive Reaktionen, mit denen sie nicht gerechnet hatten. So erzählte Maria von einem weltanschaulich rechts stehenden Freund ihres Partners, den dieser nach längerer Freundschaft über seine transsexuelle Geschichte informierte:

Maria: *Was hast du da [mit Freunden] für Erfahrungen gemacht? Vorhin sagtest du ja, bei der Arbeit waren es positive Erfahrungen.*
Eigentlich auch nur positive. Sein bester Freund ist eigentlich voll der Mann: Ich bin ein Deutscher, ich bin ein Arier (lacht etwas verlegen), also wirklich. Der ist, das darf man gar nicht sagen, (...) also voll die harte Sause, der malocht auch jeden Tag, trinkt auch viel dabei, ist auch der Meinung, er braucht auch viele Frauen, obwohl er ne Freundin hat. (...) Der hat eigentlich, ja total super reagiert, da hätte ich eigentlich gar nicht mit gerechnet.

Offenbart der Transsexuelle aus bereits überzeugend gelebtem und äußerlich eindeutigem Mannsein heraus seine Vergangenheit, wird er grundsätzlich schneller und nachhaltiger akzeptiert, als wenn er den erst noch
anvisierten Weg offen legt. Für das Umfeld ist es leichter, eine schon konstante als eine noch brüchige Wirklichkeit zu übernehmen:

Ahmed: *Was hast du denn für Reaktionen erlebt, wenn Leute nicht wussten?*
Überhaupt keine!!! Weil die das nicht glauben können! (...) Die: Ich kann mir das nicht vorstellen, dass du ne Frau bist! Gut, dass du dich so entschieden hast, hab ich meistens gehört.
Ahmed schlugen Unglauben und die Weigerung entgegen, sein vergangenes Frausein überhaupt noch nachvollziehen zu wollen. Vielmehr schienen die Leute erleichtert zu sein, nicht noch in diese unstimmige Wirklichkeit hineingeraten zu sein, selbst also an deren Neukonstruktion noch mitwirken zu müssen, was oft große Schwierigkeiten bereitet. So wurden Dirk etwa die Unannehmlichkeiten mit Kollegen, die ihn noch als Frau kannten, erst richtig bewusst im Kontrast zu Kollegen, die ihn als Mann kennen gelernt hatten und ihn problemlos als solchen akzeptierten:

Dirk: Ich merk's jetzt immer mehr. (...) Wir ham jetzt drei, vier Kollegen neu bekommen, die mich als Mann halt, so jetzt, kennen lernen und die ganz anders! mit mir umgehen als die anderen Kollegen. Und daran merk ich, dass die andern es einfach noch nicht umsetzen. (...) Also, ich find das toll, wenn Leute mich nicht als, von früher kennen. Mich stört's immer mehr, dass Leute das halt nicht umsetzen können. (...) *Geht das nicht untereinander rum?*
Also, entweder ham sie's noch nicht weiter gesagt, oder die können sich das einfach nicht mehr vorstellen. (...)
Also bei den einen ist es so, sie können es nicht aus dem Kopf rauskriegen, dass du ne Frau warst und die anderen können es nicht in den Kopf rein kriegen?
Richtig! Ganz genau! Und die's nicht rein kriegen, überlegen auch nicht bei jedem Satz, ob sie jetzt er sagen oder machen ne Pause oder verplappern sich. Ich find das auch immer wieder interessant, wenn die Leute ganz normal sagen: Da hat er ja und nicht so: Da hat, ehm, er ja. Das fällt einem total auf!

Dirk und Ahmed benutzten denselben Begriff für die Rekonstruktion des Transsexuellen als Frau: Diese Menschen konnten ihn sich nicht mehr als Frau „vorstellen". Ihnen war es nicht möglich, Distanz zum täglichen Erleben, zur ihnen vertrauten Wirklichkeit, zu schaffen. Dies nämlich bedeutet, potentiell jeden Menschen, auch sich selbst, im anderen Geschlecht imaginieren zu können, etwas, was vielen Unbehagen bereitet. Für den Transsexuellen wie für sein Umfeld ist dies die angenehmere Situation, decken sich doch die beiden Wirklichkeiten. Kennt sein Umfeld den Transsexuellen dagegen noch als Frau, ist dies für beide der schwierigere Weg: Seine Mitmenschen können einer „Umsetzung" des Geschlechtes, wie Dirk es ausdrückte, dann nicht mehr ausweichen. Es dauert eine Weile, bis die Wirklichkeit des Transsexuellen auch ihre eigene geworden ist, und zwar umso länger, je mehr sich die alte Wirklichkeit bereits eingegraben hat, aber auch, je stärker sie sich grundsätzlich gegen eine Neukonstruktion des Geschlechts eines Menschen wehren. Je mehr der Transsexuelle schon vorher glaubwürdiges Mannsein gelebt hat, umso leichter ist es, seinen Weg nachzuvollziehen, wirkliches Frausein war in Bezug auf diesen Menschen dann ohnehin nicht recht „vorstellbar".

Durch frühes authentisches Mannsein wird die Entscheidung des Betroffenen für Außenstehende jedoch nicht nur verständlicher, sondern auch zuverlässiger. Denn auch das beinhaltet Authentizität: Dass sich das Umfeld auf die Beständigkeit der neuen Zuordnung verlassen kann, dass nicht immer mit neuen Irritationen und Wechseln zu rechnen ist, sondern auf eine dauerhafte Wirklichkeit gebaut werden kann. Eben dieses Verständnis von Authentizität aber kann zu einem verschärften Druck auf die Betroffenen führen, sich den Anforderungen normalen Mannseins zu unterwerfen: Glaubwürdig und unauffällig Mann sind sie nur, wenn sie unauffällig normal sind. Für die Betroffenen bedeutet dies das Ausbalancieren von authentisch realisierter geschlechtlicher Identität und sozialer (Über)-Anpassung, sich also einzupendeln zwischen ihrem Wunsch, endlich sich selbst zu leben auf der einen und endlich als normaler Mann akzeptiert zu werden auf der anderen Seite. Diese beide Seiten liegen für die meisten transsexuellen Männer näher beieinander, als manch Außenstehender vermutet oder suggeriert: Normales Mannsein ist genau das, was transsexuelle Männer als Selbstverwirklichung erleben. Und da viele bereits vor der Behandlung mit dieser Verwirklichung ihres Selbst begonnen hatten, schlugen den meisten von ihnen auch mit Behandlungsbeginn relativ wenige Probleme aus ihrem Umfeld entgegen. So erlebte etwa *Benno*, der von klein auf immer sehr männlich auftrat, die Reaktionen im Ort als

> eigentlich ganz normal, ich kann eigentlich gar nicht sagen, dass sie irgendwie reagierten.

Eike und Eva hatten befürchtet, nach dem Offenlegen zu „Aussätzigen" (Eva) zu werden. Nachdem ein erster Offenbarungstest in ihrer Schwulenkneipe geglückt war, erzählte Eike es dann „der Bild-Zeitung" (Eva) des Ortes. Nachdem es so einmal im Ort herum gegangen war, registrierten sie erstaunt, von keiner Seite irgendwelchen Anfeindungen ausgesetzt zu sein.

Offenbar garantiert ein offensives Vorgehen grundsätzlich mehr Akzeptanz als ein Verstecken und Herumschleichen um die Wirklichkeit:

Marc: *Hast du denn überhaupt mal Probleme gehabt, also Reaktionen, die schwierig waren?*
Ja, ganz am Anfang, wo das halt noch nicht jeder wusste, ne, wo ich das immer versucht hab zu verbergen und die Leute halt immer mehr getratscht haben und mich beobachtet haben. Das war dann schon schwer am Anfang.
Also mehr, als du es verheimlicht hast?
Ja. Weil dann, dann gab es Leute, die wussten das, dann sind die wieder auf Leute getroffen, die das nicht wussten und dann mussten die wieder den Mund halten und sich nicht verplappern und dann war das schon alles ziemlich schwer am Anfang so.

Stehen die Betroffenen selbst defensiv ihrer Wirklichkeit gegenüber, haben es Außenstehende leichter, ignorant oder ausgrenzend zu agieren. Je weniger Menschen von dieser Wirklichkeit wissen, umso weniger wirklich ist und umso mehr Macht wird den anderen gegeben, sie nach ihrem Gutdünken zu drehen und zu wenden. Aber auch mit der Offensivität muss behutsam umgegangen werden. So sahen sich Gerda und Gerd gerade wegen zu großer Offenheit plötzlich den anderen ausgeliefert: Da Gerd als in seinem Ort öffentliche Person über seine Geschichte einen Artikel in die Zeitung gesetzt hatte, wussten die beiden eine Zeitlang nie, wer diesen Artikel gelesen hatte und wer nicht:

Gerda: Das fand ich schon sehr unangenehm. Nicht, weil ich nicht drüber reden wollte. Sondern, wenn ich wusste, das ist jetzt Thema, ist das auch o.k.. Aber so z. B. dieses Überraschende: Was weiß sie nun, was weiß sie überhaupt darüber, das fand ich sehr unangenehm. Ich hab mir dann auch eine Zeit lang gedacht: Oh Hilfe! Wir können wahrscheinlich nie mehr irgendwo hingehen, ohne dass sie ihn kennen. Das ist natürlich gar nicht so.

So kann zu große Offensivität auch ins Gegenteil umschlagen: Außenstehende konfrontieren die Betroffenen womöglich mit seiner Transsexualität, wenn diese es gar nicht möchten. Deshalb war Gerd wohl auch der Einzige der Befragten, der sich ernsthaft damit beschäftigte, sein vertrautes Umfeld zu verlassen:

Gerd: Ich habe jetzt son Punkt, (...) dass ich das Gefühl habe, jetzt, wo ich diesen Prozess abschließe, (...) möchte ich auch die Umgebung verlassen, die das mitgekriegt hat. Ich will irgendwo neu anfangen. (...) Wo ich die Wahl habe, wem ich das erzähle.

Kurt ging einen ähnlichen Weg wie Gerd und Gerda: Bevor er Karin kannte, hatte er seine Geschichte ins Radio gebracht und war in einer beliebten Talkshow im Fernsehen aufgetreten:

Kurt: *Du bist ja ins Fernsehen gegangen. Kannst du nochmal sagen, warum du das gemacht hast?*
Ja, ganz einfach, weil ich mir gedacht habe, wenn ich jetzt ins Fernsehen gehe, dann wirst du zwangsläufig, eh eh, (...) oder, du brauchst das nicht mehr jedem erklären. Jeder weiß es, es wird auch nicht mehr so viel getratscht, so nach dem Motto: Hast du schon gehört, bla, bla. Weil, das ham hier so viele gesehen oder auch im Radio, das war ja im Radio vorher. (...).
Wie waren die Reaktionen?
(Stöhnt leicht) Ja, die meisten fanden's gut, also, eh, oder ham, oder sagen wir's mal so: Also dagegen gesprochen hat überhaupt keiner.

Auch Kurt konnte aufgrund seines offensiven Vorpreschens nicht mehr genau wissen, wer über seine Situation informiert war und wer nicht. Er vermutete erstmal, dass es „jeder" wusste. Gewissheit hatte er darüber aber nicht. So blieb eine Unsicherheit, wie er die Einstellung der Leute, und gerade auch, wenn sie nicht reagierten, einschätzen sollte.

Fast alle Befragten hielten es aber für wichtig, wirklichen Freunden von der transsexuellen Geschichte bzw. den Behandlungsplänen zu erzählen. Und die Freunde reagierten auch durchgehend verständnisvoll. Für die meisten Paare wurde die Reaktion der Freunde geradezu zum Gradmesser der Freundschaft:

Gerd: Also ich habe bis jetzt die Erfahrung gemacht und das ist eine Erfahrung dieses Prozesses auch, dass ich alle, die zu meinem Freundeskreis gehören, richtig gewählt habe. Es gab nämlich keinen, der mich ausgestoßen hätte.

Frauke: Die Freunde, die uns geblieben sind, das sind wirkliche Freunde, auf die können wir uns verlassen.

Menschen, die nicht bereit sind, etwas so Existentielles wie die Transsexualität mit dem Paar zu teilen, können keine wirklichen Freunde sein, weil damit ein ganz wesentlicher Lebensbereich ausgespart werden müsste bzw. im gemeinsamen Miteinander zu permanenten Kollisionen führte.

5. Die Wirklichkeit mit Frauen und mit Männern

Alle transsexuellen Männer, egal, wie durchgängig sie ihre männliche Identität vor der Behandlung bereits leben konnten, teilen eine soziale Vergangenheit als Frau. In vielen Situationen des Alltags wurden sie von ihren Mitmenschen als Frauen eingestuft, sei es bei ihren erotischen Ambitionen gegenüber Mädchen, dann wegen ihres entlarvenden Äußeren bis hin zu Problemen mit ihren Papieren, die sie lange Zeit auf ihr soziales Frausein zurückwerfen.

In unserer Gesellschaft ist es nicht ohne Belang, ob man als Mann oder als Frau in Beziehung zum gleichen oder zum anderen Geschlecht tritt. Erfahrungen, Interaktionen, Themen und Erwartungen sind weitgehend andere. Von daher bleibt es auch nicht ohne Folgen, wenn jemand sein soziales Geschlecht wechselt. Welchen Einfluss aber hatte das frühere

Frausein, das jetzige Mannsein auf die Kontakte transsexueller Männer zu Frauen und zu Männern genau? Hatten sie vor, nach ihrer Behandlung mehr weibliche oder mehr männliche Bekannte? Was erlebten sie jetzt als Mann unter Frauen und - erstmals - als Mann unter Männern? Was beobachteten ihre Partnerinnen? Welche Rolle spielten diese im Umstrukturierungsprozess? Reagierten Frauen und Männer unterschiedlich auf die Offenbarung seiner Behandlungsplänen bzw. seiner Vergangenheit?

Nur wenige der von mir interviewten Paare hatten sich zu diesen und ähnlichen Fragen schon einmal Gedanken gemacht. Manche waren auch gar nicht interessiert daran, sich damit zu beschäftigen. Oberflächlich betrachtet verschwanden die oft subtilen Umstrukturierungen des Alltags hinter einer erstaunlichen Leichtigkeit des Übergangs. Ist die Akzeptanz sozialen Mannseins erst einmal grundlegend hergestellt, erfordert es von den Betroffenen eine gezielte Aufmerksamkeit, um Veränderungen im sozialen Bereich überhaupt noch wahrzunehmen. Alte Erfahrungen mit all ihren sozialen Konsequenzen werden schnell und gerne vergessen, Reflexionen darüber wirken eher störend und unnötig. Lediglich Dirk und Doris, Gerd und Gerda sowie partiell Lars und Laura schienen sich mit solchen Fragestellungen bereits auseinander gesetzt zu haben.

Kontakte zu Frauen: Weibliche Lebenswelt

In welchem geschlechtsspezifischen Umfeld also bewegten sich die transsexuellen Männer vor, während und nach ihrer Behandlung, *hatten sie mehr Kontakte zu Männern oder zu Frauen, hatte sich dies im Laufe der Behandlung geändert?* Die transsexuellen Männer verteilten ihre Kontakte nach der Behandlung im Wesentlichen nicht anders als vorher. Bis auf Jan beschrieb jedenfalls kaum einer von ihnen eine Veränderung. Dieser war inzwischen einer Studentenverbindung beigetreten, was einen gehäuften Umgang mit Männern nach sich zog, in seinen anderen Lebensbereichen aber veränderte sich nichts. *Kurt* erzählte, ganz aktuell aufgrund seines Hausbaus überwiegend mit Männern zusammen zu sein, da er meinte, nur sie könnten ihm hier und da aushelfen. Von daher

> ist es momentan! sicherlich so, dass ich mehr mit Männern zu tun habe.

Diese nur unbedeutenden Umschichtungen in geschlechtsspezifischen Kontakten sind insbesondere deshalb bemerkenswert, weil die meisten transsexuellen Männer überwiegend Umgang mit Frauen und nicht mit

Männern pflegten: Fünf der Männer und ihrer Partnerinnen berichteten von mehrheitlichen Kontakten zu Frauen (Ahmed, Dirk, Jan, Lars und Marc), fünf weitere Paare sprachen von eher ausgeglichenen Kontakten (Benno, Eike, Felix, Hans und Kurt), wobei *Felix* anmerkte,

> also ich verstehe mich mit den Frauen meistens besser,

und Eike präzisierte:

Eike: Das ist gleich, sag ich mal. Obwohl Eva immer sagt, ich komme mit den Frauen besser aus als mit den Männern, auch so in der Kneipe oder so.
Findest du das auch oder nicht?
Nee, find ich nicht!

Lediglich Gerd meinte, letztlich doch mehr Kontakte zu Männern zu haben, worin Gerda ihm beipflichtete. Neu sei für ihn, dass er durch die Beziehung zu Gerda erstmals auch mit Paaren zusammen sei, früher seien es immer „Einzelpersonen" gewesen. Auch andere Befragte, insbesondere diejenigen, deren Kontakte eher ausgeglichen waren, hoben hervor, sich vorrangig mit Paaren zu treffen.

Wenn nur einer der befragten Männer und seine Partnerin von mehr Kontakten des transsexuellen Mannes zu Männern berichteten, ist dies in Anbetracht der immer noch vorherrschenden homosozialen Strukturierung unserer Gesellschaft sehr wenig. Anzunehmen ist deshalb, dass der vorwiegend heterosoziale Umgang der transsexuellen Männer aus ihrem sozialen Leben als Frau nachwirkte. Wie es dazu kommen kann, erläuterte Dirk:

Dirk: Mit Frauen! Weil ich denk, es gab ne Zeit, wo ich mich einfach von Männern, wo ich sie immer interessant und ich wollte immer als Kumpel akzeptiert werden, aber es ja immer wieder auf diese Geschlechterbeziehung da raus ist und mich eigentlich die Männer nicht als Kumpel akzeptiert haben. (...) Und das war dann auch immer, dass ich die immer beneidet habe. Ich wollte immer so sein wie sie und hab gemerkt, dadurch, wie sie sich mir gegenüber verhalten, dass ich nicht so bin wie sie, das hat mich so gestört, dass ich, denk ich, nicht die Kontakte, nicht wollte, weil ich als Frau nicht behandelt werden wollte und insofern mehr mit Frauen zu tun hatte.

Einfach ausgedrückt wollte Dirk wohl sagen, dass er Kontakte mit Männern weitgehend mied, weil er von ihnen nicht als Frau, also als potentielle erotische Partnerin, sondern als Mann behandelt werden wollte, was er aber nicht durchsetzen konnte. So zählt er bis heute mehr Frauen zu seinem sozialen Umfeld und der Umgang mit ihnen fällt ihm leichter als mit Männern:

Dirk: Bei den Frauen, das kenn ich ja, hab ich ja immer gelebt und da fühl ich mich noch wohl, weil ich weiß, ich bin zwar nicht so, aber kenne ich von früher.

Auch Doris hatte berichtet, ihr Partner halte sich noch häufig in seiner „Mädchenclique" auf und fühle sich wohl mit den Frauen. Dort „kennt" er den Umgang miteinander und kann ihn offenbar weiterhin mitvollziehen. Anna sprach ebenfalls die Grenzziehung zwischen den Geschlechtern an, die es Ahmed als ehemaliger Frau erschweren, Kontakt zu Männern zu finden:

Anna: Er hat noch gar nicht die passenden Männer, so als Freunde, gefunden. Ja, ist auch sehr schwer, weil jeder hat ihn so kennen gelernt, jeder wusste, dass das en Mädchen ist, aber trotzdem sind sie mit ihm so umgegangen wie mit nem Mann.
Die Frauen?
Ja, die Frauen!!

Maria überraschte es, dass es - neben seinen zwei männlichen Freunden - immer noch eher Frauen waren, die Marc im Alltag kennen lernt:

Maria: Alles was er eigentlich immer so kennen lernt, sind dann schon schnell Frauen. Mehr als Männer.

Wahrscheinlich lernt Marc mehr Frauen kennen, weil er sich aus Gewohnheit „schnell" auf ihrem Terrain bewegen kann.

Die Erfahrung des leichteren Umgangs mit Frauen dürften manche der befragten transsexuellen Männer teilen. Viele von ihnen werden die eher geringe Akzeptanz als Mann vor der Behandlung aber nicht gerne einräumen. Deshalb verwundert es nicht, dass es eher ihre Partnerinnen waren, die unverblümter über die Kontakte ihrer Partner zu Frauen redeten als diese selbst. Für manche der Männer war der Umgang mit Männern allerdings auch schon früher wenig belastet durch die übliche Geschlechtertrennung. So hatte etwa Eike bereits während der Schulzeit eine „Clique", die ihn nur als Jungen kannte.

Die Männer, die heute und früher eher Kontakte mit Frauen pflegten, empfanden dies aber keineswegs als Notlösung. Dirk z. B. beschrieb sein

Zusammensein mit Frauen vielmehr als qualitativ attraktiver und befriedigender als die Kontakte mit Männern:

Dirk: Einfach weil Frauen mir, also meiner Art dann auch entsprochen haben, dass wir halt viel über Gefühle gesprochen haben. Und ich auch besseren Zugang zu ihnen auch hatte, en ganz harmlosen eben.(...) Insofern hab ich ein unbelasteteres Verhältnis zu Frauen.

Für Dirk zog sich eine Linie von seiner „Art" zu der Art von Frauen. Wohl aufgrund seiner Sozialisation - diesen Begriff benutzte er mehrmals - sprach auch er „viel über Gefühle", etwas, das gemeinhin eher Frauen zugeordnet wird. Auch Felix führte die Gefühlsebene und die „besseren" Gespräche mit Frauen an. Auf meine Frage, warum er sich so gut mit Frauen verstehe, erläuterte er:

Felix: Vom Gefühlsmäßigen her, die sind weicher. Die Männer, die wir kennen, sind etwas härter. Aber ich versteh mich sehr gut mit den Männern auch. Das ist gar kein Thema, das sind auch sehr gute Freunde von uns.
          Und wieso magst du das Gefühlsmäßige mehr?
          Jetzt zu Frauen? Weil die einen besser verstehen. Wenn man mal Probleme hat, kann man mit Frauen besser reden.

Lars setzte offenbar ganz bewusst weiterhin auf Frauen, weil auch er mit ihnen viel umfassender die Themen besprechen kann, die ihn interessieren:
Lars: Ich fühl mich bei Frauen wohler, muss ich also sagen, weil die sind doch, also setzen mehr ihre Intelligenz ein, denke ich, so. Bei Männern läuft wirklich viel über, da muss der eine sich vor dem anderen beweisen usw. Und bei Frauen geht es halt um ganz andere Sachen, ganz andere Geschichten, so und, ja klar, dass ich nicht immer so, weiß ich nicht, eh, eh, so über Frauensachen so rede. Nee, die beschäftigen sich mit allem! die Frauen.

So hatte Lars auch eine beste Freundin und keinen besten Freund:

Lars: Meine beste Freundin (...) die F., wir sind irgendwie son Stück seelenverwandt auch. Wir sind supermäßig heftig gute Freunde und mehr nicht.

Für Lars ist der Austausch mit Frauen nicht nur der interessantere und Gewinn bringendere, der Umgang mit ihnen ist für ihn auch stressfreier: Ihnen gegenüber muss er sich nicht immer neu - als Mann - beweisen, wie er es aus den Kontakten zu Männern zu kennen scheint. Dieses Sich-Beweisen-Müssen sprach auch Jan im Rückblick auf die Zeit vor der Behandlung an:

Jan: *Bist du gerne unter Männern? Du hast ja vorhin gesagt, du hattest eher weibliche Freunde, mit Frauen Kontakt?*
Also ich glaub, damals war mir das sehr angenehm, dass es eben mehr Frauen waren, bzw. die Männer, die da waren, (...) also das soll jetzt nicht böse klingen oder überheblich, aber im Endeffekt, glaub ich, bin ich eher Mann als die! Weil es ja so, ich ja, ich mag sie sehr gerne!, aber eher so Weicheier sind! Also, der eine steht bei seiner Frau, glaub ich, tierisch unterm Pantoffel. Und, eh, ich sag nicht, dass man immer nur Alkohol trinken muss, aber die trinken eher Cola light oder Tomatensaft. (...)
Und da kannst du dich nicht so zuordnen?
Och, phhh, wie gesagt, früher war das klasse, weil da musste man sich nicht beweisen, da musste man auch nicht extrem weiblich [!] sein, sondern die ham einen so genommen, wie man ist! (...) Die ham eben auch so ne ganz seichte Art, so ne ganz sanfte Art, eher so, so, so, so ne weibliche Art, denk ich, für Männer eben extrem weiblich. Vielleicht bin ich deshalb auch ganz gut früher mit denen ausgekommen, das kann sein.

Jans Versprecher („extrem weiblich sein") signalisiert die für ihn damals willkommene Verwischung der Geschlechter: Als männliche Frau fiel er gegenüber den weicheren Männer, die er damals kannte, offenbar nicht so krass ab wie gegenüber härteren Männern, zu denen er sich heute eher rechnet. Eine männliche Frau hat mit einem weiblichen Mann zumindest von der Geschlechterdarstellung her größere Gemeinsamkeiten als mit eher männlich auftretenden Männern. Letztere sind für das Selbstwertgefühl transsexueller Männer regelmäßig abträglich. Jan sucht sich offenbar immer genau die Männer als Umgang, die seine männliche Identität am besten stützen oder am wenigsten beeinträchtigen. Außerhalb der Studentenverbindung aber verbringt er mehr Zeit mit Frauen, wie seine Partnerin resümierte.

Bei nicht wenigen der befragten transsexuellen Männer war also eine viel größere Nähe im Kontakt zu Frauen und zu deren Lebens- und Gefühlsbereichen festzustellen als zu Männern. Zumindest fanden sich in den Gesprächen nur sehr wenige und dann sehr karge Schilderungen über entsprechende Erfahrungen mit Männern. Meist warfen sie lediglich ganz allgemein ein, selbstverständlich auch mit Männern gut klar zu kommen. Die einfühlsame und verständnisvolle Art vieler transsexueller Männer, die eine Nähe zum

Frauenleben herstellt und fortschreibt und sie für viele Frauen attraktiv macht, bestätigte sich also auch hinsichtlich ihrer nicht erotischen Kontakte zu Frauen. Felix, der betont hatte, wie gut er sich auch mit Männern verstehe und der bemüht war, seine weibliche Vergangenheit gänzlich „abzuhaken", schilderte seine Erfahrungen mit Frauen:

Felix: Also ich hab schon gemerkt, Frauen kommen mit mir besser klar als Männer, aber, ich weiß nicht, woran es liegt. Sie finden mich einfach nur alle süß, sympathisch, nett. Also ich könnte Frauen ohne Ende haben mittlerweile. Ich weiß nicht warum. Ich, ich mache überhaupt nix!
Finden die dich sympathischer als andere Männer, dass du als Mann besonders gut ankommst?
Ja, z. B. meine Chefin, also bei der komm ich sehr gut an! Wenn irgendwas ist, dann redet sie mit mir!
Die weiß das nicht?
Nee, die weiß das nicht, da weiß keiner Bescheid. (...) Die andern Männer, die laufen da nebenbei.
Worauf führst du das zurück?
Ich weiß es nicht. Ich weiß es wirklich nicht.
Hast du eine besondere Art?
Nee, auch so Freunde von uns, die sagen immer: Frauke, du kannst ja froh sein, dass du son Mann hast! Ich mach nix Außergewöhnliches, ich räum auf nur. Wenn sie irgendwas haben möchte, dann hole ich ihr das. Eigentlich ganz normal, wie ein liebevoller Mann halt ist. Ich weiß nicht, was die für Probleme alle mit ihren Männern haben. Und einige Frauen suchen nen Mann, der so ist, wie ich es bin. Musst du Frauke fragen, ich weiß es wirklich nicht, was an mir ist.

Felix sparte hier aus, dass er für Frauen gerade deshalb so attraktiv ist, weil er anders ist als andere Männer, weil er eben nicht „ganz normal" ist, dass er ihnen genau das gibt, was den Frauen bei ihren eigenen Männern so oft fehlt. Wenn er nicht weiß, „was die für Probleme alle mit ihren Männern haben", verschiebt er die Schwierigkeiten von den Männern auf die Frauen. In Wirklichkeit dürfte ihm nicht klar sein, was die anderen Männer alle mit ihren Frauen haben, was so schwer daran ist, mit einer Frau „liebevoll" umzugehen. Auch Kurt machte sich darüber Gedanken, warum er bei Frauen so gut ankommt. Er aber hob hervor, durchaus anders zu sein als andere Männer. Ihm fiel es offenbar leichter als Felix, sich insofern von der normalen Masse der Männer abzuheben. Am Ende aber kam auch Kurt wieder auf der Seite der Männer an, nämlich indem er die Kategorie eines charmanten „latin lover" ins Spiel brachte:

Kurt: Ich bin ein Mann, der ziemlich begehrt ist bei den Damen.
Wodurch, was denkst du, was die Damen mögen an dir?
(Stöhnt etwas) Ich weiß nicht, ich denke, das ist, eh, tja, was ist das?
(Lacht). Ich würde mal so sagen oder ich muss mal so sagen: Ich
wäre sicherlich wesentlich noch begehrter, wenn ich zwei Köpfe
größer wäre. Ich denke mal, dann wär ich, dann wär ich, ich be-
haupte mal, dann würde ich fast jede Frau kriegen, die ich gerne
kriegen, die ich gerne hätte. Aber bei vielen scheiterte es wirklich an
der Größe, jetzt noch nicht mal von den Frauen, weil, mir ist aufgefallen, den Frauen macht das gar nicht so viel aus, nur mir! Ich
kann's nicht leiden.
Ja gut, du sagst jetzt das, was fehlt bzw. wo du meinst, was fehlt.
Ich denke, jetzt ist es einfach, ich bin halt, ich seh relativ gut aus, ich
bringe halt son gewissen Charme vielleicht über. Also ich denke, das ist
es.
Was die Frauen mögen an dir?
Ja. Ich red halt auch nicht so plump, sag ich mal, so, so Alter oder so
(macht einige rüpelhafte Gesten) oder rotz in die Ecke oder so was
und mach da einen auf Super-Mann vor den Frauen, das mach ich
nicht, und ich denke, dass das.
Also nicht ordinär und auch nicht so ein Machotyp?
Nee, mehr so der latin lover

Als „latin lover", der seinem Wesen viel mehr entspricht, kommt er den
Wünschen der Frauen sicherlich mehr entgegen denn als großspuriger
Prolet. Ähnlich erfolgreich bei den Frauen ist offenbar Gerd, was bei meiner
Frage an seine Partnerin, ob er sich Männern oder Frauen gegenüber männ-
licher verhielte, deutlich wurde:

Gerda: Ja, das ist jetzt natürlich die Frage, wie man das so definiert! Ich denke,
so nach diesem klassischen männlich, weiblich würd ich sagen, Männern gegenüber. Aber ich denke schon, dadurch, dass er eben z. B. sehr
gut zuhören kann, ja, und durchaus eben auch gut reden kann und so,
so, wie er sich z. B. Frauen gegenüber verhält, da könnte man natürlich
sagen, er verhält sich nicht! so männlich, aber ich weiß nicht, ob das
nicht eher son männlicher Trick ist (lacht laut).
Um sich den Frauen anzunähern?
Ja! Ja um irgendwie auch nett, ja charmant zu wirken.

Gerda sah sich offenbar veranlasst, Gerds Einfühlung und Zugewandtheit
Frauen gegenüber als „Trick" zu entlarven und diese Eigenschaften damit
tendenziell zu entwerten. Damit aber fiel ihr Partner trotz seiner so anderen

Art, auf Frauen zuzugehen, nicht aus dem normalen Mannsein heraus. Vielmehr verankerte seine Partnerin ihn gerade hierdurch in der Mitte der anderen Männer, soll sein Verhalten doch ein typisch „männlicher" Trick sein. Maria, geschlagen mit Marcs immer neuen Flirtereien, konnte seiner Attraktivität für andere Frauen verständlicherweise nicht viel abgewinnen:

Maria: Von den ganzen Frauen her, ich mein, da kriegt er eigentlich Bestätigung genug (lacht), weil die ihm ständig am Arsch kleben.

Maria sprach hier nicht von sporadischen Begegnungen, sondern von täglichen Erfahrungen an ihrem gemeinsamen Arbeitsplatz. Soviel Attraktivität bei den Frauen kann aber auch einem transsexuellen Mann zu viel werden:

Lars: Wenn mir jetzt ne Frau! entgegenkommt oder in der Straßenbahn oder was weiß ich so: Also ich hab schon ganz schön viele Flirts, muss ich also so sagen, so. Aber das ist auch mehr so, ja, ich gefalle den Frauen wohl oder so, das ist mir auch manchmal schon lästig, das ist mir so was von peinlich und lästig, dass ich also sage: Nee, jetzt reicht es, jetzt geh ich mal erstmal nicht raus oder so.

Für Lars, der sich erst vor wenigen Jahren Frauen als erotischen Partnerinnen zugewandt hatte, mag es schlichtweg ungewohnt gewesen sein, deren Interesse so massiv zu spüren. Ihm ist es offensichtlich unangenehm, derart im Fokus ihrer Aufmerksamkeit zu stehen. Hier jedenfalls umging er es zu reflektieren, was ihn wohl so anziehend macht für viele Frauen.

Offenbar nehmen viele transsexuelle Männer durch den ihnen vertrauten Umgang mit Frauen emotionale und kommunikative Fähigkeiten aus ihrer weiblichen Vergangenheit mit hinüber in ihre jetzigen sozialen Kontakte und sind hierdurch prädistiniert für den für beide Seiten befriedigenden und Gewinn bringenden Umgang mit Frauen, während ihnen Männer aus demselben Grund nicht selten eher fremd bleiben.

Kontakte zu Männern und Männergruppen: Stereotypie und Abwertungen

Der Kontakt mit anderen Männern ist für viele der hier befragten transsexuellen Männer ungleich komplizierter als zu Frauen. Verständlich wird dies, wenn man sich vor Augen führt, dass transsexuelle Männer die einzigen Männer sind, die keinerlei Möglichkeit hatten, den Umgang mit anderen Jungen und Männern in reinen Jungen- bzw. Männergruppen zu lernen. Selbst diejenigen, die schilderten, von Kindesbeinen an überwiegend mit

Jungen zusammen gewesen zu sein, waren dabei doch immer Mädchen und Frauen. So unwesentlich ist die soziale Geschlechterordnung eben nicht, als dass die Unterschiede im konkreten sozialen Kontakt gar keine Rolle spielten. Selbst Kurt, der nach seinen Schilderungen das von den Jungen vielleicht integrierteste Mädchen war, dürfte dies irgendwann zu spüren bekommen haben. Was Jungen nur unter Jungen gelernt und Männer nur unter Männern erlebt haben, ist für transsexuelle Männer unwiderruflich verloren. Zwei der Männer sprachen diese sehr spezifische Situation von sich aus an, hatten sie also offenbar vorab reflektiert:

Jan: Es ist einfach Neuland gewesen! Mittlerweile geht's! Aber es ist irgendwie ja neu, weil dieser Umgang, den, den kann man wirklich nur als Mann unter Männern lernen. (...) Männer unter sich haben, glaub ich, einen ganz eigenen Umgang miteinander, den man auch als Frau, selbst wenn man als einzige Frau mit lauter Männern unterwegs ist oder so, glaub ich, nie richtig, richtig kennen lernt. Männer untereinander sind anders als wenn eine oder mehrere Frauen dabei sind.

Dirk: Es ist son ungewohntes Terrain. Ich weiß noch nicht genau, wie man sich da verhält, das hab ich nicht gelernt. (...) Wie man sich unter Männern verhält und sich nicht absolut zum Idioten macht, da hör ich immer noch zu, da lern ich lieber, da guck ich mir lieber an, was machen die.

Jan und Dirk gestanden sich ein, hier fremden Boden, eben ein „neues Land" mit einer neuen Sprache und ungewohnten Umgangsformen zu betreten. Sie verleugneten also nicht, trotz einer schon lange für sich empfundenen männlichen Identität im sozialen Bereich des Mannseins noch „Lernende" zu sein, oder anders gesagt, dass ihre eigene Wirklichkeit als Mann noch lange nicht gleichzusetzen ist mit vollkommenem sozialen Mannsein. Wenn man für sich selbst Mann ist, ist man es noch lange nicht für andere. Und selbst für schon weitgehend integrierte transsexuelle Männer war das Zusammensein (nur) mit Männern offenbar so etwas wie ein Härtetest: Im Rahmen der gesamten sozialen Umsetzung ihres Mannseins ist es offenbar der schwierigste Schritt, seine eigene Wirklichkeit als Mann in einem (reinen) Männerumfeld zu verankern. Da dieses Feld für die transsexuellen Männer das unbekannteste Land überhaupt ist, können sie hier die meisten Fehler begehen und viel schneller entlarvt werden als im ihnen eher vertrauten Umgang mit Frauen. Umso stolzer war denn auch Jan, diese Hürde in seiner Studentenverbindung übersprungen zu haben:

Jan: Das kommt jetzt in meiner! Situation natürlich noch dazu, weil ich
         denke, wenn man sich da! behaupten kann und es keiner merkt, dann
         hab ichs geschafft! (...) Wenn man da mithalten kann, da freue! ich
         mich drüber, das ist ein kleines Glücksgefühl.

Die Akzeptanz durch die Verbindungsstudenten untermauert die Glaubwürdigkeit seines Mannseins noch einmal auf einer für Jan qualitativ viel
wertvolleren Stufe. Und gerade weil dieser Härtetest bei Gelingen der
durchschlagendste Beweis ihres Mannseins ist, sind viele der Männer bemüht, gerade anderen Männern gegenüber keinerlei Zweifel hinsichtlich
ihres Mannseins aufkommen zu lassen. Und so kehren sie gerade ihnen
gegenüber nicht selten ihre Männlichkeit auf besonders stereotype Weise
heraus. Hierbei greifen sie im Wesentlichen die Männlichkeitsbeweise geborener Männer unter Männern auf.

   Immerhin vier der befragten Paare sowie Kurt und Maria beschrieben,
dass er bzw. ihr Partner sich Männern gegenüber männlicher verhalte als im
Zusammensein mit Frauen:

Felix: Wenn ich unter Freunden bin, dann bin ich ja ganz anders.
         Wie denn?
         Wenn ich mit Kumpels zusammen bin, also mit Männern, dann bin ich
         leicht angetoucht zum Macho hin. Aber ich glaub (lacht etwas), das ist
         normal, wenn man mit seinen Kollegen zusammen ist. Aber so, wenn
         wir mit Freunden weggehen, hält sich das eigentlich im Rahmen, dann
         bin ich ganz normal ich selbst.
         Und was meinst du mit Macho?
         Ja, dann ziehen wir doch schon mal über die Frauen her oder lästern
         son bisschen, aber liebevoll! Nicht bösartig, gar nicht.

Mit dem zweimal verwendeten Begriff „normal" stellte Felix klar, dass er
sich in den unterschiedlichen Situationen jeweils angemessen und unauffällig
verhält, mal weniger, mal mehr als Macho, so wie alle anderen Männer es
auch handhaben. Will er nicht auffallen, muss er sich an diese Spielregeln
halten, muss unter Männern den Macho herauskehren, der er nicht ist.
„Normal er selbst" ist er viel mehr, wenn auch Frauen dabei sind. Direkt
hierauf angesprochen, betonte er jedoch, sich auch im Umgang mit Männern nicht zu verlieren:

Felix: *Was ist denn leichter, gegenüber Männern oder gegenüber Frauen dein Mannsein*
         zu beweisen?

Muss ich nicht beweisen! Ich geb mich so wie ich bin. Ich hab es noch nie jemandem beweisen müssen, und denen ich es beweisen muss, sind für mich Leute, mit denen kann ich nichts anfangen.

Ähnlich wiegelte auch Jan ab, obwohl er zuvor zweimal eingeräumt hatte, sich Männern gegenüber beweisen zu müssen:

Jan: *Hast du denn das Gefühl, dein Mannsein eher gegenüber Frauen oder gegenüber Männern beweisen zu müssen?*
Also ich glaube, beweisen muss ich es eigentlich überhaupt niemanden. Also eh, ja, im Endeffekt nur vor mir selber.

So zerbrechlich das Mannsein unter Männern auch ist, so bedrohlich dürfte es sein, dies offen einzugestehen - nicht nur für transsexuelle Männer.

Hans wusste, dass er unter den Männern seines rigide strukturierten Umfeldes nur mithalten konnte, wenn er sich im Umgang mit ihnen ein gutes Stück aufgab. Und da sich sowohl er als auch seine Partnerin nicht zu Außenseitern machen wollten, riet Hanna ihm ausdrücklich, mit allen Stereotypien der anderen Männer mitzugehen:

Hans: Damit hatte ich auch erst meine Probleme.
So unter Männern?
Ja, wenn ich mit andern Männern zusammenstehe: Ja, die war wieder so, und die hab ich von der Bettkante gestoßen, und dann stehst du da: Mhm, na ja, kannst du eigentlich nichts drüber erzählen, aber machst du mal mit, ne.
Machst du dann doch eher mit?
Ja! Weil Hanna mir das irgendwann mal gesagt hat, man muss mitmachen und nicht dumm dabeistehen. Seitdem mach ich da auch mit, aber ich find's nicht so toll.

Gerd präsentierte die Automatik dieser Stereotypiefalle unter Männern von einer lustvollen Seite. Lustvoll war für ihn wohl vor allem die neue Erfahrung des Eintauchens in männliche Rituale. So enthielt seine Schilderung einen Anflug von Stolz und Koketterie, an der Tatsache der stereotypen Unausweichlichkeit änderte dies jedoch nichts:

Gerd: *Meinst du denn, dich in bestimmten Situationen besonders männlich verhalten zu müssen?*
Ja (lacht). Gebe ich ja schon zu.
Inwiefern oder wann?

Also eine interessante Erfahrung, die ich gemacht habe, ist, wenn ich mit einem anderen Mann, ja, eigentlich nur, wenn es einer! ist, zusammen bin und einer Frau oder zwei, fängt sofort was an wie son Hahnenkampf. Das scheint so auch mein Gegenüber zu betreffen, also da fangen wir an, auch anzugeben, nur von den tollen Sachen zu erzählen auf ne bestimmte sehr übertriebene, eher übertriebene Art und Weise also so, son Buhlen.

Du musst dich gegenüber dem anderen Mann hervorheben?

Ja, ich muss mich behaupten!

Hast du auch den Eindruck, die Frauen fordern das auch?

Das Spiel passiert mit dem Gegenüber, und mein Gegenüber, das ist ne interessante Erfahrung, spielt dieses Spiel auch. Auch wenn wir die besten Freunde sind, trotzdem mein potentieller Konkurrent, das passiert aber nur!, wenn Frauen zugegen sind.

Nicht wenn ihr alleine seid?

Nee, wenn wir alleine sind, dann können wir ja, dann ist es auch nicht so, das ist zwar partiell so, dass es auch ein Angebergespräch ist, aber dann kommen wir dann schnell wieder auf andere Seiten.

Mit den Benennungen „es fängt an", „es passiert" suggerierte Gerd eine Dynamik des Geschehens, als sei dieses nicht zu beeinflussen. Auch die in der Szene befindlichen Frauen griffen nicht aktiv ein, sondern fungierten lediglich als Staffage, als Auslöser eines Balzreflexes, der ritualisierte Männlichkeitsbeweise abruft:

Gerda: Also ich merke schon, wenn er z. B. so mit seinem Freund zusammen redet, dann finde ich schon, dass die beiden so ihren Mann ordentlich rauskehren.

Kurt war sicher, Situationen erlebt zu haben, in denen er den „harten Mann" gab, konnte aber nicht benennen, was genau ihn dazu veranlasste. Auch dies deutet auf die Eigendynamik solcher Muster hin. Spezifische Auslöser signalisieren offenbar, wann bestimmte Verhaltensstereotypien am Platze sind:

Kurt: *Tust du auch was dafür? Dass du betont männlich auftrittst?*

Eh, vielleicht, ist mir aber nicht bewusst. Aber es gibt sicherlich Situationen, ich weiß jetzt keine, aber es gibt sicherlich Situationen, wo ich mich, wo ich denke, hier musst du mal dich irgendwie mal anders verhalten als sonst.

Und was heißt das, wie?

Ja, so als harten Mann, sag ich jetzt mal, in gewisser Gesellschaft vielleicht.

Welche Gesellschaft?
Weiß ich jetzt nicht so, in gewissen Situationen, ich wüsste jetzt auf
Anhieb nichts.
Aber kannst du dir schon vorstellen?
Ja, ich denke, in solchen Situationen bin ich auch schon gewesen.

Nicht wenige der befragten Männer distanzierten sich aber auch deutlich
von einem derart stereotypen Männlichkeitsverständnis. So erzählte Dirk,
der seine Situation ohnehin am tief greifendsten auf Geschlechtsspezifika
hin reflektierte:

Dirk: Ich hab en Kollegen, der auf meinem Zimmer sitzt, der der absolute
          Macho ist. Der sagt: Du bist kein Mann, solange wir uns nicht zusam-
          men untern Tisch gesoffen haben. Und da sag ich, tut mir Leid, dar-
          über kann ich nur lachen, weil das versteh ich nicht unter Mannsein. Es
          ist viel cooler, wenn man sich nicht besäuft und son Blödsinn daher
          faselt wie du, das find ich eigentlich viel männlicher.

Dirk gab diesem Kollegen durch seine für Männer eher untypischen Über-
zeugungen Kontra - ein mutiges und bisweilen riskantes Spiel, das auch Dirk
nicht immer durchhalten konnte: So fiel es - wie deutlich wurde - auch ihm
nicht immer leicht, sich im Dschungel der für ihn neuen Männerwelt zu
positionieren. Und gerade in seinem eher von Männern dominierten Beruf
ist er auf die Akzeptanz seiner männlichen Kollegen angewiesen. Für Lars
dürfte dies tendenziell leichter sein, bewegte er sich doch in einem anderen,
noch sehr von Frauen geprägten Umfeld. Er jedenfalls lehnte es strikt ab,
sich auf männliche Vulgärheiten einzulassen:

Lars: *Ich weiß nicht, ob du solche Situationen kennst, nur mit Männern zusammen, in*
          reinen Männergruppen oder -zusammenhängen, fühlst du dich da wohl?
          Ja, es geht schon ein bisschen heftiger ab, so, auch so die Umgangs-
          sprache und überhaupt das Ausdrücken irgendwie so, was weiß ich, das
          ist schon. (...) Auch so, wie die sich untereinander behandeln, irgend-
          wie so, ne.
          Kommst du denn damit zurecht? Kannst du da mithalten oder willst du da
          mithalten?
          Ich will da gar nicht mithalten! Das ist mir einfach zu, manchmal viel
          zu dumm wär mir das, so zu sein. Will ich nicht!

Allein seine Formulierung „wie die sich untereinander behandeln" zeigt
Lars' Distanzierung von dieser Art von Männern. Im Gesprächsverlauf

betonte er des öfteren, sich keinesfalls durch Stereotype verbiegen lassen zu wollen. So wurde er denn auch - wie im Übrigen auch Dirk und Marc - von anderen manchmal als schwul eingestuft. Auch Gerd lehnte die proletenhafte Form des Mannseins ab, die er gelegentlich mitbekam, wenn er sich in „anderen Kreisen" bewegte:

Gerd: Also manchmal frage ich mich da schon, fall ich jetzt hier auf. Aber ich stelle auch fest, so, das ist nicht mein Gebaren. Es ist einfach als Mann auch nicht mein Gebaren, so will ich nicht sein.
So willst du nicht Mann sein?
So will ich nicht Mann sein, das ist nicht meins.

Aus einer zunächst durchscheinenden Verunsicherung seiner eigenen Männlichkeit fand er schnell zurück zu seinem eigenen Verständnis von Mannsein. Offensichtlich tastet Gerd sich durch die verschiedenen Männlichkeitsregionen, um sich das eine Mal einem erträglichen - und lustvollen - Stereotyp anzuschließen und ein anderes Mal ein zu dick aufgetragenes Klischee von sich zu weisen. Auf ein solches Suchen nach der eigenen Position, auf Verunsicherungen und Neuzuordnungen, trifft man bei vielen der befragten Männern, wenn sie auf ihre Erfahrungen in reinen Männerzusammenhängen angesprochen werden. Dieser Umgang ist für die meisten der transsexuellen Männer offensichtlich nicht das Feld, in dem sie sich uneingeschränkt wohl fühlen und bevorzugt ihren Alltag verbringen (möchten). Felix etwa hatte auf meine Frage hin zunächst eine eher stereotype Antwort parat, besann sich dann aber auf seine wirklichen Bedürfnisse:

Felix: *Fühlst du dich nur unter Männern wohl?*
(Etwas zögerlich) Ja, das Kumpelhafte, und da kommt bei mir halt der Macho raus. Aber ich bin lieber, wir gehen lieber mit Pärchen, oder ich auch, also nicht so als dritter Mann, so fünftes Rad am Wagen, sondern wenn wir weggehen gemeinsam.

Auch Eike überhörte zunächst den vollen Inhalt meiner Frage, indem er spontan mit einer Antwort vorgriff, die seinem Mannsein die größte Glaubwürdigkeit verleiht:

Eike: *Und wie hast du es am liebsten, nur unter Männern, unter Frauen oder gemischt?*
Wenn, dann nur unter Männern.
Das ist dir am liebsten, wenn du dir die drei Situationen vorstellst?
Ach so! Gemischt! Nee, dann gemischt! Und dann kommen die Männer, aber nur unter Frauen

möchte ich nicht sein?
Nee, nee!
Warum nicht?
Nee, nur Frauen, das ist auch auf der Arbeit: zickig, und weiß der Geier, nee, das ist nichts!

Vorrangig war für Eike offenbar, sich von einem Zusammensein nur mit Frauen abzusetzen. Mit herablassenden Bemerkungen über deren „Zickigkeit" zeigte er offen seine Abwehr. Die Abwertung von Frauen ist noch immer das geeignetste Mittel, die Gemeinschaft unter Männern zu stärken. Letztlich aber hielt auch Eike sich lieber in einer gemischten Gruppe auf. Marc zeigte dagegen von vornherein recht große Unsicherheiten bei dem Thema ‚allein unter Männern':

Marc: *In welchem Bereich, wenn es so einen gibt, fällt es dir denn am schwersten, Mann zu sein oder als Mann aufzutreten?*
Ehm, ja, halt mit vielen Männer in ner Gruppe, die ich nicht so gut kenn und mit denen ich dann halt was unternehmen soll, dann fällt mir das schon mal son bisschen schwer, mich durchzusetzen. (...)
Fühlst du dich dann unwohl? In deinem Mannsein?
Ja, dann denk ich manchmal, bin ich nicht männlich genug! vielleicht. Dann bin ich schon wieder ein bisschen verunsichert da manchmal. Wie z. B. hier von Maria die Freundin, davon der Mann, mit dem bin ich schon öfter mal mitgefahren vom Fanclub nach A., und dann halt mit den ganzen Männern da im Bus so. Dann ist das schon mal so schwer, sich son bisschen durchzusetzen.

Wie schon Lars' Formulierung „wie die sich untereinander behandeln" signalisierte auch Marcs Bemerkung, dass er „mit denen was unternehmen" soll, Distanz und nicht eben viel Freude am Zusammensein nur mit Männern. Womöglich sieht er sich gezwungen, ab und an mitzuziehen, um seine Glaubwürdigkeit als Mann nicht zu verlieren. In den Situationen selbst überkommen ihn dann aber umso mehr Zweifel an seiner Männlichkeit. Letztlich entscheidet er sich offenbar häufig gegen den Umgang zumindest mit solchen Männern, resümierte er doch:

Marc: Ja, ich sag mal so, mit diesen richtigen Männern, da hab ich nicht viel zu tun.

Auch Gerd differenzierte zwischen verschiedenen Gruppen von Männern:

Gerd: *Und wenn du ausschließlich mit Männern zusammen bist, wie fühlst du dich dann?*
Das kommt drauf an, in welchem Kreis ich mich bewege. Ich glaube so
hier, in meinem Arbeitsumfeld, oder in meinem! Bekanntenkreis (...)
fühl ich mich sehr wohl im allgemeinen. (...) Aber wo ich nicht gerne
zusammen bin, sind Kreise, die nicht meine Kreise sind. (...) Hier in so
ner Fernfahrerkneipe, (...) das fand ich einfach ätzend.
Von den Männern, von den Typen her?
Ja ja, von den Typen her, die fand ich einfach doof und von den Gesprächsthemen, also ich hab's nicht gerne, wenn die so platt rassistisch
ablabern. Denk ich, mach deinen Scheiß alleine, da gefällt es mir dann
auch nicht mehr, das ist mir zu derb, zu grob, ist nicht meins.

Gerd sucht sich offenbar gezielt die Männer aus, die seinen eigenen Vorstellungen von Mannsein und seinen sozialen und intellektuellen Auffassungen entsprechen. Damit steht deren Mannsein und so auch sein Mannsein
nicht mehr im Zentrum der Aufmerksamkeit. Denn eine solche Auswahl
treffen auch geborene Männer, auch sie fühlen sich mit Männern aus anderen „Kreisen" oft fremd und verunsichert:

Gerd: Ich habe mich auch da mal bei anderen Männern erkundigt, wie das so
ist, so aus meinem Kreis eben, dass es da durchaus aber auch zu so
Unsicherheiten kommt.
Die anderen, geborenen, Männer fühlen sich da auch
Ja, wenn das nicht ihr Kreis ist.
Grundsätzlich in andere Kreise rein zu gehen, die einem nicht so vertraut sind?
Nicht so vertraut oder wo die Spielregeln, das, was die Norm ist, nicht
das eigene ist. Also von den Gesprächsthemen, dem Gebaren, Rück-
sichtnahme oder so, wenn das nicht das eigene ist, dass das auch unsi-
cher ist, oder unangenehm.

Nicht nur transsexuelle Männern können sich also unter Männern in
Neuland versetzt fühlen, auch hierin geübtere, nämlich geborene Männer
müssen in einem ihnen „nicht vertrautem" Feld die Regeln und Normen
erst lernen, wenn sie sich dort sicher bewegen wollen. Gerd wird dies gern
als Bestätigung dafür nehmen, seine Unsicherheit nicht allein auf seine spezifische Situation und womöglich mangelndes Mannsein zurückführen zu
müssen.

Jan suchte, anders als die meisten der befragten Männer, sehr gezielt den
Umgang mit Männern, und zwar mit derberen, konservativ-stereotypen
Männern. Anknüpfend an seine Schilderungen über frühere männliche

Bekannte geriet er jedenfalls ins Schwärmen über seine Abende in der Studentenverbindung:

Jan: Also mir! für mich! ist es zu weich! Ich bin sicherlich anders, ich bin auch, denke ich, nicht so, also eigentlich typisch männlicher. Hört sich jetzt vielleicht lustig an, aber irgendwie ist es so. Und auch Verbindung, da ham sie auch geguckt: Was willst du denn da!! Das war für die auch eher son Schock. Ich finde das gut! Mir gefällt das! Weil wir auch alle, was weiß ich, zu diesen Kneipenabenden, alle, ein Haufen von Männern, in Anzug, Krawatte und Hemd und ein Bier trinken und Studentenlieder singen oder der ein oder andere schmutzige Witz, find ich in Ordnung! Hab ich kein Problem mit, das finde ich gut, ja, ein bisschen auf alte Tradition, oder was weiß ich.

Entscheidend wird für Jan die Genugtuung sein, von diesen richtigen Männern ganz als Mann akzeptiert zu werden. In ihrem einheitlichen Aufzug repräsentieren sie klischeepralles männliches Leben. Und der „Schock" der „weichen" Männer über Jans Eintritt in die Studentenverbindung dürfte ihm weitere Bestätigung sein, sich erfolgreich von ihnen abgesetzt und auf der wirklich männlichen Seite angekommen zu sein.

Auch Eike ordnete sich eher den härteren und durchsetzungsfähigen Männer zu. Jedenfalls hatte auch er mit den weicheren Männern Probleme, sie stießen ihn geradezu körperlich ab:

Eike: *Ist es denn nur unter Männern, oder auch zusammen mit einem einzigen anderen Mann, schwerer, Männlichkeit zu beweisen als unter Frauen?*
         Nee, weil, bei den biologischen Männern gibt es doch auch Unterschiede! Ich komme z. B. absolut nicht mit dem Freund von der Schwester von Eva aus! Das ist ein Weichei! Der steht unterm Pantoffel! Wenn sie sagt, dann springt der gleich! Da krieg ich nen dicken Hals! Da werd ich verrückt! Mit som Weichei kann ich auch nichts anfangen!

Einem „Weichei" muss Eike seine Männlichkeit offenbar gar nicht erst beweisen - denn das war ja meine Frage gewesen. So stärkt nicht nur die Abwertung von Frauen, sondern auch von weniger männlich ausgerichteten Männern - wie schon bei Jan deutlich wurde - den Zusammenhalt der „richtigen" Männer, wie Marc sie genannt hatte. Sogar Felix, der sich in einem anderen Zusammenhang selbst als „Weichei" betitelt hatte,

Felix: Ich bin wirklich ein Weichei manchmal. (...) Das ist mein Naturell, und
           das gestehe ich mir auch ein,

zog die Abwertung von Frauen heran, um sich als Mann aufzubauen:

Felix: *Und gibt es Situationen, wo du nur mit Frauen zusammen bist? Du hast es vorhin*
           schon mal angesprochen, bei den Tupperpartys, Du als einziger Mann?
           Nee!! Gott sei Dank nicht! (Lacht verächtlich) Da komm ich mir dann
           doch verloren vor (lacht laut).
           Wieso?
           Ich weiß nicht, wenn Frauen auf einem Pulk gegen einen Mann, das ist
           ne Katastrophe, dann wird man so runter gebuttert manchmal, also
           freundschaftlich, da machen die Scherze oder veräppeln einen so, da
           muss ich mindestens nen zweiten dabeihaben, der mich seelisch unter-
           stützt. (lacht) Aber das ist, glaube ich, normal, und sonst, wie gesagt,
           nur auf diesen blöden Tupperpartys da, das mach ich aber auch nur
           Frauke zuliebe.

Wenn die Frauen ihn freundlich heraus mobben, ist dies für Felix ein will-
kommenes Zeichen, nicht dazu zu gehören, also der beste Beweis seines
Mannseins. Nur ein anderer Mann könnte ihn „seelisch unterstützen", ihm
Oberwasser verschaffen zwischen all den Frauen. Das wäre „normal", wür-
de jedem Mann so ergehen. Kokett trat er aber freiwillig den Rückzug an:
Die Großzügigkeit gegenüber seiner Frau und seine charmant mit Hilflosig-
keit getarnte Herablassung gegenüber diesen Treffen der Frauen haben die
Überlegenheit seiner männlichen Position bekräftigt.

     Obwohl nicht wenige der transsexuellen Männer ihr Mannsein auf die
Abwertung von Frauen und weicheren Männern stützten, man also Schilderungen ihres Gewinn bringenden Umgangs mit „richtigen" Männern erwarten
durfte, ließen sich diese kaum finden. Letztlich berichtete nur Gerd ohne
gleichzeitigen Seitenhieb auf Frauen oder unmännlichere Männer von für ihn
angenehmen Gesprächen mit Männern, die er manchmal auch „brauche":

Gerd: *Wozu?*
           Ehm, ich weiß, (...) dass das Gespräch und das Zusammensein mit
           Männern oft sehr viel einfacher für mich ist, ich muss nicht so viel
           Rücksicht nehmen (lacht).
           Von den Themen her oder von der Art, wie du redest?
           Ja! Sowohl von den Themen als auch von der Art des Gebarens und
           des Redens, da muss ich mir nicht so viele Gedanken machen. Da
           muss ich nicht so rücksichtsvoll sein.

Gerds Bestätigung als Mann verlief hier nicht über eine offene Abwertung von Frauen, sondern allein über die Polarisierung der Geschlechter, also über die Hervorhebung der Gegensätze. Dass es auch für ihn „einfacher" ist, mit Männern zu reden, beweist ihm, nicht mehr Frau, sondern Mann zu sein, also im Kreis der Männer angekommen zu sein. Die Betonung der grundlegenden Verschiedenheit der Geschlechter war für viele transsexuelle Männer im Übrigen ein beliebtes Mittel, sich ihres Mannseins zu versichern.

Bei Eike war dieses Andere schon wieder das Schlechtere, wenn er es mit seinen befriedigenden Erfahrungen mit Männern verglich:

Eike: Männer unter sich sind wie so eine Einheit, sag ich mal. Und das gibt es bei Frauen nicht, ehrlich. Frauen hacken sich lieber gegenseitig die Augen aus und sind am zetern und machen und tun. Bei Männern gibt es wirklich ne Freundschaft oder so. Ich glaube nicht, dass es das bei Frauen gibt. Da ist die Konkurrenz viel zu groß unter den Frauen. Die Männer gucken nicht, ob die Haare so geschnitten sind oder ob die Hose so sitzt oder was du an hast! Das ist vollkommen egal. (...)
Hast du dich denn überhaupt mal als Frau unter Frauen, so wie du es gerade geschildert hast, erlebt?
Nee, nee.

Auch für Eike schien der Umgang mit Männern unkomplizierter zu sein, aber woher wusste er von all diesen Kämpfen unter Frauen, wenn er sie nicht selbst erlebt hatte? Entweder kamen sie aus der Klischeekiste oder aus Schilderungen von Frauen, vielleicht seiner Partnerin. In jedem Fall stützte er die „Einheit" der Männer auf die Zersplitterung der Frauen.

Kurt dürfte aufgrund seiner Geschichte ebenfalls gewachsene und unproblematische Kontakte zu Männern pflegen. Aber auch er war in diesem Zusammenhang nicht frei von Frauenfeindlichkeit, etwa bei meiner Frage, wie er denn mit schmutzigen Männerwitzen umgehe:

Kurt: *Wenn du so in reinen Männergruppen bist, also nur unter Männern, fühlst du dich da wohl?*
Joa, mhm.
Also da werden ja manchmal etwas schmutzige Witze gemacht oder gegen Frauen manchmal geredet, ist das o.k. für dich?
Ja klar.
Das machst du mit?
Ja ja, klar! Und wenn da irgendwie die Situation ist, wo mir einer was erzählt und ich hab da gerade was Ähnliches zu erzählen oder so, dann tauschen wir uns aus.

Kurt wirkte leicht befremdet darüber, wie ich meinen könnte, dass er sich von derlei Witzen oder Gesprächen absetzen könnte. Ähnlich selbstverständlich betonte Jan:

Jan: Der ein oder andere schmutzige Witz, find ich in Ordnung! Hab ich kein Problem mit, das finde ich gut.

Auch Eike hatte offenbar Spaß daran, sich solche etwas obszön gefärbten Situationen unter Männern auszumalen:

Eike: *Es gibt ja auch unter Männern so eine bestimmte Frauenfeindlichkeit, gehst du da mit, blockst du das ab, oder wie gehst du damit um?*
Na, kommt drauf an, wenn es so [unverständlich, evtl. „im Rahmen ist"], geh ich mit! Warum? Gebe ich auch Witze dazu, natürlich (lacht)
Na ja, es könnte ja sein
Nee, nee, nee, um Gottes willen!

Eike erahnte hier offenbar meinen Einwand, es könnte ja sein, dass er von seiner Geschichte her etwas gegen solche Witze habe und fiel mit seiner Antwort in das Ende meines Satzes. Seine engagierte Zurückweisung erscheint hier übertrieben und wird nur verständlich aus Eikes Unwillen, mit seinem früheren Leben als Frau konfrontiert zu werden.

Die meisten der befragten transsexuellen Männern distanzierten sich aber vom frauenfeindlichen Verhalten anderer Männer, so explizit Ahmed, Benno, Dirk, Hans und Lars. Gerd und Marc machten es eher implizit deutlich. Und selbst Felix betonte, dass er sich letztlich hinter die Frauen stelle:

Felix: Dann ziehen wir doch schon mal über die Frauen her, oder lästern son bisschen, aber liebevoll! Nicht bösartig, gar nicht. (...) Aber so, dass ich mich irgendwie lustig mache über Frauen, gar nicht.
Selbst nicht in so einer Situation?
Nicht mal in der! Situation. Ich hab einen in der Klasse, der macht das sogar gerne, und den stauch ich dann schon sehr! oft zusammen, weil ich so was nicht haben kann, der geht auch mit seiner Frau so um.
Also du nimmst es auch nicht einfach hin und hältst den Mund?
Nee, nee.
Das ist dir auch wichtig?
Das ist mir wichtig, dass sie auch gleich behandelt werden. Das ist ja kein Stück Dreck, eine Frau, sondern das ist ein Mensch wie jeder andere auch, und nicht mehr so wie früher, mit der Keule eins überbraten und in die Höhle zerren oder so was. Aber so benimmt der sich halt:

Frau gehört hintern Herd, Frau muss das machen, und ich hab mein Fernsehen. So was kann ich nicht.

Einen Hauch von Überheblichkeit konnte Felix nicht verbergen. Trotzdem setzte er sich doch zumindest von extremer Frauenfeindlichkeit ab. Dieses Engagement für Frauen auf seine Vergangenheit als Frau zurückzuführen, so weit wollte er indessen nicht gehen, sondern fand die Ursache hierfür in seiner „Erziehung":

Felix: Das ist mir von Anfang an eingetrichtert worden, wir sind alle gleich.

Auch Hans sprach die „Gleichheit" der Geschlechter an, als er, ähnlich wie Felix, beschrieb, Frauen zwar auf typisch männliche Art hochzunehmen, aber beteuerte anders als andere Männer dabei, früher die Grenze zu ziehen:

Hans: Ja nicht aufziehen, sondern gucken, wieweit man gehen kann, zwar mit
           aufziehen, aber nicht so derbe, dass das unter die Gürtellinie geht. Das
           finde ich nämlich unfair, das mag ich überhaupt nicht. (...)
           Hast du nicht so ein gutes Gefühl dabei?
           Ja, ich finde das nicht gut. Ich denk mal, dass es Frauen sind, dafür
           können sie nichts, ist nun mal von Geburt her. Und Männer ohne
           Frauen können nicht leben, das geben sie freiwillig zu, aber reden
           schlecht drüber.
           Aber an sich ist es nicht so deins?
           Nein, ich denk mal, alle sind gleichberechtigt, ob es nun Frau oder
           nicht Frau ist.

Für Hans sind Frauen und Männer zwar „von Geburt her" anders, wofür sie „nichts können", sozial sollten sie aber die „gleichen Rechte" haben. Einen gewissen Eigennutz konnte Hans dabei nicht verhehlen: Da die meisten Männer angewiesen sind auf Frauen, wäre es unvernünftig, mit den Provokationen zu weit zu gehen und die Frauen gänzlich zu verärgern.
    Durch das Ausbalancieren frauenfeindlicher Äußerungen im Zusammensein mit anderen Männern gelang es Felix und Hans offensichtlich, sich hinreichend einzureihen in die Welt der Männer, ohne ihre eigenen Wertmaßstäbe aufgeben und damit auch das Wohlwollen der Frauen und vor allem ihrer Partnerinnen zu verspielen.
    Für Ahmed, obwohl in einer sehr konventionellen Umgebung aufgewachsen, waren solche Auspendelungen kein Thema. Zur Frauenfeindlichkeit unter Männern äußerte er sich unmissverständlich:

Ahmed: Ja, ich geb schon mein Wort dazu, ich lass das den schon merken.

Benno wiederum betonte, sich nicht in solchen Kreisen zu bewegen, in denen derartige Äußerungen an der Tagesordnung seien. Und Dirk hatte sich beim Thema, ob er noch weibliche Anteile in sich spüre, eindeutig von dieser Art frauenfeindlicher Witze distanziert:

Dirk: (...) und dass ich auch inzwischen mal für Frauen en Wort ergreife, wenn's um blöde Männerwitze geht. Oder das ist auch son Spruch, den mein Kollege drauf hat, also ich bin da echt konfrontiert immer mit der Männlichkeit, wenn der sagt: Du musst über Frauenwitze lachen können. Ich sage, tut mir Leid, ich hab 30 Jahre in diesem Körper zumindest leben müssen und die sind teilweise echt Scheiße, die Witze, da kann ich nicht drüber lachen. Ist eigentlich nur deine Dummheit, wenn du da drüber lachst. (...) Da wirklich seine Individualität zu haben, ohne sich selber als Mann infrage zu stellen.

Wenn Dirk hier „Individualität" und Mannsein trennt, zeigt sich, wie sehr diese durch stereotypes Mannsein bedroht ist und nur unter Gefahr der Ausgrenzung verteidigt werden kann.

Lars war derjenige, der sich am entschiedensten gegen frauenfeindliches Verhalten von Männern wandte. Abgesehen von seiner grundsätzlich sozialkritischen Einstellung dürften hierbei seine schmerzlichen Erfahrungen als missbrauchtes Mädchen und langjährig gedemütigte Ehefrau eine erhebliche Rolle spielen:

Lars: *Erlebst du denn manchmal in den Männergruppen so eine Frauenfeindlichkeit, dass die so über Frauen herziehen?*
Die werden, also das ist ganz heftig, die sind, also ich bin der Meinung, dass viele, viele Männer, auf dieser, oder hier bei uns in Deutschland oder in [seinem Wohnort] oder wo auch immer, ist ja auch egal, dass die Frauen, also, dass Frauen benutzt werden, halt eben wirklich als Matratze. Mal eben so ne schnelle Nummer oder was und viel zu wenig auf die Frau eingegangen wird. Eben nur, dass die Frau für die Befriedigung des Mannes zuständig ist.
Wenn du mal so ne Art zu reden mitkriegst, sagst du dann was, das passt mir aber jetzt nicht oder sagst du dann nichts?
Würd ich sagen, ja, ja!

Lars lebte sehr unbefangen das, was ihm persönlich gut tat. Da er sich sein Mannsein nicht beweisen und durch andere, insbesondere Männer, bestätigen lassen muss, braucht er auch keine frauenfeindlichen Attitüden und kann so einen kritischen Blick auf die soziale Situation von Frauen allgemein und ihre Behandlung durch Männer im Besonderen werfen. Eine solche Haltung aber fällt gerade transsexuellen Männer oft schwer, meinen sie doch besonders am Anfang ihres Weges, ihr Mannsein auch und gerade über Abgrenzungen und Abwertungen von Frauen untermauern zu müssen. Feld dieser Aktionen ist dabei fast ausschließlich ihr Umgang mit anderen Männern, nicht mit Frauen. Wirklich wohl fühlten sich die meisten der hier befragten Transsexuellen damit jedoch nicht. Viele von ihnen empfanden diese Rituale als schalen Genuss, lästige Prüfung oder einfach als abstoßend. Möglich ist darüber hinaus, dass sie sich - entsprechend den herrschenden Männlichkeitsritualen - im Gespräch mit mir als Mann frauenfeindlicher und männlicher zeigten, als sie es eigentlich sind. Vor dem Hintergrund dieses Verhaltensdrucks unter Männern ist es umso bemerkenswerter, wie viele der hier befragten Männer sich doch davon absetzten und ihrer gefühlten, viel differenzierten Identität Vorrang gaben vor angesammelten Stereotypen und Platitüden.

An den Schluss möchte ich Dirks Überlegungen aus einem anderen Zusammenhang stellen. Sie verdeutlichen sehr anschaulich das Spannungsfeld zwischen Machoverhalten und dem Wissen um die Ursachen von Frauendiskriminierung. Dirk erlebte sich selbst als partiell frauenfeindlich und wusste zugleich, welchen Ängsten diese stereotypen Verhaltensmuster entspringen. Trotzdem fiel es ihm schwer, sie aufzugeben, nicht zuletzt, weil sie Macht und Überlegenheit garantieren. Warum sollte er freiwillig Positionen räumen, die auch ihn endlich zum „Besten" und „Klügsten" machen? Doch schon dieser kleine Traum ist zerbrechlich: Den „absoluten Macho" wird er bei seiner Partnerin nicht geben können, wie sich noch zeigen wird:

Dirk: *Stehst du, standest du mal der Lesbenbewegung nah, den Gedanken, die da*
Nee, eigentlich nicht. Ich bin absolut Macho, merk ich immer mehr, dass ich manchmal fast sag: Frauen ham [in meinem Beruf] nichts zu suchen.
Meinst du das auch ernst?
Ja, in gewisser Weise kann ich's eigentlich selber nicht verstehen. Es ist son Gefühl, ich kann's eigentlich gar nicht begründen, weil ich auch Frauen eigentlich wichtig find [in seinem Beruf]. Vielleicht ist es wirklich nur Vorurteil. Ein Stück Ernst find ich's schon.
Und Gleichberechtigung?
Ja, vielleicht hab ich auch diese typische Männermacke, dass man Frauen degradieren muss, damit sie einem nicht zur Gefahr werden. Ich merk ja auch immer wieder, warum Männer sich so verhalten, wie sie sich ver-

halten: Weil Frauen einfach viel intelligenter sind in gewisser Weise und Männer Kinder sind. Dass man die einfach mit Worten niedermacht oder so, damit man sie nicht akzeptieren muss, damit sie einem nicht zur Gefahr werden oder über einen hinaus wachsen. Selber als Mann ist man ja der Beste und Klügste. Dass dem gar nicht so ist, ist klar.
Das hast du früher nicht gemerkt, warum Männer das so machen?
Ja, ja. Also ich hab's schon gemerkt, fand's eigentlich unmöglich, da konnt ich mich in gewisser Weise mit den Frauen solidarisieren, weil ich immer dachte, was das soll, dass man da immer so niedergemacht wird. Doch, doch, denk ich mal, das ist en Stück, das lern ich jetzt erst kennen, warum das so ist, aber ich! kann's erkennen, ich weiß, warum man sich so verhält.

Unsicherheiten, Offenheit und Akzeptanz

Aufgrund stereotyper Verhaltensmuster sehen sich - auch - transsexuelle Männer im Zusammensein mit anderen Männern oft in Gefahr, durch mangelndes Mannsein als nicht richtige Männer, als Weicheier, Schwule bezeichnet oder eben mit ihrer weiblichen Vorgeschichte entlarvt zu werden. Frauen dagegen fordern stereotypes Mannsein weitaus weniger ein. Für sie ist ein solches Verhalten oft sogar unangenehm, abstoßend und kein Männlichkeitsbeweis. So lehnten die befragten Partnerinnen transsexueller Männer bei der Frage, welche Art von Mann sie sich denn wünschen, Machogehabe ihres Partners eindeutig ab. Hanna etwa, die Hans selbst zu stereotypem Mannsein unter Männern ermuntert hatte, griff ein, als er zu Beginn des Behandlungsprozesses ihr gegenüber zu sehr den Macho herauskehrte:

Hanna: *Ist er männlicher, weiblicher, also weniger männlich geworden? Er hatte mal so ne Machophase?*
Ja, das war schrecklich!
Aber die hat er dann wieder abgelegt?
Ja also ganz schnell! Ganz schnell! (Lacht) Da hab ich dran gearbeitet! (...)
Findest du, dass er es manchmal zu wichtig nimmt, in seinem Auftreten seine Männlichkeit zu zeigen?
Das war! einmal, das ist alle gar nicht mehr.
Das war diese Machophase?
Ja z. B. ne, ne Zeit lang, wie gesagt, da war er dann halt etwas unsicher und so, ne, und, eh, wusste dann halt nicht, wie er jetzt auftreten soll

und wie er sich so geben soll. Aber ich denke mal, er hat inzwischen so seinen level gefunden und das ist o.k.

Hanna war bewusst, dass es „unsichere" Männer sind, die ihr Mannsein besonders betonen. Zu Beginn seiner sozialen Mannwerdung ist deshalb auch der Transsexuelle auf der Suche nach dem „level", der gefühlte Identität und gefordertes Mannsein so einpendelt, dass er selbst sich wohl fühlt und dabei das für ihn unabdingbare Maß an Normalität erreicht. Die Partnerin wirkt dabei als Korrektiv, sie hat einen objektiveren Blick für normale und unauffällige Männlichkeit und kann ihm Hinweise geben, welches Verhalten für die soziale Akzeptanz als Mann nötig ist und welches es vielmehr untergräbt, wie Fraukes Erfahrungen verdeutlichten:

Frauke: Ich hab ihm dann auch manchmal gesagt: Hör mal, das muss nicht sein. Da war er so typisch Macho, so ein richtiger, da hab ich gesagt: Nee Junge, das ist nicht drin, muss nicht sein, mag ich nicht. (...) Ja, ganz am Anfang, ich sag mal, als wir anfingen, dann hat er sich, gut, er war bemüht, sich typisch männlich zu verhalten, aber hat sich dadurch manchmal typisch weiblich verhalten, sagen wir mal, wie eine Frau sich verhalten würde, wenn sie einen Mann spielt.

Anders als Felix spürte Frauke, wann die notwendige Unauffälligkeit des Mannseins durch Übertreibung torpediert wird und damit das „Spiel" einer Rolle enthüllt, die die Frau im Transsexuellen eher entlarvt als zudeckt.

Grundsätzlich müssen Männer gegenüber Frauen zur glaubhaften Darstellung ihres Mannseins offenbar nicht so viele Register ziehen wie gegenüber Männern. Und auch Transsexuelle gehen *bei Frauen offenbar „leichter" als Männer durch als bei Männern.* Dies jedenfalls schilderten viele der hier befragten transsexuellen Männer auf meine entsprechende Frage: Nur einer der Männer (Eike) fand, dies sei leichter mit einem Mann, fünf der Männer sahen diesbezüglich keine Unterschiede zwischen Männern und Frauen, aber immerhin fünf Männer, nämlich Ahmed, Dirk, Lars und Marc hatten eindeutig die Erfahrung gemacht, von Frauen leichter als Mann gesehen zu werden. Und auch Jans Antwort ging letztlich in dieselbe Richtung, wenn man den Verhaltensdruck im Blick hat, den er zuvor unter Männer beschrieben hatte:

Jan: Ich glaube, ich hab immer noch ein bisschen mehr Angst bei Männern. Ob es schwerer fällt, als Mann gesehen zu werden, weiß ich gar nicht, weil da in der Verbindung ist es jetzt auch kein Problem, das sind alles Männer.

Anders als Jan gestand Dirk seine Probleme mit Männern recht offenherzig ein:

Dirk: Dadurch, dass ich noch nicht so viele neue Kontakte habe, fühl ich
        mich noch unter Frauen wohler. Weil ich auch unter Männern noch
        eher die Angst habe, aufzufliegen oder enttarnt zu werden, dass sie
        mich sozusagen wieder degradieren, wenn sie's jetzt wissen würden.
        Wodurch können die dich mehr enttarnen?
        Dass sie wissen, ich denke vielleicht, dass ich auffliegen könnte durch
        meine Sozialisation.

Dirk befürchtete offenbar, durch Einfühlung, Emotionalität und Gesprächsbereitschaft bei Männern mehr aufzufallen als bei Frauen. An sich müssten ihn
diese Eigenschaften bei Männern und Frauen gleichermaßen als ungewohnt
männliche „enttarnen", Frauen aber erleben sie eher als bereichernd, Männer als
bedrohlich. Mannsein und Männlichkeit sind zerbrechlicher als Frausein und
Weiblichkeit. Unsicherheit und Angst fördern Misstrauen und kritische Aufmerksamkeit. Deshalb hatte Dirk in Bezug auf Männer mehr „Angst" vor einer
möglichen „Degradierung" als bei Frauen: Nur im Zusammensein mit anderen
Männern laufen Männer Gefahr, zu Frauen, Tunten, Schwulen, Weicheiern etc.
abgewertet zu werden. Ihre grundsätzlich sicherere geschlechtliche Identität
macht es Frauen tendenziell leichter, die Geschlechtsrollen weniger starr zu
interpretieren und damit gelassener und interessierter auch mit etwaigen Männ-
lichkeitsdefiziten transsexueller Männer umzugehen.

Bei der Frage, *ob eher Frauen oder Männer die Transsexualität akzeptierten*, ta-
ten sich sehr komplexe Strukturen auf. Dabei standen die verschiedensten
Ausdrucksformen von Akzeptanz, erneut stereotype Männlichkeitsbeweise,
Nähe und Distanz sowie emotionales Engagement versus Pragmatismus in
Beziehungen im Vordergrund. Zunächst waren sich die meisten Befragten
keiner Unterschiede zwischen den Geschlechtern bewusst. Erst auf mein
Nachhaken hin wurden diese ihnen deutlicher und sie knüpften sie in Hinblick auf die Männer wieder vorrangig an die Stereotypien von Männlichkeit,
wie etwa bei Hans:

Hans: *Fühlst du dich denn eher von Männern oder von Frauen in deinem Mannsein
        akzeptiert?*
        Das ist kein Unterschied, für mich nicht, was die andern davon halten,
        weiß ich nicht, hab ich nie gefragt.
        Auch von den Reaktionen her könntest du es nicht direkt sagen?
        Nee. (...) Ich mein, Frauen verarbeiten das irgendwie schneller, Männer
        brauchen ein bisschen. Dann muss man schon mit denen ein bisschen
        trinken, dann passt das.

Also Frauen ham es leichter, denkst du?
Ich finde, Frauen ham es leichter.
Die können dich besser akzeptieren?
Ich hab das Gefühl, die können das besser verarbeiten. Männer sind ja robust, und wenn du dich nicht mindestens fünf mal geprügelt hast in deinem Leben und mindestens 20 mal besoffen warst so ungefähr, bist du auch kein Mann. Das ist halt so. Dann muss man denen zeigen, dass man halt die Kraft hat, weil die ja denken, du bist zwar en Mann vom Körperbau, aber Kraft hat er eh nicht. Dann muss man denen irgendwann das zeigen und dann ist gut, dann ham sie auch Respekt vor dir, das geht dann auch.

Nur durch stereotype Männlichkeitsbeweise „passt" Hans in die Welt der Männer. Wo es dagegen weniger zu beweisen gilt, so bei den Frauen, passt es viel „schneller". Auch Marc sah sich wieder mit den Stereotypien des Mannseins konfrontiert:

Marc: *Hast du es so erlebt, dass es Unterschiede gibt, wie Männer reagieren und wie Frauen reagieren, wenn du denen sagst, dass du transsexuell bist?*
Ja, ich sag mal so, mit diesen richtigen Männern, da hab ich nicht viel zu tun. Die sagen dann auch schon mal viel. Die sagen, ich wär schwul oder so, weil, die wissen das dann nicht. Durch meine Art und Weise, wie ich mich eben bewege oder wie ich rede, ich weiß es nicht.
Also das ham dir schon Männer gesagt?
Ja. Und das fand ich dann natürlich nicht so gut.
Das magst du nicht hören?
Nee.

Die Einordnung als Schwuler stellte Marcs Mannsein infrage, offenbar, weil er selbst Schwulsein mit mangelnder Männlichkeit oder mit einer Art von Mannsein assoziiert, die er für sich ablehnt. Frauen dagegen schienen ihn nicht in solche Abgrenzungsprobleme zu stürzen, jedenfalls berichtete er nicht davon. Auch Lars benannte erst auf mein Nachhaken hin und eher indirekt die Akzeptanzprobleme wiederum stereotyp agierender Männer:

Lars: *Gibt es denn bei den Reaktionen in Bezug auf deine Transsexualität Unterschiede zwischen Männern und Frauen?(Stöhnt)*
Nee, eigentlich nicht, glaub ich nicht. (...)
Gibt es denn Unterschiede darin, wie du dich von Männern oder von Frauen in deinem Mannsein akzeptiert fühlst?

Manchmal, wenn ich so in der Straßenbahn sitze z. B. (...) und wenn dann solche Jungs kommen oder Männer kommen, die sich so total, die eigentlich denken, ja, ich bin der Hecht und gucken mich dann an, weiß ich nicht, was die über mich denken, dann fühl ich mich schon unsicher, ein Stückchen.

Lars koppelte also stereotypes und dick aufgetragenes Mannsein auch ohne konkrete Diskriminierungserfahrungen unmittelbar an potentielle Intoleranz und mangelnde Akzeptanz seines eigenen, eher zerbrechlichen Mannseins. Auch in diesem Zusammenhang sind also Männlichkeitsstereotypien die größten Unsicherheitsfallen für transsexuelle Männer.

Kurt ging zunächst ebenfalls von der gleichen Akzeptanz bei Männern und Frauen aus, bis ihm bewusst wurde, von Männern hierzu bislang keinerlei direkte Rückmeldung erhalten zu haben. Vielmehr hatte er allein ihr Stillschweigen bereits als Akzeptanz gedeutet:

Kurt: *Fühlst du dich denn mehr von Männern oder von Frauen in deinem Mannsein oder auch in deiner Transsexualität, wenn sie es wissen, akzeptiert?*
Ja, ich denke mal, da ich momentan nur mit wenigen Leuten Kontakt habe, gibt es da, gibt es da, kann ich da keinen Strich ziehen, weil die, mit denen! ich zu tun habe, die stehen
Für die ist das o.k.?
Für die ist das o.k.
Und als du es offen gemacht hast, ich gehe jetzt diesen Weg, haben da die Männer oder die Frauen verständnisvoller reagiert?
Ich hab mich da, glaube ich, mit Männern, wüsste ich jetzt gar nicht, großartig drüber unterhalten, wenn überhaupt, sind das eher Frauen gewesen, die mich gefragt haben.
Die dann auch von sich aus kamen?
Ja ja! Wie läuft das denn so und was machst du denn da.

Kurt setzte offenbar einfach voraus, von Männer akzeptiert zu werden, auch wenn sich bisher keiner von ihnen zu seiner Transsexualität geäußert hatte.
Das Thema nicht anzusprechen, sondern den Sachverhalt einfach hinzunehmen, scheint eine typische Reaktion für Männer zu sein - zumindest gilt dies für die Erfahrungen der hier Befragten. Frauen dagegen bekundeten meist über direkte Fragen ihr Interesse an der Behandlung und damit an der Person des Transsexuellen. Diese unterschiedliche emotionale Beteiligung von männlichen und weiblichen Bekannten spielte in den Schilderungen der Befragten immer wieder eine Rolle. Die transsexuellen Männer bevorzugten dabei mal mehr die männliche, mal mehr die weibliche Art zu reagieren.

Dirk etwa betonte, er schätze es, wenn die Frauen Gespräche über seine Transsexualität suchten, dann wisse er wenigstens, woran er sei:

Dirk: Dann (...) ham die Leute mich öfter auch drauf angesprochen, die fanden das alle ganz interessant. Die Frauen finden das immer interessanter als die Männer oder die sprechen einen eigentlich immer eher an, von sich aus. Die Männer machen immer eher so Abstand: Am besten will ich nicht drüber reden, aber akzeptieren einen schon. (...) Die können das halt nicht so verbalisieren.
Was gefällt dir denn besser, wie die Frauen oder die Männer damit umgehen?
Die Frauen! Weil die einem auch wirklich sagen, wenn sie damit Probleme haben. Ich find's gut, wenn darüber geredet wird, weil ich hab ne sehr hohe Toleranz und ich kann sagen: O.k., ich akzeptier das, dass du damit Probleme hast. Aber ich kann's nicht leiden, wenn's hinterm Rücken ist und ich nichts dagegen sagen kann.

Dirk fühlte sich durchaus auch von Männern akzeptiert. Ihr Verstummen interpretierte er als typisch männliche Unbeholfenheit auf der kommunikativen Ebene. Unklar blieb dabei aber für ihn, ob diese Männer ihn tatsächlich akzeptierten oder nicht doch hinter seinem Rücken über ihn redeten, also lediglich die Auseinandersetzung scheuten. Glaubwürdig war für ihn dagegen die Akzeptanz auch ohne Aussprache beim Freund seiner Mutter, dem er in einem Brief seine Situation geschildert hatte:

Dirk: Ihr jetziger Lebensgefährte, dem hat sie das nie gesagt. (...) Und er ist typisch Mann, er redet nicht drüber. Das nächste Mal: Na Alter, und dann Dirk. (...) Der redet nicht über Gefühle, der setzt das einfach um.

Ähnliches hatte Frauke mit ihrem Vater erlebt, der im Gegensatz zu ihrer Mutter auf das Offenlegen ihre Beziehung und von Felix' Transsexualität recht gelassen reagiert hatte:

Frauke: Wobei mein Vater, der hat sofort, die ham mich nach Hause gebracht, und er war natürlich auch da, und er hat sofort Felix gesagt, wobei er vorher auch Friederike gesagt hat. Er hat sich also sofort damit angefreundet, er hatte da, glaube ich, nicht so wahnsinnig viele Probleme.

Ob dies nun für Fraukes Vater gilt oder nicht: Bei manchen Männer ist zu vermuten, dass sie es sich, indem sie die direkte Konfrontation meiden, einfach nur leicht machen und das emotionale und verbale Engagement ihren Frauen überlassen.

Für Britta, Doris und Laura waren es eindeutig die Frauen, die sie als toleranter erlebten. Alle drei äußerten sich im Tenor wie Britta:

Britta: Ich würde denken, dass Männer und Frauen unterschiedlich reagieren. Frauen reagieren toleranter als Männer.
Denkst du das oder ist das ne Erfahrung, die du gemacht hast?
Ich denke es und kann es aus wenigen Erfahrungen eben auch halt bestätigen. Die wenigen Erfahrungen sind sicherlich nicht repräsentativ. Das ist einfach so mein Gefühl, dass Frauen sowieso toleranter sind als Männer.

Gerda stellte ihre Auffassung zu diesem Thema sehr differenziert - und etwas konfus - dar:

Gerda: *Gibt es denn Unterschiede bei den Reaktionen zwischen Männern und Frauen?*
Also bei den Leuten, mit denen ich! gesprochen habe, fand ich das nicht so. Ich weiß aber eben, oder hab das auch mitgekriegt. So ist es z. B. bei meinen Eltern, dass die Männer das immer eher akzeptieren können, wenn es sich jetzt nicht so um so engere Freunde handelt, sondern wirklich mehr so um so Bekannte bzw. im Arbeitsumfeld oder auch so in der Gemeinde oder so, dass, wenn!, eigentlich eher die Frauen Probleme damit haben, die Männer eigentlich weniger. (...) Aber so jetzt z. B. bei meinen Freundinnen könnte ich das nicht! bestätigen.

Mit Ausnahme ihrer Freundinnen hatte Gerda offenbar erlebt, dass Frauen durchgängig mehr „Probleme" bei der Konfrontation mit Gerds Transsexualität hatten, egal ob nahe stehend oder weiter entfernt. Männer dagegen taten sich ihrer Erfahrung nach insbesondere dann leichter, wenn sie dem Transsexuellen nicht so nahe stehen. Ursache hierfür könnte sein, dass Frauen grundsätzlich emotionaler in eine Beziehung involviert sind, sich also prinzipiell tiefer auf sie einlassen als Männer, was durch Eikes Schilderungen bestätigt würde:

Eike: Wenn ich jetzt so diesen Nachbarn angucke, also der hat das leichter aufgenommen als seine Frau. (...) Für die Männer ist das irgendwie leichter, dann kriegen sie noch einen Kumpel dazu, hat der Nachbar auch gesagt, ist doch toll. (...) Und hier so, die Nachbarn, die Frau, die hat gesagt: Oh Gott, oh Gott, oh Gott, oh Gott, die Schmerzen. (...) Na, sagt sie, jetzt musst du erstmal rein, jetzt musst du erst einmal einen Weinbrand trinken, auf diesen Schock.

Dieser Unterschied zeigte sich auch bei einer ganz spezifischen Reaktion mancher Außenstehender, nämlich wenn diese direkt den Bereich der Sexualität ansprachen: Auch hier gingen die Männer das Phänomen Transsexualismus eher pragmatisch, körperlich-sexuell und technisch an, während die Frauen wieder mehr den emotionalen Bereich und die weitere Lebensplanung des Paares hervorhoben:

Hans: Ich sag mal, ein Kumpel von mir, der findet das witzig. (...) Der hat gefragt, wie die Operation funktioniert und, ich sag mal, die Männer ham ja nun mal nen Ständer, sagt er, wie machst du das denn. Dann hab ich erstmal gesagt, ich kann immer und ewig, ich hab nen Silikonstab, dann klick ich da dran und dann steht er: Pohh, will ich auch haben, he, das ist schon, da merkt man schon, dass die neidisch sind.

Hans ging hier auf der Ebene der typisch männlichen, die Emotionen überlagernden Kommunikation mit und konnte so vom Technischen her seinen „Kumpel" sogar übertrumpfen. Hanna bestätigte Hans' Erfahrungen und beschrieb ihre ganz anderen Erlebnisse mit Frauen:

Hanna: *Gibt es denn bei den Reaktionen, also wenn Leute von seiner Transsexualität erfahren, Unterschiede zwischen Männern und Frauen?*
        Ja, also Männer sind meistens sehr neugierig, sag ich mal, was das OP-Technische anbelangt. Die liegen dann meistens unterm Tisch, wenn die dann hören: Wie, du kannst immer!! (...) Dann ist Hans auch irgendwo ein bisschen stolz darauf und sagt von wegen: Ja, ich konnte mir auch die Länge aussuchen! (...) Ja, und die Frauen wiederum, (...) die kommen dann eher so zu mir und quetschen mich! aus: So, sag mal, wie ist denn das. Sag mal, du warst doch vorher auch so, so, ich mein, in mit nem anderen Mann zusammen, ist das genau!! so!!? (Lacht)
        Es interessiert die beide besonders die Sexualität?
        Ja, genau, auch so, wie funktioniert das, wie klappt das.
        Frauen und Männer?
        Ja, eigentlich schon, während Frauen auch mehr so, so nach dem Seelischen fragen, die so: Ja wie, hast du denn da keine Probleme mit, dass das mal ne Frau war?! Ne, so, ne.

Die Frauen beschäftigten sich viel offener als die Männer damit, wie die Betroffenen - in diesem Fall die Partnerin des Transsexuellen - diese besondere Situation emotional und sexuell erlebt und verarbeitet haben. Für sie stand also die gesamte, spezifische Wirklichkeit des Paares im Blickpunkt und nicht nur der rein körperliche Aspekt. Diese Erfahrung machte auch Frauke. Ihre weiblichen Bekannten waren vorwiegend mit eher weiblichen Themen befasst:

Frauke: *Wenn ihr das erzählt habt, gibt es da unterschiedliche Reaktionen bei Männern oder Frauen, oder haben die eher gleich reagiert?*
Ja, Männer haben eigentlich mehr so reagiert: Ja kannst du denn dann später, kriegst du auch nen Ständer?! (Lacht) So auf dieser Art und Weise. Und die Frauen eigentlich auch so, aber mehr dann: Ja, wenn du meinst, das ist o.k., dann ist das o.k., so. Ham dann aber mich gleichzeitig gefragt: Wie ist das denn mit Kindern dann, wenn die Gebärmutter raus ist, produziert ja auch keine Hormone, kommt ja auch nix, wie wollt ihr das denn machen, so in der Art.

Neben dem tiefer gehenden Interesse an dem, was auch Frauke vorrangig beschäftigte, nämlich ihrem Wunsch nach Kindern, gaben nur die Frauen ein O.K. zu ihrer Entscheidung, mit einem Transsexuellen zu leben, was ihr sicherlich gut tat.

Gerd bestätigte, dass es Männer in weniger engen Beziehungen leichter fällt, seine Transsexualität zu akzeptieren. Ebenso hatte er erlebt, wie sich das größere emotionale Engagement gerade auch bei ihm nicht so nahe stehenden Frauen zu regelrechten Gefühlswirren ausweiten kann. So beschrieb er, dass die Mütter von Kindern, mit denen er beruflich arbeitete, besorgt waren, ihre Kinder könnten durch die Konfrontation mit Gerds Transsexualität Schaden nehmen. Und zwei Frauen mit „Totaloperation" hatten große Probleme speziell mit der körperlichen Seite der Behandlung:

Gerd: Und die hat es einer Kollegin gegenüber einfach mal gesagt: Ich kann das gar nicht aushalten, der Gerd geht da hin ins Krankenhaus und ich selber fand das für mich bis heute so schlimm, und der macht das Gleiche.

Durch irrationale Ängste und Identifikationen ließen diese Frauen Gerds Transsexualität näher an sich heran, als es ihnen gut tat, und auch, als real angemessen war. So konnten sie Gerd nur noch mit Skepsis und Abwehr begegnen. Aber auch weniger individuelle, jedoch ebenso emotionale Auslöser sah Gerd als Grund für potentiell größere Probleme auf Seiten der Frauen. Manch eine nämlich bewertete seine Entscheidung als Verrat an der Sache der Frauen:

Gerd: Und dann, das hat mir mal hier ein Kollege gesagt: Das ist auch ganz klar, dass du, wenn du Probleme hast, hast du sie mit Frauen und nicht mit Männern, weil durch das, was du machst, weil du wechselst ja die Seiten, objektiv gesehen, hofierst du die Männer und kränkst die Frauen. Du sagst ja eindeutig, jedenfalls für die kann es so ankommen, dass du das nicht willst, was sie sind.

Als Abwertung?

Als Abwertung! Und was mir noch auffällt, (...) ich weiß nicht, was ist das Gegenteil von Solidarität, (...) also ich weiß hier, dass es zumindest zwei sind, die sich ganz stark erhofft haben, jetzt kommt ne Frau dazu. Wir sind hier auch ziemlich stark männerdominiert, und die solidarisiert sich mit uns und unseren Gefühlen und unseren Anliegen, und peng!, das war es nicht.

Diese „Kränkung" durch den vermeintlichen Verrat schlägt transsexuellen Männern insbesondere von feministischer Seite entgegen. Für Feministinnen wechselt der Transsexuelle nicht nur die Seiten, sondern entwertet hierdurch die Frauen und „solidarisiert" sich mit dem politischen Gegner.

Sobald also gerade dem Transsexuellen nicht so nahe stehende Frauen aufgrund spezifischer Umstände - etwa durch Identifikation oder Angst - stark gefühlsmäßig aufgewühlt werden, fällt es ihnen offensichtlich schwerer als Männern, die Entscheidung einer Frau zu akzeptieren, den Weg zum Mann zu gehen: Dann verfügen sie nämlich zum einen nicht über die Nähe, die Entscheidung aus seiner Persönlichkeit heraus direkt nachvollziehen zu können, haben aber zum anderen auch nicht die innere Distanz, ihre Gefühle heraus zu halten. Entfernter stehenden Männern dagegen gelingt es offensichtlich eher, sich gar nicht erst gefühlsmäßig zu verwickeln. Entweder sie handeln die Angelegenheit auf der pragmatischen Ebene ab und sehen deshalb keinen Anlass für Gespräche oder aber sie fordern von den neuen Männern hinreichende Männlichkeitsbeweise. Sind diese erbracht, gibt es für sie dann wieder keinen Grund mehr für einen verbalen Austausch. Und auf der engeren freundschaftlichen Ebene kommt ebenfalls die stärkere emotionale Beteiligung von Frauen zum Tragen: Mit Toleranz und Verständnis gehen sie dann auf die ihnen nahen Betroffenen zu, wollen ihre Motive verstehen und bieten Unterstützung an. All diese Fähigkeiten lassen Männer eher vermissen, was sie unbeholfen macht in einer tendenziell emotional aufgeladenen Situation, so dass sie es vorziehen zu schweigen.

Der veränderte Umgang

Auf meine entsprechende Frage speziell an die transsexuellen Männer, beschrieben die meisten von ihnen keine (Ahmed, Felix, Kurt) bis wenige *Veränderungen in ihrem Verhältnis zu Männern bzw. zu Frauen*. Lediglich Gerd und insbesondere Dirk hatten sich schon vor dem Gespräch mit dieser Thematik beschäftigt und listeten einige zum Teil einschneidende Modifikationen in ihrem Leben auf. Und Hans fielen auf mein Nachhaken hin Veränderungen ein, an die er zunächst nicht gedacht hatte. Diese insgesamt geringfügigen Verschiebungen im Verhältnis zu den Geschlechtern sind auf dem Hintergrund des doch massiven Einflusses des Geschlechts auf das soziale Agieren kaum nachvollziehbar und selbst bei Berücksichtigung einer recht unproblematischen Integration von Frau-zu-Mann-Transsexuellen nur auf fehlende Reflexion, Verdrängen oder Vergessen zurückzuführen. Gerade Dirks Erfahrungen verwiesen nämlich auf vielfältige, jedoch ohne entsprechende Sensibilisierung leicht zu übersehende Umwälzungen in den Interaktionen, die auch an den anderen transsexuellen Männern nicht spurlos vorbei gegangen sein dürften. So stellte Dirk schon von sich aus fest:

Dirk: Und was ich wirklich auch total interessant finde: Dass Frauen einen anders behandeln, Männer einen anders behandeln.

Die beschriebenen Veränderungen gruppieren sich im Wesentlichen um zwei Kernpunkte. Zum einen wurde die Selbstverständlichkeit der Zugehörigkeit zur Gruppe der Männer hervorgehoben, zum anderen veränderte sich die Art und Qualität der Aufmerksamkeit der Frauen. Mit Frauen gewann und mit Männern verlor die erotische Komponente an Bedeutung. Und durch die Verlagerung der erotischen Komponente, also des spezifischen heterosexuellen Bezuges, wurden die transsexuellen Männer von bestimmten sozialen Handlungen ausgegrenzt und in andere einbezogen.

Basis für alle Umstrukturierungen war wiederum die Polarität, die nun deutlicher zum Tragen kam. Bewegten sich die transsexuellen Männer jahrelang zwischen sozialem Frausein und gefühltem Mannsein und verwischten damit die Geschlechtergrenzen, wurden sie nun auch von ihrem Umfeld eindeutig als Männer eingestuft. So hob Gerd auf meine Frage denn auch die von ihm als Eindeutigkeit verstandene Polarität als vorrangige Veränderung hervor:

Gerd: *Hat sich denn dein Verhältnis zu Männern oder auch zu Frauen verändert durch die Behandlung, also dadurch dass du auch nach außen hin vollständig ein Mann bist?*

Ja! Hat sich schon. Es ist viel eindeutiger, viel klarer. Auch die Frauen, die sich an mir reiben und mich vielleicht irgendwie Scheiße finden (lacht), das was ich mache, aber akzeptieren mich dennoch als Mann, gerade auch in der Ablehnung.
Also klare Fronten?
Klare Fronten! Ganz klar! Und so von den positiven, den positiven Erlebnissen ist es einfach auch schön, dass es auch klar ist. Also ich habe heute gerade von [einer Kollegin] ein Kompliment gekriegt, (...) das ging runter wie.

Die Klarheit der Abgrenzung zog für Gerd unmittelbar die erotische Aufmerksamkeit von Frauen nach sich, von Frauen, bei denen er sich früher hätte abmühen müssen, überhaupt einen Blick zu erhaschen:

Gerd: Blickkontakt, den darf ich gar nicht mehr pflegen, es sei denn, ehm ich wollte was.
Das ist dann schon Anmache?
Es ist Anmache, es ist zumindest Flirt.
Da merkst du schon Veränderungen bzw. da musst du dich auch erstmal drauf einstellen?
Ja, am Anfang war mir das nicht aufgefallen, dass das so wirkt. So wie Gerda es gestern, glaube ich, erklärt hat: Ich musste, also was für mich! vor, vor, sagen wir mal, fünf Jahren auch vom Gegenüber akzeptiert als Höflichkeit oder auch als Beziehungsebene klar war und o.k. war, ist heute Anmache, also ich kann da ne ganze Ecke runter schrauben.

Aufgrund der fortwährend virulenten erotischen Komponente zwischen Männern und Frauen musste Gerd sich zurücknehmen, um nicht aus seiner neuen Rolle zu fallen:

Gerd: Weil die Spielregeln jetzt verändert sind.

Diese Spielregeln, das heißt mehr die Regeln als das Spiel, musste Gerd erst einmal verstehen und angemessen umsetzen lernen, d. h. er musste sich klar machen, dass er nun auch von außen als Mann gesehen und seine Aktionen entsprechend bewertet wurden, wodurch etwa aus „Höflichkeit" „Anmache" wurde. Auch Marc hatte die - reizvolle - Erfahrung gemacht, dass Frauen ihm nun ihre Aufmerksamkeit allein deshalb schenkten, weil er für sie jetzt ein Mann war:

Marc: Ja, bei Frauen komme ich jetzt besser an, so. Ich merk halt schon, wenn die einen beobachten. (...) Manchmal sprechen die mich auch an oder flirten mit mir. Doch, das hat sich schon zum Positiven geändert.

„Positiv" ist für Marc, von Frauen jetzt ohne sein Zutun das zu bekommen, was er sich schon immer gewünscht hatte und was für ihn selbst von Jugend an stimmig war. Dieses Gefühl des stimmigen Platzes gewinnt nun objektive Realität im Umgang mit Frauen, seine Wahrnehmung wird endlich von diesen geteilt.
Bis zu seinem sozialen Geschlechtswechsel hatte auch Jan im Zusammensein mit Frauen eine von der Wirklichkeit seines sozialen Umfeldes ausgehende Unstimmigkeit erlebt. Als er über die von ihm geschätzten „alten Traditionen" sprach, beschrieb er, wie es ihm ergangen war, wenn er sich damals Frauen gegenüber als Kavalier erweisen wollte:

Jan: Ja, also hatte ich früher immer Schwierigkeiten mit, ich musste mich
         immer zusammenreißen, dass ich Frauen nicht in den Mantel geholfen
         hab und Türen aufgehalten hab.
         Weil die das nicht wollten?
         Weil ich mir selber dann auch eigentlich doof vorkam. Als Frau für ne
         Frau ist das immer ein bisschen schwachsinnig. Aber jetzt ist das kein
         Problem, ne, jetzt darf ich das oder kann ich das.

„Als Frau" erschienen Jan solche Kavaliergesten „schwachsinnig" und deplatziert. Als Mann dagegen stützen ihn nun die sozialen Konventionen: Jetzt „darf" er endlich das tun, was von seinem Gefühl her schon immer stimmig für ihn war. Hans beschrieb eine solche Unstimmigkeit und daraus resultierende Verunsicherungen in Bezug auf Gespräche, die er sowohl mit Männern als auch mit Frauen nie zu führen wusste, was ihn oft zum für alle Beteiligten unangenehmem Schweigen verdammte:

Hans: (...) weil ich nicht wusste, was ich erzählen sollte oder so. Die andern
         wussten, dass ich Frau bin, und die Frauen konnten mich eben
         nirgendwo einordnen. Also ham sie sich mit mir auch nicht unterhalten, über Schminke oder so. Und so standen wir immer so, na ja, man
         hat nix zu erzählen.

Damals gehörte er weder zu den Männern noch zu den Frauen. Jetzt, da er auf einer der Seiten angekommen ist, herrscht Klarheit: Alle wissen um die passenden Themen und *Hans* ist froh,

dass ich jetzt auch mehr mit denen reden kann als früher.

Denn Frauen besprechen mit Frauen „automatisch" andere Themen als mit Männern, auch für Benno eine solche Selbstverständlichkeit, dass er die unterschiedlichen Gesprächsinhalte gar nicht genauer benennen konnte:

Benno: Ja, die Gespräche werden ja automatisch anders, wenn die Frauen mich auch als Frau oder als Mann sehen.
Was hast du denn da für Unterschiede erlebt?
Ich meine, die reden ja dann ganz anders. Frauen unter Frauen unterhalten sich ja anders als Frauen unter Männern.
Hast du das denn schonmal erlebt, Frauen unter Frauen?
Weniger, weil ich hatte früher ja weniger Kontakt mit so Frauen so.
Und jetzt als Mann?
Dann erzählen sie mir nicht alles.

Dirk schilderte eine ähnliche Erfahrung. Durch sein Interesse, über diese Thematik nachzudenken, aber auch wegen seines unbelasteteren Umgangs mit seiner weiblichen Geschichte, wurde bei ihm sehr deutlich, wo und wie die Schnitte in der Interaktion gesetzt wurden:

Dirk: Beim workshop da (...) hatte ich mich zu den Frauen gesellt (lacht), aus meiner Sozialisation heraus, und merkte, ich wurde ausgegrenzt. Die wollten nicht, dass ich dabei bin. Die wollten sich alleine untereinander unterhalten und wollten keinen Mann haben. Das war für mich ne neue Erfahrung. Ich denke, was ist denn jetzt! los, man gehört nicht mehr dazu.
Ist auch ein Verlust?
Ist ein Verlust, ja. Man hat nicht mehr dieses Intime, was man sonst hatte, ziemlich schnell. Allerdings, was ein Zugewinn ist, ist von den Männern als Mann, Kumpel gesehen zu werden, ohne! dass sie gucken, das war die größte Erleichterung.

Dirk bezog sich im sozialen Kontakt immer mehr auf Frauen und dies blieb auch nach Beginn seiner Behandlung so. Umso mehr muss er die Ausgrenzung durch Frauen wie einen Rauswurf erleben. Aufgrund seiner „Sozialisation" könnte er bei ihren Gesprächen durchaus noch mithalten, er kennt ihre Themen und die Art ihres Umgangs. Nun aber ist er ausgeschlossen, und zwar ebenso selbstverständlich, wie er jetzt ihr potentieller erotischer Partner ist. Außenstehende mag befremden, wenn Dirk dies als „neue Erfahrung" bezeichnet. Dabei muss man bedenken, dass er für sich selbst ja immer schon Mann war. Das „Neue" ist also, sich permanent vor Augen zu halten, dass dies für die anderen jetzt auch so ist und dass sich dadurch für diese - anders als für ihn - sehr viel verändert hat. Er muss also deren „neue" Sicht- und Erlebnisweise fortwährend präsent haben.

Wie Dirk empfand es auch Lars als „angenehm", von heterosexuellen Männern nicht mehr als Objekt der Begierde betrachtet zu werden. Da er in zwei Ehen mit zwei von ihm geborenen Kindern sozial recht eindeutig als Frau gelebt hatte, waren für ihn die Verschiebungen weniger irritierend als für Dirk: Er beobachtete, wie sich seine auch für ihn partiell neue Wirklichkeit zunehmend in sein soziales Umfeld eingrub und die Wahrnehmung umstrukturierte. So beschrieb er dieses andere Schauen der Geschlechter aufeinander als die für ihn faszinierendste Erfahrung:

Lars: Nicht nur der Mann guckt nach der Frau, sondern die Frau guckt auch ganz schön nach dem Mann, also das ist mir aufgefallen und so. Und die Heteromänner, ich sag ja, die beachten mich gar nicht mehr. Wenn ich jetzt z. B. auf der Straße bin und es kommt mir einer entgegen oder so, der geht an mir vorbei, so, das ist, der sieht mich von weitem, da kommt ein Typ und o.k., so. Da wird sich nicht mehr umgeguckt oder irgendwie so, sondern das ist o.k.. Das ist schon angenehm, so. Aber, sag ich mal, auf dieser Schiene so: Huch, wer bist denn du!? Irgendwie so, so, wenn mir jetzt ne Frau! entgegenkommt oder in der Straßenbahn oder was weiß ich so.

Lars' nun auch an seinem Äußeren sichtbares Mannsein führte zur verstärkten Wahrnehmung von Frauen und durch Frauen auf der einen und zur gänzlichen Missachtung durch Männer auf der anderen Seite. Erlebnisse ähnlicher Beiläufigkeit und Ignoranz von Seiten der Männer schilderte auch Dirk:

Dirk: Die Männer betrachten mich nicht mehr, die beachten mich nicht mehr.
        Mehr so ganz selbstverständlich?
        Ja, so dass du, wenn du an ne Rolltreppe kommst, da abgedrängt wirst oder die Tür vor der Nase zugeknallt bekommst (lacht). (...) Oder wenn's um's Begrüßen geht, (...) da muss ich jetzt langsam mal draus lernen, sonst mach ich mich da zum Idioten: Wenn ich mit ner Frau zusammen bin und en Mann kommt auf uns zu, dann begrüßt der zuerst die Frau, ist ganz klar. Ich denk mir nichts bei, ich reich die Hand und wunder mich, warum der an mir vorbei geht (lacht).

Dirks erfrischende Offenheit verdeutlicht anschaulich die Diskrepanz zwischen alten Gewohnheiten und neuen Erfahrungen, aber auch unumgänglichen Erfordernissen. Gelernte Konventionen erweisen sich gerade im Umgang der Geschlechter untereinander oftmals als hartnäckiger und entlarvender als manche körperlichen Defizite. Versüßt wurden auch Dirk derartige Unzulänglichkeiten in der Interaktion durch das Desinteresse der Männer an ihm:

Dirk: Aber es ist eben total schön, weil ich jetzt eben von den Männern so behandelt werde, wie ich's immer wollte: Dass diese sexuelle Geschichte da endlich weg ist. (...) Du musst deine Identität nicht beweisen, dass du was wert bist, indem du dich definierst ihm gegenüber, sondern du bist jetzt wer! Und das zweifelt auch keiner an, das wird so angenommen.

Nicht nur das Ende des sexuellen Blicks der Männer, sondern gerade auch ihr ruppiges und ignorantes Verhalten war für Dirk eine Bestätigung seines Mannseins auf einer sehr existentiellen und nicht nur beiläufigen Ebene: Weil auch die anderen Männer sich gegenseitig weitgehend übersehen, kann er sicher sein, nun wirklich dazuzugehören. Und diese Sicherheit garantiert ihm, endlich und ohne Zweifel „wer" zu sein, etwas erreicht zu haben, was er schon „immer wollte". Lediglich in die unauffällige Selbstverständlichkeit dieses Verhaltens muss er sich noch einfinden.

Natürlich besteht der Umgang unter Männern nicht nur darin, sich gegenseitig zu überrennen. Dirk hatte es bereits angesprochen: Wo er die Intimität mit Frauen verloren hatte, gewann er Männer als „Kumpel" hinzu, wurde von ihnen als Kumpel „gesehen". Der „Kumpel" taucht in den Gesprächen mit einigen der transsexuellen Männer immer wieder auf. Auch er enthält etwas von diesem unauffällig Selbstverständlichen und signalisiert sowohl Verbundenheit als auch eine gewisse Unverbindlichkeit und trotzdem Verlässlichkeit im Kontakt. Ein Kumpel ist kein Freund, jedoch mehr als ein loser Bekannter. Vom etymologischen Ursprung her bezeichnet der Begriff einen Kameraden, zunächst im Umfeld des Bergbaus, dann übertragen auf die Soldatensprache. In seiner Unkompliziertheit und Ruppigkeit ist es ein typisch männlicher Begriff, wenn er auch zunehmend von Frauen benutzt und auf Frauen gemünzt wird. Wenn die transsexuellen Männer erzählten, einen Kumpel gewonnen zu haben, blieb diffus, worin dabei eigentlich der Gewinn lag. Womöglich war es gerade dieses Unkomplizierte und Einfache im Kontakt, dieses von manchen angeführte typisch Männliche eben, ohne schon etwas über Inhalte und sonstige Qualitäten dieses Kontaktes auszusagen:

Eike: Die Männer sehen einen, das ist jetzt einfacher, du bist da jetzt
           irgendwie ein Kumpel. Sonst wurdest du ja nicht so angesehen, auch
           vorher, wenn sie wussten, ja gut, ist ne Frau, ist zwar burschikos,
           aber trotzdem, warst du nicht richtig da mit drin, und das ist jetzt
           anders.

Kumpel zu sein scheint nicht mehr und nicht weniger zu bedeuten, als
selbstverständlich und ohne weitere Fragen dazuzugehören, „mit drin",
nicht mehr ausgeschlossen zu sein, als Gleicher unter Gleichen „angesehen"
und akzeptiert zu werden. Damit ist die Erfahrung, für andere Männer ein
Kumpel zu sein, für transsexuelle Männer eine wichtige und weitere Bestätigung ihres Mannseins. Erst jetzt, erst durch diese uneingeschränkte Akzeptanz seines Mannseins und seines Gleichseins mit den anderen Männern, ist
Eike ein Kumpel. Vorher, als „burschikose" Frau, langte es dazu noch nicht.
   Der Anerkennung als Kumpel gehen jedoch ebenso selbstverständlich
und unausgesprochen, letztlich aber unerbittlich, spezifische Anforderungen
voraus. Gleicher unter Gleichen ist man nur, wenn man die gleichen, eben
männlichen, Fähigkeiten und Interessen wie die anderen Kumpel seines
spezifischen Umfeldes beweist. In Hans' rigide und stereotyp strukturiertem
Milieu sind diese Anforderungen klar definiert:

Hans: Ja, man wird jetzt von Kumpels anders behandelt. Früher ham sie
           Rücksicht genommen, das ist ja ne Frau, da muss man aufpassen. Und
           heute ist das denen Jacke wie Hose oder was, das ist Hans, dann kann
           der das genauso gut vertragen wie andere auch.
           Was z. B. vertragen?
           Ja, sagen wir mal, wenn dir jemand auf der Schulter herum prügelt oder
           so, sagen wir mal, oder, und am Auto herum bastelt, das gehört zum
           Mann, das muss er auch können.
           Fällt dir noch was ein?
           Nee. Ja und gut prügeln können (lacht). Ja man muss schon, man muss
           gut verteilen können.
           *Also das ist schon anders, als als du noch als Frau gesehen wurdest, da hat man
           mehr Rücksicht genommen?*
           Ja, finde ich schon!
           Hat man denn bestimmte andere Dinge von dir verlangt als Frau?
           Nee, überhaupt keine eigentlich. Die ham halt nur, wenn es irgendwie
           um Auto basteln geht oder so, da hat man doch schon gemerkt, dass
           sie doch mehr auf den Körper achteten.
           Das verstehe ich nicht.

Ja, Frauen dürfen nicht am Auto herum basteln, weil das machen die Männer.
Selbst wenn du es gemacht hast früher. Hast du es gemacht?
Ich hab das gemacht! Ich hab das mitgemacht.
Dann war das aber nicht so gern gesehen? Und heute ist das o.k.?
Heute ist das o.k. Das wurd zwar nicht gern gesehen, da wurd grummelig geguckt, aber ich hab trotzdem das gemacht. Heute ist das o.k. Ich meine, heute ist das ja auch o.k., wenn das ne Frau macht.

Solange Hans für die anderen Männer Frau war, wurden ihm bestimmte Tätigkeiten nicht zugestanden: Frauen basteln nicht am Auto, das machen Männer. Selbst wenn er damals am Auto bastelte, war er dadurch noch nicht Mann und Kumpel. Und solange die Männer ihn noch als Frau ansahen, nahmen sie Rücksicht auf ihn, womit es eine Hierarchie gab und er noch nicht der Kumpel sein konnte, der er heute ist. Kumpel ist er geworden, indem er formal als Mann anerkannt wurde. Damit aber ist es für Hans nun ein Muss geworden, am Auto zu basteln und sich zu prügeln. Um nicht nur sein Mannsein, sondern gerade auch sein Kumpelsein zu beweisen, muss er das können und tun, was die anderen Männer um ihn herum können und tun, was für sie „zum Mann gehört", was er ihren Maßstäben entsprechend „können" und „vertragen" muss". Erst wenn all dies zusammenkommt, ist er nicht nur Mann, sondern auch Kumpel für die anderen. Ein Kumpel ist nicht irgendein Mann, sondern ein Gleicher unter Gleichen. Dieses Gleichsein muss immer neu bewiesen werden, dies jedoch auf möglichst beiläufige, unauffällige und ganz selbstverständliche, eben männliche, Art und Weise. Sonst ist er schnell wieder ein Anderer und kein Gleicher.

So problemlos das soziale Mannwerden der hier befragten transsexuellen Männer oftmals erschien und von ihnen und ihren Partnerinnen beschrieben wurde, so komplex und gefährdet ist doch seine Umsetzung. Denn beides gehört zum Mannwerden und Mannsein in unserer Kultur dazu, und das nicht nur für transsexuelle Männer. Die frappierende Unauffälligkeit und Selbstverständlichkeit des Mannseins ist direkt verwoben mit seiner bemerkenswerten Zerbrechlichkeit. Scheinbare Unumstößlichkeit und tatsächliche Anfälligkeit bedingen einander. Nur ein Mann, der in seinem Mannsein nicht auffällt, nicht bemüht wirkt, nicht anders ist, sondern eben - ein Begriff, der auch immer wieder fiel - ein ganz „normaler" Mann ist, entgeht der Bedrohung, aus diesem fragilen Gleichgewicht heraus zu kippen. Genau dies zu schaffen aber ist das Ziel der meisten transsexuellen Männer. Sie wollen in ihrem späten Mannwerden so wirken, als seien sie immer schon Mann gewesen, und zwar gerade nicht nur für sich selbst, sondern eben

auch für andere. Erst diese Unsichtbarkeit des Werdens und die Selbstverständlichkeit des Seins verschafft ihnen letztlich Akzeptanz und Aufnahme
in den Kreis anderer Männer. Einen etwas breiteren Spielraum bieten ihnen
ihre Partnerinnen und andere Frauen: Sie wissen offenbar durchaus den
nicht so stereotypen und normalen, den etwas anderen Mann zu schätzen.

Die Wirklichkeit als Mann

Die unauffällige Normalität und scheinbare Problemlosigkeit des Mannwerdens und Mannseins führt dazu, dass viele transsexuelle Männer und ihre Partnerinnen sich über ein sie an sich existentiell betreffendes Thema, nämlich was es genau heißt, Mann bzw. Frau zu sein, was Männlichkeit und Weiblichkeit für sie beinhalten u.ä., kaum Gedanken machen. Manche der Befragten waren über solche Fragestellungen regelrecht irritiert, und zwar wahrscheinlich nicht obwohl, sondern weil sie diese Fragen so hautnah tangierten: Nur durch Vergessen ist die Gefahr, die selbstverständliche Normalität zu verlieren, zu bannen. Meuser beschreibt, wie feministischen Männern oder Partnern feministischer Frauen mit der Zeit die „habituelle Sicherheit" ihres Mannseins abhanden kommt und sie am Ende gar nicht mehr wissen, wer oder was sie eigentlich sind (Meuser 1998, S 289ff). Wie viel mehr muss dies für transsexuelle Männer - und ihre Partnerinnen - gelten, die durch die spezifische körperliche Situation sowie die gesamte Biografie des Transsexuellen viel unmittelbarer und unausweichlicher von solchen Verunsicherungen betroffen sind. Umso stärker dürfte das Bedürfnis dieser Männer bzw. der Paare sein, sich - nach der Phase des Übergangs, der habituelle Sicherheiten per se ausschließt - Selbstverständlichkeiten aufzubauen, um ihren Alltag als ganz normaler Mann und als heterosexuelles Paar nicht immer neu erschüttern zu lassen. Der einfachste Weg dahin ist, sich mit seinem Mannsein einfach nicht mehr zu befassen bzw. den Transsexualismus als abgeschlossene Episode zu begreifen. Erst bei näherem Hinsehen treten dann wieder die Besonderheiten und Brüche seines Mannsein hervor, die im „normalen" Alltag verborgen bleiben.

1. Mannsein – Frausein: Bewusstsein, Identität und Rolle

So antworteten immerhin neun der TeilnehmerInnen auf meine Frage, ob Mannsein, Frausein, das Geschlecht, jetzt nicht körperlich gesehen, im Alltag von Bedeutung ist, ob es eine Rolle spielt oder gar kein Thema ist, sie hätten sich darüber noch nie Gedanken gemacht. Vier von ihnen verstanden meine Frage überhaupt nicht. Drei weitere Frauen und ein Mann bezogen die Relevanz des sozialen Geschlechts ausschließlich auf den Arbeitsprozess, wobei sie überwiegend dort erlebte Benachteiligungen von Frauen ansprachen. Eine Frau fiel in diesem Zusammenhang spontan lediglich ein Bekannter ein, der fortwährend den Mann herauskehre. Eine weitere Frau beschrieb ihre grundsätzliche „Ehrfurcht" vor Männern, was sie auf ihren dominanten Vater zurückführte. Die meisten Befragten brachten auf meine bewusst offen formulierte Frage hin Mannsein, Frausein, das Geschlecht, also nicht mit ihrer spezifischen Situation als transsexueller Mann bzw. als Partnerin eines transsexuellen Mannes in Verbindung. Nur sieben der TeilnehmerInnen - fast ausschließlich die Männer - sahen eine solche mehr oder weniger unmittelbare Anknüpfung: Sie setzten die Bedeutung des Geschlechts in irgendeiner Form in Beziehung zur transsexuellen Situation bzw. schilderten, hierdurch eine höhere Sensibilität diesem Thema gegenüber zu erleben. Und jede(r) dieser sieben spielte dabei auf modifizierte Interaktionen mit seinem Umfeld oder auf veränderte eigene Verhaltensweisen an, die z.T. im vorigen Kapitel schon Thema waren. Gerd formulierte eher allgemein, was diese Befragten auf jeweils spezifische Weise erlebten:

Gerd: Ja, ich glaube, das ist ein Unterschied, ob ein Mensch eine Frau ist oder ob ein Mensch ein Mann ist, und zwar vor allen Dingen im Zusammenhang mit seiner Umwelt. Ich, ehm, glaube, dass Männer und Frauen anders agieren und vor allen Dingen interagieren. Also das weiß ich aus eigener Erfahrung: Wenn mir ne Frau, wenn ich in Kontakt trete mit ner Frau, agiere ich anders, als wenn ich in Kontakt trete mit nem Mann, es ist ein Unterschied.

Lars und Benno waren mit - möglichen - falschen Einstufungen und damit, wie wichtig es ihnen ist, durchgehend als Mann gesehen zu werden, beschäftigt. Nur dadurch wurde „Mannsein" für sie zum Thema:

Benno: Im Unterbewusstsein spielt das schon noch ne Rolle.
Inwiefern?
Ich kann das jetzt so schlecht beschreiben. Das ist, z. B., wenn mein Kleiner nach Hause kommt, und der sagt Papa zu mir. Das ist irgendwie, wenn der zu mir Mama sagen würd, wär das
Wie wär das?
Irgendwie schlimm!
Insofern ist es sehr wichtig, daran wird es dir deutlich?
Ja.

Benno entspricht für seinen Sohn der Kategorie Mann. Nur weil es durch dessen Reaktion auch in die für ihn falsche Richtung laufen könnte, wurde *Benno* das Thema Mannsein überhaupt bewusst, ansonsten:

> wenn ich nicht darüber spreche, merk ich das nicht.

Lars hob zunächst persönliche Veränderungen hervor, um über eine für ihn unangenehme falsche Einstufung schließlich bei den bereits bekannten Verschiebungen im Kontakt mit dem eigenen sozialen Geschlecht anzukommen:

Lars: Doch, es hat sich bei mir schon was verändert! (...) Es ist schon wichtig, dass ich das so, so lebe jetzt, weil, ich bin nicht mehr so ängstlich, ich bin, also mein Leben hat sich schon, das hat das schon alles irgendwie beeinträchtigt.
Was alles? Also dadurch, dass du jetzt ganz offen als Mann lebst?
Ja, also dass nicht, also gut, offiziell muss ich ja noch Mietvertrag und alles als Lisa B. unterschreiben, aber ich mach immer L Punkt, so. Aber es steht dann halt immer in solchen Sachen und so was, das wirft mich halt immer ein Stückchen zurück, so. Aber, so an sich, ich sag mal, versuch ich schon, ich muss es nicht versuchen, es ist so, ich werd auch gar nicht mehr von Männern so, von Heteromännern so angeguckt.

Durch Lars' eindeutigeres Erscheinungsbild als Mann verändern sich die sozialen Interaktionen, so dass sein Anderssein mit der Zeit zunehmend in der Normalität untergehen dürfte. Auch Kurt schnitt die übergangsweise noch weibliche Einstufung an:

Kurt: Früher ham ja noch alle „sie" zu mir gesagt, auch meine Mutter, auch alle meine Freunde, trotz der, dass sie mich total als Mann akzeptiert haben, haben sie nicht trotzdem gesiezt.
Also mit „sie" angeredet?
Ja, ja. Oder wenn sie erzählt haben, so, da hat sie das und das gemacht, und ich hab das selbst! gemacht, weil, weil, wie sollte ich es anders machen!?

Für manche der befragten transsexuellen Männer schien „Mannsein" also deshalb Thema zu sein, weil sie es z.T. noch verfehlten oder verfehlen könnten. Deshalb wird es umso mehr als Thema verschwinden, je seltener sie falsch eingeordnet werden. Auch diese Männer werden dann in das Vergessen des sozialen Mannseins abtauchen. Und auch für Kurt war die

Einstufung als „Sie" nur ein Nebenaspekt. Im Wesentlichen nämlich bezog er „Mannsein, Frausein" im weiteren Verlauf seiner Antwort auf unterschiedliche Verhaltensweisen der Geschlechter:

Kurt: Als Mann verhalte ich mich ja ganz anders! als ne Frau! In (...) vielerlei Situationen. (...)
Und das ist dir auch immer wieder bewusst im Alltag? Oder geht das schon so ins Unterbewusstsein, dass du es gar nicht registrierst?
Also für mich, ich ja, ich reagiere ja immer, automatisch, geh ich mal von aus, wie auch ein Mann reagieren würde. Also denke ich zumindest mal. Ich wüsste jetzt keine Situation eh, wo ich gedacht hätte nachher: Jetzt hast du aber reagiert wie ne Frau.

Noch bewusst überlegen zu müssen, wie er zu agieren und zu reagieren habe, um wirklich als Mann zu erscheinen, beschrieb keiner der transsexuellen Männer. Wie Kurt verhielten sie sich weitgehend „automatisch" als Mann. Lediglich Dirk reflektierte sein Mannsein und die Geschlechterverhältnisse derart tief greifend, dass bei ihm zumindest partiell von einem Verlust seiner „habituellen Sicherheit" zu sprechen war. Ausführlich beschrieb er, wie Zeiten des Stolzes und der Sicherheit immer wieder abgelöst wurden von Situationen weitgehender Verunsicherung. Da er zur Zeit des Interviews noch vor seiner ersten Operation stand, ist zu erwarten, dass sich diese Schwankungen zunehmend verlieren und damit auch für ihn dieses Thema Stück für Stück in den Hintergrund tritt. Jana war die Einzige der Partnerinnen, die, wenn auch sehr allgemein, auf meine entsprechende Frage hin eine Beziehung zu Jans transsexueller Situation herstellte:

Jana: Ich glaub schon, dass es ne Bedeutung hat. Meinst du, wie, wie, wie ich mich selber fühle, oder wie ich Leute, die ich sehe, wie die auf mich wirken?
Je nach dem. Es ist nur die Frage, also manchen Menschen ist das ja überhaupt nicht bewusst, ob Mann oder Frau, alle anderen sind! es irgendwie, da ist es überhaupt kein Thema. Ist das bei dir anders?
Ja. Ja jetzt vielleicht auch noch, durch diese Sache auch noch extremer. Ja nicht, obwohl, ja, ich denk schon, dass man den Unterschied, eigentlich überall so.
Ist dir präsent?
Ja, ja.

Jana schien ein grundsätzlicher „Unterschied" zwischen Frauen und Männern auch ohne Konfrontation mit Jans Transsexualität mehr oder weniger bewusst zu sein. Hier erging es ihr wie den Befragten, die Diskriminierungen von Frauen im Arbeitsprozess beschrieben. Jana aber war die Einzige, die ihr Bewusstsein über diese Thematik durch Jans spezifische Situation zusätzlich geschärft sah. Jans Antwort war erst sehr allgemein gehalten, bis er auf Erfahrungen aus seiner Zeit als Frau zu sprechen kam, nämlich, als er sich an der für ihn falschen Kleidung gerieben hatte:

Jan: Ich glaube, das spielt mehr ne Rolle, als man sich manchmal vielleicht auch zugesteht. Ich denke schon, dass man gesellschaftlich von vornherein in zwei Kisten geschoben wird, Mann und Frau. (...) Extrem vielleicht, je nach dem, wo ich hingehe, muss ich dementsprechend angezogen sein und da wird dann eben von Frauen erwartet, dass sie vielleicht im Kleid, im Rock, oder auf jeden Fall weiblicher kommen und bei Männern eben, was weiß ich. (...) Damals hatte ich ein arges Problem damit. Und wenn man dann von der Kleidung her schon aus dem Rahmen fällt, (...) dann wird man natürlich auch sehr, sehr unsicher oder so was, aber auch generell, in vielen Sachen, irgendwie.

Auch für Jan blieb die Thematik „Mannsein, Frausein" präsent, solange er sich in der falschen „Rolle" befand bzw. solange ihm diese in naher Erinnerung war. Und noch wird ihm sein Mannsein zumindest zeitweise bewusst, nämlich über die Erleichterung, es endlich erreicht zu haben, was sich für ihn auch in der passenden Kleidung ausdrückt.

Nur etwa die Hälfte der befragten transsexuellen Männern und ihrer Partnerinnen reflektierten also das Geschlechterverhältnis an sich. Noch weniger brachten es in einen Zusammenhang mit der spezifischen transsexuellen Situation. Und diese wiederum wurden überwiegend allein dadurch darauf zurückgeworfen, weil und solange sie - potentielle - Reibungspunkte ihres Mannseins an der sozialen Realität erlebten. Je selbstverständlicher die transsexuellen Männer für sich selbst Mann sind bzw. von ihren Partnerinnen und ihrer Umwelt so erlebt werden, umso mehr verschwindet für sie das Thema Geschlecht in der Normalität des Vergessens. Nur Dirk, Doris sowie Gerd und Gerda vermittelten den Eindruck, sich auch in der Selbstverständlichkeit des Mannseins bzw. als heterosexuelles Paar noch mit dieser Thematik zu beschäftigen bzw. beschäftigen zu wollen. Zumindest was die hier Befragten angeht, scheint zur Verwirklichung des Mannseins also zu gehören, Mannsein als grundlegende *soziale* Tatsache möglichst bald aus ihrem Bewusstsein zu löschen.

Trotz dieses Vergessens basiert die Wirklichkeit des Transsexuellen und die Verwirklichung seines Mannseins aber genau auf diesem Mannsein, d.h. auf der für ihn unumstößlichen Sicherheit Mann zu sein. Als Kategorie der

Identität ist dieses Mannsein den Transsexuellen also permanent präsent. Ohne die innere Sicherheit, in Wirklichkeit ein Mann zu sein, würden sie den Weg zum anderen sozialen und körperlichen Geschlecht nicht gehen. Und weil das Gefühl, Mann zu sein, die transsexuelle Situation konstituiert, ist - wie *Dirk* feststellte - die Frage, *was genau es heißt, sich als Mann zu fühlen,*

> die Frage, die man am häufigsten gestellt bekommt, bei den Gutachten.

Für die Gutachter soll diese Frage klären helfen, ob der Betroffene tatsächlich transsexuell ist, wie tief dieses Gefühl verankert ist oder ob es sich ggf. um eine Abwehrreaktion, ein psychotisches Erleben oder ähnliches handelt. Auch ich stellte den transsexuellen Männern diese Frage, wollte jedoch ganz grundsätzlich erfahren, was jeder einzelne mit seinem Mannsein verbindet, woran er sein Gefühl, ein Mann zu sein, koppelt, was genau ihn dazu veranlasst, sich vom Frausein abzugrenzen, wodurch er so genau wusste, ein Mann bzw. Junge und keine Frau oder ein Mädchen zu sein. Es ging für mich also nicht um die Abklärung der Transsexualität der Männer, sondern um die Klärung ihres tiefinneren Erlebens von Mannsein, um die Darlegung ihrer Identität als Mann in ihrer spezifischen transsexuellen Situation.

Aufgrund der langjährigen grundlegenden Selbstverständlichkeit ihres Empfindens fiel es den meisten Männern schwer, auf meine Frage eine rational nachvollziehbare Antwort zu finden. Viele begründeten meine Frage nach dem Gefühl spontan mit ihrem Gefühl, begaben sich also in einen Erklärungszirkel:

Ahmed: Ja, weil ich so fühle oder so denke.

Eike: Ja, das ist das Gefühl! irgendwie. Man kann das gar nicht beschreiben, man fühlt sich halt nicht als Frau.

Felix: Vom Gefühl her.

Hans: Ja, ich bin ein Mann (lacht). Ich mach das an gar nichts fest, ich fühl mich einfach so und das bin ich auch.

Jan: Das war irgendwie im Gefühl.

Marc: Ja, das kann man schlecht beschreiben, also für mich war das irgendwie klar so, dass ich ein Mann bin! also, und keine Frau halt. Ich weiß nicht, wie ich das erklären soll. (...) Ich hab mich immer besser gefühlt als Junge. Als Mädchen hab ich mich halt immer unwohl gefühlt. (...) Ja, und auch so vom Gefühl her, das kam halt von innen raus, das war für mich irgendwie klar, dass ich ein Junge bin. Ich hab auch nicht so, sagen wir mal, viel darüber nachgedacht, warum! das so ist, aber ich hab das eben einfach gefühlt, dass das so ist.

Eine wirkliche Erklärung für sein Gefühl, Mann zu sein, konnte Marc nicht finden, so wiederholte er immer wieder nur sein Gefühl und sein sicheres Wissen um sein Mannsein. Auch Gerd fiel nur ein, ein Mann zu sein, weil er keine Frau ist. Er konnte sein Mannsein also nur als „Negation", in Abgrenzung zum sicheren Nicht-Frau-Sein beschreiben:

Gerd: Eh, ich bin einfach einer! (Lacht) Also einfacher ist es für mich, das als Negation zu beschreiben. Also wo ich weiß, dass ich Unterschiede zu einer Frau habe, also das weiß ich aber auch nur aus der Begegnung, wo ich unterschiedlich bin.

Kurt griff nicht auf den Begriff „Gefühl" zurück, sondern knüpfte seine Sicherheit, Mann zu sein, an ein immer schon vorhandenes, ebenfalls nicht näher zu definierendes „Denken" als Mann bzw. Junge, ein Begriff, den im Übrigen auch Ahmed benutzte:

Kurt: Phhh.
        Du warst ja immer sehr sicher.
        Ja. Was soll ich dazu sagen?! Für mich, ich war ja, wie gesagt, vom Denken her, immer, immer ein Junge. Ich bin eigentlich nie in diese, diese, diese andere Situation gekommen.
        Was hat dich so sicher gemacht?
        Das kann ich nicht sagen, das ist einfach gewesen, es gab nie nen Zweifel, es gab einfach nie nen Zweifel.

Offenbar impliziert „männliches Denken" für Kurt eine grundlegend andere Sicht in die Welt, ähnlich vielleicht wie Jan es erläuterte:

Jan: Ne Vorstellung vom Leben, die man hatte und die ich jetzt leben kann. (...) Also die gleichen Sachen haben jetzt ne ganz andere Wertigkeit bekommen.

Das immer schon männliche Erleben der Welt ist für diese Männer letztlich nicht hinterfragbar und damit nicht zu beantworten. Es ist ein eindeutiges Gefühl, eine unerschütterliche geschlechtliche Identität: Sie sind Mann, weil sie dies immer so gefühlt haben und damit für sich immer schon waren. Und weil dies rational nicht zu begründen ist, können Zweifel an dieser Kontinuität schnell Abwehr und Kränkung hervorrufen: Der rote Faden einer sicheren Identität ist schließlich der einzige Beweis des transsexuellen Mannes für sein Mannsein.

Geborenen Männern dürfte es bei der Begründung, ein Mann zu sein, im Übrigen kaum anders ergehen. Wie würden sie ihre Sicherheit, Mann zu sein, erklären? Nur werden sie kaum danach gefragt. Beim transsexuellen Mann dagegen wird - aufgrund der Verwechslung von Kerngeschlechtsidentität und Körper - davon ausgegangen, ihm müsste eine Antwort möglich sein, da er ja „eigentlich" eine Frau ist. Dabei werden zwei Ebenen vermischt: Es wird vorausgesetzt, sein anderer Körper sei notwendig mit einer brüchigen Geschlechtsidentität verknüpft. Nur wenige Nicht-Transsexuelle - und dazu gehören offenbar die Partnerinnen transsexueller Männer - können nachvollziehen, dass ein Mensch mit einem weiblichen Körper grundsätzlich eine ebenso gesicherte Identität als Mann haben kann wie ein mit einem biologisch männlichen Körper geborener Mensch. So führt denn auch mancher geborene Mann seinen Körper als Beweis für sein Mannsein (und gegen den Transsexuellen) an. Der Körper soll die Identität als Mann begründen - ein fragwürdiger Beweis, wie sich zeigen wird. Dieser Rückgriff auf seinen Körper als Beweis für sein Mannsein ist dem transsexuellen Mann verwehrt. Er fühlt sich ja nicht wegen eines männlichen, sondern trotz seines nicht männlichen Körpers als Mann. So räumte Ahmed auf meine Frage hin denn auch ein:

Ahmed: Also so gesehen, wenn du jetzt z. B. nachsehen! würdest, sagst du: Das ist ne Frau.

Der Blick auf den Körper kann die männliche Identität als nicht kongruent mit diesem Körper entlarven, zerstören aber kann er sie nicht. Denn der Transsexuelle besteht auf seiner Identität und führt allein deshalb den langwierigen Behandlungsprozess durch. Anders als die meisten anderen wusste der Transsexuelle also intuitiv schon immer, dass es nicht sein Körper ist, der seine Geschlechtsidentität konstituiert - oder eben infrage zu stellen vermag. Trotzdem ist ihr körperliches Frausein für die transsexuellen Männer natürlich bedrückend und löst viele soziale Probleme aus. Ihr Körper entspricht schließlich nicht dem, was gemeinhin mit einem männlichen Körper und sozialem Mannsein identifiziert wird. Diese fortwährend erlebte Diskrepanz zwischen der Identität als Mann und dem dazu nicht passenden Körper ist sehr quälend. Hans dürfte seinen Schmerz über den „falschen"

Körper heruntergespielt haben, als er ihn als bloßen „Nachteil" darstellte. Auf mein Nachhaken, wie er denn dem Gutachter gegenüber sein Gefühl, Mann zu sein, begründet habe, hatte er die Diskrepanz wie folgt geschildert:

Hans: Ich hab mich schon immer als Mann gefühlt, deswegen hab ich nie drüber nachgedacht. (...) Man kann keine Antwort drauf geben, wenn man sich von klein auf an wie'n Mann fühlt. Weil man musste sich nicht damit auseinander setzen. Man hat zwar nen anderen Körper gehabt, das ist der einzige Nachteil dran, aber nur, dass der Körper falsch ist.

Ob er nun abwiegelte oder nicht, für Hans war seine innere Sicherheit, Mann zu sein und immer gewesen zu sein, maßgeblich. Der „Nachteil" des „falschen" Körpers war für diese Identität zwar störend, aber nicht ausschlaggebend. Anders als Hans, der konsequent nicht nach weiteren Antworten auf meine Frage suchte, führten viele der befragten Männer auf mein hartnäckiges Nachhaken hin weitere Beweise und Begründungen für ihre Identität als Mann an. Fast alle wechselten dabei auf die Ebene männlicher und weiblicher Verhaltensweisen, also in den Bereich der Geschlechtsrollen. Da diese aber nichts mit der für ihr Mannsein maßgeblichen Kerngeschlechtsidentität zu tun haben, verfingen sich die Männer dabei schnell in den Fängen sozialer „Klischees". Soziales Mannsein und Frausein sind etwas prinzipiell anderes als eine männliche oder weibliche Identität: Ein Mann kann sich - gemessen an den Klischees - weiblich, eine Frau männlich verhalten. Männliches Verhalten eines Mannes und weibliches Verhalten einer Frau beschreiben nur die sozial übliche Umsetzung von Identität in die soziale Rolle und nicht diese Identität selbst. Benno ließ sich zur Erklärung seines Mannseins auf diese Rollenklischees ein:

Benno: Ja, ich wollte Fußball spielen, Räuber und Gendarm, Boxen, mit Puppen hatt ich nichts am Hut, mit Kochen hatt ich nichts am Hut, geprügelt hab ich mich, Hosen wollt ich anziehen, keine Röcke. (...) Hatt ich nen Moped, hab ich vollkommen auseinander gebaut. Das warn so meine Interessen.

Ahmed suchte ebenfalls nach weiter gehenden Erklärungen und geriet dabei auf die Ebene sozialer Verhaltensweisen:

Ahmed: Sich so wie ein Mann anzuziehen, sich so zu verhalten. Und Frauen verhalten sich ganz anders wie Männer, die laufen, die gehen anders (lacht). Es ist schwer.

Etwas genervt führte Eike an, warum er sich den Jungen zugehörig fühlte:

Eike: *Woher wusstest du, dass du keine Frau bist, oder kein Mädchen, wodurch?*
Ja, weil ich mich nicht so gegeben habe wie diese anderen Mädchen! Die ich so gesehen haben, die haben sich, weiß der Geier, da fing das an mit schminken oder so, finde ich widerlich.
Indem du dich mit anderen Mädchen bzw. mit Mädchen verglichen hast?
Ja, ja, wenn ich dann Jungens gesehen habe, da! habe ich mich hingezogen gefühlt, da gehörte ich zu, aber nicht zu dieser anderen Seite!
Und z. B., was hast du bei den Jungens gesehen, wozu du dich zugehörig gefühlt als?
Na ja, dieses ganze Geben! Und Verhalten!

Auch Gerd reihte in seinen Erläuterungen letztlich geschlechtertypische Klischees aneinander:

Gerd: Dass ich z. B. viel direkter bin, viel direkter in meiner Wortwahl oder wie ich Sachen beschreibe, dass ich direkter auf die Dinge, die ich haben möchte, zugehe und die auch umsetze, nicht erst gucke, sondern sehr! schnell dazu neige, auch zu handeln und Lösungen zu finden. Dass ich sehr linear denke, glaube ich, von A nach B. (...) Dass ich viel körperorientierter bin. (...) Ich leg schon Wert auf mein Äußeres, aber ich kann gut leben mit dem, was ich habe, und bin viel weniger selbstkritisch, also ich bin zwar unglaublich! eitel und selbstverliebt, aber nicht so selbstkritisch (lacht). Also ich kann gut mit meinem Bauch leben, auch wenn ich ihn lieber nicht hätte. (...) Also mir ist das selten so gegangen: Ich mach meinen Schrank auf und sag, ich hab nichts anzuziehen. Ich zieh halt auch drei Tage das gleiche Hemd an und es ist mir völlig egal.

Felix trieb die klassischen Klischees der männlichen Rolle auf die Spitze:

Felix: Klingt blöd, aber für mich ist es immer noch so, dass ich die Familie ernähre. Der Mann ernährt die Familie, und die Frau, gut, ist Emanzipation, wenn sie arbeiten möchten, können sie arbeiten gehen, aber irgendwie, eh, die Frauen haben den feineren Draht, was Haushalt angeht, Küche, hab ich nie gehabt. (...)

Also hauptsächlich so Tätigkeiten, Hausarbeit, Ernährer?
Auch das Gehabe eines Mannes hatte ich schon immer, oder eines Jungen damals. Also ich hab mich immer mehr mit Jungens damals so rum getrieben. Also wenn Jungens da waren, hab ich mich mit denen zusammen getan (stöhnt). Und ansonsten, also, die Art, wie ich mich bewegt habe, wie ich geredet habe, war schon immer alles mehr Mann.

Neben so genannten Jungeninteressen, wurden von den befragten Männern immer wieder typisch männliche Verhaltensweisen als Beweis ihres Gefühls, ein Mann zu sein, angeführt. Es gibt jedoch auch viele Mädchen und Frauen, die ähnliche Interessen, Verhaltensweisen und Fähigkeiten zeigen bzw. zeigten, eine Identität als Mann bzw. Junge aber weit von sich weisen würden. An ihnen wird deutlich, dass die Verknüpfung mit der Verhaltensebene unausweichlich auf eine falsche Fährte führt und Mannsein als grundlegende Identität letztlich nicht beweist, sondern vielmehr infrage stellt: Wenn auch Mädchen oder Frauen bestimmte Interessen oder Verhaltensweisen zeigen, bricht die mühsame Beweisführung schnell zusammen. So schilderte auch Lars sein früheres jungenhaftes Verhalten. Ich wies ihn darauf hin, es gäbe ja auch diese Wildfang-Mädchen. Als er auf meinen Einwand hin versuchte zu erklären, was der Unterschied zwischen ihm und diesen tomboys war, kristallisierte sich heraus, dass letztlich nicht männliches Verhalten, sondern die dahinter stehende Identität maßgeblich war:

Lars: Gibt es auch! Aber das war das nicht! Das war, ich hatte, eh, also für mich war, eh, wie soll ich dir das denn, also, warte mal, ich bin, ich bin nicht ehm dieses Wildfang-Mädchen, bin ich nicht. Ich bin sogar als Kind, wenn ich einkaufen gegangen bin und ich hatte ne Tüte vergessen oder so, sagte das irgendwie an der Kasse und dann hieß es: Gib mal dem jungen Mann ne Tüte oder so, oder: Junger Mann, was möchtest du denn, hast du noch was vergessen oder irgendwie so. Und ich hab die Leute in diesem Glauben gelassen, ich bin ein Junge! Ne, so! Und, das war für mich gut! Da hab ich so gedacht: Ohhh!!
          Da hast du dich gefreut?
          Na klar! So, weißt du so, das ging irgendwie über, das war alles so, ich hab das auch nie bezweifelt oder nie irgendwie. Ich hab es gehasst! eh, eh, wenn jemand gesagt hat: Ja, da kommt das Mädchen, oder, oder irgendwie so, weißt du, so, das hab ich gehasst! Das wollt ich nicht!

Lars selbst fand es beglückend, als Junge eingestuft zu werden. Seine Mitmenschen benötigten hierfür Beweise wie Aussehen und Verhalten, er selbst jedoch ganz offensichtlich nicht. Und orientiert an diesen sozialen Rollen und unter Missachtung ihrer allein maßgeblichen geschlechtlichen Identität wird transsexuellen Männern oft jahrelang vorgehalten, ihnen stünden doch auch als Frau alle Möglichkeiten und Verhaltensweisen offen, auch als Frau könnten sie heute wie ein Mann leben:

Jan: Andere ham immer versucht, unter anderem meine Ex-Freundin: Was ist denn anders, du lebst doch, ob jetzt als Mann oder als Frau, ist doch ganz egal, du bist im Chor, du singst, ob du das jetzt als Mann machst oder als Frau, das ist doch wurscht. (...) Früher musste ich im Alt singen, das war grausam, jetzt singe ich im Bass und das macht Spaß, also es hat schon ne andere Wertigkeit.

Es ist schlicht eine vollkommen andere Wirklichkeit, eine Identität als Mann oder eine Identität als Frau zu haben und mit dieser Identität in den sozialen Raum einzutreten. Benno versuchte, diese spezifische Erfahrung anhand seiner erotischen Ausrichtung auf Frauen zu erklären. Er - wie auch Felix - hatten sie bereits als Beleg für ihr frühes Gefühl, Mann zu sein, angeführt:

Benno: Und dann kam eben das, das Begehren der Frau

Auf meinen Einwand hin, das erginge ja auch Lesben so, geriet *Benno* in Beweisnot:

Das ist ein anderes Begehren.

Sich als Mann einer Frau zuzuwenden ist etwas anderes, als dies als Frau zu tun. Benno spürte dies, obwohl er es nie als Frau erlebt hatte, also nie ein lesbisches „Begehren" empfunden hatte. Seine Identität und nicht sein Verhalten bestimmte also, ob es sich um ein lesbisches oder ein heterosexuelles Begehren handelte. Für Transsexuelle ist es jedoch kaum möglich, Vorhaltungen wie, ‚das tun auch Mädchen', so empfinden auch Lesben' o.ä. zurückzuweisen bzw. richtig zu stellen, da es sehr schwer ist, allein über die Identität den Beweis ihres Mannseins zu führen. In letzter Konsequenz entspricht aber nur dies der transsexuellen Wirklichkeit. Weil es für Außenstehende ein Leichtes ist, alle anderen Beweise, nämlich Beweise über die Geschlechtsrolle, zu zerpflücken, zeigt, dass es darum nicht geht. Diese immer wieder versuchte Art der Leugnung seiner Wirklichkeit kann Transsexuelle zur Verzweiflung treiben. Und das ist auch der Grund, weshalb jeder transsexuelle Mann letztlich mehr oder weniger freiwillig und vollständig die als Beweis seines Mannseins geforderte Rolle übernimmt und ausfüllt und diese bald selbst mit seiner geschlechtlichen Identität verwechselt: Nur so wird er für andere ein glaubwürdiger und verlässlicher Mann in ihrer Mitte.

Wie die meisten Nicht-Transsexuellen machten auch viele der Partnerinnen auf meine Frage hin, *was es für sie heißt, sich als Frau zu fühlen,* dies eher an ihrem Körper fest als die transsexuellen Männer selbst. Vier der elf Frauen (Anna, Doris, Eva und Jana) nannten mehr oder weniger eindeutig ihren weiblichen Körper als ausschlaggebend für ihr Gefühl als Frau. Da sie die Erfahrung einer Diskrepanz zwischen ihrer Identität als Frau und ihrem Körper nicht kennen, ist eine solche Verknüpfung für sie nahe liegender als für ihre Partner. Ansonsten aber zeigten die Partnerinnen ähnliche Reaktionen wie die Männer: Letztlich zogen auch von ihnen die meisten stereotypes Geschlechtsrollenverhalten als Beleg für ihr Gefühl, eine Frau zu sein, heran. Und manche von ihnen waren ebenfalls irritiert durch meine Frage und gerieten in vergleichbare Zirkel wie ihre Partner:

Britta: *Was bedeutet es für dich, dich als Frau zu fühlen, woran machst du das eigentlich fest?*
Oh Gott, oh Gott! (...) Kannst du das jetzt nochmal wiederholen!?
Was bedeutet es für dich, dich als Frau zu fühlen?
Ich fühle mich als Frau wohl!

Eva: *Das ist aber schwierig. Was bedeutet es, mich als Frau zu fühlen?*
Dass du das überhaupt sagen kannst: Ich bin eine Frau.
Hab ich noch gar nicht drüber nachgedacht (lacht laut und anhaltend).
Och Gott, ja gut, ich bin als Frau geboren, ich bin gerne Frau.

Gerda: (Lacht) Ja, das ist immer, finde ich ja immer wirklich auch sehr schwierig, das irgendwie so zu sagen. Weiß ich nicht (stöhnt leicht).

Auf der Suche nach Belegen fielen Gerda typisch weibliche Gefühlsbereiche ein:

Gerda: Vielleicht weicher. Sehr viel gefühlsbetonter. Mütterlich im Sinne von ehm, was da für Gefühle dran hängen. Ich denke so, man kann Mütter und Väter, in der Regel, ganz deutlich unterscheiden. Das denk ich schon, dass das zu Frauen gehört, braucht natürlich nicht, gibt auch Ausnahmen, dieses mütterliche Empfinden.

Jana sah demgegenüber allein ihren Körper als ausschlaggebend für ihre Identität als Frau an und grenzte sich ausdrücklich von weiblichen „Gefühlen" ab:

Jana: Ja, irgendwie so, wie gesagt, irgendwie so das Körperliche, dass ich, ja ich sag mal, so, dass, ja eben, ne weibliche Figur. Dass ich mir so schon, wie gesagt, dieser Figur, und, ehm, des Ganzen bewusst bin. Und mich, mich, mich auch, ja, wohl fühle. Also ich glaub, von den Gefühlen oder vom Gefühlsmäßigen nicht so, also eher so, ja, ich glaub das ist viel auf die Figur bezogen.

Anna bezog meine Frage ganz spontan auf ihren weiblichen Körper, wirkte dann aber etwas verunsichert und schob Beweise auf der Verhaltensebene nach:

Anna: An meinem Körper. Ja, ja, ich weiß, dass ich ne Frau bin, und ich bin auch gerne Frau. Ja, ich weiß nicht.
Ja, Ahmed z. B. oder ich haben uns ja nicht als Frau gefühlt. Du bist aber sicher?
Ja! Weil ich z. B. Kinder haben möchte, selber Kinder haben möchte, schwanger werden, und auch ne Familie gründen. Oder wenn irgendwelche Haushaltsarbeiten sind oder Dekoration oder sonstiges, dann sag ich, sind die Frauen dafür zuständig, die können das besser, geschmackvoller einrichten als die Männer. (...) Die frauliche Hand ist ne andere, feinfühliger als wenn du da jetzt rangehst. Männer hauen manchmal alles kaputt oder hauen dagegen.

Britta versuchte, ihre Identität als Frau in Abgrenzung zum Mann zu verstehen. Sie stellte fest, dass es nichts gibt, was eine Frau wirklich von einem Mann unterscheidet:

Britta: Die Kriterien sind das rein Äußerliche. (Stöhnt) Das ist ja ne Frage!(...) Weil, es gibt eigentlich nichts, was, eh, so grundverschieden ist von nem Mann. Man sagt zwar mütterlich, beim Mann ist es väterlich oder. Es ist aber doch, wenn man es genau nimmt, dasselbe. Ich könnte das jetzt nicht so klar auseinander halten.
Also du wüsstest nicht, woran du speziell dein Frausein festmachst?
Das wäre jetzt nur das rein Äußerliche, dass ich mich so kleide wie ne Frau, eh. Im Beruf steh ich eigentlich meinen Mann.

Wenn Britta als einzigen Unterschied „das rein Äußerliche" erwähnte, ist man zunächst geneigt zu denken, sie meine damit den weiblichen Körper. Dann aber führte auch sie soziale Konventionen an. Maßgeblich war, wie sie ihren Körper bekleidet und nicht, wie dieser Körper aussieht. Auch Maria beschrieb ihr Gefühl als Frau „von der Kleidung her größtenteils" verursacht. Doris wunderte sich, dass ihr für das Gefühl, eine Frau zu sein, letztlich nur das „Äußere", das „Körperliche" verblieb. Ihr war bewusst, dass jede Art von Verhalten sozial normiert ist.

Eva sah ihre erste Bemerkung, als „Frau geboren zu sein", als zu kurz gegriffen an. Auch sie schilderte ihre Kleidungsgewohnheiten und wie wichtig es für sie sei, sich bei ihrem Partner anlehnen zu können und sich in der Partnerschaft gegenseitig zu unterstützen, „Emanzen" und „Karrierefrauen" lägen ihr nicht:

Eva: Ich bin ein bisschen über geblieben, aus dem vorigen Jahrhundert (lacht), ein bisschen antiquiert, also von den Ansichten jetzt auch her.

Für Hanna lag ihr Frausein ausschließlich in spezifisch weiblichen Verhalten und Interessen begründet. Sie führte ihren ganzen „Prüddel" in der Wohnung an und kam ebenfalls auf ihre Kleidung, aber auch die u.a. hiermit gegenüber Männern eingesetzten Reize zu sprechen:

Hanna: Alleine schon, sagen wir mal, wie man die Wohnung ausstattet, da gibt es eindeutig, sag ich mal, die männliche Richtung und die weibliche Richtung. (...) Ja auch die Art, wie ich mich kleide. (...) Ich zieh unwahrscheinlich gerne Röcke oder Kleider an, ne, und, ehm. Und ich denke mir mal einfach, ich geize auch nicht gerade mit meinen Reizen. Ich weiß wohl ganz genau, wie ich mich in manchen Situationen kleiden kann, wenn ich was möchte (lacht). Und ich setze es auch schon sehr zielsicher ein! (...) Das sind also, sag ich mal so, die ganzen Feinheiten, auch dieses Kokettieren.

Laura führte direkt die „weibliche Rolle" als maßgeblich für ihre Identität als Frau an und meinte damit ebenfalls primär ihre Art, sich zu kleiden und das Kokettieren mit ihren Reizen:

Laura: Ja, schon alleine, dass ich mich gerne so als Frau kleide und zurecht mache und, und so. (...) Also dass ich dann meine weiblichen Reize ausnutze oder so (stöhnt). Also da könnte ich mir auch nicht vorstellen, darauf zu verzichten.

Beschrieben Hanna und Laura ihre erotischen Signale an Männer, strichen Frauke und Karin heraus, durch entsprechende Reaktionen ihres männlichen Gegenübers das Gefühl, Frau zu sein, vermittelt zu bekommen:

Frauke: (Stöhnt) Also ich fühle mich immer dann besonders als Frau, wenn ich sehe, ich werde von Männern begehrt, (...) wenn ich merke: Aha, der will mit mir flirten oder, weiß ich nicht, der kommt näher gerückt oder so was. (...)
Was fühlst du dann?
Irgendwie, ich fühle mich dann froh, ja, froh ist der falsche Ausdruck, ich bin dann happy (lacht etwas verlegen). Weil, dann denk ich mir: Ja, so hässlich kannst du nicht sein, als Frau siehst du gut aus, die wollen was von dir, klasse. Auch, wenn ich jetzt nichts mit denen anfangen will, aber einfach das Gefühl: Aha, da will einer was von dir, weil ich mich geschminkt hab, rote Lippen hab oder so.

Karin setzte einen anderen Schwerpunkt: Indem Kurt sie anders behandelt als Männer, spürt sie, eine Frau zu sein:

Karin: (Lacht etwas) Mich als Frau zu fühlen!? Ich fühle mich als Frau, dadurch, dass Kurt mich auch wie ne Frau behandelt.
Was heißt das: Er behandelt dich wie ne Frau?
(Lacht laut) Halt auch diese charmante Art. Gut, das kommt jetzt auch wieder auf die Frau an. Die eine steht darauf, die andere nicht. Aber so ein bisschen rücksichtsvoller, ein bisschen zuvorkommender. Er geht mit mir jetzt anders um als mit nem Mann.
Und dadurch kriegst du für dich zu dir auch ein Gefühl als Frau?
Ja, ich bin halt auch gerne Frau.
Also du machst es daran fest, wie er! auf dich reagiert. Und hast du für dich! unabhängig von ihm ein Gefühl, woran du das festmachst?
Nee, eigentlich nichts Bestimmtes. Also da würde mir jetzt nichts einfallen. (...) Ich bin einfach so aufgewachsen, ich kenne es ja auch nicht anders, irgendwie, ich bin einfach so.

Ist es Karin möglich, ihre Identität als Frau in der Interaktion mit ihrem Partner zu spüren, ist sie für sie unabhängig von ihm nicht mehr greifbar. Sie gerät in den bekannten Zirkel, eine Frau zu sein, weil sie eine Frau „geworden", „gerne" Frau ist und es nicht anders „kennt".
Auch viele der befragten Partnerinnen transsexueller Männer begaben sich bei der Suche nach dem Grund ihrer Sicherheit, Frau zu sein, also auf die trügerischen Fährten sozialer Rollen oder trivialer Zirkelschlüsse. Für sie als Nicht-Transsexuelle mit einer kongruenten Biografie von Identität und Körper war es noch schwieriger, eine grundlegende Kerngeschlechtsidentität unabhängig von aktuellen sozialen Normierungen als identitätsstiftend aus-

zumachen. Andererseits waren sie mit diesem sozialen Frausein aber auch weniger zu verunsichern: Stereotyp weibliches Verhalten, weibliche Kleidung und Interessen sind aufgrund sozialer Stigmatisierungen tatsächlich mehr auf Frauen beschränkt als männliches Verhalten etc. auf Männer. Insofern ist die Beweisführung der Frauen schlagkräftiger als die der Männer und sind ihre Beispiele nicht so leicht zu zerpflücken. Kleider zu tragen und sich zu schminken sind zwar sozial gesetzte und an sich vom Körper unabhängige Bräuche, Bräuche aber, die in unserer Kultur fast ausschließlich von Frauen gelebt werden und damit tatsächlich als hinreichender Beweis für Frausein geltend gemacht werden können. Und wenn zwar ein größerer Teil der befragten Frauen als ihre Partner, aber letztlich doch nur eine Minderheit den Körper als maßgeblich für ihre Identität als Frau heranzog, mag dies daran liegen, dass sie mit ihrem transsexuellen Partners vor Augen haben, wie irrelevant die körperliche Situation in letzter Konsequenz für die Identität und auch für die soziale Einstufung des Geschlechts ist.

Die Diskrepanz zwischen der tief eingelagerten Identität als Mann und der sozialen Rolle zeigte sich anschaulich auch in den Antworten auf meine an die beteiligten Männer gerichtete Frage: *Ab wann bist du ein Mann? Wovon hängt das ab?* Bei dieser Frage fiel es den Männern offenbar leichter, Selbst- und Fremdzuordnung zu trennen, so dass es seltener zu Vermischungen kam. Vielleicht machte die Art der Fragestellung eine Trennung unumgänglich. Fast alle der befragten transsexuellen Männer differenzierten hier explizit zwischen ihrer geschlechtlichen Identität und der Außenwahrnehmung: Acht von elf Männern hoben hervor, für sich selbst „schon immer" Mann gewesen zu sein, von außen aber erst später, insbesondere durch körperliche Veränderungen im Zusammenhang mit der Hormonbehandlung, tatsächlich als Mann wahrgenommen worden zu sein. Wie bereits deutlich wurde, ist die Verwirklichung des Mannseins zwar von erstaunlich geringfügigen, aber doch unabdingbaren äußerlichen Veränderungen abhängig:

Eike: Du wärst ja ohne Hormone nicht in dem Stimmbruch gekommen. (...) Das Gesicht oder so, da kämen dann schon wieder Zweifel auf, das macht einen dann schon wieder, doch schon selbstbewusster.

Dirk, der sich darüber gewundert hatte, welch minimale äußere Veränderungen hinreichen, beschrieb die Wechselwirkung zwischen Identität und Fremdwahrnehmung auf meine o.g. Frage hin am prägnantesten:

Dirk: Wenn ich von der Gesellschaft als solcher gesehen werde. (...) Ich definiere mich auch durch die Gesellschaft, (...) weil ich merke, das ist ja absolut gegenseitig bedingt. Weil ich merke, ich fühl mich wohl und identisch, wenn ich als Mann gesehen werde und es fördert das auch. Und wenn ich en Wochenende habe, wo ich Leute habe, die mich nicht kennen und sehen mich als Mann, dann fühl ich mich total! wohl und als Mann. Und wenn ich wieder dann zur Arbeit gehe oder mich bei der Familie befinde, dann fühl ich mich total unwohl, weil ich wieder in diese alte Rolle zurückgedrängt werde. (...) Also wirklich vom Verhalten her, wie die sich mir gegenüber verhalten. Werd ich noch als Frau behandelt und das! stört dann wieder dieses Identitätsgefühl, und insofern, das bedingt sich, wenn ich immer mehr als Mann gesehen werde, hab ich die Möglichkeiten, mich mehr zu entfalten, mehr Ich sein, oder das Ich-Sein wird immer stärker. Ich komm mir immer so vor wie en Vogel, wenn ich zur Arbeit gehe: Zack, Käfig, Tür zu und da dann wieder da drin gefangen sein.

Dirk schilderte sehr anschaulich, wie sein tief verankertes „Identitätsgefühl", sein „Ich-Sein", durch die Reaktionen seines Umfeldes jeweils an Weite gewinnt oder verliert: Entweder kann er sich „entfalten" oder er fühlt sich in den „Käfig" falscher sozialer Zuordnungen gesperrt. Dies beeinträchtigt zwar sein Wohlbefinden, stellt seine Identität aber nicht wirklich infrage. Die zunehmende Akzeptanz seines Mannseins durch sein Umfeld festigt diese Identität jedoch schrittweise auf der sozialen Ebene. Insofern stimmt es, wenn Hirschauer feststellt, man habe sein Geschlecht erst im Kontakt mit anderen (Hirschauer 1993). Nicht zutreffend ist dies jedoch für das grundlegende Identitätsgefühl. Dieses setzt sich über Jahre und Jahrzehnte ja gerade *gegen* das im Kontakt akzeptierte Geschlecht des transsexuellen Mannes durch.

Gerd beschrieb sehr ähnliche Erfahrungen wie Dirk: Auch er erlebte, wie seine Identität jahrelang immer wieder unter die Räder der über seinen Körper definierten, für ihn falschen Geschlechtszuordnung geriet. Erst als er durch den Film über einen Transsexuellen sein Aha-Erlebnis hatte, nahm er diesen Definitionen seines Umfeldes die Macht und setzte seine eigene Wirklichkeit dagegen:

Gerd: Wenn ich an meine eigene Geschichte zurückdenke, war ich immer ein Mann, seit ich geboren bin. Nur durch den, ja durch den Fehler, dass ich nun mal nen weiblichen Körper habe und deshalb natürlich auch von außen hin so definiert bin, also durch mein Umfeld eben auch und durch meinen Körper definiert bin, war das nie klar! Musste ich also immer in der Uneindeutigkeit oder Ambivalenz leben. Und dass das klar ist, ist eigentlich seit dem Tag, als ich den Film gesehen hab.

Aber diese subjektive Klarheit, dass du dich so definiert, reicht nicht aus? Du hast ja jetzt diese Brustoperation gemacht, wieso hast du das dann gemacht?
Weil mich das immer gehindert hat, der zu sein, der ich bin. Es war wie, mhm, wie ne Verkleidung! Die ich nicht ablegen kann. (...) Und dieses Kostüm hat mich an meiner wahren Identität einfach gehindert. (...)
In Bezug auf die anderen, was die gesehen haben? Oder in Bezug auf dich, was du gespürt und gesehen hast?
Ja! Ja, sowohl als auch. Weil es in Wechselbeziehung ist, das Außen und das Innen. (...) Sobald es in Wechselwirkung getreten ist, war das immer erschüttert oder wurde das uneindeutiger.

Der - weibliche - Körper verdeckte Gerds wahre Identität und machte es unmöglich, sie vollständig sozial zu verwirklichen. Deshalb musste Gerd „diese Verkleidung" „ablegen" und seinen Körper im sozial erforderlichen Maße seiner Identität als Mann angleichen.

Da das Umfeld des Transsexuellen nicht bereit ist, dessen Identität für die Geschlechtsbestimmung als hinreichend anzuerkennen, sondern sie immer neu boykottiert, sieht sich der Transsexuelle gezwungen, die geforderten Änderungen herbeizuführen. Aufgrund des jahrelangen schmerzvollen Verleugnungsprozesses ist es schwer zu unterscheiden, welche Änderungswünsche vom Betroffenen selbst kommen und welche ihm angetragen wurden. Im Ergebnis jedenfalls streben alle befragten transsexuellen Männer genau die körperlichen Modifikationen an, die sozial erwünscht sind und medizinisch angeboten werden. Nach Jahren der Versuche, sozial als Frau zu leben, sah *Jan* sich als Mann,

als ich mir erlaubt habe, Mann zu sein.

Indem Jan seine Identität als die wahre Wirklichkeit seines Geschlechts begriff, setzte sich der Mann in ihm gänzlich durch. Und nun begann er zielstrebig, diese Wirklichkeit auch anderen gegenüber zu formulieren. Doch seine Behauptung, er sei ein Mann, kollidierte jetzt umso heftiger mit seinem Körper. Erst als die wichtigsten körperlichen Veränderungen eingetreten waren und damit sein Identitätserleben kongruent wurde mit den sozialen Geschlechterdefinitionen, fiel die Angst von ihm ab, sein Mannsein offensiv zu vertreten:

Jan: *Hat es mit der inneren Einstellung zu tun oder mit den körperlichen Veränderungen?*

Ich denke letztendlich vielleicht sogar erst, ja, als erste Veränderungen da waren, vielleicht Hormone und dann auch die, die, die OP, weil man dann es noch mehr zulassen konnte auch nach außen hin, weil man dann ohne Angst allen sagen konnte: Ich bin Mann. (...) Ich wüsste jetzt nicht, wo ich das genau festmachen soll, dass für mich die innere Einstellung sicherlich genauso wichtig war, nur es vereinfachte die innere Einstellung eben unheimlich, als es dann eben so langsam anders ging.

Jans geschlechtliche Identität unterlag in diesem Prozess keiner grundlegenden Wandlung, sie festigte sich lediglich dadurch, dass es durch die schrittweise Akzeptanz seines Umfeldes für ihn zunehmend einfacher wurde, sie unbehelligt von Fehldefinitionen zu leben. Auch Marc war für sich immer schon Mann, seinem Umfeld reichte dies jedoch nicht, es verlangte nach einem anderen äußeren Erscheinungsbild. Dieser quälende Mangel klang für Marc erst mit den körperlichen Veränderungen ab. Sein wirkliches Mannsein begann, als er sich in dieser Hinsicht mit „anderen Männern" „messen" konnte, ihnen also äußerlich ähnlicher geworden war:

Marc: Mein Auftreten hat mich dann halt immer gestört, weil ich halt die Brust noch hatte, die mich immer gestört hat, oder weil ich noch keinen Bart hatte. Alle anderen Jungens, mit denen ich zusammen war, wohl schon. (...) Und wo dann halt die Hormonbehandlung angefangen hat und der Bart kam und so, da war ich schon mal zufriedener und, also da konnte ich mich an den anderen Männern also auch schon mal ein bisschen messen, so. Und, ja, seit die Brust weg ist, natürlich noch mehr.

Nur wenige der Männer, nämlich Ahmed, Felix und Kurt, hielten in ihrer ersten Reaktion auf meine Frage, ab wann sie Mann seien, einen Penis für unabdingbar. Aber nur Ahmed blieb bei dieser Definition: Auch auf meine Bitte um Erläuterung sah er sich ohne (Neo)-Penis nicht als vollständiger Mann. Dirk - der keinen operativen Penisaufbau durchführen lassen will -, räumte ein, körperlich natürlich nie „ein richtiger Mann" zu werden. Alle anderen befragten Männer aber koppelten Mannsein ausschließlich an sekundäre Geschlechtsmerkmale, insbesondere an Bartwuchs, veränderte Gesichtszüge und Stimmlage. Damit sie ihre Identität als Mann offen leben können, war für sie nicht mehr, aber auch nicht weniger nötig, als diesen Anforderungen zu entsprechen. Und jeder Transsexuelle muss äußerlich genau so weit Mann werden, wie sein soziales Milieu es verlangt.

Auf noch geringfügigere Merkmale als das soziale Umfeld waren offenbar die Partnerinnen der hier befragten transsexuellen Männer angewiesen: Auf meine Frage, *ab wann sie ihren Partner als Mann wahrgenommen hätten und wovon das abhing*, antworteten von elf Frauen immerhin neun mit „sofort" (sechs) bzw. „eigentlich sofort" (drei). Dies ist umso bemerkenswerter, als sieben der Paare sich kennen lernten, bevor der männliche Partner irgendeine Form der medizinischen Behandlung eingeleitet hatte. Trotzdem gehörten drei dieser sieben Frauen zu denen, die angaben, ihn „sofort", sowie zwei weitere zu denen, die ihn „eigentlich sofort" als Mann angesehen hatten. Diese Frauen konnten sich also nicht einmal auf die oben beschriebenen körperlichen Minimalangleichungen stützen. Sie mussten ihren Eindruck ausschließlich über nachrangige Geschlechtsmerkmale wie Auftreten, Frisur und Kleidung gewonnen haben. Sicherlich wollten manche Frauen ihren späteren Partner auch unbedingt als Mann sehen, insbesondere, um für sich und andere nicht als lesbisch zu gelten. Dass aber ein solches Wollen oft langfristig hinreichend für eine Geschlechtszuordnung entgegen den körperlichen Gegebenheiten sein kann, ist dennoch bemerkenswert. Lediglich Frauke schilderte, wie sie nach seiner spontanen Einstufung als Mann von Felix' körperlichem Frausein irritiert war, was sich erst durch den beginnenden Bartwuchs legte:

Frauke: *Ab wann nahmst du ihn denn als Mann war? Wovon hing das ab?*
          (Stöhnt) Also, eigentlich von vorne herein. Gut, ich hab am Anfang
          gedacht, er wär ein Mann, Junge, wie auch immer. Und dann wusste
          ich ja irgendwann: Uhh, das ist Friederike, doch nicht Felix, das war
          dann ein bisschen komisch. (...) Da hab ich dann gesagt: Na, wir können
          ja befreundet bleiben. Aber das irgendwie, hat sich geändert. Und
          als er dann den Bart gekriegt hatte, fand ich das natürlich ganz toll! Da
          war eh schon alles vorbei, sag ich mal.

Mit „alles vorbei" meinte Frauke, dass es kein Zurück mehr gab: Bereits vor Einsetzen des Bartwuchses hatte sie sich in Felix verliebt, zur für sie stimmigen Einordnung dieses Gefühls war sein Bartwuchs jedoch wichtig.

Gerda beschrieb, wie Gerd ihr zwar als Frau vorgestellt worden war, zunehmend aber seine Identität als Mann Vorrang gewann, wodurch die Situation kippte: Nicht mehr sein zum „Frausein" nicht passendes „Benehmen", sondern immer mehr sein zum „Benehmen" nicht passender Körper irritierten Gerda:

Gerda: Also es gab jetzt nicht so besondere Erlebnisse. Es war jetzt nicht
          z. B., (...) dass ich ab da gedacht habe: Ja! Sondern das war eigentlich

immer mehr so wachsend, so, ehm, sein ganzes Benehmen, seine Äußerungen, je mehr ich ihn kennen gelernt habe. Am Anfang war ich natürlich, ja, vom Äußeren ein bisschen irritiert. Aber normalerweise geh ich davon aus, wenn mir jemand als Frau vorgestellt wird, dann ist das auch ne Frau. Aber je mehr ich ihn eben kennen gelernt habe, desto mehr hab ich mir dann natürlich schon meine Gedanken gemacht und bin immer mehr so aus diesem Spektrum, was so für mich noch so Frau ist, raus geglitten, zuerst natürlich schon in so, männliche Frau, und dann aber irgendwie, dass ich das Gefühl hatte: Nee, eigentlich empfinde ich das rein intuitiv als Mann.

Für Doris verlief der Prozess auf eine andere Weise fließend als für Gerda. Auch sie lernte Dirk noch als Frau kennen und sah ihn zu Beginn ihrer Freundschaft auch als solche an. Anders als für Gerda konstituierte sich Dirks Mannwerden und Mannsein für sie aber nicht primär über sein sie durchdringendes männliches Auftreten. *Doris* erlebte ihn vielmehr umso mehr als Mann,

> je mehr er von außen so wahrgenommen wurde.

Sie richtete sich also primär an der Wahrnehmung anderer aus. Sobald Außenstehende Dirks Mannsein für „wahr nahmen", war er auch für sie ein Mann, sie entschied sich also, mit auf diese Seite zu gehen. Mit ihrer - durch ihre ausgeprägte Bisexualität - weit reichenden Gleichgültigkeit gegenüber dem Geschlecht konnte Doris ihren Partner offenbar genau als das akzeptieren, als was er ihr jeweils von außen zurückgemeldet wurde. Auch Laura definierte sich als bisexuell. Sie erlebte Lars zunächst als beides, als Mann und als Frau, im Wesentlichen aber als „untypische Frau", als Frau, die nicht einfach „maskulin" war:

Laura: Irgendwie war das immer so, dass ich gemerkt hab: Nee, da ist aber irgendwie was anders. (...) Und dann, als er das gesagt hat mit dem Transsexuellen, ja, da hat sich das dann irgendwann einfach so entwickelt.

Sobald Lars ihr sein inneres Mannsein präsentierte, war es für sie „einfach", ihr Gefühl und ihre Wahrnehmung auf einem Mann hin zu „entwickeln", ohne dass äußerliche Veränderungen eingetreten waren. Ausschlaggebend waren allein seine Selbstdefinition und eine für sie hinreichend authentische Darstellung seines Mannseins.

Jana, die Jan unmittelbar nach seiner Brustoperation kennen gelernt hatte, schilderte eine für sie zunächst irritierende Erfahrung: Über eine Freundin wusste sie von seiner transsexuellen Situation. Deshalb rechnete sie bei der ersten Begegnung damit, zumindest partiell noch eine Frau vor sich zu haben. Bei allem Bemühen misslang es ihr jedoch, „diese Vergangenheit" zu sehen, womit Jan für sie von Anfang an ein Mann war:

Jana: Weil ich eigentlich gedacht hab: Eigentlich müsste er doch noch Frau sein! Oder irgendwie, dass ich so verwundert war: Mensch, er sieht ja völlig aus wie ein Mann! Weil ich diese Vergangenheit vielleicht noch mehr im Kopf hatte.

Wenn für die meisten Partnerinnen transsexueller Männer die im engeren Sinne körperliche Situation ihrer Partner von bemerkenswert geringer Relevanz für die Geschlechtszuordnung ist, zeigt dies zum einen, wie bedeutsam für diese Zuordnung vielmehr Äußerlichkeiten und sozial als männlich verstandene Verhaltensweisen sind, zum anderen aber auch, wie bestimmend die Geschlechtsidentität eines Menschen nicht nur für seine Selbstwahrnehmung, sondern eben auch für die Fremdwahrnehmung ist - sobald nur eine hinreichende Bereitschaft besteht, diese Identität als maßgebliche Wirklichkeit anzunehmen.

Was aber macht einen Mann bzw. eine Frau aus, was ist unabdingbar dafür, dass ein Mensch ein Mann oder eine Frau ist? Bei dieser stark pointierten Frage sollte man meinen, von den Befragten auf das körperlich Wesentliche, die unabweisbaren körperlichen Unterschiede zwischen den Geschlechtern gestoßen zu werden. Erstaunlicherweise trat eher das Gegenteil ein: Insgesamt bildete sich ein großes Übergewicht in der Rubrik, die ich als tertiäre Geschlechtsmerkmale bezeichnen möchte, Merkmale, die sich an Auftreten, Kleidung, Frisur, mehr aber noch an geschlechtstypische oder besser geschlechtsstereotype Verhaltensweisen und Gefühle knüpften. Wie ist dies zu erklären? Ist es eine Flucht vor der Nähe zum vermeintlich defizitären Körper des Transsexuellen? Dann aber hätten diese Merkmale nicht für die Unabdingbarkeit des Frauseins eine noch größere Rolle gespielt als für die des Mannseins. Oder legen diese Antworten nicht vielmehr offen, was in Wirklichkeit maßgeblich für die Einteilung - besser Zweiteilung - der Geschlechter ist, nämlich soziale Zuordnungen, für die der als so vorrangig herausgestrichene Körper nur ein Vorwand ist, an dem Unterschiede festgemacht werden, die an sich keinerlei soziale Relevanz besitzen, sondern damit erst nachträglich belegt werden.

Insgesamt nannten jeweils acht der teilnehmenden Frauen und drei bzw. vier der transsexuellen Männer *ausschließlich tertiäre Merkmale* als ausschlaggebend für Mannsein und Frausein. Interessant ist dabei zweierlei: Zum einen nahmen doppelt so viele der Frauen diese Einstufung vor wie ihre transsexuellen Partner, zum anderen waren bei den transsexuellen Männern die Teilnehmer eher nicht identisch, die diese Kategorisierung gleichzeitig für Mannsein oder für Frausein wählten, d. h. manche Männer sahen zwar Mannsein als durch diese tertiäre Zuordnung bestimmt an, nicht aber Frausein oder umgekehrt. Bei den Frauen herrschten hier größere Übereinstimmungen. Des weiteren gab es kaum Mischungen zwischen den Kategorisierungen: Beschrieb jemand die Unabdingbarkeit eines der Geschlechter also durch tertiäre Attribute begründet, führte er bzw. sie - bis auf Britta, Dirk und Kurt - für das Geschlecht nicht gleichzeitig körperliche Kennzeichen an. Dasselbe galt auch umgekehrt: Jemand, der oder die primäre oder sekundäre Merkmale für ausschlaggebend hielt, erwähnte kaum tertiäre Charakteristika. *Ausschließlich auf primäre und sekundäre Merkmale* bezogen sich sieben der Männer was Mannsein und vier der Männer was Frausein anging, sowie jeweils zwei der Frauen (Doris und Jana für das Mannsein; Jana und Laura für das Frausein). Nur eine der befragten Frauen nannte ein *primäres* Merkmal für das Frausein (Laura den „Busen"), keine der Frauen aber ein unabdingbares primäres Merkmal für das Mannsein, während vier der befragten Männer (Ahmed, Felix, Hans, Kurt) bzgl. des Mannseins und drei (Ahmed, Benno, Felix) bzgl. des Frauseins primäre Kennzeichen hervorhoben.

Als wesentlich bleibt festzuhalten: Während die transsexuellen Männer Unabdingbarkeiten für Mannsein und Frausein eher auf die primären, sekundären und tertiären Merkmale verteilten bzw. hinsichtlich des Mannseins deutlich zu Zuordnungen über primäre und sekundäre Attribute neigten, war dies bei ihren *Partnerinnen* umgekehrt: Etwa dreiviertel der Frauen sahen ausschließlich tertiäre Charakteristika für beide Geschlechter und nur eine Frau ein primäres Merkmal für das Frausein als maßgeblich an. Dieses Bild spiegelt sicherlich die Haltung der Geschlechter insgesamt wieder. Frauen konzentrieren sich bei der Wahrnehmung des Geschlechts grundsätzlich weniger auf rein körperliche Gegebenheiten, sondern eher auf die Ausstrahlung, den Blick, das Wesen, Verhalten und ähnliches. Dies mag auch einer der Gründe dafür sein, weshalb transsexuelle Männer leichter Partnerinnen finden und in längeren Partnerschaften leben als transsexuelle Frauen, insbesondere wenn diese heterosexuell, also auf heterosexuelle Männer angewiesen sind. Für Frauen scheinen körperliche Defizite - bis hin zum fehlenden Penis - weniger problematisch zu sein, solange die gesamte Art des Menschen bzw. Mannes für sie attraktiv ist. Die meisten Männer nehmen demgegenüber insbesondere Frauen zunächst eher unter dem Blickwinkel des Körperlichen wahr. Hier bilden auch transsexuelle Männer offenbar keine Ausnahme. Bei diesen kommt hinzu, dass sie aufgrund ihrer problematischen körperlichen Situation nicht selten genau auf das fixiert sind, was ihnen fehlt: auf den Penis und auf ein auch ansonsten männliches Erscheinungsbild.

Die Frauen, die auf meine Frage hin primäre bzw. sekundäre Merkmale für das jeweilige Geschlecht als maßgeblich genannt hatten, gerieten bei Nachfrage in Erklärungsnöte. *Doris* beschrieb Muskeln und breite Schultern als ausschlaggebend für das Mannsein und wunderte sich selbst darüber, weil sie beides an sich für völlig unwichtig hielte. Aber da es für sie keine Charaktereigenschaften gäbe, die nur einem der Geschlechter als unabdingbar zuzuordnen seien

muss es wohl das rein Äußere sein.

Laura hatte für das Frausein den Busen als unabdingbar bezeichnet und musste einräumen, ihr Partner habe derzeit auch noch eine weibliche Brust, sie sehe ihn deshalb aber trotzdem nicht als Frau. Sie begründete dies mit einer anderen Berührung seiner Brust:

Laura: Ich fass ihn jetzt auch nicht so unbedingt an, wie ich dann wahrscheinlich jetzt eher ne Frau anfassen würde.

Lars' Brust verschwand unter Lauras Händen als spezifisch weibliches Merkmal. Damit war für sie nur bei einer „Frau", nicht bei einen Mann der Busen ein unabdingbares Attribut für das Frausein. Auch Jana führte körperliche Zeichen als maßgeblich dafür an, was einen Mann oder eine Frau kennzeichnet, obwohl dies z. T. mit der körperlichen Situation ihres Partners kollidierte:

Jana: Da würd ich mittlerweile sagen, da gibt's gar nicht mehr so viel. Nachdem ich also jetzt Jan oder überhaupt dieses mit dem Thema Transsexualität mich beschäftigt hab oder es kenne, glaub ich, dass es gar nicht, ja so viel gibt, was typisch. Also es ist eigentlich im Endeffekt wahrscheinlich, ja, der Körper, aber ich glaub, von der Seele her, im Ganzen, gibt's nix, was ne Frau ausmacht.

Auf Jans körperliche Unzulänglichkeiten angesprochen, differenzierte sie:

Jana: Ja, stimmt natürlich auch wieder, klar, ja gut aber er sieht ja vom Gesicht, von Oberkörper her, sieht er männlich aus.
Also dann wäre es doch der Körper?
Ja. Ja ich glaube echt, dass es hauptsächlich der, oder sonst was? Was macht en Mann! aus?
Was macht ne Frau aus? Was macht en Mann aus? Jeweils, was unabdingbar ist.
Ja, das, ja, das find ich, find ich schwierig, weil ich, weil für mich, weiß ich nicht. Meine Eltern ham auch immer gesagt, nach dem Motto, man kann das nicht einfach, der kann sich nicht einfach die Brüste abschneiden lassen und dann ist er, dann ist er Mann, das geht nicht! ehm. Und sie ham immer gesagt: Er bleibt immer Frau, weil ne Frau ist eben so und so und ein Mann ist eben so und so! Und eh, das finde ich eben Quatsch! Das ist für mich nicht so! Es gibt nicht Mann und es gibt nicht Frau, also es ist. Es gibt generell, denke ich, eh, eher weiblichere Männer und eher härtere Männer und, und, ja weiß ich nicht, jeder ist unterschiedlich! Und deswegen könnte ich gar nicht so sagen, was nen Mann und was ne Frau ausmacht.

Von ihrer Feststellung, der Körper sei maßgeblich für das Geschlecht, geriet Jana über eine gänzliche Vermischung der Zuordnungen in eine gewisse Hilflosigkeit gegenüber den Kategorien, um schließlich doch wieder zum männlichen Körper zurück zu finden:

Jana: Er hat eben, also, der, der, der ganze Oberkörper, und ich denke auch sonst eben die Figur, abgesehen eben von dem einen Bereich vielleicht, ist find ich einfach sehr männlich, also kräftiger und, und eben behaart und alles. Also ich glaub, also ich meine, so waren nicht unbedingt alle meine Freunde. Aber ich denk, wenn, wenn ich jetzt um diese Sache gewusst hätte und er hätte jetzt noch nen sehr weiblichen Körper gehabt, so eh, das, glaub ich, hätte mich nicht angemacht.

Für Jana blieben rein körperliche Merkmale, insbesondere der kräftige Oberkörper und die spezifisch männliche Behaarung, letztlich maßgeblich für das Mannsein, selbst wenn nicht jeder ihrer männlichen Freunde diese Attribute vorweisen konnte. Die Bestimmung des Geschlechts musste für Jana aber über den Körper erfolgen, da es unabdingbare andere geschlechtsspezifische Merkmale für sie nicht gab: Jede Frau kann vom Wesen und Verhalten her genauso so sein wie ein Mann und umgekehrt.
Britta sah körperliche Zeichen als unabdingbar für das Mannsein, nahm jedoch auch tertiäre Merkmale hinzu. Nach einer ersten Verunsicherung

Ich weiß nicht, was en Mann ausmacht

und langem Nachdenken ging sie von der pauschalen Bemerkung:

Für mich ist jemand ein Mann, der erstmal rein vom Äußerlichen ein
Mann ist,

direkt über zu für sie unabdingbaren Verhaltensweisen von Männern und
von Frauen:

Britta: Dann, ehm, dann muss für mich ein Mann zuverlässig sein, dann ist es
ein Mann. Und es ist auch so, dass ich sage, er sollte nicht zu wehleidig
sein. (...)
Und was macht ne Frau aus?
Ne Frau sollte, ehh die Gefühlswelt nicht außer Acht lassen.

Für Britta war Mannsein offenbar nur durch eine Mischung spezifischer
körperlicher und nachrangiger Geschlechtsspezifika stimmig.

Die transsexuellen Männer, die primäre Geschlechtsmerkmale, nämlich
den Penis, als ausschlaggebend für Mannsein angeführt hatten, befanden
sich in einer mindestens ebenso heiklen Situation wie diese vier Frauen,
waren sie sich doch auch ohne das männliche Geschlechtsteil sicher, Mann
zu sein. Bezeichnenderweise knüpften drei Männer, die den operativen Aufbau noch nicht hatten durchführen lassen, ihn jedoch konkret planten (Felix,
Kurt und Ahmed), ihr Mannsein am engsten an den Penis: Sie gingen davon
aus, erst dann ein „kompletter" (Ahmed) bzw. „vollständiger" (Felix) Mann
zu sein. Im Vergleich zu der sehr entschiedenen Haltung dieser drei Befragten relativierten die beiden Männer, die den Aufbau bereits hatten durchführen lassen (Hans, Jan), die Bedeutung des Neopenis für das Mannsein: Sie
wollten seine Relevanz jeweils nur auf ihr eigenes Mannsein, nicht aber auf
Mannsein allgemein bezogen wissen:

Hans: *Was macht einen Mann aus? Also was darf nicht fehlen, damit jemand ein Mann
ist?*
Hört sich zwar blöd an, aber das Glied.
Das darf nicht fehlen?
Ja, ich sag ja, das hört sich blöd an, aber ich glaub, in der heutigen, bei
Männern ist das Glied das Wichtigste, viele denken nur damit, also.
Und für dich?
Für mich ist das nicht wichtig, für mich kam das vom Gefühl her.

Also du würdest sagen, andere sehen das, dass das nicht fehlen darf, aber du siehst es eigentlich nicht so?
Nee.
Ich meine, du hast es ja auch operieren lassen, also eine Bedeutung hat es auch für dich?
Ja, es hat schon! Bedeutung, aber es ist nicht so wichtig, dass ich, dass ich nur mit meinem Glied denke wie, ich sag mal, wie ein 0815-Mann.
Also das heißt, du warst auch vorher schon ein Mann, bevor du die Operation gemacht hast?
Ich war vorher schon ein Mann.

Wenn Hans betonte, für ihn sei der Wunsch nach dem Penisaufbau „vom Gefühl her" gekommen, meinte er damit seine Identität als Mann. Zu dieser Identität gehörte für ihn ein Penis. Trotzdem war dieser Penis für ihn nicht das Wichtigste am Mann:

Hans: *Was wirklich nicht fehlen darf! Die meisten, sagst du, meinen das Glied und du sagst aber: Nee, so wichtig ist mir das auch nicht.*
Ja ist das wichtig? Ich mein ja gut, ich hab ihn jetzt (lacht)!
Ja, wenn du ihn jetzt nicht hättest machen lassen? War dir das so wichtig, das zu machen? Warum hast du diese Operation machen lassen?
Dass ich nen männlichen Körper habe.

Hans konnte meine Frage letztlich nur beantworten, indem er die Unabdingbarkeit des Mannsein, also das was den Mann letztlich ausmacht, von seinem Wunsch, einen männlichen Körper zu haben, trennte. Auch Jans Erläuterungen machen deutlich, auf welche Art er sein Mannsein von seinem Wunsch nach einem Penisaufbau abkoppelte:

Jan: *Also: Was darf nicht fehlen, damit jemand ein Mann ist?*
Also auf jeden Fall nicht unbedingt eh, also en, en im unteren Bereich, also im Genitalbereich, also das denke ich, macht en, en Mann nicht unbedingt aus, das würde ich jetzt nicht an die erste Stelle.
Also das wäre es nicht, was absolut sein muss, dass er einen Penis hat?
Das ist für mich! denke ich irgendwie schon wichtig, für mein persönliches Körpergefühl, aber jetzt generell nicht wichtig, das macht. Ich finde, es gibt einfach irgendwie so, so, so ne Art, Ausstrahlung wie auch immer, die eher männlicher oder eher weiblich ist und die macht für mich nen Mann! aus. Also, kann durchaus weibliche Eigenschaften haben oder so, irgendwie. Das, das Gesamtbild, ich weiß nicht, wie ich

das beschreiben soll, also da gibt es jetzt nicht unbedingt eine bestimmte Sache.

Anders als Hans kam Jan nicht auf den Körper zurück, sondern behalf sich mit einer eher diffusen Benennung nicht körperlicher Eigenschaften, einer bestimmten „Art" und „Ausstrahlung", die einen Mann letztlich ausmachten. Selbst „weibliche Eigenschaften" konnten für ihn ein solches männliches „Gesamtbild" nicht übertönen.

Alles in allem standen bei allen Befragten, insbesondere aber bei den Frauen, nicht die körperlichen, sondern überwiegend tertiäre Merkmale als unabdingbare Kennzeichen für Mannsein oder Frausein im Vordergrund. Diese umfassten eine Vielzahl von Eigenschaften, Äußerlichkeiten und Verhaltensweisen. In Stichworten waren es z. B. folgende, und zwar zunächst für

das *Mannsein:* Höflichkeit (Anna); Wesen, Erscheinungsbild, Charakter, Gedankengang, Auftreten (Eike); mit beiden Beinen im Leben stehen, Verlässlichkeit (Eva); Kavaliersein, männliche Höflichkeit, das ganze Gehabe (Frauke); verschiedene Sichtweisen (Dirk); kämpferischer, angriffslustiger, nicht so gefühlsbetont, verkopfter, beschützend, Sachen regelnd (Gerda); derber (Hanna); Härte, kein Weichei (Karin); Beschützer, Verantwortung übernehmen, nicht weinen (Lars); mehr Härte, keine Memme sein, nicht weinen (Kurt); Auftreten, Beruf, Kleidung, die Frau führen (Marc); Kleidung (Maria); und

für das *Frausein:* Aussehen, Haarschnitt (Anna); Gefühlswelt, nicht zu hart sein (Britta); häuslicher, das Wesen, dem Mann den Rücken frei halten (Eva); sich bei ihm fallen lassen, den Mann akzeptieren (Frauke); gefühlsbetonter (Gerda); einfühlsamer (Hans); Einfühlungsvermögen (Hanna); Fraulichkeit (Jan); was Liebenswertes (Kurt); Sensibilität (Karin); Weichheit (Lars); sollte dem Mann manches überlassen (Marc); Kleidung (Maria).

Vielen von ihnen war durchaus bewusst, dass sie dabei gängige Klischees, „aufgedrückte Rollen" (Hanna), „Schubladen" (Gerda) für die Kennzeichnung des geschlechtsspezifisch Unabdingbaren nannten. Manche aber benutzten die Beschreibungen ohne eine Form der Relativierung. Sie gingen offensichtlich von grundlegend unterscheidbaren Wesens- und Charaktereigenschaften zwischen den Geschlechtern aus. Laura etwa hinderte die Normalität der Geschlechterteilung daran, über dieses Thema nachzudenken:

Laura: (Stöhnt) Poah, das sind echt schwere Fragen, weil, das, mit so was hab
ich mich noch nie beschäftigt, wie gesagt, weil ich das immer als ganz
normal empfinde.

Auch Eike und Eva machte die Normalität das Antworten schwer. Nach der
Beschreibung tertiärer Attribute nannte Eike - leicht resigniert - die Selbstverständlichkeit des Geschlechtsunterschieds als seine Voraussetzung:

Eike: Also, das kann ich schwer, also das kann ich nicht erklären. Das ist halt
so, ein Mann ist ein Mann und eine Frau ist eine Frau.
Und was macht eine Frau aus?
Das ist genau das Gleiche, kann ich auch nicht erklären.

Eva war ebenfalls irritiert über meine Frage: Zur Normalität der heterosexuellen Partnerschaft gehörten für sie eben beide Geschlechter. Auch sie
konnte nach einer kurzen Schilderung tertiärer Attribute nur festhalten,

Eva: Ja, ein Mann gehört einfach zu einer Partnerschaft.
Für dich gehört ein Mann zu einer Frau?
Ja, ja, ganz einfach,

um dann wieder auf Eigenschaften wie Verlässlichkeit, Vertrauen und
Unterstützung zu sprechen zu kommen. Benno und Karin gingen den umgekehrten Weg, wenn sie zunächst keinerlei Geschlechtsspezifika sahen, da
jeder Mensch anders sei:

Karin: Das ist ne schwere Frage. Fällt mir jetzt keine besondere Antwort ein
eigentlich. Also es kommt auf die Frau drauf an. Irgendwie, das kann
ich nicht so verallgemeinern, so, was jede Frau unbedingt braucht, um
ne Frau zu sein, das kann ich so nicht sagen.

Benno: Ja, normalerweise, jeder Mann zeichnet sich ja durch andere Sachen
aus. Kann ich jetzt schlecht beschreiben.

Ist allein das Individuum maßgeblich, verliert das Geschlecht jede Relevanz.
Mag das für manch einen Utopie oder Teil seiner Wirklichkeit sein, für Benno und Karin war es dies nicht: Für beide war das Geschlecht von herausra-
gender Bedeutung, hatte doch Benno betont, schon immer ein Mann gewesen zu sein und Karin hervorgehoben, sich eine Partnerschaft nur mit einem
Mann vorstellen zu können. Gerd führte das Wesentliche in einer anderen

Weise auf das Individuum zurück, nämlich auf dessen „Identität": Nur hieran ist für ihn das Geschlecht letztlich festzumachen:

Gerd: *W*as macht denn einen Mann aus? Was ist unabdingbar für einen Mann, was darf nicht fehlen?
(Nach sehr langem Nachdenken:) Weiß ich nicht!
Fällt dir nichts ein?
Fällt mir nichts ein. Was muss ein Mann haben? (Nach langem Nachdenken:) Mir fällt nichts Unabdingbares ein.
Fällt dir das bei ner Frau ein, also was darf bei ner Frau nicht fehlen, damit es eine Frau ist?
(Nach sehr langem Nachdenken:) Fällt mir auch nichts ein (lacht laut).
Na ja, du bist ja sehr klar in dem, wie und dass du Mann bist, dass Gerda ne Frau ist, überhaupt das Thema Unterschiede, also es gibt zwei Geschlechter. Woran machst du das fest?
Also ich glaube, das Unabdingbarste, wenn es überhaupt was Unabdingbares gibt, ist die Feststellung der eigenen Identität und der Sicherheit

Damit fasste Gerd das Unabdingbare einer geschlechtlichen Zuordnung als das, was für ihn über Jahre für sein gefühltes Mannsein maßgeblich war und was für alle Menschen maßgeblich ist für die Sicherheit ihrer geschlechtlichen Einstufung: die Kerngeschlechtsidentität. Mit dieser Priorität kann Gerd die sozialen Rollen als auf sie aufgesetzt begreifen:

Gerd: Also es sind natürlich tausend Kleinigkeiten, woran ich das festmache. (...) Ich wäre irritiert, wenn das nicht so eindeutig wäre. Aber wenn es heißt unabdingbar, was gehört auf jeden Fall dazu, ist es die eigene Definition, bin ich ein Mann oder bin ich ne Frau.
Also was ganz Subjektives? Und das auch nach außen rüber zu bringen?
Ja. Und dann kann mich! das, im Gegensatz, ja, unglaublich irritieren. Aber das ist dann egal, weil es so viele Möglichkeiten gibt. Wenn ne Frau sich selbst als Frau definiert, aber, ehm, ganz viele Eigenschaften hat, die ich erstmal auf den ersten Blick als männlich bezeichnen würde, dann ist es aber trotzdem egal, weil unabdingbar ist, dass sie sich als Frau fühlt oder wenn ein Mann umgekehrt ganz viele weibliche Eigenschaften hätte und ich ganz furchtbar! irritiert wäre, das wäre auch egal, wenn er sich als Mann definiert, ist er ein Mann. Das ist unabdingbar.

„Eigenschaften", soziale Rollen und Zuschreibungen verschwinden für Gerd hinter dem einzig Maßgeblichen, nämlich der Geschlechtsidentität eines Menschen, selbst wenn es ihm manchmal schwer fallen mag, diese immer unmittelbar nachzuvollziehen.

Wie Gerd der Einzige der befragten Männer war, der derart tief gehend das Wesentliche geschlechtlicher Realitäten um Identität und Rollen reflektierte, war er auch der Einzige, der auf meine Frage: *Wenn du die Wahl hättest, wärst du dann lieber ein Mann oder eine Frau?* nicht schnellstmöglich mit dem Ausruf „Mann" reagierte, sondern überlegte:

Gerd: Im Moment weiß ich das nicht so genau, aber ich weiß, dass ich schon mal gesagt habe, wenn ich tatsächlich die Wahl hätte, wäre ich lieber ne Frau.
Wieso? Als du das gesagt hast
Also ich glaube, weil ich mir nicht, zu dem Zeitpunkt hab ich noch mehr so gedacht, dass Frauen tatsächlich die besseren Menschen sind oder die vollkommeneren, (...) und dass Männer viel eindimensionaler sind. Irgendwie dann doch nur son Anhängsel und nicht wirklich wichtig. Inzwischen sehe ich das doch etwas anders, dass auch Männer einfach Eigenschaften haben, die wichtig sind, dass sie in dieser Welt existieren. Und auf die bin ich auch stolz. Also frag mich jetzt nicht, welche das genau sind (lacht laut).
Wann war das ungefähr, als du das so dachtest?
Das war noch ziemlich am Anfang, (...) wo auch die konkrete Frage war, letztendlich war ja die konkrete Frage noch möglich, rein hypothetisch, da hab ich das noch gedacht.

Manch einer der befragten transsexuellen Männer fasste diese Frage dagegen als Witz oder Affront auf. Sie fühlten sich womöglich auf ihre Identität als Mann getestet. Allein der Begriff Frausein versetzte sie offenbar in eine Art Alarmzustand. Aufgrund jahrelanger quälender Erfahrungen mit dieser Zuordnung und der permanenten Verteidigung ihrer so oft verletzten Identität als Mann weigerten sie sich, darüber nachdenken, ob Frausein nicht auch etwas Attraktives haben könnte. So betonten alle hier befragten Männer, sich ihr Leben einzig als Mann vorstellen zu können, und dies, obwohl viele (sieben), als es um mögliche Privilegien von Männern ging, darauf verwiesen hatten, den schlechteren Part, „die Arschkarte" im Geschlechterspiel gezogen zu haben. Lediglich *Marc* meinte, Männer hätten „es leichter" und seien „irgendwie lockerer als Frauen", weshalb er lieber ein Mann sei. Und Ahmed führte an:

Ahmed: Weil das Männerleben mich noch mehr interessiert, zieht mich noch mehr an! (...) Als Mann so raus zu gehen, sich nicht so zu unterhalten wie als Frau.

So sehr die meisten der hier befragten transsexuellen Männer ihre Identität als Mann hervorhoben, bezeichnete sich doch nur knapp die Hälfte (fünf) von ihnen auf meine Frage, ob sie sich *als Transsexuellen oder als Mann sähen,* ausschließlich als Mann. Die anderen zollten ihrer Vergangenheit als Frau (Dirk), der Sicht der Gesellschaft (Kurt) oder ihrem (noch) nicht vollständig männlichen Körper (Ahmed, Marc, Lars, Benno) Tribut. *Marc* meinte, er bliebe trotzdem

> beides, glaub ich, mehr Mann, aber auch Transsexueller.

Lars dagegen sah sich bereits durch die Hormonbehandlung auf dem Weg zum Mann, während Benno die Dauerhaftigkeit des transsexuellen Zustandes differenzierte:

Benno: Wo liegt der Unterschied? Die Grenzen sind doch fließend. Ja eigentlich bleibt man doch immer ein Transsexueller, ob man jetzt fertig ist oder nicht fertig ist. Letztendlich müsst ich sagen, ich bin transsexuell, aber ich fühl mich eigentlich als Mann.

Das „Gefühl", Mann zu sein ging Benno durch seine transsexuelle Situation nicht verloren. Er erlebte seine Identität unabhängig von körperlichen Defiziten oder Uneindeutigkeiten. Anders Ahmed: Ihm gelang es nicht, seinen Körper gänzlich von seinem Gefühl, Mann zu sein, abzukoppeln. Seine Identität als Mann wurde durch den fehlenden Penis permanent gestört. Nachdem er sich zunächst als „erstmal transsexuell" beschrieben hatte, erläuterte er seine innere Zerrissenheit:

Ahmed: Obwohl, ich fühl mich trotzdem als Mann nur, ich kann das, das Spiel, das sich im Kopf abspielt, dein Körper ist noch ne Frau, du fühlst dich als Mann, kann nicht in meinen Kopf rein, ist was Verschiedenes.

Da Ahmed daran scheiterte, diesen Konflikt über den „Kopf" zu lösen, hoffte er, ihn durch die angestrebte Operation beseitigen zu können.

Kurt wollte zwar ebenfalls den Penisaufbau noch durchführen lassen, fühlte sich aber trotz seines Körpers schon jetzt in seiner Identität als Mann nicht beeinträchtigt. Vielmehr sei es die Gesellschaft, die seine Definition nicht in vollem Umfang teile:

Kurt: Ich seh mich als transsexuellen Mann.
Das würdest du schon so sagen? Du würdest nicht sagen als Mann?
Für mich! seh ich mich einfach nur als Mann, aber für die Gesellschaft
muss ich ja sagen, bin ich transsexuell. Für mich! bin ich nicht transsexuell, für mich bin ich ein Mann.

Dirk meinte, aufgrund seiner Biografie letztlich immer transsexuell zu
bleiben:
Dirk: Ich denk einmal, die Vergangenheit, die man hat, kann man nicht
leugnen.

Die Vergangenheit ist weder anderen noch sich selbst gegenüber zu verleugnen und auch ein operativer Penisaufbau kann sie nicht vergessen machen. Da Mannsein für Dirk sich allein dadurch bestimmt, ob die Gesellschaft ihn als solchen sieht, dürfte er - anders als Kurt - für viele bereits jetzt
Mann sein, während er für sich, der er seine Vergangenheit kennt, immer
transsexuell bleibt. Gerade auch an dieser Frage wird das hoch komplexe
Zusammenspiel von Identität, Körper und sozialer Zuordnung deutlich.
Jeder Transsexuelle setzt hier andere Schwerpunkte. In manchen Selbsthilfegruppen wird dieses Thema regelrecht zur Glaubensfrage: Dann wird nur
der als glaubwürdiger Mann akzeptiert, der seine Transsexualität und seine
Geschichte als Frau hinter sich lässt. Hierdurch drohen vielschichtige Bio-
grafien und breit gefächerte Lebensentwürfe verloren zu gehen.

Da die meisten Partnerinnen der transsexuellen Männer sein Mannsein
überwiegend über nachrangige Attribute und nicht über den Körper definierten, überrascht es nicht, wenn ein größerer Teil der Frauen ihren Partner
als Mann denn als Transsexuellen bezeichnete: Sieben der Frauen sahen
ihren Partner uneingeschränkt als Mann. *Anna* könnte man noch hinzurechnen, auch sie sah Ahmed:

> so als Mann, aber wenn wir darüber geredet haben oder wenn's mir
> bewusst ist, dann als transsexuell.

Auch Britta, Karin und Maria, also immerhin vier der Frauen, wichen von
der Selbsteinstufung ihres Partners ab: Sie bezeichneten ihn als Mann, was
dieser nur mit Einschränkungen tat. *Doris* dagegen gab an, ihn als Transsexuellen zu sehen,

> weil er selbst das so sieht, dass er nie ein richtiger Mann, wie ein
> geborener Mann werden wird.

Wenn Doris hier weitgehend Dirks Definition übernahm, zeigt dies erneut ihre Gleichgültigkeit gegenüber dem Geschlecht ihres Partners: Ist es ihr letztlich egal, ob sie mit einem Mann oder einer Frau zusammen ist, spielt es für sie auch keine Rolle, ihn als transsexuell oder als Mann zu betrachten.

Jana war die Einzige der Frauen, die ihren Partner entgegen dessen Selbsteinstufung nicht nur als Mann, sondern auch als Transsexuellen erlebte:

Jana: Hauptsächlich als Mann, vielleicht ein bisschen!, oder zum Teil als Transsexuellen. Das wird auch immer so bleiben, ehm, ja, ehm, das liegt dann wieder an dem Körperlichen, weil dann wieder, ich sag mal, zwar ein Stück ff, da ist zwar jetzt ein Penisaufbau, aber es ist ja nicht identisch, es wird immer ein Unterschied bleiben. Also in dem Sinne wird es nie. (...)
Ist das dann immer für dich präsent, das ist doch ein Transsexueller?
Ja, ich glaub ja, ja.

Da Jana Mannsein in erster Linie über den Körper definierte, wird es ihr in der direkten Konfrontation mit dem Körper ihres Partners schwer fallen, ihn ausschließlich als Mann zu sehen.

Britta wiederum stufte als Einzige der Frauen ihren Partner als Mann ein, wo dieser es nicht erwartet hatte. Da Britta größere Probleme mit seiner körperlichen Situation hatte, hatte Benno nämlich vermutet:

Benno: Das ist unterschiedlich, aus welcher Sicht heraus sie mich wahrscheinlich betrachtet. Wie gesagt, manchmal, ehh, da sieht sie mich halt noch so als Frau oder eben transsexuell. Ansonsten nehm ich schon an, dass sie mich als Mann sieht.

Britta löste, wie noch deutlich werden wird, ihr Problem bisher dadurch, dass sie Bennos Genitalbereich einfach nicht anschaute. So konnte sie ihn uneingeschränkt als Mann erleben. Lars und Dirk wiederum lagen mit ihrer Einschätzung richtig, Laura und Doris würden sie nicht nur als Mann, sondern auch als Transsexuellen sehen. Und Ahmed, Marc und Kurt behielten Recht, dass ihre Partnerinnen sie entgegen ihrer eigenen Sichtweise ganz als Mann betrachteten.

Insgesamt gesehen war ihr transsexueller Partner für die Frauen jedenfalls soweit Mann, dass fast alle auf meine Frage, ob sie sich *vorstellen könnten, heute wieder mit einem geborenen Mann zusammen zu sein und was sich dadurch ggf. ändern würde*, uneingeschränkt und meist mit einem gewissen Erstaunen nicht nur mit Ja antworteten, sondern darüber hinaus erklärten, hierdurch würde sich für sie „nichts ändern", das sei für sie „das Gleiche", das sei „völlig schnuppe". Gerda fand diese Frage „witzig", da sie ja unterstelle, sie könne jetzt nur noch mit einem transsexuellen Mann zusammen sein. Nur Doris und Maria überlegten, ob sie nicht doch ganz zufrieden gerade auch mit der spezifischen körperlichen Situation ihres Partners seien. Anna hatte sich bereits an anderer Stelle sicher gezeigt, Ahmed nicht für einen geborenen Mann zu verlassen, weil diese alle „Arschlöcher" seien.

2. Männlichkeit, Weiblichkeit und Partnerschaft

Lag im letzten Kapitel der Schwerpunkt darauf, wie sich aus dem Zusammenspiel zwischen der Identität des transsexuellen Mannes und den vorgegebenen Geschlechtsrollen grundlegende Vorstellungen von Mannsein und Frausein, von Männlichkeit und Weiblichkeit, entwickelten, soll nun Thema sein, welche Bedeutung die Zuschreibung von Männlichkeit und Weiblichkeit innerhalb der Partnerschaft hatte: Wie also stufte der Transsexuelle sich selbst ein, als männlich oder weiblich? Wie erlebte ihn seine Partnerin? Nahm sie Einfluss auf seine Männlichkeit, war sie wichtig dafür, wie und ob er bestimmte Männlichkeitsbilder verwirklichte? Sahen der Transsexuelle und seine Partnerin bei ihm weibliche Anteile, wenn ja, wie stellten sie sich dazu? Und wie fügten sich diese Erkenntnisse zu dem, wie die Frauen ihre Partner zuvor beschrieben, aber auch dazu, was die Befragten jeweils unter Männlichkeit und Weiblichkeit verstanden hatten?

Bei der direkten Frage nach ihrer Einschätzung, ob sie ihren Partner bzw. dieser sich selbst *eher männlich oder eher weiblich fanden*, wiesen die Antworten in eine eindeutige Richtung: 19 der 21 TeilnehmerInnen erlebten ihn bzw. sich als eher männlich. Von diesen 19 Befragten relativierten fünf ihre Antwort in unterschiedlicher Weise: Sie erwähnten - explizit oder implizit - in irgendeiner Form seine weiblichen Anteile, ohne jedoch von seiner Kennzeichnung als „männlich" abzurücken. So räumte etwa Ahmed auch an dieser Stelle ein, rein körperlich noch nicht vollständig männlich zu sein. Jan wiederum resümierte:

Jan: Also in den meisten Sachen glaube ich: eher dann maskulin.

Zuvor hatte er ausgeführt, im Vergleich zu seiner Partnerin beruflich bisher weitgehend erfolglos geblieben zu sein, was er als wenig männlich bewertete. Positiv dagegen fand er sein etwas anderes Verhalten in Bezug auf Frauen:

Jan: Vielleicht hab ich manchmal Frauen gegenüber noch ne etwas positive-
         re oder höflichere Einstellung als mancher Mann. (...) Nicht so
         herablassend wie mancher Mann.

Auch Jana sah ihren Partner als eher männlich an, fasste seine weiblichen
Seiten jedoch weiter als Jan selbst und besetzte sie an dieser Stelle negativ:

Jana: *Findest du denn Jan eher männlich, maskulin oder weiblich, feminin?*
         Eher männlich!
         Aber auch nicht so ganz?
         Nee, nicht so ganz! Also ich sag mal, vom Äußerlichen ja, aber vom
         Innerlichen, wie gesagt, hat er manchmal eben, ja, schwach, hört sich
         jetzt so, so blöd an, aber so eben, doch, dass er weich und schwach ist,
         das ist eher weiblich.

Jana zeigte sich grundsätzlich gespalten: Nach außen wünschte sie sich einen
starken Mann, mit dem sie repräsentieren konnte, im privaten Umgang
liebte sie aber gerade „dieses Gefühlvolle" an Jan und suchte einen Mann,
der „von der Seele her" „eher Frau" war. Hanna konnte ähnliche Eigenschaften positiv und als die Männlichkeit ihres Partners nicht beeinträchtigend bewerten, indem sie sie von der Kategorie Weiblichkeit loslöste:

Hanna: (Stöhnt) Also ich finde ihn eigentlich männlich, maskulin, obwohl ehm,
         obwohl er natürlich auch, was manche natürlich als, als weiblich
         bezeichnen würden, ich aber nicht, dass er auch Gefühle zeigt! Dass er
         sie auch zugibt, weil z. B. manche Männer sagen ja: Meine Frau, die
         wird mich nie heulen sehen! Und ich denke mir mal, ehm, das ist es
         halt so, dass er halt seine Gefühle zugibt, dass er auch dazu steht und,
         ehm. Also das finde ich z. B. sehr positiv.
         Du würdest aber nicht sagen, dass das weiblich ist?
         Ja ich sag mal, man ordnet es
         Herkömmlicherweise, aber nicht für dich?
         Nee.

Lars wiederum relativierte seine nicht ganz eindeutige Männlichkeit, indem
er es der Normalität zuordnete, herkömmliche Zuordnungen zu überschreiten:

Lars: Das schwankt, also ich bin eh, eh überwiegend männlich, maskulin. (...)
         Jeder Mensch hat männliche und weibliche Anteile. (...) Bei mir ist es
         so, dass ich auch diese weiblichen Anteile habe, aber überwiegend

männliche Anteile. Also so, dass ich eh, eh, weiß ich nicht, das sind vielleicht 15 Prozent oder 20 Prozent weibliche Anteile.

Wenn selbst geborene Männer weibliche Eigenschaften in sich tragen, kann auch er sie sich zugestehen, ohne aufzufallen. Um jedoch sicher zu sein, nicht an Männlichkeit einzubüßen, setzte er die „weiblichen Anteile" oben auf und zog sie nicht von seiner Männlichkeit ab:

Lars: Ich bin 100 Prozent Mann mit 20 Prozent oder 15 Prozent zusätzlich noch Frau, weiblichen, wenn du es in Prozenten ausdrücken willst. Also es ist schwer, das ist schwer.

Diesen fünf Befragten war es also wichtig, vorwiegend als „männlich" dazustehen. Andernfalls hätten sie sich ja auch als „männlich" und „weiblich" bezeichnen können. Und 14 aller Befragten schränkten auf meine direkte Frage hin ihre Männlichkeit bzw. die Männlichkeit ihres Partners gar nicht ein. Sie sahen sich bzw. ihn als eindeutig männlich an. Lediglich zwei, nämlich Felix und Laura, nahmen keine Zuordnung in eine eindeutige Richtung vor. Felix sah sich tatsächlich als eine Mischung aus männlichen und weiblichen Eigenschaften, wobei er sich der „Klischees" durchaus bewusst war:

Felix: Ich bin son gutes Mittelding, sag ich mal. Ich hab Männlichkeit, aber ich hab auch Weiblichkeit, also Weiblichkeit mehr von der Einfühlsamkeit her. Das finde ich auch ein weibliches Kriterium, die sind einfühlsamer, gefühlvoller, während Männer so harte Kerle sind. Aber das ist auch wieder Klischee. (...) Möchte ich auch nicht missen! Dadurch versteht man manche Leute auch ganz anders, und tut das nicht so ab: Ach, stell dich nicht so an! Sondern man redet auch drüber. Ist schon in Ordnung.

Felix beließ es also - anders als Hanna und Lars - bei der Zuordnung von „Einfühlsamkeit" als „weiblichem Kriterium" und stand offensiv dazu. Offenbar erlebte er den Nutzen einer solchen Eigenschaft im täglichen Umgang mit Menschen, insbesondere in seinem sozialen Berufsfeld. Vielleicht auf dem Hintergrund mehrmaliger Ausbreitung seiner auch machohaften Seiten war es Felix möglich, mit seinen „weiblichen" Eigenschaften offensiv umzugehen, ohne dadurch allzu viel an Männlichkeit einzubüßen. Und interessanter Weise schilderte Felix sich selbst hier weniger männlich als dies seine Partnerin tat:

Frauke: *Findest du ihn denn eher männlich, maskulin oder feminin?*
Nee! Maskulin! Ja! (Lacht)
Und das ist dir auch wichtig?
Ja!

Laura ließ sich nicht auf irgendeine Einstufung ein, weil sie - wie schon deutlich wurde - die Geschlechter grundsätzlich nicht aufgrund von Eigenschaften unterscheidet:

Laura: *Würdest du denn sagen, er ist eher männlich, maskulin oder weiblich, feminin?*
Kann man auch nicht sagen. Kann man auch nicht sagen.
Hat er beide! Seiten oder wie würdest du es sagen?
Ja, wie gesagt, dadurch, dass ich jetzt so weder Frauen noch Männern so bestimmte Sachen zuschreibe oder so, kann ich das ja jetzt nicht sagen, dass er von dem einen jetzt mehr hat oder so.

Für Laura trägt allein der Körper die die Geschlechter differenzierenden Merkmale. Da Lars die gemeinhin als weiblich verstandenen Kennzeichen noch nicht vollständig vorweisen konnte, müsste sie ihn eigentlich als weiblich ansehen. Dies war für sie aber auch nicht stimmig, im Gegenteil, hatte sie doch geschildert, wie sein Busen für sie bei ihm zu einem nicht weiblichen Körperteil mutierte. Offenbar repräsentierte Lars für Laura eine Mischung aus Männlichkeit und Weiblichkeit, und zwar körperlich wie auch seelisch. Als bisexuelle Frau kann sie sich und ihrem Partner dies offenbar ohne Probleme zugestehen.

Waren die transsexuellen Männer für die hier Befragten aber tatsächlich so wenig weiblich, wie sie es bei direkter Nachfrage geschildert hatten? Weitere, differenzierende, Fragen sollten dies klären helfen, wie etwa, ob er *weibliche Anteile habe und ggf. welche? Ob die Partnerin diese Seiten ansprechen könne, ob sie ihn bzw. sie verunsicherten?* Von den transsexuellen Männern selbst wollte ich darüber hinaus noch wissen, *ob es außer ihrem Körper irgendetwas in ihrem Leben gäbe, was nur daher käme, dass sie früher mal eine Frau waren, z. B. Ansichten, Gefühle, Einstellungen, Aktivitäten, Kontakte oder ähnliches.* Bei diesen pointierteren Fragestellungen kamen weitere sieben TeilnehmerInnen auf weibliche Seiten der transsexuellen Männer zu sprechen. Gerd hatte bereits auf meine Frage, ob er eher männlich oder eher weiblich sei, mit seiner Antwort, er sei eher männlich, gezögert, was ich aufgriff, woraufhin er seine weiblichen Anteile erwähnte:

Gerd: *Aber du hast auch, weil du so am überlegen warst, weibliche Seiten?*
Ja, ich habe, denke ich, einige feminine oder weibliche Seiten, die einmal ich sehr, die ich für mich wichtig finde, dass ich die habe, und

stelle auch fest, dass ich damit akzeptierter bin, vor allem beim weiblichen Geschlecht, dass ich meine Attraktivität dadurch wesentlich erhöhe und sie auch sinnvoll ist. Ich lebe damit durchaus auch besser, auch wenn es manchmal heißt, mich einzuschränken, was ich gar nicht will.

Mit einem leichten Anflug von Rechtfertigung zeigte Gerd die Vorteile auf, die ihm seine weiblichen Eigenschaften einbrachten. Als er präzisierte, was er meinte, sprach er sogar von einem z.t. hohem Maß an Weiblichkeit, um dies jedoch im selben Atemzug zu relativieren: Die entsprechenden Eigenschaften wollte er seinem Mannsein zugeordnet wissen, wobei er die Betonung aus *sein* Mannsein legte:

Gerd: *Denkst du, dass es in deinem Leben, jetzt außer deinem Körper, noch irgendwas gibt, das dadurch kommt, dass du früher mal ne Frau warst? Also z. B. irgendwelche Ansichten, Gefühle, Einstellungen, Aktivitäten oder so was?*
(Nach langem Nachdenken schüttelt er den Kopf)
Nicht?
Nee, wüsste ich nichts, worauf ich das, also worauf ich das so konkret zurückführen könnte. (Überlegt länger) Also wenn man Zärtlichkeit oder dieses Stück Gefühlsbetone oder Gefühle einmal zu empfinden und auch beschreiben zu können, als weiblich bezeichnet, hab ich da einen großen Anteil von, aber ich empfinde mich dadurch nicht weiblich.
Das kannst du auch deiner Männlichkeit, deinem Mannsein zuordnen?
Ja, das würde ich auch nicht ablegen. (...) Und ich bin auch stolz darauf, dass ich ihn habe und die gehören zu meinem! Mannsein dazu.
Und da fällt dir hauptsächlich diese Gefühlsseite ein?
Ja, das Fürsorgliche, Fürsorglichkeit, gehört für mich noch dazu. Und Verantwortung für Menschen, von Mensch zu Mensch übernehmen zu können und zu wollen, und für die Dinge, die passieren. Also ich glaube auch eher, dass das weiblich ist.
Das tut deinem Mannsein keinen Abbruch?
Nein, ganz im Gegenteil!

Auch Gerda sah und mochte diese weiblichen Seiten an ihrem Partner und zögerte ebenfalls, sie uneingeschränkt als weiblich zu bezeichnen:

Gerda: *Hat er überhaupt weibliche Anteile?*
Also ich denke schon, dass er für einen Mann doch gefühls-, eher gefühlsbetonter ist und auch mehr an seinen Gefühlen dran ist und

auch gesprächsbereit als so. Ja, was ich so eben höre, auch so von Freundinnen oder auch selber so weiß, dass es sonst eben immer so schwierig ist, überhaupt mal über Beziehung zu sprechen so. Das denke ich schon, wenn man das als weibliche Anteile hinzu zählen will, dann ist das schon so, ja, ist es doch, denk ich schon, ja.

Magst du das?

Ja, das finde ich in dem Falle wirklich ausgesprochen schön, ja. Also, nicht weil es jetzt weiblich oder männlich ist, sondern weil das einfach auch, denke ich, für unsere Beziehung gut ist.

Verunsichern dich solche Anteile manchmal auch, also in Bezug auf seine Männlichkeit?

Nein!

Obwohl Gerda die von ihr beschriebenen Eigenschaften in ihrem Umfeld offenbar nur bei Frauen erlebte, zögerte sie, als es um die Männlichkeit oder Weiblichkeit ihres Partners ging, sie ausschließlich Frauen zuzuordnen. Indem sie nämlich Gerds emotionale Qualitäten mit denen der Männer ihrer Freundinnen verglich, näherten sie sich bedenklich dem Punkt, ihn von der normalen Männlichkeit abzuheben. So weit wollte auch Maria nicht gehen:

Maria: *Hat er denn überhaupt irgendwelche weibliche Seiten, Anteile, was so manchmal durchschimmert? Oder siehst du da gar nichts?*
Nee
Von der Art her?
Ja, von der Art her. Aber ich würd jetzt nicht unbedingt sagen, dass das jetzt so weiblich ist. Er sagt zwar immer: Ich hab die Vorteile, ich kann mich in zwei Menschen rein versetzen und, ich mein, es gibt mit Sicherheit noch Männer auf der Welt, die von Charakter her sind genau wie er. Also ich denk mal, dass das jetzt nun speziell so weiblich ist, glaub ich gar nicht mal.

Maria, die ihren Partner zuvor unter anderem als lieb, nett, verständnisvoll und weich charakterisiert hatte, legte offensichtlich Wert darauf, ihn hierdurch nicht als weiblich anzusehen und damit von der Normalität anderer Männer abzurücken. Auch Benno betonte, obwohl er alle Tätigkeiten im Haushalt erledigte und durchaus weibliche Seiten habe, sich hierdurch nicht von geborenen Männern zu unterscheiden:

Benno: Ein bisschen was hat jeder auch. Also ganz voneinander zu trennen ist das ja auch nicht, ob ich jetzt ein Transsexueller bin oder ein normal geborener Mann.

Marc gelang die Abgrenzung von herkömmlich eindeutiger Weiblichkeit auf andere Weise:

Marc: *Denkst du denn, dass es außer deinem Körper in deinem Leben noch etwas gibt, das daher kommt, dass du früher mal ne Frau warst? Also z. B. irgendwelche Ansichten, Gefühle, Einstellungen, Bekanntschaften, Aktivitäten oder so?*
Ja, ich sag vielleicht mal das Gefühlvolle! Also auch so, dass ich manchmal ein bisschen sensibel bin oder so, vielleicht kommt das davon, denk ich.
Magst du das an dir?
Ja doch, finde ich eigentlich ganz in Ordnung. (...) Dieses Sensible oder so, was mir davon noch so ein bisschen übrig geblieben ist, das stört mich nicht, das finde ich eigentlich eher gut.
Das würdest du auch nicht abstellen wollen?
Nee.
Bzw. das würde dich auch nicht ärgern oder verletzen, wenn dir das jemand sagen würde?
Ja, also hören! würde ich das nicht gerne, wenn mir jemand sagt: Ja, mein Gott, du bist ja wie ne Frau, so, irgendwie, dann, nee, das könnte ich dann nicht so gut haben.
Du bist einfühlsam wie ne Frau, das dann nicht?
Nee! (...)
Könntest du es haben zu sagen: Ich wäre lieber ein femininer Mann oder weiblicher Mann? Oder stimmt das dann doch nicht?
(Stöhnt) Jaaa, phhh. Feminin weiß ich nicht, aber vielleicht, ehm, ein gefühlsbetonter Mann, schon so verständnisvoll.

Marc war es zwar wichtig, sich sensibel, gefühlvoll und verständnisvoll zu verhalten, von anderen darauf angesprochen zu werden und sich schon gar als „feminin" bezeichnet zu sehen, das wäre ihm jedoch zu viel an öffentlich gemachter Weiblichkeit, würde seine Selbsteinstufung als „männlich" bedrohen. Sogar Eva, die mehrmals die uneingeschränkte Männlichkeit Eikes hervorgehoben hatte,

Eva: er ist männlich, er ist von oben bis unten männlich, er ist von rechts nach links männlich! Sein Verhalten, sein Wesen ist einfach männlich! Vor allem sein Wesen!
Hat er denn irgendwelche weiblichen Anteile?

(Lacht schallend) Nee!!! (lacht weiter) Nee!!! Hab ich ja immer gedacht früher, dass er vielleicht mich als Frau versteht, was ich für Gefühle habe. (...) Aber da ist nichts, da ist nur Männerdenken!!! (lacht laut),

beschrieb ihn im Zusammenhang mit ihrem Kennenlernen auch von seiner anderen Seite:

Eva: Ich hab einfach gefühlt, dass er unter diesem harten Kern da eigentlich sehr weich! war und sehr sensibel.

Und auch Kurt, von sich selbst, insbesondere aber auch von seiner Partnerin immer wieder als ausgesprochen männlich dargestellt, räumte einige weibliche Seiten ein:

Kurt: Phhhh, ich denke, ich weiß es nicht, aber ich denke, vielleicht. Ich hab ja nun ein paar Freundinnen, (...) also Frauen, mit denen ich mich gut unterhalten kann. Ich weiß nicht, ob das auch so wäre, wenn ich eh, wenn ich von Anfang an jetzt halt ein Mann gewesen wäre.
Ob du so Freundschaften zu Frauen
Ja! Weil, man sagt ja immer, ne Freundschaft zwischen Mann und Frau gibt es nicht. Bei mir gibt es das auf jeden Fall! Ich hab eh, eh Freundinnen, mit denen würde ich aber nie, nie ins Bett steigen. (...)
Hast du denn weibliche Seiten?
Das weiß ich nicht genau! Sicherlich, bei der ein oder anderen Sache, z. B. mein Putzen da oder so. Oder ich denke, es gibt wesentlich, es gibt viele andere Männer, die noch viel, viel schlimmer sind als ich! Die nämlich wirklich diesen Putzwahn haben. Den hab ich ja nun nicht, aber ich denke, dass, ansonsten, ja, und dass ich eben nicht so knallhart bin.

Relativierte Kurt seine Weiblichkeit insofern, als andere Männer einen schlimmeren Putzwahn hätten als er, ließ er doch stehen, nicht so hart zu sein wie diese und platonische Freundschaften zu Frauen führen zu können. Auch Jan hatte solche Freundschaften angeführt. Und Ahmed, Dirk und Marc pflegten ebenfalls weiterhin Freundschaften zu Frauen, ohne diese aber im Zusammenhang mit ihrer Weiblichkeit zu erwähnen.

Viele der Befragten waren nicht nur unter der Hand bemüht, weibliches Verhalten oder Aussehen zu vertuschen bzw. es nicht in der Öffentlichkeit zu zeigen, sondern bezeichneten dies als gezielte Strategie. So hatte Kurt direkt im Anschluss an seine vorangegangenen Überlegungen eingeräumt:

Kurt: *Wenn du jetzt weibliche Seiten bei dir feststellen würdest, würde dich das verunsi-*
chern oder würdest du das einfach so hinnehmen, annehmen?
Ich denke, ich würd versuchen, es abzustellen, wenn ich das hätte.
Ja?
Denk ich, weiß ich nicht, hab ich nicht!
Ja, wenn! dir so was auffallen würde. Oder dir würde jemand so was sagen?
Doch dann würde ich's sicherlich, dann würde ich's versuchen zu ändern. Wenn mir jetzt jemand sagen würde: Du, hör mal, das ist aber noch ein bisschen weiblich oder so, dann würde ich wahrscheinlich, automatisch würde ich das umstellen.
Wenn jemand das so sagen würde, dann wär das ja schon eine etwas negative Bewertung.
Ja.
Und angenommen, z. B. Karin oder jemand anders würde sagen: Das sind Seiten, die sind zwar weiblich, aber die gefallen mir. Würdest du das dann trotzdem nicht so gut haben können?
Nee, glaub ich nicht, ich glaube, ich würde automatisch das dann irgendwie ändern.

Sich selbst konnte Kurt im begrenzten Maße die „ein oder andere" weibliche Seite zugestehen, eine offene Thematisierung dieser Anteile beeinträchtigte aber, wie schon bei Marc, sein männliches Selbstbild. Marc hatte im weiteren Gesprächsverlauf präzisiert, dass es ihm dabei vorrangig um die Wirkung nach außen ging:

Marc: *Wenn du jetzt irgendwelche weiblichen Anteile bei dir mitbekommst oder mitbekommen würdest, wie wäre das?*
Ja kommt drauf an so, ich sag mal: Schön wär das nicht.
Worauf kommt es an?
Ja, was das jetzt für weibliche Anteile wären!
Was würde dich stören?
Ja, vielleicht, wenn ich irgendwie weiblich laufen würde oder so was, das würd mich schon stören.
Also wenn dich jemand darauf hinweisen würde.
(Lacht) Genau!

Marias Schilderungen zeigten, wie niedrig hier die Toleranzschwelle beider Partner ist:

Maria: *Würde dich das denn stören, z. B. vom Verhalten her, wenn er sich femininer verhalten würde?*

Mhmmm, manchmal schon, manchmal, wenn er z. B., was weiß ich, wenn seine Haare son bisschen wachsen so, dann denk ich immer, er möchte sie sich zwar gerne wachsen lassen, aber es ist immer so schwer, nen Übergang zu finden, und ich ihm dann sag: Nee, irgendwie wirkst du jetzt fraulicher und so, sag ich ihm dann auch schon dann.

Das stört dich dann auch?

Ja, finde ich dann nicht so gut, ja.

Was stört dich daran?

Hab ich noch nicht weiter ausgedacht, so, weiß ich nicht. Vielleicht, wenn ich dann mit dem über die Straße laufe und er sieht halt fraulicher aus, vielleicht ist es das dann, das hab ich jetzt noch gar nicht weiter zu Ende gedacht.

Also dass es sein könnte, dass andere Leute ein bisschen unsicher sind?

Ja, vielleicht, ja. Obwohl das wahrscheinlich nicht der Fall wäre! Er hatte ja schon mal längere Haare. Wenn ich ihm so was sag, dann sagt er sofort: Echt! und so. Ich sag: Ja, und dann lässt er sich meistens die Haare wieder abschneiden (lacht etwas). (...)

Und wenn er jetzt irgendwelche weiblichen Anteile hätte, könntest du das haben?

Weiß ich nicht. Bin ich jetzt echt überfragt. Ich weiß nur noch, ganz am Anfang hatte er so weiße Birkenstocklatschen (lacht) gehabt, die waren mir schon zu weiblich. Stimmt! Ich mein, wie kann er so was nur anziehen!? Fällt mir jetzt gerade so dazu ein. Das fällt mir jetzt dazu ein.

Aber das merkst du dann an der Abwehr, die du hast

Mhm. Vielleicht auch, weil ich das jetzt wusste, ich mein, es gibt mit Sicherheit auch Männer, die weiße Birkenstocklatschen anhaben und wo ich mir nix dabei denke oder vielleicht nicht so extrem! das denken würde: Ach, mein Gott. Aber da achtet man ja dann doch zur anderen Seite ein bisschen hin, ne.

Anders als bezüglich Marcs Einfühlsamkeit gelang es Maria hier nicht mehr durch Rückbezug auf andere, ähnliche, Männer, Uneindeutigkeiten bei Frisur und Kleidung auszuhalten oder zu akzeptieren. Deshalb vielleicht will sie lieber nicht „zu Ende" denken, was die Leute in ihm und in ihnen als Paar sehen könnten, wenn Marc einen Hauch weiblicher erscheinen würde.

Obwohl Benno ein recht weit gefasstes Rollenverständnis zeigte, wollte auch er seine ausgeprägte Emotionalität nicht zu deutlich nach außen dringen lassen:

Benno: *War das denn mal ein Problem früher, wenn du weibliche Seiten gespürt hast?*

Also früher fand ich das sehr nervig!, wenn ich dann so, z. B. ne sehr weibliche Seite ist, wenn ich manche Filme sehe, dann [unverständlich] (...)
Zeigst du das dann auch oder schluckst du's dann runter?
Das krieg ich nicht immer runter geschluckt.
Ist dir das peinlich?
Ich verberg das schon irgendwie, ja.

Jan kontrollierte gezielt, wie er sich nach außen darstellt und wie nicht:

Jan: Es kann sein, dass ich einige Sachen, die weiblich sind eh, extra nicht! machen würde, ich weiß es nicht. Also ich hatte auch noch nie den Wunsch, mir nen Ohrring stechen zu lassen oder mir ne Kette umzuhängen oder so was.
Würdest du das auch vermeiden eher?
Ja, ich hab einfach nicht das Bedürfnis danach, vielleicht deshalb, weil ich meine, dass man da in irgend ne Ecke geschoben wird, das weiß ich nicht.

Was er nicht zeigen darf, um nicht in eine bestimmte „Ecke" zu geraten, ist Jan längst schon kein Bedürfnis mehr.

Anna räumte ganz offen Ahmeds Empfindlichkeit hinsichtlich etwaiger weiblicher Seiten ein. Und sie ist so feinfühlig, ihn nicht darauf anzusprechen:

Anna: Ich würd auch nicht ihn mit der Fraulichkeit oder Weiblichkeit verletzen wollen, indem ich ihn wieder dran erinnere.

Diese „Verletzbarkeit" scheint der wesentliche Grund dafür zu sein, dass transsexuelle Männer und ihre Partnerinnen das Thema Weiblichkeit, wo es irgend geht, umschiffen. Dennoch ist nicht zu übersehen: Wenn man die früheren Charakterisierungen der Männer durch ihre Partnerinnen sowie deren Umgang mit Frauen (und Männern) mit dem vergleicht, was die Befragten selbst als männlich und weiblich gekennzeichnet hatten, zeigten alle der hier befragten transsexuellen Männer mehr oder weniger ausgeprägte weibliche Anteile. Sicherlich handelt es sich dabei um die Kategorisierung von Klischees - was den meisten auch bewusst war. Da die entsprechenden Kennzeichnungen in den verschiedenen Zusammenhängen aber jeweils von derselben Person genannt worden waren, ist ein solcher Abgleich durchaus möglich und aufschlussreich. Insbesondere Emotionalität, Sensibilität und Einfühlung waren von vielen Befragten zum einen gehäuft als typisch weibliche Eigenschaften angeführt und zum anderen von den meisten Frauen ihren Partnern zugeschrieben, auf der anderen Seite bei direktem Bezug auf den Partner aber nicht mehr als weiblich eingestuft oder als Eigenschaft der Männer einfach übergangen worden. In dem Moment, als ich die von den Befragten selbst gewählten Begriffe und Zuschreibungen also aufeinander bezog, verloren sie an Realität. Auch und gerade, wenn die Befragten bestimmte Eigenschaften nicht nur Frauen zuschreiben und sie damit als nicht ausschließlich weibliche kennzeichnen wollten, beinhaltete dies zwar potentiell eine Ausweitung des stereotypen Rollenverständnisses, implizierte im Gesamtkontext eines Gespräches in Hinblick auf die befragten Männer aber immer auch die Ablehnung von Weiblichkeit. Offensichtlich gingen die Betroffenen davon aus, allein männliche Eigenschaften könnten den Beweis liefern für eine Identität als Mann, weibliche Anteile würden diese dagegen unterminieren. Wohl aufgrund ihrer Erfahrungen, insbesondere wegen der steten Verkoppelung von Identität und Geschlechtsrolle durch ihr Umfeld, war es den Befragten nicht mehr möglich zu realisieren, dass diese Identität unabhängig von der männlichen Rolle und umso mehr unabhängig von Stereotypien existierte und durch weibliche Anteile für sich nicht gefährdet werden konnte. Von daher wird man wohl vergeblich nach einem transsexuellen Mann suchen, der sich offen als „weiblich" kennzeichnet und diese weiblichen Anteile auch offensiv lebt.

Gerda ließ Identität und Rolle in ihrer Unabhängigkeit kurz aufscheinen: Ist seine Identität als Mann dem Betroffenen erst einmal „klar", kann er also endlich dazu stehen, dass er so und nicht anders ist, ließe sich, wie sie meinte, diese Identität in ihrer „ganzen Spannbreite" verwirklichen:

Gerda: Also ich find's überhaupt nicht schlimm, wenn er jetzt, irgendwie, weiß ich nicht, so klassische weibliche Seiten entwickeln würde. Also das fände ich irgendwie nicht schlimm! Also ich denke, was so wichtig war, war einfach erstmal so dieser: Ich bin ein Mann und fertig. Und ich denke, das ist wichtig, und da ist jetzt wieder so diese ganze Spannbreite, die eben da drin ist. Also ich hab jetzt nicht so das! Bild, so muss dieser Mann sein. Da also, dazu kenn ich auch wieder viel zu verschiedene Männer, dass ich jetzt sagen würde: Dies und dies und so. Ich denke so, diese Klarheit ist einfach gut.

Aber auch im Gespräch mit Gerd und Gerda zeigte sich immer wieder, wie schwer es ist, diese Spannbreite aller Möglichkeiten über die milieutypischen Klischees der Geschlechterrollen hinaus auszuschöpfen und am Ende auch ausschöpfen zu wollen.

Vor dem Hintergrund der üblichen Anforderungen an die Geschlechterdarstellung sowie deren weit reichender Verinnerlichung wird auch nachvollziehbar, dass vielen der Befragten die sozial hinreichende Darstellung
seines Mannseins und seiner Männlichkeit umso unabdingbarer erscheint, je
mehr es um die Außenwirkung geht. Verkraftet die Partnerschaft womöglich
noch Ambivalenzen und lebt sogar davon, wird Toleranz gegenüber Vermischungen herkömmlicher Geschlechterkategorien von Seiten anderer Menschen offenbar kaum noch erwartet bzw. verlangt. Auf meine Frage, ob es
ihm / ihr *wichtig sei, dass er nach außen ganz als Mann durchgehe,* antwortete denn
auch eine große Mehrheit, nämlich insgesamt 17 der Befragten, dies sei ihnen wichtig bis sehr wichtig. Bei den verbleibenden fünf TeilnehmerInnen
ergab sich die Bedeutung aus dem Gesprächsverlauf oder daraus, dass - wie
etwa für Britta und Karin - Unklarheiten auf Seiten ihrer Partner gar nicht
vorstellbar waren. Sehr plastisch brachte Hanna ihre Strategie zum Ausdruck, ihr Umfeld vom Mannsein ihres Partners zu überzeugen:

Hanna: *War dir das auch wichtig, dass er da wirklich gut als Mann ankommt?*
        Ja, das war mir sehr wichtig! Alleine nur zu zeigen: Ätsch! (Zeigt eine
        lange Nase) Das ist mein! Mann, ne! Hier! Guckt und staunt! So nach
        dem Motto. Weil ich ja auch irgendwie stolz auf ihn bin. Und dadurch
        hatte ich, sag ich mal, ja so mein persönliches Ätsch-Gefühl, nach dem
        Motto: Nee, nee, nee, nee, nee, nee, ist doch kein Außerirdischer!

Hanna zeigte allen, dass ihr transsexueller Partner kein Exot, sondern ein
ganz normaler Mann ist. Zur Bekräftigung dieser Normalität sollte Hans
ihrer Meinung nach bei Männlichkeitsklischees ruhig mitziehen. Und auch
die Eheschließung war für sie durchschlagender Beweis für sein unanfecht-
bares Mannsein. Dirk dagegen war bewusst, dass er sich zwar oft betont
männlich verhält, dies für jemanden, der sein Mannsein nicht akzeptieren
will, aber nie hinreichend sein wird:

Dirk: *Gibt es Situationen, wo du meinst, dass du dich besonders männlich verhalten*
        musst?
        Phhh. (Überlegt länger) Da sind wir ja wieder bei der Frage: Was ver-
        steht man unter männlich verhalten. Nee, ja, vielleicht, wenn man mal
        angegriffen wird, wie mit meinem Kollegen, der dann sagt, du bist kein
        Mann, eh wir nicht gesoffen haben. Wo ich dann schon vermeide,
        diese Weiblichkeit zuzulassen. Da würd ich dann auch keine weichen
        Bewegungen machen. Da würd ich schon mehr taff sein. (...) Das liegt
        ja immer an den anderen!, was die unter. Wenn sie's wissen!, dass du
        nicht als Mann auf die Welt gekommen bist, werden sie dich immer

wieder hinterfragen. Und wenn sie's nicht verstehen wollen, wollen sie's nicht verstehen. Dann wirst du auch nie ein Mann sein, dann kannst du aussehen wie ein Mann, dann kannst du sprechen wie ein Mann, bist trotzdem kein Mann.

Dirks Schilderung zeigt, wie abhängig man sich von den Einstufungen und damit auch vom Wohlwollen seines Umfeldes macht, wenn man als Beweis seines Mannseins, also seiner Identität, stereotype Männlichkeitsbeweise heranzieht: Das Gegenüber entscheidet dann, ob die Darstellung akzeptiert wird oder nicht. Und es entscheidet ohnehin ganz unabhängig von dieser Darstellung, ob das Mannsein des Transsexuellen überhaupt akzeptiert wird oder nicht. Benno, der schon viele Jahre als Mann lebte, war Dirk um einige Erfahrungen voraus: Er hatte es - weitgehend - aufgegeben, Ansprüchen dieser Art genügen zu wollen. Zwar räumte auch er ein, es sei ihm „schon wichtig" als Mann durchzugehen, relativierte dies aber sofort:

Benno: *Tust du auch was dafür, trittst du betont männlich auf?*
Früher mehr, aber heute nicht so.
Warum nicht?
Weiß ich nicht, weil ich sag mir so, wie gesagt, was macht en Mann aus, wann ist man ein Mann, wann ist man kein Mann. Und ich bin der Meinung, ich für mich bin einer. Und für die anderen ist mir das egal.

Für Benno war mit der Zeit offenbar wieder die Basis seines Mannseins ins Blickfeld gerückt, nämlich seine unumstößlichen geschlechtliche Identität, die hinreichen muss, um für sich und vor anderen ein Mann zu sein.
Frauke und Gerda war es wichtig, dass ihr Partner in der Öffentlichkeit eindeutig als Mann durchging, damit sie seine „Wahrheit" nicht jedes Mal „erklären" mussten:

Frauke: Ja, dann würde ich mich wieder erinnern an den ganzen Mist, wie das früher war, mit der ganzen Lügerei. Nee, nee danke, muss nicht nochmal sein (lacht).

Gerda: Also das ist mir schon! wichtig, weil ich einfach denke, es ist so viel, viel leichter, und es entspricht vor allen Dingen, und das ist vielleicht der wichtigste Grund, einfach auch der Wahrheit. Alles andere müsste man eben irgendwie erklären und schwierig erklären. Also das finde ich jetzt schon auch ne große Erleichterung, dass es so ist.

Nur wenn sich geschlechtliche Identität und geforderte Männlichkeitsdarstellung decken, ist die „Wahrheit" der Identität auch für Außenstehende nachvollziehbar. Und genau deshalb muss diese Darstellung auch in der richtigen Dosierung erfolgen, um nicht aus seinem milieuspezifischen Männerumfeld herauszufallen:

Felix: Je mehr man es betont, desto mehr fällt man auf.

Nicht „aufzufallen" war auch für Lars, Laura und Maria das Motiv, wenn sie es wichtig fanden, dass er bzw. ihr Partner ganz als Mann durchging:

Lars: Ich möchte unauffällig sein. (...) Ich möchte, ich sag mal, ich möchte, dass das nicht mehr infrage gestellt wird: Wer kommt denn da, ist das jetzt Mann oder Frau.

Um nicht „infrage" zu stehen, muss der Transsexuellen genau beobachten, was ihn fraglos Mann sein lässt. Laura erinnerte sich, wie Lars' Mannsein einmal kurzfristig zur Disposition stand:

Laura: Das war mir in dem Moment ehm, ja, nicht so ganz angenehm, würd ich sagen so. Ich weiß auch nicht, was das für'n Gefühl war, also, ob mir das jetzt irgendwie peinlich war oder so, oder, ich weiß nicht. Vielleicht, vielleicht hab ich dann einfach keine Lust dazu aufzufallen oder so, so vielleicht.

Auch Maria wollte sich einer solchen Situation möglichst nicht ausgesetzt sehen:

Maria: Wenn ich jetzt, was weiß ich, fremden Leuten gegenüber stehe und die würden Marc so anstarren und denken: Hee, war das mal ne Frau oder so?! Das wär mir dann schon unangenehm.

Den Befragten war es wichtig, nicht immer wieder aus ihrer insbesondere gegenüber ihrem Umfeld doch mühsam errichteten Selbstverständlichkeit herausgerissen zu werden. Schließlich hatten sie nicht nur ihre Partnerschaft, also ihr heterosexuelles Erleben, sondern ihre gesamten sozialen Bezüge auf sein Mannsein aufgebaut. Solchen existentiellen Brüchen setzt sich wohl kaum jemand freiwillig aus, vor allem, wenn Sicherheiten so leicht zu haben sind. Jana brachte es auf den Punkt: Jan soll jetzt nur noch Mann sein und nichts mehr dazwischen, Zweifel an seiner Männlichkeit will und kann sie nicht mehr hören:

Jana: *Wenn da jetzt mal Zweifel wären, wär dir das unangenehm?*
Ja, ich denk ja. Also ich hätte kein Problem damit, wenn jemand
wirklich wüsste, da war ne Umwandlung, das nicht. Das ist eben dann
Vergangenheit und fertig. (...) Aber wenn man jetzt! noch Zweifel an
seiner Männlichkeit hätte, das würde mich, weil, oder wenn jetzt ne
doofe Bemerkung käme, nach dem Motto.
Das ist kein richtiger Mann oder so?
Genau ja, das das würde mich stören! Weil jetzt möchte ich, oder was
heißt, jetzt möchte ich ihn als Mann, jetzt seh! ich ihn als Mann.

Da Jan für Jana nun durchgängig Mann ist, „will" sie auch keine Einbrüche
mehr erleben. Und dies ist nur möglich, wenn Jan auch für andere durchgängig Mann ist.

Zur Untermauerung des Mannseins und der Männlichkeit des transsexuellen Mannes tragen ganz wesentlich auch die Partnerschaft selbst und
das Verhalten der Partnerin bei: Auf meine Frage, *ob ihre Männlichkeit durch
die Beziehung eher gesteigert, geschwächt wird oder unbeeinflusst bleibt,* nannten acht
der Männer eine Steigerung, drei (Benno, Eike, Hans) erlebten sie als unbeeinflusst, keiner als geschwächt. Für fünf der acht Männer, die eine
Steigerung beschrieben, lag der Grund hierfür in der Partnerschaft mit
einer ganz normalen heterosexuellen Frau, also in der augenscheinlichen
Heterosexualität der Beziehung: Steht das Frausein der Partnerin nicht in
Frage, kommen Zweifel an seinem Mannsein kaum noch auf, seltener
jedenfalls, als wenn der Transsexuelle alleine lebt. Marc fasste dies anschaulich zusammen:

Marc: *Wird denn deine Männlichkeit durch die Beziehung zu Maria eher gesteigert,
geschwächt oder bleibt sie ganz unbeeinflusst?*
Ja, also eher gesteigert würde ich dann sagen, weil, ich sag mal so, ich
zeig mich auch gerne mit Maria so in der Öffentlichkeit, z. B., wenn es
jetzt noch Leute gibt oder so, die sich nicht im Klaren darüber sind
oder das von mir wissen, dass die das dann auch sehen: Na ja, der führt
ja ein ganz normales Leben, der hat ne Frau, so.
Das kannst du dadurch nochmal beweisen?
Ja, genau.

Auch für jemandem, der von Marcs Vergangenheit weiß, war die Beziehung
zu Maria als offensichtlich heterosexueller Frau hinreichender Beweis für
seine „Normalität". Allein durch ihre Existenz garantiert die Partnerin also
sein normales Mannsein:

Jan: Ja, also generell auch nach außen ist es natürlich schön, wenn du ne Freundin hast. Ich sag mal ganz platt: Das kommt dann immer so ganz gut, da kann man mir ja, wenn du ne Freundin hast, ist so, kommt man ja vielleicht noch weniger da drauf, dass da irgendwas nicht stimmen könnte.

Ahmed: Ich fühl mich wohl jetzt, mit, mit, mit einer Frau an der Seite und dass ich ne andere Rolle habe, als der Mann. Ja, das ist ganz anders, das ist schön! Klar, das gibt mir das, mehr Mannsein.

Allein durch die Frau „an der Seite" ist Ahmed für andere, aber auch für sich selbst „mehr Mann": Die gegenüber früher „andere Rolle" verwirklicht und dokumentiert seine Identität als Mann. Für Gerd war wieder die heterosexuelle Polarität maßgeblich:

Gerd: Ich war als Mann so attraktiv, dass mich eine Frau gewählt hat!

Die unpersönlichen Formulierungen „als Mann", „eine Frau" unterstreichen die konventionelle Wirkung des heterosexuellen Bezuges: Weil seine Partnerin eine Frau ist, verwirklicht sich das Mannsein des Transsexuellen sozial wie von selbst. Und durch eine Heirat wird auch der letzte Zweifel zerstört:

Felix: Gesteigert! Sie bestärkt mich also darin. Jeder sieht, ich bin verheiratet, hab ne Frau. Keiner merkt mehr, dass ich mal ne Frau war. Da gibt es gar keinen Grund drüber nachzudenken, denn Frau und Frau können nicht heiraten.

Felix *kann* gar keine Frau sein, weil er dann nicht mit einer Frau verheiratet wäre. So wird Felix' Vergangenheit durch die Heirat auch formal und damit sozial endgültig ausgelöscht.

Das Mannsein des Transsexuellen wird aber nicht nur durch den heterosexuellen Bezug vor der Öffentlichkeit untermauert. Schon, dass seine Partnerin sein Mannsein so unmittelbar nachvollzog, wurde von drei - mit Jan vier - der acht Männer als wesentliche Bestärkung beschrieben. So hatte Jan direkt im Anschluss an seine obigen Ausführungen festgestellt:

Jan: Und eben, weil sie mir eigentlich auch immer das Gefühl gegeben hat, eigentlich ein vollwertiger Mann zu sein, und das ist natürlich dann auch schön.

Jana konnte Jan offenbar vermitteln, dass sein Mannsein für sie real, wertvoll und anziehend ist. Auch Dirk fühlte sich - schon vor seinen körperlichen Veränderungen - im Beisein von Doris als Mann, weil er von ihr mit seiner wirklichen Identität angenommen wurde:

Dirk: Vor! der Hormonbehandlung, würd ich sagen, war sie bestärkt, weil ich mich immer als Mann ihr gegenüber gefühlt habe und auch definiert habe.

Erst nach Einsetzen der hormonellen Wirkungen gestattete sich Dirk, auch anderen gegenüber ganz als Mann aufzutreten.

Kurts gesteigertes Gefühl für sein Mannsein stützte sich wiederum auf den Stolz seiner Partnerin, sich mit ihm zu zeigen, und zwar nicht nur, weil er an sich attraktiv war, sondern speziell mit ihm als Mann:

Kurt: *Also [sie ist] auch stolz auf dich als Mann?*
Ja, ja!

Für Lars stand im Vordergrund, dass seine Partnerin ihm den Raum gab, seine lange gefühlte Identität als Mann endlich zu verwirklichen. Wo er früher nur Widerstände erlebt hatte und seine geschlechtliche Identität immer wieder zu unterdrücken versuchte, hat er in Laura eine Begleiterin dieses „Weges" gefunden. Sie war offenbar die Erste, die ihn so akzeptierte, wie er war, und ihn dahin gehen ließ, wohin er gehen musste:

Lars: Der Weg! wird gestärkt, so. Aber dieses, das andere ist, eh, unbeeinflusst, weil sie, also ich empfinde das so, dass sie mich einfach so liebt, wie ich bin. Selbst wenn ich jetzt sagen würde, ich mach nicht weiter, die würde mich lieben, das wär o.k. Die würde mich auch niemals irgendwie dahin drängen oder zwingen oder sagen, wenn du nicht weiter machst, beende ich die Beziehung. (...) Das ist einfach, der Weg wird gestärkt, so, das ist ein Stück leichter.

Und auf die kontinuierliche Verwirklichung der geschlechtlichen Identität ihrer Partner schienen die meisten der befragten Frauen zu vertrauen. Denn nur wenige *nahmen* gezielt *Einfluss* auf die Ausbildung seiner Männlichkeit bzw. *brachten* offensiv *ihre eigenen Vorstellungen von Männlichkeit und Mannsein ein.* Im Vordergrund stand vielmehr ihr hilfreicher Beistand: Sie unterstützten ihren Partner in psychischen Krisen, gaben ihm Sicherheit und Selbstvertrauen, bestätigten ihn als Mann, suchten in langen Gesprächen mit ihm nach dem richtigen Weg. Ihr Hauptanliegen war offenbar, dass ihr Partner sich so entwickelt, wie es ihm, seinem Inneren, entspricht. Gerda schilderte diesen Prozess recht anschaulich:

Gerda: *Hast du denn den Eindruck, dass du auch deine Vorstellungen von Mannsein ihm gegenüber einbringen kannst? Oder macht er das alles so für sich?*
Nee, da haben wir ja auch ganz viel drüber geredet. Also, was ich aber nicht jetzt so falsch verstanden haben möchte, dass ich ihn jetzt so geformt habe oder dass wir dann so den Mann so geschaffen haben (lacht), das ja nun auf gar keinen Fall! Eher wirklich so, weiß ich nicht, die Seiten, die er immer schon hatte, auch so, weiß ich nicht, son Stück, denke ich halt, er natürlich viel mehr, wir in Gesprächen, aber eigentlich hat er das natürlich gemacht, ja eben mehr in son klareres Bild gerückt.

Ein „klareres Bild" des eigenen Inneren kann sich nur in einer vertrauensvollen Atmosphäre von Geduld und Freiräumen entwickeln, in Freiräumen der Phantasie und des Experimentierens. Nur so kann jeder Transsexuelle seine ihm eigene geschlechtliche Identität verwirklichen. Lediglich, wenn die Partner allzu sehr den Macho herauskehrten, griffen die Partnerinnen ein. Männer mit einer solchen übersteigerten, vermeintlichen Männlichkeit waren allen hier befragten Frauen zuwider. Doris schilderte, wie sie derartigen Anwandlungen auf kreative Weise früh umbog:

Doris: *Denkst du, dass du wichtig für die Entwicklung seiner Männlichkeit bist?*
(Überlegt länger) Ich weiß nicht, inwieweit er den Weg alleine gegangen wäre, ob er sich dann in irgendwelchen speziellen Sachen anders entwickelt hätte oder ob da ein anderer Mann (lacht) am Ende dabei raus gekommen wäre. Kann ich nicht sagen. Ich mein, ich hab ihn dann immer mal auf den Teppich zurückgebracht, wenn er dann irgendwelche Höhenflüge macht, vielleicht, so mit den Hormonen: Ich fühl mich jetzt ganz stark, Muskeln und so und dann hab ich gesagt: Dann geh mal gleich in den Keller und hol mal Kohlen hoch oder so! Dann sagt er: Schön, du bringst mich aber auch immer in die Realität zurück (lacht).

Dieser „Realität" mussten sich am Ende alle hier befragten transsexuellen Männer beugen - und erlebten es nicht als Einschränkung ihres Mannseins oder Verlust wichtiger Freiräume.
Nur zwei der Frauen (Hanna und Frauke) schilderten, auf sein Mannsein und seine Männlichkeit direkten Einfluss genommen zu haben. Bei Hanna

wurde dies schon deutlich in Hinblick auf die Männlichkeitsstereotype, bei denen sie Hans empfahl mitzuziehen:

Hanna: Also er hat ja schon seinen eigenen Charakter, ne und den will ich ja auch gar nicht ändern, weil, ich will ihn ja so haben wie er ist. Nur ich habe ihm halt damals, wie gesagt, so ein bisschen geholfen: So, hör mal zu, so sind halt mal Männer, ne, auch wenn es dir vielleicht nicht gefällt, es ist halt einfach ein Klischee, genauso wie ich halt als Frau auch manchmal, auch irgendwo da durch muss, obwohl ich das vielleicht gar nicht gerne mache.
Also man muss sich manchmal ein bisschen den Klischees anpassen?
Ja genau.

Anders bei *Frauke*: Ihr war es selbst wichtig, einen weniger „weichen" Mann neben sich zu haben als sie Felix zu Beginn ihrer Beziehung erlebt hatte. Sie wollte, dass er

den anderen ganz klar sagt: Hör mal, ich bin ein Mann und das ist meine Frau, die gehört zu mir!

Auf meine Nachfrage, ob er denn so sei, erläuterte sie:

Frauke: Ja, ist er! Mittlerweile, am Anfang nicht. Ich denke, er musste sich auch erst in seine neue Rolle in Anführungsstrichen erst mal einpassen, aber mittlerweile ist es o.k.
Was war denn anders früher?
Also, da war er eher so weich, würd ich sagen, kein Rückgrat, ich würde das beschreiben mit kein Rückgrat.
Aber du mochtest ihn ja trotzdem?
Ja, ja, ich hab mir gedacht: Ich kann ihn noch erziehen!
Sagen wir mal, er wäre so geblieben?
Das wär nix! Da wäre ich nicht mit glücklich geworden! Nicht, weil er jetzt transsexuell ist, sondern einfach, weil ich nicht mit ihm als Mensch klar kommen würde.
Aber du warst da ganz sicher: Den krieg ich noch hin?
Ja!
Hast du gedacht, du kannst ihn erziehen oder: Wenn er jetzt diesen Weg geht
Nee, ich hab gedacht, ich kann ihn schon dahin son bisschen schubsen. Natürlich wird, Hormone und alles, das andere dabei tun, aber ich kann ihn doch schon so hinbiegen, wie ich, hört sich vielleicht ein bisschen doof an, aber ist so (lacht). (...)

Hast du viel Einfluss auf sein Mannwerden genommen?
Ich denke mal ja, weil, er hat mich auch immer gefragt: Gefalle ich dir
denn so? Ist das o.k. so? Und dann hab ich ihm gesagt: Nee, das und
das und das nicht.

Fraukes Einflussnahme auf die Männlichkeit ihres Partners schien beträchtlich zu sein. Trotzdem konnte sie nicht verhindern, dass Felix sich als
„Weichei" und „Milchbubi" sah und betonte:

Felix: Ich bin also sehr weich und das werde ich auch nicht ablegen.

Jedenfalls akzeptierte Frauke auch klassisch eher weibliches Verhalten bei
ihrem Partner:

Frauke: *Würde dich das denn stören, wenn er im Verhalten oder Reden oder so weibliche*
          Seiten zeigen würde?
          Nee.
          Könntest du damit umgehen oder würdest du sagen: Pass auf, Vorsicht?
          Ich sag mal, es kommt aufs Thema drauf an, aber erst mal, theoretisch:
          Nee, hätt ich keine Probleme mit. Z. B. ich finde das ja auch gut, dass
          er vor mir weint. Denn normalerweise, man sagt ja, das ist auch so ne
          weibliche Seite, Männer weinen nicht.

Die Eingriffe anderer Frauen waren im Vergleich zu Frauke kaum nennens-
wert: Maria entsetzte manchmal die Farbwahl ihres Partners in Bezug auf
seine Kleidung, Karin mochte es nicht, wenn Kurt in ihrer Gegenwart
fluchte und Jana fand, jeder habe etwas an seinem Partner auszusetzen.

Alles in allem stützten die Frauen die Identität ihrer Partner als Mann
viel mehr als dass sie Beweise stereotyper Männlichkeit von ihnen verlang-
ten. Indem sie ihre Partner grundsätzlich akzeptierten und ihnen Weite und
Raum gaben, sich mit Ruhe und Zeit zu verwirklichen, konnten diese sich
oft erstmals in ihrem Leben ihrer lange gefühlten Identität als Mann stellen.
Mehr suchend und hilfreich als korrigierend und lenkend griffen die Frauen
ihren Partnern unter die Arme und festigten deren oft beeinträchtigtes
Selbstwertgefühl. Mit ihren meist weiter als üblich gefassten Männlichkeits-
bildern entlasteten sie sie von den sozialen Anforderungen rigider und stereotyper Männlichkeit. Und gerade auch, wenn sie die weiblichen Anteile
ihrer Partner zu verdecken versuchten, taten sie dies nicht, weil sie einem
stereotypen Männlichkeitsideal anhingen, sondern vielmehr aus Feinfühlig-
keit gegenüber den Unsicherheiten und der hohen Verletzbarkeit ihrer Partner gerade in diesem Bereich.

3. Verwirklichung des Unabänderlichen

Fast alle hier befragten transsexuellen Männer hatten ihr Gefühl beschrieben, schon immer ein Junge gewesen zu sein. Die Identität als Mann reichte bei vielen bis in die frühe Kindheit zurück. Was bedeutet dies für die Verwirklichung ihres Mannseins, also für den Behandlungsprozess? Was verändert sich für die Betroffenen und was für ihre Partnerinnen, durch ihn eigentlich? Sieben und - je nach Auslegung - mit Lars und Jan neun der elf Männer schilderten auf meine entsprechenden Fragen hin keinerlei bemerkenswerte Veränderungen durch die Behandlung. Lediglich ihr Körper sei durch die Wirkung der Hormone und der Operationen so umgestaltet worden, wie sie es sich schon immer gewünscht hatten und wie es für viele in ihrem Inneren ohnehin bereits Realität war. Keiner der Befragten meinte, ein anderer Mensch oder anders Mann geworden zu sein, als er es vorher gefühlt hatte. Die meisten von ihnen schilderten die Konversion vielmehr hinsichtlich ihres Selbsterlebens als Mensch und Mann als ausgesprochen unspektakulär. Für sie fand keinerlei Verwandlung statt, soziale Rollen und die körperlichen Veränderungen wurden zwar als wichtig für ihre soziale Glaubwürdigkeit, nicht aber für die Wirklichkeit ihres Empfindens bewertet. Vielmehr waren manche geradezu irritiert von Widerständen ihres Umfeldes und insbesondere von Rückmeldungen über weit reichende Veränderungen: Hatte der Transsexuelle sich schon immer als Mann erlebt, wurde sein Mannsein für Außenstehende erst jetzt sichtbar und greifbar, und zwar durch die Veränderungen an seinem Körper. „Wahre Männlichkeit scheint sich fast immer vom männlichen Körper abzuleiten." (Connell 1999, S. 65). So trügerisch dies sein kann, ist der Körper doch das vorrangige Orientierungsmerkmal bei der Bestimmung des Geschlechts eines Menschen. Auch wenn es dem Transsexuellen selbst nicht anders ergeht, ist dieser plötzliche Einschnitt für ihn befremdlich, deckt er sich doch so gar nicht mit seinem eigenen Erleben:

Kurt: Ich hab nie diesen Schnitt gehabt! Da fragt mich jeder nach!

Was für andere der Bruch in einer Lebensgeschichte ist, ist für den Betroffenen selbst nur ihre gradlinige Verwirklichung. So entschuldigte sich Kurt im Verlaufe des Gesprächs wiederholt dafür, mir nicht mit spektakuläreren Veränderungen dienen zu können. Dirk hatte bereits in einem anderen Zusammenhang seine Verwunderung darüber zum Ausdruck gebracht, aufgrund welch für ihn geringfügiger Veränderungen andere ihn plötzlich als Mann sahen:

Dirk: Ich seh da keine große Veränderung und deshalb hat mich das auch so erstaunt, dass wirklich von einem Tag auf den andern die Leute mich als Mann gesehen haben.

Für Dirk waren die körperlichen Veränderungen für seine Selbstwahrnehmung peripher im Vergleich zur einzig wesentlichen, immer schon gefühlten Identität als Mann, die so blieb wie sie war. So kann es Transsexuelle verletzen zu erleben, wie wichtig Außenstehenden die Erfüllung nachgeordneter sozialer und körperlicher Männlichkeit ist, während das Eigentliche, nämlich ihre geschlechtliche Identität, über Jahre geleugnet oder als irrelevant abgetan wurde, einer Identität, die sie nun endlich entfalten konnten:

Marc: Ich war schon immer so wie ich bin.

Marc ist heute das, was er immer schon war, er hat endlich seine immer gefühlte Identität entfalten können. Für andere ist er das, was er heute ist, allerdings erst durch die körperlichen Veränderungen, was Felix in seine Überlegungen einbezog:

Felix: Ich hab nur meinen Körper geändert, ansonsten ist alles gleich geblieben.

Eike dagegen ließ die körperlichen Veränderungen zunächst völlig unerwähnt:

Eike: Ich habe mich auch nicht großartig da verändern müssen oder so, weil ich im Grunde genommen nie anders war.

Wie die meisten der befragten Männer brachte Eike die Umgestaltung seines Körpers erst auf mein Nachhaken hin zur Sprache. Benno hatte in einem anderen Zusammenhang betont, wie reibungslos der Prozess für ihn verlaufen war:

Benno: *Ist dir dein Mannsein schon ganz in Fleisch und Blut übergegangen?* Ich kenn das ja nicht anders eigentlich.

Hans war derjenige, der am deutlichsten die sozialen Regeln bzw. in seinem Fall die sozialen Stereotype hervorhob, denen er sich neben den körperlichen Angleichungsforderungen ausgesetzt sah:

Hans: Und dann denkt man, man muss auch sein Verhalten verändern, obwohl man vorher sowieso Mann war. Man muss irgendwo doch den Macho raushängen lassen.

Hans merkte, dass er seine Identität als Mann durch milieuspezifische soziale Männlichkeit beweisen musste, um wirkliche Akzeptanz seines inneren Empfindens zu erreichen. Seine Erläuterung vermittelt sehr anschaulich, wie dieses (betont) männliche Verhalten, also die Geschlechtsrolle, der Geschlechtsidentität - also dem Gefühl, „sowieso" Mann zu sein - aufgesetzt wird und sie nicht zwingend beinhaltet. Diesen Unterschied zwischen Identität und Rolle beschrieb Lars für sich so:

Lars: Ich will da nichts antrainieren oder was verkünsteln oder irgendwie so. Nein, ich bin so und fertig.

Lars' Begriffswahl spiegelt sehr deutlich nicht nur die grundsätzliche Unabhängigkeit von der Identität als Mann und aktueller sozialer Männlichkeit wieder, sondern auch Diskrepanzen auf der Rollenebene. Offensichtlich kollidierte sein Gefühl, wie er Mann war, mit den Rollenanforderungen und -angeboten. Wollte er der männlichen Rolle voll und ganz genügen, müsste er sein Verhalten „künstlich" hieran anpassen oder sich etwas „antrainieren", was er verweigerte. Allein so, wie er selbst sich die Verwirklichung seiner geschlechtlichen Identität vorstellte, sah er sich auch sozial bereits als hinreichenden Mann, als „fertig", an. Dies musste auch den anderen genügen und sie mussten sich sogar mit seinen „weiblichen Anteilen" arrangieren:

Lars: Es sind! weibliche Anteile da, und ich möchte auch, dass die bleiben! Ich möchte nicht!, dass die, und ich bin sehr froh darüber, dass man die nicht wegspritzen kann, dass man die nicht wegoperieren kann, nicht wegtherapieren kann, sondern ich möchte so! sein!

Die Übernahme von Rollenvorgaben und insbesondere die Veränderung des Körpers werden von den Transsexuellen aber auch als Stützen ihrer Identität erlebt:

Lars: Ja, ich bin eigentlich schon immer so, also ich bin sicherlich runder, es wird runder. (...) Ich werde jetzt ein Ganzes, ich bin nicht mehr geteilt.

Bleibt die Identität auch prinzipiell gleich, verschafft die Tatsache, nun nicht immer dem falschen sozialen Geschlecht zugeordnet zu werden, ein Gefühl der Abrundung und Integration aller Persönlichkeitsanteile, was dann als Veränderung erlebt wird. Dirk hatte diese Erfahrung so formuliert:

Dirk: Dieses nicht mehr Frau sein! war für mich wichtig. Und von den anderen nicht ständig als Frau gesehen, angesprochen und behandelt zu werden.

Jan hatte bereits die „Entscheidung", nach außen das zu leben, was er innerlich schon immer gefühlt hatte, als „krassen Einschnitt" erlebt:

Jan: Als ich mich definitiv für diesen Weg entschieden hab, (...) als ich mir erlaubt habe, Mann zu sein, da war sicherlich ein krasser Einschnitt. Erstmal, weil da hab ich es dann einfach zugelassen, und vorher hab ich es doch vertuscht oder irgendwie unter den Teppich gekehrt und ich hab versucht, vielleicht noch irgendwelche weiblichen Seiten heraus zu kramen.

Allein die Entscheidung, seine Identität nicht mehr permanent zu torpedieren, sich selbst zu „erlauben" zu leben, was er war, krempelte Jans Leben um. Nach langen quälenden Jahren war ihm offenbar deutlich geworden, dass man eine männliche Identität nicht durch soziale Weiblichkeit auslöschen kann, weil das eine mit dem anderen nichts zu tun hat, die Mittel also aneinander vorbei greifen.

Aber auch eine psychotherapeutische Behandlung vermag nur selten etwas gegen die Macht der geschlechtlichen Identität auszurichten, wie Jan erfahren musste, als er mit diesem Ansinnen einen Therapeuten aufsuchte:

Jan: Es muss doch vielleicht möglich sein, aus mir irgendwie ne Frau zu machen! Also krempeln Sie mich so um, dass ich mich (...) akzeptieren kann, so wie ich bin. (...) Bis irgendwann mal mein Therapeut sagte: Sind sie sicher, dass das [die Behandlung] der schwierigere Weg ist zu gehen?! Und ich muss sagen: Er hatte Recht, es ist im Endeffekt der einfachere! (...) Im Endeffekt ist es jetzt wesentlich einfacher.

Schon Jans Wortwahl signalisierte, was er sicher nicht war: Eine Frau. Hierzu hätte man ihn erst „machen" und „umkrempeln" müssen, ein Unterfangen, das nicht nur der „schwierigere Weg", sondern schlichtweg unmöglich war. Als er dagegen akzeptiert hatte, ein Mann zu sein, war plötzlich alles ganz „einfach":

Jan: Da hab ich mich einfach besser gefühlt, lockerer gefühlt, nach außen hin auch offener und so. Das ganze Verhalten hat sich dadurch schon geändert, weil ich eigentlich immer mehr so wurde, wie ich eigentlich sein wollte.

Und noch einfacher ließ sich seine „innere Einstellung" auch in seinem Umfeld leben nach den ersten körperlichen Veränderungen:

Jan: Weil man dann es noch mehr zulassen konnte auch nach außen hin, weil man dann ohne Angst allen sagen konnte: Ich bin Mann. (...) Es vereinfachte die innere Einstellung eben unheimlich.

Mit der Anpassung an das übliche Bild eines Mannes sank auch für andere die Schwelle, ihn tatsächlich als Mann anzunehmen. So war für Jan das eingetreten, was er sich immer erhofft hatte, nämlich mit seiner wirklichen geschlechtlichen Identität in die Welt zu treten:

Jan: Im Endeffekt hab ich immer gedacht: Wenn du die Situation jetzt als Mann erleben könntest, würd es dir gut gehen. Und es ist eigentlich so eingetreten. Es ist sogar noch besser so eingetreten, weil, also so Zufriedenheitsgefühle hatte ich also früher nie.

Diese wachsende "Zufriedenheit" hoben auch viele andere der befragten Männer und insbesondere ihre Partnerinnen hervor. Immer wieder fielen Begriffe wie „zufrieden", „ruhiger", „sicherer" und „selbstbewusster". Ansonsten aber betonten sowohl die Frauen wie die Männer, er sei - abgesehen von den körperlichen Veränderungen - im Wesentlichen gleich geblieben. Nur vier Frauen (Anna, Eva, Frauke, Gerda) sprachen mehr oder weniger starke Veränderungen an. Anna war die Einzige von allen Befragten, die ihren Partner als vollkommen verändert beschrieb, und zwar gar nicht mal aufgrund seines Äußeren, vielmehr sei Ahmed „aggressiver", „eifersüchtiger", „vergesslicher" und „ungeduldig" geworden und lasse sein früheres „Feingefühl" insbesondere ihr gegenüber vermissen:

Anna: Der ist ganz anders geworden. (...) Das war immer mein Schatz, das wird auch immer mein Schatz bleiben. Das ist aber meine weibliche Person, wo ich gesagt habe, das ist mein! Schatz und das wird auch immer so bleiben. (...) Das war auch eine Person, die ich als Mädchen gekannt habe, mit allem, mit den Gedanken, mit dem Verhalten, mit der Sprechweise, mit der Geduld. (...) Die Person wird auch so eine Person in meiner Erinnerung bleiben. (...) Und wenn das ganz abgeschlossen ist, wird im Endeffekt eine ganz andere Person dastehen. (...) Das find ich sehr traurig, das hab ich ihm auch gesagt! Er findet das auch traurig. Er hat versucht, wieder so, aber das klappt nicht, das ist alles weg! (...) Jetzt ist der brutal, dieses Feinfühlige ist nicht mehr da, diese männliche Brutalität (...) kommt mehr zum Vorschein. (...) Ich meine, der war zwar sowieso männlich, aber der ist mehr männlicher geworden, vom Verhalten her.

Gerade in seinen Gefühlen und seinem Verhalten hat sich Ahmed nach Annas Meinung am meisten verändert. Bemerkenswert ist, dass ihr „Schatz" nicht der heutige Mann, sondern das damalige „Mädchen" ist. Insbesondere seine weiblichen Seiten, das Ruhige, Feinfühlige, Fürsorgliche waren für sie der „Schatz", der ihr jetzt fehlt. Ganz verloren gegangen waren diese Eigenschaften aber offenbar nicht, hatte Anna doch an anderer Stelle betont, Ahmed nie gegen einen geborenen Mann eintauschen zu wollen, da diese alle „Arschlöcher" seien, die ihre Frauen ausnutzten und sich nicht um ihre Bedürfnisse kümmerten. Ahmed selbst fiel es jedenfalls schwer, Annas Enttäuschung in vollem Umfang nachzuvollziehen. Auf meine Frage, ob er bei sich starke Veränderungen erlebte, hatte er geschildert:

Ahmed: Nicht so starke Veränderungen. Also wenn ich jetzt Anna höre! Ich weiß nicht, die müsste das eigentlich von ihrer Familie aus kennen, wie die Männer dort sind. Da gegenüber, im Vergleich, bin ich ja total harmlos! Hab keine schlechten Wörter drauf, beschimpfe jemanden nicht so doll, überhaupt nicht. (...) Die hat viel Schlimmeres erlebt. (...) Ich bin nicht so, ich bin ganz anders.

Dennoch räumte auch Ahmed Veränderungen in seiner Gefühlswelt ein und bedauerte, manche weiblichen Seiten verloren zu haben:

Ahmed: Ich muss auch sagen, als Mann, es ist verschieden bei mir. Wenn ich an früher denke, da hab ich schneller reagiert, habe dann auch sofort nachgegeben. Jetzt ist es ganz anders.
Diese weiblichen Seiten sind jetzt verschwunden?
Ja! Weibliche Seiten! Innerlich, die Gefühle jetzt, andere Menschen nicht schnell zu verletzen und nicht, eh, und so zu tun, als ob es dir scheißegal wäre. (...)
Und wie findest du das?
Nicht so gut!
Wärst du lieber wieder weiblicher?
Vom Gefühl her lieber so. Ich streb das manchmal auch an. Aber was weg ist, ist weg, glaub ich. Eins von beidem. Oder ich hab's im Kopf ganz anders.

Einiges an Annas Beobachtungen musste Ahmed also bestätigen. Eine Möglichkeit der Erklärung lag für ihn darin, „es im Kopf ganz anders zu haben", was heißen könnte: Er meinte, sich als Mann anders verhalten zu müssen als als Frau, um wirklich für sich und andere hinreichend Mann zu sein. Bei Frauke und Felix war es umgekehrt als bei Anna und Ahmed: Zwar sah auch bei ihnen der männliche Partner selbst eine geringere Veränderung als seine Partnerin, diesmal aber stellte diese eine - für sie angenehme - Wandlung zum Männlichen hin fest, die ihn wiederum zu einem „ganz anderen" macht:

Frauke: *Was hat sich denn eigentlich geändert so über die Jahre bei ihm?*
Ja, sein Verhalten ist männlicher geworden, ganz klar. Das Aussehen ist natürlich auch total verändert. Er ist ein bisschen häuslicher geworden. *Bist du denn jetzt mit einem anderen Menschen zusammen oder ist er immer noch derselbe?*
Ja, ja, doch, ich würd sagen, er hat sich so sehr verändert, dass er im Grunde genommen ein ganz anderer ist. *Findest du das gut?*
Ja, das ist sehr gut! Also, wie gesagt, wäre er so geblieben, wie er damals war, wie ich ihn kennen gelernt hab, da hätte ich schon lange die Flucht ergriffen. Da hat er so sehr auf seine Mutter gehört und hat alles gemacht, was sie gesagt hat. Wenn sie gerufen hat, komm doch, dann ist er in den nächsten zehn Minuten losgefahren, da hab ich gesagt: Nee, Junge, wenn wir eine Beziehung haben wollen, dann ist das nicht drin.

Aus dem Muttersöhnchen ist Frauke stolz, einen gestandenen Mann geformt zu haben, also genau den Mann, den sie von Anfang an für sich im Kopf hatte.

Auf Seiten der transsexuellen Männer war Gerd der Einzige, der durchgreifende Persönlichkeitsveränderungen bei sich beobachtet hatte und ansprach. Seine Erfahrungen ähnelten dem, was Ahmed als partiellen Verlust an Weiblichkeit geschildert hatte: Gerd fühlte sich jetzt weniger abhängig von Beziehungen und davon, von allen gemocht zu werden und es allen recht zu machen, Eigenschaften, die herkömmlich eher als weibliche angesehen werden:

Gerd: Ich habe am Anfang viel mehr die Vorstellung gehabt, also alles das, was ich an Persönlichkeit habe, das bleibt so. Ich werde nur freier, glücklicher, sicherer und alles Äußere, Wichtige natürlich, ist dem angeglichen. Was ich jetzt schon empfinde, und das war ein Irrtum, das stimmt nämlich nicht. (...) Ich bin bei weitem nicht mehr so beziehungsabhängig, also von so ganz viel Nähe bzw. von der, ehm, dass mich meine Umwelt so lieb hat. (...) Ich kann zu vielen Dingen, vor allen Dingen auch zu Menschen viel mehr Distanz aufbauen. (...) Es darf auch Konflikte geben. Wo (...) mich mal jemand auch durchaus Scheiße finden darf, ohne dass ich am Boden zerstört bin (lacht etwas). (...) Das ist das Wichtigste oder das Hervorragendste, dass ich da sehr viel unabhängiger werde und mir einerseits auch diese Unabhängigkeit nehme. (...) Ich war vorher wirklich eher so unbestimmt. (...) Also ich bin erst ruhiger geworden. Das war ganz angenehm, also seelisch eher mehr im Gleichgewicht.

Vom Klischee her gedacht kann man die von Gerd beschriebenen Veränderungen als zunehmende emotionale Vermännlichung bezeichnen. Andererseits waren sie aber auch Ausfluss eines gesteigerten Selbstbewusstseins, das ihn grundsätzlich unabhängiger von der Meinung und Zuwendung anderer machte. Herkömmlich ist beides ohnehin verkoppelt: Soziales Selbstbewusstsein wird meist als männliche Eigenschaft gesehen. Gerda bestätigte jedenfalls seine Erfahrungen:

Gerda: Und dann denk ich eben, (...) dass er irgendwie wirklich so mittiger geworden ist, nicht so hin und hergerissen, nicht so schwankend, (...) nicht Fisch, nicht Fleisch. (...) Das fand ich, hat sich auch dann also wirklich ganz positiv verändert. (...) Also ich finde das männliche Verhalten ist jetzt einfach sehr viel authentischer, sehr viel sicherer, durchgängiger dadurch eben so, also nicht, dass das früher immer geschwankt hat, das nicht, aber in dem, wie er sich verhält, ist er einfach er.
Selbstverständlicher?
Ja, genau, das ist das richtige Wort, ja, ja.

Indem Gerd nun „einfach er" ist, seine „Mitte" gefunden hat, hat er sein gefühltes Mannsein auf für ihn „authentische" Weise verwirklicht. Erleichtert wurde Gerd diese spezifische Verwirklichung durch zunehmende „männliche Vorbilder":

Gerda: Er hatte vorher nicht so diese Bandbreite von männlichem Verhalten, sondern mehr so in einer Richtung, die ihm vielleicht auch nicht so gefallen hat.

Diese breitere Auswahl an möglichem männlichem Verhalten konnte Gerd offenbar stimmiger mit seinem gefühlten Mannsein in Verbindung bringen. Damit „schwankte" er nun nicht mehr zwischen sozialem Frau- oder Mannsein, aber auch nicht zwischen authentischem und nicht authentischem Verhalten, sondern konnte sich auf der größeren „Bandbreite" von Männlichkeit „durchgängig" einer der beiden Seiten zuordnen. Eva beschrieb Veränderungen auf einer eher allgemeinmenschlichen, für ihre Zufriedenheit in der Beziehung aber sehr wichtigen Ebene, die im Übrigen Annas Erfahrungen diametral entgegen standen:

Eva: Vom Wesen her hundertprozentig selbstbewusster. Hmm, ja, verantwortungsbewusster, so dass ich (...) so einige Sachen, die ich so hatte, so Umsorgen und machen, an ihn abgeben konnte. Verantwortung hat er übernommen. Also ich kann mich jetzt in vielen Sachen auf ihn verlassen. (...) In sich gereift, (...) er hat son ruhenden Punkt, (...) reifer, überlegter. (...) Seine Entwicklung kommt meinen Sachen, die ich so für ihn empfunden habe, total entgegen, passte.

Abgesehen von diesen wenigen Ausnahmen erlebten die Befragten die Veränderungen des Transsexuellen bezogen auf sein Mannsein und seine Männlichkeit, aber auch auf seine gesamte Person, als sehr wenig umwälzend und spektakulär. Im Gegenteil vermittelten sie überwiegend den Eindruck, dass die Männer durch die Behandlung etwas zutiefst Unabänderliches verwirklicht hatten: Ihre tief eingelagerte und allen Anfechtungen widerstehende Sicherheit, ein Mann zu sein. Insofern würden die meisten Transsexuellen sich wohl in Virginia Woolfs einfühlsamer Schilderung ihres Romans „Orlando" wiederfinden, die einen - umgekehrten - Geschlechtswechsel als ebenso unspektakulär beschrieb: „Orlando war ein Weib geworden - das ist nicht zu leugnen. Aber in jeder anderen Hinsicht blieb Orlando genau, wie er gewesen war. Der Wechsel des Geschlechts änderte zwar die Zukunft der beiden, bewirkte aber nichts, was ihre Identität geändert hätte" (Woolf 1981, S. 98). Gerade die Einfachheit des Geschlechtswechsels prägte immer auch die Faszination dieses Romans, verwies ihn aber dadurch auch ins Reich der Utopie. Für die Transsexuellen aber ist genau dieses Einfache ihre ursprüngliche und vorrangige Erfahrung: Wenn man sie ließe - und das ist wieder eine Utopie - würden sie ihr gefühltes Mannsein einfach leben. So aber werden ihr Alltag und ihre „Zukunft" beeinträchtigt, indem der Wunsch nach einem „Geschlechtswechsel" - den sie nicht einmal als solchen bezeichnen würden - jahrelang als Einbildung hingestellt und ihnen schließlich nur unter den Bedingungen eines beschwerlichen medizinischen und rechtlichen Behandlungsmarathons zugestanden wird. Nur hierdurch erhalten sie den körperlichen und rechtlichen Status eines Mannes, einen Status, der ihrem Umfeld die so unabdingbaren Veränderungen garantiert. Umso mehr zeigt sich dieses Umfeld dann verwundert, wenn sich für die Betroffenen am Ende eigentlich gar nichts verändert hat.

Wie tief greifend, unabänderlich und von sozialer Männlichkeit und Weiblichkeit letztlich unabhängig dieses gefühlte Mannsein in jedem Transsexuellen verankert ist, macht ein Fall deutlich, den Dickey und Stephens in einer Studie über zwei Frau-zu-Mann-Transsexuelle beschrieben: May Ann, später Andy, war als Kind ein ausgesprochen feminines Mädchen. Ihre Schwester erinnerte sich, May Ann habe hübsche Kleidung getragen und Beschäftigungen geliebt, die von Mädchen bevorzugt werden. Ab ihrem neunten Lebensjahr fühlte sich May Ann falsch in ihrem Körper. Später hatte sie mehrere längere Beziehungen zu Männern, eine mit einer Frau. Anziehend fand sie jeweils androgyne oder effeminierte Männer, sich selbst erlebte sie ebenfalls als effeminierten Mann (effeminate male). Sie heiratete und bekam zwei Kinder. Nach mehreren Angstattacken und manischdepressiven Perioden ließ sie / er mit 47 Jahren schließlich die erste geschlechtsangleichende Operation durchführen (Dickey & Stephens 1995).

Trotz und im vermeintlichen Gegensatz zu einer eindeutig weiblich ausgerichteten sozialen Orientierung, ablesbar an Kleidung, Interessen, Verhalten und augenscheinlicher Heterosexualität, setzte sich bei May Ann / Andy das unabänderliche Gefühl durch, ein Mann zu sein. Manche mögen sagen: Wie viel leichter hätte sie ihre Weiblichkeit - und ihre Beziehungen zu Männern - leben können, wäre sie eine Frau geblieben. Genau damit aber verfehlt man die spezifische Identität des Transsexuellen und die tiefe Verankerung der Geschlechtsidentität. Aber auch Andy mag durch seine eher ungewöhnliche Situation verunsichert gewesen sein, vergingen doch viele Jahre, bis er die Behandlung aufnahm.

Aber nicht nur von sozialer Männlichkeit und Weiblichkeit zeigt sich die Geschlechtsidentität weitgehend unbeeindruckt, auch ein vermeintlich defizitärer Körper steht ihr nicht im Wege: Nicht nur Transsexuelle sind ein Beispiel dafür, wie eine sichere Identität als Mann auch ohne einen männlichen Körper etabliert werden kann. So schilderte Robert Stoller zwei Fälle, in denen Jungen ohne Penis (und Hoden) aufwuchsen und dennoch eine eindeutige Kerngeschlechtsidentität als Junge / Mann (male) entwickelt hatten. Stoller resümierte: „These two cases are presented as evidence to support two theses, that the sense of maleness (or core gender identity) is present and permanent from earliest life, and that the penis is not essential to this sense of maleness." (Stoller 1977, S. 46). Zum einen ist also nach

Stollers Auffassung das Gefühl, ein Mann zu sein, die Kerngeschlechtsidentität, durchgehend von frühester Kindheit an präsent, zum anderen zeigt sich für ihn an diesen Beispielen, dass die reale Existenz eines Penis nicht unerlässlich für die Entstehung einer männlichen Geschlechtsidentität, für den von ihm so genannten „sense of maleness", ist. Als Beleg für seine beiden Thesen hätte er auch schlicht transsexuelle Männer befragen können. Vielleicht griff er nicht auf sie zurück, weil bei ihnen die Geschlechtsidentität üblicherweise als gestört betrachtet wird. Bei den erwähnten Jungen bewertete er sie dagegen offenbar als intakt, da diese ja ansonsten körperlich Jungen waren - eine von ihm selbst gerade als unzulässig nachgewiesene Anknüpfung der Geschlechtsidentität an den Körper. Die Beweiskraft der Zuordnung eines Menschen als Mann bzw. als Frau allein über seine Geschlechtsidentität wäre dagegen in beiden Fällen gleich stark oder auch gleich schwach, ob bei den besagten Jungen ohne Penis oder bei transsexuellen Männern.

Da der Beweis allein über das subjektive Gefühl bei Transsexuellen tatsächlich grundsätzlich als zu schwach und sozial nicht hinreichend betrachtet wird, sehen sich diese letztlich veranlasst, ihre Geschlechtsidentität in eine sozial und körperlich weitgehend vorgegebene Männlichkeit hinein zu verwirklichen. Die Geschlechterordnung verlangt von ihnen, ihr Gefühl, Mann zu sein, zu beweisen, indem sie sich sozial männlich geben, ihrem Körper durch die medizinische Behandlung männliche Merkmale verleihen und sich den rechtlichen Status eines Mannes zulegen. Ein „weiblicher" Transsexueller oder ein Mann mit einem Frauenkörper ist nicht glaubwürdig, das wissen auch die Betroffenen. Die Art der Verwirklichung ihres Mannseins genau auf die vorgegebene soziale und körperliche Männlichkeit hin könnte man insofern als Anpassung an die jeweilige soziale Geschlechterrealität interpretieren. Die Schnittmenge mit den Stereotypen mag von Fall zu Fall recht groß erscheinen, viele können und wollen nicht anders als „normal" leben. Für sie steht im Vordergrund, ihr gefühltes Mannsein zu verwirklichen, für die eingeschränkten Angebote sind sie nicht verantwortlich. Bei näherem Hinhören und Hinsehen aber werden - und wurden auch hier bereits - immer wieder beträchtliche nicht eingefangene Restmengen und Überhänge an Weiblichkeit oder eher unkonventioneller Männlichkeit deutlich.

Man mag sich daran stoßen, dass ich von einer dem subjektiven Bewusstsein und Einfluss vorgelagerten Geschlechtsidentität ausgehe, also von einem scheinbar wesensmäßigen psychischen Kern, der sich im Erleben des Einzelnen immer gleich bleibend durch seine Lebensgeschichte zieht. In der Tat baue ich vorrangig auf das, was mir die transsexuellen Männer vermittelten: auf die Unabänderlichkeit ihres Gefühls, ein Mann zu sein, also auf eine nicht revidierbare Kerngeschlechtsidentität. Dies ist das durchgreifende Erleben, auf dem das transsexuelle Empfinden ganz offensichtlich basiert und wodurch es sich etwa gegenüber anderen Überschreitern der Geschlechtergrenzen definiert. Für transsexuelle Männer ist das Gefühl, ein Mann zu sein, letztlich so eindeutig und unveränderlich, dass sie keine andere Wahl haben, als den beschriebenen Weg zu gehen. Das bedeutet natürlich nicht, dass nicht auch die Geschlechtsidentität auf sozialen Konstrukten beruht. Diese sind für den Einzelnen nur nicht mehr bewusst und veränderbar und werden von ihm deshalb als essentiell erlebt. Worin auch immer die Ursachen der Transsexualität liegen mögen, ob in frühkindlichen Erfahrungen, vorgeburtlichen hormonellen Einflüssen, einer Kombination aus beidem oder in etwas ganz anderem, immer ist die Geschlechtsidentität, also das Gefühl, exakt einem der beiden Geschlechter anzugehören, erworben und zutiefst sozial konstruiert. Sie gründet sich auf eben diese beiden sozialen Lebensmöglichkeiten des Geschlechts, Mann oder Frau. Gerade die ideologisch gewollte Unangreifbarkeit dieser Polarität und Ausschließlichkeit der zwei Geschlechter ist aber die Ursache der Quasi-Essentialität, des Erlebens der Unabänderlichkeit der Geschlechtsidentität - nicht nur für Transsexuelle. Von daher werden transsexuelle Männer immer Mann sein und werden wollen - da sie es per definitionem sind. *Wie* genau sie allerdings ihr Mannsein verwirklichen, ob sie eher den Stereotypen von Männlichkeit nachgehen, wieweit sie ihren Körper verändern, oder ob und in welcher Weise sie sich ein höheres Maß an sozialer und körperlicher Weiblichkeit oder Uneindeutigkeit gestatten, liegt - je nach lebensgeschichtlichem Hintergrund - bis zu einem gewissen Grad in der Hand eines jeden Einzelnen. Hier tun sich oft mehr Spielräume und Möglichkeiten auf, als viele der Betroffenen und ihre Partnerinnen bisher sehen oder vielleicht auch sehen wollen.

4. Zuordnungen und Abgrenzungen: Transsexuelle Männer und burschikose Lesben

Dass sich das Verständnis und Erleben von Mannsein vorrangig auf die als unabänderlich empfundene Identität als Mann gründet, wird auch sichtbar, wenn man die Männer ganz allgemein nach ihrem Bild von transsexuellen Männern, nach deren Erscheinungsbild in der Öffentlichkeit, z. B. in den Medien, fragt und darüber hinaus einen Vergleich anregt mit sehr männlich auftretenden lesbischen Frauen, den so genannten Kessen Vätern.

Fast jeder der hiernach befragten transsexuellen Männer (neun) bezog sich bei der Frage, *ob er ein bestimmtes Bild habe, wie ein transsexueller Mann sein bzw. nicht sein sollte, z. B. auch hinsichtlich seiner Männlichkeit und Weiblichkeit*, in irgendeiner Weise auf die Natürlichkeit und innere Stimmigkeit des Mannseins in Abgrenzung zur bloßen männlichen Rolle, griff also implizit wieder die Diskrepanz zwischen Identität und Rolle auf:

Marc: Ja, halt wie gesagt, denk ich schon, dass man dann natürlich sein sollte, nix spielen oder so. Weil, ich sag mal, das ist ja in einem drin, man muss sich ja gar nicht mehr verstellen eigentlich oder das irgendwie völlig übertrieben betonen oder was.

Für Marc müssen Transsexuelle nur ihrer „Natur" nachgehen und diese gerade nicht durch „Übertreibung" „verstellen", um glaubwürdig Mann zu sein. Er schien die Übertreibungen zu kennen, die eine Entfernung vom eigenen Inneren bewirken. Auch Eike sprach die Bedeutung dieser inneren „Wirklichkeit" an. Nur sie und nicht bloße „Verkleidung" und das „Spielen" einer „Rolle" könne das Mannsein „überzeugend" in die soziale Realität „rüber" bringen:

Eike: Er sollte irgendwie überzeugend wirken, dass es auch wirklich, dass er nicht irgendwie nur eine kleine Rolle spielt: Heute möchte ich mal Mann sein, dann aber vielleicht übermorgen wieder Frau. Sondern dass das überzeugend rüber kommt. (...) Dass das nicht so verkleidet aussieht, wie du das manchmal auch im Fernsehen siehst. Da sehen manche verkleidet aus, auch die Männer. Da gehen einem die Haare hoch, wenn du manche siehst! Die meinen dann, nur (...) wenn sie eine Krawatte um haben und haben ein Sakko an, dass es dann den Mann ausmacht!
Und was fehlt dir?

Ja, da kommt nichts Männliches rüber, die haben keine männliche Ausstrahlung! Nichts, gar nichts!

Erneut wurde an Eikes Beispiel deutlich, wie übertriebene, stereotype Männlichkeit glaubwürdiges und überzeugendes Mannsein richtiggehend zerstören kann statt es zu verwirklichen. Bei ansonsten nicht authentischem Auftreten, bei mangelnder „Ausstrahlung", verhindern die gängigen männlichen Insignien wie Sakko und Krawatte dann gerade die Entfaltung der inneren „Männlichkeit". Jan hatte eine ähnliche Erfahrung gemacht wie Eike. Auf seinem Zimmer in der Klinik lag ein anderer Frau-zu-Mann-Transsexueller, der offenbar darauf bedacht war, seine Männlichkeit besonders herauszustreichen:

Jan: Da hatte ich eher das Gefühl: Ich muss noch extra ein bisschen männlicher sein, ich muss viel trinken und am besten dann auch noch Auto fahren und ich muss Frauen ein bisschen anpöbeln und machohaft sein. (...) Er wollte für sich männlich oder wie ein Mann und da hat irgendwas nicht
Also diese Stimmigkeit muss einfach da sein?
Muss einfach da sein! (...) Das muss irgendwie passen.

Durch die permanente Überbetonung seiner vermeintlichen Männlichkeit wurde das wirkliche Mannsein dieses Transsexuellen für Jan zurückgedrängt. Das deutlich „Gewollte" seiner Aktionen ließ ihn eher „*wie* einen Mann" denn wirklich als Mann erscheinen. Auch Lars sah es für transsexuelle Männer als wesentlich an, ihr „natürliches" Mannsein unverstellt zu leben. Dieses Mannsein lässt sich seiner Meinung nach nicht durch aufgesetztes Verhalten beweisen: Entweder man ist Mann oder man ist es nicht. Und kann eine nur vermeintliche Männlichkeit diese Natürlichkeit zerstören, stellt nicht einmal sozial als weiblich definiertes Verhalten oder Aussehen „natürlich" gelebtes Mannsein infrage:

Lars: Wie die sein sollten, ja, ganz normal, halt, entweder es ist so oder es ist nicht so. Es ist, ich kann das nicht anders sagen.
Wenn sich einer als Mann fühlt, dann wird er sich auch so ausdrücken?
Dann ist! es auch so! Dann ist es in seinen Bewegungen, dann ist es überall, dann ist es so! Selbst, es gibt auch Männer, die bewegen sich geschmeidiger, die sind, weiß ich nicht, da gibt es keine Norm. Es gibt, man muss kein Muskelprotz sein, um Mann zu sein oder, ich kann auch lange! Haare tragen und Mann sein. (...) Es gibt keine bestimmten Bewegungen oder Ausdrücke. (...) Es muss nur natürlich sein.

Anders als eine Rolle durchdringt die Geschlechtsidentität den Menschen als Ganzen, durch und durch, „überall". Je weniger er sich an Geschlechterstereotypen orientiert, umso weniger steht er in Gefahr, seine Identität zu verfehlen. Felix ging offenbar davon aus, dass geborene Männer genau diese selbstverständliche Authentizität mitbringen und nahm sie sich insofern zum Maßstab:

Felix: Die sollen sich nur normal benehmen, wie normale Männer in Anführungsstrichen auch.
Du orientierst dich an einem geborenen Mann und wenn sie, damit verglichen, nicht auffallen?
Ja.

Hans dagegen, der ebenfalls „unauffälliges" männliches Verhalten von transsexuellen Männern forderte, rückte die sozialen Normen in den Vordergrund:

Hans: *Hast du denn ein bestimmtes Bild, wie ein Transsexueller sein und auftreten sollte?*
Nein, kein bestimmtes Bild, aber er sollte irgendwann doch das, was er früher gemacht hat als Frau, damit das nicht auffällt, sollte er doch irgendwo ablegen. Ich mein, das dauert lange, aber er soll es versuchen und nicht beibehalten und dann so tun, weil, das irritiert auch irgendwo die Leute, finde ich. (...) Bekannte, wenn die das mitkriegen, die nehmen ihn nicht für ernst und das ist dann abgehakt für die.

Hans orientierte sich hier als Einziger der transsexuellen Männer vorrangig an dem, was „die Leute" denken: Sie sollten nicht durch uneindeutige oder „frauliche" transsexuelle Männer „irritiert" werden. In seinem stark geschlechterstereotyp strukturierten Umfeld erlebt Hans, dass die Glaubwürdigkeit des Mannseins sehr eng gekoppelt ist an die Erfüllung milieutypischen männlichen Verhaltens und Aussehens. Eine Entkoppelung von Mannsein und Männlichkeit - etwa wie Lars sie darstellte - führt hier sofort dazu, als Mann bzw. im Ansinnen, Mann zu sein, nicht mehr „ernst" genommen zu werden.

Von vielen, nämlich zwölf, der Befragten - in diesem Fall den Männern wie den Frauen - aber wurden transsexuelle Männer auf meine Frage hin, *wie sie diese erleben* - privat und in den Medien, z. B. in Talkshows -*, und zwar ganz allgemein und in bezug auf ihre Männlichkeit oder Weiblichkeit* ausdrücklich als „ganz normal" beschrieben, bei den meisten käme man nicht darauf, dass sie früher einmal Frau waren. Die Identität transsexueller Männer geht also offenbar weitgehend unauffällig und unspektakulär in der Selbstverständlichkeit des sozialen Mannseins auf. Vier dieser zwölf hoben aber auch in diesem Zusammenhang hervor, dass manche der transsexuellen Männer ihre Männlichkeit (phasenweise) auf unangenehme Weise überbetonten, während drei von ihnen auf durchaus noch sichtbare weichere, weibliche Anteile hinwiesen, die sie aber alle eher als schwul denn als fraulich einordneten.

Nicht wenige der Befragten konnten meine Frage jedoch gar nicht beantworten, weil sie keine anderen transsexuellen Männer kannten. Alle, die antworteten, aber kamen - trotz eindeutiger Fragestellung - zunächst auf die umgekehrte Variante, nämlich auf Mann-zu-Frau-Transsexuelle zu sprechen: In von Mitleid bis Empörung reichenden, gefühlsmäßig oft sehr engagierten Schilderungen beschrieben sie deren ihrer Meinung nach auffällige und überzogene Präsentation in der Öffentlichkeit. Auch auf mein Nachhaken hin gelang manchen nicht mehr der Sprung zu den transsexuellen Männer. Als negativ oder beeinträchtigend angeführt wurde immer der Rückgriff auf übertriebene Rollenklischees, die in ihrer Stereotypie, aber auch auf dem Hintergrund eines letztlich - wie alle meinten - unverkennbar männlich bleibenden Körpers die Identität dieser Transsexuellen als Frau entweder als unglaubwürdig oder als bloße Verkleidung erscheinen ließen. Aus der immer sehr spontanen Abgrenzung zu diesen Transsexuellen lässt sich zum einen die demgegenüber unauffällige Normalität transsexueller Männer, aber auch die Bedeutung dieser Unauffälligkeit für die Befragten rückschließen. Viele von ihnen sprachen diesen Unterschied auch direkt an und zeigten sich auf meine Nachfrage hin erleichtert, dass ihnen selbst bzw. ihrem Partner ein unauffälliger Übergang gelungen war. Umso mehr waren sie verärgert darüber, wie diese Transsexuellen durch ihre für sie unglaubwürdige Darstellung das eigentlich Wesentliche, die Natürlichkeit des gefühlten Geschlechts, potentiell auch für alle anderen Transsexuellen zerschlugen:

Eva: Das ist einfach eine Schande für die ganze Innung sag ich immer! Die bringen die in Verruf!

Marc: Das tut immer die ganze Innung blamieren und so, weil die Leute dann sofort wieder denken, alle sind so.

Nach jahrelangem Bemühen, normal als Mann zu leben, entwickelt sich eine oft beträchtliche Wut auf Transsexuelle, durch die die Betroffenen und ihre Partnerinnen all diese Anstrengungen torpediert und sich womöglich wieder in eine unglaubwürdige Ecke gedrängt sehen. Dies zeigt aber auch, wie dünn der Boden ist, auf dem sie ihre Identität sozial zu verwirklichen suchen. Es geht um ein permanentes Ausbalancieren zwischen Selbst-Verwirklichung und Anpassung an die sozialen Anforderungen der angestrebten Geschlechtsrolle. Allen Befragten war zwar bewusst, dass es die transsexuellen Männer hier aufgrund körperlicher Gegebenheiten überwiegend leichter haben als transsexuelle Frauen, also dass beide an ihrer jeweiligen Situation schuldlos sind, dennoch rückten alle Befragten die ihrer Meinung nach oftmals in Klischees abgleitende Selbstdarstellung transsexueller Frauen in den Mittelpunkt und interpretierten sie als frei gewählte Rollenauffassung. Vielleicht aber verhalten sich diese Frauen genau deshalb oft so übertrieben, versuchen krampfhaft ihre weibliche Identität über die weibliche Rolle zu beweisen, weil ihnen die fast schon spontane Authentizität, derer sich viele transsexuelle Männer erfreuen können, weitgehend verwehrt ist. Dieser Teufelskreis treibt sie immer weiter weg von ihrer eigentlichen geschlechtlichen Identität hinein in eine Rolle, deren Erfüllung sie permanent beweisen müssen. Laura fasste diese Zerrissenheit anschaulich zusammen:

Laura: Also da kommt dann, glaube ich, auch nicht so das rüber, was, was es eben ist! irgendwie. Und das wirkt dann für mich manchmal auch so, als wenn diese Menschen dann wieder! in eine andere Rolle schlüpfen oder so. Als wenn das dann auch nicht das ist, was sie eigentlich wollen oder sind, sondern dann auch wieder nur was annehmen wollen, was vielleicht die Gesellschaft so sieht, aber nicht so, wie sie das so empfinden.

Ähnlich engagiert wie von diesen überzogen weiblich wirkenden transsexuellen Frauen distanzierten sich viele der Befragten nur von einer anderen sozialen Gruppe: den sehr männlich auftretenden lesbischen Frauen. Das sind Frauen, die von ihrem gesamten Erscheinungsbild und Verhalten her massiv die sozial männliche Seite herauskehren. Auch diese Abgrenzung wird nur auf dem Hintergrund der eigenen Selbst-Verwirklichung verständlich: Sowohl transsexuelle Männer, aber auch deren Partnerinnen, kommen durch diese Frauen auf irritierende Weise mit ihrer eigenen Geschlechtsidentität bzw. ihrer sexuellen Orientierung in Berührung.

Insbesondere die befragten Männer - auf deren Reaktionen ich mich hier beschränke -, nämlich neun von elf, äußerten sich mehr oder weniger eindeutig ablehnend oder voller Unverständnis über solche Frauen. Wieder ging es um Identität und Rolle: Während sie selbst sich als Mann betrachteten und von daher authentisches männliches Verhalten zeigten, sei die männliche Rolle für die Lesben nur ein, meist auch noch übertriebenes, Spiel:

Eike: Es gibt, sag ich mal, normale Lesben, und es gibt diese Kampflesben. Denen kann ich ja nun gar nicht aufs Fell gucken, weil, die sind total provozierend. (...)
Und was magst du daran nicht?
(...) Wie die sich schon kleiden! Die sind immer in Schwarz! Meistens haben sie dann noch kurze schwarz gefärbte Haare oder total blond. Und die sehen total aggressiv aus! Ich finde, es ist eine Schande für die andern, sag ich mal, für die anderen normalen Lesben, weil die werden ja auch wieder mit, in, in, in, in, in den Vergleich gebracht, das ist schlimm! (...)
Diese Kampflesben, wie du die nennst, wie findest du die ganz allgemein, was ihre Männlichkeit, Weiblichkeit angeht?
Ja, Männlichkeit, haben die gar nicht! Die versuchen ja nur, männlich zu wirken, wenn sie aggressiv und so bollerig sind, der anderen was auf die Nuss geben wollen, aber was anderes haben die nicht.
Du würdest die nicht als männlich sehen?
Nur Aggressivität, da ist nichts Männliches!

Für Eike war die Art, wie diese Frauen „Männlichkeit" lebten, nicht authentisch. Ihr Verhalten stand im Gegensatz zu ihrer weiblichen Identität, wodurch es als männliches nur aufgesetzt sein konnte und für Eike unerträglich übertrieben, aufdringlich und aggressiv „wirkte". Bei den „normalen" Lesben dagegen erlebte er offenbar eine Übereinstimmung zwischen ihrer Identität als Frau und deren Umsetzung in die geschlechtliche Rolle. Möglicherweise unterlag Eike, als er die normalen Lesben bedauerte, einer Verschiebung: Vielleicht will *er selbst* nicht mit Menschen „verglichen" werden, die eine männliche Rolle nur spielen, ohne wirklich Mann zu sein. Der jahrelange offene oder stille Vorwurf, den Mann nur zu spielen, ohne einer zu sein, hat bei vielen transsexuellen Männern eine große Empfindlichkeit gegenüber nicht authentischer sozialer Männlichkeit hinterlassen. Dass es um diesen und nicht um den Vergleich zwischen Lesben geht und wie tief diese Wunde ist, wurde an Kurts von Empörung und Verletzung getragenen Schilderungen seiner Erlebnisse sichtbar:

Kurt: *Kennst du denn auch sehr männlich aussehende lesbische Frauen?*
Ja! Kenne ich auch.
Und wie findest du die?
Ehm, da finde ich, ich kenne eine, das finde ich immer ein bisschen fürchterlich. Muss ich ganz ehrlich sagen.
Was findest du fürchterlich?

Ich kenn zwei Frauen, das sind, das hat mich immer so geärgert, weil ich ja mit denen irgendwie in einen Topf geschmissen werde! Das hat mich immer sehr geärgert, weil, das waren so Frauen, ja, die halt gesagt haben: Ich bin ne Frau! Ganz klar! Sich aber angezogen haben wie Männer, gegangen! sind wie Männer, vom Herrenklo kamen! Und sich dann noch in der Tür draußen den Hosenstall zuziehen! Weißt du, so was finde ich, da könnte ich, das finde ich unmöglich!

So vom Auftreten her oder weil du sagtest, du wurdest mit denen in einen Topf geworfen?

Ja! eh, eh, weil ich halt eh, ja, wie soll ich es erklären. Ja, die ham so dieses, dieses, dieses typische Männliche, die ham das richtig raus gespielt so, oder wollten es, waren aber in Anführungsstrichen halt Lesben, und waren auch in lesbischen Beziehungen.

Magst du das denn grundsätzlich nicht, mal abgesehen von Lesben, wenn Frauen sehr burschikos auftreten?

Eh, ja, ich sag's mal, wie gesagt, das kommt auf die Situation drauf an, wie die sich verhalten! Und da waren halt gewisse Situationen, die mich halt geärgert haben, wo mich dieses Verhalten! einfach geärgert hat, eh, dass ich gedacht hat: So muss man sich doch wirklich nicht, so muss man es doch wirklich! nicht machen! Nur wirklich den anderen Leuten auch wirklich eh, eh, eh, eh, wie soll ich sagen, Sachen zum, zum Sprechen geben.

Zum drüber reden?

Ja, zum drüber reden. Also wirklich ganz offen, ja, von wegen, weil, ein Bekannter von mir hat nämlich auch gesagt, als das mit dieser Toilettensituation war: Jetzt guck dir die doofe Ziege an, jetzt kommt die vom Männerpott - er stand wohl, er war wohl auch auf dem Klo - guckt mir auch noch in die Hose usw. und geht dann raus und zieht sich den Schlitz hoch! Stand nur am Waschbecken, weißt du, so was ärgert, das hat mich geärgert!

Für Kurt war diese massiv herausgekehrte Diskrepanz zwischen körperlichem Frausein und sozial überzogener Männlichkeit nicht nachvollziehbar. Ihm war es immer schon unerträglich gewesen, mit diesen Frauen „in einen Topf geschmissen" zu werden. Vielleicht gingen diese Lesben zum „Männerpott", als er selbst sich dies noch nicht traute; spielten „das Männliche raus", als Kurt um die Anerkennung seiner geschlechtlichen Identität und nicht einer perfekt „gespielten" Rolle kämpfte, gaben den „Leuten was zu sprechen", was ihm mit seinen Bemühungen, sein wirkliches Mannsein zu leben, in den Rücken fiel. Seine enorme Wut und Empörung weisen auf eine tiefe Betroffenheit durch die inszenierte Männlichkeit dieser Lesben hin. Die Verletzung reicht so tief, wie er die Diskrepanz zwischen Identität und Rolle für sich selbst erlebt.

Felix schien sich weniger stark durch das Verhalten dieser Frauen behelligt zu fühlen, sondern fand sie eher lächerlich. Recht selbstbewusst beschrieb er, wie er sie auf ein nicht „übertriebenes" Maß an Männlichkeit zurückpfeift:

Felix: *Kennst du auch persönlich so sehr männliche Lesben?*
Aber die machen mehr auf Macho.
Wie findest du die?
(Stöhnt) Ich sag denen: Übertreibt nicht soviel. (...)
Diese Lesben treten ja nicht selten männlicher auf als unsereiner!
Ja, übertreiben genauso wie manch anderer auch. (Stöhnt) Ich sag mal, damit leben kann man, die müssen damit leben, die machen sich da lustig irgendwie, Gespött für alle Leute. (...)
Aber du hast auch den Eindruck, dass manche von diesen sehr männlichen Lesben sich auch wie ein Mann fühlen?
Nee, das würd ich nicht unbedingt sagen. Die fühlen sich als Frau auch, spielen halt nur ne Männerrolle.

Auch Felix sieht im Verhalten dieser Frauen ein „Spiel", das konträr zu ihrer Identität „als Frau" verläuft. Im Gegensatz zu Eike und Kurt stellte er dies aber eher sachlich fest. Durch die Art, wie er im Anschluss schilderte, diese Frauen nicht unbedingt als Freunde haben zu wollen, wurde jedoch seine ganze Ablehnung deutlich, die er aber auch zu interpretieren wusste:

Felix: Weil ich wahrscheinlich selber in der Rolle bin, dass ich mein Geschlecht getauscht habe (Stöhnt leicht) Wäre ich jetzt vielleicht als normaler Mann geboren, eh, dann könnte ich vielleicht anders darüber reden.

Die Ursache für seine besondere Empfindlichkeit solchen Frauen gegenüber lag für Felix in seiner Geschichte begründet, nämlich als jemand, der „sein Geschlecht getauscht" hatte, der also scheinbar genau dasselbe getan hatte wie diese Frauen - aber eben doch etwas vollkommen anderes. Während diese Lesben Männlichkeit lediglich auf der sozialen Ebene präsentieren und ihre Ausgestaltung insofern bis zu einem gewissen Grad frei wählen können, sehen sich transsexuelle Männer existentiell angewiesen auf bestimmte Männlichkeitsrituale, weil sie nur hierüber ihrem Umfeld ihre wahre Identität, ihr wirkliches Mannsein, beweisen können. Hiervon sind diese Frauen nicht derart existentiell abhängig.

Die - zeitweise - Diffusität von Identität und Rolle, also deren Verwechslung und Vermischung auf Seiten der transsexuellen Männer, trat sehr
plastisch in Dirks Schilderungen zu Tage. Erst als er den grundlegenden
Unterschied zwischen den biographisch verursachten sozialen Positionen
der Lesben auf der einen und Transsexueller auf der anderen Seite begriffen
hatte, gelangte er zu einem Verständnis seiner Ablehnung dieser Frauen und
war in der Lage, seinen inneren Kampf um das Verständnis von Mannsein,
männlichem Körperbild und der Darstellung sozialer Männlichkeit differenziert zu analysieren. Dies ist eine innere Auseinandersetzung, die vielen
transsexuellen Männern von früh auf vertraut ist:

Dirk: *Die maskulinen Lesben, wie findest du die, wenn du die so siehst? Ich weiß nicht,*
ob du welche kennst?
Ja, am Anfang fand ich das eigentlich eher so als Bedrohung und
dachte, wieder auf mich selber bezogen, weil ich mich da nicht einordnen konnte, weil ich dachte: Siehst so aus wie die, trotzdem bist du
nicht so wie die, und da konnte ich nichts mit anfangen. Und dann hab
ich irgendwann mal gelernt oder für mich akzeptiert: Ja, ehm, was uns
unterscheidet ist, dass die ihren Körper akzeptieren, ich nicht. Dann
konnt ich's wirklich irgendwann mal auf das Körperliche reduzieren
und nicht auf das, die Eigenschaft Mann, Frau. Weil, das sind Frauen,
die definieren sich als Frauen, auch wenn sie männliche Eigenschaften
meinetwegen haben oder was man so herkömmlich sagt als männlich.
(...) Dann fand ich auch immer so, dass die die Frechheit oder so haben, als Mann aufzutreten oder wo ich auch sehr drunter gelitten hab.
Weil viele sehn ja auch aus, teilweise wie'n Mann oder werden als
Mann gesehen und ich hatte nie das Glück. Und da hab ich auch sehr
drunter gelitten und ich denk, deshalb hatten viele, vielleicht auch
Transsexuelle, nicht so die Probleme vorher! Also für mich war's ganz
extrem, mich hat man immer! als Frau gesehen. Und viele sagen, die
hatten damit gar keine Probleme. Aber ich wurde immer als Frau
gesehen und immer als Frau behandelt und ich hatte überhaupt keine
Chance, mal nicht erkannt zu sein. Insofern empfand ich's ja so als
störend und da fand ich immer: Mensch, die sehn aus wie Männer und
da könnt ich glücklich drüber sein oder irgendwie so. Und da hab ich
dann immer son bisschen, war so Neid bei. Und jetzt find ich's eher
unverschämt, wenn sie die Transsexuellen niedermachen und sagen, na
ja, diese, wie heißen die cross-dressing, wenn die immer sagen: Es
reicht ja, wenn man als Mann rumläuft oder irgendwie so, das reicht
doch auch aus, da muss man ja nicht gleich ne OP machen oder ne
Hormonbehandlung. Also wenn die sich anmaßen, über uns zu urteilen
dann hab ich echt Aggressionen, weil, das wissen die nicht, wie man

sich fühlt! Und das machen sie ja gerade in den Fernsehshows, werden ja so einige, werden dann so einige, so ne Paradebeispiele dann geboten, dass man denkt: Um Gottes willen, wenn die Gesellschaft denkt, so sind wir alle!, dann brauchen wir uns nicht wundern, dass wir diskriminiert werden oder als pervers bezeichnet werden. Und dann fängt's mich an zu ärgern.

Als er Lesben und Transsexuelle noch verglich und Identität und Rolle gleichsetzte, erlebte Dirk das Verhalten der männlichen Lesben als „Frechheit", als „anmaßenden" Einbruch in ein Terrain, das nur wirklichen Männer vorbehalten sein durfte. Diese Frauen besetzten das Feld der Männlichkeit, obwohl sie gar nicht Mann waren. Noch schmerzlicher wurde dies für Dirk, weil diesen Lesben die feindliche Übernahme nicht nur gelang, sondern sogar viel besser gelang als ihm: Sie wurden tatsächlich „als Mann" gesehen, während er „nie dieses Glück" hatte. Bei einer solch lebenswichtigen Frage tut der aufkeimende „Neid" besonders weh. Wenn diese Frauen dann in der Öffentlichkeit Geschlechtsrolle und Geschlechtsidentität für sich selbst einfach entkoppeln und die Transsexuellen auffordern, ihre Identität durch die Rolle zu ersetzen („es reicht ja, wenn man als Mann rumläuft") und damit auch noch die innere Kohärenz und Unausweichlichkeit der Geschlechtsidentität leugnen, sprechen sie Transsexuellen wie Dirk nicht nur jede Existenzberechtigung, sondern die Existenz an sich ab. Hierdurch erreicht die Infragestellung ihrer Identität für die Transsexuellen tatsächlich etwas existentiell „Bedrohliches". Indem diese Frauen den Unterschied zwischen Identität und Rolle verwischen, entziehen sie Menschen wie Dirk gänzlich den Boden unter den Füßen. Dies funktioniert so lange, bis die Transsexuellen sich ihrer Existenzberechtigung, der Wirklichkeit ihrer Identität als Mann, ganz unabhängig von der eigenen sozialen Männlichkeit oder der Männlichkeit anderer, endgültig versichert haben und durch andere Menschen, wie etwa durch ihre Partnerin, Anerkennung gerade in ihrer Identität und nicht in ihrer Rolle finden.

Ahmed entging der Irritation durch die männlichen Lesben auf bemerkenswerte Weise: Er setzte einfach voraus, dass sich ein Mensch, der sich derart männlich verhält, auch als Mann fühlen wird. So behandelte er diese Frauen schlichtweg wie seinesgleichen, als wären sie also Männer nicht nur vom Verhalten, sondern auch von ihrer Identität her - dann muss er sich durch sie auch nicht angegriffen fühlen:

Ahmed: *Wie findest du denn solche Lesben?*

O.k! Ich bin auch mit denen! befreundet. Ich find das normal. Derjenige, der die Männerrolle spielt, mit dem rede ich wie mit nem Mann, ist auch ne normale Beziehung.
Du findest die nicht abstoßend, zu männlich, weil es nunmal Frauen sind. Du fühlst dich als Mann, die fühlen sich als Frauen?
Nee, nicht alle Lesbischen, die die Männerrolle machen.
Die fühlen sich
Als Mann!
Die machen aber nicht
Das ist dann für mich son Fall, als ob sie auch transsexuell wären.
Sie sind's aber nicht?
Sie sind's nicht! Nein, sie sind's nicht.
Oder haben sie nur Angst?
Nein, nein, nee, nee, die wollen schon als Frau leben.

Ahmed tut einfach so, „als ob" diese Frauen „auch transsexuell wären", unterstellt ihnen also eine männliche Identität. Dass sie, anders als er, trotzdem „als Frau leben" wollen, ist für ihn kein Widerspruch. Genau diesen Widerspruch empfand Marc wiederum als sehr irritierend. Es fiel ihm schwer, das Verhalten dieser Lesben nachzuvollziehen:

Marc: Diese männlichen Frauen oder Lesben sind dann halt so, die, das versteh ich dann irgendwie nicht: Entweder, die entscheiden sich für die eine oder andere Seite, aber dass die dann immer so männlich noch auftreten.
Also du verstehst nicht, wie das zusammengehen soll?
Ja.
Dieses männliche Auftreten und sich trotzdem als Frau fühlen
Ja genau, das versteh ich nicht. (...)
Bei Schwulen ist das nicht so?
Nee, irgendwie nicht, weil, weiß ich auch nicht, weil die halt auch nicht so krass auftreten irgendwie, also.
Ich meine, die sind ja manchmal auch recht krass
Ja o.k., die (lacht), aber wie gesagt, das finde ich dann schon wieder witzig.

Marc verstand nicht, warum jemand, der sich nicht als Mann fühlt, sich derart männlich verhält bzw. warum jemand, der sich so männlich verhält, sich nicht als Mann fühlt. Dies passt für ihn nicht zusammen, weil er es von sich selbst her nur als Einheit kennt. Deshalb schloss er - wie auch Ahmed - von der Rolle auf die Identität und sah beide als unauflöslich verkoppelt an.

Ohne durch sein eigenes inneres Erleben blockiert zu sein, war die Verunsicherung in Hinblick auf effeminierte schwule Männer weitaus geringer: Bei ihnen konnte er die Unabhängigkeit von Geschlechtsrolle - dem weibischen Verhalten vieler Schwuler - und deren eindeutiger Identität als Mann besser nachvollziehen.

Diese Sicherheit kehrte bei allen Befragten - Männern wie Frauen - auch bei meiner Frage, *worin sie denn den Unterschied zwischen transsexuellen Männern und diesen sehr männlichen lesbischen Frauen sähen*, wieder zurück. Hier bewegten sie sich auf vertrautem Terrain. In der Abgrenzung ist die Zuordnung offenbar leichter als in der vermeintlichen Verwischung. So reagierten die meisten von ihnen eher verwundert auf diese ihnen überflüssig erscheinende Frage und wiesen auf den doch deutlichen Unterschied hin, der in den geschlechtlichen Identitäten liege: Die einen fühlten sich als Mann, seien „im Innern" Mann, die anderen seien Frau - trotz männlichen Verhaltens und Erscheinungsbildes:

Gerd: Ja, lesbische Frauen sind Frauen und transsexuelle Männer sind Männer. Also das empfind ich als einen großen Unterschied zwischen ihnen.

Hanna: Das Innere!, das ist der Unterschied!

Laura: Ja, der Unterschied ist, dass die Lesben keine Männer sind.

Jan: Ganz platt: Das eine ist also wirklich ne Frau, das andere ist ein Mann!!

So einfach ist das - sobald man es weiß und sich nicht davon abbringen lässt. Und weil es so ist, kann ein transsexueller Mann kein Leben als männliche Lesbe und seine Partnerin keine Beziehung mit einer solchen Frau führen.

5. Heterosexuelle Identität

Es ist also das sicheres Gefühl, Mann zu sein, das maßgeblich ist für die heterosexuelle Ausrichtung der Partnerschaft. Seine geschlechtliche Identität stellt die klare Zweiteilung her: Er ist der Mann und sie die Frau und damit führen sie eine heterosexuelle Beziehung. Beider sexuelle Orientierung wird damit ausschließlich über die geschlechtliche Identität und nicht über die Körper der Beteiligten konstituiert. Die Körper können oder einer der Körper kann der gegengeschlechtlichen Einstufung sogar diametral entgegen laufen.

Immer wieder klang diese Verknüpfung zwischen geschlechtlicher Identität und sexueller Orientierung bereits an: Als sich die Paare kennen lernten, gerieten viele der Frauen zunächst in Panik über eine möglicherweise lesbische Ausrichtung. Dann aber setzte sich die Wirklichkeit des Transsexuellen gegen die normalen Zuordnungen durch: Sein Mannsein machte die Beziehung zu einer heterosexuellen. Und schon als Junge grenzten sich die meisten der Männer von der lesbischen Einordnung ihrer Beziehungen zu Frauen und der heterosexuellen Einstufung ihrer Kontakte zu Männern ab - und das auch allein aufgrund ihres sicheren Empfindens, Junge bzw. Mann zu sein. Umgekehrt wurde die Sicherheit, Mann zu sein, für einige der Männer durch die Art ihres sexuellen „Begehren" einer Frau, sogar überhaupt erst virulent. Und auch später, in der jetzigen Beziehung, wurde ihr Mannsein durch diese Partnerschaft mit „einer ganz normalen heterosexuellen Frau" immer wieder bestätigt und gesteigert. So ist die Heterosexualität also nicht nur Ergebnis, sondern oft auch Beweis des hinreichenden Mannseins des Transsexuellen.

In anderen Passagen der Gespräche war die Koppelung der sexuellen Orientierung an die geschlechtliche Identität ebenfalls Legion. Selten nur ist deren Verknüpfung, aber auch die Unabhängigkeit von Geschlechtsidentität und sexuellen Orientierung auf der einen und körperlicher Situation auf der anderen Seite so sichtbar wie gerade in den Schilderungen transsexueller Männer und ihrer Partnerinnen. Ahmed sah sich von früh auf als Mann und nicht als Frau in einer Beziehung zu einer Frau, was - für ihn - etwas vollkommen anderes ist, als als Frau mit einer Frau zusammen zu sein:

Ahmed: *Es gibt ja Lesben, die sind sehr männlich, wieso konntest du dich da nicht zuordnen?*
Weil ich so den Wunsch hatte, als Mann mit ner Frau zusammenzuleben, als Mann mit ner Frau Geschlechtsverkehr zu haben, überhaupt alles.

Ahmed führte nicht nur den „Geschlechtsverkehr" als verschieden an, was ja - körperlich - nachvollziehbar wäre, sondern das gesamte „Zusammenleben". Was immer er damit genau gemeint haben mag, erlebte er die Art, speziell als Mann mit einer Frau in Beziehung zu treten, als etwas diese Beziehung gänzlich Durchdringendes und Prägendes. Noch unmittelbarer stützte sich Benno allein auf seine geschlechtliche Identität: Wenn lesbisch sein heißt, dass zwei Frauen zusammen sind, hatte er nie eine lesbische Beziehung, da er ja keine Frau ist:

Benno: *Hast du irgendwann mal ne Beziehung gehabt, die du als lesbische Beziehung definieren würdest?*
Nee!!
War dir das auch wichtig, innerlich, dass es nicht so ist?
Ja, eh, wie definiert man jetzt lesbische Beziehung?! Ich meine
Ja, wie definierst du's denn?
Ja, ich meine, wenn zwei Frauen jetzt zusammen sind. Aber ich persönlich war ja nie für mich ne Frau, hab zwar ausgesehen wie eine, aber war das ja nicht.

Die Erklärung des Unterschiedes zwischen einer Beziehung von Mann und Frau bzw. Frau und Frau aus dem Unterschied zwischen Männern und Frauen spiegelt die tiefe Verankerung seiner Identität als Mann, aber auch die Selbstverständlichkeit dieser Verschiedenartigkeit wieder: Wie Ahmed war auch Benno der Auffassung, dass sich ein Mann auf völlig andere Weise auf Frauen bezieht als eine Frau, eben weil ein Mann anders ist als eine Frau. Karin konstatierte dieselbe Selbstverständlichkeit:

Mit nem Mann! zusammen zu sein ist was ganz anderes, als mit ner Frau zusammen zu sein.

Da Karins Wissen um diesen Unterschied nicht aus der realen Erfahrung einer lesbischen Beziehung herrührte, konnte sie ihn nur aus der Verschiedenartigkeit von Männern und Frauen geschlossen haben.

Felix begründete seine Heterosexualität so, wie auch jeder geborene Mann sie begründen würde, mit seinem erotischen Interesse an Frauen:

Felix: Ich hatte nie eine lesbische Beziehung, gar nichts. Aber sagen wir mal so, ich hab mich mehr für Frauen interessiert als für Männer, ich hab also Frauen auch hinterher geguckt. Ich fühlte mich von Anfang an irgendwie als Mann, nur ich konnte das nicht einsortieren.

Ist man sich seiner selbst als Mann sicher, bedarf es keiner weiteren Erklärungen, dass die erotische Ausrichtung auf Frauen eine heterosexuelle und keine lesbische ist, auch wenn man keinen männlichen Körper hat. Nur die Diskrepanzen zu den Konventionen - etwa im körperlichen Bereich - verlangen eine soziale „Einsortierung" dessen, was für den Transsexuellen ein selbstverständliches Gefühl ist. Auch Dirk folgerte die Heterosexualität seiner Beziehung zu Doris ohne Umschweife aus seiner Identität als Mann:

Dirk: *Ihr wart ja schon vor! deiner Behandlung zusammen, war das denn damals ne lesbische Beziehung?*
        Nie, nie! Weil ich von Anfang an, als ich ihr das gesagt habe, als wir uns zusammen gefunden haben, wir kannten uns ja vorher schon, eh, gesagt habe: Ich fühl mich als Mann.

Indem Dirk sich Doris gegenüber zum Mann erklärte, wurde auch ihre sexuelle Orientierung in dieser Beziehung zu einer heterosexuellen - obwohl sie als bisexuelle Frau durchaus zu einer lesbischen Beziehung bereit gewesen wäre.

Wie es Doris zu Beginn der Beziehung mit Dirk ergangen sein mag, schilderte Laura hinsichtlich ihres Verhältnisses zu Lars: Als Lars sich ihr gegenüber als Mann zeigte, wendete sich die potentielle Offenheit ihrer bisexuellen Orientierung in die heterosexuelle Richtung:

Laura: *Ab wann war das denn so, dass er so weit Mann für dich war, dass du dich dann auch als heterosexuell bezeichnet hast oder empfunden hast?*
        Ich bezeichne mich ja nicht unbedingt als heterosexuell (lacht etwas).
        Genau, das stimmt, aber in der Beziehung zu ihm. Oder würdest du das heute auch gar nicht sagen so? Du hast ja vorhin gesagt, es sei ne heterosexuelle Beziehung.
        Mhm, nee, das war aber eigentlich ziemlich schnell, also das war, das war eigentlich ziemlich schnell, dass ich mich, ich hab mich ja sowieso immer als Frau empfunden und ihn dann eben als Mann, ich hab ihn auch von Anfang an nicht als die andere Frau, also dass das jetzt eine lesbische Beziehung ist.
        Das war nie ein lesbisches Verhältnis für dich?
        Nee, nee, nee eigentlich nicht.

Für Hanna war eine lesbische Beziehung unvorstellbar. Insofern ging sie gar nicht darauf ein, ob sie mit Hans „als Frau" hätte leben können, sondern hob erneut den Unterschied zwischen männlichen Frauen und der männlichen Geschlechtsidentität transsexueller Männer hervor, was für sie den wesentlichen Unterschied ausmachte:

Hanna: *Mal angenommen, du hättest vor sechs Jahren Hans kennen gelernt und er hätte gesagt: Ja gut, ich bin sehr männlich, aber ich bin ne Frau und bleib auch ne Frau. Kannst du dir das vorstellen?*
(Lacht etwas) Ja ich, hm, meine Güte! (Stöhnt schwer) Ja, also ich denke mir mal einfach, Hans, der hatte ja auch eine gewisse Anziehungskraft dann auf mich ausgeübt, ne, und ich denke mal, das ist einfach ne Gefühlssache, und ich kann mir einfach nicht vorstellen, dass eine Frau, auch wenn sie noch so maskulin ist, irgendwo gefühlsmäßig das überbringen kann, weil, ich, ich dieses, diese, diese ganze Art und Weise, sich zu bewegen, sich zu verhalten, das, sag ich mal, das muss ja alles miteinander harmonieren.

Da Hans sie erotisch anzog, musste er ein Mann sein und nur, weil Hans in Wirklichkeit ein Mann war, spürte sie diese „Anziehung", die maskuline Lesben nie in ihr hätten auslösen können, weil bei ihnen männliches Verhalten und geschlechtliche Identität nicht „harmonieren". Und diese Identität hinter dem Verhalten zu erkennen, war für Hanna reine „Gefühlssache", denn durch Hans' Mannsein und nicht durch sein männliches Verhalten fühlte sie sich von ihm angezogen. *Eva* kannte genau dieses Gefühl, konnte es aber nicht in Worte fassen. Für sie war es ein

Frauengefühl! Ja, das verstehst du nicht. (...) (Stöhnt) Das ist so schwierig, das einem Mann zu erklären! Würde ich es jetzt einer Frau erklären, die würde es verstehen, das kannst du mir nun glauben oder nicht.
Was würdest du denn einer Frau erklären?
Nein! Die würde das einfach verstehen, wenn ich das so sage.

Um den Mann hinter dem Verhalten eines Menschen zu spüren und dafür keiner weiterer Beweise zu bedürfen, muss man eine Frau sein. Und Eva musste sich elf lange Jahre allein auf dieses „Gefühl" zu Eike verlassen. Während viele in ihrem Umfeld sie beide noch als lesbisch ansahen, war sich Eva der Heterosexualität ihrer Beziehung bereits sicher:

Eva: *Waren denn die ersten elf Jahre für dich eine lesbische Beziehung?*
Nee, nee!
Wie bist du damit umgegangen?
Ja, ich hab gewusst, dass die Leute, wenn sie uns draußen sehen, bzw. er hat es immer gesagt, ich wollte z. B. draußen oder in der Stadt Hand

in Hand gehen, ich wollte ihm gerne mal ein Küsschen, hat er alles abgeblockt, alles abgewehrt, und ich hab immer gesagt: Warum denn?! Ich seh dich so und ich fühl, du bist für mich mein Mann, und warum soll ich das nicht dürfen!?

Eva wollte eine für sie ganz normale heterosexuelle Beziehung auch nach außen leben „dürfen". Mit der Auslegung der Situation ging sie wesentlich unbefangener um als ihr durch vielfältige Verletzungserfahrungen eher defensiv agierender Partner. Eike selbst war zu einer offeneren Darstellung erst in der Lage, als er die Ursache seines Dilemmas verstanden und damit auch den Beweis für seine Heterosexualität gefunden hatte:

Eva: Als wir dieses Wort [transsexuell] dann kannten, das war wie son Knackpunkt, da konnte man endlich allen Leuten sagen: Das ist das und das und darum sind wir kein lesbisches Paar. Endlich konnten wir so was Handfestes herzeigen, dass wir nicht lesbisch sind.

Mit der sozialen Legitimation des immer schon gefühltem Mannseins durch die Kategorie Transsexualität erlangte auch das Heterosexuelle ihres Bezuges unanfechtbare Wirklichkeit. Sein Mannsein und im Grunde erst sein durch die Zuordnung als Transsexueller sozial akzeptabel zu gestaltendes Mannsein bewies die Heterosexualität ihrer Beziehung.

Kurt lag daran, seine heterosexuellen Partnerinnen durch eine falsche Zuordnung seines Geschlechts nicht als Lesben erscheinen zu lassen und damit, wie er meinte, in „unfaire" Situationen zu bringen:

Kurt: Wenn mich Leute angesprochen haben von wegen, die alte Lesbe oder so, da wurde ich immer sauer, weil das war ich einfach nicht! Wenn ich's gewesen wäre, wär es in Ordnung gewesen, dann hätte ich dazu stehen können. (...) Und es war ja auch, ich sag mal so, meinen Freundinnen gegenüber sehr unfair, weil die waren ja auch automatisch lesbisch! Das waren! sie ja gar nicht!

Die passende, also heterosexuelle Einordnung seiner Freundinnen hing einzig und allein von Kurts authentischer Darstellung seines Mannseins ab. Deshalb lag es bei ihm, dafür Sorge zu tragen, dieses Mannsein allen anderen auch deutlich zu vermitteln.

Anders als Kurt, Dirk, Felix, Benno und Ahmed - aber auch Hans und Marc - ließ sich Gerd eine Zeit lang davon abbringen, seine geschlechtliche Identität, also sein Gefühl, Mann zu sein, als maßgeblich für die Ausrichtung einer Beziehung heranzuziehen. Weil es „nichts Anderes gab" übernahm er den Blick von außen, das „Wissen", dass eine erotische Begegnung von zwei weiblichen Körpern gemeinhin als lesbisch eingestuft wird:

Gerd: *Und jetzt zu der Frauenbeziehung, die du dann hattest, auf die Sexualität bezogen: Du sagtest, das war schon anders. Es war ja eigentlich eine lesbische Sexualität oder wie hast du es erlebt?*
Ich habe das von meinem Kopf her, von meinem Wissen, weil irgendwann war mir dann klar, wie ich so zwei Sachen, da konnte ich ja vergleichen, und habe es auch eingeordnet, in ein System eingeordnet, so von der Vorstellung, vom Wissen her hab ich das als lesbische Beziehung definiert.
Aber du hast dich orientiert an den Vorgaben?
Ja, also die Vorgaben gab es, was anderes gabs halt nicht zu der Zeit.

Das „System", also die herkömmliche Einordnung erotischer Beziehungen über die Körper der Partner, gab ihm eine lesbische Orientierung vor, bis sein neues Wissen, das Erkennen seiner Transsexualität und der Wirklichkeit seines Mannseins, seine Beziehungen zu Frauen eindeutig zu heterosexuellen machte. Jan kannte eine ähnliche Verunsicherung wie Gerd:

Jan: *Hat es irgendwann mal eine Zeit gegeben, wo du dich als Lesbe gesehen hast oder überlegt hast, dass es so sein könnte?*
Ich hab z. T. drüber nachgedacht, ob es denn so ist, weil es war für mich eigentlich immer klar: Oh, die sieht aber klasse aus, oder dass man merkt: Mhm, da bist du mal wieder verliebt. Das war bis zu einem gewissen Grad auch normal, bis man dann eben dachte: Nee, Moment, eigentlich ist das ja jetzt falsch, du bist ja jetzt ne Frau und eigentlich müsstest du Männer irgendwie toll finden. Und dann überlegt man natürlich, woher kommt das. Aber ich musste auch wirklich immer erst drüber nachdenken, da ist was nicht richtig, es war für mich normal, dass ich eben Frauen toll fand.

Auch Jan musste sein Wissen bemühen, darüber „nachdenken", wie die anderen seinen Bezug zu Frauen definierten. Für ihn selbst war seine Wirklichkeit dagegen lange „normal" gewesen, er ging zunächst ganz unbefangen mit ihr um. Solange ihm die Zuordnungen der anderen nicht dazwischen funkten, war seine Orientierung auf Frauen ganz „klar" und unabhängig von irgendwelchen Bezeichnungen. Erst als die ihm angetragene Definition als lesbisch mit seinen Gefühlen kollidierte, geriet er durcheinander und verlor seine Naivität. Nun beschäftigte er sich damit, was er „eigentlich" empfinden „müsste", was „richtig" und „falsch" war und anhand welchen Kriteriums er seine sexuelle Orientierung benennen sollte.

Lars lebte viele Jahre in einer solchen Verunsicherung. Erst, als er seine transsexuelle Identität entdeckte, „erwachte" in ihm auch sein heterosexueller Blick auf Frauen, hatte er sich zuvor immer als Neutrum und damit auch ohne klar definierte sexuelle Orientierung erlebt:

Lars: Ich gucke ganz anders, also ich bin ganz verwundert gewesen, wie viele Formen es von der weiblichen Brust gibt z. B.. Und ich hatte auch ne Zeit lang, musste ich da ganz oft hin gucken. Oder der Po oder so ehm, das war für mich schon ne Entdeckung (lacht laut), muss ich also wirklich sagen, eh. Manchmal ist das heute auch noch so, so, aber nicht mehr so extrem, also es ist wirklich so, ich bin echt so erwacht, sag ich einfach so.

Erst mit der Ausbildung seiner geschlechtlichen Identität gewann für Lars sein Umfeld und gewannen insbesondere Frauen für ihn im wahrsten Sinne des Wortes Konturen.

Dirk bemühte sich zu erklären, wodurch er spürte, ob eine Frau sich auf ihn als Mann oder als Frau bezog, worin also der Unterschied lag, ob eine Frau mit seiner Identität mitging oder sie missachtete:

Dirk: Insofern hab ich mich auch von ihr als Mann bestätigt gefühlt, auf der männlichen Seite. (...)
Woran merkt man das?
Hö, höho, woran merkt man das. Ich weiß nicht, es ist en Unterschied, ob ne Frau als Frau irgendwie. (Überlegt lange) Ich weiß nicht, ich fühlte mich in diesen männlichen Qualitäten! bestärkt. Dieses Kräftige, dass sie sich anlehnt, dass sie, ehm, meine Hilfe annimmt, wenn's um was Handwerkliches geht, was zu tragen geht. Sie hat dieses Klischeeverhalten! bestätigt eigentlich. Irgendwie konnt ich das bei meiner andern Freundin, die immer alles selber machen wollte, (...) das ging nicht, da fühlt ich mich absolut nicht als Mann, weil das war alles blockiert, was dieses Mannsein ausmacht für mich, unter anderem. Und sie hat das dann so angenommen, und da fühl ich mich, in ihrem Beisein fühl ich mich immer als Mann, das war das erste Mal, dass ich mich also richtig als Mann gesehen habe.
Also sie war die Erste, die dich so gesehen und sich so verhalten hat?
Ja, wo ich das Gefühl! hatte, dass es so ist! Ich weiß nicht, ob sie's auch so empfunden hat oder so gesehen hat, aber ich hatte das Gefühl, dass sie mich nicht als Frau sieht, sondern eher als Mann und deshalb dacht

ich ja auch am Anfang, ich hätte bei ihr gar keine Chancen, noch im Frauenkörper, weil sie nicht lesbisch ist, das war mir irgendwie klar.

Allein über Äußerlichkeiten und über „klischeehaftes" Verhalten konnte Doris ihm vermitteln, dass sie ihn wirklich als Mann wahrnahm und wahrnehmen wollte. Wie sehr sie mit seinem Mannsein mitging, überraschte Dirk zunächst selbst, konnte er ihr nach gängiger Einstufung doch nur eine lesbische Beziehung anbieten. Dass sie ihn aber nicht seinen Körper, sondern tatsächlich seine Identität „annahm" anstatt sie zu „blockieren", ermöglichte es ihm, sich selbst - quasi mit ihren Augen - erstmals als Mann zu „sehen" und sich nicht nur für sich so zu fühlen. Aus der einsamen Subjektivität seines Empfindens entwickelte sich so die befreiende Objektivierung seiner sozialen Wirklichkeit als Mann. Hieran wird erneut die Notwendigkeit deutlich, dass wenigstens eine weitere Person das innere Empfinden Transsexueller nachvollzieht und dieses Verständnis in eine stimmige Interaktion umsetzt.

Auch Eike war offenbar zeitweise unsicher, ob seine Partnerin nicht doch seinen Körper meinte und von daher lesbisch orientiert war. Als er ihr diese Vermutung mitteilte, erlebte er zwar eine massive Bestätigung seines Mannseins, verbunden jedoch mit einem kurzfristigen „Zusammenbruch" aller Selbstverständlichkeiten innerhalb ihrer Beziehung:

Eike: Und dann hab ich sie mal gefragt, ob sie schon mal drüber nachgedacht hat, ob sie nicht eventuell lesbisch!! sein würde, weil sie mich ja auch gemocht hat, wo, wo, wo, wo ich also noch nicht operiert war. Da gab es ne Riesenkrise dann, weil für Eva da irgendwie ne Welt zusammengebrochen ist: Wie ich da überhaupt dran denken könnte!! Obwohl ich es für mich ja selber auch nicht für möglich gehalten habe.

Eva schilderte ihre Reaktion auf diesen „Vorwurf":

Eva: Da bin ich ja aus allen Wolken gefallen!
Was heißt das, warst du sauer?
Ja natürlich! Weil, plötzlich fing ich an, mir Gedanken zu machen, hab gedacht: Sag mal, merkt der noch irgendwas!? Ich, ich hab doch sein Wesen! geliebt! Aber irgendwie glaubte er mir das nicht, sagte: Du musst doch lesbisch sein, du hast doch auch schon mit mir was gehabt, als ich noch einen weiblichen Körper hatte. Da war ich total enttäuscht!
Enttäuscht, weil er nicht gesehen hat, wie es für dich war?
Ja! Er hat es mir nicht geglaubt, wenn ich ihm gesagt habe: Für mich warst du immer schon ein Mann! Da war ich also wirklich geplättet!

Für Eva bestand die „Enttäuschung" offenbar darin, dass Eike sich von seinem Körper und dessen üblichen Kennzeichnungen täuschen ließ, während sie all die Zeit sein „Wesen", also das wirklich Wesentliche an ihm, gemeint und darüber auch das Heterosexuelle ihres Bezuges hergestellt hatte.

6. Hetero-sexuelle Körperbezüge

Anna: Das kann ich mit meinem Kopf nicht klarmachen, dass zwei Frauen bzw. zwei Personen, die den gleichen Körper haben, zusammen eine Beziehung haben bzw. zusammenleben.

Jana: Mit ner Frau, denk ich, könnte ich's mir nicht vorstellen. (...) Wenn die Frau die Kleider runter lassen würde, wär es vorbei. Ich glaub, dann würden bei mir die Schotten dichtmachen. (...) Ne sexuelle Szene mit ner Frau, das ist für mich, weiß ich nicht.

Maria: Ich hab schon mal versucht, mir das vorzustellen, aber irgendwie ist also so ne Schwelle, wo ich denke (macht ein angeekeltes Geräusch): Woa!

Karin: Wenn ich dran denke, es würde mich ekeln, es ekelt mich!

Die Abwehr, sich vorzustellen, mit einer Frau ins Bett zu gehen, war bei allen von mir befragten, sich heterosexuell definierenden, Frauen beträchtlich. So etwas könnten, wollten und würden sie nie tun. Und es war für sie auch kein Thema, da sie ihren Partner körperlich nicht als Frau erlebten. Wie aber gelang es ihnen, seinen Körper als männlichen bzw. als nicht weiblichen und ihre körperliche Beziehung damit als eindeutig hetero-sexuelle und nicht als lesbische zu empfinden? Immerhin lebten diese Frauen tagtäglich in einer - auch sexuellen - Beziehung mit einem Menschen, der zumindest zum Teil einen nach gängigen Zuschreibungen weiblichen Körper hatte. Wie erreichten es diese Frauen, aber auch ihre transsexuellen Partner, ihre körperlich-sexuelle Begegnung so zu gestalten, dass sein Mannsein jederzeit gewahrt blieb, sein nach gängigen Kriterien defizitärer Körper also nicht in seine Identität als Mann einbrach? Wie verwirklichte sich also das

Mannsein des Transsexuellen sogar und gerade auch auf der körperlichen und sexuellen Ebene innerhalb der Paarbeziehung?

Schon früher hatte sich gezeigt, wie problemlos den meisten Frauen der Übergang von einem weiblichen zu einem männlichen Körper, von der Angst, lesbisch geworden zu sein zur beruhigenden Heterosexualität gelang. Diese Frauen hatten zu keiner Zeit „das Gefühl", „mit einer Frau im Bett zu sein" (Gerda). Der weibliche Körper verblasste zunehmend oder verschwand sofort hinter der authentischen männlichen Ausstrahlung ihres Partners. Sich im Zusammensein mit einem transsexuellen Mann aber nicht einmal *vorstellen* zu können, sich körperlich-sexuell mit einer Frau einzulassen, weist jedoch noch eine Ebene tiefer, es ist damit eine Moral- oder Ekelschwelle angesprochen, die die Frauen betonten, nicht überschreiten zu können und zu wollen, obwohl sie dies für den objektiven Betrachter tagtäglich taten. Was genau also erlebten sie, damit es subjektiv für sie anders war? Hinweise hierauf erhielt ich, indem ich etwaige lesbische Seiten bei den teilnehmenden Frauen ansprach sowie durch meine Frage an die Frauen und die Männer: *In der Sexualität seid ihr ja am stärksten auf zwei weibliche Körper in Anführungsstrichen zurückgeworfen. Warum ist das für dich keine lesbische Beziehung?* Schon meine letztlich immer viel einfühlsamere Formulierung und damit intuitive Vorsicht bei dieser Fragestellung griff besondere Empfindlichkeiten der Befragten bei diesem Thema auf. Sie resultierten offenbar aus der Erfahrung, wie schwer es ist, das, was für sie so normal geworden ist, in für andere verständliche Worte zu fassen. Sie haben keine Begriffe und keine Sprache dafür. Und so mögen insbesondere die Frauen genau deshalb bereits oft erlebt haben, dass ihnen Unverständnis und Unglauben entgegen schlugen. Wie *Jana* es bereits geschildert hatte, wussten die Frauen:

> Wenn mir ein anderer erzählen würde, glaube ich, hätte ich immer son, son schalen Beigeschmack oder würd immer denken: Kann ich nicht verstehen, (...) wenn ich's nicht selbst erlebt! hätte.

Diese spezifische Paarerfahrung steht so sehr gegen alles anerkannte Wissen um Körper und Geschlecht, um heterosexuell oder lesbisch sein, dass sie Außenstehenden kaum zu vermitteln ist, es sei denn, diese hatten eine eben solche Erfahrung gemacht. So verwies Eva, als sie mir als Mann nicht erklären konnte, wie sie Eikes Identität hinter seinem Körper erspürte, auf eine andere Partnerin eines Transsexuellen:

> Eva: Wenn ich jetzt mit A. reden würde, und ich würde sagen, so wie du mich das gerade gefragt hast, und würde dann sagen: Ja, was hat es

anders gemacht!? Was war da anders!? Und ich sage dann: Einfach vom Gefühl her! Würde A. mir sofort Recht geben! Weil, das ist einfach Gefühlssache! Ich kann das nicht in Worte packen.

Da es sich, wie Eva schon mehrmals fast resigniert festgestellt hatte, um eine reine „Gefühlssache" handelte, versagten letztlich alle Erklärungsversuche. So konnte Eva auf mein Nachhaken hin, ob denn da nicht doch irgendetwas Weibliches an Eikes Körpers sei, nur ausrufen:

Eva: Nein, für mich ist da nichts Weibliches! Da kannst du mir tausendmal erzählen, das ist aber von der biologischen Form her noch so, aber für mich nicht! Für mich nicht!!
Also du kämest auch nie in die Situation, plötzlich irritiert zu sein, dass ihr eine lesbische Beziehung habt?
Nee, im Leben nicht! Das ist einfach so! Vielleicht, weiß ich nicht, würd mir ein Psychologe erzählen, ich mach irgendwo ne Klappe dicht, weil ich es nicht sehen will, aber für mich ist es einfach so! Ich erlebe es so!

Eva wusste natürlich um Eikes „biologische Formen", in ihrer körperlichen Begegnung gewinnen diese aber keine Realität, sie verwirklichen sich nicht als bedeutsame geschlechtliche Zeichen in ihre Beziehung hinein, sondern verlieren offenbar jede Relevanz. Und genau für diesen Vorgang gibt es keine allgemeingültigen Begriffe. Auch Karin war in ihrer Wahrnehmung nicht verblendet:

Karin: Klar, er hat nun mal ein anderes Geschlechtsteil, sag ich mal, das gleiche wie ich. Aber trotzdem hab ich das irgendwie nicht so gesehen, als Frau. Überhaupt nicht, kein bisschen! (...) Ich hab es nie als weibliches Geschlechtsteil gesehen.

Trotz ihrer Feststellung, Kurts Geschlechtsteil sei „das gleiche" wie ihres, die sie ja eindeutig Frau ist, hob sie bezogen auf ihn die Koppelung „Frau" und „weibliches Geschlechtsteil" sofort wieder auf: Bei ihm „sieht" sie diese Verbindung nicht, bei ihm ist es also, wenn auch vielleicht nicht zu einem eindeutig männlichen, so doch zu einem nicht weiblichen Genital geworden. Sich sexuell dem weiblichen Geschlechtsteil einer Frau - so pleonastisch (doppelt gemoppelt) dies klingen mag - zuzuwenden, würde demgegenüber einen tiefen Ekel in ihr auslösen, wobei das scheinbar Paradoxe der Situation auch Karin nicht verborgen blieb und ihr im Laufe des Gesprächs immer deutlicher wurde:

Karin: Ich weiß nicht, warum mich das so krass jetzt, mich das so abstößt, aber ich kann es mir einfach nicht vorstellen! (...) Das hört sich natürlich komisch an, ich sag, ich hab nen Ekel vor ner Frau, ne Frau zu küssen oder ne Frau zu berühren, und dann hab ich nen transsexuellen Freund. (...) Ich streichle nen Mann und er hat keinen Penis, sag ich mal, das ist natürlich ne ungewöhnliche Situation, einfach komisch, aber jetzt nicht von meinen Gefühlen her, dass ich jetzt gezweifelt hätte. (...) Am Anfang, als ich ihn das erste Mal berührt habe, ist natürlich schon komisch, wenn du denkst, es ist ja eigentlich ein weibliches Geschlechtsteil.

Wichtig ist die Unterscheidung, die Karin traf: Von ihren „Gefühlen" her ist Kurt eindeutig ein Mann, das stand für sie zu keiner Zeit infrage. Erst, wenn sie sich kurzzeitig über diese Gefühle stellt, kann sie sein Genital als „weibliches Geschlechtsteil" „denken". Mit diesem Denken aktiviert sie aber nur ein allgemeines Wissen, nämlich die herkömmliche geschlechtliche Kennzeichnung der Körper. Es führt nicht dazu, dass sie sein konkretes Geschlechtsteil nun auf einer sinnlichen Ebene tatsächlich als weibliches sieht. Die innere Distanz in ihrer Feststellung war unüberhörbar. Sie garantiert, dass Kurt für sie Mann bleibt. Diese innere Distanz hatte sie im Übrigen umgekehrt auch hinsichtlich eines körperlich-sexuellen Kontaktes zu einer Frau, den sie sich ja nur „vorstellen" kann. Sie hat ihn nie wirklich sinnlich erlebt, was wiederum garantiert, dass er sie abstößt. Indem eine solche Begegnung abstrakt bleibt, kann die „Vorstellung" nicht von der Erfahrung unterlaufen werden. Mit Kurt dagegen hatte sie eine konkrete Erfahrung gemacht: Durch seine authentische Darstellung erlebte sie ihn von Beginn an als Mann, sein Mannsein hat sie durchdrungen. So bekam er für sie ein ganz spezifisches Geschlecht, das an seine Person gekoppelt ist und diese vollkommen besetzt. Während das „Denken" die Koppelung von Körper und glaubwürdiger geschlechtlicher Identität also zu sprengen vermag, indem es den Körper mit den gängigen geschlechtlichen Bezeichnungen vergleicht, saugt der Körper im unmittelbaren Erleben, also ohne eine solche Distanzierung, die geschlechtliche Identität so umfassend in sich ein, dass sie voll in ihm aufgeht und ihn gänzlich durchdringt:

Karin: (...) ist es natürlich schon weiblich, aber dadurch, dass es ja zu ihm dazugehört, dass er ja halt sonst vollkommen männlich ist, ist er halt doch, irgendwie ist es dann doch männlich.

Da Karin den Körper ihres Freundes nicht von seiner sonstigen Identität als Mann abspalten wollte und konnte, führte dies quasi automatisch zur Vermännlichung auch seines Körpers - gegen die herkömmlich als weiblich verstandenen Zeichen dieses Körpers. Auch für Hanna verlor der Körper ihres Partners gegenüber seinem authentischen Mannsein jegliche Bedeutung als Hinweis auf seine Weiblichkeit:

Hanna: Ich wusste ja o.k., es ist zwar irgendwo noch der Körper, aber es, es ist Hans! ne, und das ist ja der Mann, den ich liebe! (...) Ich, ich weiß auch nicht, wie ich das erklären soll! Aber ich habe ihn auch, auch in sexueller Hinsicht, ich habe ihn nie als Frau gesehen, auch wenn der Körper vielleicht da war, aber eh. Es war einfach mein, mein Freund, halt Hans, und das gehörte dabei.

Der Körper ihres Partners als weiblicher trat für Hanna derart weit in den Hintergrund, dass sie ihn in seiner als weiblich verstandenen Form, über die wir ja im Gespräch waren, gar nicht mehr als wirklich existent erlebte. „Vielleicht" war er noch da, vielleicht aber auch nicht. Sie wusste es nicht oder es war für sie gänzlich unwichtig. Sein weiblicher Körper wurde zu einem „Das", zu einem Anhängsel seines Mannseins, das „dabei gehört" und wird eben dadurch zu einem männlichen Körper, weil er von diesem Mannsein nicht zu trennen ist. Hanna näherte sich damit der Erlebnisweise ihres Partners, der auf die Frage nach den zwei weiblichen Körpern und einer lesbischen Beziehung schlichtweg bemerkt hatte:

Hans: Weil ich mich als Mann gefühlt hab ja nicht! (...) Ich hatte ja nur den dummen weiblichen Körper.

Frauke verwendete, wie Hanna, ebenfalls die Formulierung des „Vielleicht": Vielleicht fehlt an seinem Körper noch etwas, vielleicht aber auch nicht. Dadurch, dass sie sich nicht „gedanklich" von diesem Körper distanzierte, ihn also nicht in die Normalität der geschlechtlichen Bezeichnungen hinein objektivierte, spielte dies aber keine Rolle. Er war „einfach weg" aus ihrem Kopf und damit aus ihrer beider Wirklichkeit. Sie folgte allein Felix' sonstigem Mannsein:

Frauke: Ich mach mir darüber keine Gedanken, und im Grunde: Er ist für mich Felix, er ist für mich ein Mann! Gut, da fehlen vielleicht diese paar Zentimeter noch, aber da denk ich nicht drüber nach. Das ist einfach weg.

Vergleichbar sah Jana den Körper ihres Partners:

Jana: Ich hab ja nichts vermisst! Weil, ich hab nicht gedacht: Ups, sieht der
          komisch aus! Oder: Der sieht ja genauso aus wie ich, oder eh, sondern,
          ich weiß nicht, das war so, na ja, das war Jan für mich!

Auch Jana „vermisste" gerade deshalb nichts - etwa diese „paar Zentimeter", von denen Frauke gesprochen hatte -, weil sie nicht darüber
„nachdachte" und mit diesem Denken den üblichen Blick auf den Körper
hergestellt und sein Mannsein gefährdet hätte. Vielmehr folgte sie dem, was
einfach so „war", nämlich der Realität ihres Erlebens, und danach war es
eben einfach nur Jan und der war ein Mann und hatte folglich auch einen
männlichen Körper.
      Maria erklärte Marcs körperliches Mannsein auf eine Weise, die aus ihrer
Sicht vollständig normal wirkte, aus der Distanz des Gewohnten indessen
irritieren mag:

Maria: Abgesehen davon, dass er jetzt keinen Penis hat, ist! er ja völlig männ-
          lich, vom Aussehen her, vom Verhalten her, von, von allem her. Also
          könnte ich in dem Moment auch nicht denken, dass es ne Frau wäre.
          (...) Ich kann! da einfach keine Frau drin sehen, ist es für mich halt
          auch einfach nicht!

Was ist schon ein „Penis" gegen das vollkommene Mannsein ihres Partners.
So ganz nebenbei verlor der Penis, das männliche Geschlechtszeichen
schlechthin, hier jede Bedeutung für die sozial-körperliche Kennzeichnung
des Mannseins. Er verschwand in einem irrelevanten Nebensatz. So war es
Maria unmöglich, sich ihren Partner als Frau zu „denken", die Frau verblasste in einer fernen Vergangenheit. Nicht einmal über das Denken also
kommt es für sie - wie kurzzeitig für manch andere der Frauen - zu einer
Verfremdung der Situation. Statt auf das zu gucken, was draußen, am
Körper, eventuell fehlte, schaute sie auf das, was „drin" ist. Und da drin ist
„einfach" keine Frau. So war allein der Mann in Marc maßgeblich auch für
die geschlechtliche Zuordnung seines Körpers. Auch Hanna fühlte sich
nicht „gestört" durch den fehlenden Penis an einem für sie männlichen
Körper:

Hanna: Das Einzige, was dann halt war, ist halt im unteren Genitalbereich
          gewesen, und dementsprechend, ja, ich sag mal, gut, da war halt dann
          kein Penis, aber, fand ich alles gar nicht so schlimm! Ich hab's nicht als
          störend empfunden.

Ob da nun ein Penis ist oder nicht, wirklich wichtig schien dies nicht zu sein. „Das Einzige" im Sinne des sonst Wesentlichen, wurde hier zum „Einzigen" im Sinne des Unwesentlichen und zu Vernachlässigenden, das Hans' körperliches Mannsein weder zu prägen noch zu beeinträchtigen vermochte.

Gerdas und Fraukes Umsetzung der Körper ihrer jeweiligen Partner ins Männliche nahm sogar noch eine weitere Drehung: Sie konnten bei ihnen keinen weiblichen Körper entdecken, obwohl sie, die eine gedanklich, die andere sinnlich, zu Beginn ihrer sexuellen Beziehung auf seinen Körper als weiblichen zugegangen waren. So antwortete Gerda auf meine Frage nach den zwei weiblichen Körpern in der sexuellen Situation:

Gerda: Weil es kein weiblicher Körper ist! Also, wie gesagt, ich kann es nicht mehr so erklären. Ich hab das Gefühl, ich bin von Anfang an mit nem Mann ins Bett gegangen, auch wenn es am Anfang ja nun wirklich! rein objektiv gesehen (stöhnt leicht) nicht! so war! Aber es war für mich vom Gefühl her wirklich so! Im Gegenteil! Ich war eigentlich eher, ja auch ein Stück natürlich gespannt, war ja was Neues, dass ich dachte, es müsste ja auch irgendwie jetzt anders sein.
Mit ner Frau?
Mit ner Frau, und so hab ich es nicht empfunden, von Anfang an nicht.

Auch Gerda fiel es schwer, ihr inneres Erleben verständlich zu machen. Auch sie wusste natürlich um die „objektive" Realität von Gerds Körper, um die üblichen Kennzeichnungen, dies umso mehr, als ihr Partner bei ihrem ersten sexuellen Kontakt noch nicht einmal mit der Hormonbehandlung begonnen hatte. „Objektiv" betrachtet hatte er also einen gänzlich „weiblichen" Körper. Aus diesem Grunde erwartete Gerda wohl auch, ihn in der intimen Situation als solchen zu sehen. So war sie „gespannt" auf eine „neue", vielleicht eine lesbische, Erfahrung, die sie dann aber nicht machte. Hierzu hätte sie die Merkmale seines Körpers als weibliche wahrnehmen müssen, was aber bereits in dieser frühen Phase ihrer Beziehung nicht mehr geschah. Gerds authentisches Mannsein hatte die Relevanz dieser Kennzeichnungen bereits zum Verschwinden gebracht.

Frauke wiederum hatte Felix beim Kennenlernen als Mann eingestuft, musste sich aber von Freunden korrigieren lassen. Auch Felix hatte bei ihrer ersten sexuellen Begegnung noch nicht mit der medizinischen Behandlung begonnen. Deshalb war Frauke, die bisher Sexualität nur mit geborenen

Männern erlebt hatte, mit der für sie ungewohnten Situation konfrontiert, ein physiologisch weibliches Geschlechtsteil stimulieren zu müssen:

Frauke: Na gut, ich wusste auch nicht so, was soll ich denn jetzt machen, weil ich hab ja auch noch nie mit ner Frau was gehabt.
Also da war er eine Frau für dich ganz am Anfang?
Ja, ich hab ihn schon als Mann gesehen, aber er hatte ja nun mal alle Attribute von ner Frau. Da hab ich mir so wahnsinnig viele Gedanken nicht drüber gemacht, aber gut, ich musste ihn ja auch irgendwie dazu bringen, dass er sich gut fühlt oder so.
Das heißt, du hast dir nicht Gedanken gemacht, indem du die Beziehung irgendwie definiert hast, als lesbisch oder hetero?
Nee, nee, das nicht.
Sondern du wolltest einfach mit seinem Körper umgehen und das war nun mal ein weiblicher Körper!
Eben!

Frauke musste lernen, einen biologisch weiblichen Körper, den sie hier als „Frau" bezeichnete, sexuell zu befriedigen. Konkret sinnlich, etwa mit ihren Händen, spürte sie also das Weibliche seines Körpers, ohne diesen Kontakt jedoch als lesbischen einzustufen, da Felix für sie ja ein Mann war. Offenbar war er für sie ein Mann mit einem biologisch weiblichen Genital bzw. korrekter gesagt mit einem aufgrund seiner speziellen Gegebenheiten anders als einen Penis zu stimulierendem Organ. Ihre Umstellung erfolgte also lediglich auf der Ebene der Handhabung und nicht der sexuellen Orientierung, um die sie sich keinerlei „Gedanken" machte. Deutlicher wurde dieser Unterschied zwischen biologischer Weiblichkeit und dem Felix zugeschriebenen Geschlecht und damit auch einer lesbischen gegenüber einer heterosexuellen Erfahrung anhand einen anderen Gesprächspassage:

Frauke: *Aber du könntest dir trotzdem eine lesbische Beziehung vorstellen?*
Ja, das wäre wieder was anderes! Da müsste ich dann umdenken, und das wär o.k.
Und was würdest du dir dann vorstellen, was würdest du dann gerne mal ausprobieren, machen? Was stellst du dir überhaupt vor, wenn du sagst, das könnte ich mir vorstellen?
(Stöhnt) Das ist eine gute Frage. (Überlegt) Ja im Grunde ist es ja so nix anderes, als wie wir jetzt machen, aber eben, dass ich dann weiß, das ist ne Frau, und nicht den Eindruck hab, das ist en Mann bzw. weiß, das ist ein Mann.

Frauke konnte sich sowohl gegengeschlechtliche als auch lesbische sexuelle Beziehungen „vorstellen". Aus der für sie mit Felix eindeutig heterosexuellen Begegnung kommend, müsste sie bei einem sexuellen Kontakt mit einer Frau allerdings „umdenken": Der erotisch-sexuelle Bezug auf eine Frau wäre für sie offenbar etwas ganz anderes als der Bezug zu Felix. Erst auf mein Nachfragen hin wurde ihr deutlich, dass lesbische Sexualität rein körperlich „im Grunde nix anderes" wäre, die Handhabung der Körper, etwa die Art der genitalen Stimulierung, bliebe für sie also gleich. Allein das „Wissen" um sein Mannsein leitet den Unterschied ein: Zu wissen, es ist ein Mann oder es ist eine Frau, zieht für Frauke unterschiedliche Aktionen, Gefühle und Erwartungen innerhalb der sexuellen Begegnung nach sich, und zwar ganz unabhängig von der Biologie, also den unumgehbaren Unterschieden etwa bei der unterschiedlichen Stimulierung einer Klitoris oder eines Penis:

Frauke: Von daher denk ich, ich denke Frauen gehen ganz anders ran
Was meinst du denn, dass Frauen
Einfühlsamer!
Inwiefern?
Ja, beim Sex! Die sagen nicht, so jetzt mach die Beine breit und (schnippt mit den Fingern), sondern tasten sich da langsam vor.

Natürlich könnte Frauke auch mit Felix in diesem Sinne „lesbische" Sexualität praktizieren - und tut es womöglich auch. Vielleicht vermeiden die beiden aber auch „einfühlsamere" Formen des sexuellen Umgangs miteinander. Dies ist aber kaum anzunehmen, da Felix nicht in der von Frauke beschriebenen plumpen Weise sexuell agieren dürfte. Von daher ist wahrscheinlicher, dass Frauke die zwischen ihnen vermutlich durchaus ausgeübte behutsamere Art der Sexualität, also im Grunde dasselbe, was zwei Frauen im Bett miteinander tun, nicht als lesbische erlebte oder kennzeichnete, weil Felix ja ein Mann ist. Ausschlag gebend dafür, ob sie die Sexualität zwischen Menschen biologisch gleicher Körper als „lesbisch" definiert, sind also nicht die Körper, sondern ist die Einstufung der in den Körpern wohnenden Personen als Mann oder als Frau, also ihre geschlechtliche Identität. Und wenn Frauke sich in einem anderen Zusammenhang von lesbischer Sexualität abgrenzt, bestätigt sie nur diese Form der Zuordnung:

Frauke: Ja, ich steh da nicht nur immer drauf, dass es so zärtlich oder so, ich hab das manchmal auch ganz gerne, wenn zack, zack, zack, so eben, wovon man eigentlich ausgeht, dass es ein Mann nur gerne hat, und ich denke nicht, dass eine Frau das auch so könnte, weiß ich nicht.
In einer lesbischen Beziehung, das würde
Das würde dann immer so piano anlaufen.

Nichts stünde im Wege, sowohl die eine als auch die andere Art von Sexualität sowohl mit einem Mann als auch mit einer Frau auszuleben. Sie selbst verliert ja auch nichts von ihrem Frausein, wenn sie manchmal eine härtere Gangart bevorzugt. Frauke „geht" aber davon „aus", dass die jeweiligen Vorlieben dem einen oder dem anderen Geschlecht vorbehalten sind. Nur deshalb konnte sie sich so sicher sein, von Felix als Mann etwas zu bekommen, was ihr in der Sexualität mit einer Frau fehlen würde. Auch hier konnte Frauke nur die geschlechtliche Identität ihres Partners und nicht seinen Körper meinen.

Maßgeblich für die Abkopplung des transsexuellen Körpers von den üblichen Zeichen der Weiblichkeit ist von daher das „Gefühl" bzw. das „Wissen", „das ist ein Mann", also die unumstößliche Wirklichkeit der geschlechtlichen Identität des Transsexuellen: Durch die Macht dieser Identität verliert sein Körper seine weiblichen Kennzeichnungen - meist ganz unabhängig davon, wie weit er in seiner medizinischen Behandlung bereits fortgeschritten ist bzw. wie weit er damit überhaupt gehen will. Jana wurde dieser Zusammenhang im Verlaufe des Gespräches immer deutlicher. Bei meiner Frage bzgl. der zwei weiblichen Körper überlegte sie:

Jana: Ich glaube, das läuft im Verstand ab, weil ich mein ja, rein, rein, eehmm, rein äußerlich, klar, sind beides zwei Frauen, aber. (Überlegt lange) Ja, ich weiß nicht, ich glaube, es ist der, der Verstand. (...) Also ich denk, dass das eher so im, im Geist einfach ist.

Jana war „klar", dass sie den Unterschied zwischen einer lesbischen und einer heterosexuellen Beziehung nicht an den Körpern festmachen kann, da sie ja wusste, wie Jans Körper üblicherweise - „rein äußerlich" - zumindest teilweise gekennzeichnet würde. So betrachtet, wären sie körperlich beide „Frauen", was für sie aber eindeutig nicht zutraf: Für sie hatte Jan einen männlichen Körper. Die Relevanz von Identität versus Körper spitzte sich im Gespräch mit Jana noch einmal zu bei meiner Frage, was ihr denn in der Sexualität mit einer Frau fehlen würde:

Jana: Ja ich glaub einfach, wie gesagt, in Anführungsstrichen: Die reine Vorstellung. Weil ich einmal, ich hab dann ne Frau! im Arm und keinen Mann!
          Also mehr so die Vorstellung, im Kopf?
          Ja aber ich mein, ansonsten ja, muss man ja, denk ich, wahrscheinlich sagen, ich mein klar, wahrscheinlich würd mir nen Penis genauso hin und wieder fehlen, wie er mir jetzt auch fehlt, also nicht, nicht, nicht rund um die Uhr, aber ich denk, wär ganz schön. Ansonsten wär im

Endeffekt, ja! würd ja, würd es ja genauso ablaufen, wie jetzt! auch! Aber trotzdem glaub ich, dass, ja, diese Vorstellung einfach, er ist einfach irgendwie, ja, er ist ein Mann.

Auf der rein körperlichen Ebene etwa der Berührungen und der Stimulierung fiel Jana kein Unterschied zwischen der Sexualität mit einer Frau zu der mit Jan ein. Sie machte sich da nichts vor, weil sie wusste, dass „es", also die Sexualität, „im Endeffekt genauso ablaufen" würde wie mit Jan. Und ob nun in einer lesbischen oder in dieser heterosexuellen Beziehung, der Penis würde ihr nicht mehr und nicht weniger fehlen als jetzt. Was ihr fehlen würde in der Sexualität mit einer Frau, also mit einer biologischen Frau, die sich ihr auch als solche darstellt - und das war ja ihre spontane Antwort auf meine Frage gewesen -, wäre „die reine Vorstellung" von einem Mann, das Erleben eines Mannes an ihrer Seite. Wenn diese Vorstellung nicht wäre, hätte sie plötzlich keinen Mann, sondern eine „Frau im Arm", was für sie unvorstellbar und geradezu ein „Horror" wäre:

Jana: Ich bin nicht lesbisch! Ich will nicht lesbisch sein! Das wär für mich, das wär, (...) das wär für mich, glaub ich, ein Horror, wenn ich das feststellen würde. (...) Da ekelt es mich wahrscheinlich zum Teil vor.

Einen solchen Horror und Ekel aber musste sie mit Jan nie erleben:

Jana: Ich hab ihn trotzdem, ich hatte immer! das Gefühl, ich hab nen Mann neben mir liegen. Also ich weiß, dass ich nie das Gefühl hatte, ehhh, das ist ne Frau.

„Trotz" eines üblicherweise überwiegend als weiblich gekennzeichneten Körpers lag Jan von Anfang an als Mann und nicht als Frau neben ihr. Deshalb auch hat sich *Jana*
da auch nie, ich sag mal, vor geekelt. Ich fand das immer, ja, angenehm, schön.

Es ist schon bemerkenswert, wie der Ekel, ein solch massives Gefühl innerer Abwehr, allein durch die „Vorstellung", dass Jan ein Mann ist, nicht aktiviert wurde. Und noch mehr: Das Wissen, dass er ein Mann ist, machte etwas für sie Ekelhaftes, nämlich die intime Berührung eines biologisch weiblichen Körpers, sogar zu etwas „Angenehmen" und Befriedigendem. Auch Karin hatte diesen Ekel beim Gedanken an eine Beziehung „mit einer Frau" angesprochen und erklärte, wieso sie ihn mit Kurt nicht erlebte:

Karin: Ja, normalerweise schon. Aber dadurch, dass er ja nie Mann, also nie Frau ist oder Frau war halt für mich, war es dann natürlich wieder was anderes, als wenn es wirklich eine Frau ist.

Karin unterschied hier die „wirkliche" Frau von Kurts anderer Wirklichkeit, in der er glaubwürdig Mann ist und die sich auch auf seinen Körper ausdehnt. Kurzfristig überlappten sich für sie aber offenbar die Zuordnungen von Mann und Frau: Direkt konfrontiert mit Kurts biologischem Körper und dessen gängigen Kennzeichnungen schien Karin eine gewisse Irritation zu erleben („nie Mann, also nie Frau"). Plötzlich nämlich war dieser sonst in der Selbstverständlichkeit seines Mannseins aufgehende Körper ins Blickfeld gezerrt und mit seinen üblichen Zuschreibungen behelligt worden.

An solchen Irritationen wird deutlich, wie wichtig es für die Betroffenen - für die Frauen wie für die transsexuellen Männer selbst - ist, dass die alten Kennzeichnungen tatsächlich hinter den neuen, männlichen, verschwinden und nicht immer wieder an die Oberfläche gespült werden. Dies kann geschehen etwa durch intime Blicke anderer, durch die Begegnung mit früheren Bekannten, durch direkte Thematisierung wie hier, aber auch durch neue sexuelle Kontakte. In jeder Situation, in der das Mannsein des Betroffenen infrage steht, wird auch sein Körper mit in den Zweifel gerissen. Und umgekehrt können entlarvende Blicke auf den Körper des transsexuellen Mannes, etwa beim Arzt, im Krankenhaus oder im Schwimmbad natürlich sein gesamtes Mannsein infrage stellen. Die Verquickung von geschlechtlicher Identität und körperlicher Wirklichkeit ist zu eng, als dass das eine ohne das andere bestehen könnte. Dies eröffnet dem transsexuellen Mann viele Vorteile, aber immer auch die Gefahr der Enthüllung.

In den Partnerschaften der hier befragten Paare aber gelang die Entkoppelung seines Körpers von den gängigen Zeichen der Weiblichkeit ohne Schaden für sein Mannsein. Das hierfür nötige Zusammen-"Spiel" zwischen den Partnern schilderte Felix, nachdem er zunächst auf meine Frage nach den zwei weiblichen Körpern und einer daraus abzuleitenden lesbischen Beziehung geantwortet hatte:

Felix: Ehm, vom Körperlichen her ist es vielleicht eine, aber da muss der Kopf ja auch mitspielen! Und der Kopf, der sagt genau das Gegenteil. Und ich seh mich als Mann, und deswegen ist das für mich auch keine lesbische Beziehung.
Also der Kopf ist dann auch so, quasi übermächtig
Ja! Der spielt die größte Rolle, glaube ich.
Oder gibt es manchmal auch Situationen, wo es kippt?
Nee!

Wenn sie dich anfasst?
Nee! Sie weiß, wo sie mich nicht anfassen darf, und deswegen kann es auch nicht kippen. Also wir sind da sehr gut eingespielt.
Aber nur durch dieses Einspielen?
Also am Anfang war das alles Umstellung. Aber über die Jahre hinweg sind wir wirklich gut eingespielt.
Was meinst du: am Anfang?
Ja, da wollte sie auch, eh (zögert) bei mir streicheln, aber da hab ich direkt gesagt: Nee!
Ging das relativ schnell, dass ihr son level gefunden habt?
Ja, das ging sehr schnell.
Und von daher ist es keine lesbische Situation für dich? Und für sie auch nicht?
Eigentlich auch nicht, hoffe ich jedenfalls. Da hat sie zu mir also jetzt nichts weiter gesagt.
Wodurch würde es für dich lesbisch?
Wenn mein Kopf nicht mitmacht. Aber sonst nicht.
Und wenn sie sich irgendwie verhalten würde?
Wüsste ich jetzt nicht, wie.

Auch Felix räumte die wegen der vergleichbaren Körper gegebene Nähe zu einer lesbischen Beziehung ein. Aufgrund der herrschenden Kennzeichnungen ist diese nicht zu leugnen. „Genau das Gegenteil" eines lesbischen sexuellen Kontaktes wird es für ihn allein durch „den Kopf", der ihm „sagt", dass er ein Mann ist und damit das Lesbische an seinem Bezug zu Frauke gänzlich vernichtet. Weil und solange sein Kopf „mitmacht", ist er ein Mann und solange ist es auch keine lesbische Beziehung. Sein Kopf „spielt die größte Rolle" für sein sicheres Gefühl des Mannseins und damit auch für seine klare heterosexuelle Orientierung. Und da Felix seine derzeitige geschlechtliche Identität wohl nicht aufgeben wird, stand das Lesbische für ihn außerhalb jeder Diskussion. Was seine Partnerin angeht, konnte er naturgemäß die Hand dafür nicht ins Feuer legen. Allerdings erlebte er von ihrer Seite bis heute keine lesbischen Annäherungen, er konnte sich gar nicht vorstellen, wie diese aussehen würden. Und auf der Ebene des intimen Kontaktes blieb Felix' Mannsein und damit die Männlichkeit seines Körpers gewährleistet durch explizite oder implizite Übereinkünfte, wo seine Partnerin ihn „anfassen" darf und wo nicht, d.h. wo die Kennzeichen des Weiblichen zu dicht unter der Oberfläche lauern und wo sie bereits tief verschüttet sind. Dazu gehört immer wieder auch, die gefährdeten Regionen sprachlich auszusparen („bei mir streicheln") oder aber mit gemeinhin als männlich verstandenen Bezeichnungen zu belegen.

Auch Eike und Eva hatten sich auf bestimmte körperliche „Tabu"-Zonen geeinigt. Da für beide, also nicht nur für Eike selbst, die Vagina offenbar nicht zu einem männlichen Körperteil umzudeuten war bzw. Eikes körperliche Männlichkeit hätte gefährden können, war offenbar nicht einmal eine Aussprache darüber nötig, wo Eva ihn berühren durfte und wo nicht:

Eike: *Unten rum speziell, da darf sie dich doch anfassen?*
        Ja, ja, aber nur im vorderen Bereich.
        Das ist dir auch wichtig: im vorderen Bereich?
        Das andere hätte sie auch nicht gemacht, weil sie genau wusste, das ist tabu. Und für sie ist das auch tabu gewesen.
        Und wenn sie das gewollt hätte?
        Ja, dann hätten wir Probleme gekriegt.
        Das wolltest du dann nicht. Warum nicht?
        Na, weil das für mich selber nicht existierte, dann hat das auch für keinen anderen zu existieren.

Die Vagina war für Eike offenbar derart überladen mit weiblichen Bedeutungen, dass für ihn ihre völlige Vernichtung nötig war. In seiner Vorstellung hatte er sie gänzlich ausgelöscht, sie „existierte" für ihn nicht mehr und konnte deshalb auch für niemand „anderen" existieren. Aufgrund ihrer physiologischen Beschaffenheit erleichtert sie natürlich das Vergessen: So wenig aufdringlich sie ist, zieht sie sich einfach in sich zurück.

Nur, wenn das eigene Mannsein hinreichend tief verankert ist und das sich darauf stützende Zusammenspiel mit der Partnerin die weiblichen Kennzeichen des Körpers vergessen oder bedeutungslos werden lässt, kann der Transsexuelle die körperlichen Umdeutungen auch während des konkreten sexuellen Aktes verwirklichen:

Kurt: *Wenn du mit Karin Sexualität machst, seid ihr ja noch am stärksten in Anführungsstrichen auf zwei weibliche Körper zurückgeworfen, wieso ist das dann nicht für dich eine lesbische Beziehung oder lesbische Sexualität?*
        Ja, ich denke, das liegt nur an dem, an dem, an dem Vorstellen, an dem Denken im Sex direkt, weil ich ja, wie gesagt, eh, mir vor Augen ja ganz andere Bilder ablaufen, ehm, ja, dass das deshalb, ja, ich stelle mir ja, wie gesagt, nicht vor, dass wir so, wie wir sind, in Anführungsstrichen, gerade irgendwas machen, sondern ich hab das ja halt so im Kopf.
        Und das ist so stark im Kopf, dass das die körperliche Realität überdeckt?
        Ja, ja, in dem Moment ja. (...)
        Also du meinst, dass du in dem Moment den männlichen Körper, also den Penis, vor Augen hast?

Ja.
Während, wenn du hier nackt im Bad rumläufst
Mach ich mir keine Gedanken drüber.

Die „Bilder" von einem männlichen Körper, die bei Kurt während der Sexualität mit Karin in seinem „Kopf" „ablaufen", überlagern offenbar die weiblichen Konnotationen seines Körpers und verwirklichen damit nicht nur den heterosexuellen Bezug zu Karins weiblich gemeintem Körper, sondern darüber hinaus auch einen Penis an Kurts Körper. Im Gegensatz zu sonstigen Situationen von potentieller körperlicher Signalwirkung wie etwa, wenn er nackt im Bad herumläuft, muss Kurt in einer sexuellen Situation über das „Vorstellen" den zu seinem Mannsein passenden Körper abrufen und ihn gegen die physiologischen Realitäten und herkömmlichen sozialen Zuordnungen stellen. Vielleicht ist sein männlicher Körper speziell in der sexuellen Situation gefährdeter als wenn er sich seiner Partnerin im Alltag nackt präsentiert. Womöglich wird in der Sexualität aber auch ein Mehr an aktiver - und nicht nur passiver - körperlicher Männlichkeit gefordert, für die es präsenterer „Bilder" bedarf, während er sich im Bad darüber „keine Gedanken" zu machen braucht. Hier kann er sein, „wie er ist", er sieht und spürt sich nicht selbst und auf den vermännlichenden Blick seiner Partnerin auf seinen Körper kann er sich in einer solchen Situation offenbar verlassen.

Jan suchte zunächst an seinem Körper nach den Gründen, warum er die sexuelle Situation mit Jana nicht als lesbische erlebt, löste sich dann aber von diesem Körper und seinen bereits erfolgten medizinischen Korrekturen. Letztlich ausschlaggebend war für ihn vielmehr, dass seine Partnerin sein authentisches Mannsein annimmt und damit eben auch, wie sie es selbst schon darstellte, seinen Körper zu einem durch und durch männlichen macht:

Jan: Ich weiß nicht warum, aber irgendwie ist mir das, ist mir eigentlich nie in den Sinn gekommen. Vielleicht weil oben rum nichts mehr war, ich weiß es nicht. Oder weil sie mich immer als Mann gesehen und akzeptiert hat, oder mir auch das Gefühl gegeben hat, dass ich eigentlich einer bin, und mir auch das Gefühl gegeben hat, dass sie, eh, im Bett eigentlich, glaub ich, ganz, ganz zufrieden und ganz glücklich ist, obwohl sie eben Männer mag oder Männer will und mit ner Frau also nie auf die Idee, glaub ich, käm. Vielleicht spielte das alles irgendwie ne Rolle.

Auf die Erlebnisweise seiner Partnerin eingehend, griff Jan den - meistens von den Partnerinnen, eher als von den Männern, benutzten - Begriff des Gefühls auf: Er sprach vom „Gefühl", das sie ihm gibt, wirklich Mann zu sein. Dieses Gefühl bestärkt in einer Art Wechselwirkung wiederum sein Mannsein, das für ihn den heterosexuellen Bezug garantierte und garantiert.

Ähnlich wie Jan begründete auch Ahmed die Heterosexualität seiner Beziehung zu Anna damit, dass sie ihm das „Gefühl" gibt, ein Mann bzw. im Bett der Mann zu sein. Er bezog sein Mannsein dabei vorrangig auf spezifische, für ihn typisch männliche, Verhaltensweisen und weniger direkt auf seinen Körper. Dies lag daran, dass aufgrund von Annas vor der Ehe zu erhaltender Jungfernschaft zur Zeit des Gesprächs ein - wie auch immer durchgeführter - Koitus als der für ihn spezifisch heterosexuelle Bezug nicht möglich war und selbst dann nicht möglich gewesen wäre, hätte er den Penisaufbau bereits durchführen lassen. Wirkte Ahmed zu Beginn seiner Schilderungen noch unbefangen und sicher, geriet er bei meiner Bitte um eine Präzisierung, wie dieses Gefühl, Mann zu sein, hergestellt wird, etwas ins Schwimmen:

Ahmed: *Aber du erlebst es nicht als lesbische Beziehung?*
Nee. (...)
Was meinst du, was ist der Unterschied dazu, sich im Bett als Frau, sich als lesbisch zu fühlen?
(Lacht) Es ist schwierig, ich weiß nicht. Das Schöne daran ist, dass sie mir das Gefühl gibt, dass ich der Mann bin.
Wodurch?
Ist auch schwer zu sagen, weil wir auch nicht so sehr jetzt intim werden im Bett. (...)
Wie gibt sie dir das Gefühl?
Dass ich eh, eh, ja, wie man das sieht, mal ist die Frau, mal ist der Mann oben, dass ich mich über sie lege, dass ich sie küsse, sie streichle, dass ich ihr halt die, eh, Gefühle gebe. Obwohl, das kann auch eine Frau geben. Ist schwierig!, die Frage zu beantworten.

Ahmed spürte, wie auf der reinen Verhaltensebene sein Mannsein nicht hinreichend begründbar war: So, wie er es versuchte zu beschreiben, könnten sich auch zwei Frauen aufeinander beziehen. Er musste also auf den Körper und - da für ihn Mannsein am unabdingbarsten von allen befragten Männern an die Existenz eines Penis' geknüpft war - speziell auf diesen zurückkommen. Da dieser Penis ihm aber (noch) fehlte, blieb ihm nichts Anderes übrig, als sein körperliches Mannseins und die Heterosexualität der Beziehung nicht von einem Penis, den er bereits hat, sondern allein von seinem dringenden Wunsch, diesen Penis bald körperlich zu besitzen, abzuleiten:

Ahmed: *In der Sexualität ist man ja am meisten auf zwei weibliche Körper zurückgeworfen,*
warum ist das dann für dich keine lesbische Beziehung?
Ich sag ja, man kann es als ne lesbische Beziehung sehen, da hab ich
nichts dagegen. Nur ich sage, ich könnte nur dann sagen, ich bin
lesbisch, (...) wenn ich sage, ich möchte keinen Penis, oder ich möchte
nichts mit einem Mann oder mit einem männlichen Organ zu tun
haben.

Für Ahmed schien im sexuellen Bezug vorübergehend also allein die Ebene des
bloßen Wünschens als eine spezifische Form der inneren Vorstellung hinreichend für die Herstellung seines Mannseins zu sein: Sich vorzustellen, diesen
Penis bald wirklich zu haben, reichte erst einmal aus, um auch im Bett für sich
und seine Partnerin genügend Mann zu sein. Diese Koppelung des Mannseins
direkt an den Körper, hier also an den Penis aus Fleisch und Blut, und damit
auch an die üblichen Kennzeichnungen über den Körper, dass also nur ein
Mensch mit einem konventionell männlichen Körper Mann ist, kann für das
Mannsein des Transsexuellen aber problematisch werden. Bei direkter Konfrontation mit den üblichen Zuschreibungen, nämlich damit, dass dieser Körper
in der Wirklichkeit aller anderen ja ein weiblicher ist, kippt sein Körper schnell
zurück in die weibliche und damit auch in die lesbische Richtung. Je mehr
Mannsein an die wirkliche Um- bzw. Ausgestaltung des Körpers geknüpft wird,
umso größer ist die potentielle Anfälligkeit, dass diese Männlichkeit durch Hinweise auf immer noch vorhandene Zeichen der Weiblichkeit zerbricht. Je mehr
und solange man also direkt am Körper etwas ändern will, umso mehr und
solange schaut man auch mit den Augen der anderen auf diesen Körper, der ja
nach deren Bewertung zumindest zum Teil immer ein weiblicher ist.
   Diese Falle wurde im gewissen Ausmaß auch bei Marc deutlich. Ihm gelang es
offenbar weniger als etwa Jan, aber auch Ahmed, das eindeutige Angebot seiner
Partnerin, ihn so, wie er ist, als Mann zu sehen, für sich entsprechend umzusetzen.
Anders als die meisten der anderen befragten Männer schien Marc beträchtliche
Probleme damit zu haben, seinen Körper durchgängig von den üblichen weiblichen Zeichen zu lösen. immer wieder fuhr ihm die Unabdingbarkeit eines biologisch gegebenen, also des normalen Penis für die Zuordnung als Mann dazwischen. Hierdurch verlor er phasenweise die Selbstverständlichkeit seines auch
körperlichen Mannseins. Im Zusammenhang mit Fragen nach der Bedeutung
eines Penis kam Marc selbst auf die zwei weiblichen Körper zu sprechen:

Marc: *Und wie wichtig ist dir die Existenz eines Penis für die Sexualität?*
Ehmmm, ich sag, so kommen wir im Moment auch gut zurecht. Das
muss! also nicht unbedingt sein. Aber es wäre schon schön, wenn da
einer wär.

Und wieso wäre es schon schön, wenn ihr jetzt ganz gut zurecht kommt?
(Stöhnt etwas) Ja, weil halt, ich sag mal, wenn wir intim sind, dann ist
das halt eben, wie soll man sagen, eh, ne lesbische Intimbeziehung in
dem Sinne oder so.
Also so siehst du es dann schon?
Also ich seh das nicht direkt! so, jetzt für mich.
Sondern?
Ehm, ich guck da immer son bisschen drüber weg so halt, und ich
denk dann halt auch immer, dass für Maria das wahrscheinlich auch
vielleicht ein bisschen schwerer ist oder so. Obwohl sie sagt: Nee, sie
sieht das dann auch nicht, aber das denk! ich dann immer so halt auch.
Ich sag mal, wenn dann da ein Penis wäre, dann wär das Thema eben
vom Tisch.
*Du guckst drüber weg, was heißt das? Du hast ja gesagt, du hast Vertrauen
gewonnen, zeigst du dich vor ihr?*
Ich sag mal so, ich guck mich dann selber! nicht an. (...)
*Das hab ich jetzt noch nicht ganz verstanden mit dem Lesbischen: Ist es manchmal
für dich doch so ein Gefühl, eigentlich sind es zwei Frauen?*
Ja, ich denk dann immer, eigentlich fehlt da ja was! Dieser Penis fehlt
dann da halt, denk ich immer.
Das denkst! du?
Ja.

Was anderen Männern gut gelingt, nämlich ihren Körper als männlichen *im
Kopf* zu installieren und so in ihre Vorstellung von sich selbst als Mann zu
integrieren, schaffte Marc nicht oder nicht hinreichend: Die Bilder von sei-
nem jahrelang als weiblich gekennzeichneten Körper hatten offenbar zu viel
Macht. Die reale Erfahrung beider Partner, mit diesem Körper „gut zu-
recht" zu kommen und seine Weiblichkeit nicht zu „sehen", zerbrach an
dem, was „halt eben ist", was herkömmlich dem weiblichen und damit dem
Lesbischen zugeordnet wird. Die Konventionen verdrängten hier also die
Erfahrung, sie waren das „Eigentliche", was er „denkt", das „sein" müsste:
Zu einem Mann und zu einer heterosexuellen Beziehung gehöre eben ein
Penis aus Fleisch und Blut. In diesem Falle bot das „Denken" also keine
Garantie für die Vermännlichung seines Körpers, es torpedierte diese viel-
mehr. Die gängigen Kennzeichnungen der Körperteile warfen Marc immer
wieder auf seine vermeintlichen Defizite zurück.
 Von den Frauen war Britta die Einzige, die sich in ähnlicher Weise quälte
wie Marc. Anders als die anderen Frauen vermochte sie die konventionelle
Weiblichkeit von Bennos Körper in ihrem Kopf nicht gegen einen von
weiblichen Zeichen weitgehend befreiten Körper auszutauschen. In einem

anderen Zusammenhang hatte sie erläutert, sie vermeide es, Bennos Genital zu betrachten, damit sein Mannsein nichts ins Weibliche kippe. So gelänge es ihr, Benno auch körperlich durchgehend als Mann zu erleben. Sobald sie aber die Augen schließe, „sehe" sie dieses Genital in seiner Weiblichkeit vor sich. Trotz dieser immer mal wieder einbrechenden körperlichen Weiblichkeit schilderte sie auf meine Frage hin die Beziehung zu Benno jedoch nicht als lesbische:

Britta: Weil ich Benno nicht als Frau sehe. Auch wenn ich jetzt die Augen zumache und das eben so sehe, aber es ist! keine Frau.
Obwohl Du dieses innere Bild nicht los wirst, ist er doch keine Frau!?
Nach außen hin sind wir eben Mann und Frau. Und dieses nach außen hin, das ist mir dann, in dem Moment, auch wichtig.
Wenn man im Bett zusammen ist, ist man ja nicht unter Leuten.. Das sprichst Du doch jetzt an. Ich fragte ja gerade „im Bett". Hast Du das dann im Hintergrund, das läuft so mit?
Ja, ja, nee, nee, das ist nach wie vor ein Mann.
Also so stark ist das Bild nicht, dass es diese Mann-Frau-Situation zerstören könnte?
Nein, so stark ist das nicht.

Im konkreten, auch intimen, Kontakt geht für Britta also das Mannsein ihres Partners nicht verloren. Vielmehr schiebt sich sein gemeinhin als weiblich gekennzeichnetes Genital gerade dann in ihre Vorstellung hinein, wenn sie Benno *nicht* ansieht. Dann nimmt ihr gelerntes Wissen überhand, dass da ein weibliches Genital ist bzw. dass dieses Genital als weiblich zu benennen ist. Dieser Prozess dürfte auf einer ähnlichen Ebene ablaufen wie bei Marc, wenn er „denkt", „eigentlich fehlt da ja was". Wie Marc gelang es auch Britta offenbar nicht, die herkömmlichen Zuordnungen durchgehend über Bord zu werfen und Bennos Genital in sein allgemeines Mannsein einzubeziehen.

Auch Dirk tat sich hiermit schwer. Möglicherweise verbaute ihm sein fortwährendes Reflektieren über seine körperliche Situation eine unbefangene Neudefinition seines gesamten Körpers. Auf meine Frage nach den zwei weiblichen Körpern und einer daraus möglicherweise resultierenden lesbischen Konstellation schilderte er seinen Gedanken- und Gefühlsprozess:

Dirk: Ja, ich hab damit schon Schwierigkeiten, dass ich halt diesen Körper habe! Ich kann mich nicht so leicht fallen lassen. Ich weiß nicht, ob ich mir das zum Vorwurf mache oder mich da selber blockiere durch, dass ich zwar anders reagieren würde oder so, so ne Ersatz, Ersatzhandlung dann vornehme, dass ich, wenn ich z. B. in sie eindringe mit nem Finger, dass ich das dann projiziere auf nen Penis. Ich kann mich aber nicht fallen lassen, es geht alles übern Kopf, sofort schaltet sich der Kopf ein. Und wenn ich das Gefühl hätte, jetzt müsstest du ne Erektion haben, sie penetrieren oder was, und das ist nicht!, dann bricht das zusammen.

Du hast erst mal das Gefühl?

Ja, und dann geht's aber nicht. Oder wenn ich dann halt so mit ner Prothese, ham wir auch mal probiert, ist dann immer noch en anderes Empfinden, es ist dann zwar schon dieses Empfinden, jemand zu penetrieren, aber ich empfind's! ja nicht richtig, es ist ja irgendwie wie tot, zwar an der Basis dieses, eh, Gefühl, was mir dann schon fast mehr bringt, wenn ich mit nem Finger, dann empfind ich wenigstens was, ja und. Aber das so zusammenzubringen, das ist für mich sehr schwer, obwohl ich absolut erregt bin und sie auch gerne anfasse und schon ihre Reaktion schön finde, wenn sie einfach auf mich reagiert.

Geht dir denn durch diese Schwierigkeiten dein Gefühl für dein Mannsein verloren oder wird es dadurch beeinträchtigt?

Ja, es wird wieder zu som, som Neutrum zurückgesetzt. Also ich kann mich damit noch nicht so definieren. Ich hoffe, dass es wesentlich besser ist, wenn ich wenigstens die Brust los werde. (...)

Aber es ist nicht ne lesbische Beziehung?

Nee, absolut nicht! Absolut nicht!

Dirks „Kopf" torpediert die bereits angesetzte Neudefinition der Situation. Anders als etwa Kurt misslingt ihm die Zuschreibung eines „Ersatz"teils, hier seines „Fingers", als Penis. Dirk bleibt offensichtlich zu nah am biologisch vertrauten Körper mit all seinen gewohnten Implikationen haften: Er hat gelernt, ein Finger ist kein Penis und bleibt dabei; er weiß, in einer „Prothese" ist kein „Gefühl", folglich spürt er auch nichts - anders als etwa Kurt es später schildern wird. Wenn er die „Erektion", für die er „das Gefühl hätte", nicht so durchführen kann, wie er dies von einem geborenen Mann her kennt, „bricht" nicht nur diese vollends „zusammen", sondern er verliert kurzfristig sein gesamtes Mannsein, er wird „zu som Neutrum zurückversetzt". Immerhin ist Dirks inneres Mannsein aber so stabil, dass er in diesem für ihn quälenden Prozess nicht vollends zu einer Frau mutiert und auch nicht in eine lesbische Beziehung hinein gleitet.

Ähnlich wie Marc, der einen Penisaufbau durchführen lassen will, richtete Dirk seine Hoffnung auf die reale Umgestaltung seines Körpers, und zwar zunächst einmal auf die Amputation seiner Brüste. Dies wird ihm Erleichterung verschaffen, löst aber nicht das tiefere Problem: Dirk kann sich nicht in ein Mannsein auch mit dem jetzt vorhandenen Körper „fallen lassen". Es fällt ihm schwer, diesen Körper grundlegend mit Männlichkeit zu besetzen. Ein solches Fallenlassen würde mehr Distanz zu seinem Alltagswissen und weniger Distanz zu seinen Gefühlen erfordern. Diese Gefühle eines sicheren Mannseins, also seine eigene Wirklichkeit, „blockiert" er in der intimen Situation. So gewinnt hier immer wieder die Realität der Konventionen und damit seine körperlich als mangelhaft empfundene Männlichkeit die Oberhand. „Zusammenbringen" wird er seinen Körper mit seinem gefühlten Mannsein letztlich nur dann, wenn er über die medizinischen Veränderungen hinaus gleichzeitig seiner eigenen Wirklichkeit, also seinem Mannsein, in allen Bereichen die Definitionsmacht einräumt, wenn er also diese für ihn stimmige Wirklichkeit auf seinen gesamten Körper ausdehnt. Seinen Körper nur umzuoperieren wird nicht ausreichen. Er muss ihn vielmehr grundsätzlich als für ihn hinreichend männlichen akzeptieren - und zwar egal, wie er am Ende aussieht. Um bis hierher zu gelangen, bedarf es neben einem gehörigen Maß an Selbstbewusstsein und Phantasie auch der Selbstvergessenheit eines selbstverständlichen Mannseins, was wiederum voraussetzt aufzuhören, fortwährend über diesen Körper zu reflektieren.

Neben diesem Nachdenken und Grübeln wird eine solch prekäre Situation, wie Dirk sie erlebte, nicht selten gerade auch durch die noch ausstehenden oder auch nur angedachten Operationen, insbesondere den operativen Penisaufbau, ausgelöst. Durch die permanente Auseinandersetzung mit der körperlich noch zu verändernden Weiblichkeit, mit dem Ob, Wann und Wie, haben die gängigen weiblichen Kennzeichnungen keine Chance, sich auch von den eher problematischen, nämlich den genitalen Bereichen des Körpers zu verabschieden. Zaghafte Versuche in diese Richtung werden immer wieder als nur provisorisch oder als unzureichend gegenüber der im Raum stehenden „großen Lösung" entlarvt. Wie sich noch zeigen wird, verschieben viele gerade von denjenigen der hier befragten transsexuellen Männer, die eine solche Operation noch planen, diesen Abschied von den Zeichen der Weiblichkeit tatsächlich auf die Zeit nach der Operation und auf deren Ergebnis. Sie setzen auf eine Vermännlichung ihres Körpers durch die Operation und womöglich allein durch die Operation. Gerade für diese Männer ist ihre körperliche Unzulänglichkeit, wie sie ihre Situation dann folgerichtig erleben, für eine geraume Zeit dann auch besonders quälend.

Dirk wurde, wie den meisten der befragten Männern, die - in seinem Fall - schwierige Situation um seinen Körper durch das einfühlsame Verhalten seiner Partnerin erleichtert: Doris sah ihn durchgehend als Mann, auch im sexuellen Kontakt. Auf meine Frage, wieso es für sie - die sich immerhin als bisexuell definierte - keine lesbische Beziehung sei, erklärte sie:

Doris: Ehmm, ja, indem ich eigentlich ziemlich inaktiv bin und er nur der aktivere Part ist. Er lässt mich auch nicht anfassen unten. Ich berühr ihn da nicht (lacht verlegen).
Also dadurch, dass er sich männlich verhält - aktiv ist ja das Klischee männlich - siehst du über die körperliche Seite hinweg?
Hmm, ja!
Und wenn du dann doch mal hinguckst oder fühlst und merkst, dass da die weiblichen Seiten da sind, wie ist das dann für dich? Bricht das dann zusammen?
(Überlegt länger) Passiert eigentlich kaum.
Weil du nicht hinguckst?
Also, gucken darf ich ja (lacht).
Was siehst du denn dann?
Ja, also, guck ich dann aber auch drüber weg. Also, den Busen seh ich dann nicht als, als Busen, muss ich sagen.
Sondern als was?
Sondern als männliche Brust.
Guckst du denn auch sein Geschlechtsteil an?
Nee. Also schon: Jetzt gucken wir mal, ob's schon größer wird oder so. Mehr so medizinisch (lacht).
Mehr so wie ‚Schnitte gucken‘ [vorher war Thema, wie die Schnitte an der Brust geführt werden]
Ja, ja.
Aber nicht in einer sexuellen Situation?
Nee.
Und wenn du dir das jetzt so vorstellst, jetzt im Moment, wo wir drüber reden: Kippt das dann um, sein Mannsein?
Ich denke, dann würde es ins Lesbische kippen, ja.
Erlebst du das manchmal, dass es kippt?
Nee, dadurch, dass ich das nie praktiziere (lacht). Ich müsste tatsächlich, wenn ich jetzt ein [unverständlich] mit ner Lesbe hätte, müsst ich tatsächlich erstmal lernen, wie das denn so, was da so gefragt ist, und wie das funktioniert, weil ich wirklich, ehm, ja.

Doris förderte Dirks Mannsein, indem sie sich „inaktiv" verhält, also - intuitiv oder bewusst - den das Mannsein grundsätzlich verstärkenden, nämlich den weiblichen Gegenpart spielt und ihn aktiv werden lässt. Zudem torpedierte sie die weiblichen Kennzeichnungen, indem sie Dirk „da", am Genital, nicht anfasste, und zwar, wie sie hervorhob, weil Dirk es nicht wollte. Anders als Britta konnte Doris diesen Körperteil aber *ansehen*, ohne dass für sie - aber offenbar auch für Dirk - sein Mannsein gefährdet war. Hierzu bediente sie sich eines Tricks: Sie guckt ihn mit „medizinischen" Augen an. Der medizinische Blick enthält sich der Zuschreibung des Mannseins oder Frauseins, er stellt nur fest, nämlich, ob „es" schon „größer" geworden ist oder nicht. Dirks Genital ist in dem Moment also weder eine Sie (Klitoris), noch ein Er (Penis), sondern ein „Es", ein medizinisches Objekt der Begutachtung ohne erotische Besetzung, weder für Doris noch für Dirk. In einer sexuellen Situation dagegen wäre das Hinsehen - insbesondere für Dirk - offenbar schwieriger, wenn nicht unmöglich. Sein Genital würde ein Geschlecht annehmen, und Dirk befürchtet offenbar das weibliche. Deshalb soll seine Partnerin im sexuellen Kontakt nicht hinschauen. Aber auch Doris könnte sich „denken", dass die Beziehung dann „ins Lesbische", Dirks Genital also ins Weibliche kippen würde. Allerdings war dies nur eine Vermutung, sie hatte es noch nicht ausprobiert. Doris spürte jedoch, dass sie - ähnlich wie Frauke es geschildert hatte - den sexuellen Umgang mit einer Lesbe erst einmal „lernen" müsste. Offensichtlich war für sie der sexuelle Kontakt mit Dirk also doch recht weit entfernt von einer Zuordnung zum Lesbischen. Ihr gelang es sogar, seinen noch vorhandenen, gemeinhin als weiblich gekennzeichneten Busen als „männliche Brust zu sehen", also eine vom Körperlichen her klassische lesbische Situation umzudeuten auf sein Mannsein hin. Vielleicht wäre eine ähnliche Umdeutung möglich mit seinem Genital, würde Dirk ihr diese direkte Erfahrung nur gestatten.

Lauras Situation war ähnlich wie die von Doris. Auch sie konnte sich eine erotische Beziehung mit einer Frau vorstellen, auch sie hatte ihren Partner vor Behandlungsbeginn kennen gelernt, auch ihr Partner hatte zur Zeit des Gesprächs lediglich mit der Hormonbehandlung begonnen und noch keinerlei operativen Eingriffe vornehmen lassen. Anders als Doris hatte Laura allerdings den direkten Vergleich einer sexuellen Erfahrung mit einer Frau. Und gerade anhand dieses Vergleiches erlebte sie Lars auch im körperlich-sexuellen Kontakt als Mann:

Laura: *In der Sexualität ist es ja so, dass ihr am stärksten auf zwei in Anführungsstrichen weibliche Körper zurückgeworfen seid. Wieso ist das dann für dich keine lesbische Sexualität, keine lesbische Beziehung?*
Ja, weil er, er ist einfach keine Frau für mich! Also, ich weiß nicht, weil, ich würde ihn dann auch als Frau behandeln, als Frau, also auch streicheln oder so als Frau. (...)
War das denn [beim Kennenlernen] von deinem Gefühl her ne Anziehung gegenüber ner Frau oder gegenüber nem Mann?
Gegenüber dem Menschen. (...)
Lars war kein Mann! für dich?

Nee, das eigentlich nicht. (...)
War das denn damals für dich ein sexueller Kontakt zu ner Frau oder zu nem Mann?
(Stöhnt) Na ja, ich meine, klar, vom Körper her natürlich mit ner Frau, sicher, natürlich.
Und vom Gefühl her? War das auch ne Frau?
Ehm, ja, son Zwischending irgendwie. (...) Alles was ich anfasste, war jetzt so Frau, aber ehm so, ja, das, das war's aber auch dann irgendwie. (...) Also schön war es auf jeden Fall, aber eben auch ungewöhnlich, weil! eben dieser weibliche Körper und dann aber andererseits auch dieses Männliche so dabei, dieses männliche Verhalten dann auch.
Inwiefern war er denn männlich?
(Stöhnt etwas) Wenn ich das jetzt nochmal wie gesagt mit dieser Judith vergleiche: Also sie hat mich als Frau gestreichelt und ich hab sie als Frau gestreichelt und wir haben das auch beide so empfunden. Und bei Lars dann hatte ich aber trotzdem dann das Gefühl, dass es ein Mann ist, so irgendwie, ich kann das auch so schlecht erklären. (...) Vielleicht auch meine, meine eigene Vorstellungen oder so.

Bei ihrem ersten sexuellen Kontakt hatte Lars gerade wenige Monate zuvor seine Transsexualität durch eine Art Aha-Erlebnis entdeckt. Kennen gelernt hatte Laura ihn allerdings schon vorher, als er seine Situation noch nicht als transsexuelle definiert und ihr noch nicht durchgehend authentisch vermittelt hatte, Mann zu sein. So erlebte sie ihn offenbar weder eindeutig als Frau noch als Mann, sondern „als Menschen", was ohnehin nicht selten ist bei bisexuell orientierten Frauen. Oft fühlen sie sich gerade durch Personen auf der Grenze zwischen den Geschlechtern angezogen. Bisexuelle Frauen können sich darüber hinaus ganz offen mit den herkömmlicherweise als weiblich gekennzeichneten Bereichen des Körpers ihres Gegenübers konfrontieren, sie kennen diesbezüglich keine Vorbehalte oder gar Ekelgefühle. So war Lars beim ersten sexuellen Kontakt für Laura körperlich „natürlich" eine Frau, was sie anfasste, war ein biologisch weiblicher Körper. Vom Gefühl her begann dieser Eindruck allerdings schon damals zu kippen. Sie erlebte ihn als „Zwischending", hatte aber offenbar keine Probleme damit, das männliche Verhalten neben dem als weiblich verstandenen Körper stehen zu lassen. Damals sah sie sich durch seine spezifische Form des Auftretens also offenbar noch nicht veranlasst, Lars' Körper aufgrund dieses Verhaltens von seinen weiblichen Zeichen zu lösen. Beides zusammen oder vielmehr nebeneinander zu erleben, empfand sie vielmehr als „ungewöhnlich". Heute ist es anders: Durch die zunehmende Authentizität seines Mannseins „ist er einfach keine Frau" mehr für sie, die Situation ist also auch auf der körperlichen Ebene in Richtung Mannsein gekippt, und dies, obwohl Lars noch die herkömmlich als weiblich gekennzeichnete Brust und ein eben solches Genital hat. Trotzdem hat sich sein Mannsein inzwischen so weit auf seinen Körper gelegt, dass Laura ihn als Mann und nicht „als Frau streichelt und behandelt", wofür sie innerlich durchaus offen wäre. Aber gerade der „Vergleich" mit eben einer solchen Erfahrung zeigte ihr den Unterschied: Judith und sie hatten sich seinerzeit beide als Frauen gesehen und „gestreichelt", sich als zwei Frauen aufeinander bezogen. Mit Lars war es gänzlich anders, er war für sie auch im körperlichen und sexuellen Bezug aufeinander ein Mann. Da sie ja um seinen biologischen Körper und dessen gängige Bezeichnungen wusste, konnte auch sie ihr Erleben nur auf ihre „eigenen Vorstellungen" zurückführen: Sein glaubwürdiges Mannsein definierte ihn für sie insgesamt als Mann und dehnte sich damit für sie auf seinen Körper aus.

Für Laura und Lars verlief die Einbeziehung seines Körpers in sein Mannsein offenbar problemloser als für Doris und insbesondere für Dirk. Zweierlei mag hierfür ausschlaggebend gewesen sein: Einmal hatte sich Lars selbst viel eindeutiger als Dirk entschieden, seinen als weiblich gekennzeichneten Körper hinter sich zu lassen: „Für mich ist das nicht mehr so". Zum anderen ging er trotz dieser klaren Entscheidung sich selbst, aber auch seiner Partnerin gegenüber, mit dieser Zuordnung weit weniger rigide um. Er hatte durchaus Verständnis dafür, wenn Laura in seinem Körper noch oder zeitweise „das Weibliche" sah. Sein Mannsein war hierdurch nicht gefährdet, es „wirft ihn nicht zurück". Und dies, obwohl Lars vermutete, dass Laura viel mehr körperliche Weiblichkeit an ihm sah, als dies nach ihren eigenen Schilderungen tatsächlich der Fall war:

Lars: *Wenn ihr jetzt zusammen im Bett seid, ist es ja am ehesten so, dass es in Anführungsstrichen zwei weibliche Körper sind*
Kann schon sein.
Wodurch ist das dann für dich nicht ne lesbische Situation?
Weil ich nicht lesbisch, weil einfach für mich das nicht mehr so ist, so. Für mich ist das, für mich ist das nicht so, ich bin, ich hab mich verabschiedet von Lisa, für mich ist das nicht mehr so.
Dadurch, dass du für dich zu dir ein Gefühl als Mann ganz klar hast und sie auch zu dir?
Sie hat es nicht ganz klar, sie sieht manchmal das Weibliche und soll sie auch!
Also rein körperlich gesehen?
Auch das körperlich Weibliche, so. Aber ich, das tut mir nicht weh oder das wirft mich nicht zurück, sondern es ist o.k.!

Für Lars war es also in erster Linie die Entscheidung, sein Mannsein zu leben, die seinen Körper von seinen herkömmlich als weiblich verstandenen Zeichen befreien. Er ist Mann, weil er dies jetzt endlich und unwiderruflich sein will. Dahinter ließ er sich auch nicht mehr zurückholen, selbst wenn Laura das ein oder andere Mal herkömmlich weibliche Zeichen an seinem Körper wahrnehmen sollte. Die bloße Entscheidung für das Mannsein ließ ihn also offensichtlich auf sichereren Beinen stehen als manchen transsexuellen Mann, der schon einige an das herkömmliche männliche Körperbild angleichende Operationen hinter sich hatte.

Gerd ging einen anderen Weg. Er berief sich direkt auf seinen durch die Hormonbehandlung veränderten Körper und kennzeichnete diesen Körper, so wie er nun aussah, als männlichen bzw. als nicht weiblichen. Auf meine Frage nach den zwei weiblichen Körpern und einer daraus resultierenden lesbischen Beziehung stellte er selbstsicher fest:

Gerd: Also erst mal ist mein Genital unterhalb des Bauchnabels nicht weiblich! Und da ich den direkten Vergleich habe also weiß ich auch, dass es anders ist! Also es ist konkret anders! Wahrscheinlich durch den direkten Vergleich brauch ich mir keine, keine Gedanken machen, ob das irgendwo Ähnlichkeiten hat. Und ich weiß!, dass es konkret anders ist! Also natürlich nicht so! viel anders, als der biologische Normschwanz, also der Unterschied ist nicht so krass, aber er ist auch mehr als nur ne gedachte Nuance, sowohl vom Aussehen als auch in der Reaktion. *Und insofern sind es keine zwei weiblichen Körper und auch keine lesbische* Nee, sind das auch nicht.

Da Gerd einen „konkreten", also rein äußerlichen, Unterschied im „Vergleich" zur Klitoris seiner Partnerin ausmachte, war sein Organ keine Klitoris und damit kein weibliches Organ mehr. Für ihn war es damit zwar noch nicht vollends das „normal" männliche Genital, wies aber mehr in diese Richtung als zurück auf eine Klitoris. Gerd war sich sicher, dass sein Genital auch nach den herkömmlichen Zuordnungskriterien nicht mehr als weibliches zu kennzeichnen sei, dafür sei es schlichtweg zu groß und von der „Reaktion" her wie ein Penis. Damit sah Gerd sich - im Gegensatz zu manch anderem der befragten Männer - gerade nicht darauf angewiesen, sich „Gedanken" über seine körperliche Männlichkeit zu machen, ein männliches Organ also über sein Denken herzustellen. Die reale körperliche Größe und Reaktionsweise erschien ihm ausreichend, vor allem aber tragfähiger für seine körperliche Männlichkeit als eine nur „gedachte Nuance" von mehr Männlichkeit. Gerd nutzte dabei die gängige Polarität von körperlichem Mannsein und Frausein: Wenn das Genital seiner Freundin ein weibliches ist, weil diese ja eine Frau ist, und wenn dieses Genital „anders" aussieht als seines, kann er körperlich keine Frau sein. Und wenn allein dieses Anderssein maßgeblich ist, muss sein Genital für seine hinreichende körperliche Männlichkeit auch nicht genauso aussehen wie das eines geborenen Mannes, es muss nur anders aussehen als das einer Frau. Diese Haltung hat den Vorteil, weniger anfällig für Vergleiche mit dem „normalen" männlichen Genital zu sein. Gerd richtete den Blick vielmehr auf das, was er zurückgelassen hatte: So wie bei ihm sieht eine Klitoris nicht aus, also verfügt er über ein nicht weibliches Organ. Und damit war er auch weniger anfällig für die üblichen Kennzeichnungen seines Genitals als weibliches, wie dies etwa bei Ahmed, Dirk oder Marc deutlich wurde.

Gerd griff mit seinem Vorgehen insofern die gängige Praxis auf, als die geschlechtliche Kennzeichnung des Genitals grundsätzlich nicht bereits vorgeburtlich feststeht, sondern auch auf der rein körperlichen Ebene eine soziale Vereinbarung darstellt. So werden genetische Jungen mit einem „zu kleinen" Penis bei der Geburt auch heute noch oft als Mädchen eingestuft. Was „zu klein" ist, bestimmt dann der Arzt oder die Hebamme. In derselben Weise legte Gerd für sich fest, dass sein Genital keine Klitoris mehr sei, sondern, wenn auch kein „Normschwanz", so doch ein Schwanz, und er nannte „ihn" auch so.

Im Kontext der ungeliebten, aber in manchen Situationen maßgeblichen gängigen Zuordnungen müsste Gerd zur Aufrechterhaltung seiner Sichtweise allerdings dann doch seine „Gedanken" bemühen: Niemand Außenstehender würde ihm darin folgen, seine durch die Hormonbehandlung auf ca. drei Zentimeter vergrößerte Klitoris als Schwanz zu bezeichnen. Hier werden andere Maßstäbe gesetzt. Diese orientieren sich eben an diesem „Normschwanz" und nicht an einer „Nicht-Klitoris". Aber darum geht es nicht, da, wie gesagt, die geschlechtliche Zuordnung eines jeden Körpers letztlich einer subjektiven bzw. sozialen Vereinbarung unterliegt. Wichtig ist allein festzuhalten, dass auch Gerd - anders als er es hier darstellt - im Kontext der Konventionen auf gewisse „gedankliche Nuancen" angewiesen war oder wäre, um seine vergrößerte Klitoris für sich zu einem männlichen Organ, einem Penis, zu machen.

In die Bredouille käme er z. B. in einer schwulen Beziehung, nach der ich ihn im weiteren Gesprächsverlauf fragte:

Gerd: So weit hab ich meine Phantasien nie gesponnen. Also wenn überhaupt, würde ich machen, was andere Schwule auch machen. Dann hätte ich allerdings ein Problem, das stimmt (lacht etwas). (...) Also wenn ich mir vorstelle, ich wär mit nem echt schwulen Mann zusammen, da erreicht meine Vorstellung echt ihre Grenzen eben auch der Akzeptanz, das kann ich mir einfach nicht vorstellen.

Wie Lars bereits voller Bitterkeit feststellen musste, reicht schwulen Männern das nicht weibliche Organ transsexueller Männer eben nicht nur auf einer rein gedanklichen, sondern auch auf der „konkret" körperlichen Ebene im sexuellen Kontakt meistens nicht aus. Da käme auch Gerd mit seiner durchaus ausgeprägten - und hier eingeräumten - Vorstellungskraft nicht nach. Aber Gerd sprach in diesem Zusammenhang einen wichtigen Punkt an: Dass nämlich seiner Erfahrung nach Frauen viel leichter über die körperlichen Unzulänglichkeiten transsexueller Männer hinwegsehen können als Männer, insbesondere schwule Männer:

Gerd: *Wenn jetzt die Situation wäre, ihr würdet euch trennen aus irgendeinem Grund, wäre dann deine körperliche Situation für dich ein Problem, dich einer Frau wieder anzunähern, oder würdest du sagen: O.k., ich hab ja alles!?*
Also großkotzig, wie ich bin, manchmal würde ich das Zweite antworten: Ich hab ja alles! Und stelle mir natürlich in der konkreten Situation vor, dass der Anfang nicht so! einfach ist. Aber ich habe auch gelernt, dass Frauen in dieser Hinsicht viel, viel anpassungsfähiger sind als Männer. (...) Mit ner Frau kann ich mir das durchaus vorstellen, weil ich weiß, dass Frauen da viel toleranter sind.

Damit hat Gerd unzweifelhaft Recht. Bemerkenswert ist, wie groß tatsächlich die „Anpassungsfähigkeit" vieler Frauen an die spezifische körperliche Situation transsexueller Männer ist. Relativ problemlos scheinen sie in der Lage zu sein, die Identität ihres Partners als Mann so tief greifend nachzuvollziehen, dass sie diese Identität auf seinen gesamten Körper ausdehnen und diesen Körper damit grundlegend von seinen gemeinhin als weiblich verstandenen Kennzeichnungen befreien. Diese Fähigkeit seiner Partnerin hatte auch Marc „am Anfang" in Erstaunen versetzt. Damit hatte Maria ihn überzeugt, dass sie ihn auch körperlich wirklich nicht als Frau „sieht". Damit „war das Thema vom Tisch" - eine unabdingbare Voraussetzung für die durchgängige Durchsetzung seiner geschlechtlichen Identität:

Marc: *Denkst du denn manchmal, dass sie eigentlich lesbisch ist?*
Ehm, ja, am Anfang hab ich das gedacht! so, hab ich schon mal so drüber nachgedacht, wo das halt alles so intimer wurde oder so. Dann hab ich immer gedacht: Ja, wie macht sie das denn wohl, hab ich gedacht, vielleicht ist sie ja doch lesbisch oder so. Und dann ham wir auch darüber gesprochen. Und dann sagte sie halt, dass das in ihrem

Kopf auch so ist, als wenn da ein Penis wär oder so, dass sie das halt gar nicht so sieht! auch. Und damit war das Thema dann vom Tisch.

Insbesondere den Partnerinnen der hier befragten transsexuellen Männer, aber auch vielen der Männer selbst, gelang also trotz des noch weitgehend mit den üblichen weiblichen Zeichen besetzten Körpers eine durchgreifende Hetero-Sexualisierung ihrer Beziehung. Vor dem Hintergrund des authentischen Mannseins des Transsexuellen war es das Gefühl, das Wissen, die Sicherheit um sein Mannsein, das für sie grundsätzlich einen nicht weiblichen, wenn nicht gar einen männlichen Körper etablierte. So gewann nicht nur die sexuelle Orientierung, also ob eine Partnerschaft oder eine Person als heterosexuell oder als homosexuell empfunden und bezeichnet wurde, Realität allein durch die geschlechtliche Identität beider Partner, nämlich dadurch, ob sie authentisch Mann oder Frau waren, auch die Körper der beteiligten Personen selbst mit ihren vermeintlich unabänderlichen Zeichen von Weiblichkeit und Männlichkeit erfuhren ihre Geschlechtszuordnung letztlich über die geschlechtliche Identität beider Partner: Für die geschlechtliche Besetzung des Körpers mit den gängigen Zeichen körperlicher Weiblichkeit bzw. Männlichkeit ist mithin ausschlaggebend, ob ein Mensch sozial und damit auch körperlich sich bzw. sein Gegenüber als Frau oder als Mann erlebt. Es ist also nicht der Körper, der die geschlechtliche Identität der Person angibt, sondern die vermeintlich so aussagekräftigen körperlichen Zeichen werden umgekehrt geschlechtlich besetzt durch die geschlechtliche Identität der beteiligten Partner.

Körper und Fiktionen: Entweiblichung und Vermännlichung

Wenn es die geschlechtliche Identität eines Menschen ist, die vorrangig das Geschlecht des Körpers prägt bzw. auf ein spezifisches Geschlecht hinarbeitet, stellt sich die Frage, wie dies auch im intimen Kontakt, also der Situation offener Enthüllung, genau vonstatten geht: Wie wird ein biologisch und sozial als weiblich verstandener Körper auch in einem solchen Rahmen zu einem nicht mehr weiblichen und schließlich zu einem männlichen? Was also tut der Transsexuelle, was tut seine Partnerin genau, um seinen Körper als ganzen, seine Brust, sein Genital etc. zu entweiblichen und zu vermännlichen? Welche sozialen Vorgaben von Männlichkeit und Mannsein greifen die Betroffenen als Orientierungsmarken auf? Gibt es Reste untilgbarer körperlicher Weiblichkeit? Wenn ja, was geschieht damit? Welche körperlichen Bereiche haben aus welchen Gründen Vorrang in diesem Prozess? Und wieso muss der Körper überhaupt entweiblicht und vermännlicht werden? Warum kann er nicht einfach so bleiben wie er ist? Wieso meint der Transsexuelle also, sein Mannsein letztlich über die möglichst weitgehende Vermännlichung seines Körpers beweisen zu müssen - und beweisen zu können?

Zunächst zu den Begriffen „Entweiblichung" und „Vermännlichung": Vermännlichung meint die Verwirklichung der Identität als Mann auf die sozialen Zeichen des Mannseins, hier also speziell auf die auf den Körper bezogenen sozialen Zeichen, hin. Diesen Prozess der Verwirklichung geht im Übrigen jeder Mann, nicht nur der Transsexuelle. Auch geborene Männer nähern ihre früh erworbene Identität als Mann sukzessive den jeweiligen sozialen und körperlichen Zeichen des Mannseins an. Da ihr Körper von vornherein den sozialen Vereinbarungen über einen „männlichen" Körper mehr entspricht, verläuft dieser Prozess bei ihnen allerdings weniger sichtbar und schon gar nicht so spektakulär wie bei transsexuellen Männern.

Körperliche Entweiblichung bedeutet dann die zunehmende Loslösung von den auf den Körper bezogenen sozialen Zeichen des Frauseins. Je nach sozialer Intensität der Zeichen muss der Vermännlichung eine Entweiblichung vorangehen. Manche Zeichen sind aber kaum zu vermännlichen, sie verharren weitgehend im Zustand ihrer Entweiblichung, andere wiederum können auf das Zwischenstadium der Entweiblichung gänzlich verzichten.

Wie sich schon gezeigt hatte, verteilen sich die Geschlechtszeichen auf ganz unterschiedliche Repräsentanten wie Gestik, Mimik, Kleidung, Frisur und ähnliches. Nach gängiger Übereinkunft aber soll der Körper selbst der für die geschlechtliche Zuordnung wichtigste Bereich sein. Es wird davon ausgegangen, dass es der Körper ist, der das Geschlecht bezeichnet, dass es also der Körper ist, der offenbart, welches Geschlecht man hat. Dass dies in dieser Ausschließlichkeit nicht stimmen kann, wurde daran deutlich, wie oft es sogar nur tertiäre Merkmale sind, an denen sozial gemeinhin die Zugehörigkeit zu einem Geschlecht festgemacht wird. Transsexuelle erleben immer wieder, wie leicht sie ihr Umfeld durch Äußerlichkeiten wie Kleidung, Frisur, Auftreten täuschen können, ohne ihren Körper in irgendeiner Weise verändert zu haben.

Aber auf einer noch viel tief greifenderen Ebene ist die dem Körper zugeschriebene vorrangige Bedeutung für die Zuordnung des Geschlechts eine Täuschung: Wäre tatsächlich der Körper für die geschlechtliche Zuordnung ausschlaggebend, wäre das gesamte Behandlungsprogramm für Transsexuelle widersinnig, setzt dieses ja nur deren vom Körper gänzlich unabhängiges, und dennoch derart glaubwürdiges Mannsein um, dass kein anderer Weg bleibt, als ihr Mannsein, ihre Identität, auf der Ebene des Körpers nachzuzeichnen - aber eben nur *nach*zuzeichnen. Trotzdem aber rückt der Behandlungsverlauf gerade und oft ausschließlich die körperlichen Veränderungen in den Vordergrund und zwar auf eine Weise, die vergessen lässt - und wohl vergessen lassen soll -, dass der Körper nur der Macht der Identität folgt. Er suggeriert, erst der vermännlichte Körper ließe das Mannsein des Transsexuellen wirklich entstehen. Zumindest die rechtliche Anerkennung als Mann basiert genau hierauf.

Und diese Verschiebung der Prioritäten von der geschlechtlichen Identität auf den Körper wird von den transsexuellen Männern nachvollzogen. Weil sie diese Ideologie von früh auf am eigenen Leib erfahren haben, sich also der sozialen Tatsache stellen mussten, dass allein der Körper ausschlaggebend für die geschlechtliche Zuordnung und also für ihr Mannsein ist, während ihre Identität hierfür gerade nicht hinreichend sein soll, greifen sie nach den ihnen gebotenen Möglichkeiten, ihr Mannwerden primär über ihren Körper zu verwirklichen. Sie gleichen ihren Körper an ihr „Gefühl" an, wie sie sagen. In Wirklichkeit ist es die Angleichung ihrer Identität an die sozialen Erfordernisse des Mannseins, wovon der Körper nur eines ist. Für Transsexuelle ist damit der Weg über den Körper die einzige Möglichkeit, ihrer sozialen Nicht-Existenz und Vernichtung zu entkommen und ihre spezifische gegengeschlechtliche Identität sichtbar zu machen und zu kanalisieren.

Auf diesem Hintergrund ist für Transsexuelle über einen langen Zeitraum - und zwar für jeden einzelnen, aber auch innerhalb der Partnerschaft, der Selbsthilfegruppen, auf Fachtagungen etc. - nichts Anderes ein derart unerschöpfliches Thema wie das Ob, Wie, Wann und Wo der Operationen. Die Erwartungen an die Operationen in Hinblick auf eine möglichst perfekte Vermännlichung des Körpers sind dabei zum Teil erschreckend hoch gesteckt. Die körperliche Vermännlichung ist für fast alle Betroffenen das Ziel der Behandlung schlechthin - und damit ihr wesentliches Lebensziel. Und ihre Identität, nämlich bereits Mann zu sein, wird zunehmend Mittel zum Zweck des Fortschreitens im medizinischen Behandlungsprogramm. Wird für Transsexuelle ihre Identität als Mann endlich real, wird sie unverzüglich in den Dienst der körperlichen Vermännlichung gestellt: Über den Körper sollen und wollen Transsexuelle verwirklichen, was sie im tiefsten Innern fühlen. Er soll diese Gefühle in Fleisch und Blut fassen und den sozialen Beweis für ihre Wirklichkeit liefern. Nur er soll es sein, der ihre Identität sozial glaubwürdig realisieren kann. Das Mannwerden soll am Körper des Transsexuellen also nicht nur seinen Anfang, sondern auch sein Ende nehmen.

Was nun aber sind für die transsexuellen Männer und ihre Partnerinnen diese wesentlichen Kennzeichen des körperlichen Mannseins, d.h. welche körperlichen Veränderungen halten sie für unabdingbar für die Vermännlichung bzw. Entweiblichung seines Körpers. Und wie genau vollziehen sie diese Veränderungen? Hier lassen sich im Groben zwei Wege ausmachen, die in den verschiedenen Phasen und auf den verschiedenen Ebenen der Entweiblichung und Vermännlichung jedoch ineinander verwoben sind und von den Betroffenen nebeneinander bzw. aufeinander aufbauend genutzt werden: Zum einen sind es die Zeichen des Mannseins, die direkt über *medizinische Eingriffe* in den Körper hergestellt werden. Gemeint sind damit Hormone und Operationen. Daneben bedienen sich die Transsexuellen und ihre Partnerinnen aber auch verschiedenster Zeichen, die *fiktive Eingriffe* in den Körper vornehmen. Einige dieser Zeichen schienen bereits im letzten Kapitel des vorangegangenen Teils durch: Es handelt sich um Vorstellungen, Umdeutungen, Umbenennungen, Tabus, Aussparungen, Auslassungen, aber auch Hilfsmittel wie Dildos, Brustgurte und ähnliches.

Während die medizinischen Eingriffe von den Betroffenen und in aller Öffentlichkeit, etwa in Talkshows, ausgiebig diskutiert werden, fristen die fiktiven Eingriffe ein auf eine merkwürdige und bemerkenswerte Art unscheinbares Nischendasein. Ohne direkte Nachfragen werden sie kaum thematisiert. Für die Öffentlichkeit sollen sie verständlicher Weise unsichtbar bleiben und für die Betroffenen stellen sie ein möglichst vergessenes Arrangement dar. Dennoch und vielleicht genau deswegen sind sie von großer Bedeutung. Hinsichtlich der Verwirklichung des Mannseins stehen sie hinter den medizinischen Eingriffen in keiner Weise zurück. Durch ihre nahezu unerschöpfliche Flexibilität bieten sie im Alltag sogar viel weiter reichende Möglichkeiten als die medizinischen Eingriffe. Und auch die medizinischen Eingriffe selbst werden aufgrund ihrer spezifischen Grenzen hinsichtlich der Vermännlichung des Körpers oft zusätzlich mit fiktiven Zuschreibungen belegt: Hormonelle und operative Unzulänglichkeiten können mit fiktiven Merkmalen bedeckt werden, der Körper wird hierdurch in seinem Mannsein vervollständigt bzw. zusätzlich entweiblicht. In jedem Fall nutzen die Betroffenen in hohem Maße die Möglichkeiten dieser fiktiven Kennzeichnungen, und zwar tendenziell umso mehr, je weniger einschneidende medizinische Eingriffe sie durchführen lassen bzw. planen.

1. Hormone: Der vermännlichte Körper

Eingeleitet wird die medizinische Behandlung durch die Gabe des männlichen Sexualhormons Testosteron, meist verabreicht über intramuskuläre Spritzen im Abstand von drei, manchmal auch zwei oder vier Wochen. Seltener werden Hormontabletten verschrieben, die dreimal täglich einzunehmen sind, von manchen transsexuellen Männern aber als weniger wirksam erlebt werden (Felix, Gerd, Jan). Die Hormone zeitigen verschiedene Wirkungen auf der körperlichen wie auch auf der Verhaltensebene. Die meisten der hier befragten transsexuellen Männer berichteten von zunehmender Aggressivität, jeweils einer jedoch auch von Depressionen und verstärkter Nervosität. Viele beschrieben eine gesteigerte Libido. Nicht wenige waren überrascht von der doch bemerkenswerten Gewichtszunahme. Zwei der Männer gaben sogar an, gewachsen zu sein. Als eher unangenehm wurden im Übergang Akne und als Langzeitwirkung schüttere Haare und insbesondere Behaarung auf dem Rücken registriert. Letzteres wurde von fast allen Befragten, den Männern wie den Frauen, als wenig wünschenswert angegeben. Überhaupt war die Behaarung zwischen den Partnern ein Thema mit einigen Diskrepanzen: Abgesehen vom Rücken wünschten sich die Männer tendenziell mehr Behaarung als ihre Partnerinnen sie an ihnen mögen. Insbesondere fanden manche der Frauen Brust- oder Bauchbehaarung nicht anziehend, die ihren Partnern wiederum als Zeichen von Männlichkeit gefiel.

Insgesamt gesehen bewirken die Hormone aber nicht nur eine partielle Entweiblichung des transsexuellen Körpers, sondern recht schnelle und sichtbare Vermännlichungserscheinungen von für die Außendarstellung wichtigen Körperregionen, weshalb sie von den transsexuellen Männern geradezu euphorisch begrüßt werden: Jedes Körper- und Barthaar wird gezählt, die Muskelzunahme oft durch Hanteltraining unterstützt, die veränderte Fettverteilung begutachtet und die tiefere und damit endlich nicht mehr verräterische Stimme genussvoll erlebt. Vermieden es die transsexuellen Männer bisher, sich im Spiegel zu betrachten oder sich überhaupt anzusehen, schauen sie nun genau auf ihren Körper und registrieren jede kleine Veränderung. Hannas Beschreibung dieser neuen Fokussierung war nur eine von vielen:

Hanna: Er trägt ja mit Stolz seinen Schnurrbart, ne, und eeh, ja und, und ganz stolz! war er dann, als er sein, sein, sein, sein erstes Haar auf dem Bauchnabel hatte, also da war er dann ganz!!! stolz (lacht).

Obwohl Hanna Bauchbehaarung gar nicht mag und die Haare dort abschneidet, erfreute sie sich und erfreuen sich alle anderen Partnerinnen Transsexueller an der zunehmenden Zufriedenheit ihrer Partner mit ihrem Körper. Gerade in der Phase des Übergangs waren die Partnerinnen transsexueller Männer nämlich fortwährend gefordert, ebenfalls alle körperlichen Neuigkeiten eingehend zu inspizieren und mit Lob und Anerkennung zu bedenken. Getragen von ihrer eigenen Freude und Neugierde erfüllten sie diese Wünsche ihrer Partner mit viel Einfühlungsvermögen, Geduld und manchmal einem wohlwollendem Amüsement. Für beide Partner ist dies eine aufregende Zeit, die sie noch einmal mehr zusammenschweißt, in der sie sich aber auch zunehmend nach außen orientieren. Manchmal wurden in dieser Phase aber auch Grenzen der Partnerinnen gestreift, nämlich dann, wenn sich der Transsexuelle nur noch oder zu sehr mit sich selbst beschäftigte. So schilderte Gerd die entsprechende Reaktion seiner Partnerin:

Gerd: Ich gucke mich gerne! an und auch ausgiebig! Manchmal krieg ich dann zu hören (Simuliert lautes Stöhnen:) Kannst du auch mal jemanden anders angucken!! Fummel dir nicht immer am Hintern rum!! Ja, mach ich halt auch gerne.

Am Beispiel von Gerds Beschäftigung mit Bodybuilding und Zeitschriften zu diesem Thema bestätigte Gerda, was sie zwar mitempfinden konnte, wann es ihr aber auch zu viel wurde:

Gerda: Schön ist, dass er so seinen Körper jetzt anders annehmen kann und auch gestalten mag, das denk ich schon. Ich denke, wenn das für sein Wohlbefinden wichtig ist, dann soll er das machen. Das ist eben immer so ne Frage, wie oft und ob es jetzt wirklich nur dieses Thema gibt!

Für die transsexuellen Männer ist die Phase der beginnenden körperlichen Vermännlichung jedoch ein bedeutender Umbruch: Erstmals in ihrem Leben können sie nicht nur auf gefühltes Mannsein, sondern auf allgemeingültige körperliche Zeichen von Mannsein zurückgreifen. So sehr sie sich die sichtbare Wirklichkeit dieser lange gespürten Zeichen über Jahre erträumt hatten, so neu sind sie nun doch für sie: Endlich lassen sich ihre Sehnsüchte an ihrem eigenen Körper umsetzen. Besonders in der Phase des Übergangs wird der Körper für die transsexuellen Männer zum verlässlichsten und vorrangigen Übermittler ihres Mannseins. Er bildet von nun an die Basis zur Darstellung ihrer geschlechtlichen Identität. Durch seine hormonell bedingte Umgestaltung bietet er jedem transsexuellen Mann die Möglichkeit, genau das hervorzuheben, was er mit körperlicher Männlichkeit assoziiert bzw. sich von dem abzuheben, was auf das verhasste Frausein hindeuten könnte. Als markanteste Zeichen stehen ihm dafür in dieser Zeit der Bartwuchs und der sich verbreiternde Oberkörper zur Verfügung. Dirk etwa freute sich darauf, nach seiner Brustoperation seinen „kräftigen Oberkörper" zur Schau stellen zu können. Auf meine Frage, welche Bereiche seines Körpers ihm wichtig für sein Erscheinungsbild als Mann seien, erläuterte er:

Dirk: Eigentlich, eh, en kräftiger Oberkörper, weil für mich ist das Erste, was ich machen werde, ist, ein total enges T-Shirt zu tragen. Das ist für mich total wichtig, denn ich mag diese Ästhetik, diesen kräftigen Oberkörper! Das ist mir als Erstes wichtig. Als zweites eigentlich son Dreitage-Bart. Ich hab Glück, dass ich en ziemlichen Bartwuchs habe, zwar noch nicht regelmäßig, aber so. Ich hoffe, dass es noch mehr wird, aber so, wie es sich entwickelt, bin ich zufrieden, ich muss mich auch jeden Tag oder jeden zweiten Tag rasieren. (...)
Würdest du dir den Bart dann auch ein bisschen stehen lassen?
Nee, weil Doris nicht will (lacht verlegen), das kratzt immer, da jammert sie dann immer. Ich denke, am Anfang ist es mir erstmal wichtig, weil es, bei andern Männern, ich guck mir ja Männer immer sehr genau an, nicht, weil ich sie irgendwie toll finde oder schön finde, sondern

weil ich mich damit vergleiche, was hab ich und was nicht. Und wenn ich en schönen Mann sehe, dann denk ich: Was hat der eigentlich, was schön ist. Und ich find einfach es absolut cool son kräftigen Oberkörper, und son Dreitage-Bart! ist für mich absolut männlich und das find ich total schön!

Dirk war es „wichtig", Bartwuchs und Muskelaufbau gezielt zu betonen. Bei der Beobachtung geborener Männer machte er beides als für ihn prägnanteste Zeichen körperlichen Mannseins aus. Indem er beides verstärkt, stützt er seine Identität durch die Betonung gängiger körperlich männlicher Merkmale. Auch Felix, Gerd und Lars griffen zu solchen Mitteln:

Felix: Ich zieh schon mal ganz gerne so enge Shirts an, wo man Muskulatur auch sehen kann.

Gerd: Also ich finde es im Moment [nach der Brustoperation] schade, dass ich kein Bodybuilding machen kann. Ich denke, das verbreitet die Silhouette.

Lars: Vielleicht! lass ich mir mal en Bart stehen irgendwann. Aber dann nicht nen ganzen, sondern nen Schnäuzer oder so.
           Das findest du auch männlich?
           Das finde ich eh, ja, das finde ich schon, also, finde ich, weil, ne Frau mit Bart, also, es gibt ja Frauen, die ham son Damenbart. Das sieht einfach grässlich aus, das macht die, weiß ich nicht, da ist die Fraulichkeit weg. Das mag ich nicht.

Für Lars war der „Schnäuzer" offenbar der Inbegriff von Männlichkeit. Als „Damenbart" nimmt er jeder Frau ihre „Fraulichkeit", und ist damit für ihn umso mehr der Beweis männlicher Ausstrahlung. Oder umgekehrt: Indem Lars den Schnäuzer als prägnantes Zeichen von Männlichkeit einstuft, nimmt schon ein Damenbart jeder Frau ihre Weiblichkeit. Eike hatte diese körperlichen Zeichen seines gefühlten Mannseins nicht abwarten können und versucht, in einer aufwändigen Zeremonie bereits vor der Hormonbehandlung den so herbeigesehnten Bartwuchs zu imitieren:

Eike: Und wenn da ein bisschen gekommen ist, dann hat man es gefärbt. Der Flaum, der an den Seiten so gekommen ist, gefärbt, na ja, und so. Das musste man dann wieder, wenn man am Wochenende weg war, wieder, wenn man zur Arbeit gegangen ist, wieder weg machen. Man konnte ja nicht so zur Arbeit gehen.

Hast du das vor den Hormonen gemacht?
Das Färben war vorher. (...) Dann habe ich das Färbemittel von Eva
gekriegt, die hat mir dann so, dann hat sie Wimpernfärbemittel gekauft,
und dann haben wir gefärbt, und dann, ach du lieber Gott, dann war
manchmal hier die Haut braun, all die kleinen Haare, oder hier die
Oberlippe, war dann alles wund gescheuert, wenn du da so braune
Ränder hattest.

Auch Dirk war schon früh bemüht, sein gefühltes Mannsein auf seinen
Körper zu übertragen, also körperliche Zeichen von Männlichkeit zu setzen,
als der Körper sie noch verweigerte:

Dirk: Ich hab auch Hanteltraining gemacht, aber das war vorher ergebnislos.
         Ich habe früher Hanteltraining gemacht und da passierte nichts! Da
         hab ich's sein lassen. Und jetzt passierte eben ne ganze Menge, hat sich
         wahnsinnig dann verändert.

Eine bloß weibliche Muskelausbildung war Dirk zu wenig, sie entsprach
nicht seinem inneren Bild körperlichen Mannseins. Da er Ansätze für ihn
typisch männlichen Muskelaufbaus damals nicht erreichen konnte, gab er
seine Bemühungen resigniert auf.
    Die letzten beiden Beispiele zeigen, wie unergiebig und erfolglos Ver-
suche enden müssen, naturgetreue Nachbildungen von Zeichen körperlicher Männlichkeit herzustellen. Sie sind unweigerlich zum Scheitern ver-
urteilt: Ein biologisch weiblicher Körper lässt sich nach den Kriterien
allgemeingültiger Wirklichkeit nicht in einen biologisch männlichen Körper umwandeln. Nur unter Zuhilfenahme der inneren Vorstellungskraft
und ggf. männlich zu besetzender äußerer Hilfsmittel, also durch fiktive
Zeichen und Merkmale, sind in einer körperlich unzulänglichen Situation
akzeptable Kompromisse und Zufriedenheit zu erzielen. Gerade Dirk
schlug sich immer noch damit herum, zu sehr den allgemeingültigen und
naturnahen Kennzeichen von Mannsein verhaftet zu sein. Lars machte es
sich da leichter: Bereits die bloße Projektion auf die Zukunft trug für ihn
zur Vermännlichung seines Körpers bei. Obwohl sein Bartwuchs noch zu
wünschen übrig ließ, signalisierte er ihm doch schon lustvolle Männlichkeit:

Lars: Ja, das mach ich auch ziemlich oft (streicht über sein Kinn). Und dann
         sitze ich abends da (lacht) und Laura sagt dann immer: Was machst du
         da!? Und dann sag ich: Ich fühle mal, ob ich mich schon wieder rasie-
         ren muss (lacht laut).

Auch wenn der Bart noch kaum wahrnehmbar sein mochte, nutzte er ihn schon zum Nachweis seiner Männlichkeit. Dass es noch kein richtiger, also der sozial übliche Bart war, irritierte ihn nicht. So streichen sich viele transsexuelle Männer „über den Bart", ohne überhaupt mit der Hormonbehandlung begonnen zu haben. Daran, wie gierig die Betroffenen nach solchen ersten und anfangs noch raren körperlichen Zeichen suchen und greifen, ist ihre immense Erleichterung zu ermessen, nun nicht mehr nur auf die Darlegung ihres bloßen - und erfahrungsgemäß wenig akzeptierten - Gefühls, Mann zu sein, angewiesen zu sein, sondern dieses Mannsein endlich über ihren Körper beweisen zu können. Dabei verkennen manche jedoch die Realität aller anderen und begeben sich auf glattes Eis: So wirkt etwa Flaum an der Oberlippe eines 30- oder 40-jährigen Mannes irritierend und entlarvt die frühere Frau eher als dass er den Mann bestätigt. Ebenso wenig glaubwürdig wirkt ein Transsexueller mit ausladender weiblicher Brust auf dem Herrenklo. Dort ist er nicht der Mann, als der er erscheinen will.

Sobald der Transsexuelle sich also auf die Realität der anderen stützt, d.h. als Beweis seiner Männlichkeit gängige körperliche und soziale Zeichen heranzieht, läuft er Gefahr, in dieser Realität aller anderen nicht zu bestehen. Der übliche männliche Körper ist zu machtvoll, jeder und jede kann dann auf derselben Ebene, der Ebene der üblichen Körperzeichen, den Gegenbeweis antreten: Anhand dieser gängigen Zeichen von Männlichkeit beweist er dem Transsexuellen, dass er nicht wirklich, nämlich in der Zeichenwirklichkeit aller anderen, ein Mann ist.

Insbesondere in der Phase vor den Operationen ist es den Betroffenen aber nicht nur ein Bedürfnis, anerkannte männliche Zeichen zu verstärken, sondern auch, - und womöglich sogar vorrangig - Hinweise auf körperliches Frausein zu kaschieren. Denn körperlicher Weiblichkeit zugeschriebene Merkmale vermögen bereits etablierte gängige männliche Körperzeichen regelrecht zu torpedieren. Selbst wenn der Bart sprießt und die Stimme sich senkt: Ein Mann mit Busen wirkt eben doch sehr irritierend. Die Brust aber kann man entfernen, sie lässt den Transsexuellen nicht resignieren. Problematischer sind körperliche Zonen, die hartnäckig an gängiger Weiblichkeit festhalten und einer Operation oder den Wirkungen der Hormone nicht immer vollständig zugänglich sind. Sie werden damit auch langfristig nicht den üblichen männlichen Formen entsprechen und die Betroffenen müssen sich auf irgendeine Weise mit ihnen arrangieren. Problematisch ist für viele transsexuelle Männer etwa ihre oft eher geringe Körpergröße. Immerhin sieben der von mir befragten Männer sprachen dieses Thema von sich aus an. Umso verständlicher ist es, dass Hans hervorhob, fünf Zentimeter gewachsen zu sein, was er „richtig an den Knochen gemerkt" habe, „dass ich noch wachse, und die Leisten taten mir ständig weh". An sich ist an der Körpergröße aber wenig zu ändern. Aber auch der so genannte weibliche Po, ein breites Becken bzw. rundere Hüften sind nur begrenzt zur üblichen schmaleren männlichen Figur umzuformen:

Doris: Ich weiß nicht, den Po, den findet er immer noch zu viel. Aber das hat sich schon umgeschichtet etwas. Das ist vielleicht eher noch son bisschen son Frauenpo, würde er sagen. Man merkt's auch an den Hosen und Schnitten. (...) Ich weiß es nicht: Gott, er ist so wie er ist! (Lacht). Er will dann im Sommer auch mal mit som Muskelshirt und dafür ist dann auch wichtig, dass die Brust weg ist und alles andere stimmt dann.

Für Doris war das Problem „Frauenpo" offenbar nicht so brisant, Dirk jedoch schien beträchtlich darunter zu leiden. Die „Umschichtung" ging ihm nicht schnell genug. Vielleicht befürchtete er auch, ihn niemals ganz loszuwerden. Wieder haderte Dirk mit seinem nicht naturgetreuen männlichen Körper. So versuchte er, den von ihm als weiblich verstandenen Formen einen umso breiteren Oberkörper entgegenzusetzen, in der Hoffnung, dass seine Figur dann insgesamt zum Männlichen hin kippt, so dass dann „alles andere" insgesamt „stimmt". Auch Jan war mit seinem „weiblichen breiten Becken" beschäftigt. Auch bei ihm zeigten sich die Probleme offenbar vorrangig an den männlichen Schnitten:

Jan: Und ich hab, glaub ich, auch eine ziemlich weibliche Figur gehabt, son breites Becken zumindest auch. Das ist jetzt manchmal, da hab ich wohl, das ist son wunder Punkt. (...)
Gibt es denn manchmal Konflikte darüber, was dir, was ihr Männlichkeit bedeutet, wie wichtig dir das ist?
Konflikte nicht. Also höchstens z. B. eben, wenn ich so meine Problemzonen und dann: Ehh!! Scheiße und so, das kann ich nicht anziehen oder das sitzt nicht, wenn sie mich dann eben: Stell dich nicht so an, so schlimm ist das überhaupt nicht, das merkt kein Mensch. Aber andererseits, wenn wir jetzt mal einkaufen waren oder was, um nen Anzug zu finden in meiner Größe und dann eben noch von der Figur, ich meine, ist ja gar nicht so einfach, und ohne Weste sitzen die Hosen bei mir oben schon nicht ganz so klasse. Und dann merkt man bei ihr auch manchmal, dass sie dann denkt: Na ja, wenn das jetzt einfacher.
Wenn du anders geboren wärest?
Nee!

Wenn du eine andere Figur hättest?
Wenn du eine andere Figur hättest, da kommt das dann eben, das sind so Situationen, wo sie dann eben auch merkt: Na ja, so ganz! normal! ist es einfach nicht! Also nicht jetzt unbedingt Gott weiß wie negativ oder so, bloß eben, dass man dran erinnert wird, dass da eben irgendwie was anders ist als, als normal.

Jan sprach zunächst in der Vergangenheitsform über seine „weibliche Figur". Letztlich hinderte sie ihn aber auch noch zum Zeitpunkt des Gesprächs, etwa vier Jahre nach Beginn der Hormonbehandlung, daran, gänzlich in die Normalität körperlichen Mannseins einzutauchen. Nun, da er auch „männliche" Kleidung, etwa Anzüge, und nicht mehr nur Sachen trug, die - wie er es in einem anderen Zusammenhang beschrieb - „in der Mitte irgendwo" angesiedelt waren, war es weitaus schwerer, seine nicht „normal" männliche Figur zu verbergen. Um Anzüge mit ihren sehr differenzierten Größen und Schnitten tragen zu können, muss der Körper „männlicher" sein als für „Jeans und nen dicken Pullover" mit ihren wenigen Einheitsgrößen. Nach außen konnte Jan seine „Problemzonen" zwar mit einer „Weste" kaschieren, zumindest beim gemeinsamen Einkauf aber wurde Jana damit konfrontiert. Dies blieb ein ständiger Anlass zur Verunsicherung, ob die Partnerin nicht doch manchmal genervt sei von diesen nicht normalen Problemen.

Umso glücklicher sind Transsexuelle, deren Figur schon vor der Hormonbehandlung oder recht bald nach Einsetzen ihrer Wirkungen eher männlichen Kriterien entsprach. Sie haben weniger Probleme mit männlichen Kleidungsstücken, aber auch mit ihrem gesamten Erscheinungsbild. Einige der Partnerinnen schilderten hierzu ihre Wahrnehmungen:

Hanna: Er hatte ja nicht diese typischen runden Formen. Er war eigentlich schon immer, ne (zeigt zwei gerade parallele Linien): sehr schmales Becken, und, ne, etwas breiter so im Schulterbau und hast du nicht gesehen.

Gerda: Also das war wirklich auch so, das war z. B. auch dieser erste Morgen, als er da in der Küche stand, dass ich gedacht habe: So einen tollen männlichen Hintern! Also ich hab nicht männlich, aber so einen tollen Hintern und eben klar Mann auch.
Also nicht männlich hast du gesagt grad, aber irgendwo war das innerlich, war das da?
Ja, ich sag ja, das Bild, so wie er da steht: Da steht ein Mann! Und dazu gehört natürlich schon auch, so der Po, klar. Und eben die behaarten Beine, die hatte er da auch schon. Das fand ich klasse, ja.

Laura: Also was ich männlich finde, sind seine Arme z. B., also er hat sehr kräftige Arme, hier sein Bizeps oder wie man das nennt, ja, und z. B. auch, ja, Po und auch die, die Lenden. Ich könnte da jetzt auch nicht mehr von Hüften oder so, weil es sind für mich, also das hat sich auch, das ist auch alles ganz schmal geworden. Das finde ich auch schon erotisch an ihm. Und daş sieht auch, also es sieht eben auch sehr männlich aus, also da erinnert mich nichts mehr an ne Frau eigentlich. Wenn also wenn, wenn da noch irgendwie was, jetzt ein Penis da wär oder so, dann würd man das auch gar nicht mehr irgendwie erkennen oder so, weil, es ist so schmal geworden, das schon, das finde ich eigentlich auch, das find ich auch schön, das finde ich dann auch männlich.

Frauke: Das Kreuz ist breiter geworden, die Figur hat sich ein bisschen! verändert, nicht wahnsinnig viel, weil Taille oder so was hat er früher auch nicht gehabt, aber das Kreuz ist breiter geworden.

Britta: An und für sich ist er, hat en dicken Bauch, wie'n Mann (lacht). (...) Als ich damals dann so geguckt hab, dann hab ich die Schuhe gesehen: Nee, solche großen Füße hat doch keine Frau. Die Hände hab ich mir angeguckt, die Arme, das waren solche Arme! Also für mich war das en Mann! Das einzige war eben der Po! Da hab ich eben, mancher Mann hat! eben en dicken Po!

Für Hanna war Hans mit seinem eher geraden Körperbau von Anfang an nicht „typisch" weiblich. Sein „schmales Becken" trug eher männliche Züge. Laura ging sogar so weit, in Hinblick auf Lars' Körper nicht mehr den eher für Frauen benutzten Begriff „Hüften" zu verwenden, sondern direkt von „Lenden", einer für Männer üblichen Kennzeichnung zu sprechen. Der „Penis" würde sich da auf natürliche Weise einfügen. Dies mag ihr helfen, ihn auch nicht als fehlend zu erleben. Auf ähnliche Weise gelang es Gerda durch die spezifische Form von Gerds Po, sofort die Verbindung „Mann" herzustellen. Und auch Bennos Bauch war nach Brittas Verständnis genau auf die Weise „dick" wie es die Bäuche von Männern sind, eben physiologisch anders dick als der Bauch einer Frau. Bennos zuvor schon und in gleicher Weise vorhandener Bauch wird also umgedeutet in einen typischen Männerbauch. Insgesamt bot Benno beim Kennenlernen derart viele, ihr von Männern her vertraute Kennzeichen, dass sogar sein „dicker Po" für sie als - wenn auch nicht typischer - Po eines Mannes durchging.

Bereits angelegte eher „männliche" Körperzeichen erleichtern nicht nur den Angleichungsprozess und die Wahrnehmung als Mann, sondern dienen den Betroffenen auch zu einer Art umgekehrtem Beweis ihres Mannseins über den Körper. Nur so wird verständlich, wenn auffällig viele der befragten transsexuelle Männer hervorhoben, „schon immer" behaarte Beine, eine tiefe Stimme, einen hohen Testosteronspiegel, einen kräftigen Oberkörper, einen männlichen Po, keine Taille oder kaum Busen gehabt zu haben. Alles soll und kann Beleg dafür sein, auch körperlich eigentlich schon immer - zumindest partiell - Mann gewesen zu sein. Jedes Merkmal wird genutzt, um wirkliches Mannsein über den Körper zu dokumentieren.

Und die Frauen unterstützen ihre Partner bei der Kultivierung ihrer Männlichkeitszeichen, bewundern Bartwuchs, Behaarung und Muskeln, geben Ratschläge bei der Auswahl ihrer Kleidung und Farbwahl. Sie teilen ihre Freude, ihr Bangen und Hoffen, machen Mut und tolerieren überschießende Reaktionen. Sie erspüren, woran sich der Stolz ihres Partners heftet und halfen, „Problemzonen" diskret zu umschiffen. Oft aber blieb der Eindruck, als gingen die Frauen den Weg ihrer Partner mit, ohne im Einzelnen selbst auf diese körperlichen Verschiebungen angewiesen zu sein: Sie akzeptierten ihn ja auch ohne diese körperlichen Beweise als Mann. Maßgeblich für ihr Mitgehen war vielmehr ihr Mitgefühl mit ihrem Partner: So betonte immerhin die Hälfte der von mir befragten Frauen, die körperliche Klarheit ihres Partners sei ihr nur oder vorrangig deshalb wichtig, weil er hierdurch zufriedener und glücklicher sei. Letztlich fand nicht einmal die Hälfte der Frauen über die hormonellen Wirkungen hinausgehende körperliche Angleichungen an gängiges Mannsein wichtig für ihr weiteres Zusammensein. Hierfür wurde dann insbesondere die Entfernung der Brust genannt.

Dennoch sollte die Erleichterung der Partnerinnen nicht unterschätzt werden, nunmehr körperlich nachweisbar einen Mann an ihrer Seite zu haben. Immerhin beweist dies die schon lange gefühlte gemeinsame Wirklichkeit des Paares, ist also gewissermaßen ein Triumph über die oft abschätzige Einstellung ihres Umfeldes, die ja auch die Frauen traf. Spätestens jetzt müssen sich alle anderen mit der transsexuellen Wirklichkeit auseinander setzen, ob sie es wollen oder nicht. Nicht selten aber erleben die Paare gerade in der Phase der beginnenden Verkörperlichung seiner Identität Rückzugsgefechte Außenstehender in Form von Gegenbeweisen. Ebenfalls auf der Ebene des Körpers wird den Transsexuellen vorgehalten, nicht wirklich ein Mann zu sein und jemals werden zu können. Damit schnappt die Falle zu, die zuvor als einzig gangbarer Weg ausgeworfen worden war: Gerade der allein beweisfähige Körper wird dann herangezogen, um ihnen die Anerkennung als Mann zu versagen. Dies wiederum verschärft bei den Transsexuellen die Sehnsucht nach einer noch weiter reichenden Entweiblichung bzw. Vermännlichung, was vorrangig die Entfernung des für sie störendsten

Zeichens von Weiblichkeit, nämlich der weiblichen Brust, bedeutet. Diese nämlich torpediert immer wieder ihre hormonell fortgeschrittene Männlichkeit, und zwar vor den anderen, vor sich selbst und vor ihrer Partnerin.

2. Die entweiblichte Brust

Zu Beginn ihrer Partnerschaft hatten von den elf transsexuellen Männern drei, nämlich Benno, Jan und Kurt, die Brustentfernung bereits vornehmen lassen. Fünf dieser Operationen waren dagegen im Laufe der Beziehung durchgeführt worden, bei Gerd erst wenige Wochen vor dem Gespräch. Drei der Männer - Ahmed, Dirk und Lars - lebten zum Zeitpunkt des Gesprächs noch mit ihrer Brust. Die Operation stand bei jedem von ihnen aber innerhalb des nächsten halben Jahres an. Acht der elf Partnerinnen kannten ihren Partner also mit seiner als weiblich verstandenen Brust, und zwar ein halbes Jahr bis zwölf Jahre, im Mittel ca. 3,5 Jahre, lang. Nimmt man Eike und Eva, die das Durchschnittsergebnis stark erhöhten, heraus, verblieben im Mittel ca. zwei Jahren.

Die Brust ist - nicht nur - für transsexuelle Männer das körperliche Zeichen für Weiblichkeit schlechthin. So verursacht neben dem Eintreten der Regel das beginnende Brustwachstum den völligen Einbruch ihrer körperlichen Integrität. Hiermit fühlten sie sich endgültig als das falsche Geschlecht gekennzeichnet. Und da mit Einsetzen der Pubertät die Zuschreibung des Geschlechts zunehmend über den Körper verlaufen soll, gab es für die Betroffenen kaum mehr ein Entrinnen. So kreativ sie auch mit Ausblendungen, Verhüllungen und Umdeutungen versuchten, dem zu entkommen, wurden sie doch immer wieder auf ihre weibliche Brust zurückgeworfen. Letztlich entsteht so das Lebensziel transsexueller Männer, diese Brust irgendwann loszuwerden. Aufgrund der durch die Hormone eingetretenen körperlichen Vermännlichung wird dieser Wunsch zunehmend dringender, steht die weibliche Brust nun nicht mehr nur im Gegensatz zu ihrem inneren Körperbild, sondern auch zu ihrer sonstigen äußeren Erscheinung. Und dieses Gesamtbild, das immer wieder die entstehende körperliche Männlichkeit torpediert, ist wohl der Grund, weshalb den Betroffenen, aber auch ihren Partnerinnen, nicht die Vermännlichung durch einen Penis, sondern die Entweiblichung durch die Entfernung der Brust das wichtigste ist.

So führten in verschiedenen Gesprächszusammenhängen und insbesondere auf meine *Frage, welche Veränderungen bzw. Behandlungen* hinsichtlich der operativen Eingriffe *unabdingbar waren bzw. sind,* 14 der TeilnehmerInnen hierfür ausschließlich die Brust an, drei weitere nannten die Brustentfernung als vorrangig gegenüber dem operativen Penisaufbau. Zwei der Männer, nämlich Felix und Hans, sahen dies umgekehrt, wobei dies ausschließlich an ihrer kaum sichtbaren weiblichen Brust lag. Ansonsten hätte auch Hans, wie er betonte, die Brustentfernung für wichtiger gehalten, während Felix beide Operationen als gleich wichtig eingestuft hätte. Neben ihm sah lediglich Ahmed diese Gleichwertigkeit der Operationen. Frauke empfand, wie ihr Partner, seine Brustoperation ebenfalls als nicht unabdingbar: „Da war nix!". Genauso begründete dies Hanna fast wortgleich: „Es war ja nichts". Bei beiden wurde eine Priorität letztlich nicht deutlich.

Für keine(n) der Befragten war der operative Penisaufbau wichtiger als die Brustentfernung. Nur sechs der 22 sprachen im Zusammenhang mit für sie notwendigen körperlichen Veränderungen überhaupt den Penisaufbau an, während 18 der 22 der Befragten der operativen Entfernung der Brust eine besondere Bedeutung zumaßen. Bei der - körperlichen - Verwirklichung des Mannseins spielte die Brustentfernung also eine weitaus größere Rolle als der Aufbau eines Neopenis. Kurt schilderte den Unterschied zwischen weiblicher Brust und fehlendem Penis sehr anschaulich, als er erklärte, wie er mit der Zeit gelernt hatte, in seinen sexuellen Beziehungen mit seiner spezifischen körperlichen Situation „umzugehen":

Kurt: (...) und ich da, wie gesagt, in dieser Rolle, wie gesagt, schon ganz! viel anders umgegangen bin. Das heißt, für mich war einfach klar: Ich hab halt keinen Penis und fertig. Ich hab in dem Moment nicht weiter drüber, drüber nachgedacht, so wie ich das früher! gemacht habe. [Unverständlich]: Sie weiß es und sie wird dann auch wissen, wie es da aussieht und fertig! Für mich war halt die Brust! immer, das war für mich eigentlich immer das Wichtigste, also dass, dass die weg war.

Im Laufe seiner sexuellen Erfahrungen hatte Kurt offenbar mitbekommen, dass es seinen Partnerinnen möglich war, das Fehlen des Penis als für sein Mannsein nicht wirklich beeinträchtigend zu erleben, während die Brust dabei - zumindest in seiner Projektion auf die Partnerin - wesentlich einschneidender wirkte. Einige der Befragten brachten diese immense Bedeutung der Brust für die Weiblichkeit deutlich auf den Punkt:

Hans: Wie sieht das aus, ein Mann mit ner Brust!

Laura: Ne Brust, das ist eben weiblich.

Karin: Ich finde die Brust halt sehr weiblich. (...) Es würd mich mehr als Frau erinnern als jetzt.

Maria: Ja, dann ist er ja doch noch fraulicher. Ich mein, so!, phhh, seh ich ihn eben als Mann! halt.

Jan: Damit sähe selbst ich jetzt irgendwie komisch aus, obwohl ich sonst, denk ich, (lacht etwas) überall einigermaßen durchkomme.

Dirk: Weil ich einfach die Brust als Frau noch mehr definiere als jetzt, ehm, weiß ich nicht, ehm, unten irgendwie.

Die Brust wird als typisch weibliches Signal angesehen, über das sich für manche der Befragten Frausein geradezu definiert. Für Karin kann „zu wenig Busen" eine Frau nicht nur entweiblichen, sondern geradezu vermännlichen:

Karin: Ich finde, Frauen, die wenig Busen haben, sehen halt einfach maskuliner aus.

Beim transsexuellen Mann dagegen reicht auch ein sehr kleiner Busen nicht zur Vermännlichung aus. Im Umfeld seines authentisch dargestellten Mannseins und seiner zunehmenden körperlichen Vermännlichung, also auf dem Hintergrund von Mannsein und nicht von Frausein, wie bei den von Karin erwähnten Frauen, bleibt die weiblich geformte Brust, so klein sie auch sein mag, ein Zeichen von Weiblichkeit. „Mann" und „Brust" passt eben nicht zusammen, sondern schließt sich aus. Im Kontext von „Mannsein" ist eine solche Brust immer weiblich, nie tendenziell männlich, „maskulin" besetzt.

Anders der fehlende Penis, mit dem nicht nur Dirk einen Vergleich anstellte: Dieser belegt nicht einmal dann, wenn der Transsexuelle mit noch keinerlei medizinischer Behandlung begonnen, also einen im üblichen Sinne noch vollständig weiblichen Körper hat, diesen Körper mit unausweichlicher Weiblichkeit. Er zerstört aber auch nicht unbedingt einen sich zunehmend vermännlichenden Körper. Das biologisch weibliche Genital des Transsexuellen ist also weder im Kontext eines gängigen weiblichen, noch im Kontext eines bereits eher männlichen Körpers notwendigerweise ein Zeichen von Weiblichkeit. Muss die Brust als nicht weibliches Zeichen letztlich unabdingbar durch eine Operation beseitigt werden, bieten sich für das Genital des transsexuellen Mannes verschiedene andere Möglichkeiten sowohl seiner Entweiblichung als auch seiner Vermännlichung. Eher selten, etwa im Zusammenspiel mit der weiblichen Brust, gerät auch das Geschlechtsteil in die Gefahr der Verweiblichung:

Maria: *Obwohl er ja eigentlich ein weibliches Geschlechtsteil hat?*
Ja, aber ist für mich was anderes, als wenn jetzt die Brust auch noch da wäre. Weil, dann wäre ja schon, dann wär er ja noch kompletter, ne. *Durch das Komplette?*
Ja.

Wenn Maria ihr Partner mit Brust und biologisch weiblichem Genital doch als zu „komplett" weiblich erschiene, war genau dies jedoch für sie selbst sowie für die meisten, nämlich acht der elf von mir befragten Frauen, zumindest beim Kennenlernen ihres Partners doch die vorgefundene körperliche Situation: Er hatte weder die Operation an der Brust noch am Genital bereits durchführen lassen. Trotzdem sahen sie ihn als Mann und ihre Beziehung als heterosexuelle, und dies, obwohl er gemessen an den üblichen Geschlechtszeichen damit körperlich noch „komplett" Frau war.

Fiktive Entweiblichung

Um auf diesem Hintergrund seine Wahrnehmung als Mann zu gewährleisten, stehen den transsexuellen Männern und ihren Partnerinnen *vor der Operation* für den Umgang mit seiner Brust verschiedene Wege offen, die ich als *fiktive* Vernichtung der Brust bezeichnen möchte: Sie zielen in erster Linie auf die direkte und vollständige Entweiblichung der Brust. Nur wenige Befragten versuchten dies über den Umweg ihrer Vermännlichung zu erreichen. Strategien wie Tabuisierung, Umbenennen, Abschnüren und Verbergen, aber auch das Betonen einer körperlich kaum vorhandenen weiblichen Brust tragen zu ihrer Entweiblichung bei. Bei ihrer - eher seltenen - Vernichtung durch Vermännlichung helfen an den vorgegebenen Körper angelehnte Umformungen und Umdeutungen.

Für viele transsexuelle Männer ist das Berühren und Ansehen ihrer Brust durch ihre Partnerinnen ein *Tabu*, das sie im Übrigen umso strikter aufrichten, je mehr sie auf ihrem inneren und ggf. auch äußeren Weg zum Mann bereits fortgeschritten sind. Die Tabus wachsen offensichtlich mit dieser Nähe zum Mannsein:

Gerda: *Durftest du ihn denn anfassen damals oder gab es da so bestimmte Zonen?*
Also da haben wir damals ja noch nicht so offen drüber geredet und da
hab ich das dann einfach auch so gemacht, muss ich ja ganz ehrlich
sagen (lacht).
Also überall angefasst?
Ja.
Und das ging dann auch?
Ja, so die Tabuzonen haben sich eigentlich erst hinterher rausgestellt.

Gerda hatte ihren Partner vor der Entdeckung seines transsexuellen
Empfindens kennen gelernt, das Aha-Erlebnis widerfuhr ihnen gemeinsam.
Zumindest bis dahin durfte Gerda ihn auch an der Brust berühren, obwohl
sich Gerd durchaus schon als Mann fühlte. Es schien, als sei es ihr fast peinlich gewesen, diese anfängliche Unbefangenheit einzugestehen. Dies mag am
später aufgebauten Tabu und damit am Rückblick auf eine körperlich-sexuell
jetzt ungewohnte Situation liegen. Hinzu kommt, dass transsexuelle Männer,
die sich an der Brust berühren lassen, in vielen Selbsthilfegruppe und bei
manchen Gutachtern, schnell als tendenziell unglaubwürdig erscheinen, ihr
wirkliches Mannsein also infrage gestellt sehen. Möglicherweise erlebte Gerda ihre Aussage blitzartig als kleinen Verrat an ihrem Partner. Auf jedem Fall
scheint allgemein zu gelten: Je deutlicher der Transsexuelle seiner Partnerin
sein Mannsein vermittelt, als umso störender wird die Diskrepanz zur eindeutig weiblichen Brust empfunden, die nunmehr zunehmend verborgen
und tabuisiert werden muss.
Eva übernahm das sehr früh gesetzte Tabu ihres Partners sofort. Um ihn
nicht zu entblößen, aber wohl auch aufgrund ihrer eindeutig heterosexuellen
Orientierung, hielt sie mehr als zwölf Jahre lang eine strikte Distanz zu Eikes
damals als weiblich verstandener Brust:

Eva: Die Zone war für mich auch uninteressant.
Ja, was heißt uninteressant? Wolltest du es gar nicht, weil
Nein, wenn es glatt gewesen wäre, hier so an der Brust, hätte ich mich
gerne mal so drauf gelegt. Aber da war ja noch die Brust, und irgendwie hatte ich auch keine Beziehung zur Brust oder so, mich interessierte nicht Brust, einfach nur der Oberkörper. (...)
Und die weibliche Brust, wenn du die damals angefasst hättest, wie wäre das
gewesen?
Ja, ich hab sie mal, weil ich einfach so das Bedürfnis hatte, so meinen
Kopf auf seine Brust zu legen. Erst mal war es ihm unangenehm und
irgendwie hatte ich auch so das Gefühl, da ist was nicht richtig, so.

Also für mich war das nicht richtig, weil da zu viel! war. Jetzt ist es genau richtig, so wie es sein muss.

Als „nicht richtig" erlebte Eva das unausweichlich weibliche Zeichen Brust, real fühlbar durch das, was „zu viel" war im Kontext von Eikes für sie elf Jahre auch ohne Hormonbehandlung völlig authentischem Mannsein. Dass sie im Zusammensein mit einem Mann und als sich heterosexuell definierende Frau „kein Bedürfnis" nach einer weiblich ausgeformten Brust hatte, ist verständlich. Und das „Bedürfnis" nach seinem „Oberkörper" war ihr verbaut durch diese Brust, die ihn noch nicht so sein ließ, wie er „sein muss". Diese „Hemmschwelle", wie Eva seine Brust an anderer Stelle bezeichnet hatte, machte es ihr jahrelang unmöglich, ihren Partner einfach mal so „in den Arm zu nehmen". Das „Trennende" war auch für Gerda ein wichtiger Grund für die letztendlich notwendige operative Entfernung der Brust:

Gerda: *Gab es oder gibt es denn irgendwelche Behandlungen, die unabdingbar waren für dein Empfinden?*
(Überlegt lange) Also ich fand die Brust-OP auch notwendig.
Auch für dich?
Auch für mich. Also, wobei das natürlich sehr gekoppelt mit seinem Wohlempfinden ist. Aber ich fand's für mich z. B. auch schwierig, eben, dass er ne Stelle am Körper hatte und nicht ne ganz kleine, wo ich nicht anfassen durfte, fand ich sehr schwierig. Ja, und ich denke so dieses, dieses Bild, dass das eben so überhaupt nicht stimmte, das fand ich, wie gesagt, auch ne Irritation, also. Ja, und dieses Lästige mit diesem Brustgurt und dieses alles, also irgendwie weiß ich nicht, ob ich mich da auch zu sehr in ihn rein versetzt hatte, dass ich sage, ich fand das auch notwendig. Ich hab eben auch gemerkt, wie er darunter gelitten hat! Also das wär jetzt nicht so ne Bedingung, so, entweder die Brust kommt ab oder ich trenn mich, das nun bestimmt nicht, aber wirklich mehr eben auch wie er damit umgegangen ist und, ehm. Das stand schon son Stück im wahrsten Sinne des Wortes zwischen uns, fand ich. Also es ist wirklich jetzt so schön, ihn wirklich auch so zu umarmen, ja, das ist es jetzt einfach! Und da ist nicht irgendwas Gepanzertes dazwischen.

Nach der kurz vor dem Gespräch erfolgten Brustoperation war für Gerda die für beide Partner einzig existierende Tabuzone an Gerds Körper beseitigt. Diese neue berührbare „Stelle" „stimmt" nun endlich mit dem „Bild", das sie schon lange von Gerd hatte, überein, alle Vorsichtsmaßnahmen und „Irritationen" gehören der Vergangenheit an:

Gerda: Es war z. B. auch ganz extrem vor der OP eben, wenn er sich dann abends ausgezogen hat, dass ich irgendwie dann manchmal einfach gedacht habe: Huch! Kann doch nicht sein, dass da irgendwie ne weibliche Brust ist.
Was meinst du mit huch, warst du da
Erstaunt!
Ich meine, du wusstest es ja
Weil ich es wirklich so!, nicht verdrängt, sondern das gehört eben nicht zu ihm.
Und wenn du es dann gesehen hast, warst du überrascht?
Ja genau, ja natürlich, aber schon, weißt du, für einen Bruchteil einer Sekunde (macht eine Geste der Überraschung).
Und was ist jetzt, jetzt ist die Brust ja weg?
Ja jetzt merke ich irgendwie, ehm, ja, wie gut das so zu ihm passt. Also wirklich so, nicht dass ich da nun dauernd drauf gucke, aber jetzt empfinde ich das wirklich als total stimmig!
Also da ist dieses Huch natürlich weg, aber auch nicht irgendeine andere Irritation?
Es ist ja anders! Es hat sich ja was verändert an seinem Körper.
Ja, aber das empfinde ich wirklich nur so als positiv, so. Diese Irritation ist weg. Ich kann ihn endlich überall anfassen. Es ist also nicht so dieses Thema: Bloß nicht irgendwie drankommen! Und ich empfinde das wirklich nur so als positiv jetzt, jetzt ist es auch stimmig, das ist gut so.

Das Tabu der Berührung dehnte sich offenbar so weit aus, dass Gerda die noch vorhandene weibliche Brust ihres Partners vollkommen von ihm abspaltete: Er war ein Mann und ein Mann hat keine weibliche Brust. Dieser Widerspruch erlaubt keine fließenden Übergänge. Das Tabu löscht die weibliche Brust also nicht nur direkt am Körper des Transsexuellen, sondern auch im Vorstellungsvermögen seiner Partnerin aus. Nicht einmal die doch wohl tägliche „Irritation" führte dazu, Gerd die Brust wieder zuzuordnen. Sein Mannsein, zu dem eine weibliche Brust nicht „passte", war stärker. Letztlich ist dieser Zustand aber unbefriedigend: Weil die weibliche Brust fiktiv so schwer zu vermännlichen, da so voll beladen mit Weiblichkeit ist, ist nicht nur ihre fiktive, sondern auch ihre operative Vernichtung unvermeidbar. Die täglich zu überwindenden Hindernisse, wie Berührungs-, Blickverbote und Panzerungen, sind einfach zu groß. Und erst mit dem faktischen Verschwinden der Brust ist das Gesamtbild Mann vollständig:

Gerda: Es gibt eine weitere erotische Stelle dazu. Weil vorher war das ja sozusagen wie mit so nem schwarzen Balken (lacht). Da fehlte ja eigentlich
was!

Wo vorher ein „schwarzer Balken" war, „fehlt" jetzt nichts mehr, auch dort
entsteht nun körperlich der Mann. War es die weibliche Brust, die das
Mannsein des Transsexuellen zuvor am nachhaltigsten torpedierte, verwirklicht nun ihre Entfernung sichtbarer als sonst irgendetwas das lange gefühlte
Mannsein.

Auch Anna konnte das körperliche Mannsein ihres Partners nur über
strikte Tabus aufrechterhalten, die sich bei ihr als eine der wenigen Partnerinnen auch auf sein Genital erstreckten:

Anna: *Jetzt zur Brust, zur weiblichen Brust, die er jetzt noch hat, guckst du dir die an*
oder fasst du die an?
Anfassen nicht, angucken auch nicht.
Ist das da so ähnlich, wie mit dem Penis: ‚Wenn ich den sehen würde, würd ja mein
Bild kaputt gehen'? Oder ist das ein Unterschied?
Nee, da ist kein Unterschied. Aber wenn er im Bett liegt, auch mit nem
Pyjama und so, kann man ja die Form dann auch sehen. Aber ich guck
dann immer da drüber hinweg, auch wenn ich das seh, nehm ich das
nicht wahr!
Wie machst du das?
Ich guck einfach drüber hinweg oder ich schau gar nicht dahin. Ich
schau diese Person nur so im Gesichtsbereich an. Ich weiß, da möchte
ich nicht hingucken, da will er nicht, dass ich hingucke, wie auch immer, da schau ich nicht hin! Ich weiß also, dass da die Brüste dran sind
und ich weiß auch, dass die irgendwann mal abkommen. Ich überseh's
einfach.
Und wenn du mal aus Versehen die Brust berührst, spürst du sie dann oder
Nee, ich tu sofort meine Hand weg! Es ist auch ganz, ganz selten dazu
gekommen.

Anna sprach hier den wichtigen Unterschied zwischen „sehen" und „wahrnehmen" an: Durch den „Pyjama" „sieht" sie zwar Ahmeds Brust, also die
ihre Weiblichkeit kennzeichnenden Wölbungen, und sie „weiß" auch, dass
„da die Brüste dran sind". Auf dem Hintergrund seines Mannsein nahm sie
sie aber nicht wahr, erlebte sie also nicht als zu ihrem Partner gehörende
Wahrheit. Für sie ist die Wirklichkeit seines Mannseins vorrangig gegenüber
der Wahrheit seiner gemeinhin als weiblich verstandenen körperlichen Zeichen. Über diese Wahrheit sieht sie „hinweg", um sich die gemeinsame

Wirklichkeit mit ihrem Partner, nämlich sein für beide maßgebliches authentisches Mannsein, nicht zerstören zu lassen. Bei Anna schimmerte aber deutlicher als bei Gerda und als bei fast allen anderen befragten Frauen die Zerbrechlichkeit dieser Wirklichkeit durch. Die weibliche Wahrheit der Brust drängte sich für sie offenbar derart penetrant in den Vordergrund, dass ihre operative Entfernung unabdingbar war. Das sichere Wissen darum, dass dies irgendwann geschehen würde, erleichterte und garantierte Anna, den Körper ihres Partners auf ihre spezifische Art zu „sehen". Und diese spezifische Form des Nicht-Wahrnehmens, des darüber Hinweg-Sehens, erklärt auch, weshalb sie Ahmed beim Anlegen seiner *Brustbandage* helfen konnte, ohne für sich dabei sein Mannsein zu verlieren. Ahmeds Schilderungen machten deutlich, wie Anna seinen Körper dabei durchaus anschaute, ihr Wegsehen also manchmal nur innerlich erfolgte. Ihre Augen werden in solchen Momenten seine Brust gesehen haben, ohne sie jedoch als weibliche wahrzunehmen. Vielleicht handelte es sich dabei für sie um eine Art medizinischer Tätigkeit, wie Doris sie schon erwähnt hatte:

Ahmed: Das heißt ja nicht, dass sie's überhaupt nie gesehen hat, wenn sie mir die Bandage macht. Die sagt: Du brauchst dich nicht zu schämen, ist doch nicht schlimm! Ich sag: Trotzdem, nicht dass du's jetzt so siehst und später siehst du's anders. Aber ich denke mir, ich weiß nicht, wie sie innen drin fühlt, aber wie sie sich mir gegenüber verhält, die hat sich schnell dran gewöhnt. (...) Am Anfang, als ich mit der Bandage anfing, hab ich gesagt: Alleine schaff ich's nicht! (...) Die hat so getan, als wär das selbstverständlich!! Als wär das normal, was ich da mache! Und das hat mir auch sehr gut getan, dass sie mir dabei hilft!

Indem Ahmed davon ausging, dass Anna seine Brust wegen ihrer als weiblich verstandenen Wölbungen wie er selbst als weiblich einordnet, verkannte er die andere „Wahrnehmung" seiner Partnerin, die diese Weiblichkeit seiner Brust gerade „übersieht". Durch ihre Sichtweise war es für sie „nicht schlimm", also nicht verweiblichend, im Rahmen des Anlegens der Bandage mit der Brust in ihrem jetzigen Zustand konfrontiert zu sein. Ahmed selbst hatte dagegen schon seinen durch die Operation „anderen" Oberkörper vor Augen. Nur diesen sollte seine Partnerin sehen und wahrnehmen. Mit seinen Bedenken erwies Ahmed sich als vollkommen gebunden an die gängigen körperlichen Zuschreibungen. Anna dagegen hatte sich durch ihre spezifische Art des Darüberhinwegsehens ein Stück weit von den üblichen Zeichen der Weiblichkeit entfernt. So konnte für sie das Umbinden einer die weibliche Brust verbergenden Bandage ganz „normal" sein. Innerhalb ihres

Wahrnehmungssystems war für sie ihr diese herkömmlich doch befremdliche Aktion „selbst verständlich", also ohne Probleme integrierbar. Dass seine Partnerin diese Integration tatsächlich vollzog und er für sie hierdurch nichts von seinem Mannsein verlor, musste Ahmed ihr einfach glauben.

Auch an diesem Beispiel erweist sich einmal mehr, wie es den Partnerinnen transsexueller Männer tendenziell besser als diesen selbst gelingt, herkömmlich weibliche Zeichen fiktiv umzudeuten und das Mannsein ihrer Partner damit - mehr oder weniger - durchgängig zu etablieren und zu erhalten. Für die Männer ist dies eine unschätzbare Unterstützung bei der Verwirklichung ihres Mannseins auch weitgehend unabhängig von ihrem Körper. So fangen die Frauen ihre mehr an der körperlichen Vermännlichung orientierten Partner durch ihre oft viel effektiveren fiktiven Eingriffe in seinen Körper immer wieder auf.

Ahmeds Umgang mit der „Bandage" war im Übrigen auch ein Beleg dafür, wie sich die Tabus um die üblichen weiblichen Merkmale umso weiter ausdehnen, je deutlicher das innere und äußere Mannsein sich ausformt:

Ahmed: Viel hat sich nicht geändert, vom Aussehen, von der Kleidung her, bis auf dass ich die Bandage zusätzlich mache, klar. Aber die muss ich auch nicht immer machen, wenn ich zu Hause bin, da bin ich zu faul für.

Benutzte Ahmed bis zum Beginn der Hormonbehandlung noch keine Bandage, erschien es ihm nun, da sein Körper durch die Hormone weitgehend vermännlicht war, als nicht mehr tragbar, Außenstehenden eine als weiblich verstandene Brust zu präsentieren. Sie würde die Verkörperlichung seiner geschlechtlichen Identität torpedieren. Indem Ahmed den Schwerpunkt seines Vermännlichungsprozesses auf die körperliche Seite der Verwirklichung seines Mannseins legte, war er gegenüber seinem Umfeld nämlich zunehmend auf einen möglichst durchgängig mit den üblichen männlichen Kennzeichen versehenen Körper angewiesen. So verwunderte es nicht, dass er mit der Entweiblichung auf der rein fiktiven Ebene immer häufiger scheiterte. In vielen Situationen musste er sich nun auf die entsprechenden Fähigkeiten seiner Partnerin verlassen und tat dies auch - und zwar, weil er zu „faul" war, aber auch, weil ihm in der Phase des körperlichen Übergangs keine andere Wahl blieb. Wie Ahmed griff auch Gerd erst relativ spät auf einen „Brustgurt" als Hilfsmittel zum *Verbergen* deutlich weiblicher Merkmale zurück:

Gerd: *Gab es denn einen Zeitpunkt für dich, wo du sagen kannst, da hatte ich das Gefühl, wirklich als Mann zu leben? Oder gab es so einen Einschnitt gar nicht?* Also das Gefühl, dass ich das wirklich leben kann, ist jetzt erst nach der Operation. Also weil ich vorher immer noch auch gewisse Tatsachen ausblenden, ich musste sie wegdenken. Also der Brustgurt hat das kaschiert, auch nach außen. Wir sind trotzdem tanzen gegangen und da sind da auch Leute, die mich nicht kennen oder vorher nicht kannten. Ich hatte nicht das Gefühl, dass das irgendwie aufgefallen wäre. Aber spätestens ich hab es ja gefühlt, es war ja da.

Für Gerd „kaschierte" der „Brustgurt" die markantesten Zeichen seiner Weiblichkeit zwar nach außen hin. Nur so konnte er sich in seinem Umfeld unauffällig als Mann bewegen. Für ihn selbst war dieses Hilfsmittel aber bald nicht mehr ausreichend: Er musste die Brüste immer noch „wegdenken". Das Abbinden, also ihre fiktive Vernichtung, führte nicht zu ihrem gänzlichen Verschwinden, immer wieder wurde er auf die soziale „Tatsache" seiner weiblichen Brust zurückgeworfen. Durch den und unter dem „lästigen" Gurt, wie Gerda es formulierte, „fühlte" er „es", weiterhin. Die Brüste waren also schnell wieder „da". Und dieses mühsame Verbergen der Brüste kann, wie bereits deutlich wurde, genau das Gegenteil von dem bewirken, was beabsichtigt ist: Durch das Anlegen der Bandage und ihr permanentes Zurechtrücken schieben sich die Brüste fortwährend in den Vordergrund. Ihr angestrebtes Vergessen ist so nicht möglich. „Es" meldet sich immer wieder:

Eike: Dann mit diesen Elastikbinden! Dann hast du keine Luft gekriegt! Dann musstest du drauf achten, dass du dich nicht, bloß nicht ruckartig bewegst! Dass es weder unten noch oben irgendwo rausrutscht!

Da kann das „Ausblenden" ohne irgendein Hilfsmittel, also die rein fiktive Entweiblichung, oft effektivere Dienste leisten:

Dirk: Ich hab auch nie! drunter gelitten, dass ich ne Brust habe, sondern ich hab die einfach ausgeblendet aus meinem Bewusstsein! Die war für mich nicht existent in dem Sinne.

Bemerkenswert ist, wie leicht Dirk die Vernichtung seiner von den anderen, z. B. seinen Eltern, als weiblich verstandenen Brust offenbar während der Pubertät fiel, obwohl er damals nach gängigen Kriterien körperlich noch vollständig Frau war. Jetzt, nach Einsetzen der hormonell induzierten Vermännlichung seines Körpers, dagegen befindet er sich in einem zermürbenden inneren Kampf mit jedem noch als weiblich angesehenen Teil dieses Körpers. Ausschlaggebend für diese Veränderung ist nicht allein die zunehmende geschlechtliche Diskrepanz zwischen verschiedenen Körperteilen, dass also durch die Vermännlichung der einen andere nun als viel weiblicher erscheinen. Dirks Schilderung verwies noch auf einen anderen wesentlichen Aspekt: Wichtig ist auch, wie weit er den sozial üblichen Zuschreibungen auf den Körper jeweils eine für ihn relevante „Existenz" einräumt, sie also für sich selbst wirklich werden lässt. In seiner Jugend konnte er dem zunächst widerstehen. Er verweigerte der Brust ihre Weiblichkeit. Erst, indem er den Zuschreibungen anderer nachgab, ließ er sie auch für sich selbst „existent" werden und erst danach hinderten ihn die Brüste an der Verwirklichung seines Mannseins:

Dirk: Meine Eltern ham sich dann amüsiert, dass ich dann ne Brust hatte. (...) Dass ich dann halt drauf angesprochen wurde. Da es für mich nicht existent war, war's dann natürlich ein Existent-Machen.

Die Reaktion seiner Eltern verlieh Dirks Brüsten erst ihre unabweisbare Weiblichkeit. Nun konnte auch Dirk dieses Weibliche an ihnen nicht mehr „ausblenden" und sah sich gezwungen, sie fortan zu verbergen oder umzudeuten. Und letztlich werden die Brüste für jeden Transsexuellen irgendwann einmal nicht nur wirklich und „existent", sondern genau hierdurch unerträglich weiblich. So können alle Hilfsmittel lediglich die Zeit bis zur körperlichen Entfernung der Brust überbrücken. Bandagen und Brustgurte sind allenfalls eine Notlösung. Sie lassen die Brust nicht nachhaltig verschwinden und behindern die Bewegungsfreiheit der Betroffenen. Außer Ahmed, Gerd und Eike hatten auch Kurt und Marc solche Hilfsmittel benutzt, und zwar beide, wie Eike, bereits seit ihrer Jugend. Weniger einschränkend war das Tragen „weiter Sachen" (Kurt, Felix, Jan, Dirk) oder „krumm zu gehen" (Eike) und es erfüllte zur Überbrückung den gleichen Zweck, zumindest bei einem kleineren Busen.

Eine beliebte Variante der fiktiven Vernichtung der Brust war auch die spezifische Art *ihrer Benennung* bzw. das Vermeiden ihrer üblichen Bezeichnungen. Das neutrale „Es" war dabei eine ebenso häufige Formulierung wie das ebenfalls ausweichende und entweiblichende „Das", womit etwa Jan im Rückblick seine Brustentwicklung beschrieb:

Jan: Das war ziemlich schrecklich, weil ich hab eigentlich sehr, sehr früh angefangen, dass sich das alles so entwickelt hat.

Von Gerds Kennzeichnung seiner Brüste als „gewissen Tatsachen" war schon die Rede. In einem solchen Begriff steht lässige Distanzierung neben resigniert konstatierter Unausweichlichkeit. Hier eine Auswahl weiterer Vernichtungen der Brust durch Umbenennung:

Eike: Also ich hatte kein gebärfreudiges Becken, sag ich mal. Also ich hatte schon einen männlichen Körper, außer diesen beiden Geschwüren, die ich da zusätzlich hatte (lacht).

Eva: Ich hätt gerne mal seinen Oberkörper angefasst, aber ohne, ja, ohne das Fett, was da drunter war.
Was meinst du jetzt mit Fett?
Ja, das Fettgewebe, die Brust.

Felix: *Was deine damals weibliche Brust angeht, welche Bedeutung hatte die?*
Die hatte gar keine, einfach nur son lästiges Anhängsel. Gott sei Dank wenig, aber lästig.

Kurt: Als ich früher vorm Spiegel gestanden habe, als ich die Brust noch hatte (macht ein angeekeltes Gesicht): Du musst die Dinger weg.

Lars: Ich sehe einfach diese Hügel und dann sag ich ganz unsicher zu Laura: Sag mal, sieht man meine Titten (lacht).

Gerda: Es war wirklich eher mehr so ein Mann, der irgendwie, ja, wie hast du das immer bezeichnet? Irgendwie Säcke hat, die da nicht hin dürfen oder so ähnlich, also ich hab es nicht so als Sack.
Gerd: Wucherung
Gerda: Wucherung, ja, so vielleicht nicht gesehen, aber schon eben auch so, ja: Es gehörte da nicht hin

Abwertung und Irrelevanz vereinten sich in jedem der gewählten Begriffe: „Geschwüre" und „Wucherungen" schreien nach Behandlung einer krankhaften Verformung, „Fett" und Ekel verweisen auf das Abstoßende des damaligen Zustandes, „lästige Anhängsel" benennen das gänzlich Überflüssige. Und Lars' Machoblick auf seine „Titten" machte sie zum Lustobjekt eines anderen. Die scharfe Distanzierung gegenüber diesem störenden Körperteil kappte endgültig jede Verbindung zu ihm. Und da die Partnerinnen seine Brüste schlimmstenfalls als unpassend und irritierend erlebten, waren es überwiegend die transsexuellen Männer selbst, die die schroffsten Begriffe benutzten: Ihr Hass auf jahre- oder jahrzehntelange Zuschreibung von

Frausein gerade über die Brüste war unumkehrbar. Schon ihre gängige Benennung tangierte ihr mühsam erworbenes Mannsein. So stieß ich nicht selten auf Abwehr und Befremden, wenn ich im Verlauf des Gespräch mit den gängigen Bezeichnungen hantierte, und zwar sowohl in Hinblick auf die weibliche Brust, besonders aber auch auf das Genital des Transsexuellen: Je mehr ein herkömmlich weiblicher Körperbereich von den Paaren bereits erfolgreich entweiblicht oder auch fiktiv mit Männlichkeit und also auch mit männlichen Begriffen besetzt worden war, umso größeren Widerstand lösten die ursprünglichen Zuschreibungen aus. Die Paare erlebten diese offenbar als Invasion der abgeworfenen Realität aller anderen in ihre neu arrangierte Körperwirklichkeit.

Zu welchen Missverständnissen das Umschiffen gängiger Begriffe führen kann, zeigt eine Passage im Gespräch mit Eva:

Eva: *Es ist also leichter für dich, die Klitoris als kleinen Penis zu sehen, (...) als umgekehrt das mit der Brust überein zu kriegen?*
Ja, das war ein bisschen anders weil, ja gut, das war ja wirklich!, ja gut, und da er dann dreimal hier geschrieen hatte.
Ja, das war seine Reaktion, aber es geht jetzt um deine Gefühle
Nein, ich meine, weil da so ein bisschen mehr! war. Wenn es jetzt klein gewesen wäre und schlaff oder so.
Das war auch zu viel?
Ja, so meine ich jetzt.

Eva fiel es schwer, verständlich zu machen, was sie eigentlich zum Ausdruck bringen wollte: Eikes Brüste waren einfach zu groß, zu „wirklich", um sie übersehen oder wie seine Klitoris vermännlichen zu können. Beim Umschreiben dieser ungeliebten Situation verhedderte sie sich in Uneindeutigkeiten und einer gewissen Sprachlosigkeit. Da die Brüste so massiv mit Weiblichkeit beladen sind, ist es nämlich nahezu unmöglich, neue Begriffe für sie zu finden, Begriffe, die positiv und, wenn möglich, männlich besetzt sind. Dirk versuchte, genau diesen Weg zu gehen. Er war einer der wenigen, die sich bemühten, die weibliche Brust zu *vermännlichen*. War er hinsichtlich ihrer Entweiblichung in der Anfangsphase des Brustwachstums zwar auch rein fiktiv über das „Ausblenden" erfolgreich, konnte eine tendenzielle Vermännlichung offenbar nur in direkter Anlehnung an günstige *körperliche Vorgaben* gelingen:

Dirk: Für mich warn's eher Muskeln! Also ich hab's eher betont, weil das eben so als kräftig, war ich ja, dadurch ging's irgendwie. Aber wenn ich jetzt, ich mach zu Hause ein paar Mal mit 4-Kilo-Hanteln, aber der

Muskel zieht sich richtig runter, und es bleibt wirklich wenig von diesem Gewebe dann zurück. Und es sieht dann wirklich aus wie ne männliche Brust, der eben ein bisschen mehr hat. Und dadurch konnt ich's dann eben auch akzeptieren. Deshalb war mir vielleicht bodybuilding so wichtig, weil ich das dadurch kompensiert habe.

Gestützt auf seinen kompakten Körper war Dirk von früh auf bemüht, das „Gewebe" der weiblichen Brust zu einem männlich erscheinendem Brustmuskel umzuformen bzw. umzudeuten. Mit zunehmender Wirkung der Hormone gelang ihm dies offenbar auch recht zufrieden stellend. Anders als eine als weiblich gedeutete Brust konnte er eine „kräftige" Brust durchaus „betonen". Letztlich konnte aber auch Dirk die „Existenz" des Weiblichen nicht ignorieren. Ebenso wenig wie die fiktive Entweiblichung über das „Ausblenden" reichte seine spezifische Art der Vermännlichung der Brust aus, den Wunsch nach der operativen Brustentfernung weniger dringlich zu machen. Auch Hans hatte betont, er hätte „das bisschen" auch ohne Operation durch einen typisch männlichen Muskel ersetzen können. Trotzdem unterzog er sich dem operativen Eingriff:

Hans: Ja, ich sag mal, oben hätte vielleicht die Operation nicht sein müssen. Hätte ich vielleicht mehr trainiert, wär das auch weg gewesen. Das bisschen, was da war. (...) Da war ja wirklich nicht viel.

Obwohl bereits von Anfang an „nix da war", „straffte" für Frauke erst die durch die Hormone bewirkte „Verbreiterung" von Felix „Kreuz" seine Brust in eine nicht mehr weibliche Richtung:

Frauke: *Hast du ihn denn da angefasst früher, als er die Brust noch hatte?*
         Ja, sicher, ja, da war ja nix.
         War das schon eine männliche Brust damals für dich?
         Ja, ganz am Anfang, weiß ich nicht, hab ich mir keine Gedanken drüber gemacht. Und als dann die Hormone kamen, dann wurd das Kreuz ja breiter und das hat sich alles noch mehr gestrafft.

Während Frauke Felix' Brust zu Beginn ihrer Beziehung auf „gedanklichem" Wege entweiblichen musste, war es später das sich dehnendes Kreuz ihres Partners, das seiner Brust ihre Weiblichkeit nahm und sie auch körperlich in sein insgesamt männliches Erscheinungsbild integrierte. Ob sie damit ohne Operation schon zu einer männlichen Brust wurde, blieb offen.
    Ist die Brust sehr klein, gelingt ihre auch *körperliche Entweiblichung* wesentlich leichter als bei einer großen Brust. Eigentlich war für diese Männer und

ihre Partnerinnen eine weibliche Brust in ihrer üblichen Aufdringlichkeit nämlich gar nicht erst Wirklichkeit geworden:

Hanna: Kümmerlich, ja. (...) Das waren ein paar Erbschen. Also das war wirklich nix. Das waren vorstehende Brustwarzen, wenn man das will.

Und genau so, nämlich als „vorstehende Brustwarzen" und nicht als weibliche Brust hat Hanna die Brust ihres Partners wahrscheinlich sehen „wollen". Auch Felix' Brüste boten sich offenbar schon rein körperlich an, sie nicht als weibliche einordnen zu müssen:

Felix: Ich hab nicht viel gehabt, das war mehr Flachlandtiroler, sagt man heute (lacht). Also ich hatte nix! Waschbrett mit Erbsen, haben sie's früher genannt.
War dir das doch schon zu viel oder konntest du damit leben?
Ich sag mal so: Ich hab, ich hatte weite Sachen an, dann ging das. Ich konnte damit leben. Aber als sie jetzt weg waren, da war ich froh, da fühlte ich mich besser.

Trotz seiner für andere kaum sichtbaren Brüste sah sich Felix veranlasst, zusätzlich zum fiktiven Mittel ihrer Entweiblichung, nämlich dem Tragen „weiter Sachen", sie am Ende doch operativ entfernen zu lassen. Auch sie waren für ihn symbolisch offenbar noch mit zu viel Weiblichkeit besetzt. Seiner Partnerin war ihr körperlich kleiner Wuchs dagegen schon eine „Hilfe", sie nicht fortwährend mit seinem ursprünglichen Frausein in Verbindung zu bringen:

Frauke: *Du kennst ja noch seine weibliche Brust. Wie war das für dich, als er die noch hatte?*
Waschbrett mit Erbse, da war nix!
Konntest du die gar nicht als weibliche Brust sehen?
Nee, überhaupt nicht. Wenn er ein T-Shirt angehabt hat, das hat man überhaupt nicht gesehen.
Fandest du das gut?
Ja, ich sag mal, das hat mir natürlich geholfen, damit klar zu kommen.

Interessant ist, wie gerne transsexuelle Männer und ihre Partnerinnen die für kleine Brüste ursprünglich abwertend gemeinten Bezeichnungen wie „Flachlandtiroler" und „Waschbrett mit Erbsen" aufgriffen und voller Stolz zur Bestätigung seines nicht weiblichen, wenn nicht gar männlichen Körpers ummünzten. Spätestens im direkten Kontakt mit seiner Brust aber drängte sich auch für diese Partnerinnen wieder deren Weiblichkeit in den Vordergrund. Anders bei Doris und insbesondere bei Laura: Sie waren offensichtlich in der Lage, die gemeinhin als weiblich verstandene Brust ihres Partners für sich zumindest situativ zu vermännlichen. Doris hatte bereits verdeutlicht, wie sie, wenn sie Dirks noch nicht operierte Brust anschaute, diese nicht „als Busen" sondern „als männliche Brust" „sieht". Ihr gelang dies, indem sie „drüber weg" guckte. Wie Anna schien Doris das, was sie mit ihren Augen „sieht" nicht als das wahrzunehmen, als was es gemeinhin verstanden wird. Vielmehr sah sie das, was sie sehen wollte. Und sie wollte eine „männliche Brust" und keinen „Busen" sehen, weil sie mit einem Mann bzw. mit einem Menschen zusammen war, der ihr in jeder Hinsicht sein authentisches Mannsein präsentierte. Also hatte er keinen „Busen", sondern eine „männliche Brust", seine Brust war männlich, weil er ein Mann war. Für eine solche geschlechtliche Umkehr des Busens, dürften jedoch „günstige" körperliche Vorgaben eine Voraussetzung sein. Eine zu große Brust widersetzt sich auch beim besten Willen einer solchen fiktiven Vermännlichung, ja sogar schon der fiktiven Entweiblichung.

Die Einstufung einer gemeinhin als weiblich verstandenen Brust als männlich oder weiblich hängt zwar wesentlich von ihrer körperlichen Ausformung ab. Für den Umgang mit ihr ist jedoch in letzter Konsequenz die geschlechtliche Zuordnung ihres Trägers bzw. ihrer Trägerin maßgeblich. Wenn jemand eine Frau ist, hat sie einen Busen; wenn jemand ein Mann ist, hat er eine männliche Brust. Und wenn Geschlecht und Brust nicht zusammenpassen, ergibt dies eine Störung der Wahrnehmung, die entweder zu beseitigen ist oder schlüssiger Erklärungen oder Verweise bedarf. Wird einer Frau etwa aufgrund von Krebs die Brust entfernt, verliert sie dadurch, also durch die jetzt flache Brust, nicht ihr Frausein und wird zum Mann. Diese flache Brust verweist hier vielmehr anhand einer Krankheit weiterhin auf den fehlenden weiblichen Busen. Gleiches gilt für einen Mann mit einer Vergrößerung der Brustdrüsen: Auch diese Vergrößerung hebt sein Mannsein nicht auf und macht ihn zur Frau, sondern ist Symptom eines krankhaften Prozesses. Die geschlechtliche Einordnung erfolgt also letztlich nicht anhand des sichtbaren Organs, sondern anhand der erfahrbaren geschlechtlichen Authentizität eines Menschen.

Auf dieselbe Weise gingen grundsätzlich auch die Partnerinnen transsexueller Männer vor: Auch sie orientierten sich von Beginn an und vorrangig am glaubwürdigen Mannsein ihres Partners und nur nachrangig an seinem Körper. Dabei stand ihnen aber die Brust in ihrer aufdringlichen Weiblichkeit meistens im Wege. Bei allen kreativen Bemühungen ist sie kaum auf fiktive Weise zu vernichten, insbesondere nicht im direkten

Körperkontakt. Wie eine Entweiblichung - und vielleicht sogar Vermännlichung - im intimen Kontakt dennoch gelingen kann, verdeutlichte neben Doris' Erfahrung auch eine längere Gesprächspassage mit Laura. Indem sie sich auch in der Berührung seines Körpers auf Lars als Mann einstellte und sich dabei verhielt, wie sie es mit einem Mann gewohnt war und nicht, wie sie es sich mit einer Frau vorstellte, verlor seine Brust an Weiblichkeit:

Laura: *Lars hat ja auch noch den Busen, er ist ja noch nicht operiert. Ist er dann eine Frau für dich?*
Nein, eigentlich nicht. Also, ich weiß es zwar eigentlich, aber, ehm, wenn ich ihn, also wenn ich ihn so streichle oder so, dann empfind ich das jetzt nicht. (...) Bei ner Frau würde ich, wenn ich mich jetzt in ne Frau verlieben würde, dann würd ich wahrscheinlich das auch schön finden, wenn die irgendwie tolle Wäsche anziehen würde oder so was, und, ehm, würd der Frau vielleicht auch Komplimente für den Busen machen oder so. Und das mach ich bei ihm natürlich, also das ist, also das ist da natürlich nicht so.
Und dadurch hat der Busen auch nicht so was Weibliches?
Ja, genau, genau, ja genau, ja genau. Und da würde ich, also da, weiß ich nicht, also, wenn ich mich jetzt in ne Frau verlieben würde, dann würde ich natürlich auch darauf achten, wie, wie, wie also, wie ist das jetzt, also wie gefällt mir das jetzt. Und bei ihm ist das natürlich nicht so, wobei ich das auch überhaupt nicht ausspare oder so und auch ihn anfasse und küsse.
Stimulierst du ihn auch am Busen?
Ja, klar, Aber wie gesagt, ich würde das bei ner Frau wahrscheinlich noch ein bisschen anders machen, weil, also Lars kann das z. B. nicht so sehr haben, wenn ich, wenn ich, ja, den Busen so, so, ja, so weiblich irgendwie, und so weich irgendwie anfasse. Dann sagt er manchmal auch: Du sollst das doch nicht so anfassen! Aber ich mach das dann trotzdem, weil ich sag dann auch immer so: Warum, das, ehm, das gehört doch auch zu dir! Oder z. B. wenn, wenn, wenn er z. B. auf mir drauf liegt und so, dann, ehm, ja, dann hängt das, dann liegt das natürlich auf mir drauf, also ehm, ehm. Also bei ner Frau fänd ich das wahrscheinlich total gut, würd dann wahrscheinlich ganz schön so fühlen und alles und würd das auch richtig für mich nutzen und so auch, weil mich das selber dann auch erregen würde, aber bei ihm. Ihm ist es dann manchmal so, so ein bisschen, ja son bisschen unangenehm, obwohl ihm das nicht unangenehm sein muss! Und er das eigentlich auch gerne! hat, wenn ich ihn da stimulier. Aber das ist dann vielleicht doch noch zu, zu weiblich so für ihn.

Für ihn?
Für ihn, ja, für mich nicht.
Weil du das auch anders zuordnest?
Für mich nicht.
Du sagst auch, die Art und Weise, wie du ihn anfasst
Ja, ja, also wie gesagt, ich würd, ne Frau also, nen richtigen Frauenbu-
sen würd ich ganz anders anfassen, als ich ihn jetzt anfasse.(...) Ich fin-
de auch den Busen von ner Frau total anziehend, so, das allein würde
mich schon reizen.
Also es erregt dich auch richtig?
Ja, ja!
Das heißt aber nicht, dass dich sein! Busen jetzt erregt?
Nee, nee! Weil ich ihn! ja nicht als Frau sehe so. Oder, das! seh ich
nicht als ein, als weibliches Attribut, also was jetzt ne Frau hat. Wie gesagt, wenn er jetzt vielleicht Lisa geblieben wär!, dann wär das vielleicht
was anderes so. Aber da das jetzt eben nicht so ist, seh ich das einfach
als irgendwie was von ihm, aber nicht als jetzt was typisch Wei, also
was Weibliches oder so.

Laura „weiß" durchaus, dass Lars' Körper den üblichen Kriterien eines
Frauenkörpers entspricht. Im sexuellen Kontakt „empfindet" sie ihn
aber nicht als solchen, weil sie Lars „nicht als Frau sieht". Lars war für
sie ein Mann und gab ihr eine deutliche - auch sprachliche - Distanzierung von der Weiblichkeit seiner Brust vor. So neutralisierte auch sie
seine Brust als ein „Das", behandelte sie wie eine nicht weibliche Brust
und unterließ spezifisch lesbische erotische Handlungen: Sie bezog sich
nicht gesondert auf seinen Busen in seiner Weiblichkeit, „fühlt" und
„nutzt" ihn nicht als Mittel der „Erregung", obwohl sie durchaus vom
„Busen einer Frau" erregt würde. Ein weiblicher Busen an einem Mann
war für sie jedoch nicht erregend, da sie ihn nicht mehr als „weibliches
Attribut" „sieht". Wäre Lars von seinem Verständnis her eine Frau geblieben, hätte sie sich vorstellen können, denselben Busen sehr wohl
anziehend zu finden. Das aber war „jetzt eben nicht so". Und deshalb
„fasst" sie ihn „ganz anders an", nicht wie einen „richtigen Frauenbusen", weniger „weich" und weniger „weiblich". Vom allgemeinen Verständnis her hatte auch Lars noch einen solchen Frauenbusen, „richtig"
war er an ihm jedoch nicht mehr. Zu einem richtigen Frauenbusen gehört eine richtige Frau, und das legt fest, dass diese Brust ein Frauenbusen ist. So erlebte Laura die Wölbungen von Lars' Brüsten als unpassend
in Bezug auf sein Mannsein. Deshalb hielt sie auch die Entfernung dieser
Wölbungen letztlich für sinnvoll:

Laura: Also das wär schon ganz gut, wenn das gemacht werden würde eigentlich. Weil das auch einfach zu seinem Körper mittlerweile viel besser
passt. Das würde halt einfach optisch besser passen.

Da sich Lars' Mannsein durch die Wirkungen der Hormone zunehmend
körperlich verwirklichte, wurde die Diskrepanz zu seinem weichen und
vorstehenden Busen immer größer, so dass Laura von ähnlichen körperlichen Irritationen berichtete wie Gerda:

Laura: Manchmal, wenn ich dann, was weiß ich, mit meiner Hand so über
seinen Körper geh und ich dann jetzt so die Brust spüre, dann ist das
dann jetzt manchmal schon eher so, dass ich dann so dieses: Hee! So!
So dieses Gefühl hab: Hee, das passt aber jetzt irgendwie nicht!

Aufgrund von Lars' authentischem Mannsein und Lauras darauf basieren-
den fiktiven Umdeutungen seiner Brust erwartete sie einfach keine gemeinhin als weiblich verstandenen Zeichen an seinem Körper mehr.

Grund für die weit reichenden Umdeutungsmöglichen, die Doris und
Laura hatten, könnte sein, dass sich beide Frauen als bisexuell verstanden.
Sie kannten keine innere Abwehr gegen einen weiblichen Körper in einer
erotischen Situation, konnten ihn sogar als erregend empfinden. Bisexuelle
unterscheiden zwar ebenfalls anhand von Körpern und Körpersignalen nach
Männern und Frauen, diese Unterscheidung ist für sie aber nicht existentiell
wichtig. Überschreitungen oder Uneindeutigkeiten zwischen den Geschlechtern gefährden nicht ihre sexuelle Identität und Orientierung, sie
erweitern vielmehr ihre Möglichkeiten. Da sie sich bereits hinsichtlich ihrer
Partnerwahl nicht vor Uneindeutigkeiten und Wechseln schützen müssen,
dürfte es ihnen auch leichter fallen, gängige Geschlechtszeichen umzudeuten
und gegengeschlechtlich zu besetzen. Sie nutzen dabei die ohnehin gegebenen, aber meist im Verborgenen bleibenden Spielräume, nämlich die tatsächliche Dynamik geschlechtlicher Zuschreibungen, die sich viel unabhängiger vom Körper abspielt, als gemeinhin suggeriert wird. In einer kurzen
Passage blitzte diese relative Bedeutungslosigkeit des Körpers im Vergleich
zum Selbst- oder Fremderleben des Geschlechts auch im Gespräch mit Dirk
auf, nämlich als er von einem früheren lesbischen Annäherungsversuch mit
einer guten Freundin erzählte:

Dirk: *Und du fühlst dich auch nicht als Frau?*
Nee, absolut nicht. Als ich das mit der R. mal versucht habe, da weiß
ich halt noch, dass ich den Brustbereich halt nicht ausgespart habe,
aber auch empfunden! habe. Da hätt ich mich vielleicht noch eher als

Frau, weil, weil ich einfach die Brust als Frau noch mehr definiere als jetzt, ehm, weiß ich nicht, ehm, unten irgendwie.

Dies änderte sich in seiner jetzigen Partnerschaft:

Dirk: Das war damals auch für mich klar, dass ich das nicht mag, an ner, an ner Brust angefasst zu werden. Das war insoweit schon definiert, und insofern hab ich mich nie! in ihrer Beziehung, nie als Frau gefühlt!

Solange sich Dirk seiner Brust als weiblicher stellte, sie also nicht „aussparte", sondern berühren ließ, „empfand" er - anders als heute („wenn man an der Brust, empfind ich momentan nichts mehr, das hat sich irgendwie tot gelegt") - dort auch eine gewisse Erregung und sein Selbsterleben kippte in Richtung Frausein. Allein, indem er seine seitdem real ja nicht andere Brust mit ihren herkömmlich weiblichen Konnotationen akzeptierte und aktivierte, veränderte sich kurzfristig also die gesamte Beziehungskonstellation und tendenziell auch seine Selbstdefinition. Als er später dann klar „definierte", nicht an der Brust „angefasst" werden zu wollen, verschwanden genau dadurch diese Anklänge von Frausein im sexuellen Kontakt.

Ein wie etwa von Laura geschilderter Umgang mit dem Körper bzw. hier mit dem Busen ist ein rein fiktiver. Ohne irgendwelche medizinischen Eingriffe wird der Körper je nach Situation verweiblicht oder vermännlicht. Wenn dies gelingt, entsteht idealtypisch gesehen eine völlige Unabhängigkeit von gängigen körperlichen Zuschreibungen, Diskrepanzen, Uneindeutigkeiten und Entlarvungen, wie sie die Fixierung auf die körperliche Seite der Vermännlichung unausweichlich nach sich zieht. Die Beweise allein über den Körper werden nämlich niemals reichen und immer zu schmerzhaften Defiziterfahrungen führen. Letztlich wäre also die rein fiktive Umdeutung der konsequenteste und erfolgreichste Weg im Umgang mit einem transsexuellen Körper. Fiktive Kunstgriffe in irgendeiner Art sind ohnehin unvermeidlich im Kontakt mit einem solchen Körper. Am Ende unterscheiden sie sich nur graduell. Selbst durch eine Operation werden sie nicht unbedingt entbehrlich, wie sich zeigen wird.

Die größten Probleme mit einer fiktiven Entweiblichung und umso mehr Vermännlichung der Brust des Transsexuellen beschrieben die Frauen, die mit ihrem Partner erst *nach* der operativen Entfernung seiner Brust eine Beziehung eingegangen waren (Karin, Jana, Britta). Ihnen war nie eine fiktive Umdeutung seiner real vorhandenen, als weiblich gekennzeichneten, Brust abverlangt worden. Im Gegenteil: Sie müssten sich ihren Partner im

Nachhinein mit einer als weiblich verstandenen Brust vorstellen, also abstrakte Weiblichkeit auf ihm platzieren, was unmöglich sein dürfte, da die verwendeten Bilder im diesem Moment zu eindringlich wären: Sie beinhalteten ja nicht die individuelle und damit - wie andere Partnerinnen bewiesen - partiell bzw. zeitweise durchaus umdeutbare Brust ihres Partners, sondern irgendeine Brust, wenn sie nur weiblich besetzt war. Denn eine solche sollten sie sich ja vorstellen. So vermutete Karin denn auch, mit Brust würde sie ihren Partner doch immer wieder als Frau sehen:

Karin: *Mal angenommen, er hätte die Brustoperation nicht machen lassen können, aber sonst wäre er so, wie er jetzt ist, könntest du dir das vorstellen?*
Vorstellen vielleicht schon, aber dann würde ich ja doch wieder ständig erinnert werden, dass er eigentlich ne Frau ist. Das ist ja auch irgendwie das Schöne, ich denk da ja einfach nicht dran, weil man es ihm einfach nicht ansieht! Und wenn er wirklich noch ne Brust hätte, dann würde man ja damit immer konfrontiert, wenn er sich auszieht und das sieht man ja auch, irgendwo, könnte er keine Hemden anziehen, sag ich jetzt mal, dann wäre er natürlich nicht so männlich, wie er jetzt ist. Das wär dann wohl schon irgendwie ein Unterschied.

Karin ging davon aus, durch die Brust fortwährend aus der Selbstverständlichkeit des Vergessens gerissen zu werden. Für sie war nicht vorstellbar, zumindest zeitweise über die Brust hinwegsehen zu können. Mangels Erfahrung konnte sie sich nicht in eine Situation hineinversetzen, die für viele der Partnerinnen alltäglich war - und die sie selbst im Übrigen mit Kurts fehlendem Penis ohne Probleme bewältigte.

Jana hatte Jan bei der Fete einer Freundin zwar „ganz grob", also eher von weitem, schon einmal gesehen. Damals hatte er die Brust noch. Dann verloren sie sich aus den Augen. Ihre Beziehung nahmen sie erst nach seiner Brustoperation auf:

Jana: Ich glaub, wenn ich ihn als Frau! kennen gelernt hätte, also wie gesagt, ich kenne ihn da ja nur ganz grob, ehm, ich weiß nicht, z. B. auch eben so Busen. Ich glaub, das hätte mich, mich, ich glaub das hätte mich abgestoßen, ich glaub nicht, dass das gegangen wäre.
Selbst wenn du gewusst hättest, das kommt in nem halben Jahr ab?
Ja!
Körperlich wär das nicht gegangen?
Ich glaub nicht. Ich, ich weiß es nicht. Und von daher, glaub ich, war es schon.

Es hätte ja sein können, du hättest ihn nach dem Hormongaben gesehen und er hätte erst danach die Operation gemacht.
Ja, gut, vielleicht hätte ich dann noch, vielleicht hätte ich dann noch durchgehalten. Ich weiß es nicht. Aber generell denke ich, dass eh, ja, dass es eigentlich doch schon der richtige Zeitpunkt war.

Letztlich ist immer genau der „Zeitpunkt" für die spätere Partnerin der „richtige", an dem sie den Transsexuellen kennen lernt. All die Frauen, die grundsätzlich keine Beziehung mit einem Transsexuellen aufnehmen würden, tauchen ohnehin ungesehen unter. Bei den verbleibenden aber spielt der Zufall eine große Rolle - immerhin ist etwa die Brust unter der Kleidung oft gar nicht sichtbar. Und eine Attraktion erlebten die Frauen ja im angezogenen Zustand und meistens schon vor Beginn der Hormonbehandlung. Einmal verliebt in einen solchen Menschen, arrangierten sie sich genau mit der körperlichen Situation, auf die sie trafen. So konnte Frauke kaum über den kleinen Busen ihres Partners hinaus denken:

Frauke: *Wenn er jetzt so viel gehabt hätte, was stellst du dir vor, wie das für dich gewesen wäre?*
Ich weiß nicht, ich glaube ich wäre mir da vor gekommen, als wenn ich mich betatsche.
Wäre das unangenehm gewesen?
Weiß ich nicht, anders.
Mehr lesbisch?
Ja!
Hätte das das verstärkt?
Ja natürlich!

Für Frauke war eine lesbische Beziehung durchaus vorstellbar. Ein solcher körperlicher Kontakt wäre nur „anders", nämlich etwas körperlich Gleiches. Und je größer die Brust, umso Gleicher sind die Körper. Hiermit koppelt sie das Umkippen einer Beziehung ins Lesbische an die Größe der Brust ihres Partners. An der Unhaltbarkeit dieses Gedankens wird deutlich, dass nur die konkrete Erfahrung und nicht das bloße Imaginieren einer solchen Situation Auskunft über tatsächlich mögliche und wirksame Umdeutungen geben kann.
Britta fiel unter den elf Frauen etwas heraus. Sie hatte grundsätzlich Probleme mit Bennos körperlicher Situation, d. h. zur Zeit mit dem fehlenden Penis. Insofern wäre es ihr mit einer noch vorhandenen Brust vermutlich ähnlich ergangen:

Britta: *Also wenn du Benno vorher gekannt hättest?*
Wärn wir nicht zusammen!
Dann hättest du ihn mehr als so eine Frau gesehen, was du abstoßend gefunden hättest?
Ja, ja!
Insofern war es also wichtig, dass du ihn erst nach der Brust-Operation kennen gelernt hast oder was war da das Ausschlaggebende?
Ich hab ihn ja nicht unter dem Gesichtspunkt kennen gelernt, dass er jetzt für mich in Frage käme. Und auch später, das war zwischen uns nicht mal irgendwo ein Thema, überhaupt! nicht. Das ergab sich einfach so. Und vorher, das, nein, auf gar keinen Fall wär ich da mit ihm zusammen!
Es gab ja ne gewisse Anziehung zwischen euch. Die Anziehung entstand aber erst nach der Operation?
Ja.
Die Anziehung hätte nicht vor der Operation auftreten können?
Nein!
Da ist wirklich das Erscheinungsbild „weibliche Brust" wichtig für dich?
Ja.

Britta gelang keinerlei fiktive Entweiblichung der Brust und insgesamt des Körpers ihres Partners. Sie verließ sich allein auf die durch medizinische Eingriffe ausgelöste Vermännlichung. Deshalb quälten sie auch Schuldgefühle, Benno hierdurch in die Operationen hineinzudrängen. Dieser aber hatte betont, jede Entscheidung für sich allein zu treffen.

Für die meisten Befragten, für die Frauen und mehr noch für die transsexuellen Männer selbst, waren die Brüste aufgrund ihrer ihnen so nachhaltig zugeschriebenen Weiblichkeit letztlich ein sehr schwieriges Terrain für eine langfristige rein fiktive Entweiblichung oder gar Vermännlichung. Sie widersetzten sich diesen Versuchen hartnäckiger als alle anderen Bereiche des transsexuellen Körpers. Insofern erschien fast allen Befragten die *Operation* unausweichlich.

Operative Entweiblichung

Hatten zu Beginn ihrer Partnerschaft erst drei der befragten transsexuellen Männer die Brustentfernung durchführen lassen, waren es zum Zeitpunkt des Gespräches bereits acht. Fünf der Partnerinnen hatten den Operationsprozess mit all seinen Vorbereitungen also hautnah mitbekommen, drei weitere befanden sich in der voroperativen Phase. Zusammen mit ihren

Partnern investierten sie viel Zeit, Energie und Hoffnung in dieses von den Männern so lang ersehnte Ereignis.

Wie nun stand es gemessen an diesen Erwartungen um die Zufriedenheit mit diesem Schritt und den Ergebnissen der Operation? Alle hiernach Befragten äußerten sich froh und erleichtert darüber, dies endlich hinter sich zu haben. Insbesondere die Außendarstellung war immens erleichtert, das mühsame Anlegen der Brustbandage entfiel, die Männer trugen voller Stolz eng anliegende T-Shirts, die Hemden fielen besser, sie konnten sich im Spiegel betrachten und womöglich auch nackt in der Öffentlichkeit zeigen. Auch die Berührungstabus zwischen den Partnern waren aufgehoben, nicht selten intensivierte sich der sexuelle Kontakt:

Eike: Am Anfang war mir das immer äußerst peinlich, darum war ich immer froh, wenn ich meine Ruhe hatte.
Was war dir peinlich?
Na ja! Wo noch die Brust da war und alle so was, da war ich immer froh, wenn sie sich nicht gerührt hat und nichts wollte! Da hätte ich, weiß der Geier, die ganzen Jahre ohne leben können.
Hat sich das durch die Operation verändert?
Durch die Operation, ja, ja!

Sexualität war für Eike nun nicht mehr automatisch damit verknüpft, aus der Selbstvergessenheit seines Mannseins gerissen zu werden. Auch dieser Körperbereich stand seinem Mannsein und einer offeneren Sexualität jetzt nicht mehr im Wege, was auch Eva erleichterte:

Eva: *Hat sich denn eure Sexualität geändert mit Beginn der Behandlung?*
Aber hallo!! Also früher hab ich immer rote Kreuze im Kalender gemacht, und hab dann gesagt: Weihnachten ist öfter, als wie wir miteinander schlafen! (Lacht) Und seit eben diese Hormonbehandlung eigentlich, die ersten Anzeichen, seitdem ist das immer besser geworden. Dann, als er operiert war, noch besser, und dann, viel freier und lockerer.

Insbesondere die Frauen litten oft darunter, den Oberkörper ihres Partners jahrelang nicht ansehen und berühren zu dürfen. Immer stand sein - und womöglich ihr eigenes - Tabu dagegen, was die Spontaneität im sexuellen Umgang beträchtlich einschränkte:

Maria: *Du hast ihn ja einige Monate noch gekannt, bevor er diese Brustoperation hatte, hat sich da denn in der Sexualität noch was geändert?*

Ja ist klar, ich durfte ihn danach oben berühren, weil vorher [unverständlich] hat er diesen Gürtel da getragen. Ich sag mal, so bis hier, und dann war halt tabu. Das war hinterher halt so nicht mehr, ne.

Ihre Partner verhielten sich nach der Operation in intimen Situationen freier und lockerer, zeigen ihren nackten Oberkörper, ohne sich für ihren Anblick meinten, schämen zu müssen:

Kurt: *Du hast ja Sexualität mit Frauen gemacht vor! deiner Brustoperation und nach! deiner Brustoperation: Hat sich da was geändert in deiner Sexualität?*
(Nickt)
Inwiefern?
(Stöhnt etwas) Ja, wie soll ich sagen. Also es ist alleine schon, wenn ich, wenn ich so auf dem Bett liege, nach, nach dem Sex z. B. oder überhaupt: Ich liege auf dem Bett und hab jetzt nichts an oder so, dann hab ich mir früher die Decke immer bis hier hin gezogen (zeigt unter sein Kinn). Jetzt eh, decke ich mir entweder gar nichts über, aber meistens schon hier so (zeigt auf den Unterkörper), leicht so wenigstens über, das ist eigentlich so das Einzigste. (...)
Und wie du Sexualität erlebst oder wie sie dich berührt?
Das hat eh, das hat keinen Unterschied gemacht. Natürlich, wie gesagt, früher, auf der Brust hab ich mich nicht anfassen lassen.
Aber jetzt darf sie da anfassen?
Ja selbstverständlich!
Ist das denn angenehm, erregend für dich, wenn sie dich da
Jo, ja, klar, obwohl das jetzt nicht direkt nur mit der, mit der, mit der, also ich, mich erregt das nicht besonders! z. B., wenn sie mir die Brustwarze streichelt, sondern wenn sie im Ganzen den Bauch streichelt, sag ich mal.

Kurt genoss die Berührung seines Oberkörpers, nicht unbedingt jedoch der Brustwarzen, sondern vielmehr des Bauches. Die unterschiedliche Stimulierbarkeit verschiedener Körperzonen bestätigt zusätzlich ihre jeweilige Entweiblichung bzw. Vermännlichung: Am Bauch empfindsamer zu sein als an der Brust ist eine typisch männliche Reaktion. Insgesamt verbesserte sich durch die Brustentfernung die Lebensqualität insbesondere der Männer, aber auch ihrer Partnerinnen beträchtlich. Neben einem freieren Umgang miteinander spürten die Frauen auch das wachsendes Selbstbewusstsein ihres Partners sowie die zunehmende Akzeptanz seiner selbst und seines Körpers. Diese Zufriedenheit stützte sich offenbar weitgehend auf das bloße Verschwinden der als aufdringlich weiblich angesehenen Brust. Eine männliche Brust aber war sie hierdurch noch nicht unbedingt. Anders als etwa die tiefere Stimme, der Bartwuchs und der sich verändernde Körperbau ist die operierte Brust von ihrem Erscheinungsbild her nämlich selten eine wirklich männliche Brust, also eine Brust, die aufgrund ihrer spezifischen Physiognomie gemeinhin als männlich verstanden wird. Es ist sehr schwer, operativ eine glaubwürdige männliche Brust mit ihren spezifischen Muskelansätzen, der üblichen Größe und Positionierung der Brustwarzen und möglichst wenigen Narben zu formen. Damit bewirkte auch der *medizinische Eingriff* - wie schon die fiktiven Eingriffe - vorrangig eine Entweiblichung, mehr jedenfalls als eine Vermännlichung der Brust. Eine Vermännlichung entstand meist nur im Rückschluss aus ihrer Entweiblichung: Da es nur diese beiden Möglichkeiten gibt, ist, was nicht weiblich ist, männlich:

Gerd: Es wird also nie so sein wie der Oberkörper meines Kollegen. Und trotzdem hab ich so jetzt das Gefühl, das ist mein männlicher Körper.

Trotz des unabweisbaren Unterschiedes zur Brust „seines Kollegen", also eines geborenen Mannes, konnte Gerd seine Brust jetzt als männliche interpretieren - eben weil sie nicht mehr weiblich war. Hierzu bedurfte es allerdings erneut einer fiktiven Besetzung seiner Brust, nämlich mit seinem „Gefühl". Die fiktive Umdeutung wurde also zur Unterstützung der medizinisch vollzogenen Umdeutung genutzt.

Auch Karin schloss unmittelbar von der nicht mehr weiblichen auf die nunmehr männliche Brust ihres Partners, auch wenn die Narben nicht zu „verstecken" waren und Kurt sich doch eher unzufrieden mit den Operationsergebnissen zeigte:

Karin: *Bist du denn mit dem Ergebnis der Brustoperation zufrieden?*
Ja! Also er hat natürlich keine weibliche Brust mehr, man sieht halt Narben, das ist ja ganz klar, das kann man nun mal nicht verstecken. Aber sonst so, die männliche Brust finde ich sehr schön.

Prekär war es allerdings, wenn nicht nur die Vermännlichung, sondern auch die von der Operation zumindest doch erhoffte körperliche Entweiblichung der Brust scheiterte, wenn also die Ergebnisse der Operation so unbefriedigend waren, dass ihre erneute Verweiblichung drohte:

Maria: Vielleicht sieht so ne Frau aus, die ne Brustamputation hatte oder so, weiß ich nicht.

Britta: Das stört mich schon, jetzt nicht die Narben, aber dass es noch ein Stück wie ne Brust aussieht. (...) Jetzt nicht so nachhaltig, dass ich sage: Uhh, da kann ich nicht mehr hingucken, also so nicht.

Für Britta waren offenbar Reste der Brustdrüse, also nicht hinreichend entfernte Weiblichkeit störend, während Maria eher indirekt vom typischen Ergebnis einer „Brustamputation", auf eine „weibliche" Brust rückschloss. Obwohl bei transsexuellen Männern genauso wie bei Frauen mit Brustkrebs die Brust entfernt wird, soll das Ergebnis doch gänzlich verschieden erscheinen: Einmal muss die Verbindung zum Frausein unbedingt erhalten bleiben, das andere Mal soll genau dies vermieden werden - was nicht immer gelingt.

Maria und Britta waren von allen Befragten vielleicht die Einzigen, die nach der Operation derart deutlich eine ungenügende Entweiblichung der Brust „sahen". Sie waren aber bei weitem nicht die Einzigen, die unzufrieden mit den Operationsergebnissen waren. Vielmehr war dies offenbar die Regel: Von den acht Paaren, bei denen der Partner die Operation bereits hatte durchführen lassen, zeigte sich lediglich ein Paar, nämlich Jana und Jan, uneingeschränkt zufrieden mit dem jetzigen Zustand seiner Brust. Mit geringen Einschränkungen bei Frauke kann man sie und Felix hier noch hinzurechnen. Alle anderen, also sechs Paare, berichteten von einem für eine als männlich verstandene Brust sehr ungenügenden Erscheinungsbild.

Die Klagen betrafen auffällige Narben, überschüssige Hautlappen, Dellen, Huckel, Falten und Tütchen, verbliebenes Drüsengewebe, Verlust von Muskelgewebe, zu große und falsch positionierte Brustwarzen, ungleiche Brustseiten und eine unnatürliche Spannung der Brust. Die folgende Sammlung soll einen Eindruck von den alles andere als guten Operationsergebnissen vermitteln:

Kurt: *Hast du richtige Schnitte?*
Ich hab nur kleine. Ich habe einmal drum rum um die Brustwarze und nen kleinen Schnitt drunter. (...)
Und bist du auch zufrieden, wie es jetzt ist?
Nnnein, also ich bin a) super zufrieden, dass meine Brust nicht mehr da ist. Aber mich stören schon die Narben, muss ich ganz ehrlich sagen. (...) Und dann, eh, ist es zwar, sieht es zwar sehr gut aus, aber ich hab, eh, ein Problem: Die rechte Brust, die ist son bisschen, die Seite, die ist toll geworden, die ist son bisschen, als wenn ich son Muskel

hätte und hier! (Er zeigt auf die linke Seite), da ist so ne kleine Delle drin, also son kleiner, ein bisschen tiefer geht das hier. Das sieht dann unterschiedlich aus. Das fällt eigentlich nicht auf, nur mir! fällt es halt auf, ich weiß es.
Da ist nicht so dieser Muskeln wie hier?
Richtig, das, das, das ärgert mich ein bisschen.

Marc: *Und wie ist es heute, was hast du heute für ein inneres Bild von deinem Körper?*
Ja, halt immer noch dieses männliche Bild so, was ich so an mir sehe. Obwohl da manche Sachen halt sind, wo ich nicht mit zufrieden bin, aber.
Was meinst du?
Ich sag mal, so z. B. die Brustoperation ist nicht ganz so gut verlaufen, da muss noch was gemacht werden.
Was stört dich?
Ja, wie gesagt, das ist einmal ne ziemlich große Narbe an der einen Seite. Und dann ist da noch ziemlich viel Haut übrig, hier an den Seiten, das stört mich dann alles noch. (...) Das soll noch weg.

Benno: Die Brustwarzen sind ziemlich hoch angesetzt, aber ich lass sie jetzt da. Ob sie nochmal anwachsen, weiß man ja nicht. Und lieber ein bisschen höher als gar keine.

Britta: *Bist du mit dem Ergebnis der Brustoperation zufrieden?*
Nee, nee! Nein!! Es sieht nicht gut aus, finde ich.
Sind Narben geblieben?
Ja, die Narben, es ist aber auch noch Drüsengewebe vorhanden. (...) Die Brustwarzen sind zu hoch und ich finde auch, die sind zu groß.
Will er das korrigieren lassen?
Ja, also nicht alles, Brustwarzen nicht. Aber die Höhe und das Drüsengewebe, das wird etwas korrigiert. Es wird zwar nicht ganz toll werden. Also ich find das auch unverschämt, wie das gemacht wurde. (...) Wie kann ich das so hoch ansetzen!? Das find ich völlig daneben!

Eike: *Hast du schon manchmal bereut, diese Schritte gegangen zu sein?*
Die Schritte nicht, aber ich habe bereut, dass ich am Anfang versucht habe, derweil ich ja ein bisschen mehr hatte, dass erst diese Mamillenschnitte gemacht worden sind. Wenn ich jetzt vielleicht diese Schnitte, die ich jetzt habe, gemacht hätte, dann hätte ich vielleicht zwei OPs einsparen können und vielleicht auch das Ergebnis wäre ein bisschen besser gewesen, weil die mir, bei der zweiten Korrektur, was nicht besprochen war, zu viel Fett weggenommen hab, was überhaupt nicht

weggenommen werden sollte, weil das biologisch gut aussah. Da haben sie mir Fett geklaut, statt dass sie mir die [unverständlich] weg gemacht haben.

Also du hast zwei Nachkorrekturen gemacht?

Nee, mehr! (...) Weil, meine Brustwarzen, die waren festgewachsen, hier auf, auf den Muskelgewebe. Der hat die losgelöst und hat die Falte weg gemacht. Das war aber immer noch nicht das, was ich wollte, ich wollte immer, dass die Mamillen versetzt werden sollten, weil sie die das erste Mal nicht abgetrennt hatten. Die ham sie auf som Stiel gelassen, damit sie nicht sterben, vorsichtig wie sie sind. Und dann passte mir das immer noch nicht, und dann habe ich noch! ne OP, also insgesamt habe ich vier Brust-OPs! Und dann haben sie mir bei der letzten die Mamillen verkleinert nochmal und etwas höher gesetzt.

Und ganz zufrieden bist du noch nicht?

Nee, weil erst mal hier diese kleinen Tütchen an der Seite, hier die Narben, und dann habe ich vorne, wenn man da hin fasst, das ist wie so eine kleine Verhärtung. Dadurch ist so ein Huckel, das ist auch so, als wenn da noch ein bisschen Haut zu viel ist.

Eva: Er ist noch nicht so ganz zufrieden mit seinem Oberkörper. (...) Er hat noch so eine kleine Delle, so ein bisschen Haut über, am Ende einer Naht, ganz klein nur, aber es stört ihn.

Felix: *Bist du mit dem Ergebnis der Brustoperation zufrieden?*
Ja! Ich hab keine Narben, ich hab keine Narben.
Was haben die gemacht?
Ja, die haben hier um den Hof herum son kleinen Schnitt gemacht.

Frauke: Und dann der Dr. G. in B. hat ihn ja angeguckt und meinte: Oben rum machen wir gleich mit, das ist so wenig! Gut, wenn sie gewusst hätten, was das doch fürn Hick Hack war, das hat sich nämlich alles nach hier verlagert, an die Seiten, dann hätten sie es wahrscheinlich nicht in einem Schritt gemacht, das wussten sie ja damals nicht. (...)
Bist du mit den OP-Ergebnissen zufrieden? Also Brust?
Ist top in Ordnung! Ich sag mal so: Ich hätte es nicht besser machen können (lacht).

Gerda: *Bist du denn mit den Operationsergebnissen zufrieden?*
Ja. Es muss zwar noch einiges sicher korrigiert werden, aber, aber vom Großen und Ganzen her ja.
Meinst du, es muss nochmal eine Nachoperation gemacht werden?
Ja, ham die Ärzte auch gesagt. (...)

Die Brustwarzen oder was?
Diese üblichen, was ich mir hab sagen lassen, Tütchen an der Seite, die wohl noch entfernt werden müssen, die sind eben wirklich nicht so gut geworden.

Hans: *Und mit der Brustoperation, bist du da zufrieden?*
Ja, außer dass sie ein bisschen eingefallen sind, weil sie in der Mitte geschnitten haben. Aber sonst ist das schon o.k.

Hanna: *An der Brust ist er zufrieden?*
(Sehr zögernd) Jaa, was heißt zufrieden!? Da war er auch schon mal zur Korrektur. Aber es geht wohl nicht besser, weil Hans hat ja auch als Kleinkind Verbrennungen erlitten, ne, und dementsprechend ist hier die ganze rechte Seite, ne. (...) Die ham einmal über die Brustwarze so einen Querschnitt gemacht, also einfach so, sag ich mal, in der Mitte geteilt und da dann alles rausgeholt, ja, und dementsprechend ist da jetzt natürlich ein Schnitt! Mitten in der Brustwarze! Ist natürlich schon ein bisschen blöd.

Maria: Und jetzt ist die eine Seite wohl einigermaßen geworden und die andere Seite nicht. (...)
Was stört dich?
Ja, da sind ziemlich, eh, erstmal hat er riesige Brustwarzen. Die ham sie nicht eh, was weiß ich, nicht so toll vernäht. Und dann hat er ne ziemlich große Narbe hier, was auch überlappt, also mit diesem [Unverständlich]. Kann man auch schwer beschreiben, wie eben ne richtige verpfuschte OP, (...) sehr faltig auch und, und. Ja, ist alles nicht so toll geworden.

Selbst die Schilderungen von Jana und Jan, die sehr zufrieden mit den Ergebnissen seiner Brustentfernung waren, verwiesen noch auf die häufigen Misserfolge bei dieser Operation:

Jan: *Und die Brustoperation: Bist du mit dem Ergebnis zufrieden?*
Super! (...) Also ich hab jetzt da auch in Frankfurt einige andere gesehen und da war ich also mit Abstand, sah ich echt am besten aus!
Hast du denn Narben?
Ich hab Narben, aber die sind da in diesem Warzenhof, ganz klein unten drunter, also wenn man genau hinguckt, sieht man sie, aber wenn man nicht hinguckt, sieht man überhaupt nichts.
Also kannst du ganz locker mit nacktem Oberkörper rumlaufen?
Absolut, also das ist überhaupt kein Problem!

Jana: *Und die Brustoperation, ist die denn gut gelaufen?*
Die ist super! Also die ist, ist, also find ich, sehr, sehr, also siehst du auch im Verhältnis, wenn du so in Frankfurt die Leute sahst, dagegen ist es echt traumhaft gelaufen! Da siehst du, siehst du null. (...) Er hat fast gar keine Narben.

Froh darüber, die Brüste endlich los zu sein, waren die meisten Befragten bezüglich der Operationsergebnisse nicht übermäßig anspruchsvoll. Und sie spielten ihre Unzufriedenheit auch eher herunter als dass sie sie übertrieben, was sich unter anderem an Differenzen in den Schilderungen der einzelnen Partner zeigte, wie etwa bei Hans, Benno, Marc, Karin, Eva und eventuell auch Felix. Auch in der Selbsthilfeszene sind offene Berichte über schlechte Ergebnisse eher selten. Obwohl die Operationen fortlaufend Thema sind, zeigen sich die Betroffenen kaum einmal die operierte Brust, es sei denn, sie sind befreundet oder das Ergebnis ist hervorragend, was dann wieder falsche Erwartungen beim noch nicht Operierten weckt. So stellte Eike eine weitere Korrektur schon deshalb zurück, weil er keinen guten Operateur kannte. In seinem „Umkreis" sah er kaum „Ergebnisse", zumindest kaum ansprechende:

Eike: *Du hast ja auch nicht so gute Erfahrungen gemacht*
Ja, ja, ja, ja. Denn so viele Ergebnisse sieht man auch nicht! Die meisten sind in Frankfurt operiert oder da bei dem Daverio, und so. Aber aus dem Umkreis sieht man kaum OP Ergebnisse, dass man mal sagen kann, oh Gott, (...) das sieht ja gar nicht schlecht aus, der muss sein Handwerk auch verstehen.

Es herrscht offenbar eine gewisse Scheu, schlechte Ergebnisse zu zeigen, fast schon, als trüge man selbst die Schuld daran: Man hat es ja nicht anders gewollt, hat sich den Operateur selbst ausgesucht, vielleicht zu viel erwartet und andere Gründe mehr. So nahm Gerd, der das Ergebnis noch nicht abschließend beurteilen konnte, schon einmal vorbeugend seinen Arzt in Schutz:

Gerd: *Hast du jetzt ne Brust, wie sie ein Mann hat, mehr oder weniger?*
Mehr oder weniger gut. Mit den Narben natürlich unterscheide ich mich schon, aber das ist halt wirklich auch nicht anders machbar gewesen.

Es mag grundsätzlich schwer sein, die lang ersehnte, nun aber mangelhafte Vermännlichung der Brust einzugestehen und sich mit ihrer bloßen

Entweiblichung abzufinden. Trotz der ein oder anderen Verbesserung durch Nachkorrekturen müssen sich die Betroffenen nämlich letztlich der bitteren Tatsache stellen: Aus dem durch die Operationen gestalteten Körper kommen sie nicht mehr heraus. Sie müssen genau so mit ihm leben, wie er jetzt geworden ist. Und jahrelange Träume und die plötzliche Wirklichkeit liegen oft recht weit auseinander.

Fiktive Stützung

Nähern sich die transsexuellen Männer und ihre Partnerinnen dieser Endgültigkeit an, beginnen also, seinen Oberkörper so zu nehmen, wie er jetzt ist und verzichten auf weitere medizinische Eingriffe bzw. erwarten von ihnen keine entscheidende Vermännlichung mehr, eröffnet sich für sie der Weg, auch den nach gängigen Kriterien wenig männlichen Zustand ihrer Brust erneut mit *fiktiven Umdeutungen* zu belegen. Diese fiktive Besetzung, die *vor* der Operation zur Entweiblichung der Brust genutzt wurde, soll *nach* der Operation zu ihrer medizinisch nicht geglückten Vermännlichung verhelfen. Ein gern gewähltes Mittel ist dabei die Interpretation des vernarbten Brustbereiches als eine männliche Brust, die durch Unfall oder Krankheit verunstaltet wurde. Ein solches Unglück kann jeden Mann ereilen, auch bei ihm würden Verletzungen oder Operationen sichtbare Verformungen hinterlassen. Diese Umdeutung spielt also mit einem allgemeinmenschlichen und allgemeinmännliches Schicksal.

Obwohl Kurt mit dem Ergebnis seiner Brustentfernung nicht ganz zufrieden war, ging er am selbstbewusstesten mit dieser fiktiven Deutung um:

Kurt: Also das könnte alles Mögliche sein. Das könnte, was weiß ich, wenn ich ein Krebsgeschwür gehabt hätte oder so, dann hätte das ja auch davon sein können. Also auf die! Idee ist, glaube ich, keiner gekommen.

Trotz mancher Befürchtungen, entlarvt zu werden, hatte Kurt die Erfahrung gemacht, dass niemand von Narben an seiner Brust direkt auf seine Transsexualität rückschloss:

Kurt: Das war sicherlich zu erkennen, aber ich denke, dass, manchmal habe ich auch gedacht, jeder stiert dir doch da drauf und jeder weiß doch ganz genau, was da passiert ist, aber das weiß keiner!

Marc tat sich da schwerer. Trotz Marias Appellen, sich offener zu bewegen, phantasierte er immer wieder, alle wüssten um den Grund der Vernarbungen:

Marc: Ich bin dann immer ein bisschen gehemmt, oder auch schon mal schnell, dass ich mir einfach wieder nen T-Shirt überziehe oder so, wenn ich dann merk, dass jemand guckt oder so. (...) Maria sagt dann auch immer: Mein Gott, die gucken dich nicht an, die wissen doch überhaupt gar nicht, was das ist! Du kannst ja auch, was weiß ich, nen Unfall oder so was gehabt haben! Aber das geht dann, in meinem Kopf ist das dann halt so, dann denk ich: Mein Gott, jetzt gucken die wieder alle!

Maria bestätigte die Hemmungen ihres Partners:

Maria: Wenn wir am Strand sind, dann muss ich ihn immer schon überreden, dass er seine Hände unten lässt, und nicht so läuft (verschränkt die Arme über der Brust).

Ihr selbst fiel die Umdeutung seiner unvollkommenen Brust in eine fiktive Krankheit offenbar leichter:

Maria: Das kann ja Gott weiß was sein. Es gibt auch Männer, die an der Brust operiert werden, was weiß ich, aus irgendwelchen Krebsgründen oder so, gibt es ja alles, ne.

Ob Maria auch im täglichen Umgang mit Marc auf diese Deutung zurückgriff, blieb offen. Vielleicht war sie auch nur gegenüber anderen darauf angewiesen. Wie auch immer: Marc wird die unbefangenere und tolerante Haltung seiner Partnerin eine große Hilfe zur Überwindung eigener Verunsicherungen sein. Maria sticht nicht in die offene Wunde, sondern versucht sie zu heilen. Und selbst Britta, die die Ergebnisse von Bennos Brustentfernung zuvor als „Unverschämtheit" bezeichnet hatte und es deshalb letztlich besser fände, er legte seltener sein T-Shirt ab, war überzeugt davon, niemand würde diese Unvollkommenheiten mit seiner Transsexualität in Verbindung bringen. Im Anschluss an ihre Beschreibung, „dass es noch ein Stück wie ne Brust aussieht", betonte sie auf meine Frage, ob dadurch die weibliche Seite durchkäme:

Britta: Also das würde man nicht erkennen, wenn man's nicht wüsste! Ein Außenstehender würd denken, er hat ne Krankheit gehabt und ist dann operiert worden oder so.

Bemerkenswert war, dass diese Befragten die Narben lieber einer schweren Krankheit oder einem Unfall als seiner Transsexualität zuschreiben wollten. Neben dem Tabu, dem Transsexualität immer noch unterliegt, spielte dabei der Wunsch, seine Vergangenheit und damit seine geschlechtliche Identität nicht jedem offenbaren zu wollen, eine Rolle:

Kurt: Es haben mich natürlich auch Leute drauf angesprochen, muss ich ganz ehrlich sagen. Und da kam das immer so auf meine Laune an, und meistens hab ich dann gesagt: Möchte ich eigentlich nicht drüber reden. Ich war mal krank, ne. Warum soll ich wildfremden Leuten mein Leben erzählen!?

Da der Hinweis auf die Transsexualität das ganze „Leben" beinhaltet, wird man ihn nur denjenigen Menschen geben, deren wirkliches Interesse, Verständnis und Akzeptanz man voraussetzen kann. Krankheit oder Unfall sind da unverfänglicher: Sie gehören zum normalen Alltag und man muss mit weniger intimen Fragen und Ablehnung rechnen. Es werden einem sogar noch Mitempfinden und Mitleid entgegengebracht.
Ein anderer Weg, die problematischen Ergebnissen fiktiv zu vermännlichen, bestand darin, sie direkt zu männlichen Körperzeichen umzudeuten. So interpretierte Eva das verbliebene Drüsengewebe als typisch männliche „biologische Wölbung":

Eva: Er ist noch nicht so ganz zufrieden mit seinem Oberkörper, obwohl ich sage: Er ist schön, so wie er ist, weil, da ist Leben drin, der ist nicht so gespannt wie so eine Sehne oder so. (...) Ich habe andere Oberkörper, jetzt sehr, die sind also fürchterlich gespannt und leblos, sag ich immer. Bei ihm ist noch Leben drin, so eine leichte biologische Wölbung, einfach so, wie es ist, schön.

Eikes Brust ist so, „wie es ist", d.h. sie ist, wie eine ganz normale Männerbrust eben ist und sein muss. Für Eva war sie damit nicht bloß entweiblicht und tendenziell neutral, sondern da in ihr noch Leben, nämlich männliches „Leben drin" war, war sie für sie das lebende Beispiel einer männlichen Brust. Und genau das gefiel ihr an der Brust ihres Partners. Eike selbst hielt eine andere fiktive Besetzung bereit. Auf die Frage nach der Bedeutung eines muskulösen Oberkörpers gab er zu bedenken, dieser könne ihm bei der Vermännlichung seiner Brust hilfreich sein:

Eike: Ich finde schon, ein bisschen, weil man ja auch denkt: Dann kann man ein bisschen, wenn die Brust ein bisschen aufgebaut ist, die Narben etwas verdecken, weil, da genau, da muss ja eine Falte sitzen.

Wenn die ungeliebten Narben zu „Falten" einer muskulösen Brust mutieren, verweisen sie nicht mehr auf eine körperlich weibliche Vergangenheit, sondern wachsen sich zu Zeichen körperlicher Männlichkeit aus: Dann „sitzen" sie „genau da", wo eine „Falte" sein „muss", wo also geborene Männer ein typisches Zeichen ihres männlichen Brustaufbaus haben.

Sollte bei Eike die Muskelfalte helfen, seine Narben zu verdecken und umzudeuten, hoffte Gerd auf das Wachsen seiner Brusthaare. Damit war er überzeugt, sich anderen gegenüber ohne Bedenken mit nacktem Oberkörper zeigen zu können:

Gerd: Sobald die Narben verblassen und so diese Tütchen da nicht mehr sind und vielleicht die Haare das so kaschieren, dann werd ich das machen.

Gängige Zeichen körperlicher Männlichkeit sollen aus der Operation verbliebene Hinweise auf körperliche Weiblichkeit verdecken helfen. Im Idealfall bleiben am Ende nur die als männlich verstandenen Zeichen.

Felix wählte zur fiktiven Vermännlichung seiner Brust den Weg der Nivellierung: Gestützt auf entsprechende Versicherungen seines Arztes gab es für ihn von „Natur" aus keinen Unterschied in der Größe der Brustwarzen von Männern und Frauen. Damit waren seine Warzen in jedem Fall natürlich männlich, „nicht auffallende" Weiblichkeit führte zur hinreichenden Vermännlichung seiner Brust:

Felix: *Hast du denn die Brustwarzen auch verkleinern lassen?*
       Nee, er meinte, Männer und Frauen, da ist kein, es gibt Männer, die ham große Brustwarzen und Männer, die ham kleine Brustwarzen, das liegt in der Natur. Und bei mir fiel das überhaupt nicht auf.

Hanna und Hans hatten es da etwas schwerer, mussten sie sich doch auf ein unbekannteres medizinisches „Phänomen", nämlich die so genannten „Schlupfwarzen", berufen. Hanna hatte schon beschrieben, wie es hierzu gekommen war. Im Anschluss daran kompensierte sie ihre offensichtliche Enttäuschung durch dieses spezifische „Phänomen":

Hanna: Aber ich denke mir mal, es sieht ja genauso aus. Es gibt ja auch bei Männern das Phänomen der Schlupfwarzen, ne, dass die sich dann auch nach innen so wegknicken und so sieht es dann halt aus.

Hanna war froh, dass Hans' Warzen am Ende „genauso" und nicht doch irgendwie anders „aussehen" wie männliche Schlupfwarzen. Der Fehler des Operateurs führte also zumindest zur Übereinstimmung mit einem bei Männern nachweisbarem Erscheinungsbild.

Halfen den Betroffenen zur Vermännlichung seiner Brust weder der Rückgriff auf Krankheiten und Unfälle noch die Umdeutungen spezifischer Problemzonen, blieb ihnen immer noch der fiktive Umgang mit der Brust, wie er ihnen bereits aus den Jahren vor der Operation vertraut war: Die Verhüllung. Einige der Männer zogen sich auch nach der Operation außer vor ihrer Partnerin nicht vor anderen aus. Eike etwa traute sich dies nur in Gesellschaft eines ebenfalls operierten transsexuellen Mannes und dessen Ehefrau. Von Marcs immensen Problemen war bereits die Rede. Und Benno ging erst nach längerer Zeit in die Offensive:

Benno: *Hast du Hemmungen, in der Öffentlichkeit mit nacktem Oberkörper?*
Nee, hab ich nicht mehr, hab ich mir abgewöhnt.

Einen wesentlichen Vorteil brachte die Brustentfernung also in jedem Fall: Mag das Ergebnis noch so schlecht sein, mit einem leichten T-Shirt war es jederzeit zu bedecken, die Verhüllung und damit die Vermännlichung war nach der Operation also wesentlich weniger aufwändig als vorher. Bei der üblichen, meist unauffälligen Bedeckung der Brust etwa mit Hemd oder T-Shirt erscheint der Transsexuelle unzweifelhaft als Mann. Auch eine lediglich entweiblichte Brust verschwindet darunter als unmissverständlich männliche. Deshalb führt allein ihre Entfernung, egal wie das Operationsergebnis ausfällt, zur Steigerung der Lebensqualität. In den meisten Situationen des Alltags verleiht die Operation den Transsexuellen eine eindeutigere Männlichkeit. Und in den Situationen größerer körperlicher Offenheit mögen zusätzliche fiktive Besetzungen Erfolg versprechen. Die letztlich nur zur Entweiblichung führenden fiktiven Umdeutungen ohne vorangegangene Operation waren hierzu langfristig nicht in der Lage.

Durch die Brustentfernung steht dem umfassenden sozialen Mannsein der Transsexuellen also nichts mehr im Wege. Für manche der Betroffenen trat die Konzentration auf die Entweiblichung bzw. Vermännlichung über medizinische Eingriffe in den Körper damit zunehmend in den Hintergrund. Andere wiederum versuchten, den Weg über die verkörperte

Vermännlichung weiter zu gehen, ihr Mannseins also weiterhin vorrangig über ihren Körper zu verwirklichen: Über die körperliche Umgestaltung ihres Genitals erhofften sie sich eine noch größere Annäherung und womöglich abschließende Realisierung ihrer Vorstellungen von körperlichem und sozialem Mannsein.

3. Das vermännlichte Genital

Das gemeinhin als weiblich verstandene Geschlechtsteil des transsexuellen Mannes strahlt offenbar weder für die Betroffenen selbst noch für ihre Partnerinnen und ihr Umfeld eine derart aufdringliche Weiblichkeit aus wie die sozial weiblichen Zeichen seiner Brust. Allein von seiner physiologischen Anlage her ist es weniger öffentlich und damit in den meisten sozialen Situationen weniger entlarvend. Die gegenüber der Brust für die meisten Betroffenen schon von klein auf nachrangige Dringlichkeit der medizinischen Umgestaltung ihres Genitals, die natürlich auch an der schwierigeren Gestaltung eines Neopenis liegt, ist deshalb leicht nachvollziehbar. Das heißt aber nicht, dass dieses Genital einfach so hingenommen oder gar als das angenommen wird, was es ist, nämlich als weiblich klassifiziertes Geschlechtsteil mit seinen gängigen Bezeichnungen wie Klitoris, Scheide und ähnlichem. Seine Entweiblichung und - wenn eben möglich - seine Vermännlichung war den Befragten ein zumindest ebenso großes Anliegen wie die entsprechende Veränderung der Brust, lehnten sie doch grundsätzlich jegliche als weiblich verstandenen Zeichen an ihrem Körper vehement ab. Ihre Gewichtung aber war eine andere: Erschien hinsichtlich der Brust ein medizinischer Eingriff unausweichlich, weil sich alle rein fiktiven Besetzungen letztlich als unzureichend erweisen, verblieb - aus unterschiedlichen Gründen - für die meisten Paare die Umgestaltung des Genitals vorrangig auf der Ebene fiktiver Eingriffe. Noch immer unterzieht sich nur der geringere Teil der transsexuellen Männer dem chirurgischen Aufbau eines Neopenis. (Neuere Zahlen liegen hierzu nicht vor, eventuell lässt inzwischen ca. ein Drittel der transsexuellen Männer diesen Eingriff vornehmen.) Gerade deshalb aber sind die fiktiven Umdeutungen umso unverzichtbarer. Auf keinen Fall darf das Genital als weibliches existent bleiben: Ein Mann hat keine Klitoris und keine Scheide. Derartige Kennzeichnungen würden sein Mannsein zerstören.

Es zeigte sich bereits, dass die meisten der befragten Frauen das Geschlechtsteil ihres Partners von Beginn an nicht als weibliches wahrnahmen. Gekoppelt an sein so glaubwürdig vermitteltes Mannsein lösten sie es vielmehr von den üblichen Zeichen der Weiblichkeit und integrierten seinen Körper und eben auch sein Genital erstaunlich problemlos in sein soziales Mannsein. Und diese Umdeutung gelang vielen sogar, bevor die transsexuellen Männer mit den Hormongaben begonnen hatten: Immerhin sieben der elf Frauen hatten die Beziehung zu ihrem Partner vor Behandlungsbeginn aufgenommen. Und damals war noch nicht die für die Befragten so wichtige körperliche Veränderung eingetreten, auf die sie dann im Wesentlichen ihre fiktive Umdeutung aufbauten: Das Wachstum der Klitoris um einige Zentimeter.

Vor Einsetzen dieses Wachstums mussten die Paare ein nach gängigen Kriterien gänzlich weibliches Genital, ein Genital, das prinzipiell genau so aussah wie das ihrer Partnerin, rein fiktiv von seiner Weiblichkeit befreien. Dies gelang vielen nur durch seine Tabuisierung. Schilderungen der transsexuellen Männer hierzu waren eher rar und betrafen wenn, dann vorrangig die Zeit ihrer Jugend, also nicht ihre aktuelle Partnerschaft. Vielmehr bezogen sie sich bei diesem Thema hauptsächlich auf ihre bereits veränderte und damit für sie akzeptablere körperliche Situation: Da der Beginn der Hormonbehandlung für die hier befragten Männer zum Zeitpunkt des Gesprächs im Mittel schon mehr als dreieinhalb Jahre (zwischen acht Monate und sieben Jahre) zurücklag, konnten sie und ihre Partnerinnen sich bei der Deutung seines Körpers bereits auf seine durch die Hormone vergrößerte Klitoris stützen.

Auf dem Hintergrund der Suche nach Beweisen ihres Mannseins über den Körper ist die gewachsene Klitoris für viele Betroffene von großer Bedeutung. Sie hilft ihnen nicht nur, ihr körperliches Nicht-Frausein, sondern auch ihr körperliches Mannsein zu belegen. Das veränderte Genital verfügt für sie zwar nicht über dieselben körperlich männlichen Qualitäten wie der herkömmliche Penis, wird aber sozusagen als Unterbau für die fiktive körperliche Vermännlichung herangezogen. Für sich allein ist die vergrößerte Klitoris nicht hinreichend vermännlichend, in Verbindung mit fiktiven Umdeutungen genügt sie manchen Paaren aber offenbar für ein akzeptables männliches Körperbild. Anderen indessen verhilft sie lediglich dazu, die Zeit bis zum angestrebten operativen Penisaufbau zu überbrücken.

Und ob die veränderte Klitoris für die zufrieden stellende Vermännlichung hinreicht oder nicht, kann nicht von den jeweiligen körperlichen Vorgaben abhängen, da diese bei transsexuellen Männern im Wesentlichen gleich sein dürften. Ausschlaggebend sind vielmehr die weiteren Pläne der Betroffenen. Setzen sie auf einen operativen Penisaufbau, erscheint den meisten von ihnen die um wenige Zentimeter gewachsene Klitoris letztlich als nicht hinreichend männlich. Entscheiden sie sich aber gegen diese Operation, können sie mit ihrem vergrößerten Genital oft erstaunlich gut leben. Nicht der Körper selbst ist es also, der vorrangig das Geschlecht anzeigt, das er ist, sondern maßgeblich dafür, dass spezifische Zeichen für ein bestimmtes Geschlecht hinreichend sind, ist die Vorstellung darüber, welches Geschlecht dieser Körper haben soll. Diese Vorstellung öffnet oder verschließt den Weg für auf das Genital gelegte fiktive Zuschreibungen. Nicht ein körperlicher Mangel - der ja für alle Transsexuellen im Prinzip gleich ist - ist also ausschlaggebend für die Entscheidung, den medizinischen Eingriff durchführen zu lassen, sondern umgekehrt verhindert genau der anvisierte chirurgische Penisaufbau, die vergrößerte Klitoris endgültig und hinreichend fiktiv mit Männlichkeit besetzen zu wollen und zu können bzw. sich mit ihr als das körperliche Mannsein nicht störend zufrieden zu geben. Wenn

jemand sich einen Neopenis konstruieren lassen will, wird er sich mit auf seiner gewachsenen Klitoris aufbauenden fiktiven Konstrukten nicht weiter abgeben.

Von welchen Faktoren es aber abhängt, ob ein transsexueller Mann sich für einen operativen Penisaufbau entscheidet oder nicht, ist schwer auszumachen. Alle transsexuellen Männer wünschen sich einen Penis, wünschen sich also, mit einem funktionierenden und nach gängigen Kriterien normal aussehenden Penis geboren worden zu sein. Aber nur ein Teil von ihnen geht den Weg, sich einen Penis chirurgisch gestalten zu lassen. Sicherlich sind die operativen Möglichkeiten hierfür auch heute noch sehr begrenzt. Dies erklärt jedoch nur die etwas kleinere Zahl transsexueller Männer, die diesen Weg überhaupt wählt (und weshalb dieser Schritt nach der bisherigen Rechtsprechung noch nicht zur Auflage für die Personenstandsänderung gemacht wird), nicht jedoch, warum welcher Mann sich operieren lässt und ein anderer nicht, warum der eine Transsexuelle also bis zum Ende der Vermännlichungsmöglichkeiten über den Körper geht und ein anderer davon Abstand nimmt und mehr auf fiktive Umdeutungen setzt.

Auch den Aussagen der hier befragten transsexuellen Männer lässt sich dazu keine verlässliche Erklärung entnehmen. Von den sieben Männern, die einen operativen Penisaufbau durchführen lassen wollten bzw. bereits durchgeführt hatten, betonten fünf, sich nur so körperlich „komplett" als Mann sehen zu können. Warum diese Männer sich nur mit Hilfe des chirurgischen Eingriffs, andere sich aber auch ohne ihn körperlich als Mann erleben können, ist damit immer noch nicht beantwortet, sondern wirft einen zurück in die Erklärungsschleife. Oft wird wohl die soziale Situation oder auch nur der Zufall eine Rolle spielen, etwa, welche Operationsmethode die jeweilige Krankenkasse zu finanzieren bereit ist, in welcher beruflichen Situation sich der Betroffene befindet, also wie angewiesen er sich etwa auf das Urinieren im Stehen fühlt, welche Haltung in einer von ihm besuchten Selbsthilfegruppe oder von nahe stehenden anderen Betroffenen vertreten wird und ähnliches. Aber auch rigide Geschlechterpolarisierungen des sozialen Umfeldes oder der Betroffenen selbst mit vorrangiger Fixierung des Mannseins auf den Körper können ein Grund für oder gegen diesen Weg sein. Hierfür ließen sich aus dem vorliegenden Material durchaus Hinweise - aber auch Gegenbeispiele - finden. Letztlich muss die Antwort offen bleiben.

Im Rahmen der hier wichtigen Fragestellungen ist darüber hinaus interessant, ob *die Partnerinnen* der transsexuellen Männer diese bei ihrer Entscheidung *für oder gegen einen operativen Penisaufbau beeinflussten*. Auf meine entsprechende Frage hin betonte jeder der transsexuellen Männer, sich unabhängig von seiner Partnerin für oder gegen den Neopenis entschieden zu haben bzw. entscheiden zu wollen. Und jede der Partnerinnen hob hervor, sich letztlich aus dieser Entscheidung herauszuhalten. Sieben der elf Paare waren sich hinsichtlich des Weges, den der transsexuelle Mann einschlagen wollte, einig: Drei von ihnen sprachen sich gemeinsam für den operativen Penisaufbau aus, bei vier der Paare wollten beide diesen Schritt nicht vollziehen. Die verbleibenden vier Paare (Hans / Hanna, Jan / Jana, Kurt / Karin, Marc / Maria) zeigten Differenzen: Für die Frauen wäre ein solcher Eingriff jeweils nicht notwendig (gewesen), während er ihren Partnern als unabdingbar erschien.

Trotz der relativ kleinen Zahl der hier Befragten ist diese unterschiedliche Haltung hinsichtlich der Bedeutung des Neopenis schon bemerkenswert und zwar sowohl deshalb, weil es sich bei der Abweichung um immerhin ca. ein Drittel der Paare handelte, aber auch, weil es jeweils die Frauen waren, die dem operativen Penisaufbau einen geringeren Stellenwert beimaßen als ihre Partner. Festzuhalten ist weiter, dass diese vier Frauen ihren Partner trotz dieses doch gravierenden Eingriffs in seinen Körper und damit auch in ihre eigenen Lebensbelange nicht von diesem Schritt abzuhalten versuchten. Sie respektierten seinen dringenden Wunsch nach diesem Eingriff.

Der operative Penisaufbau und die (vergrößerte) Klitoris des transsexuellen Mannes warfen aber noch weitere Fragen auf, die im Folgenden im Blickpunkt stehen werden: Wie genau gehen Paare, die den Penisaufbau nicht chirurgisch durchführen lassen wollen, mit der dann weitgehend abgeschlossenen körperlichen Situation des Transsexuellen um? Wie verhalten sich die Paare, bei denen der Partner die für ihn abschließende Operation am Neopenis noch vor sich hat zu seinem Genital? Was schilderten die beiden Paare, die bereits mit einem Neopenis konfrontiert waren, auch im Vergleich zur früheren körperlichen Situation des Partners? Wie also erlebten die Paare auf der Basis unterschiedlicher Planungen jeweils das Geschlechtsteil des transsexuellen Mannes und welche Haltung zeigten sie grundsätzlich bezüglich der Bedeutung des Penis für das Mannsein? Wie stellten sie sich zum Umgang mit unterstützenden Hilfsmitteln wie etwa Dildos? Und wie erlebten die Paare ihre Sexualität mit und ohne Neopenis bzw. mit und ohne den Wunsch nach dem operativen Aufbau?

Fiktiver Penisaufbau: Die Klitoris als Penis

Die Ausgangslage aller Paare nach Einsetzen der hormonellen Wirkungen war im Prinzip die gleiche: Die Klitoris des transsexuellen Mannes war mehr oder weniger stark gewachsen. Erfahrungsgemäß bewegt sich dieses Wachstum zwischen zwei und sieben Zentimetern. Eine Vergrößerung über vier bis fünf Zentimeter hinaus zählt aber schon zu den Ausnahmen. Anhand der hier vorliegenden Schilderungen zeigte sich, dass das Ausmaß der Vergrößerung der Klitoris offenbar nicht maßgeblich war für das weitere Vorgehen: Ein Betroffener mit einer auf zwei oder drei Zentimeter angewachsenen Klitoris entschied sich also nicht eher für einen Neopenis als ein Transsexueller mit einer größeren Klitoris. Diese Vergrößerung aber eröffnete vielen von ihnen eine andere Möglichkeit, nämlich die fiktive Vermännlichung: 14 der Befragten beschrieben die vergrößerte Klitoris explizit als verschieden, als anders im Vergleich zu einer nach üblichen Kriterien weiblichen Klitoris und benutzten für dieses andere Genital Begriffe wie „kleiner Penis", „mein Kleiner", „wie ein Penis" u.ä..

Wie Gerd es bereits anschaulich geschildert hatte, gelang die Vermännlichung des Genitals dabei zunächst über seine vorgelagerte Entweiblichung. Allein, weil es nicht so aussah wie das Geschlechtsteil einer Frau, war es kein weibliches. Aber dabei blieb die Transformation nicht stehen: Wenn es nur zwei körperliche Geschlechter geben soll und das seinige nicht weiblich ist, verwies es allein deswegen schon auf das männliche Geschlecht. Bei der ersehnten Vermännlichung war den Betroffenen aber nicht nur das Anderssein an sich, sondern auch die spezifische Ausprägung dieses Andersseins, also die Form der Klitoris, sehr hilfreich: Weil dieses Geschlechtsteil nicht nur einfach anders war als eine Klitoris, sondern körperlich tendenziell genau in der Form anders war wie ein herkömmlicher Penis anders ist als eine Klitoris, bot sich seine Vermännlichung regelrecht an. Die Befragten griffen also die Art der physiologischen Veränderung der Klitoris auf, um die Männlichkeit ihres

Organs und damit ihr Mannsein über ihren Körper zu beweisen: Nach Wirkung der Hormone war ihr Geschlechtsteil nicht nur größer als ein herkömmlich weibliches Organ - und ein Penis ist ja größer als eine Klitoris -, sondern es verfügte zudem über so etwas wie eine Vorhaut, die man als Vorhaut eines Penis' und über ein Aussehen, das man als Eichel verstehen kann. Die Klitoris befand sich also in gewissem Sinne körperlich auf dem Weg zu einem üblichen Penis. Ihre verbliebenen Defizite wurden dann zusätzlich fiktiv in Richtung auf einen Penis hin angeglichen und ausdifferenziert.

Und diese fiktive Untermauerung körperlich vorgegebener Veränderungen vollzogen nicht nur diejenigen, die es bei diesem körperlichen Zustand belassen wollten, sondern auch die, die weiterhin beabsichtigten, einen Penisaufbau auf chirurgischem Wege durchzuführen. Der Unterschied lag also offenbar nicht darin, ob sie die gewachsene Klitoris als „kleinen Penis" ansehen konnten und wollten - dies schien beiden Gruppen prinzipiell möglich zu sein -, sondern allein darin, ob sie sich mit ihrer Größe und Form zufrieden geben wollten, letztlich also darin, ob sie die zusätzliche fiktive Umdeutung des Organs langfristig durchzuhalten beabsichtigten und als tragfähige gestalten wollten. Diese unterschiedliche Tragfähigkeit aber basierte, wie bereits ausgeführt, auf unterschiedlich ausgerichteten Planungen in Hinblick auf einen Penisaufbau: Diejenigen, die vom operativen Eingriff Abstand nahmen, gaben der vergrößerten Klitoris hinsichtlich ihres Körperbildes und ihrer Sexualität, ihres körperlichen Mannseins allgemein, offenbar (Teil)-Funktionen eines Penis. Die anderen, die den medizinischen Schritt noch anvisierten oder bereits vollzogen hatten, beließen die Bezeichnung „kleiner Penis" dagegen auf der Ebene der bloßen Beschreibung realer körperlicher Ähnlichkeiten mit einem Penis, sahen also durchaus eine reale Vermännlichung ihres Genitals, die ihnen letztlich vom anvisierten Neopenis aber doch zu weit entfernt erschien, als dass sie sich damit zufrieden geben konnten und wollten. Selbst wenn die Befragten also gleiche Begrifflichkeiten verwandten, konnten diese mit einer gänzlich anderen Interpretation ihrer körperlichen Situation verknüpft sein.

Am leichtesten lässt sich der auch mit fiktiven Mitteln nicht zu behebende Mangel natürlich mit dem direkt auf den Körper bezogenen Verweis auf das zu klein gebliebene Geschlechtsteil begründen, das damit für den Betroffenen seine gängigen Zeichen als weibliches Organ nicht verliert:

Marc: *Ist denn durch die Hormone die Klitoris auch gewachsen?*
        Ja, etwas.
        Bist du da zufrieden mit?
        Nee, könnte mehr sein (lacht laut).

Also du könntest nicht sagen: Jetzt ist da was gewachsen, dann lass ich es dabei?
Nee! Also
Das wär keine Alternative?
Nee.

Auf der Ebene des rein körperlichen Vergleichs zwischen herkömmlich weiblichem und herkömmlich männlichem Genital droht jederzeit die Gefahr mangelnder Männlichkeit. Ohne eine gewisse Loslösung vom Körper und eine partielle Verwendung fiktiver Hilfsmittel hat kein transsexueller Körper die Chance, das erwünschte Geschlecht anzunehmen. Mit dieser Sichtweise dürfte es Marc schwer haben, später die unumgänglichen Defizite seines Neopenis auszugleichen. Interessanterweise griffen diese Männer nach der Operation ebenfalls zu fiktiven Glättungen der Unzulänglichkeiten ihres Körpers, also des ästhetisch und funktionell oft unvollkommenen operativen Penisaufbaus. Anders als Marc konnte Hans seine Klitoris inzwischen zwar mit einer männlichen Bezeichnung belegen, trotzdem reichte ihm die Vergrößerung seiner Klitoris aber nicht aus:

Hans: Das ist ja jetzt ein kleiner Penis (...)
         Du hättest nicht sagen können: Das ist jetzt ein Penis, zwar ein ganz kleiner, aber
         das reicht mir auch?
         Hätte ich nicht machen können.

Ein „kleiner Penis" war für Hans, der auch sozial unter beträchtlichem Druck stand, sein Mannsein über den Körper zu beweisen, eben kein nach herkömmlichen Kriterien hinreichender Penis. Da er sich an den realen Gegebenheiten seines Geschlechtsteils orientierte, genügte ihm die fiktive Umdeutung nicht, um eine für ihn zufrieden stellende körperliche Männlichkeit zu erlangen. Erst seinen nicht ganz geglückten Neopenis konnte - und musste - er dann zusätzlich fiktiv mit Männlichkeit absichern.
   An Kurts Schilderungen wurde das Schwanken zwischen seiner rein körperlichen Realität und Versuchen ihrer fiktiven Untermauerung sehr deutlich. Wenn und weil er sich an den üblichen Zuschreibungen auf sein Genital orientierte, konnte „es nicht wirklich" für ihn zum Penis mutieren. Obwohl sein Geschlechtsteil „mittlerweile" „krass unterschiedlich" zu dem seiner Partnerin war, untergrub die herkömmliche Wirklichkeit fortlaufend die Wirklichkeit seines fiktiven „kleinen Prinzen":

Kurt: *Aber stimulieren darf sie dich?*
         Ja klar, weil ich das mittlerweile wie gesagt auch eh, eh, als meinen Penis betrachte. Obwohl er eigentlich nicht da ist, aber, es sieht, es

fängt ja schon an, dass es schon bei mir einen krassen Unterschied zu ihr gibt.
Inwiefern?
Dass meine Klitoris halt so viel größer ist und auch schon so ein bisschen rausguckt.
Durch die Hormonbehandlung?
Richtig.
Du kannst also nicht sagen: Das sieht gleich aus bei uns?
Genau, kann man einfach nicht.
Du sagst auch heute Penis dazu? Oder sagst du auch Klitoris?
Nee, ich sag Klitoris eigentlich nie. Das sag ich eigentlich nur jetzt gerade, das ist eigentlich ein Wort, (...) ich sag sonst eigentlich mein Kleiner oder so, mein kleiner Prinz oder so.
Und das ist auch wirklich so, dass du das so empfindest? Dass du es als Penis siehst?
Nein, nein, also für mich ist es nicht wirklich. Ich seh es nicht wirklich als, ich sehe nur den Unterschied zu Karin und eh, dass es halt keine! Klitoris ist in Anführungsstrichen. Natürlich weiß ich!, dass es, dass es eine ist, logisch. Ja, wie gesagt, und deswegen ist es für mich, ehm, schon wichtig eigentlich, mich da doch noch operieren zu lassen.
Weil es nicht reicht im Grunde?
Richtig.

Kurt erlebte sein Genital als „Penis", „obwohl er eigentlich nicht da ist". Er „sieht" es nicht als Klitoris, „weiß" aber, dass es eine ist. „Nur" im Vergleich zu seiner Partnerin war es keine Klitoris, also war es „logischerweise" doch eine: Mit jeder Wendung zerstörte Kurt den Aufbau fiktiver Potentiale.

Felix vermittelte den Eindruck, dass er, da er fest entschlossen war, den operativen Penisaufbau in nächster Zeit vornehmen zu lassen, an einer weitergehenden fiktiven Umdeutung seiner Klitoris nicht interessiert war. Auch er betonte zwar, sie sei „viel größer" geworden und „wachse" in für ihn erregenden Situationen „mit" „wie beim Mann", verhielte sich also „wie ein Penis" und werde von ihm „im Kopf" auch als solcher empfunden. Damit böte sie also durchaus gute Voraussetzungen für eine fiktive Ausweitung auf einen kleinen Penis hin. Doch der Beschreibung, er „reagiere" wie mit einem Penis, ließ er schnell das „aber" folgen und zerstörte damit die potentielle Relevanz dieses Erlebens: Durch seine Orientierung auf „später", nämlich auf die neue körperliche Realität seines Neopenis, konnte er die vergrößerte Klitoris nicht als ihm „zugehörig" empfinden. Und weil sie nicht zu ihm gehörte, musste er „dieses Gebiet" für eine Berührung durch seine Partnerin

„ausklammern", sonst machte es „klack" und er landete wieder in seiner partiellen inneren körperlichen Weiblichkeit:

Felix: *Und wenn sie dich am Geschlechtsteil stimuliert, ist das für dich innerlich ein Penis?*
Ehm, sie, da kann sie mich eigentlich gar nicht stimulieren in dem Sinne mehr, weil ich das für mich, eh, das ist ein Gebiet für mich, das ich ausgeklammert hab. Sie hat andere Methoden, um mich stimulieren zu können.
Also fasst sie dich woanders am Körper an?
Fasst mich woanders an.
Und das ist auch befriedigend für dich?
Das ist sehr befriedigend.
Willst du das auch nicht, dass sie dich unten
Nee! Unten rum hab ich das nicht ganz so gerne. Später ja, aber im Moment, das ist was, was nicht zu mir gehört.
Du könntest nicht sagen, z. B. die Klitoris umdefinieren als kleinen Penis oder du könntest sagen: Ich ignoriere das im Kopf, eigentlich ist das schon ein Penis, wenn sie mich da anfasst, dann erleb ich das so?
Trifft beides nicht zu. Also da hab ich es lieber, wenn sie mir am Innenschenkel so rauf geht, wenn sie mir an der Brust so, mit den Fingern spielt, das schon eher.
Also das heißt, du siehst dich in der Sexualität oder auch sonst nicht mit nem Penis? Im Kopf natürlich nur.
So im Kopf, ehm, mein ich, da ist was. Ich fühl, fühl, ich hab das Gefühl auch, da wär was, aber sie darf mich da nicht anfassen, dann macht es da oben klack.
In dem Moment, wo sie dich anfasst, kippt das weg?
Da kippt das dann etwas weg, ehm, das weiß sie auch, deshalb macht sie es nicht.
Also es ist leichter, das Gefühl, einen Penis zu haben, zu erhalten, wenn sie dich nicht! da anfasst?
Ja.
Und dann ist es aber auch so, dann hast du so ein Gefühl?
Ja, ich reagier auch so.
Was meinst du damit?
Körperlich mehr oder weniger.
Wie meinst du das?
Also, eh, ich hab so das Gefühl, wie so ne Erregung beim Mann ist da.
Wie so ne Erektion im Grunde?
Ja, genau!

Ist denn die Klitoris durch die Hormonbehandlung größer geworden bei dir?
Ja!
Viel größer?
Ja! (...)
Mich interessiert nur, ob das Gefühl, da du gerade beschrieben hast, aus der körperlichen Situation kommt.
Also ich hab das Gefühl, wenn ich erregt werde, wächst sie auch mit, also wie son Penis, aber
Meinst du, dass dieses Gefühl eher vom körperlichen, also vom Wachsen der Klitoris, kommt oder mehr vom Kopf?
Das kann ich selber nicht so definieren, aber ich glaub, eher vom Kopf her.

Felix entschiedene Haltung, sich mit seinem Genital in seiner jetzigen Ausprägung gar nicht auseinander zu setzen zu wollen, führte zu viel eindeutigeren Gefühlen und Situationen als etwa bei Kurt. Immer den anstehenden operativen Aufbau vor Augen, konnte er zwar partiell so etwas wie einen Penis empfinden, war also „vom Kopf her" durchaus zu entsprechenden Umdeutungen fähig, dieses Erleben blieb für ihn jedoch gänzlich ohne Bedeutung. Mögliche fiktive Erweiterungen seines Geschlechtsteils spielten für ihn keinerlei Rolle gegenüber der anvisierten rein körperlichen Realisierung eines Penis.

Noch klarer war dieses Zusammenspiel bei Ahmed: In der sexuellen Situation konnte er sich offenbar den „Penis" „denken" und sich deshalb auch am „Geschlechtsteil" „streicheln lassen". Dies beeinflusste aber nicht seine Entscheidung für den operativen Eingriff:

Ahmed: Und wenn sie mal so da irgendwie ans Geschlechtsteil kommt, dann denk ich, dann streichelt sie den Penis. (...)
Hat sie das schon öfter gemacht?
Die hat das einmal! gemacht, und wo sie dann gemerkt hat, das hat mir gefallen, wo ich ihr das dann gesagt hab, ja. Ich weiß nicht, der ist wahnsinnig groß bei mir geworden, ist schon son Stück gewachsen, Wahnsinn! (...) Wenn sie da so drankommt, nicht in die Scheide, sondern da, das gefällt mir!

Obwohl Ahmed mental also in der Lage war, seine Klitoris als Penis umzudeuten und diese, da sie „wahnsinnig groß" geworden war, auch physiologisch die besten Voraussetzungen für eine fiktive Besetzung als Penis böte, stand für ihn nicht zur Debatte, es bei dieser - für ihn körperlich befriedigenden - Situation zu belassen. Ähnlich wie bei Hans dürfte gerade auch bei

Ahmed der soziale Druck, unter anderem von Seiten des traditionell geprägten türkischen Umfeldes seiner Freundin, eine entscheidende Rolle spielen. Für ihn war es unabdingbar, sein Mannsein über seinen Körper und damit auch über ein nach außen hin den üblichen Kriterien genügendes Genital zu beweisen:

Ahmed: Also so jetzt, vom Optischen her, ist es schon wichtig für sie, damit sie mich heiraten kann, auch gegenüber ihren Eltern.
Aber die werden dich ja nicht nackt sehen!
Das weiß man nie!!
Wenn ihr euren Eltern erzählen würdet, er hat das gemacht
Die würden's mir nicht glauben, die würden's mir nicht glauben, die wollen das bestimmt wenigstens mit nem Schlüpfer oder so sehen, ihre Eltern. Also meine würden sich da nicht einmischen.

Wieder war es Dirk, der den inneren Prozess, hier des Schwankens zwischen der rein „körperlichen Gegebenheit" seines Genitals und seiner „Defintion" dieses Genitals „als Penis", also seiner fiktiven Umdeutung, sehr plastisch nachvollziehbar werden ließ:

Dirk: An der Klitoris berührt zu werden oder sich zu berühren, dass ich da was empfinde ist logisch! Es ist ganz klar, weil es ist einfach ne körperliche Gegebenheit, dass die nicht so ist wie'n Mann, damit muss ich klar kommen, da hab ich die größten Probleme, denk ich mal. Wenn ich das jetzt als Penis meinetwegen definiere, dann wird es mir vielleicht irgendwann mal gelingen: O.k., du hast halt en verkümmerten Penis oder so, aber dann bin ich Mann! und ich hab keine Klitoris, weil das heißt Frau! Das ist das, was bei mir absolut im Kopf verkehrt geht. (...) Was mir eben auch son bisschen geholfen hat, dadurch, dass die Klitoris eben gewachsen ist, dass ich mich eben auch nicht mehr als Frau definiere, weil ich seh, einfach jetzt auch von der Schambehaarung her, nicht mehr so als Frau aus, fällt natürlich auf, aber irgendwie ist es nicht mehr so, insofern bin ich unten fast schon ein bisschen mehr Mann, weil, wenn auch en kleiner Penis.

Dirk war entschieden, den operativen Penisaufbau nicht durchführen zu lassen. Deshalb musste er auf Zukunft hin „damit klarkommen", dass seine Klitoris nicht „wie'n Mann" ist, sein Körper ihn also nicht auf direktem Wege zum Mann macht. Dieser bedarf vielmehr der Abstützung durch fiktive Hinweise, die Dirk ebenfalls an seinem Körper suchte und auch fand: Seine Klitoris war „gewachsen", die „Schambehaarung" hatte sich verändert.

Sicher „fällt es" trotzdem „auf", dass er keinen herkömmlich männlichen Körper hat, auch sein „kleiner Penis" ist nur ein „verkümmerter" Penis, aber ein „bisschen mehr Mann" war er „unten" trotzdem schon geworden. Immerhin hat er damit „keine Klitoris" mehr, was für ihn „Frau zu sein heißen" würde. Was für Dirk „im Kopf verkehrt geht" ist, dieses Organ bei Berührung nicht als männliches aufrechterhalten zu können. Im unmittelbar körperlichen Kontakt lässt sein „Kopf" diese Männlichkeit los und er kippt zurück auf die weibliche Seite. Solange Dirks Denken derart eng an seinem Körper haftet, wird er Probleme haben, seinen fiktiven Deutungen eine hinreichende Wirklichkeit zu verleihen und sein inneres körperliches Mann-sein zu stabilisieren. Die Deutungen liegen dann nur lose auf dem Körper auf, sie werden nicht von ihm eingesogen, sondern fallen leicht wieder ab. Dirk aber - und die anderen Betroffenen, die von einem operativen Penis-aufbau absahen - war von diesen Fiktionen abhängiger als die transsexuellen Männer, die am Ende einen Neopenis haben - selbst wenn auch dieser wo-möglich im wahrsten Sinne des Wortes einer fiktiven Stützung bedarf.

Anderen Befragten war die Loslösung von den körperlichen Realitäten weitaus besser geglückt. Wie die bisher zu Wort gekommenen führten auch sie die Vergrößerung der Klitoris als Begründung einer körperlichen Ver-männlichung an. Da sie ihr Genital aber nicht fortwährend mit Blick auf den körperlich als männlicher bewerteten Neopenis relativierten, also letztlich nicht immer wieder durch das Geschlechtsteil entmännlichten, das sie per-manent - meist in der bloßen Vorstellung - vor Augen hatten, verkörperte die gewachsene Klitoris für sie hinsichtlich ihres Körperbildes und ihrer sexuellen Befriedigung ein hinreichendes Maß an Männlichkeit. Weil diese Befragten sich also entschieden hatten, keinen operativen Eingriff vorneh-men zu lassen, erhielten die fiktiven Eingriffe eine größere Relevanz und zwar genau die Relevanz und Färbung, die für jede(n) Einzelne(n) sinnvoll und nötig war, um sich mit ihren derzeitigen körperlichen Gegebenheiten zufrieden geben zu können. Wenn es gut läuft, stellen sie sich am Ende hin und konstatieren wie *Gerd* selbstbewusst:

Das ist mein Penis. (...) Das ist mein Organ, mein Schwanz, das ist halt nur kleiner.

Diesen Befragten blieb natürlich bewusst, dass es sich bei der vergrößerten Klitoris nicht um den „Normschwanz" (Gerd) handelte, „wie man es in irgend nem Bio-Buch findet" (Gerda). Ihnen gelang es aber offensichtlich, sich dieser Norm ein Stück zu entziehen. Dafür bieten sich verschiedene Möglichkeiten. Eike etwa hatte einfach aufgehört, darüber nachzudenken:

Eike: *Und in diesen Situationen hast du im Kopf einen Penis in Normalgröße?*
Nee, da mach ich mir keine Gedanken, dass ich da, weiß der Geier, son
Riesen habe!
Das ist nicht in deiner Phantasie?
Nee.
Ist denn in deiner Phantasie dann, was real da ist, in der realen Größe?
Nee, ist auch nicht da, nee, da mach ich mir keinen Kopf drüber.

Für Eike war die körperlich reale Größe seines Genitals, sein Penis „in
Miniatur", wie er es an anderer Stelle beschrieb, offenbar - zumindest
meistens - einfach kein Thema mehr. Er verglich seinen Körper nicht
fortwährend mit dem gängigen Penis, also mit den als normal definierten
Funktionen und Maßen des Penis eines geborenen Mannes. Auch Gerda
hatte sich bezüglich Gerds „kleinen Penis" von diesen engen Kriterien des
körperlichen Mannseins entfernt:

Gerda: Der ist eben kürzer, etwas anders gewachsen. (...) Das ist bei ihm so
anders wie bei andern, was weiß ich, (stöhnt) meine Güte, (überlegt)
ein Bauch oder ne krumme Nase (lacht) oder sonst wie was.
Es ist also ne Eigenart?
Ja genau!! So kann man sagen, ja!

Gerds kleinerer Penis reihte sich ein in die unzähligen Besonderheiten, die
Menschen zu einzigartigen Individuen machen. Nur so konnte Gerda wohl
ganz selbstverständlich über sein Geschlechtsteil sagen:

Gerda: Der Penis ist irgendwie gewachsen .

Das weibliche Genital war für Gerda hier gänzlich verschwunden: Nicht die
Klitoris war „gewachsen" und zu einem „kleinen" Penis" geworden, sondern ein männliches Geschlechtsteil hatte sich weiter vergrößert. *Gerd* sah
den entscheidenden Einschnitt hinsichtlich seines Genitals für sich und
seine Partnerin darin,

dass (...) wir beide es als solches, als einen solchen Penis auch erkannt
haben.

Allein der Wille und die Entscheidung der beiden, seine auf ca. drei
Zentimeter vergrößerte Klitoris nicht mehr als Klitoris, sondern als „einen
solchen Penis" zu „erkennen", genügte, sie als weibliches Organ zu vernichten und als hinreichend männliches zu etablieren. Dafür war für Gerd

das reale und charakteristische Wachstum der Klitoris aber unabdingbar, betonte er doch direkt im Anschluss:

Gerd: Also als der kleiner war, war er es eben nicht. *Was war es denn da?* Da war's ein Lustknoten (lacht). *Ein Lustknoten?* Ja, das war das Kosewort dafür. Aber halt kein, kein Penis.

Ganz ohne körperliche Grundlage war es also offenbar auch den Befragten, die alle fiktiven Möglichkeiten nutzten, nicht möglich, in der Klitoris einen Penis zu „erkennen" - jedenfalls nicht, solange sie sich nicht dafür entschieden hatten. Insofern war der Beweis ihres Mannseins über den Körper auch für sie von Bedeutung, nämlich, indem entsprechende körperliche Veränderungen den Boden bereiteten für weiter reichende, dann aber - anders als bei anderen Befragten - hinreichende vermännlichende Umdeutungen.

Auch Maria und Hanna, die im Übrigen anders als ihr jeweiliger Partner einen operativen Penisaufbau nicht für unabdingbar hielten, griffen auf diese körperlichen Veränderungen zurück, um zu erklären, wodurch ihnen der Umgang mit einem üblicherweise als weiblich gekennzeichneten Geschlechtsteil gelang:

Maria: Irgendwie ist das durch die ganzen Hormone ja auch etwas anders gewachsen als bei ner Frau, geborenen, und da sind die Gedanken dann auch schnell weg.

Hanna: Durch die Hormonbehandlung wächst die Klitoris ja sowieso an, ne, und eh, dementsprechend kann man das eigentlich wie, ja, wie nen kleinen Penis betrachten! (...) Und dementsprechend hatte ich da eigentlich keine Probleme mit.

Ergänzend führte *Hanna* Erfahrungen mit geborenen Männern an, die

auch manchmal nur recht klein bestückt

seien, wodurch sich der Unterschied zur vergrößerten Klitoris ihres Partners reduzierte. Solche Vergleiche mit geborenen Männern, in diesem Fall auf - wie schon bei der fiktiven Besetzung der Brust - Unfälle oder Krankheiten, zogen auch Eva und Eike:

Eva: Das ist genauso, wie wenn jetzt z. B. ein biologischer Mann einen Unfall hat und hat da seinen halben Penis abgeschnitten oder drei Viertel und hat da vielleicht noch ein bisschen, aber trotzdem ist es ein Penis.

Eike: Es kann ja auch sein, bei meiner Mutter lag mal jemand im Krankenhaus, da wurde der Mann operiert, und der hatte auch überhaupt gar nichts mehr, gar nichts mehr, durch Krebs. *Das ist dann trotzdem noch ein Mann?* Das ist trotzdem ein Mann! (...). Mannsein beginnt im Kopf und nicht in der Hose.

Wie ein „biologischer", also eindeutiger, Mann mit einem stark minimierten Penis war auch ein Transsexueller mit seinem sehr kleinen Penis für Eva und Eike körperlich ein Mann.

Eikes Beispiel vom durch Krebs gänzlich vernichteten Penis eines geborenen Mannes und seine Auffassung, dass „Mannsein" nicht „in der Hose beginnt", wirft natürlich die Frage auf, wieso überhaupt eine körperliche Veränderung der Klitoris erfolgen muss, um sie als Penis „erkennen" zu können. Warum reicht den Befragten nicht auch eine Klitoris in ihrer ursprünglichen Form? Wieso also bedarf es überhaupt ihrer realen Vergrößerung, einer Vergrößerung, die mit zwei oder drei Zentimetern weit entfernt ist von den gängigen Maßen eines sozial akzeptierten Penis, womit sie so oder so auf beträchtliche fiktive Stützungen angewiesen bleibt.

Offensichtlich ist es - nicht nur für Transsexuelle und ihre Partnerinnen - kaum möglich, sich von den an den Körper gekoppelten Zuordnungen der Geschlechter zu lösen. Zumindest in Rudimenten muss diese Anbindung erhalten bleiben. Nur so können transsexuelle Männer den für sie existentiell wichtigen Nachweis ihres gefühlten Geschlechtes erbringen. Ohne derartige Beweise werden sie schlichtweg nicht als Männer akzeptiert. Deshalb dürften auch und vielleicht gerade die Befragten, die keinen operativen Penisaufbau planten, immer wieder körperliche Vergleiche der vergrößerten Klitoris mit dem gemeinhin als männlich verstandenen Genital anführen. Ohne - auch in Zukunft - die Größe eines „Normschwanzes" vorweisen zu können, fühlten sie sich vielleicht in besonderem Maße angewiesen auf die tendenzielle Ähnlichkeit der vergrößerten Klitoris mit dem üblichen Penis:

Eva: Das ist ja ein kleiner, in Miniatur. Das sieht man doch! Richtig mit allem drum und dran! *Es ist für dich keine Klitoris, es ist ein Penis?*

Ja. Ja, gut, wenn du das so richtig auseinander pflücken willst! Wenn du es richtig biologisch siehst! ist es dann so, weil es ja so gewachsen ist. Aber es ist auch wie ein kleiner Penis.
Alles in klein?
Alles in klein! (Lacht)

Eva schränkte zwar kurz die Penishaftigkeit von Eikes Klitoris ein, um dann aber wieder ihre vorherige Sichtweise aufzugreifen: Letztlich ist sein Genital auch „biologisch" „wie" ein Penis, „mit allem drum und dran", eben nur „alles in klein". Für sie ist seine Klitoris in ihrer Form eindeutig in Richtung Penis „gewachsen". Was mit dieser spezifischen Form auf einen Penis hin gemeint ist, fasste Lars genauer:

Lars: Das ist ja auch wie so ne Vorhaut, was da so, wenn, wenn, wenn ich das dann so rauf und runter beweg.

Ein „Rauf und Runter" ist für Lars bei einer weiblichen, also bei der einer Frau zugeordneten Klitoris nicht möglich bzw. nicht vorgesehen. Ihr Wachstum aber lässt eine „Vorhaut", also ein gemeinhin als männlich verstandenes Erscheinungsbild, entstehen. Und indem er diese Vorhaut auf spezifische Art „bewegt", unterstreicht Lars die Männlichkeit seines Organs. Anders als ein Penis ist eine Klitoris nicht dazu gemacht, „bewegt" zu werden. Vor diesem Hintergrund verwundert es nicht, wenn Lars, ähnlich wie Felix, auch den typisch männlichen Erregungszustand, nämlich eine Art Erektion, erlebt, die sich für ihn in einer Ejakulation auflöst. Laura beschrieb seine Erlebnisweise:

Laura: Das ist ja, ja wirklich schon wie son kleiner Penis. (...) Und er sagt auch, er fühlt sich so wie ein Mann eben dann und er hat auch dieses ehm, was weiß ich, wenn er zum Orgasmus kommt, dass er auch dieses Gefühl hat, so dieses ganz starke, so dieses Gefühl, dass er z. B. auch so spritzt oder so was, das empfindet er halt so auch.

Die körperliche Veränderung des Genitals im Zusammenspiel mit dem Libido steigerndem Testosteron dürfte schon auf der rein körperlichen Ebene veränderte Gefühle hervorrufen. Dieses als typisch männlich verstandene gesteigerte Lustempfinden wurde im Übrigen von mehreren der Befragten ebenfalls als Beweis der körperlichen Vermännlichung ihres Genitals hervorgehoben. Die fiktive Stützung dieses Gefühls wie auch der körperlichen Veränderungen muss aber gewollt sein, ansonsten verliert - wie z. B. bei Felix - ein noch so starkes Empfinden etwa einer Erektion seine

Relevanz für eine zufrieden stellende körperliche Vermännlichung. Gerd hatte mit seinen Umdeutungen Erfolg, der Begriff des „Stehens" war für ihn hinreichende Begründung für ein nicht weibliches Geschlechtsteil:

Gerd: Also ich merke das ja als Allererstes für mich selber, der steht ja auch.

Und Gerd ging noch einen Schritt weiter, er beschrieb sich als „ejakulations-fähig". Zum Beweis dafür griff er auf die von transsexuellen Männern meist verpönte Scheide und die in ihr gebildete Scheidenflüssigkeit zurück. Diese könnte, wenn man es „ausspinne", irgendwann einmal mit Hilfe eines „Kanals" in seinen durch welche Art der Stimulierung auch immer auf na-türlichem Wege gewachsenen Penis geleitet werden. Deshalb auch gab er auf meine Frage, ob es für ihn wichtig sei, die Scheide zu verschließen, zu bedenken:

Gerd: Nee, das kann so bleiben. Das hat auch nen, nen wichtigen Grund, dass das im Moment so ist, dass es höchstwahrscheinlich, es sei denn, es gibt noch mal ne ganz tolle Methode, das nochmal zu verändern, wie gesagt, immer unter dem Aspekt, es ist mein eigenes Organ. Also wenn wir mal spinnen, man könnte genetisch meinen kleinen in nen größeren wachsen lassen und da auch diesen Kanal legen, ehm, dann wahrscheinlich schon, dann geh ich davon aus, dass es dann so wäre. Aber es ist Spekulation. Und so ist es halt wichtig, ich bin ejakulations-fähig, und das bin ich eben im Moment.

Gerd hatte keinerlei Probleme, die Bildung von Scheidenflüssigkeit mit dem Ejakulat eines Mannes gleichzusetzen. Beides entsteht aus einer Erregungs-situation und da er ein Mann ist, konnte es sich bei ihm nur um ein Ejakulat handeln. Dass Gerd seine Scheide nicht nur auf Zukunft hin, sondern be-reits jetzt in seine körperliche Vermännlichung einbezog, zeigte seine Ant-wort auf meine Frage, ob er denn auch für diese Region einen Namen habe:

Gerd: Nee, hab ich keinen Namen für. Also einmal ist es auch eine empfind-liche Fläche, mehr wie so Schwanzwurzel, die geht ja auch weiter rein. Und mehr wie son Samenleiter halt (lacht etwas).

Eine männliche Bezeichnung hatte Gerd für seine Scheide und ihren Eingang zwar nicht, was ihn aber nicht von ihrer grundsätzlichen Vermänn-lichung abhielt: Aufgrund ihrer „Empfindlichkeit" konnte er sie durchaus mit der „Schwanzwurzel", also einer männlichen Körperregion, vergleichen. Gerade am Beispiel des Scheideneingangs, der sich rein körperlich durch die

Hormonbehandlung ja nicht verändert, wird deutlich, wie weit die Vermännlichung eines gemeinhin als weiblich verstandenen Körpers ausgedehnt werden kann, wenn man sich nur entscheidet, ihn als männlichen sehen und spüren zu wollen. Maßgeblich hierfür ist die hinreichende innere Loslösung von den körperlichen Vorgaben und ihren gängigen Bedeutungen.

Dirk hatte damit - wie sich schon mehrfach zeigte - immense Probleme. Trotzdem schien er um diesen wichtigen Schritt zu wissen: Er wusste, dass er mit seinem Körper nur zufrieden sein würde, wenn es ihm gelänge, seine Vorstellungen „im Kopf" von seinem mit den üblichen Zeichen von Weiblichkeit besetzten Körper zu „separieren", beide Ebenen also zu trennen. Erst dann würde er einen Penis „empfinden" können. Voraussetzung hierfür wäre allerdings, nicht immer über die sozialen Zeichen körperlichen Mannseins und Frauseins „nachzudenken", sondern die eigenen Kennzeichnungen auf seinen Körper zu schreiben und sie statt der üblichen Zeichen dort für sich „präsent" zu halten. Im Zusammenhang mit dem Erleben seiner Sexualität schilderte Dirk, wie die in der Kindheit und frühen Jugend „selbstverständlich" als männlich erlebten Zeichen auch seines Genitals zunehmend von seinem Körper abfielen und von den als weiblich verstandenen Kennzeichnungen verdrängt wurden:

Dirk: *Ist Sexualität eigentlich möglich dann für dich?*
Es ist eigentlich konfliktbelasteter geworden! Ich hab früher, als ich mich auch selbst befriedigt habe, als Kind oder als Jugendlicher, hatte ich gar! keine großen Probleme, weil ich nicht drüber nachgedacht hab. Da war's ja alles so selbstverständlich! Da hab ich gesagt: Natürlich bin ich en Mann! Das war überhaupt keine Frage, bin ich's oder bin ich's nicht! Da hab ich immer mich als Mann gefühlt. (...) Und da hab ich mich immer als Mann mit Penis empfunden. Und da hatte ich auch gar keine Probleme, mich zwar natürlich, meine Klitoris, anzufassen aber im Kopf total!! zu separieren! Also das hatte damit gar nichts zu tun! Das war nicht existent, sondern im Kopf lief das mit Penis ab und jetzt nicht mehr.
Was ist passiert, was meinst du?
Ja, phh, ich denke, weil ich da sehr drüber nachdenke, ist es mir jetzt immer präsent und ich kann's nicht verdrängen. Und es belastet mich und, ehh, es ist eigentlich belastender geworden, weil's! mir halt dadurch immer präsent ist. (...) Da hätt ich auch sagen können: O.k., du kannst auch ohne Penis leben. Wichtig wurd es mir erst, als ich das hatte!!, als ich als Mann gesehen wurde. Jetzt ist plötzlich das Nächste, damals war's, als ich die Hormone genommen hab, war's der Name,

der dann wichtig war, das war dann dieses Gefühl, jetzt muss was geändert werden.

In der Phase *vor* seiner körperlichen Mannwerdung ließ Dirk die als weiblich verstandenen Zeichen an seinem Körper einfach nicht „existent" werden, es gab sie schlichtweg nicht für ihn. Nur so war es möglich, dass seine Selbstbefriedigung ohne Behelligungen von außen und damit ohne „Probleme" „im Kopf mit Penis ablief". Sein Körper, wie er von seinem Umfeld verstanden wurde, hatte nichts mit dem zu tun, wie er ihn selbst erlebte. Indem er nicht darüber „nachdachte", diesen Körper also nicht „infrage" stellte, brach der weibliche Körper nicht in seine Fiktionen körperlichen Mannseins ein. Erst mit Einsetzen der Wirkung der Hormone, also dem Beginn der realen Vermännlichung seines Körpers, verloren seine eigenen, „im Kopf" existierenden Zuschreibungen auf diesen Körper an Präsenz und Relevanz. Zunehmend drangen öffentliche Definitionen seines Körpers auf ihn ein. Die Schlinge körperlich korrekten Mannseins zog sich immer enger und Dirk bekam das Gefühl, „jetzt muss was geändert werden": Das, was bereits „im Kopf" seinen Körper geändert hatte, sollte zurückstehen hinter den körperlich nachweisbaren Veränderungen.

Die geforderte und erhoffte Vermännlichung über den Körper zeitigt also eine Dynamik, aus der es kaum ein Entrinnen gibt. Je mehr ein Transsexueller körperlich Mann wird, um so mehr gerät er in den Sog, dieses Mannsein nun gänzlich über seinem Körper beweisen zu müssen bzw. zu wollen. Und mit jedem neuen Schritt körperlicher Vermännlichung sieht er sich zum „nächsten" Beweis veranlasst. Die Gefahr der Männlichkeitsbeweise über den Körper liegt also im Zwang, immer weiter zu gehen, seinen Körper Schritt für Schritt den gängigen Kriterien eines männlichen Körpers anzupassen und damit die Selbstverständlichkeit des eigenen Erlebens seines Körpers und seines Mannseins zunehmend zu verlieren. Dieser innere Sog wird sehr anschaulich an Hans' Schilderung, wie der operative Penisaufbau für ihn an Bedeutung verlor, sobald er ihn hatte durchführen lassen:

Hans: Wenn man das endlich hat, dann ist das da und dann ist das o.k. Das setzt sich nicht im Kopf fest. Man hat da ja ständig irgendwas im Kopf. Man will das unbedingt, und wenn das dann da ist, dann ist das irgendwann vorbei, dann hat man's.
Von daher ist diese Wichtigkeit
die vorher wichtig war, die ist nicht mehr so stark, weil man das ja jetzt hat.

Bis er den Neopenis besaß, hatte sich der chirurgische Aufbau „ständig" in Hans' „Kopf festgesetzt": Dieses Ziel führte zu einer Art Blockade, es fror den Fluss seiner Vorstellungen ein und ließ keinen Raum für tragfähige fiktive Umdeutungen. Aus Hans' damaligem Erleben lässt sich rückschließen, wie schwer es die fiktive Besetzung seiner Klitoris gehabt haben musste: Da er immer „im Kopf" hatte, „unbedingt" den Penisaufbau auf operativem Wege durchführen zu lassen, hatte die Klitoris keine Chance, sich, wie etwa bei Eike und Gerd, als „kleiner Penis" zu etablieren und sein körperliches Mannsein hinreichend zu repräsentieren. Die Projektion auf später bzw. die Orientierung an der üblichen körperlichen Männlichkeit vernichtet permanent die fiktiven Potentiale:

Frauke: Er ist für mich Felix, er ist für mich ein Mann. Gut, da fehlen vielleicht diese paar Zentimeter noch, aber da denk ich nicht drüber nach, das ist einfach weg.
Es wäre aber nicht für dich möglich oder vorstellbar, dass das so bleibt?
Nee, das nicht!
Warum nicht? Du könntest doch einfach sagen, ich hab das so im Griff, ich seh das nicht
Ja im Moment!, denk ich mal, wenn ich weiß, das ist auf einen begrenzten Zeitraum.
Das kriegst du auch nur hin, dass es nicht im Kopf ankommt, weil du im Hintergrund weißt?
Es wird irgendwann da sein. Ich denke nicht, dass ich das auf Dauer kann.

Solange Frauke „nicht drüber nachdenkt", sah sie das Genital ihres Partners nicht als weibliches, „das ist einfach weg", Felix war für sie „ein Mann". Frauke führte ihre Fähigkeit, seinen nach herkömmlichen Kriterien z.T. weiblichen Körper ausblenden zu können, auf den „begrenzten Zeitraum" zurück: „Irgendwann" würde Felix ein wirklich männliches Organ besitzen. „Auf Dauer", „denkt" sie, würde sie dies nicht durchhalten. Hier dürfte sie Wirkung und Ursache verwechseln: Weil Frauke und Felix gezielt auf seinen operativen Penisaufbau hinarbeiteten, nutzten sie nicht ihre inneren Möglichkeiten, Felix' Genital auch weiterhin als nicht weibliches zu sehen. Und dass dies durchaus möglich ist, zeigten Eikes und Gerdas Schilderungen: Eike besetzte sein Genital seit jeher als Penis, und zwar früher seine Klitoris und jetzt seinen „kleinen Penis". An körperlichem Mannsein mangelte es ihm von daher nicht, wenn auch sein inneres Bild „nicht immer gleich" war:

Eike: *Hast du dich denn innerlich, wenn du dich phantasiertest z. B.?*
        Als Mann gesehen, da hab ich mich als Mann gesehen.
        Mit Penis oder?
        Mit Penis.
        *War das immer klar, dieses Bild, oder mehr ein spontanes Bild, das du dir immer
        wieder herbeiholen musstest?*
        Immer da. (...)
        Siehst du dich denn immer noch mit Penis?
        Manchmal ja, manchmal nein. Das ist nicht immer gleich.

Auch Gerda gelang es offensichtlich, Gerds „kleinen Penis" als größeren
nicht nur zu imaginieren, sondern im sexuellen Kontakt auch zu fühlen:

Gerda: *Wenn ihr zusammen schlaft, fühlst du dann einen Penis, also dass da was ist, oder
        fühlst du das gar nicht? Verstehst du, was ich meine? Als wäre da was, also jetzt
        ein größerer, mein ich*
        Also ich glaube, ich fühle ihn schon so vom Gefühl her größer als er
        ist, das ja kommt er mir wirklich größer vor, als er dann vielleicht
        manchmal wäre, ne.

Von ähnlichen Erfahrungen berichtete auch Maria, die, anders als ihr
Partner, sich innerlich nicht am operativen Penisaufbau orientierte. Bei
Ahmed dagegen wurde wieder deutlich, wie seine „Gedanken" seinen lange
gefühlten inneren Penis vernichteten:

Ahmed: *Ist es manchmal so jetzt, wenn du auf ihr liegst, dass du einen Penis spürst?*
        Ja! Ist so!
        Kennst du das schon länger, dieses Gefühl?
        Ist schon sehr lange.
        Das war auch schon bei deinen ersten sexuellen Kontakten?
        Richtig.
        Das reicht dir aber nicht?
        Na ja, am Anfang hat's mir gereicht. Das hat sich geändert, dann denkt
        man schon: Du spielst dir nur was vor.

Hatte Ahmed in einer sexuellen Situation von je her einen Penis „gespürt"
und „reichte" ihm dies „am Anfang" noch, hatte sich dies inzwischen
„geändert": Er konnte diese Imagination nicht mehr als Potential, sondern
nur noch als Selbsttäuschung begreifen. Über seinen Körper „nachden-
kend", nahm er nur noch seine intensiven Planungen für einen Neopenis

ernst, nicht aber mehr sein über so lange Zeit tragfähiges Gefühl für einen Penis.

Je nachdem also, wie sich die Befragten in Hinblick auf einen operativen Penisaufbau ausrichten, gestalten sie Ausmaß, Ausformung und Tragfähigkeit der fiktiven Stützung der gewachsenen Klitoris. Je nach Planung ihres weiteren Vorgehens erleben sie die fiktiv besetzte Klitoris damit entweder als hinreichenden Ersatz für einen biologischen Penis oder aber bestenfalls als Überbrückung bis zur chirurgischen Konstruktion eines Neopenis.

Ein Ersatzteil und seine Bedeutung

Eine andere Form, sich Ersatz oder Überbrückung für einen herkömmlichen Penis zu verschaffen, kann ein Hilfsmittel wie etwa ein Dildo sein. Lassen sich auch hier Unterschiede zwischen den Befragten mit und ohne die geplante Operation auftun? Wer also nutzt ein solches Hilfsmittel und wenn ja aus welchen Gründen? Und wem garantiert es welche Art von Befriedigung? Die Schilderungen der hier befragten transsexuellen Männer und ihrer Partnerinnen zeigen, dass tendenziell diejenigen Befragten, die einen operativen Penisaufbau anvisierten, in der sexuellen Situation eher zu einem Dildo griffen als diejenigen, für die die vergrößerte Klitoris der Endzustand ihrer körperlich-genitalen Veränderung war.

Die hier Befragten, Männer wie Frauen, *die keinen operativen Penisaufbau planten*, standen der Sexualität mit einem Dildo recht reserviert gegenüber. So antwortete etwa Gerda auf meine Frage, ob sie so etwas gerne einmal ausprobieren würde:

Gerda: Nee, brauchen wir nicht.
Habt ihr auch nie ausprobiert?
Nee, hmhm, möchte ich, glaube ich, auch nicht.
Was würde dich stören?
Der Fremdkörper, wäre für mich ein Fremdkörper. Also ich denke, wir haben so unseren ganzen Körper zur Verfügung, das reicht aus.

Für Gerda wäre ein Dildo ein Gegenstand, der sich als fremder Körper zwischen ihre Körper schieben, die sexuelle Annäherung also eher stören als bereichern würde. Und da die beiden ihren „ganzen Körper" haben, bedürfen sie eines solchen Hilfsmittels nicht. Gerd hob ebenfalls die Fremdheit und auch die Künstlichkeit eines Dildos hervor:

Gerd: Ich lege keinen großen Wert drauf, das auszuprobieren.
          Wieso nicht?
          Es ist ein Stück Latex. (...) Es ist ein Hilfsmittel und bleibt immer! ein
          Hilfsmittel oder ne Krücke oder ne Prothese, die nicht! meins ist, die
          nicht zu mir gehört! Das ist nicht das Organ, das ich bin, das an mir
          dran ist, gehört, und auch genau an die Stelle zu genau diesem Zweck
          (lacht etwas) und den Empfindungen.

Auch für Gerd stand die Echtheit seines Körpers und seiner „Empfindungen" gegen das gefühllose Material einer solchen „Prothese", die für ihn
niemals eine „Krücke", also Ersatz, für sein eigenes „Organ" sein könnte.
Egal, wie dieses aussieht, ist es jedem Hilfsmittel allein deshalb überlegen,
weil er selbst dieses Organ „ist" und weil es genau dort ist, wo es hingehört
und wo es seinen „Zweck" erfüllt.

Dirk genoss zwar die - typisch männliche - Situation des „Penetrierens",
vom tatsächlichen körperlichen „Empfinden" her gesehen brachte aber auch
ihm die Erfahrung mit einem Dildo nicht viel. Selbst ein „Finger" als eigener
empfindsamer Körperteil ist da nützlicher als ein „toter" Ersatz für einen
Penis:

Dirk: Ham wir auch mal probiert, ist dann immer noch en anderes Empfin-
          den. Es ist dann zwar schon dieses Empfinden, jemand zu penetrieren,
          aber ich empfind's! ja nicht richtig. Es ist ja irgendwie tot. (...) Was
          mir dann schon fast mehr bringt, wenn ich mit nem Finger, dann emp-
          find ich wenigstens was.

Eva sprach ebenfalls über die besseren Möglichkeiten körperlicher
„Befriedigung" ohne ein solches Hilfsmittel. Sie und Eike hatten alles, was
sie für ihre Befriedigung brauchten:

Eva: Wir haben nie Spielzeuge benutzt! Nie! Wozu!? Weil, ich erlebe meine
          Sexualität eben anders, also, ohne Penis. Und das ist für mich befriedi-
          gend. Und er ja, er hat ja nun einen Penis, er erlebt seine Sexualität
          dadurch. Und was muss man da Spielzeuge benutzen!? Also ich brau-
          che sie nicht, nee.

Auffällig ist, wie Eva hier, konfrontiert mit dem einem üblichen Penis von
der Größe her ähnlichen Penisersatz, begrifflich mit der als Penis verstandenen Klitoris ihres Partners kollidierte. Angesichts des ausgewachsenen Penis
bzw. seines Ersatzes mied sie den zuvor mehrmals benutzten Begriff des
„kleinen Penis".

Laura hatte es ebenfalls eher als störend empfunden, etwas von Außen zwischen sich und ihren Partner zu schieben und so ihre intime Nähe stören zu lassen:

Laura: Das hat mir zwar da in dem Moment auch gefallen, so ist es nicht, aber das war halt trotzdem nicht er! Und ich möchte einfach so, dass er, dass er mich! noch mehr fühlt so. (...) Also wir sind uns viel näher irgendwie, wenn wir anders zusammen schlafen und irgendwie nicht mit so was. Da hat er irgendwie mehr von und ich auch.

Sich „noch mehr zu fühlen" wurde für sie durch einem Dildo gerade vereitelt, möglich wäre dies nur mit einem angeborenen Penis. Nur dieser nämlich verkörpert für *Laura*

so ein bisschen so eine Verbindung zwischen zwei Menschen irgendwie, (...) einfach um ihn noch mehr zu haben.

Eike führte einen anderen wichtigen Aspekt an: Er gab zu bedenken, dass ein künstliches Hilfsmittel die Gefahr berge, den gelungenen fiktiven Aufbau eines Penis zu tangieren:

Eike: Ich brauch das nicht. Eva hat bis jetzt auch nicht gesagt, dass sie das braucht, und wir kommen so ganz gut zurecht. (...) *Das ist dir erstmal eher fremd?* Ja. *Warum ist es dir fremd? Weil du anders deine Befriedigung kriegst?* Nein, vielleicht, ach nee, vielleicht würde man dann wieder drüber nachdenken, weiß der Geier, ob das dem Partner vielleicht doch fehlt, oder doch nicht zufrieden ist oder so.

Eike hatte eine Weile gebraucht, Eva zu glauben, dass sie ihn auch körperlich als vollständigen Mann erlebt. Ein Penisersatz würfe ihn erneut in den Kreislauf des für das fiktive Arrangement so abträglichen „Nachdenkens", also dahin, seinen Körper und seine Beziehung zu Eva wieder unter den Kriterien der herkömmlichen Zuschreibungen zu betrachten.

Es dürfte kein Zufall sein, dass es mit Eike einer der Männer war, der durch einen Dildo womöglich die Sicherheit seines hinreichenden körperlichen Mannseins gefährdet sah. Die Frauen erschienen nämlich auch diesbezüglich wesentlich gefestigter. So beschrieb Doris den Umgang mit einem Dildo zwar als lästig, dennoch war ein solches Hilfsmittel für sie offensichtlich nicht in der Lage, Dirks körperliches Mannsein zu zerstören:

Doris: *Benutzt ihr so Hilfsmittel, Dildos?*
Ja, selten, aber (lacht) wir ham jedenfalls einen. Dann finden wir das immer so schwierig, wenn man den erst irgendwie auspacken muss. Ist schon ein bisschen blöd. (...) Also dann denk ich nicht die ganze Zeit, also dann, dann, dann schließt sich einfach das Bild, dann ist das eben der, der Penis, denk ich schon.

Ob Doris nun mit oder ohne Dildo mit Dirk schläft, da Dirk für sie ein Mann ist, hat er für sie im intimen Kontakt auch einen Penis, das Gesamtbild Mann „schließt" sich für sie, sein Mannsein wird im körperlichen Kontakt vervollständigt und nicht zerstört. Interessant ist, dass sie dieses „Bild" gerade über das für ihren Partner so zermürbende „Denken" herstellte. In jedem Fall gab Doris einem Dildo nicht die Macht, zerstörend oder auch verfestigend auf ihr inneres Bildes von Dirks Körper einzuwirken: Das „Schließen des Bildes" erfolgte gerade nicht über ein solches Hilfsmittel, sondern allein über Dirks ihr glaubwürdig vermitteltes Mannsein in jeder und eben auch in der sexuellen Situation. Dirk machte es sich da, fast ist man geneigt zu sagen, natürlich viel schwerer. Egal ob ohne oder mit „Prothese", wie er ein solches Hilfsmittel nannte, blieb ihm fortwährend „absolut bewusst", dass es nicht sein eigener Penis ist, mit dem er mit Doris schläft:

Dirk: Ob ich da was empfinde bei, ob das eben für mich so ne Definition als Penis sein kann, das weiß ich nicht, das ham wir so noch nicht ausprobiert. (...)
Und auch, wenn du mit ner Prothese mit Doris schläfst, in beiden Situationen kriegst du's nicht hin im Kopf?
Krieg ich nicht hin, das geht nicht, das ist für mich absolut bewusst, dass es nicht so ist! Ich denke, da leide ich noch viel zu sehr da drunter, als dass ich das einfach damit kompensieren könnte.

Für Dirk war das „Leiden" an seiner für ihn weder durch einen Dildo noch durch einen operativen Eingriff aufhebbaren Penislosigkeit das grundlegende Problem, das einer Lösung harrte. Ob er diese so quälende Situation irgendwann durch ein materielles Hilfsmittel oder durch die fiktive Umdeutung seiner vergrößerte Klitoris „kompensieren" kann, muss sich zeigen. Auf jedem Fall erschien es ihm unausweichlich, sich irgend etwas für sich „als Penis zu definieren", um „was" - nämlich genau das, was er empfinden will - zu „empfinden" und damit endlich zur Ruhe zu kommen. Und wann dies so weit ist, hängt nicht von seiner körperlichen Entwicklung oder einem passenden Dildo, sondern allein von seiner Entscheidung ab, sich endlich einer solchen tragfähigen „Definition" zu nähern.

Anders als die bisher zu Wort gekommenen beschrieben die Befragten, *die einen operativen Penisaufbau planten oder bereits durchgeführt hatten*, keine Bedrohung ihres fiktiven Arrangement durch einen Dildo. Sie hatten die fiktive Besetzung der Klitoris, wenn überhaupt, ohnehin nicht auf Zukunft angelegt. Gingen diese beiden Gruppen also hinsichtlich ihres fiktiven Arrangements von unterschiedlichen Zielsetzungen aus, erlebten sie die sexuelle Situation mit einem Dildo dennoch in einem Aspekt ähnlich: Auch die meisten derjenigen, die einen operativen Penisaufbau anvisierten, empfanden ein solches Hilfsmittel als künstlichen und gefühllosen Fremdkörper. So beschrieben auch sie einen Dildo als einen nicht tragfähigen Ersatz für den eigenen Körper, wobei sie dabei unter dem eigenen Körper den geplanten Neopenis verstanden. Hier einige Beispiele ihrer Überlegungen:

Ahmed: Es ist ja nur ein Plastik, was man dranmacht z. B., so was Steifes. Ich kann's ja nicht mal in die Hose rein packen!

Benno: *Und du willst dir ja diesen Penisaufbau machen lassen, reicht dir das nicht mit dem Dildo?*
Ja, erstmal gesagt, ist die Tatsache mit dem im Stehen pinkeln, kann ich mit dem Dildo nicht machen (lacht). Und dann muss ich, wenn ich den Dildo benutze, wenn ich jetzt dabei bin, muss ich immer aufstehen, man hat ihn ja nicht immer in der Hosentasche, man rennt ja nicht den ganzen Tag damit rum. Dann ist manchmal der Kick weg. (...) Ja, wenn ich jetzt en Dildo habe, dann hab ich ja kein Gefühl drin.

Britta: *Würdest du dir denn wünschen, dass er en biologischen Penis hätte?*
Ja, würd ich mir wünschen.
Was wär dann anders?
Das, das ist doch was anderes als son Dildo, würd ich schonmal denken, erstens Mal ist das ne ganz andere Temperatur (lacht) und dann eben nicht so starr.

Felix: Das ist ja immer nur son Plastikfreund, wie man heute sagt. Und dieses Gefühlsechte, das fehlt mir dann.

Kurt: *Also du sagst, weder dieses Hilfsmittel noch diese Phantasie würde mir reichen. Und warum nicht?*
(Stöhnt) Ja, weil es einfach en, en Gegenst, also ich persönlich mag dieses Ding eigentlich nicht, sag ich mal ganz ehrlich.

Im Vordergrund ihrer Bedenken stand die Künstlichkeit des Hilfsmittels: Es ist starr, kalt und aus Kunststoff. Auch deshalb schied es für sie als langfristiges Ersatzteil für ihren eigenen Körper aus. Was für die anderen Befragten von so großer Bedeutung war, erwähnten sie allerdings nicht: Dass sich ein Dildo im intimen Kontakt zwischen die Körper der beiden Partner schiebt bzw. den eigenen Körper nicht ersetzen kann. Dieser Körper mit seiner - wenn auch vergrößerten - Klitoris wurde von ihnen einfach nicht in dem Maße hinreichend als eigener, also erwünschter, Körper akzeptiert wie von der anderen Gruppe der Befragten. Ihr Blick ging vielmehr dahin, wovon sie sich wirkliche Akzeptanz ihres Körpers erhofften: Zum geplanten Aufbau eines Neopenis. Und als Überbrückung bis zu diesem Penisaufbau erfüllte ein Dildo offenbar genau die Anforderungen, die sie an ein männliches Geschlechtsteil stellten und wofür sie übergangsweise Künstlichkeit und Gefühllosigkeit in Kauf nahmen. Mit ihm konnten sie wie mit einem Penis oder Neopenis den Koitus bzw. die Penetration durchführen. Ein Dildo ist in derselben Weise allein auf den Koitus angelegt wie es in sexueller Hinsicht der (Neo)-Penis ist. Dildo und Penis verwirklichen die männliche Position des Penetrierens und die weibliche Position des Penetriertwerdens und damit nicht zuletzt den heterosexuellen Bezug. Und allein die Vorstellung dieser Position und dieses Bezuges vermochte offensichtlich genau die Befriedigung herzustellen, die diese Paare suchten. Und diese Ausrichtung auf den Koitus drängt die real erfahrene oder mögliche Befriedigung über den vorhandenen Körper, etwa über die vergrößerte Klitoris, schnell in den Hintergrund. Die über die reine Vorstellung ausgelösten Gefühle beim Koitus mit einem Dildo werden dann als erregender und befriedigender erlebt als die real-körperliche Stimulation des eigenen Organs, der als weiblich abgelehnten Klitoris.

Das heißt aber nicht, dass die Paare, die sich weder einen operativen Penisaufbau wünschten noch Sexualität mit einem Dildo praktizierten, ihre Sexualität unbedingt als nichtkoitale erlebten. Auch für sie waren Koitus und Penetration durchaus in ihren fiktiven Deutungen der Klitoris und des sexuellen Kontaktes enthalten. Der Unterschied lag allein im Weg dorthin: Während die Gruppe mit dem Ziel des operativen Penisaufbaus den Koitus mit einem Dildo quasi auf nur einer Ebene fiktiv als Penis besetzte, stellte die Gruppe ohne Wunsch nach einem Neopenis den Koitus über zwei fiktive Vorgänge her. Die einen stützten sich auf ein fassbares zur Penetration fähiges Teil (Dildo oder Neopenis) und deuteten es fiktiv zum eigenen Penis um, die anderen fügten zuvor noch die Fiktion dieser realen Penetration hinzu, weil diese mit der vergrößerten Klitoris ja nicht möglich ist. War es für die einen also offenbar wichtig, den Koitus auch real-körperlich durchzuführen, also gewissermaßen eine materielle Penetrationssituation herzustellen, verlief die Penetration bei den anderen ausschließlich über die Vorstellung. Einen eigenen Penis aber imaginierten beide Gruppen.

Da die unterschiedliche Bedürfniskonstellation dieser beiden Gruppen nicht in der jeweiligen körperlichen Situation der transsexuellen Männer - die ja im Prinzip bei allen gleich war - begründet liegen konnte, ist sie allein durch differierende Auffassungen über die richtige, „ordentliche Sexualität", wie Frauke es formulierte, erklärbar. Für die einen gehörte zum sexuellen Kontakt von Mann und Frau unabdingbar der real praktizierte Koitus, während die anderen schon seinen fiktiven Vollzug und auch andere Praktiken als befriedigend erlebten. Und nur, wem der Koitus, also die durchführbare Penetration, als unabdingbar erscheint, wird sich mit der Künstlichkeit eines Dildo arrangieren, wird ihn zwar ebenfalls als Fremdkörper, jedoch nicht als für den eigenen Körper störend erleben, ist dieser Körper für ihn selbst ja nur ein Provisorium und eine Art Fremdkörper. Er wird einen Dildo vielmehr als hilfreiche Ergänzung nehmen, die übergangsweise ein durchaus akzeptabler Ersatz für den auf den Neopenis projezierten, dann richtigen Koitus sein kann.

Ursache und Wirkung waren aber auch hier schwer auszumachen. Fanden diese Befragten Koitus und Penetration deshalb so wichtig, weil sie den operativen Penisaufbau und damit auch die mit ihrem Körper vollziehbare Penetration planten, oder planten sie umgekehrt die Konstruktion eines penetrationsfähigen Organs, weil sie auf den Koitus nicht verzichten wollten und ihn für sich auf fiktivem Wege nicht hinreichend befriedigend herstellen konnten? Ohne dies letztlich beantworten zu können, bleibt festzuhalten, dass die transsexuellen Männer und ihre Partnerinnen, die einen operativen Penisaufbau planten, die Koitussituation offenbar brauchten, um eine für sie befriedigende Sexualität mit einer Frau bzw. einem Mann erleben zu können. Und ob sie als Grund dafür nun die rein körperliche Befriedigung (Karin) oder ihre Auffassung angaben, ein Koitus gehöre nun mal zur Sexualität von Mann und Frau (von den Frauen Anna, Britta, Frauke): Für sie definierte die Penetration in ihrem - wie auch immer - realen Vollzug offenbar die spezifische sexuelle Beziehung von Mann und Frau.

Frauke: *Also zu einem Mann und der Sexualität mit einem Mann gehört es auch dazu?*
Ja.
Und da würde auch kein Vibrator oder Dildo ausreichen?
Nicht auf Dauer. So für eine Zwischenzeit, so wie wir jetzt, ich weiß ja, es wird irgendwann mal anders sein, dann ist das o.k.. Aber wenn ich wüsste, es wird nie anders sein, nee.

Frauke definiert heterosexuelle Sexualität über den Koitus. Andernfalls wäre es für sie ein lesbischer sexueller Kontakt. Weil sie aber „weiß", dass der Dildo bald durch einen Neopenis ersetzt werden wird, war sie bereit, sich „für eine Zwischenzeit" mit einem solchen Hilfsmittel zu begnügen. Und aufgrund dieses Wissens erlebte sie seit Behandlungsbeginn auch eine größere sexuelle Zufriedenheit mit Felix:

Frauke: *Hat sich denn in der Zufriedenheit mit der Sexualität für dich etwas geändert, seit er die Behandlung angefangen hat?*
Ja, klar, weil ich weiß, jetzt geht es vorwärts, und irgendwann, wir kommen unserem Ziel immer ein bisschen näher.

Allein die gedankliche Projektion auf eine absehbarer Zukunft, in der die Penetration möglich sein wird, reichte Frauke also aus, um nicht nur ihre Sexualität als eindeutig heterosexuelle zu erfahren, sondern Felix auch mit einem Penis sehen zu können.

Für Maria war es - auch ohne den Einsatz eines Dildo - die so genannte Missionarsstellung, die ihr die Vorstellung von einem Penis erleichterte. Speziell in dieser Position nämlich sah sie Marc „komplett" und „richtig" als Mann und nicht nur als Nicht-Frau:

Maria: *Wir hatten vorhin schon mal darüber gesprochen, ob du den Penis siehst, obwohl er nicht da ist. Du sagtest, du siehst ihn nicht, wenn ich dich richtig verstanden habe. Fühlst du ihn denn manchmal, natürlich auch in Anführungsstrichen, obwohl er ja gar nicht da ist?*
Mhm (schüttelt den Kopf)
Z. B. in ner Situation, wenn man aufeinander liegt?
Ja, doch, o.k., wenn man aufeinander liegt, dann schon irgendwie. Dann ist dann schon so das Gefühl da, dass ich dann eben halt denke, er ist eben komplett ein richtiger Mann.
Das fühlst du dann schon so?
Ja.

Benno betonte mehrmals, der reale Koitus, also die Penetration seiner Partnerin, sei „wichtig" für eine ihn wirklich befriedigende Sexualität. Bis er einen Neopenis hat, konnte er diese Befriedigung nur mit einem Dildo erlangen:

Benno: *Hat denn der Penis für dich ne Bedeutung, verkörpert er für dich bestimmte Gefühle?*
Ja schon!

Was denn z. B.?
Ja, wenn ich z. B., beim Sex z. B. geh ich ja damit in die Frau rein, und
das ist schon auf eine Art wichtig für mich. (...)
Und ihr macht auch Sexualität mit nem Dildo hauptsächlich?
Auch, ja, nicht immer, aber
Ist das für dich auch wichtig, diese Art von Sexualität?
Ja, ist schon wichtig, ich hab irgendwie den, das Bedürfnis.
Könntest du dir vorstellen, ohne Dildo Sexualität zu haben, mit Anfassen und so?
Ja, mach, geht auch, aber ist, dann fehlte mir was. (...) Ich persönlich
hab da auch nen Orgasmus.

Auch für Benno war es in erster Linie der durch den Dildo gestützte
gedankliche Vollzug des für ihn so wichtigen Koitus, der ihn sexuell erregte
und befriedigte, denn - anders als bei Frauke, die vaginal tatsächlich einen
physischen Kontakt erlebte - fand eine direkte körperliche Stimulierung ja
gar nicht statt. Was genau für die - transsexuellen - Männer so lustvoll und
befriedigend an der Penetration ist, mag an Ahmeds Schilderungen deutlich
werden:

Ahmed: *Was bedeutet dir denn der Penis, welche Gefühle verkörpert der für dich?*
Überhaupt jetzt die Stellungen, was man damit machen kann, (...) das
find ich sehr schön, überhaupt, dass man halt in ner Frau drin ist, das
ist ganz anders.

Diese „schönen" Gefühle hatte Ahmed auch durch den Einsatz eines
Dildos, wie er durch Erfahrungen mit einer früheren Freundin wusste. Auf
meinen Einwand, ein Dildo sei ja nicht aus Fleisch und Blut, entgegnete er:

Ahmed: Ja, aber trotzdem! Es ist schön! Allein das Stöhnen von dem Mädchen
und überhaupt so, dass sie dann zum Orgasmus gekommen ist, das hat
mir auch sehr viel Spaß gemacht.
Hat dich das auch zum Orgasmus gebracht?
Ja!!

Allein das Erlebnis, eine Frau auf die herkömmliche und spezifisch männliche Weise befriedigen zu können, ist für viele transsexuelle Männer derart
erregend, dass sie hierdurch ohne weitere körperliche Stimulation zum Orgasmus kommen. Auch Felix sprach von diesen „schönen Gefühlen", auch
für ihn war die Lust seiner Partnerin am Koitus Auslöser für seine eigene
Erregung und sogar dafür, den Dildo erst hierdurch „vom Kopf her" als
seinen „eigenen" Penis definieren zu können:

Felix: Vom Kopf her, ehm, bin ich immer der Meinung, das ist mein eigener.
(...)
Durch die Situation des Koitus, dass du penetrierst praktisch?
Ja. (...) Und für mich ist das auch ein schönes Gefühl, wenn ich weiß,
eh, dass es ihr gefällt, dass es für sie schön ist. (...)
*Und für deine eigene Befriedigung? Hast du auch einen Orgasmus, bringt das für
dich was?*
Ja, auch.
*Also muss sie dich dann nicht nochmal extra befriedigen, sondern du kannst damit
auch einen Orgasmus kriegen?*
Ehh, nicht immer, aber ziemlich oft.

Wenn die transsexuellen Männer durch diese spezifische Erregungssituation
nicht mehr am realen eigenen Geschlechtsteil stimuliert werden müssen, hat
dies für sie unschätzbare Vorteile: Sie können ihre so ungeliebte Klitoris in
der Sexualität aussparen und werden damit nicht bei der fiktiven Umdeutung des Dildo in einen Penis gestört.

Noch differenzierter beschrieb Kurt in verschiedenen Gesprächspassagen, wie dieser Prozess in seinem „Denken" funktioniert und wie ihm
allein sein Vorstellungsvermögen weitgehende sexuelle Befriedigung
verschafft. Zunächst betonte er - wie im Übrigen auch Felix -, der Einsatz eines Dildo sei für seine Partnerin wichtiger als für ihn selbst, was
Karin bestätigte:

Kurt: Die kommt eigentlich hauptsächlich nur zum Orgasmus, wenn sie eh,
wenn ich mit ihr schlafe und steck ihr da irgendwie was rein.

Karin: Wir ham ja ein Hilfsmittel, sag ich jetzt mal, also in gewisser Weise
muss ich sagen, ich brauch das schon.
Was brauchst du schon?
Das männliche Geschlechtsteil.
Du brauchst es von deinem körperlichen Gefühl her?
Ja, genau.
Von der Stimulation her?
Ja.

Andererseits „weiß" Kurt von ihr, dass es nicht unbedingt ein Penis sein
muss, Karin würde für eine befriedigende Sexualität auch das „Provisorium
reichen". Auf meine Frage, ob ihnen beiden der Penis gleich wichtig sei,
hatte er erläutert:

Kurt: Ja, ich glaube, dass er ihr! nicht so wichtig ist, weil sie, glaube ich, ihr würde, nee, was heißt, ihr würde, ich weiß es, wir haben uns drüber unterhalten, ihr würde dieser, dieser, dieser, dieses Provisorium reichen.

Karin könnte also offenbar langfristig dieses Provisorium zum für sie so unabdingbaren „männlichen Geschlechtsteil" umdeuten und es als solches akzeptieren. Dies unterstreicht, dass es ihr nicht um den Penis als Symbol für das Mannsein, sondern tatsächlich alleine um die vaginale Stimulierung geht. Erlebt sie diese, kann sie vergessen, dass es bloß ein Dildo ist:

Karin: *Ist es für dich immer bewusst, dass es letztlich ein Hilfsmittel ist?*
Nee, niemals.
Also es ist dann wirklich er?
Ja, es ist einfach nur er, ja!

Kurt dagegen wollte nicht vom Aufbau eines Penis aus Fleisch und Blut absehen, er

mag dieses Ding eigentlich nicht,

sondern „braucht", wie *Karin* es beschrieb,

das männliche Glied, um halt Frauen glücklich zu machen.

Anders als seine Partnerin konnte Kurt das „Provisorium" also offenbar für sich letztlich nicht hinreichend als „männliches Glied", als Teil seines Körpers, mit dem er auf ganz spezifisch männliche Weise „Frauen glücklich machen" könnte, besetzen. Seine Erfahrung mit einem Dildo war für ihn aber dennoch wichtig: Sie gab ihm die Sicherheit, seinen Neopenis später zu einem funktionierenden Penis umdeuten zu können:

Kurt: So, und deswegen, eh, dieses Teil, sage ich auch, dass ich für mich diese Operation, dass die bei mir gut gehen wird, denk ich einfach, weil, wenn ich damit mit Karin schlafe, da spüre ich ja eigentlich nichts! Wie denn auch?! Das ist ein Material! Was soll ich da merken!? Ich habe trotzdem im Kopf, das Ding, wenn ich auf ihr liege, wenn, wenn ich in sie eindringe damit, dass ich das merke, im Kopf hab ich das drin. (...) Und darum! denke ich: So, wenn das! doch schon in An-führungsstrichen geht, so, und wenn ich dann halt mich operieren las-se, dann merke ich es ja sowieso!, ich merke, dass es warm ist, wenn ich da eindringe oder so, dass das eigentlich total ausreichen muss, um einen Orgasmus zu bekommen. Weil das ist ja dann wirklich mein Fleisch und Blut, das sind Nerven und das spüre ich und alles. (...) Ich liege nicht einmal! mit Karin oder irgend ner Frau im Bett und denke, und hab da ja jetzt nichts, und stell mir also bildlich vor, dass ich jetzt irgendwie ihr, z. B. Karin jetzt dieses Provisorium da eh irgendwie, damit irgendwie in sie eindringe. Da ist immer diesen, diesen, diesen natürlich, allerdings den funktionierenden, den man so im Fernsehen gesehen hat.

Kurt war zuversichtlich, mit seinem zwar nicht erregungs-, aber doch gefühlsfähigen Neopenis sexuelle Befriedigung erlangen zu können, „merke" er doch jetzt schon bei der Sexualität mit dem totem „Material" etwas, obwohl dies faktisch gar nicht möglich sei. Seine Partnerin bestätigte im Übrigen seine im Dildo gefühlte Erregung:

Karin: Es erregt ihn schon, wenn ich ihn da berühre, obwohl er es ja eigentlich in dem Sinne nicht fühlt, aber er denkt sich das dann halt.

Kurts Zuversicht basierte genau auf diesem Vorstellungsvermögen: Wenn es ihm bereits in einer für ihn derart „provisorischen" genitalen Situation gelang, die Erregung „im Kopf", also über die Imagination eines angeborenen Penis herzustellen, dürfte ihm dies mit einem dem „funktionierenden" Penis viel ähnlicherem und mit „Nerven" durchzogenen Neopenis noch leichter fallen. Kurt ging also nicht davon aus, mit dem Übergang zum Neopenis gänzlich auf fiktive Deutungen verzichten zu können. Auch dann würde er noch seinen „Kopf" einsetzen müssen, um sich einen echten Penis vorzustellen. Der Dildo war dabei quasi Testobjekt: Wenn ihm dies mit ihm schon so gut gelang, würde es ihm später umso leichter fallen. Und befriedigend schien diese Art von Sexualität tatsächlich für ihn zu sein: Schon jetzt „denkt er durch den Penis" und gelangte hierüber zum Orgasmus in seiner spezifisch männlichen Variante. Auf meine Frage, ob der Penis für ihn irgendwelche Gefühle verkörpere, schilderte er sein Erleben:

Kurt: Verkörpert der für mich Gefühle? Kann ich jetzt noch nicht sagen.
Also der Penis, den du jetzt im Kopf hast!
Ja, klar!
Was denn für Gefühle?
Der eh, eh, eh. Ja, durch den denke ich ja in dem Moment, wenn ich Sex habe. Weil, wenn ich, wie gesagt, wenn ich mit ihr schlafe, dann eh,

eh. Und ich komme, sagen wir mal, zum Orgasmus, da hab ich im Kopf! In dem Moment, spritz ich auch ab usw.! Also im Kopf!
Also der verkörpert für dich im Grunde diesen normalen Prozess?
Ja, ja! (...)
Ist es tatsächlich auch so, dass du nen Orgasmus kriegst?
Ja! Aber ich krieg natürlich den Orgasmus nicht durch mein Denken da
Sondern dadurch, dass die Klitoris stimuliert wird?
Klar, irgendwo.

In gewisser Weise „kriegt" Kurt seinen Orgasmus vorrangig durch sein „Denken", nämlich über die Vorstellung der für ihn erregenden Penetrationssituation mit seinem eigenen Penis, wobei ihm „natürlich" seine erregungsfähige Klitoris, also ein realer körperlicher Vermittler, zur Hilfe kam. Und genau auf dieses Denken vertraute er für die Zukunft: Egal, wie der chirurgische Eingriff ausgehen würde, konnte er hierauf zurückgreifen. Denn obwohl es auch ihm - wie Felix und Benno - sehr gut gelang, über sein Denken für ihn sexuell sehr befriedigende Situationen herzustellen, wollte er nicht auf eine weitere Annäherung an den normalen Penis verzichten.

Marc fiel die fiktive Besetzung seines Genitals als Penis offenbar schwerer. Auch er konnte es zwar als Penis imaginieren, die Tatsache der Imagination blieb ihm aber fortwährend bewusst:

Marc: *Hast du denn manchmal auch das Gefühl oder auch die Phantasie, dass du in sie eindringst, dass also insofern ein Penis da ist?*
Ja!
Es ist aber nicht so, dass du sagen könntest, das reicht mir, dieses Gefühl oder die Phantasie, sondern du willst es auch noch machen lassen?
Ja genau.
Wieso? Wieso reicht dir das nicht?
Ja, weil ich mir halt vorstelle, dass es vielleicht schöner ist, wenn man das hat, was ich ja nicht weiß, aber
Und was erwartest du dann, was schöner ist?
Ja, dass man sich das dann halt einfach nicht immer nur vorstellen muss. Und dass das vielleicht auch für Maria ein bisschen schöner ist. (...) Sie sagt! zwar nichts und, und sagt, macht! ihr auch nichts und sie stellt sich das auch immer vor, dass da ein Penis wäre oder so, dass das dann, wenn da einer wäre, dass das dann für sie einfacher wäre.

Marc ging, wie insbesondere auch Ahmed und Felix, davon aus, wenn er erst einmal seinen Neopenis hätte, nicht mehr auf fiktive Deutungen angewiesen zu sein, sich die Penetration und einen funktionierenden Penis also nicht „immer nur vorstellen" zu müssen", sondern ihn wirklich zu „haben". Das neue Genital würde ihm hinreichende Befriedigung verschaffen und ihn endlich „komplett" zum Mann machen. Ob sich diese Hoffnung auf die körperlichen Veränderungen erfüllen wird, ist eher zweifelhaft. Ein Dildo jedenfalls konnte zur Komplettierung von Marcs männlichem Körperbild offenbar wenig beitragen. Allerdings hatte auch seine Partnerin zum Ausdruck gebracht, damit aufgrund ihrer unangenehmen sexuellen Erfahrungen mit geborenen Männern „nix an de Köppe" zu haben.

Es gab noch weitere Befragte, die in ihrer Sexualität keinen Dildo verwendeten. Interessanterweise waren dies genau die beiden Paare, bei denen der Partner einen operativen Penisaufbau bereits hatte durchführen lassen. Natürlich wäre es widersinnig, sich in dieser Situation ein Hilfsmittel umzuschnallen. Aber auch in der Zeit *vor* dem operativen Eingriff hatten sie es entschieden abgelehnt, auf einen Dildo zurückzugreifen. Vielleicht überwog für sie dessen Künstlichkeit oder er bot ihnen keinen hinreichender Ersatz für den geplanten Neopenis. Ihre eigene Argumentation aber wies in eine andere Richtung: Sie traf sich auffällig mit der Auffassung derjenigen, die für sich nicht nur die Benutzung eines Dildos, sondern auch einen operativen Penisaufbau ablehnten: Jede(r) dieser vier Befragten führte an, ein Dildo sei kein Ersatz für den eigenen Körper bzw. für den Körper des Partners, er stelle sich störend zwischen ihre Körper und vermittele „keine Gefühle", „gehöre nicht dahin", „gehöre nicht zu ihm" oder positiv gewendet, die Partner „reichen sich" so, wie sie sind, sie „haben sich selber", haben ihre eigenen „Hände", um sich damit zu spüren:

Hans: Wir ham gesagt, wir probieren das jetzt mal aus und dann ham wir das ausprobiert: Das ist ja echt der letzte Scheiß! Hanna hat gesagt: Wie Plastik! Ich hab gesagt: Ich fühl überhaupt nichts! Dann ham wir das Ding genommen und weggeschmissen.

Hanna: *Und wieso fandest du das blöd?*
          Weil's nicht zu ihm! gehört! Das war irgendwie ein Plastikersatz, der da einfach nicht hingehörte. Und dementsprechend ham wir's dann schnell sein lassen.

Jan: *Hast du denn mal Sexualität mit nem Dildo, also som Hilfsmittel, gemacht?*
          (Schüttelt den Kopf)
          Wäre das ein Bedürfnis gewesen von dir aus?
          Also von mir aus nicht. (...) Ich glaube, wir ham, war auch irgendwann mal, drüber gesprochen. Da hat sie gesagt: Du reichst mir vollkommen und insofern hat sich das dann erledigt.

Jana: *Habt ihr denn Sexualität da auch mit som Dildo gemacht?*
Nee.
Wolltest du das nicht oder will er das nicht?
(Stöhnt leicht) Ham wir eigentlich nie angesprochen oder, weiß ich nicht, hab ich, hat mir nie gefehlt. Hätte ich, glaub ich, auch, weiß ich nicht, kam von meiner Seite nie, kam von seiner Seite nie. (...) Wir waren uns beide irgendwie einig, dass wir gesagt haben: Wir ham uns selber, wie ham unserer Hände, das reicht uns, mehr brauchen wir nicht, fertig, ne.

Für jede(n) dieser vier Befragten war für den Verzicht auf ein künstliches Hilfsmittel also die Sensibilität des eigenen Körpers wesentlich, wohlgemerkt des Körpers *vor* der Operation, des Körpers also mit einer zwar vergrößerten Klitoris, aber ohne Penis, den sich die beiden Männer so sehnlichst gewünscht und inzwischen operativ hatten aufbauen lassen.

Was mag ausschlaggebend gewesen sein für diesen Rückgriff auf die doch so ungeliebte Klitoris, einen Rückgriff, zu dem sich die anderen Befragten mit einem geplanten Neopenis nicht oder zumindest nicht langfristig in der Lage sahen? Der Grund hierfür ist nur über die von diesen vier Befragten geschilderten - und später im Einzelnen dargestellten - Erfahrungen mit ihrem Neopenis zu erschließen. Letztlich hatte seine Existenz - zumindest bisher - nämlich nicht die erhofften neuen Möglichkeiten in der Sexualität erschlossen, eine Penetration mit ihm war nicht möglich. Und so standen diese Paare bezüglich der praktizierten und praktizierbaren Sexualität zur Zeit des Gesprächs dort, wo sie vor der Operation schon einmal waren: Sie sahen sich veranlasst, sich - erneut oder gar endgültig - mit einem herkömmlich als weiblich gekennzeichneten Genital zu arrangieren, das sie in Verknüpfung mit dem Neopenis eigentlich als solches auslöschen wollten. Sexuell gesehen befanden sie sich damit in derselben Situation wie diejenigen, die von vornherein auf den operativen Penisaufbau verzichtet hatten. Wie diese mussten auch sie, wenn auch nicht in Bezug auf ihr Körperbild so doch im Kontext ihrer Sexualität, ihr Genital, genauer gesagt ihr körperlich erregbares Genital, so umdeuten, dass es seine Weiblichkeit verlor und damit in ihre Sexualität einzubeziehen war. Mag das äußere Erscheinungsbild des Neopenis dabei sicherlich hilfreich gewesen sein, war die Vernichtung dieser Weiblichkeit sowohl was den Ort ihrer Erregung als auch die mangelnde Penetrationsfähigkeit anging wiederum nur über fiktive Besetzungen erreichbar. Ob, in welcher Weise und in welchem Umfang fiktive Deutungen herangezogen werden und werden müssen, gründet sich also allein auf die körperliche Situation, mit der transsexuelle Männer und ihre Partnerinnen sich zu leben entscheiden bzw. zu leben gezwungen sind. So ist letztlich jede(r) sogar oft recht mühelos zu weit reichenden fiktiven Eingriffen in der Lage - selbst wenn er bzw. sie gehofft hatte, diese durch einen operativen Eingriff ersetzen zu können. Je nachdem, dient die vergrößerte Klitoris, ein Dildo, ein Neopenis oder ein anderer Bereich des Körpers als Grundlage für entsprechende fiktive Besetzungen. Auf diesem Hintergrund ist davon auszugehen, dass transsexuelle Männer - und eventuell auch deren Partnerinnen - mit einem penetrationsfähigen Neopenis die Situation wieder anders deuten würden: Bei ihnen stünde im sexuellen Kontext im Wesentlichen dieser Neopenis für den „eigenen Körper", für das, was den Transsexuellen genital ausmacht. Die ihnen auch dann noch Erregung garantierende Klitoris - wo auch immer sie sich befände - würde dann so weit hinter dem Neopenis verschwinden, dass ihre fiktive Entweiblichung nicht mehr nötig wäre.

Der unverzichtbare Penis

Ob es sich nun um Paare handelt, die einen operativen Penisaufbau noch anvisierten bzw. bereits durchgeführt hatten oder um solche, die sich mit der durch die Hormonbehandlung vergrößerten Klitoris zufrieden geben wollten: Für alle Befragten spielte der Penis auf irgendeine Weise eine herausragende Rolle. Auszunehmen ist hier einzig Doris, für die ein Penis - wie auch immer - bemerkenswert wenig besagte. Nicht nur der Plan, den Penis durch einen Neopenis zu verwirklichen, verwies auf diese Bedeutung, auch Phantasien, mit einem Penis geboren worden zu sein, Sehnsüchte, fiktive Deutungen und Umdeutungen auf den Penis hin und das Benutzen von Hilfsmitteln als Penisersatz zeigten in diese Richtung: Es ging um den Penis und ein Penis musste es schon sein. Auch diejenigen, die die Klitoris des Transsexuellen als kleinen Penis umdeuteten und die sich mehr oder weniger vehement vom operativen Penisaufbau distanzierten, wollten ihr Genital doch als Penis benannt wissen. Auch sie mieden gängige weibliche Bezeichnungen. Aber auch neutrale Begriffe wie etwa der von Gerd und Gerda ins Spiel gebrachte „Lustknoten" garantierten offenbar nicht hinreichend die körperliche Vermännlichung des Genitals.

War es von früh auf die durch ihre soziale Weiblichkeit so störende Brust, die sich gegenüber dem Penis in den Vordergrund drängte, ist es doch das Geschlechtsteil, das letztlich viel eindeutiger nach Vermännlichung verlangt. Ist für die unverzichtbare Entweiblichung der Brust jedoch ein Eingriff in den Körper unabdingbar, zeigt sich das Geschlechtsteil hinsichtlich seiner Vermännlichung wesentlich flexibler: Eine Operation muss es nicht unbedingt sein. Aber auch wenn seine Vermännlichung nicht über einen operativen Eingriff, sondern über fiktive Eingriffe in den Körper erfolgt, waren die Befragten doch bemüht, diese fiktiven Besetzungen ebenfalls möglichst tief in den Körper einzuarbeiten. Ihr fiktiver Charakter wird damit verdeckt und die Vermännlichung erfährt die angestrebte Verkörperlichung. Schon der immer wieder angeführte Verweis auf das durch sein Wachstum nicht mehr weibliche bzw. dann männliche Geschlechtsteil zeigte grundsätzlich in Richtung dieser Verkörperlichung fiktiver Prozesse. Umso mehr gilt dies für gemeinhin eindeutig an den männlichen Körper gekoppelte Begriffe wie „Vorhaut", „abspritzen", „Ejakulation" etc. Und noch einen Schritt weiter gingen Gerd, Gerda und Eva, wenn sie nicht nur vergleichend über Aussehen und Reaktionen *wie* bei einem Penis sprachen, sondern das Genital ganz direkt körperlich *als* Penis verstanden wissen wollten:

Gerda: *Ist das für dich wichtig, zu sagen, er hat ja einen? Also du könntest nicht sagen, z. B. Klitoris, das ist ja nun ein Begriff, der auf den weiblichen Körper bezogen ist, aber z. B. einen Kosenamen oder so was? Ist es für dich wichtig, das auch als Penis zu bezeichnen?*
Ich empfinde das einfach so.

Für Gerda würde es Gerds Genital offenbar nicht treffen, es mit einem neutralisierenden und damit lediglich entweiblichenden Kosenamen zu belegen. Deshalb gingen sie und ihr Partner mit dem Wachsen seiner Klitoris auch vom Begriff „Lustknoten" ab. Gerdas Erläuterung suggeriert, das Wachstum der Klitoris hätte quasi automatisch ein anderes „Empfinden" zu seinem Geschlechtsteil ausgelöst und quasi unausweichlich eine männliche Kennzeichnung nach sich gezogen, als folgten die beiden also lediglich dem veränderten Körper, der für sich „einfach" die sozial angemessenen Bezeichnungen verlangt. Auch Gerd stellte die Veränderung seines Körpers so dar, als reagiere er nur auf dessen Vermännlichung, als griffe er seine reale Vermännlichung also nur auf und führe sie nicht aktiv herbei. Da sein Geschlechtsteil nun so ist, wie es ist, müssen ihn keine Zweifel an seinem körperlichen Mannsein plagen, „muss" er es gar nicht fiktiv umdeuten: Dass sein Genital ein Penis ist und er damit ein männliches Genital hat, ergibt sich für ihn vielmehr unmittelbar aus dessen körperlichem Erscheinungsbild:

Gerd: Also ist für mich schon, schon wichtig, also dass ich z. B. auch ‚mein Schwanz' sagen kann und nicht sagen muss: Ha, was ist das eigentlich, ist ja nur so

Was meinst du mit ‚nur so'?
Ist so klein und wenig existent oder. Also ich bin froh dass ich ihn
(sehr undeutlich ausgesprochenes ‚ihn') habe.

Gerd überging hier die bereits erfolgte fiktive Ausweitung seiner vergrößerten Klitoris zu einem hinreichend „existenten" „Schwanz" und zeigte sich
erleichtert, nicht durch ein kleineres Genital in die Bredouille zu geraten,
wodurch eine fiktive Umdeutung womöglich erfolglos wäre: Er war „froh",
einen Schwanz und keine „kleine" Klitoris zu haben. Ein gewisser Bruch in
seiner Darstellung zeigte sich lediglich in einem kaum verständlichen „ihn"
zur Bezeichnung seines Erfolges. In Evas Worten dagegen klang etwas
deutlicher die fiktive Umsetzung an:

Eva: *Aber trotzdem ist es dir wichtig, diese Klitoris als Penis zu sehen?*
         Ja, er ist nun mal da! Wenn er gar!! nicht da wäre, na gut, dann müsste
         man sich was anderes ausdenken (lacht).

Obwohl auch Eva Wert darauf legte, Eikes Penis als körperlich existenten
hervorzuheben, räumte sie implizit doch ein, ihn sich als Penis „ausgedacht"
zu haben. Wäre Eikes Genital für sie nicht auch körperlich ein hinreichender
Penis, wäre er also nicht „da", könnte sie sich auch „was anderes ausden-
ken", Eikes Geschlechtsteil also auch dann als körperlich männliches
erleben. In Wirklichkeit sieht Eva Eike nämlich immer als Mann, egal wie
sein Genital beschaffen ist. Ausschlaggebend war für sie ja nicht sein Körper, sondern sein ihr von Anfang an so authentisch vermitteltes soziales
Mannsein. Dennoch muss es für alle - und auch für diese Gruppe der
Befragten - offenbar der Penis und möglichst der in irgendeiner Form körperlich nachweisbare Penis sein, der dem Mannsein des Transsexuellen seine
unabweisbare Glaubwürdigkeit verleiht. Das Bild des Penis tauchte in nahezu allen Beschreibungen auf. Entgegen ihrem in anderen Zusammenhängen
immer wieder geschilderten Erleben, dass es allein seine authentische Darstellung sei, die den Transsexuellen zum Mann mache, klammerten sich
doch fast alle an den Penis als ultimativen Beweis seines Mannseins, und sei
es nur in Form der entsprechenden Benennung seines Genitals. Und sie
klammerten sich an diesen Penis, weil dieser eben nicht nur ein paar Zentimeter Fleisch darstellt, sondern weil in ihm der gesamte soziale Bedeutungsgehalt von Mannsein auf den Punkt gebracht ist. Wichtig am „Penis" ist also
in Wirklichkeit nicht der Penis aus Fleisch und Blut, sondern das, was sich in
ihm an Mannsein mit all seinen sozialen Privilegien zusammenballt. Wichtig
ist also der Phallus im Penis. Ein einfaches Geschlechtsteil erfährt so eine

immense soziale Überhöhung. Genau dies aber soll verborgen bleiben, es soll nur um den Penis aus Fleisch und Blut gehen. In seinem körperlichen Repräsentanten, im Penis, soll der Phallus verschwinden. So erhält der Penis eine ganz unnatürliche, körperfremde soziale Bedeutung, die weit über ein bloßes Körperteil hinausgeht. Da man sich an diese Bedeutung schon gewöhnt hat, sie also kaum noch wahrnimmt, also für wahr nimmt, lässt sie sich am besten in einem Vergleich aufdecken und ermessen: Sind Klitoris und Vagina sozial genauso wichtig wie der Penis? Nein, im Vergleich mit ihm tendiert ihre soziale Bedeutung gegen Null. Sie nämlich haben lediglich und genau die Bedeutung, die einem Geschlechtsteil als Teil eines Körpers zukommt. Wenn etwas in ihnen auf den Punkt gebracht ist, dann ist es die körperliche, aber kaum die soziale Weiblichkeit, viel weniger jedenfalls, als dies für den Penis hinsichtlich seiner Repräsentanz für das Mannsein der Fall ist. Ohne die verschleiernde Verkörperlichung im Penis würde die Blase Phallus zerplatzen, er hätte keinen sicheren Ort, der ihn gleichzeitig hält und versteckt. Und der Penis wäre plötzlich entblößt. Würde der Phallus im Penis entdeckt, würde deutlich, dass es in Wirklichkeit gar nicht um den Penis aus Fleisch und Blut geht, sondern um die Inkarnation des sozialen Mannseins im Penis. Der Penis wäre wie der Kaiser im naiven Blick des Kindes plötzlich entkleidet, er wäre nicht mehr Repräsentant für alles, was Mannsein beinhalten soll, sondern einfach nur das Geschlechtsteil, das üblicherweise ein Mann hat. Dann würden an diesen Penis auch nicht mehr all die Anforderungen sozialen Mannseins geknüpft, die ihn oft so überfordern und bei Versagen so jämmerlich erscheinen lassen, sondern er wäre einfach nur ein Genital mit all seinen Vorzügen, aber auch mit Fehlern und Macken - und das ohne jede Tragik.

Wenn und solange sich aber der gesamte Bedeutungsgehalt von Mannsein nicht irgendwo, sondern im Penis konzentriert, will man gerade ihn - und nicht irgend etwas anderes - auch haben, und zwar möglichst körperlich haben. Da bilden die Transsexuellen und ihre Partnerinnen keine Ausnahme. Auch sie wollen, wie auch immer, sein Mannsein letztlich über den Penis verwirklichen, sei es nun der kleine, der große oder der nur so benannte Penis, in jedem Fall aber der Penis. Und mit diesem Wunsch tappen sie gleich in zwei Fallen der Ideologie um den Penis. Zum einen erheben auch sie damit den Penis zum Symbol von Mannsein schlechthin. Zum anderen unterwerfen sie sich am Ende doch dem Zwang, Mannsein an den Körper zu koppeln, also der Forderung, Mannsein letztlich doch und gegen alle Erfahrung über den Körper beweisen zu wollen und zu müssen. Gegen alle Erfahrung deswegen, weil es ja gerade die transsexuellen Männer und ihre Partnerinnen sind, die tagtäglich etwas anderes erleben oder erleben könnten, sind sie aufgrund der spezifischen körperlichen Situation des Transsexuellen doch ein Beispiel dafür, dass um den Penis nur eine immens überfrachtete Ideologie gesponnen wird. Gerade das Phänomen transsexueller Männer zeigt ja, wie unbedeutend der Penis für das Mannsein in Wirklichkeit ist, in einer Wirklichkeit, die den Transsexuellen und ihren Partnerinnen viel vertrauter ist als den meisten in ihrem Umfeld. Genau dies hat ja lange die besondere Eigenart ihrer Wirklichkeit bestimmt: Dass sie auf das zurückgehen, was tatsächlich einen Mann ausmacht, nämlich seine soziale Authentizität als Mann, die sich konträr zu seinem - penislosen - Körper entfaltet und vermittelt. Wenn sie nun doch den - in welcher Form auch immer - nachweisbaren Penis als unverzichtbar für sein Mannsein betrachten, geben sie damit ein Stück ihrer eigenen, bis dahin so tragfähigen Wirklichkeit in die Hände der Ideologie, vergessen also etwas von ihrem intuitiven Wissen um die Wirklichkeit hinter dieser Ideologie. Letztlich aber staffieren sie so nur die um den Penis gestrickte Ideologie mit ihrer eigenen Fiktion aus, überhöhen den Penis also nur ein weiteres Mal, und zwar, indem sie ihre gewachsene Klitoris oder den Neopenis zum herkömmlichen Penis aufbauen. Sie unterfuttern die sozial übliche Ideologie also in gewissem Sinne mit ihrer kleinen privaten, aber offenbar ebenso unabdingbaren Fiktion. Und über diese Fiktion kommen sie zunächst einmal dort an, wo geborene Penisträger von Anfang an stehen. Und auch der Weg zu diesem allgemeinen Treffpunkt verläuft auf sozial durchaus vertrauten Bahnen: Immer - und nicht nur für Transsexuelle - sind es ja überhöhende Fiktionen oder eben Ideologien, die der puren Körperlichkeit des Geschlechtsteils die so vielsagende Männlichkeit mit all ihren sozialen Implikationen verleihen. Schon bevor der Transsexuelle dort ankommt, ist der Penis längst nicht mehr nur Penis, sondern bereits überfrachteter Phallus. Ohne all diese sozialen Überfrachtungen besteht ein Penis ja nur aus wenigen Zentimetern Fleisch und sonstigem Gewebe.

Nun gingen die hier befragten transsexuellen Männer und ihre Partnerinnen nicht alle auf die gleiche Weise damit um: Nahezu alle wollten zwar das Genital des Transsexuellen auch auf der körperlichen Ebene als Penis bezeichnen können, sie wählten dafür aber verschiedene Wege. Manche strebten einen Neopenis an, andere waren mit der vergrößerten Klitoris zufrieden. Die einen also favorisierten den körperlichen Aufbau des Penis, während andere seinen fiktiven Aufbau bevorzugten. Bedeutet dies, dass ihnen der Penis letztlich doch unterschiedlich wichtig ist, dass er vielleicht eine unterschiedliche *Bedeutung für das Mannsein* des Transsexuellen hat? Ist für die einen sein Mannsein stärker an den Penis gekoppelt als für andere? Wie würde dann die körperliche Relevanz des Penis zurückwirken auf die

Haltung zur geschlechtlichen Identität des Transsexuellen, also auf seine glaubwürdige Darstellung als Mann? Wie also verträgt sich der Beweis über den Körper mit dem von ihm selbst lange gefühlten und von der Partnerin früh erspürten Mannsein?

Festzuhalten ist, dass diejenigen der Befragten, die einen Neopenis anstrebten, auf meine entsprechende Frage hin dem Penis - und gemeint war damit ausdrücklich der übliche Penis - für das Mannsein eine größere Bedeutung beimaßen als die anderen. Für sie ist der Penis also für das körperliche Mannsein des Transsexuellen bedeutsamer als für die andere Gruppe. Dies ist zwar kein durchgängiges Bild, aber doch eine starke Tendenz. Sie traf für insgesamt neun der 14 Befragten zu, die einen operativen Penisaufbau planten bzw. hatten durchführen lassen, und zwar für fast alle Männer dieser Gruppe. Die Befragten ohne den Wunsch nach einem Neopenis - Männer wie Frauen - bezeichneten den Penis dagegen für das Mannseins des Transsexuellen als wenig bedeutsam.

Auf der Seite derjenigen *mit* Operationsplänen betonte nur Benno speziell auch auf diese Frage hin, ein Mann sei auch ohne Penis ein Mann und führte das Beispiel eines Unfalls an, bei dem ein Penis verloren gehen könne. Jan wiederum räumte ein, ein Penis gehöre nicht unbedingt „generell" zum Mannsein dazu, für ihn selbst sei er aber schon so wichtig gewesen, dass er die Operation habe durchführen lassen. Von den Männern *ohne* Operationspläne war es Dirk, der zwar Mannsein nicht über den Penis definierte, sich selbst aber als stark penisfixiert bezeichnete. Und Gerd schrieb dem Penis für sein eigenes Mannsein schon eine gewisse Bedeutung zu, verwies dabei aber ausdrücklich auf den Penis, den er hat, also auf seine vergrößerte Klitoris.

Bei den Frauen gab es wesentliche Abweichungen von der angesprochenen Tendenz, und zwar ausschließlich bei den Frauen, deren Partner sich einen operativen Penisaufbau wünschten bzw. ihn bereits hatten durchführen lassen: Nur vier dieser sieben Frauen maßen einem Penis Bedeutung für das Mannsein bei, für drei von ihnen (Hanna, Karin, Maria) hatte er diese Bedeutung nicht. Zusammen mit den vier Partnerinnen derjenigen Transsexuellen, die einen operativen Penisaufbau für sich ablehnten, war der Penis also für acht der elf befragten Frauen für das Mannsein ihres Partners bedeutungslos. Sie blieben dabei, dass hierfür vielmehr sein gesamtes soziales Erscheinungsbild maßgeblich sei. Damit bestätigt sich erneut, dass die Frauen das Geschlecht ihres Partners wesentlich weniger direkt an seinen Körper koppelten als die transsexuellen Männer selbst.

Insgesamt zeigte sich also bei denjenigen, die einen operativen Penisaufbau anstrebten bzw. hatten durchführen lassen, eine stärkere Tendenz, dem

Penis ganz allgemein für das Mannsein eine wichtige Rolle zuzuschreiben. Dies traf insbesondere für die transsexuellen Männer, aber auch für etwa die Hälfte ihrer Partnerinnen zu. Und für diese Befragten war der Penis darüber hinaus als real fassbarer körperlicher Beweis seines Mannseins von Bedeutung. Für ihr Verständnis von Mannsein genügte ihnen also nicht irgendein, womöglich fiktiv aufgebauter, Penis, sondern sie wollten einen Penis, der dem Penis eines geborenen Mannes möglichst nahe kam in Größe, Penetrations- und Urinierfähigkeit. Jedenfalls gingen ihre Pläne dahin, (sich) einen solchen Penis chirurgisch konstruieren zu lassen.

Aber auch für diejenigen, die von einem operativen Penisaufbau absahen, verlief, indem auch sie ihr Genital als Penis bezeichnet wissen wollten, die angestrebte Zuordnung zum normalen Mannsein über den Penis. Anders als den anderen genügte ihnen hierfür jedoch die fiktive körperliche Ausdehnung der vergrößerten Klitoris zum Penis. Gerade weil der Penis also so überfrachtet ist mit sozialem Mannsein und weil er eben nicht nur ein Stück Fleisch ist, erschien es letztlich allen Befragten unausweichlich, den Penis in irgendeiner Form zu besitzen. Selbst wenn er körperlich gar nicht existiert und gemessen am normalen Penis nie hinreichend zu verwirklichen sein, also immer eine Fiktion bleiben wird, war er als an den Körper gekoppeltes Zeichen für das Mannsein doch unabdingbar. Ein Mann hat eben einen Penis. So wie sie die Brust als unüberwindbares Symbol für Weiblichkeit loswerden mussten, mussten die Befragten den Penis - in welcher Form auch immer - aufbauen, um wirklich ein Mann zu sein. Eben wegen dieser phallischen Überhöhung des Penis sahen sie sich bzw. ihren Partner genau in diesem Bereich des Körpers am meisten gefährdet. Sie befürchteten offenbar, ohne einen Penis das angestrebte Mannsein zu verfehlen. Obwohl die transsexuellen Männer sozial - und durch die hormonellen Veränderungen auch körperlich - bereits unangefochten als Mann lebten, war es offenbar kaum möglich, auf den Penis als körperliches oder als imaginiertes körperliches Zeichen von Mannsein zu verzichten. Der sozialen Gleichsetzung von Mannsein und Penis ist kaum zu entrinnen. Selbst die Befragten, die genau diese Gleichsetzung wie Eike mit der Feststellung „Mannsein beginnt im Kopf und nicht in der Hose" ablehnten, legten doch Wert auf die richtige Bezeichnung ihres Genitals als (kleiner) Penis.

Einen wichtigen Unterschied zur anderen Gruppe der Befragten gab es dennoch. Für sie blieb für ihr hinreichendes Mannsein am Ende doch ihre geschlechtliche Identität und nicht ihr real vollständig vermännlichter Körper maßgeblich. Und dies deckt die Wahrheit des Penis auf, die hinter der Ideologie liegt: Es ist ja nicht der körperlich-fleischliche Penis, sondern der auf ihm liegende Phallus, also der sozial bedeutsame Penis, der den Penis so wichtig erscheinen lässt. Sowohl auf der individuellen als auch auf der strukturellen Ebene ist es also in Wahrheit nicht der Körper, sondern sind es soziale Zuschreibungen, die Mannsein letztlich verwirklichen. Die spezifische Wirklichkeit transsexueller Männer und ihrer Partnerinnen, die Mannsein „im Kopf und nicht in der Hose" verankert sehen, korrespondiert also mit der tieferen sozialen Wahrheit, dass Mannsein seine Bedeutung nicht aus dem Penis, sondern allein aus dem Phallus bezieht. So fiel es diesen Befragten denn auch leicht, ihre bisherige Argumentation stringent fortzuführen. Auch wenn sie Wert darauf legten, einen „Penis" zu haben, war ihr Körper allgemein und dieser Penis im Besonderen am Ende für sie doch sekundär für ihr Mannsein. Allein durch den Entschluss, auf einen Neopenis zu verzichten, blieb nicht nur - wie bei den anderen Befragten auch - in ihrer Wirklichkeit, sondern auch in ihrer Argumentation über ihr Mannsein das glaubwürdig vermittelte soziale Mannsein vorrangig gegenüber seiner Verwirklichung auf der körperlichen Ebene. Sie konnten ihr Mannsein weiterhin mit ihrer geschlechtlichen Identität begründen.

Anders war es für die Befragten, die sich für den operativen Aufbau eines Neopenis entschieden und dafür große Mühen auf sich genommen hatten bzw. nahmen. Den Beweis von Mannsein über einen am Körper zu verwirklichenden und dazu noch möglichst naturgetreu nachgebildeten Penis zu erbringen, ist im Kontext ihres Selbstverständnisses und der operativen Möglichkeiten ein recht schwieriges und widersprüchliches Unterfangen. Sie mussten hierfür von ihrer Darstellung, schon immer Mann gewesen zu sein, auf die Argumentation einschwenken, dass letztlich doch der Körper ihr Mannsein beweisen sollte. Indem sie die soziale Übereinkunft, der Körper bestimme das Geschlecht, gerade mit Blick auf den Penis übernahmen, entfernten sie sich nicht nur von der Bedeutung, die ihre geschlechtliche Identität für ihr Mannsein hat, sondern auch von ihrem bisherigen intuitiven Wissen um die Wahrheit hinter der Ideologie um den Penis: Es verblasste also nicht nur ihre so prägende Erfahrung, dass ihre Identität ihr Mannsein bestimmt, sie realisierten auch nicht, dass es gar nicht der fleischliche Penis, sondern der an diesen Penis angelagerte Phallus war, der nun ihr Mannsein beweisen sollte. Er sollte beweisen, was sie längst waren. Gerade auf der sozialen Ebene waren sie ja längst Mann mit allem, was dies sozial beinhaltet. Nur körperlich waren sie es bis dahin noch nicht zu ihrer Zufriedenheit. Und inwiefern sie rein körperlich durch den Neopenis mehr zum Mann werden, wird noch zu klären sein. Ganz offensichtlich aber erwarteten diese Befragten vom Aufbau eines Neopenis eine Bereicherung auf beiden Ebenen, nämlich sowohl eine Auffüllung ihres sozialen Mannseins als auch einen bedeutenden körperlichen Gewinn. In jedem Fall aber gerieten sie mit diesem Schritt in eine sehr widersprüchliche Situation. Sie mussten nun begründen, warum der Penis jetzt so unabdingbar für ihr Mannsein sein sollte, hatten sie dieses Mannsein zuvor doch bereits über Jahre ohne diesen Penis im sozialen, aber meist auch im körperlich intimen Bereich schon weitgehend verwirklicht. Und nicht nur drängt sich jetzt die Bestimmung des Mannseins über den Körper, also über den Penis, an sich in den Vordergrund, dieser Penis sollte darüber hinaus auch noch möglichst normgerecht verwirklicht werden. Das Problem für diese Befragten bestand also darin, dass Mannsein für sie - wie für alle Männer - an einem Körperteil haftete, der für sie - anders als für andere Männer - auf der körperlichen Ebene letztlich gar nicht herstellbar war, auf dessen körperliche Herstellung sie für die Verwirklichung ihres Mannseins aber große Hoffnungen setzten. Es sollte also ein Penis ihr Mannsein beweisen, den sie als vom allgemeinen Verständnis her richtigen körperlich nie haben würden. Haben konnten sie nur einen richtigen Phallus. Den aber hatten sie bereits, da sie ja Mann waren.

Immerhin fünf der befragten Männer und vier der befragten Frauen (Anna, Britta, Frauke und eingeschränkt auch Jana) betonten auf meine *Frage nach dem körperlichen Mannsein*, dass er bzw. ihr Partner erst mit Vollendung des Neopenis „komplett, „ganz" oder „vollständig" ein Mann sei, während sie in anderen Gesprächszusammenhängen und auch im unmittelbaren Umfeld dieser Aussagen ebenso deutlich hervorgehoben hatten, er sei schon jetzt ein Mann und von Anfang an ein Mann gewesen. Dieser Widerspruch zwischen der Maßgeblichkeit der geschlechtlichen Identität einerseits und des Körpers für sein Mannsein andererseits fand sich manchmal auf engstem Raum. Er soll hier nur an zwei längeren Gesprächspassagen verdeutlicht werden. Sehr ähnlich zeigte er sich bei mehreren dieser Befragten, so bei Ahmed, Anna, Britta, Jana, Frauke, Felix und Hans. Marc pendelte von einem Satz zum anderen zwischen seinem Körper und seiner Identität als Beweis für sein Mannsein hin und her:

Marc: *Wie wichtig ist dir denn die Existenz eines Penis für das Mannsein?*
        Also, ich find, das gehört zum Mannsein dazu.
        Würdest du das schon so klar sagen?
        Ja.
        Ich meine, du sagst ja und fühlst dich ja auch schon seit Jahren, also schon lange, als Mann und sagst, ich bin ein Mann.. Wie bringst du das zusammen?
        Ja, das ist halt das kleine Bisschen, was noch fehlt.
        Bist du jetzt ein Mann oder nicht?
        Ja doch, ich bin ein Mann. Ich sag mal, o.k., ich sag mal, entscheidend! ist das nicht! jetzt.

Gerade hast du gesagt, du bist ein Mann und vorhin sagtest du, ein Penis gehört schon zum Mannsein dazu?!
Ja, find ich schon so, also deshalb wäre es schon wünschenswert, wenn da einer wär, so.
Und wenn du diese Operation jetzt nicht machen würdest und im Moment hast du es ja auch noch nicht gemacht, bist du trotzdem ein Mann?
Ja.
Stimmt ja irgendwie nicht überein?
Ja, o.k., vielleicht hab ich mich falsch ausgedrückt. Ich sag mal: Für nen normalen! Mann gehört das dazu oder so, und. So seh ich das. O.k., ich hab jetzt keinen, bin aber trotzdem ein Mann. (...)
Was genau bedeutet dir denn ein Penis? Welche Gefühle verkörpert der für dich?
Ja, halt einfach komplett zu sein.
Komplett Mann zu sein?
Ja genau.

Marc würde sein Mannsein nie infrage stellen (lassen), „komplett" Mann aber ist er erst mit einem Penis. Ein Penis „gehört zum Mannsein schon dazu", ist dafür aber letztlich nicht „entscheidend". Er selbst hat „keinen" Penis, ist aber „trotzdem ein Mann", weil ein Penis nur „für nen normalen Mann dazugehört", obwohl auch ihm „das kleine Bisschen" fehlt.

Diese Widersprüche verweisen nicht auf ein persönliches Unvermögen Marcs, seine Vorstellungen klar zu formulieren, sondern legen offen, wie er die Ideologie um den Phallus am eigenen Leib erfährt: Wo er meint, über den Penis aus Fleisch und Blut zu reden, spricht er in Wahrheit über dessen Symbol für soziales Mannsein, also über den Phallus. Und während auf der phallischen Ebene dem Penis für das Mannsein tatsächlich eine nicht zu überschätzende Bedeutung zukommt, ist er hierfür auf der rein körperlichen Ebene letztlich irrelevant, wie Marc aus Jahren eigener Erfahrung weiß. Aber es ist schwer, beides auseinander zu halten. Da die Ideologie um den Penis nämlich im Wesentlichen davon lebt, den Phallus untrennbar mit dem Penis zu verknoten, verfängt man sich beim Nachdenken über diese Situation in Widersprüche, die aber nur solange Widersprüche bleiben, wie man versucht, sie auf ein und derselben Ebene zu lösen. Wichtig wäre, aus der Ideologie dieser Verknotung von Penis und Phallus herauszutreten, also die Ebenen zu trennen. Erst dann würde sichtbar, wie am Körper und am sozialen Mannsein des Transsexuellen die soziale Relevanz des Phallus mit der körperlichen Irrelevanz des Penis in Hinblick auf deren jeweilige Bedeutung für das Mannsein kollidiert. An der sehr spezifischen Gesamtwirklichkeit des Transsexuellen droht die vermeintliche Einheit von Phallus und Penis nämlich aufgesprengt zu werden, wodurch die Ideologie um den Phallus als Penis offen zu Tage träte. Das Phänomen des transsexuellen Mannes markiert also prinzipiell die Gefahr, den Penis vom Phallus zu entkleiden und ihn damit körperlich bloßzustellen. Indem aber auch der Transsexuelle nach der Verkörperlichung des Phallus strebt, dem Penis also in irgendeiner Form eine Bedeutung für sein Mannsein einräumt, bleibt das Zusammenfallen von Penis und Phallus erhalten. Auch der Transsexuelle belässt es bei der Verknüpfung der Ebenen, also beim ideologisierten Penis, und ist verwundert über seine Verwirrung, wenn er dessen Relevanz für sein Mannsein erläutern will. Nur ein Transsexueller, dem ein Penis für sein Mannsein überhaupt nichts bedeutete, würde sich ein Stück weit aus dieser ideologischen Verflechtung befreien. Der Penis ohne seine phallischen Implikationen wäre für ihn dann genau das, was er auch als Neopenis nur sein kann, nämlich wenige Zentimeter Fleisch. Wenn kaum ein Transsexueller dieses seiner Situation innewohnende Potential nutzt, liegt das an seinen jahrelangen Erfahrungen mit der verletzenden Verleugnung seiner geschlechtlichen Identität eben durch diese auf körperliche Veränderungen ausgerichteten Ideologie. Einfach nur so, nämlich weil er sich so fühlte, durfte er nicht Mann sein, es wurden körperliche Beweise verlangt. Diese tief eingegrabenen Erfahrungen sind nicht die besten Voraussetzungen für einen den sozial übermächtigen Phallus ignorierenden Schritt. Da hätten es die geborenen Männer, die ihres Mannseins weitaus sicherer sein dürfen, wesentlich leichter. Aber auch von ihnen widersetzt sich kaum einer konsequent der Ideologie um den Penis.

Verfangen in diesem System suchte Marc nach Gründen, die dem Penis aus Fleisch und Blut, wie er ihn durch den Neopenis zu erlangen erhofft, Bedeutung für sein Mannsein verleihen können. Diese Gründe aber gibt es nicht. Die Bedeutung des Penis für das Mannsein verläuft allein über den Phallus. Als Körperteil hat er hierfür keine Bedeutung, er ist einfach nur da. Und das, was dieses Körperteil als fleischlichen Penis wichtig machen könnte, ist für Marc ohnehin nicht erreichbar. Dies kann er zwar allgemein, aber nicht für sich selbst wichtig finden: In den Genuss von Erlebnissen wie Erektion, Ejakulation, und damit Zeugungsfähigkeit, und womöglich auch ungehinderter Urinierfähigkeit wird er niemals kommen. Über den Neopenis erreichbar ist allein die Größe eines normalen Penis. Da diese aber letztlich zu nichts führt als allein zur Präsentation dieses Körperteils vor sich selbst und - wenn es gut läuft - vor anderen, steht dieser Penis wieder nicht für sich, sondern erneut für den Phallus.

Kurt sprach sehr offen darüber, mit einem Neopenis nie die Möglichkeiten eines angeborenen Penis zu haben zu werden. Er weiß, dass ein

Neopenis nie „richtig funktionieren" wird. Aber auch er verfing sich in den Netzen zwischen Penis und Phallus: Der Penis, den er nie haben wird und den er sich trotzdem als Neopenis aufbauen lassen will, ist für Kurt „das A und O" für das Mannsein:

Kurt: *Wie wichtig ist denn überhaupt die Existenz eines Penis für das Mannsein für dich?*
Das ist das A und O, denk ich mal. Ich denke, da gehört kein Bart zu, da gehören keine behaarten Beine zu oder Bauch oder so. Ich denke, das ist das A und O.
Bist du denn im Moment gar kein Mann? Du hast ihn ja nicht!
Nee, natürlich bin ich das in dem Moment nicht.
Aber du hast ja in dem ganzen Gespräch, und ich denke, so siehst du dich auch
Ich bin für mich
Du hast dich immer als Mann definiert.
Ja klar, aber das ist genau der Punkt, wo für mich, sag ich mal, wie soll ich das erklären, das ist schwierig. Alle, wie gesagt, alles andere kann ich ja auch so haben.
Wie haben?
Nen Bart kann ich so haben.
Durch Hormone?
Durch Hormone, so mein ich das. Oder Haare auf dem Bauch oder den Beinen oder so. Alles andere kann ich dadurch haben, nur diesen, diesen Penis, den werd ich auch, wenn ich mich operiert habe, richtig funktionieren, werde ich, das wird nicht gehen!
Heißt das, selbst mit so einen Penisaufbau, einem operierten Penis, bist du eigentlich gar kein Mann?
Doch, für mich bin ich so viel Mann, wie ich es in dem Moment sein kann.
Also sind das so Stufen? Also jetzt bist du, bist du gar kein Mann?
Doch, von meinem Kopf her ja! Aber eigentlich nicht. Für mich! ja, aber nicht für die Welt, sagen wir mal so.
Wobei die Welt es ja gar nicht weiß, ob du einen hast!
Natürlich nicht, darum mein ich ja für mich persönlich schon.
Für dich persönlich bist du ein Mann?
Bin ich ein Mann, bin ich immer ein Junge gewesen, bin ich jetzt ein Mann! Nur, weil du ja gefragt hast, was für mich Mann typisch, sage ich, ist es, alles andere kann ich so auch haben, so mein ich das, und darum ist der, der, das Glied das A und O, weil, das werde ich, werde ich nie erreichen können!
Aber im Grunde nur das angeborene Glied?
Ja, ja, ja! so, genau.

444

Also wirst du nie ein wirklicher, vollständiger Mann sein?
Nee, nee.
Aber du würdest nicht sagen, da der nie hundertprozentig gelingt, lass ich es ganz?
Nee.
Dann lieber nen Kompromiss?
Ja, weil da muss ich, da bin ich ganz offen und ehrlich, ich weiß, dass
es das nie geben wird. (...) Das werden die wahrscheinlich, ich denke
einfach, allein dieses mit dem Abspritzen, ne, und den steif werden zu
lassen, das werden die nie! hinkriegen. (...)
*Was macht denn einen Mann aus? Was darf überhaupt nicht fehlen, damit ein
Mensch ein Mann ist?*
Das hatten wir doch eben schon.
Ja, sag mal!
Ja, ich würde da wieder, genauso sagen, also der, der, der, der eh der
Schwanz und so müsste es schon sein.
Also das darf nicht fehlen, damit jemand ein Mann ist?
Ja.
Trotzdem bist du ein Mann?!
Ja, ja.
Ohne!? Das ist doch irgendwie widersprüchlich
Ich denke, ja klar, es ist sicherlich irgendwo ein Widerspruch, aber ich
weiß nicht, wie ich es anders erklären soll. (...)
*Ab wann bist du ein Mann, wovon hängt das ab? Oder ab wann warst du ein
Mann?*
Stöhnt) Ja, eigentlich bin ich schon immer ein Mann. Bis auf dass ein
gewisses Teil fehlt. Aber ansonsten bin ich immer ein Mann! gewesen.
Und werd's auch immer sein!
Egal, ob du die Operation machst oder nicht?
Richtig. (...)
*Würdest du denn von deiner momentanen körperlichen Situation her sagen, dass du
nen männlichen Körper hast oder nen weiblichen Körper?*
Momentan?
Ja!
Nen männlichen Körper!
Also du siehst es als Männerkörper, trotz dieser Einschränkung?
Genau.
Würdest du sagen, du bist ein Mann ohne Penis?
Genau, oder mit nem, ich bin ein Mann mit nem, dem ein bisschen,
ein paar Zentimeter fehlen, so würde ich es sagen.
Aber das heißt nicht, dass du ne Frau bist, vom Körper her?
Nein.

Kurt sah sich mit und ohne Operation als Mann, obwohl er wusste, dass er weder mit noch ohne Operation den für das Mannsein körperlich hinreichenden Penis haben würde. Aber selbst, wenn ihm diese „paar Zentimeter fehlen", tut dies letztlich seinem Mannsein keinen Abbruch, obwohl genau diese paar Zentimeter „das A und O" des Mannes sind und er dieses A und O nie „erreichen kann". Das A und O des Mannes besteht eigentlich nur aus diesen paar Zentimetern und ist alles, was Mannsein ausmacht. Und „für sich" ist und war Kurt immer schon Mann und ist auch jetzt körperlich Mann, auch ohne diese Zentimeter. Mann ist er aber nur für sich und nicht „für die Welt", weil für die Welt der Penis das A und O für das Mannsein ist. Die Welt aber weiß gar nicht, ob er dieses A und O sein Eigen nennt, deshalb ja ist er in Wirklichkeit schon längst Mann auch für die Welt. Aber mit den Augen der Welt betrachtet ist für Kurt eben nur der Penis „typisch" für das Mannsein und so gesehen ist nur jemand mit Penis ein Mann, obwohl die Welt genau das ja gar nicht sieht, was so typisch an ihm sein könnte und eben nicht ist. Dann ist Kurt immer schon, nie oder eben „so viel Mann, wie" er „es in dem Moment sein kann", nämlich vor den anderen sein kann, nicht vor sich selbst, wo er ja „schon immer Mann oder Junge" war. Erst, indem er also den Blick und die Wirklichkeit aller anderen, die Wirklichkeit des Phallus, die sich auf sein Genital legt, übernimmt, gerät er auf das Glatteis der Verknotung von Penis und Phallus und rutscht darauf aus. Wie Dirk geschildert hatte, jahrelang keine Probleme mit seinem Mannsein gehabt zu haben, indem er einfach nicht darüber nachdachte, wird auch Kurt erst von den Widersprüchen überwältigt, als die Wirklichkeit des Phallus ihm sein Genital und seine darum gruppierten fiktiven Möglichkeiten erschwert. Das „A und O", das „Typische" des Mannseins zerstört nun die „Selbstverständlichkeit" (Dirk) der widerspruchslosen Erfahrung. Der Zwang zur Auseinandersetzung mit der körperlichen Vermännlichung auch über den Penis zerrt unweigerlich die Ebene des Phallus in seine Wirklichkeit hinein und verwickelt die Naivität seines mit sich selbst identischen Erlebens in eine Konfrontation mit dem Phallus als sozialem Penis, der so tut, als ginge es um ihn als rein körperliche Erscheinung. In Wirklichkeit aber verbleibt für Kurt als bedeutsam für sein Mannsein am Ende allein der Phallus, ist ihm doch schmerzlich bewusst, dass er den Penis als bloßen Körperteil mit allen Funktionen, die für ihn wichtig wären und die sein körperliches Mannsein unterstreichen würden, niemals haben wird. So verkörpert für Kurt auch der geplante Neopenis den Phallus, über den er seine Phantasien um - körperliches - Mannsein hofft verwirklichen zu können.

Wie geradlinig nahmen sich dagegen Schilderungen aus, die die Bedeutung von Mannsein nicht auf der Ebene des körperlichen Penis zu begründen versuchten und sich dabei unausweichlich in den Phallus verstrickten,
sondern die auch angesichts des Penis nicht ihn, sondern weiterhin die geschlechtliche Identität des Transsexuellen als einzig maßgeblich für sein
Mannsein betrachteten:

Gerda: *Wie wichtig ist dir denn die Existenz eines Penis für das Mannsein?*
        Gar nicht wichtig
        Also ein Mensch ohne Penis ist auch ein Mann?
        Ja, also er ist sozusagen ein lebendes Beispiel dafür. Wobei, er hat ja
        auch einen! Aber du meinst ja wahrscheinlich diese normal großen.

Statt den Penis in die Begründung für das Mannsein ihres Partners hineinzuzie-
hen, nahm Gerda umgekehrt dessen Fehlen als Beweis für sein Mannsein: Gerade weil Gerd keinen „normal großen" Penis hat und trotzdem hinreichend
Mann ist, zeigt dies für sie, wie bedeutungslos der Penis in Wahrheit für das
Mannsein ist. Wenn es für andere der körperliche Penis ist, der „lebende" Beweis für das Mannsein werden soll, lebt Gerdas Beweis bereits jetzt in Gerds
glaubwürdiger Darstellung als Mann. Und nur deshalb können Gerd und sie
vom operativen Aufbau eines Neopenis absehen und seine vergrößerte Klitoris
erfolgreich als kleinen Penis besetzen. So hat zwar auch Gerd den offenbar
unverzichtbaren Penis, diesem wird aber nicht auferlegt, sein Mannsein erst
noch zu beweisen. Sein „kleiner Penis" ist vielmehr bereits jetzt ein hinreichend
männliches Genital, weil Gerd ohne jede Frage ein Mann ist.

Operativer Penisaufbau: Wirklichkeit und Fiktion

Die Spannung zwischen der immensen Relevanz des Phallus und der
bemerkenswerten Irrelevanz des Penis für das Mannsein offenbart sich mit
all ihren Widersprüchen und Kontroversen auch bei der Beschäftigung mit
dem operativen Penisaufbau. Je nachdem, welche Entscheidung die transsexuellen Männer für sich gefällt hatten und auf welcher Ebene sie und ihre
Partnerinnen sich dadurch bewegten, zogen sie die entsprechenden Argumente auf ihre Seite:

Dirk: Nee, das wär's mir dann echt nicht wert! Ich denke, da muss es en
       anderen Weg geben. (...) Da würde man sich vielleicht auch zu viel
       vormachen, dass man sagt: O.k., wenn man die OP hat, dann ist es so.

Ahmed: *Ab wann bist du ein Mann?*
Wenn ich komplett fertig bin! So bin ich's auch, nur, wie gesagt, so spielt man sich nur was vor.

Für die einen ist ein aus anderen Körperteilen konstruierter Penis noch lange kein richtiger Penis und macht damit niemanden zum Mann. Für die anderen ist niemand wirklich ein Mann ohne einen Penis an seinem Körper. Ist ein solcher Aufbau für die einen ein hinreichender Kompromiss, können die anderen sich nicht damit zufrieden geben. Was aber sind die Kriterien, an denen sich diese Zufriedenheit misst? Was sind die Maßstäbe, die die einen diesen Kompromiss eingehen, die anderen ihn ablehnen lassen? Was also sind für die einzelnen Transsexuellen und ihre Partnerinnen die Gründe, sich für oder gegen den operativen Aufbau zu entscheiden? Was wollen sie erreichen? Und sind es die operativen Möglichkeiten, die ihre Entscheidung beeinflussen oder prägt umgekehrt ihre Einstellung zum Neopenis, wie sie die operativen Möglichkeiten und Ergebnisse wahrnehmen? Sind es also körperliche oder doch andere Kriterien, die ausschlaggebend sind für die Entscheidung für oder gegen einen Neopenis?

Nahezu alle transsexuellen Männer sind zumindest phasenweise sehr intensiv mit dem Für und Wider eines operativen Penisaufbaus beschäftigt. Ob in den Medien, den Selbsthilfegruppen oder auf Selbsthilfetagungen, die unterschiedlichen Operationsmethoden, Operationsorte, und Namen von Operateuren nehmen in der Diskussion einen breiten Raum ein. Ohne im Einzelnen die verschiedenen Methoden darstellen zu wollen, sei hier nur grob erwähnt, dass es sich im Wesentlichen um zwei chirurgische Verfahren unter Verwendung jeweils unterschiedlichen körpereigenen Materials handelt. Bei dem einen werden Knorpel, Sehnen, Muskulatur, Gefäße und Fleisch aus dem Unterarm entnommen und als Penis neu aufgebaut. Wenn gewünscht, wird die Harnröhre verlängert und durch den Neopenis geführt, ein Silikonstab oder ein Pumpsystem zur Versteifung eingearbeitet, eventuell eine Eichel konstruiert, aus den Schamlippen Hoden mit Hodenimplantaten aus Silikon gearbeitet und die Scheide geschlossen. Der Unterarm wird mit Haut aus anderen Körperregionen, wie etwa dem Oberschenkel, bedeckt. Bei der anderen gängigen Methode wird das Material für den Neopenis aus dem Bauchfleisch und der Bauchmuskulatur gewonnen, seltener wird hierbei eine Harnröhre versucht anzulegen, immer aber zur Versteifung ein Silikonstab oder ein Pumpsystem, dessen Blasebalg sich in den Hoden befindet, eingearbeitet, die Scheide geschlossen und die Hoden aufgebaut. Eine Eichel ist mit dieser Methode nur ansatzweise nachzubilden. Von den beiden hier befragten transsexuellen Männer, die den operativen Penisaufbau hatten durchführen lassen, hatte Jan die erste und Hans die zweite Methode gewählt.

Über das Für und Wider der verschiedenen - in Wirklichkeit viel differenzierteren - Vorgehensweisen finden in der Transsexuellenszene kontroverse Diskussionen statt. Probleme mit der Kostenübernahme und zum Teil lange Wartezeiten auf einen Operationstermin vereinfachen das Procedere nicht gerade. Und immer gibt es sehr gelungene Ergebnisse oder Misserfolge, die wiederum Wellenbewegungen von der einen hin zur anderen Methode auslösen. Von den neun hier befragten transsexuellen Männern, die zum Zeitpunkt des Gesprächs keinen Neopenis hatten, waren fünf entschieden, sich einen solchen operativ aufbauen zu lassen, vier sprachen sich dagegen aus. Von den Partnerinnen dieser fünf Männer wiederum waren drei (Anna, Britta, Frauke) ebenfalls für diese Operation, zwei (Karin, Maria) zeigten sich sehr zurückhaltend. Für sie selbst war sie jedenfalls nicht wichtig. Von den vier gegen den Neopenis entschiedenen Männern unterstützten alle Partnerinnen diesen Entschluss (Doris, Eva, Gerda, Laura). Für Hanna und Jana wiederum hätten ihre Partner diesen Weg nicht unbedingt gehen müssen. Sie betonten, sie wären auch ohne operativen Aufbau mit ihrem Partner zusammen geblieben.

Was waren nun die Gründe, die für die jeweiligen Befragten *für* einen Neopenis sprachen? Von den 14 Befragten, die diesen Aufbau planten bzw. hatten durchführen lassen, nannte einer (Benno) als Grund hierfür ausschließlich den Wunsch nach dem Koitus. Zwei (Britta, Maria) nahmen bei ihrem Partner dafür ausschließlich das Bedürfnis an, im Stehen urinieren zu können. Für Kurt waren Koitus und Urinieren etwa gleich wichtig. Drei weitere dieser 14 Befragten (Ahmed, Frauke, Marc) paarten den Penetrationswunsch mit den Grund, der für die weit überwiegende Mehrheit ausschlaggebend für die Entscheidung zur Operation war. Sie wollten damit das, was für sie mit Mannsein verknüpft war, körperlich verwirklichen. Neun dieser 14 Befragten verwiesen nämlich vorrangig auf das durch einen Penis vollständigere Mannsein des Transsexuellen, davon, außer Benno, alle Männer dieser Gruppe. Für sie war als Grund für den Aufbau eines Neopenis also maßgeblich, hierdurch ihr Mannsein über das im allgemeinen Verständnis wesentliche soziale Zeichen, den Penis, umzusetzen und zu beweisen:

Hans: Ja das gehört einfach zum Mann, ein Mann hat nen Penis.

Anna: Das körperliche männliche Geschlecht! Gehört zu einem, ja! Nicht nur jetzt männlich aussehen!, aber da drunter ist was anderes.

Auch der Penis?
Ja! (...) Wenn ich eine Person als Mann vor mir sehe und der kein richtiger vollkommener Mann ist, dann fehlt da auch was oder dann ist das nicht ein vollkommener Mann. (...) Mann heißt für mich Mann, wie ich gerade gesagt hab: Mann, was alles dazu gehört.

Britta: Ich finde, en Penis gehört zum Mann.

Felix: Also für mich, eh, ein männlicher Körper ist auch mit diesen gewissen Zentimetern, also der Penis muss da sein. (...) Irgendwann habe ich diese gewissen Zentimeter, und dann bin ich auch komplett.

Jan: Wie ich eben schon sagte, mein Körpergefühl, da fehlte mir irgendwie was, für mich persönlich war da was nicht ganz stimmig und deshalb wollte ich das haben und das vervollständigt! jetzt das Bild. (...) Es wird irgendwie alles natürlicher.

Jana: Wo er da ist, ist irgendwie ne Vervollständigung, gehört da irgendwie zu. (...) Ich denke, es verkörpert irgendwo Männlichkeit.

Kurt: Da gehört kein Bart zu, da gehören keine behaarten Beine zu oder Bauch oder so. Ich denke, das ist das A und O.

Karin: Ich persönlich finde es nicht so wichtig! Aber allgemein gehört es zur Männlichkeit dazu! (...) Für ihn bedeutet der Penis wirklich viel Männlichkeit, also für ihn gehört das einfach dazu, um Mann zu sein, sieht er das halt dann wieder anders als ich, also er braucht das.

Marc: Also, ich find, das gehört zum Mannsein dazu.

Ahmed: Der Penisaufbau gehört zu einem Mann! (...) Es hat ja nichts damit zu tun, ob der jetzt steht oder nicht!
Sondern?
Dass er da ist!

Diese zehn kurzen Stellungnahmen - Karin wurde zur Verdeutlichung von Kurts Einstellung hinzu genommen - enthielten elfmal die Begriffe „dazugehören" und „da sein": Ein Penis gehört zum Mann, er muss einfach da sein. Und selbst Jans Aussage verwies implizit auf dieses „Dasein", nämlich, indem er den Penis als das beschrieb, was ihm „fehlte", was eben nicht da war, und was „das Bild" von seinem Körper unstimmig und unnatürlich werden ließ. Ahmed brachte diese Haltung auf den Punkt: Hauptsache der Penis ist da, ob er funktioniert, ist egal. Oder an anderer Stelle:

Ahmed: Auch wenn's mit der Operation nicht funktioniert, aber dann leb ich wenigstens als Mann, sagen wir mal mit der Operation des Penis, ist nichts funktionsfähig. (...)
Dann hättest du das 100-prozentige Gefühl, Mann zu sein, selbst wenn er nicht funktioniert?
Richtig, richtig!

Die meisten Befragten werden Ahmeds Zuspitzung zwar so nicht zustimmen, aufgrund mancher Operationsprobleme müssen aber alle mit gravierenden Unzulänglichkeiten der Funktion des Penis rechnen - und sie vor der Operation durch ihre Unterschrift auch akzeptieren. So konkret das Ziel des Penisaufbaus also auf der rein körperlichen Ebene verfolgt wird, auf solch abstrakter Ebene bewegen sich doch die Wünsche an diesen Penis in Wirklichkeit. Viel mehr soll er das soziale Mannsein stützen als dass er als realer Neopenis in Ästhetik und Funktion an einen gängigen Penis heranreichen könnte. Gelingt dies zusätzlich, umso besser. Wenn gravierende körperliche Mängel des Neopenis das Mannsein nicht außer Kraft zu setzen vermögen, kann die Bedeutung des Penis für das Mannsein nicht auf der körperlichen Ebene, also der des fleischlichen Penis, sondern muss auf der sozialen Ebene, der des Phallus, angesiedelt sein. Körperlich ist der Transsexuelle auch ohne Penis ein Mann, vermeintliche körperliche Defizite vermögen sein Mannsein nicht zu behelligen, solange er ansonsten glaubwürdig Mann ist. Dass ein Mann nicht notwendig einen Penis aus Fleisch und Blut braucht, dafür sind ja gerade Transsexuelle „ein lebendes Beispiel", wie Gerda feststellte. Viel wichtiger ist auch dem Transsexuellen der soziale Penis, der Phallus. Und diesen formt er sich entweder fiktiv, operativ oder durch Kombination beider Wege.

Und diejenigen, die den Penis körperlich am konkretesten anstrebten, taten dies offenbar, weil er für sie auf der phallischen Ebene so unentbehrlich war. Man könnte sogar sagen, je mehr jemand den Phallus, also den das Mannsein repräsentierenden Penis, braucht, umso konkreter versucht er, ihn auf der körperlichen Ebene als Penis umzusetzen. Für einen derart unabdingbaren Phallus ist der bloß fiktiv aufgebaute Penis offenbar kein hinreichender Ersatz. Wo diese Befragten ihr Mannsein über sein sichtbarstes körperliches Kennzeichen, den Penis, zu verwirklichen meinten, agierten sie also vorrangig gerade nicht auf der körperlichen, sondern auf der nichtkörperlichen Ebene des Phallus.

Diese Relevanz des Nichtkörperlichen im Gewand des Körperlichen mag ein bemerkenswertes Phänomen erklären, das die Schilderungen insbesondere der transsexuellen Männer dieser Gruppe durchzog: Diejenigen, die den Neopenis anstrebten, den Penis also körperlich verwirklichen wollten, sprachen am wenigsten konkret, also körperbezogen, über den anstehenden chirurgischen Eingriff. Obwohl sie zum Zeitpunkt des Gesprächs intensiv mit der anstehenden Operation beschäftigt waren, äußerten gerade sie sich erstaunlich wenig über deren Einzelheiten. Und wenn doch, erschienen diese Schilderungen merkwürdig widersprüchlich oder unausgegoren. Bei manchen war das Missverhältnis zwischen Ansprüchen an den Neopenis und Informationsstand über die Umsetzbarkeit ihrer Wünsche unübersehbar:

Felix: Also er sollte aussehen wie einer, nicht so wie son Stück Fleisch. Und sollte auch funktionieren wie einer.
Was meinst du damit?
Dass ich ganz normal auch Geschlechtsverkehr haben kann mit ner Frau, also dass er erigiert, das ist ja heute zusätzlich mit Pumpe, glaube ich.
Mit Pumpe oder mit einem Silikonstab
Ja, ich weiß nicht genau, das sind verschiedene Techniken.
Das wäre aber o.k. für dich? Ich meine, es ist ja noch etwas anders als bei einem geborenen Mann?
Ja, ja, das ist o.k., da kann ich mit leben.

Felix wusste, was er will, aber nicht, wie genau er dies erreichen konnte. Informiert war er offenbar über das Pumpsystem, der häufiger benutzte Silikonstab schien ihm dagegen kaum vertraut zu sein. Dass genau diese „verschiedenen Techniken" aber ausschlaggebend dafür sind, wie der Neopenis „aussieht" und „funktioniert", ob er am Ende „ein Stück Fleisch" oder ein „erigierbarer" Penis ist, trat dabei zurück. Und hinter dieser Vagheit verschwanden auch andere Widersprüche: Wollte *Felix* endlich „normalen Geschlechtsverkehr haben", war er sich kurz danach sicher, mit dem Provisorium „leben zu können". Die Spanne zwischen „normalem" Geschlechtsverkehr, dass wir wirklich mal gleichzeitig oder gleich intensiv oder so kommen, und dem aufpumpbaren Konstrukt wurde zu etwas gänzlich Unwesentlichem. Und seine auf mein Nachfragen hin geäußerte „Angst" beschränkte sich auf einen einzigen Satz, in dem er sie auch schnell wieder beiseite schob:

Felix: *Und wenn du dir überlegst, vom Ergebnis, vom Erfolg her, hast du da vor irgendetwas Angst?*

Dass es nicht so aussieht, davor hab ich Angst und dass ich ehm, Zysten-bildung oder so was hab, wie so manche andere Leute auch aus Frankfurt. Aber sonst: Keine Angst.

Kurt schilderte seine Auseinandersetzung mit der Operation und ihren Fol-gen ausführlicher, war dabei aber ausgesprochen widersprüchlich: So wollte er weder einen „Fremdkörper", nämlich den „Blasebalg" haben, noch sich den „Unterarm aufschneiden" lassen. Lieber griff er auf eine unerprobte, ihn aber faszinierende Technik zurück:

Kurt: Es gibt eine Methode, die kannte ich vorher noch überhaupt nicht. Und zwar wird aus der Wade geschnitten, und hier unten in der Wade ist ein Knochen, den der Mensch nicht braucht, hat er mir gesagt. Den Knochen entfernen die und setzen den hier irgendwie mit rein, dass der Penis steif ist.
Aber dann ist er doch immer steif?
Das Problem ist, der ist immer steif. Da würde aber irgendwie so eine Knicktechnik, oder was, hat er gesagt, rein gemacht, dass man den so auf die Seite legen kann.

Zunächst erschien ihm diese neue „Methode" als Mittel der Wahl, das Pro-blem der fortwährenden Steifheit versetzte ihm aber einen Dämpfer. Letzt-lich wird er auf einen Kompromiss zurückgreifen müssen, der seinen Prio-ritäten gerecht wird:

Kurt: Da muss man einfach überlegen, was will man. Mit der Methode kann man, für mich ist es sehr! wichtig! Für mich ist es einfach wichtig, dass ich im Stehen pinkeln kann, das ist mir sehr wichtig!

Wie das für ihn so „wichtige" „im Stehen pinkeln" zu erreichen ist, darüber verlor Kurt allerdings kein Wort, obwohl die Verlegung der Harnröhre erfahrungsgemäß wesentlich schwerer zu bewältigen und mit viel mehr Komplikationen verbunden ist als die Versteifung des Neopenis. Nur vage deutete er an, das Urinieren durch den Penisaufbau könne mit der von ihm bevorzugten Technik umgesetzt werden, räumte dann aber ein:

Kurt: Ich hab mir auch z. B. noch nie konkrete Gedanken darüber gemacht, wie das denn mal eventuell nach ner Operation aussehen könnte, weil ich das immer son bisschen verdrängt habe.
Hast du auch Angst?

Ja! Weil ich, mir macht das wirklich, auch wirklich konkret, mach ich mir Gedanken drüber, wie das wirklich sein muss, wenn dieses Ding immer, immer steif ist.

Kurt schien sich mit den Einzelheiten am liebsten gar nicht auseinander setzen zu wollen. Das Vordringen in die Feinheiten war ihm offenbar eher unangenehm. Bildlich gesprochen mutierten seine leuchtenden Augen bei der ihn faszinierenden Methode zur besorgten Mimik bei der permanenten Versteifung.

Vielen der zur Operation Entschiedenen blieb keine Wahl, als unlösbar erscheinende Probleme oder Einzelheiten „zu verdrängen" und darauf zu vertrauen, am Ende ein akzeptables Ergebnis zu haben bzw. mit diesem Ergebnis in Optik und Funktion zurechtzukommen:

Frauke: Mal gucken, wie das funktioniert. Das soll ja irgendwie mit Pumpe gehen oder, ich weiß zwar, wie das geht, rein theoretisch, aber ich lass mich einfach mal überraschen.

Ohne genauere Beschäftigung mit den Operationsmethoden war Frauke zuversichtlich, dass „das" schon „funktionieren" werde. Mit einer gewissen Lockerheit schloss sie offenbar eine böse „Überraschung" aus. Auch Maria verschob die Auseinandersetzung lieber auf einen späteren Zeitpunkt:

Maria: Wenn der Termin ansteht, mach ich mir da vielleicht noch eher Gedanken drüber zu.

Marcs zögerliche Haltung erleichterte Marias Verdrängung. Von denjenigen, die den Neopenis anstrebten, wirkte Marc am unsichersten, ob er mit dem Ergebnis zufrieden sein würde:

Marc: Ja, weiß ich halt immer noch, dass das nie so sein wird wie echt. (...) Macht einen schon traurig. (...) Ja, ich hab schon Angst, wie ich das erleb so, und, ja ich sag mal so, die meiste Angst hab ich, dass das eben halt schief geht. (...)
Was schief geht?
Ja so operativmäßig, dass irgendwas nicht funktioniert oder der Körper irgendwas nicht annimmt oder, ja, dass das hinterher vielleicht doch nicht ganz so toll aussieht.
Aber trotz dieser Ängste und Bedenken bist du entschieden, es zu machen. Oder sagst du deswegen auch manchmal: Also es ist mir zu riskant, ich lasse es vielleicht doch lieber?

Also dass ich es ganz lasse, sag ich nicht. Ich sag höchstens so, vielleicht warte ich einfach noch ein bisschen, bis die Medizin vielleicht ein bisschen weiter ist.

Marc ging von vornherein von einem ihn „traurig" stimmenden Kompromiss aus: So wie ein „echter" Penis würde ein Neopenis nie sein. Dennoch hoffte auch er auf dem üblichen Penis möglichst ähnliches „Aussehen" und „Funktionieren", andernfalls hätte er nicht von „Angst" vor der Enttäuschung gesprochen und würde auf bessere Techniken „warten". Ob Marc nun zögerte, weil er genauer hinsah, oder genauer hinsah, weil er zögerte: Das genauere Hinschauen ist auch bei ihm mit einer abwartenden oder ablehnenden Haltung gegenüber dem operativen Penisaufbau verknüpft.

Umgekehrt ist die Entscheidung, den operativen Aufbau sehr bald durchführen zu lassen, immer gekoppelt an eine größerer Zuversicht, aber auch Kompromissbereitschaft in Bezug auf dessen Ergebnisse. *Benno* hatte sich jahrelang über die Operationsergebnisse auf dem Laufenden gehalten und

jetzt denk ich, die Lösung gefunden zu haben.

Auch er hatte zwar „manchmal" noch „Zweifel", insgesamt aber „überwog" seine Zufriedenheit mit einem aktuellen Operationsangebot:

Benno: *Gibt's denn auch noch Angst, vor der Operation z. B.?*
Ja! Manchmal vor den Schmerzen oder dass es nicht glückt oder so. Manchmal zweifle ich auch, ob ich es überhaupt machen soll, aber dann überwiegt es doch wieder.
Was sind die Zweifel?
Ja, dass es auch alles funktioniert und so, wie ich mir das so vorstelle, (...) dass alles anwächst und so. (...) Aber was ich jetzt aus Potsdam gesehen hab, hab ich gesagt, da kann man mit leben. (...)
Was sind denn deine Ansprüche?
Also sieht richtig ansprechend aus, sieht echt gut aus, kann man das nicht so unterscheiden. (...) Du kannst am dritten Tag im Stehen pinkeln, (...) die garantieren Orgasmusfähigkeit.

Benno glaubte an das, was er bei einem Betroffenen gesehen hatte und was der Operateur versprach und „garantierte", damit konnte er „leben". Im Übrigen wollte er auch nicht ewig auf ein noch optimaleres Ergebnis warten:

Benno: In zehn Jahren brauch ich's nicht mehr machen zu lassen. (...) Ich mein, ich lebe jetzt. (...) Jetzt ist son Ergebnis da, wo ich sagen kann, damit kann ich leben.

Ähnlich hatte auch Hans hinsichtlich der Unzufriedenheit eines befreundeten Transsexuellen argumentiert:

Hans: Ich sag: Was hättest du davon, in 20 Jahren oder in drei Jahren hätte es wieder eine andere Methode gegeben und du wärest wieder am meckern. Weiß ich nicht, das bringt nichts. Ist doch gut, dass die immer was Neues erfinden, man kann ja nachoperieren lassen, sollen sie doch machen.

Nicht nur die Operationsmethode, auch die Zwickmühle zwischen den unvermeidlichen Unzulänglichkeiten auf der einen und der eigenen Lebenszeit und Lebensfreude auf der anderen Seite stellt die Betroffenen vor ein schwieriges Für und Wider, das sie je nach individuellen Prioritäten und Wünschen an den Neopenis entscheiden. So vertrat *Britta* die Einstellung,

wenn das nicht ordentlich gemacht werden kann, dann sollte man das lieber sein lassen,

empfand aber die von Benno gewählte Operationsmethode als guten Kompromiss:

Britta: Ich hab's auch in Natur gesehen, ich hab's angefasst und ich kann damit gut leben. Also das ist, das sieht richtig gut aus.

Brittas Schwerpunkt auf der Ästhetik des Neopenis ist nicht verwunderlich: Da sie das innere Bild von Bennos weiblichem Genital so schwer loswerden konnte, war für sie speziell das „Aussehen" der angestrebten Lösung von großer Bedeutung. Frauke wiederum rückte den Wunsch nach dem Koitus in den Vordergrund und achtete von daher besonders auf die Versteifung des Neopenis:

Frauke: *Denkst du bzw. hast du die Erwartung, dass du dann auch zufrieden sein wirst?*
Ich denke doch, ja.
Weil es ja kein angeborene Penis ist, von wegen Erektion und so
Klar, na gut, ich weiß, da kommt nur heiße Luft raus, ist ja klar.
Das ist dann aber für dich ausreichend, etwas in dir zu spüren, was von ihm ist?

Ja, solange es nicht irgendwann plupp macht, und das Ding ist ab (lacht).
Hast du auch Angst davor?
Ja, ich denke, das ist so ne Albtraumvorstellung. Ich glaub nicht, dass das passieren kann, aber allein so ne Vorstellung! Da mach ich schon ab und zu meine Witzchen drüber.

Da Frauke im Zusammensein mit einem Mann nicht auf einem Koitus verzichten will, spielte sie auf lockere und etwas drastischen Weise die Kompromisse herunter, die sie dabei wird eingehen müssen. Der Wunsch nach dem Koitus ließ jedoch auch mögliche gravierende Komplikationen der Operation zurücktreten: So nahm sie in letzter Konsequenz sogar Abstoßungsreaktionen in Kauf, die den Neopenis abfallen lassen würden. War dies für sie auch eine „Albtraumvorstellung", hinderte diese Frauke doch nicht daran, die Operation für unabdingbar zu halten. Wahrscheinlich konnte sie einen solchen potentiellen Albtraum nur ertragen, indem sie ihn in eine „witzige" Ecke zog und darauf vertraute, dass diese „schlimmste Befürchtung", wie Britta die Abstoßung nannte, nicht Wirklichkeit würde.

Karin dagegen hatte für sich keine besonderen Wünsche an den Neopenis. Für sie war allein Kurts Zufriedenheit maßgeblich für die Bewertung des Ergebnisses:

Karin: *Und wichtig ist dir dabei, dass er dann glücklich wird? Oder wie das Ganze dann aussieht oder funktioniert?*
Nein, dass er glücklich ist natürlich! Wie das aussieht, das ist doch eh ganz egal.
Mal angenommen, er ist froh, dass er das hat machen lassen, aber es funktioniert nicht gut und sieht auch nicht optimal aus, wärest du dann trotzdem zufrieden?
Wenn er glücklich ist, ja.

Bei Karin war offenbar gerade die Gleichgültigkeit gegenüber dem Ergebnis der Grund dafür, sich bisher nicht mit dessen Einzelheiten auseinander gesetzt zu haben: Erst nach mehrmaligem Nachhaken, ob sie sich nicht Gedanken über ihr eigenes Erleben nach der Operation mache, schien ihr in vollem Umfang bewusst zu werden, wie sich die verschiedenen Methoden auf ihre sexuelle Beziehung und wieder auf die Zufriedenheit ihres Partners auswirken würden:

Karin: Gut, das mit dem Aufpumpen finde ich dann schon wieder ein bisschen sehr unerotisch (lacht), weil, es ist ja auch oft so ne spontane Situation, dann halt: Ich muss erst aufpumpen, so ungefähr. Dann

(mit abwertender Mimik), na, klasse, hätte ich schon gar keine Lust mehr (lacht bitter). Deswegen, das andere vielleicht schon, aber da ist ja dann wieder der große Nachteil, der ist ja dann immer! steif, und das finde ich, ist für ihn dann.
Ja, den kann man ja ein bisschen runter und rauf biegen.
Ja gut, aber, das ist für ihn! dann bestimmt nicht so schön.
Aber es gibt ja nur diese beiden Methoden, bei der einen wäre dieses, bei der anderen das.
Ach, es ist ja bei jeder Situation, bei jeder Methode wär das, da ist der Vorteil, da ist ein Nachteil.

Grundsätzlich waren es eher die Partnerinnen als die transsexuellen Männer selbst, die spätestens auf Nachfragen hin ihre Ängste und Bedenken hinsichtlich der Operation konkreter und ausführlicher schilderten. Und insbesondere Frauen wie Karin, Hanna und Maria, denen der (Neo)penis nicht viel bedeutete, drückten deutlich ihre Angst vor Komplikationen aus und baten ihren Partner immer wieder bzw. hatten ihn gebeten, sich das Ganze noch einmal zu überlegen. Gerade, was die Notwendigkeit des operativen Penisaufbaus im Allgemeinen und für das Mannsein im Besonderen anging, zeigten sich also beachtliche Unterschiede zwischen den Partnern. Während nur drei der Frauen (Anna, Britta, Frauke) sich eine längerfristige Beziehung letztlich nicht ohne diesen Aufbau vorstellen konnten, war für sieben der befragten Männer der Neopenis unabdingbar, wenn auch nicht für ihre Beziehung, so doch für ihre innere Zufriedenheit als Mann.

Diese Haltung der Partnerinnen unterstreicht erneut: Je weniger jemandem der Penis für das Mannsein bedeutet, je unnötiger also die Verkörperlichung des Phallus im Penis oder Neopenis ist, umso genauer kann der- oder diejenige es sich leisten, den konkreten Risiken und Unzulänglichkeiten der Operation ins Auge zu blicken und ggf. Abstand davon zu nehmen. Umgekehrt spricht dies dafür, dass es tatsächlich die vorab gefällte Entscheidung ist, sein Mannsein über den verkörperten Penis zu beweisen, die das genauere Hinschauen verstellt und so die Entscheidung für die Operation erleichtert. Erst die grundlegende Einstellung zur Bedeutung des verkörperten Penis für das Mannsein zieht also die Haltung gegenüber den Operationsrisiken und die Entscheidung für oder gegen die Operation nach sich. Ist der verkörperte Penis für das Mannsein nicht so wichtig, werden die Risiken oder Unzulänglichkeiten eher zum Anlass genommen, von der Operation abzusehen. Ist der verkörperte Penis dagegen wichtig für das Mannsein, können dieselben Risiken und Unzulänglichkeiten die bereits gefällte Entscheidung nicht infrage stellen. Der Plan, den Penisaufbau umzusetzen, bewirkt offenbar, sich innerlich nicht zu detailliert mit seinen möglichen

Folgen auseinander zu setzen, sich von der Ebene des Körpers also gerade zu entfernen, um die körperliche Verwirklichung des Mannseins überhaupt angehen zu können.

So kam es dazu, dass diejenigen, die die Operation durchführen lassen wollten, sich am unkonkretesten zu ihr äußerten, während die, die von ihr absahen, sie und ihre - potentiellen - Ergebnisse oft in aller Ausführlichkeit schilderten und als Grund für ihre Entscheidung gegen den Neopenis anführten. Anders als für die anderen stand für sie das, was sie damit erreichten, letztlich in keinem Verhältnis zu dem, was sie dafür auf sich nehmen mussten, und dies, obwohl beide Gruppen bei dieser Bewertung von denselben Voraussetzungen ausgingen: Jeder transsexuelle Mann weiß um die Chancen und Risiken des operativen Penisaufbaus. Und bei jedem sind prinzipiell gleich gute oder gleich schlechte Ergebnisse erzielbar. Allein aufgrund ihrer unterschiedlichen Ausgangsbasis zogen sie unterschiedliche Schlüsse aus dem, was alle in gleicher Weise vorfanden. Wo die einen meinten, ohne Neopenis „spiele" man sich nur vor, ein Mann zu sein (Ahmed), fanden die anderen, genau dies tue man mit einem Penisaufbau (Dirk). Letztere wiederum würden den operativen Aufbau nur durchführen lassen, wenn er am Ende weitgehend naturgetreu ausfiele, also quasi ein biologischer Penis wäre:

Dirk: Sobald es möglich ist, en Penis zu haben, der so funktioniert wie bei Männern, würd ich's auch sofort machen. (...) Entweder richtig oder gar nicht!

Da ein solches Ergebnis wohl niemals erreichbar ist, ließ Dirk es lieber ganz bleiben. Auch Lars sah nur im „angeborenen" Penis die Alternative zu seiner jetzigen Situation:

Lars: Natürlich hab ich den Wunsch, dass es anders ist, natürlich! Aber es ist mir ja halt eben nicht angeboren. Dann wäre das alles was ganz anderes. Aber so! Mir einfach da was dransetzen zu lassen und noch von meinem Körper irgendwo was wegzunehmen und das dann da! hin zu setzen! Und was mach ich mit diesem Stück, wo es weg ist, dann!? Ich weiß es nicht.

Lars konnte in den „versetzten" Körperteilen keinen wirklichen Penis entdecken. Für ihn bliebe sein Arm immer in seinem neuen Penis präsent, umso mehr, als ihm „dieser Arm" dort, wo er hingehört, dann fehlen würde:

Lars: Was ist dann mit diesem Arm!? Weil, weißt du, mein Arm ist mir schon wichtiger als ein Penis. (...) Da kann ich nur mit pinkeln und so. Da ist mir mein Arm wichtiger!

Sehr ähnlich hatte sich Dirk geäußert:

Dirk: Und ich würde mehr drunter leiden, dass ich en Defekt am Arm habe, als dass ich jetzt im Stehen pinkeln könnte.

Lars und Dirk gingen mit geradezu erdrückenden, rein auf den Körper bezogenen Argumenten ans Werk. Eine fiktive Überhöhung hatte hier keinen Platz. Gegen diesen Realismus waren die unrealistischen Gründe, die etwa Lars doch zu einem operativen Aufbau bewegen könnten, chancenlos:

Lars: Wenn son Arzt zu mir sagen würde: Wir machen ihnen das und es bleibt alles so wie es ist, sie haben keine Beeinträchtigung in irgendeiner Form oder was, dann würde ich das tun! Wenn man mir wirklich die hundertprozentige Garantie dafür gibt! Aber das kann man mir noch nicht geben.

Nur wenn „alles", nämlich Lust- und Urinierfähigkeit, aber auch die Unversehrtheit seines gesamten Körpers erhalten blieben, könnte Lars sich mit dem operativen Aufbau anfreunden. Natürlich wusste er, dass diese Meßlatte zu hoch angesetzt ist. Dieser oft sehr drastische Realismus in Hinblick auf die Operation und ihre Ergebnisse bei denjenigen, die sich gegen den Neopenis aussprachen, machte einen wesentlichen Unterschied zur Gruppe der Befragten aus, die den operativen Aufbau durchführen lassen wollten.
    Auch Gerd konnte oder besser wollte mit diesem rein körperorientierten Blick nicht einen Penis, sondern lediglich das sehen, was er zuvor einmal war, nämlich seinen Arm:

Gerd: Selbst wenn es aus meinem Unterarm wäre, also wäre es Fleisch von meinem Fleisch, aber trotzdem nicht meins! Es ist nicht mein Penis, sondern es ist immer noch mein Arm, der irgendwie zurecht gebastelt ist. Also es ist ne sehr kreative Arbeit sicher, aber es ist nicht mein eigentliches Organ! (...) Das ist mir zu maschinell, zu künstlich, das ist nicht mein eigentliches Organ. (...) Und dass ich (...) dann für immer (...) mit som Arm rumlaufen muss!
    Würde dich auch stören?
    Würde mich auch total stören! (...) Ich weiß ja, wie es gemacht wird. Es ist (sehr akzentuiert:) ne Konstruktion!
    Es wäre dir auch immer bewusst? Du denkst, du könntest das nicht vergessen?

Nee, das könnte ich nicht vergessen, ja, die Konstruktion, es ist so wie ein zwar optisch sehr gut gemachtes und vielleicht sogar funktional, also von den Beschreibungen, die ich kenne, vielleicht sehr gut gemachtes. Aber es bleibt immer ein Hilfsmittel! Immer eine Krücke!

Da Gerd immer „weiß", also meinte, nie vergessen zu können, wie der neue Penis „gemacht wird", war er sicher, dass dieser für ihn immer ein „Konstrukt", ein „künstlich" hergestelltes Organ bliebe, das er nie zu seinem eigenen, zu seinem „eigentlichen" Organ werden lassen könnte. Selbst durch die beste „kreative Arbeit" würde dieses Organ für ihn nie zu einem Organ, wie es ein Mann „eigentlich" hat. Immer bliebe die Arbeit, das Konstrukt, darin sichtbar, was ihn offenbar seines natürlichen, „eigentlichen" Mannseins berauben oder dieses zumindest nicht garantieren würde. Anders als bei seiner vergrößerten Klitoris war Gerd nicht gewillt, dieses „Hilfsmittel" fiktiv als Penis aufzubauen, also das zu vergessen, was es war, nämlich sein Arm, und nur das in ihm zu sehen, was es für ihn sein könnte, ein ganz normaler Penis. Die einzige, wiederum völlig unrealistische Möglichkeit, an einen „eigenen" Penis zu kommen, bestünde für Gerd darin, dass ihm ein Penis wächst:

Gerd: (...) immer unter dem Aspekt, es ist mein eigenes Organ! Also wenn wir mal spinnen, man könnte genetisch meinen kleinen in nen größeren wachsen lassen.

Indem diese Befragten sich also dem Neopenis mit einem ihn gänzlich entlarvenden Blick auf seine körperlichen Realitäten näherten, hatte er bei ihnen keine Chance auf eine fiktive Erweiterung zu einem akzeptablen Penis. Anders als bei ihrer Klitoris bemühten sie sich nicht, über seine körperliche Wirklichkeit hinwegzusehen und ihn fiktiv zu einem Penis auszudehnen und so genau das zu tun, was der anderen Gruppe der Befragten in diesem Zusammenhang gut gelang. Für sie war der Neopenis trotz aller Mängel bereits real (Hans, Jan) oder in Projektion auf die Zukunft eindeutig ihr Penis. Wenn man nur will - und nur, wenn man will, es also dem jeweiligen Lebenskonzept entspricht - ist nämlich jeder Teil des Körpers fiktiv zu einem männlichen oder einem weiblichen umzudeuten, hier also entweder die Klitoris oder der Neopenis zu einem Penis. Oder eben nicht. Dann bleibt, je nach Entscheidung, die Klitoris immer Klitoris, während für andere ein Neopenis niemals zu einem Penis wird. Mit den körperlichen Realitäten hat die jeweilige Sichtweise nichts zu tun.

Bemerkenswert ist dabei, dass eine fiktive Leistung in Verbindung mit dem Neopenis genau von denjenigen Befragten vollbracht wurde, denen es eigentlich wichtig war, nicht auf der fiktiven Ebene zu agieren, die also den Penis gerade nicht auf der fiktiven, sondern auf der direkt körperlichen Ebene - über den Neopenis - verwirklichen wollten. Sie meinten ja, sich mit der bloß fiktiven Besetzung der Klitoris etwas „vorzuspielen" und deshalb eines real-körperlichen Penis' zu bedürfen. Über den fiktiven Aufbau des Neopenis zum Penis kommen aber auch sie nicht herum - selbst beim bestmöglichen Operationsergebnis. Der Phallus, den sie anstrebten, ist dieser Neopenis zwar immer, ein Penis aber kaum.

Auf der anderen Seite wehrten sich genau diejenigen, die - in Hinblick auf ihre Klitoris - gerne und erfolgreich auf fiktive Erweiterungen zurückgriffen, dagegen, den Neopenis fiktiv als Penis zu besetzen. Auf der Basis einer rein körperbezogenen naturalistischen Argumentation meinten sie, man „mache" sich mit einem Neopenis einen Penis nur „vor". Körperlich wird für sie ein Neopenis nie zu einem Penis. Und einen Phallus, der sich in Form eines Neopenis verkörperlicht, brauchten sie ja nicht. Darüber hinaus dürfte ein Neopenis für diese Befragten die Gefahr heraufbeschwören, die durch Vergessen erfolgreiche fiktive Besetzung ihrer Klitoris als Penis zu behindern, indem er sie wieder ans Tageslicht zerrt. Ihre Entscheidung war gefallen, das Arrangement stand und daran sollte ebenso wenig gerührt werden wie am Arrangement der anderen um den Neopenis. Genau das mag der Grund für manche hitzigen bis feindseligen Debatten in den Selbsthilfegruppen sein. Nicht nur werten sich die Anhänger der jeweiligen Entscheidungen in ihren fiktiven Arrangements gegenseitig ab, sie wollen darin möglichst erst gar nicht gestört werden, was durch die dauernde Diskussion um den operativen Aufbau kaum zu erreichen ist. Für die einen wird die fiktiv überhöhte Klitoris behelligt, für die anderen ihr Penis permanent als operatives Konstrukt entlarvt. Auch deshalb vielleicht meiden viele Transsexuelle die Selbsthilfegruppen, wenn sie ihren Behandlungsprozess abgeschlossen haben. Und auf die Resultate der Operation gründen die Gegner der Operation ihre Argumentation: Die Liste möglicher Komplikationen und schlechter Ergebnisse war auch bei den hier Befragten lang. Und alle Argumente resultierten aus dem sezierenden Blick, mit dem sie das gesamte Procedere betrachteten.

Direkt diesem entlarvenden Realismus entsprang die Scham, sich mit einem solchen Aufbau am Ende womöglich nicht vor anderen oder seiner Partnerin zeigen zu können, weil dieser Neopenis eben nicht naturgetreu sei:

Lars: Aber dann müsste es auch so sein, dass ich mich nicht schämen müsste, meine Hose runter zu lassen, so. Das muss schon ästhetisch aussehen, das gehört für mich einfach dazu. (...) Das muss dann aber eben halt auch zu meinem Körper passen! und nicht irgendwie, weil, Laura und ich ham uns mal son Spaß gemacht und ham uns mal son Porno ausgeliehen. Und da (...) waren auch Transsexuelle. (...) Und das sah so! schlimm aus! Da hab ich so gedacht: Das machst du nicht! So, so willst du das nicht haben. (...) Das hab ich identifiziert mit nem Weißwürstchen! Ja, ernsthaft! Und da ham wir uns auch echt schlapp gelacht! Und wenn ich mir vorstelle, ich mach meine Hose auf und hab da son Teil und meine Laura fängt an, mich auszulachen! (...) Ja, dann weiß ich nicht, dann würde ich nie wieder meine Hose aufmachen! Ich glaub, ich würde mir das abschneiden oder so, weiß ich nicht.

Ein solch misslungener Aufbau, der für Lars rein gar nichts mit einem Penis zu tun hat, könnte das gesamte Arrangement mit seiner Partnerin zerstören: Er befürchtete, Laura würde sich wegen dieses „unpassenden" „Weißwürst-chens" von ihm distanzieren, weil es seinen unvermeidbaren körperlichen Mangel weit mehr herausstellte als jede Klitoris. Eine fiktive Besetzung eines solch körperfremden und entmännlichenden Anhängsels wäre für ihn nicht vorstellbar, sie würde vielmehr auf alle Zukunft unterbunden.

Auch Dirk könnte sich nur mit einem „originaltreuen" Organ „selbstbewusst", also mit dem Bewusstsein, dass dieses Organ ihn als Mann repräsentiert, nackt in der Öffentlichkeit zeigen:

Dirk: Ist auch die Frage: Hätt ich ne OP, hätt ich das Selbstbewusstsein, mit dem Ergebnis da öffentlich zu pinkeln!? Da würd ich trotzdem noch in die Kabine gehen, weil ich mich schäme. Ist genauso unter der Dusche: Wenn die sehen, so originaltreu sieht's nicht! aus, dass man trotzdem erkannt wird. Na, was hab ich denn davon letztendlich!?

Für Dirk wäre ein Neopenis kein Gewinn, wenn er durch ihn „letztendlich" doch als transsexueller Mann zu entlarven wäre. Könnte der mühsam aufge-baute Neopenis sein Mannsein nicht auch körperlich beweisen - was ja Sinn der Sache wäre -, sondern würde er es sogar torpedieren, gäbe es für Dirk keinen Grund, sich dieser Prozedur zu unterziehen.

So streng auf den Körper bezogen eigneten sich Dirk und Lars den - wie Lindemann es formulierte - „gleichgültigen Blick" (Lindemann 1993 (I), S. 37) aller anderen an: Schaut man auf den Körper des Transsexuellen, ohne dessen Mannsein vorher erfahren zu haben, sieht man immer genau das, was da ist, in diesem Fall also einen aus anderen Körperregionen konstruierten Neopenis oder im anderen Fall eine Klitoris. Erst das intensiv erfahrene Mannsein des Transsexuellen führt zur Vermännlichung auch seines Körpers. Nur mit diesem für den Transsexuellen engagierten Blick kann eine Klitoris oder ein Neopenis zu einem hinreichenden Penis, sein Genital also zu einem männlichen werden. Mit dem „gleichgültigen Blick" jedoch wird man im Neopenis immer nur das sehen, was ihn vom üblichen Penis unterscheidet. Solange man also nicht gewillt ist, den Neopenis fiktiv zu einem gängigen Penis auszuweiten, bleibt nur das, was gegen ihn spricht, weil er rein körperlich nie an sein Original heranreicht.

So gründete sich auch Eikes und Gerdas Entscheidung gegen einen operativen Aufbau unter anderem auf das für sie unbefriedigende Erscheinungsbild, und zwar nicht nur des Neopenis, sondern auch des als Material genutzten Körperteils, das sie ebenso sezierend betrachteten:

Eike: Mit dieser anderen OP, da kann ich mich noch nicht anfreunden, weil ich finde das mit dem Arm total hässlich. Und das andere aus dem Bauch, mit dem Ergebnis, da kann ich mich überhaupt nicht anfreunden.

Gerda: Weil ich einfach denke, dass die Ergebnisse zu schlecht sind. (...) Das sind glaube ich die wenigsten, wo das so gelingt.

Neben dem äußeren Erscheinungsbild sprach für diese Befragten immer auch seine mangelnde Funktion gegen den Neopenis, also seine Unfähigkeit, das zu gewährleisten, was ein Penis gemeinhin bietet, nämlich die spontane Erektion, aber auch die Ejakulation und die Möglichkeit, im Stehen zu urinieren:

Gerda: Und dann funktioniert das Teil ja einfach auch nicht!
Was meinst du denn mit funktionieren genau?
Also z. B., ob er im Stehen pinkeln kann. (...) Aber z. B., dass die, diese Kunstpenisse eben auch nicht, keinen, ja nicht steif werden. Das finde ich z. B., das ist schlecht, dass das nicht funktioniert.
Ja die machen das ja, irgendwie geht es ja.
Na ja gut, das ist ja nun auch, also das stelle ich mir ganz furchtbar vor!
Inwiefern?
Ja wenn dann da, ja, da muss dann erst gepumpt werden (lacht etwas verlegen) oder so. Finde ich einfach nicht schön. (...) Das wäre ja mehr so ne mechanische Sache.

Auf das Urinieren ging Gerda nicht ein, vielleicht, weil es für Gerd nicht so wichtig war:

Gerd: Ich lege überhaupt keinen Wert darauf, im Stehen pinkeln zu können.

Umso entschiedener war Gerda, sich in der Situation körperlicher Erregung nicht einem „mechanischen" Pumpvorgang aussetzen zu wollen. Womöglich würde hierdurch ihr bisher unbeeinträchtigtes Gefühl, Sexualität mit einem Mann zu haben, torpediert. Schwierigkeiten mit diesem Pumpsystem erwartete auch Britta. Anders als Gerda war sie jedoch bereit, diese Bedenken gegenüber der „Zufriedenheit" ihres Partners, aber auch gegenüber ihrer eigenen Erleichterung über ein dann für sie männliches Genital und die Möglichkeit zum üblichen Koitus zurückzustellen:

Britta: Ich denke mal, dass das auch nicht grad einfach sein wird. (...) Ich denke daran z. B., dass erst ne Pumpe in Gang gebracht werden muss, um diese Versteifung zu bekommen. Aber ansonsten, denk ich schon, dass Benno zufriedener sein wird, wenn alles gut geht und alles klappt. Das würde mir schon auch irgendwo was geben.

Da sich für Britta Mannsein körperlich im Wesentlichen auf den Penis gründet, nahm sie für dessen Verwirklichung mögliche mechanische Störungen in Kauf. Für sie beeinträchtigte die Künstlichkeit dieses Vorgangs nicht ein bereits etabliertes Arrangement mit seiner vergrößerten Klitoris: Benno und sie waren ein solches Arrangement im Kontext des sexuellen Kontaktes zu keiner Zeit eingegangen. Eike kam recht direkt auf dieses Übereinkommen mit seiner Partnerin zu sprechen:

Eike: Wenn das alles nicht funktioniert, dann musst du da auch den Rest deines Lebens mit leben. Da lebst du ja jetzt ruhiger. Du hast nen Partner, der das akzeptiert, der damit klar kommt. Aber wer weiß, was hinterher ist!

Mit einem Neopenis befürchtete Eike, von Eva womöglich nicht mehr so selbstverständlich auch im sexuellen Kontakt als Mann „akzeptiert" zu werden. Auch wenn Eva sicher war, im Falle der Operation den Neopenis als hinreichend männliches Organ integrieren zu können, hatte Eike offenbar Zweifel, ob seiner Partnerin diese fiktive Leistung bei all den Unzulänglichkeiten des Neopenis für „den Rest seines Lebens" ebenso gut gelingen würde, wie bisher mit seiner vergrößerten Klitoris.

Gerd zeigte zunächst eine gewisse Neugier auf „eine zusätzliche Möglichkeit" im sexuellen Kontakt: Ihn reizte der Koitus mit dem Neopenis. Dann aber überkamen ihn Zweifel, ob dieser Traum vom normalen Koitus am Ende nicht doch am Konstrukt scheitern würde:

Gerd: Es wäre eine zusätzliche Möglichkeit, klar, die ich jetzt im Moment nicht habe, was ganz viele andere Männer haben, aber ich nicht. Und ich wüsste einfach gerne, wie das ist. Und das macht bestimmt Spaß, sonst würden die anderen es nicht andauernd machen. Es ist bestimmt auch ganz toll. Aber ich habe diese Möglichkeit nicht. Gut, das kann ich eben nicht. Aber ich kann mir eben auch nicht vorstellen, dass ich mit som angebauten Unterarm das Gleiche hätte.

Gerd würde den Koitus gerne mit einem angeborenen Penis erleben. Hierfür aber wäre der „angebaute Unterarm" - vom Neopenis sprach er schon gar nicht mehr - kein adäquater Ersatz. Allein das Original könnte ihm die Gefühle bieten, die er sich „vorstellte" und die ihm „Spaß machen" würden. Nur mit ihm konnte er nachvollziehen, weshalb die „anderen Männer" das „andauernd machen".

Auch Kurt war „traurig" darüber, einen Penis nicht mit all seinen natürlichen Funktionen erleben zu können:

Kurt: Wenn ich mir so überlege, dass ich das nie, dass ich das nie! erleben werde, wie das ist, wenn, wenn man jetzt, eh, en Schlappen hat, sag ich mal, du liegst mit deiner Freundin im Bett und sie fängt an, den langsam zu streicheln (macht eine Aufwärtsbewegung mit der Hand). Das finde ich wirklich traurig, dass ich das! nie erleben werde. Oder dieses Abspritzen oder so, das find ich schon traurig, das macht mir schon zu schaffen.

Anders als für die gegen den Neopenis Entschiedenen war die Unerreichbarkeit eines naturgetreuen Penis für Kurt aber kein Grund, von der Operation Abstand zu nehmen. Zwar wird er auch mit dem Neopenis die geschilderten Defizite wohl nie ganz vergessen können, vorrangig war für ihn aber offenbar, die Möglichkeit zur realen Penetration zu erhalten und sein äußeres Körperbild zumindest annähernd an sein inneres angleichen zu können.

Lars wiederum sah vom operativen Aufbau ab, gerade weil sein sehnlichster und einziger Wunsch an einen Penis, nämlich ein Kind zeugen zu können, nie zu erfüllen wäre:

Lars: Ich bräuchte ihn wirklich nur, um mit Laura ein Baby zu haben.

Wenn und solange man den Neopenis am Originalpenis misst, am „Absoluten", wie Gerd es formulierte, wird man immer zu dem Ergebnis kommen, dass Aufwand und „Nutzen" in keinem angemessenen Verhältnis zueinander stehen:

Doris: Ich finde, es steht einfach nicht für das, was man da durchmacht, diese Operationen, was da alles gemacht und getan wird. (...) Weil die ja dann weder funktionstüchtig (lacht verlegen) sind und meistens dann doch so auffällig.

Gerd: Nachher mach ich das und es ist aber halt nicht so, wie ich das erwartet habe, nicht so toll, nicht so das Absolute und dafür das ganze Risiko und auch die Nachteile in Kauf zu nehmen.

Dirk: Beim Geschlechtsverkehr funktioniert's auch nicht so wie beim Bio-Mann, da hab ich gar keinen Gewinn. Und vom Aussehen her, da kann man sich was in die Hose packen. Also Kosten-Nutzen-Verhältnis ist absolut für mich nicht ausgewogen und deshalb kommt's für mich! nicht in Frage.

Tatsächlich waren es unter den hier befragten transsexuellen Männern ausschließlich die gegen den Neopenis Entschiedenen, die sich regelmäßig oder zu bestimmten Gelegenheiten „was in die Hose" packten, um so den gleichgültigen Blicken der anderen zu entkommen. Wenn schon nicht „das Absolute" erreichbar ist, kann es jedes Ersatzteil sein. Die anderen Männer - und manche ihrer Partnerinnen - dagegen lehnten solche Hilfsmittel zum Teil vehement ab. Für sie sollte und konnte nur der Neopenis diese Lücke füllen.

Neben dem ästhetischen und funktionellen Ergebnis standen für die gegen den Neopenis Eingenommenen auch Operations- und Folgerisiken in keinem Verhältnis zum Aufwand:

Gerd: Und dann das Risiko zu sterben dabei, das Risiko, dass es nicht anwächst, dass sich Nekrosen, Fisteln und sonst was entwickeln und ich da, weiß ich nicht, Jahre lang oder vielleicht auch nur monatelang irgendwelche Komplikationen habe, finde ich, ist ein großes Risiko.

Lars: Ich habe Angst davor, dass z. B. meine Harnröhre nicht mehr funktio-
          niert, ehm, dass mein Körper das alles so abstößt oder weiß ich nicht,
          was, was alles so passieren kann.

Und selbst positive Ergebnisse konnten diese Befragten nicht überzeugen.
Sie blieben misstrauisch, ob die Operierten nicht lediglich enttäuschte Hoffnungen mit geschönten Schilderungen überdeckten:

Eike: *Und wenn du mal jemanden siehst, bei dem es top geworden ist: Bist du dann*
          neidisch?
          Nein, ich traue dem Menschen nicht über den Weg. Einer der son
          Ding hat, die du nicht näher kennst, würde nie zu dir sagen: Hör mal
          zu, das taugt nichts. Das ist ja alles, egal wie es aussieht, auch wenn du
          es eventuell nicht erkennen kannst an der Form, was es überhaupt sein
          soll, ist es trotzdem toll.
          Du würdest dem gar nicht glauben, weil du denkst, das kann gar nicht toll sein?
          Nee, weil man genug gehört hat, jetzt so, wo man näheren Kontakt mit
          hat, weil die sagen, es ist alles nicht so, wie man sich das vorgestellt hat.

Benno hat genau dieselben Erfahrungen gemacht: Im „persönlichen"
Gespräch waren die operierten Männer viel ehrlicher, was die Mängel der
Operation anging, als etwa „im Fernsehen":

Benno: Und ich hab die Erfahrung gemacht, im Fernsehen erzählen viele, ist
          alles gut, ist alles schön und wenn du dann mit denen persönlich
          sprichst, dann haut das alles nicht hin.

Anders als Eike brachte ihn diese Erfahrung aber nicht von der Operation
ab. Das positive Ergebnis eines Betroffenen, das er selbst gesehen hatte,
festigte trotz seiner Bedenken seine Entscheidung für diesen Weg. Auch
Gerda zeigte sich „sehr skeptisch" bzgl. der tatsächlichen Ergebnisse. Sie
hob dabei eine Gefahr hervor, die auch viele andere Befragte sahen, nämlich
durch die Operation die Fähigkeit zum Orgasmus zu verlieren:

Gerda: Ich hätte Bedenken, ob das dann hinterher im Bett noch so klappt, da
          hätte ich wirklich Befürchtungen! Weil diese ganzen Berichte, die wir
          da nun auch gesehen haben, dass das eben hinterher noch volle
          Orgasmusfähigkeit und so, das bezweifle ich einfach, glaube ich nicht
          dran. Ich glaube auch nicht, dass es jemand sagen würde, wenn es
          denn, eh, passiert ist, und es ist eben, hat eben nicht gut geklappt.
          Da bist du auch skeptisch?

Da bin ich sehr, sehr skeptisch! Sehr skeptisch!

Die Angst vor einer beeinträchtigten Orgasmusfähigkeit war ein weiterer wesentlicher Grund, sich gegen den operativen Aufbau zu entscheiden. Die Männer würden damit nämlich etwas aufgeben müssen, was ihnen die Natur über ihre vergrößerte Klitoris im Übermaß zukommen lässt: Ein gesteigertes sexuelles Lusterleben. Aber auch die für den Neopenis Entschiedenen wollten den Weg der Operation nur gehen, wenn hierdurch die Orgasmusfähigkeit erhalten bliebe. So betonte etwa Kurt auf meine Frage, ob er den operativen Aufbau auch machen würde, wenn diese verloren ginge:

Kurt: Dann würd ich es nicht machen! (...) Dann würde ich ganz klar, würde ich es nicht tun! Weil, dann hab ich ja gar! nichts mehr davon! Was hab ich dann davon!? (...) Dann wäre da wirklich nur die Optik.

Bei der erschreckenden Vorstellung, seine Lustfähigkeit einzubüßen, traten für Kurt die für ihn an sich so wichtige „Optik" und der penetrationsfähige Penis kurzfristig in den Hintergrund. Letztlich war Kurt aber offenbar davon überzeugt, sich seine Orgasmusfähigkeit zu erhalten, andernfalls hätte er ja von der Operation Abstand genommen.

Nicht die Entscheidung, notfalls auf das Lusterleben zu verzichten, unterschied die beiden Gruppen also voneinander, sondern ihre jeweilige Sicherheit, ob dieser Verlust eintreten würde oder nicht. Da die entsprechenden Risiken der Operation für alle prinzipiell gleich waren, konnte diese Sicherheit nicht auf einer Risikoabwägung beruhen, sondern musste an eine vorgelagerten Priorität geknüpft sein, nämlich an die Bedeutung des Penis für das körperliche Mannsein. Sie entschied, ob der Verlust der Sensibilität als wahrscheinlich oder unwahrscheinlich angesehen wurde. Von allen Befragten war Jan der Einzige, dem die „Optik" des Neopenis letztlich wichtiger war als die erhaltene Orgasmusfähigkeit der Klitoris:

Jan: Also lieber optisch so! als jetzt anders und dafür orgasmusfähig.
        Das war dir wichtiger?
        Mhm.

Jan war das für ihn durch den Neopenis repräsentierte körperliche Mannsein wichtiger als die Sensibilität seines Genitals. Trotzdem war Jan natürlich froh, seine Lustfähigkeit behalten zu haben, womit er, wie er sagte, gar „nicht gerechnet" hatte. Dabei schien die Lustfähigkeit bei Jan zur Zeit des Gesprächs das Einzige gewesen zu sein, was mit und trotz Neopenis funktionierte. Die Herstellung der anderen Funktionen war weitgehend „schief gegangen" (Jana). Und auch Hans hatte viele Probleme mit seinem Penisaufbau. Wenn man sich die *Operationsergebnisse* dieser beiden transsexuellen Männer ansieht, bestätigten diese im Wesentlichen die Befürchtungen der Skeptiker.

Jan hatte für den Aufbau des Neopenis, dessen Material aus dem Arm entnommen worden war, bereits fünf Operationen mit vielen Komplikationen hinter sich gebracht. Während eines Jahres lag er überwiegend im Krankenhaus und mindestens zwei Eingriffe standen noch bevor. All diese Belastungen führten nach Aussagen beider Partner innerhalb ihrer Beziehung zu erheblichen Spannungen. Ergebnis der Operationen war zur Zeit des Gesprächs ein Neopenis, der hinten noch nicht zusammengenäht war, weil sowohl der Silikonstab - oder das Pumpsystem, wie Jana meinte - als auch die Harnröhre noch verlegt werden mussten. Letztere hatte Jan wegen all der Probleme innerlich bereits abgehakt. Er wollte sich nur noch den Silikonstab implantieren lassen, um dann endlich die Hautlappen schließen zu können. Zu dieser Zeit konnte er also weder durch den Neopenis urinieren, noch mit ihm den Koitus durchführen. Auch die Hodenimplantate fehlten und die Optik ließ ebenfalls einiges zu wünschen übrig. Die Schilderungen Jans und Janas über all die missglückten Eingriffe füllten viele gedruckte Seiten des Gesprächs. Sie hier im Einzelnen darzustellen, würde zu viel Raum beanspruchen. Deshalb nur einige kurze Auszüge:

Jan: Direkt hat man gar nicht drauf hingewiesen, meiner Meinung nach, dass es so!! schwierig ist. (...) Die erste große OP von zehn Stunden, dann anschließend noch drei kleinere, da ham sie erst das Gewebe, was entzündet war, alles weggenommen und dann hinterher hat man ne Harnröhrenspaltung gemacht, unten aufgeschnitten, aufgeklappt, (...) alles richtig aufgemacht, richtig schön platt, nochmal wieder Spalthaut genommen und so sieht der also jetzt immer noch aus! Nach einem Jahr! (...) Dann kam ich einmal noch zusätzlich ins Krankenhaus, weil ich auf einmal nicht mehr zur Toilette gehen konnte, hatte also son Bauch und bin dann hier in der Notaufnahme gewesen und dann ham sie mir nen Blasenkatheter gelegt und dann bin ich irgendwann wieder nach Frankfurt gegangen und dann hab ich eigentlich da schon gesagt: Ich möchte das nicht mehr. (...) Und dann wollten sie den eigentlich auch zusammennähen, das hatte man mir versprochen. (...) Und dann meinten sie: Nee, das geht gar nicht so. (...) Und im Endeffekt hinterher hat sich dann noch (...) rausgestellt, dass das mittlerweile doch wohl ziemlich klein geworden ist und dass sie, wenn sie, eh, eine Harnröhrenverlängerung machen würden, dass sie im Endeffekt keine Prothese mehr einschieben können.

Prothese heißt jetzt den Stab?

Irgendwie das Silikonimplantat. Und das hat man aber auch erst hinterher gesagt. (...) Und dann war für mich von vornherein klar: Da Ärger ohne Ende mit der Harnröhre, was sowieso nicht funktioniert. (...) Man kommt sich da doch irgendwie wie ein Versuchskaninchen vor. (...)

Ist die Klitoris denn versetzt worden oder ist die in der Position geblieben, wo sie war?

Nee, das sieht irgendwie alles ganz anders aus. Ich kann es dir gar nicht erklären. (...) Da ist irgendwie noch nen, noch dazwischen ist noch was, praktisch wie son kleiner dritter Hoden.

Jana: Ja, es ist leider alles schief gegangen, was schief gehen kann. (...) Also im letzten Jahr war der fast ständig im Krankenhaus. (...) Es ist noch nicht zusammengenäht. (...) Und im Endeffekt [hat er] nur diesen, diesen Penis, der noch nicht richtig zusammengenäht ist. (...) Das ist praktisch ein Hautlappen, wenn du so willst, natürlich relativ schmal, den du wieder so zuklappen müsstest. (...) Und dann kannst du, so ein Pumpsystem wird da eingebaut, so. Das hatten eben einige, die da waren. Aber die hatten da auch alles nur Malessen mit, weil erstens kann die Harnröhre sich natürlich wieder. (...) Entweder hatten die Löcher dann in der Harnröhre oder die hatten die Harnröhre verstopft. Also, die Leute, die wir da getroffen haben, die lagen alle ewig da.

Bei Hans sah es nicht viel besser aus als bei Jan. Nur was die Optik anging, war er bereits weiter, da der Beginn der Operationen schon länger zurücklag. Hans hatte die Methode des Penisaufbaus aus dem Bauch gewählt und sich bisher mehreren - er selbst sprach von zwei, seine Partnerin von drei - Operationen unterzogen. Unter anderem war der Neopenis zu Beginn viel zu groß geraten. Bei Hans stand seinerzeit mindestens noch ein weiterer Eingriff bevor. Eine Harnröhre war bei ihm nicht verlegt worden, so dass er nicht im Stehen urinieren konnte, es aber auch zu weniger Komplikationen kam als bei Jan. Einen Silikonstab hatte man eingebracht, er schien aber „gebrochen" zu sein, wodurch er keine Standfestigkeit mehr hatte. Die Ärzte meinten, das Versteifungsproblem sei auf mangelndes „Training" zurückzuführen, was Hans und Hanna jedoch vehement bestritten. Eine Penetration war jedenfalls kaum noch möglich. Auch mussten die Hodenimplantate noch eingepflanzt werden, bisher gab es nur zwei „Hodentaschen". Auch bei Hans war die Klitoris weiterhin orgasmusfähig, lag aber so ungünstig unter dem Neopenis, dass dieser und die Hoden erst beiseite geschoben werden mussten, damit Hans zur Erregung gelangte. Den Neopenis selbst beschrieb er als kaum empfindungsfähig, sogar eher weniger sensibel als normale Hautpartien. Auch von Hans und seiner Partnerin sollen hier nur kurze Gesprächspassagen ein grobes Bild der Probleme geben:

Hans: *Bist du denn sonst zufrieden mit dem Operationsergebnis?*
Ja, außer dass die Klitoris ein bisschen weit hinten sitzt. Aber sonst bin ich zufrieden. Der Nachteil ist, sagen wir mal, wenn ich mit Hanna, sagen wir mal, wenn ich den Penis einführe, dass ich dann nix fühle. Das ist ein bisschen blöd, das ist der einzige Nachteil. (...) Die Berührung kommt ja überhaupt nicht zustande, das ist ja der Nachteil. Man hätte sie vielleicht irgendwie unterm Penoid setzen sollen.
Dass da mehr Kontakt entsteht?
Das wär vielleicht besser gewesen. Aber so sitzen die Hoden noch davor und das war's dann.

Hanna: Das Problem an der ganzen Sache ist halt einfach, eh, irgendwie, also ich! bin der festen Überzeugung, die ham da irgendwie Mist gebaut, weil normalerweise, wenn du den hoch knickst, muss der ja stehen bleiben. Und das tut er nicht.
Fällt er dann sofort wieder runter oder so langsam?
Ja, nee sofort, da ist überhaupt gar kein Halt drinne. Und ich bin der festen Überzeugung, der Silikonstab ist gebrochen. (...) Als er das letzte Mal da war, da war er ja auch wegen der Verschmälerung nochmal da. (...) Das war ein Apparat, das war ja unter aller Menschenwürde! (...) Diese Seitenpuffer haben sie dann weggenommen, teilweise, deswegen muss er auch nochmal hin, damit sie die komplett wegnehmen können. Aber ich sag mal, das ist ja halt alles nix Großartiges, wenn du es so siehst.
Was meinst du: Nix Großartiges?
Ja, im Vergleich zu dem, was er hinter! sich hat! (...) Ich sag mal, es sind gerade die Hodentaschen da, und ich sag mal, normalerweise ist ja noch ein Inhalt drin, also quasi Silikonkugeln. (...) Wir haben uns das Ganze mal überlegt und dementsprechend, es ist uns alles noch nicht also, so hundertprozentig, weil, damit ist wohl sehr schwierig Fahrrad fahren zum Beispiel, ist halt mit mehr Schmerzen verbunden als es dir eigentlich bringt.

Insbesondere Jan zeigte bei der Schilderung der Operationen ein großes Maß an Ärger und Enttäuschung über all die zu bewältigenden Leiden und

Komplikationen, aber auch darüber, nicht hinreichend über die möglichen Probleme aufgeklärt worden zu sein. Hanna und vor allem Hans neigten dagegen eher dazu, die schlechten Resultate und die mangelnde Funktionalität des Neopenis herunterzuspielen, etwa, wenn Hans die ungünstige Lage seiner Klitoris mehrmals als „einzigen Nachteil" bezeichnete. Alles in allem äußerte er sich vielmehr zufrieden mit den Operationsergebnissen:

Hans: Jetzt hab ich ihn ja und lebe ich damit und find das toll. (...) Ich würd es immer wieder machen! (....) Wenn du jetzt hörst, dass es wieder neue Methoden gibt, die vielleicht noch besser sind, dann denkt man sich schon: Vielleicht hätte ich doch noch warten sollen.
         Also du meinst jetzt operations
         mäßig, ja. Aber sonst bin ich zufrieden.

Offen ist, was Hans hier mit „sonst" meinte, bestand sein Neopenis doch rundum aus dem, was „operationsmäßig" dabei herausgekommen war, aus nicht mehr und nicht weniger. Und gerade körperlich war dieses Ergebnis weit entfernt von einem biologischen Penis. Mit dem Begriff „sonst" konnte Hans also nur die Optik meinen, die zehn oder fünfzehn Zentimeter Fleisch, die ihn nun auch körperlich zum Mann machten. Was ihn also trotz aller Probleme zufrieden stellte, war, nun endlich über das zu verfügen, was für ihn, wie er mehrmals betonte, einen Mann ausmachte, nämlich über einen äußerlich sichtbaren Penis, egal, ob er funktionierte oder nicht - womit sich Ahmeds Ahnung in Hans' Realität bewahrheitet hätte. Aber sogar, wenn nicht einmal die Optik stimmt, muss dies nicht unbedingt zur Unzufriedenheit mit dem Neopenis führen. Denn auch Jana und Jan gaben an, mit dem - auch optisch schlechten - Ergebnis zufrieden zu sein, jedenfalls zufriedener als mit dem früheren Organ:

Jan: Von vorne sieht man es fast gar nicht, dass er eben platt ist von hinten. Also es geht! noch. Aber es ist, ich find es trotzdem schon tausendmal schöner als vorher.

Auch bei Jan war auf der rein körperlichen Ebene kaum verständlich, woran genau er dieses „Tausendmal" knüpfte, das es für ihn mit diesem „Hautlappen", wie Jana ihn nannte, „schöner" machte als mit einer intakten Klitoris. Nur auf der nicht körperlichen Ebene wird dies nachvollziehbar, nämlich wenn Jan nun über ein dem normalen Penis „einigermaßen" ähnliches Organ sein Mannsein bestätigt fand, also allein dadurch, dass etwas da war und nicht dadurch, wie dies im Einzelnen körperlich aussah und funktionierte:

Jan: Und ansonsten kann ich damit auch leben, wenn ich nicht im Stehen pinkle, also eh, das ist dann o.k. Das soll nur einigermaßen gut aussehen. Und ich denke, das kann es auch immer noch. Und insofern bereue ich das dann auch nicht, dass ich das gemacht hab.

Für diese Annäherung an einen Penis war Jan bereit, seinen so innigen Wunsch, im Stehen urinieren zu können und auch seine Orgasmusfähigkeit, aufzugeben. Nach den Komplikationen des letzten Jahres spitzte sich für ihn alles auf das zu, was wirklich wichtig war: Körperlich das zu besitzen, was ihn zum Mann machte, das zu haben, was - wie Jana es ausdrückte - man bei einem Mann „erwartet", nämlich den Penis:

Jana: Irgendwie ist es, es ist vollständiger, (...) irgendwie so als Erscheinungsbild.(...) *Selbst wenn es noch nicht optimal ist?* Ja, ja, das ist irgendwie, weiß ich nicht, so sieht ein Mann eben aus, also das ist das, was man erwartet, das ist immer so, ja, das passt besser.

Wenn man an einem Mann einen Penis „erwartet", „passt" letztlich all das in das „Erscheinungsbild" eines Penis, was man als solchen „sehen" will. Und Jan und Jana hatten sich entschieden, auch diesen provisorischen Hautlappen schon als seinem Penis zu sehen und ihn als solchen in das Bild von Jans Mannsein nicht nur zu integrieren, sondern umgekehrt dieses Bild durch diesen Penis auf der körperlichen Ebene weiter zu festigen.

Insgesamt waren diese beiden Paare mit dem Neopenis also trotz aller konkreten körperlichen Widrigkeiten zufrieden. Gerade an solchen eher unvollkommenen operativen Aufbauten erweist sich, dass maßgeblich für diese Zufriedenheit die pure Existenz des Neopenis ist und nicht, dass er körperlich tatsächlich die speziellen Funktionen eines Penis erfüllt und in seinem Erscheinungsbild den Ansprüchen eines Penis genügt. Sogar ein sehr defizitärer Neopenis kann also das Gefühl vermitteln, ein „vollständiger" Mann zu sein, kann körperliches Mannsein beweisen, selbst wenn Hans und Jan mit diesem Neopenis nicht urinieren, penetrieren oder gar ejakulieren konnten und ihn auch nicht im öffentlichen Raum wie in der Sauna oder etwa nach dem Sport unter der Dusche zeigen mochten. Aber mit diesem Neopenis waren sie vor sich und vor anderen auch körperlich Mann, selbst wenn gerade das Körperliche dieses Neopenis nur wenig von dem hielt, was ein Penis gemeinhin verspricht.

Die nähere Betrachtung des operativen Penisaufbaus offenbart also, dass sich speziell durch ihn - viel weniger als etwa durch die Wirkungen der

Hormone - aus einer biologischen Frau körperlich kein Mann machen lässt. Aus einem weiblichen Genital ist nun einmal selbst durch eine optimal verlaufende Operation rein körperlich kein im üblichen Sinne männliches Genital zu konstruieren. Auf der körperlichen Ebene überwiegen die Defizite notgedrungen die Erfolge. Trotzdem ist gerade dieser operative Penisaufbau für viele transsexuelle Männer diejenige körperliche Veränderung, durch die sie ihr Mannsein am deutlichsten und nachhaltigsten beweisen wollen und - egal wie der Neopenis aussieht und funktioniert - auch bewiesen sehen. Für viele von ihnen ist dieser als Penis gestaltete Neopenis das ultimative Zeichen ihres Mannseins. Damit geht es also gerade auch beim operativen Penisaufbau - anders als zu vermuten wäre - nicht darum, Mannsein über den Körper erst herzustellen. Vielmehr wird auch im Neopenis bereits verwirklichtes Mannsein nur verkörperlicht. Und hierzu werden ebenso fiktive Mittel, also Umdeutungen zum Penis hin, genutzt wie bei der vergrößerten Klitoris - je nachdem, worüber jemand sich hinreichend als Mann bestätigt sieht. Und auf diese fiktiven Umdeutungen wird wie selbstverständlich zurückgegriffen, obwohl sie mit dem operativen Penisaufbau eigentlich gerade umgangen werden sollten, Mannsein eigentlich also auf den Körper und nicht auf die Fiktion gestützt werden sollte. Diese fiktiven Deutungen aber sind es, die maßgeblich zur Zufriedenheit mit den Operationsergebnissen beitragen.

Und die auffälligste fiktive Stützung war bereits die Zufriedenheit selbst. Um den Neopenis sogar mit derartigen Mängeln wie bei Jan und Hans als Penis annehmen zu können, bedarf es eines beträchtlichen Vorstellungsvermögens, das der fiktiven Umdeutung der vergrößerten Klitoris zum Penis kaum nachsteht. So griff etwa Jan bei meiner Frage, wie er sich bei einer neuen sexuelle Bekanntschaft verhalten würde, auf die Ausrede einer verunglückten Rekonstruktion eines biologischen Penis zurück:

Jan: (...) ob ich mich dann doof rausreden würde oder könnte, nach dem Motto: Ich hatte mal nen Unfall und die ham da ein bisschen gemauschelt.

Aber auch nachgelagerte Deutungen stützten den operativen Aufbau fiktiv, so etwa der häufige Vergleich des störenden Aufpumpens mit dem Überstreifen eines Kondoms oder die Bagatellisierung gravierender Mängel, wenn z. B. Hans seine hinter dem Neopenis und den Hodentaschen versteckte Klitoris zum „einzigen Nachteil" herunterspielte oder aber Jana die - bei Jan misslungene Urinierfähigkeit - des Neopenis als nebensächlich zurückstufte, obwohl sie einmal „sein Traum" und ein wichtiger Grund für den operativen Aufbau gewesen war:

Jana: Dann kann er zwar das, was eigentlich so sein Traum war eben, ich sag mal, im Stehen zu pinkeln, irgendwo haut dann nicht hin. Aber ich sag mal, Gott, so viele Gelegenheiten gibt es auch nicht.

Eine weitere grundlegende fiktive Leistung ist nicht zu vergessen: Den für den Neopenis Entschiedenen muss es möglich sein, aus Teilen des Bauches oder des Arms einen Penis zu machen, also ursprüngliche Funktionen und Bedeutungen eines Körperteils zu vergessen und diesen Körperteil umzuformen zum für sie so eminent wichtigen Repräsentanten ihres Mannseins. Sie müssen also genau das fiktiv konstruieren, was den anderen Befragten unmöglich erschien: Diese konnten in ihrem früheren Arm immer nur ihren Arm sehen. Das Konstrukt konnte und sollte für sie nicht zur Wirklichkeit ihres Penis werden. Wenn Hirschauer im Zusammenhang mit dem operativen Penisaufbau von „Gleichwertigkeit (...) von organischem Material in Bezug auf seine geschlechtliche Zeichenhaftigkeit" (Hirschauer 1993, S. 275) spricht, gilt dies gerade auch für die Transsexuellen und ihre Partnerinnen, die aus dem jeweiligen Körpermaterial jeweils genau das formen, was dieses Material geschlechtlich nun für sie bedeuten soll - in diesem Falle eben den Penis.

Und auch auf der sexuellen Ebene ergibt sich durch die Umdeutung von Körperteilen eine bemerkenswerte Konstellation. Der aus dem Arm konstruierte Penis soll nun eine Art sexueller Befriedigung gewährleisten, nämlich den Koitus, die dem ursprünglichen Körpermaterial gänzlich fremd war. Einem Unterarm wird gemeinhin weder ein Koitus noch andere Formen genitaler Stimulation zugeordnet, wohl aber der - einmal zugespitzt betrachtet - nur wenige Zentimeter tiefer angesiedelten Hand, die auch vielfältige andere Berührungen ausführen kann. Die genitale Berührung mit der Hand aber signalisierte für viele Befragte, so etwa für Anna, Marc und Frauke allzu schnell den sexuellen Bezug zwischen zwei Frauen, mithin also lesbische Sexualität. Der Penis - und auch der Penis aus dem Arm oder dem Bauch - als männlich erkanntes Genital verwies dagegen eindeutig auf einen Mann und damit im Rahmen einer Beziehung zu einer Frau auf eine heterosexuelle Konstellation. Versetzte Körperteile werden also nicht nur zu geschlechtlichen Zeichen ihres Trägers selbst, sondern konstituieren und bestätigen darüber hinaus das geschlechtliche Bezugssystem zwischen den Partnern. Für diese Befragten unterstrichen sie die eindeutige Heterosexualität ihrer Beziehung. Und den heterosexuellen Bezug signalisierten diese neuen Zeichen sogar dann, wenn sie im sexuellen Geschehen gar keine oder nur eine periphere Rolle spielten, wenn sich für die Befragten durch den Neopenis im sexuellen Umgang also gar nichts Entscheidendes geändert hatte. Allein seine Existenz garantierte die heterosexuelle Ausrichtung der Beziehung.

4. Die sexuelle Wirklichkeit

Die vielfältigen sozialen und körperlichen, realen und fiktiven Vermännlichungsprozesse des transsexuellen Mannes verwirklichen die Eindeutigkeit seines Mannseins und führen damit auch zu einer hinreichenden Heterosexualisierung der Beziehung. Die Partner begegnen sich als Mann und als Frau, allein ihre jeweilige geschlechtliche Identität definiert ihre sexuelle Orientierung. Und wie wichtig diese Heterosexualität für fast alle Befragten war, wurde bereits mehrfach deutlich. Bis auf Doris, Laura und Frauke konnte und wollte sich niemand von ihnen eine lesbische Sexualität vorstellen oder ihre Beziehung als lesbische eingestuft sehen.

So erstaunt es denn auch nicht, wenn der überwiegende Teil, nämlich 19 der 22 Befragten, in Hinblick darauf, wie sie den Transsexuellen speziell *im sexuellen Kontakt* erlebten, ob er sich dabei *(eher) männlich oder (eher) weiblich* verhalte bzw. ob er *im Bett ebenfalls der Mann* sei, wiederum sein Mannsein und seine Männlichkeit hervorhoben. *Dirk* schränkte dies insofern ein, als er einräumte:

> Ich fühl mich so lange als Mann bis mein Körper mir zeigt, dass ich kein Bio-Mann bin!

Von den drei Befragten, die keine direkte Zuordnung zur Männlichkeit vornahmen, siedelte Eike sein Verhalten zwischen typischer Männlichkeit und typischer Weiblichkeit an, Karin wollte eine solche Abgrenzung nicht vornehmen und Jana verwies auf überwiegend weibliche Seiten im sexuellen Verhalten ihres Partners. Manche der Befragten waren sich auch in diesem Zusammenhang der Klischeehaftigkeit der Kategorisierungen durchaus bewusst. Sie betonten, in der Realität gäbe es derart klare Abgrenzungen oft nicht. Dennoch nahmen auch sie am Ende eine meist recht eindeutige Zuordnung zur Männlichkeit vor.

Wie nun begründeten die 19 Befragten die Männlichkeit des Transsexuellen in der Sexualität, woran also machten sie die Männlichkeit seines

Verhaltens fest? Kurt konnte auf Nachfragen hin seine Einstufung nicht genauer erklären. Auch Eva ordnete Eike ohne weitere Begründung eindeutig als sexuell männlich ein, setzte an anderer Stelle allerdings männliche und weibliche Sexualität gleich. Insgesamt führten 15 dieser 19 Befragten keine oder vorrangig eher abstrakte Gründe für seine Männlichkeit an: Sie bezogen sich ganz allgemein auf die „männliche Rolle" (Ahmed, Felix) oder auf das, was man von einem Mann in der Sexualität erwartet oder kennt. Hiermit meinten sie Verhaltensweisen wie Aktivität, Initiative, Dominanz, Führung, Verführung oder auch - etwas ungewöhnlicher - das eher „Spielerische" und „Leichtere" der männlichen Sexualität (Gerda).

Britta wiederum zog einen Vergleich mit anderen Männern, durch den sie die Männlichkeit ihres Partners bestätigt sah:

Britta: Ich kann keinen Unterschied weiter feststellen zu nem andern Mann, außer, dass das eben nicht en richtiger Penis ist, aber sonst.

Für Britta war die Ähnlichkeit Bennos mit geborenen Männern auch im sexuellen Kontakt Begründung genug für seine sexuelle Männlichkeit. Jan führte an, er habe sich „eigentlich schon" immer im Bett als Mann gefühlt, dies nehme durch den Neopenis jedoch „immer mehr" zu:

Jan: Einerseits, weil die Gewissheit! immer mehr wird, eh, wo man vorher vielleicht noch mehr Zweifel als Gewissheit hatte, dass, dass die Freundin einen als, als Mann akzeptiert, so wie man ist. Und zum anderen eben, weil ich mich ja jetzt auf dem Weg dahin befinde, den, den letzten Schritt konsequent auch noch zu gehen, eben auch schon auf dem Weg dahin bin, dass es immer männlicher wird, dass ich immer männlicher werde. (...) Es wird irgendwie alles natürlicher. (...) Vielleicht auch ein bisschen, ja, dass, dass sie! mich mag auch, auch, auch als Mann oder, oder.

Jan knüpfte seine sexuelle „Gewissheit", Mann zu sein, in erster Linie an die entsprechende Akzeptanz durch seine Partnerin: Je mehr sie ihn ganz allgemein als Mann annahm, umso mehr fühlte er sich auch im Bett als Mann. Und Jan hoffte und erwartete, Jana diese Akzeptanz durch seinen Neopenis zu erleichtern, eröffnete dieser ihm doch den Weg zu immer „natürlicherem" auch körperlichem Mannsein.

Für Laura - die auf eine sexuelle Erfahrung mit einer Frau zurückgreifen konnte -, reichte schlichtweg die „Vorstellung", dass Lars ein Mann war, um ihn trotz der gängigen weiblichen Zeichen seines Körpers auch im Bett als männlich zu erleben:

Laura: Ja eben weil er auch als Mann mit mir schläft und nicht als, als Frau, so. Also es ist schon.
Wo ist der Unterschied? Was ist männlich daran?
Ich weiß nicht, vielleicht auch meine, meine eigenen Vorstellungen. (...) Also mittlerweile ist es so, wenn wir z. B. jetzt, jetzt, jetzt angezogen sind oder so, empfind ich das total stark, dass er Mann ist.

Da Lars für sie außerhalb des Bettes „total" Mann ist, ist er es auch im Bett, und zwar ohne, dass Laura sich veranlasst sah, dies weiter zu konkretisieren. Ähnlich hatten sich bereits Jana und Karin in einem anderen Zusammenhang geäußert. Bei der Frage, ob es ihnen möglich sei bzw. was anders wäre, mit einer Frau im Bett zu sein, hatten sie ebenfalls auf ihre „Vorstellung" zurückgegriffen. Sexualität mit ihrem Partner war für sie nur möglich, weil dieser ein Mann und folglich auch in der Sexualität ein Mann war:

Jana: Ja ich glaub einfach, wie gesagt, in Anführungsstrichen, die reine Vorstellung. Weil ich einmal, ich hab dann ne Frau! im Arm und keinen Mann!

Karin: Ich möchte nicht mit ner Frau zusammen im Bett liegen. (...)
Und bei einer Frau ist es ein weibliches
Eben! Und da könnte ich ja auch nicht mit ihr im Bett liegen und mir vorstellen oder denken, eigentlich ist es ein Mann oder so. Weil es ist nun mal einfach ne Frau! Wenn ich mit Kurt ja im Bett liege, dann weiß ich, es ist ein Mann.

Da meine Frage auf das Erleben seines weiblichen Geschlechtsteils abzielte und Kurt zur Zeit des Gesprächs noch dasselbe Genital wie eine Frau hatte, gelang Karin die Abgrenzung zwischen einer Frau und einem Mann „im Bett" allein über das „Wissen", dass ihr Partner ein Mann war. Dieses Wissen genügte, ihn auch sexuell als Mann zu erleben. War er erst einmal grundsätzlich Mann für sie, war er es ganz und überall. Auf „eine Frau" war eine solche „Vorstellung" folgerichtig nicht übertragbar.
Jede(r) dieser 15 Befragten knüpfte die Männlichkeit des Transsexuellen in der Sexualität also an ihnen vertrautes männliches Verhalten, im Prinzip also an Klischees, oder begründeten sie aus seinem allgemeinen Mannsein heraus, ohne dabei auf spezifische individuelle Verhaltensweisen einzugehen. Aber auch die verbleibenden vier Befragten (Dirk, Gerd, Lars, Benno) führten zwar eigene Erlebnisweisen an, diese waren jedoch wiederum an eher allgemeinen Vorstellungen von Mannsein und Männlichkeit orientiert: Sie stützten ihr sexuelles Mannsein nämlich auf die, wie sie meinten, spezifisch männliche Art,

einen Orgasmus zu erleben, also besonders schnell, zielgerichtet oder nicht multipel. In Letzterem fand auch Dirk „dankbar" einen Anker für seine für ihn prekäre körperliche Männlichkeit:

Dirk: Ich hab ja immer gelesen, dass ne Frau zum mehrfachen, multiplen Orgasmus fähig sein soll. Hab ich nie gehabt. Für mich war's immer ein Orgasmus, und dann war Sense. Also Empfindungen warn dann nicht mehr möglich. Insofern, würd ich sagen, gibt's da nen Unterschied, wo ich erstaunt bin, dass ich da wie'n Mann körperlich reagiere, sehr dankbar bin, weil mich das in meiner Identität bestätigt.

Die „Fähigkeit" von Frauen zu „multiple Orgasmen" wurde für Dirk zum allgemeinen Zeichen sexuellen Frauseins und damit zu einem Abgrenzungskriterium zwischen den Geschlechtern. Über diese Polarisierung konnte auch er aufgrund seiner „körperlich" anderen Reaktionsweise sein sexuelles Mannsein unterstreichen. Lars sprach zwar nicht über Frauen und Männer im Allgemeinen, aber auch er machte seine sexuelle Männlichkeit an seinem spezifischen Orgasmuserleben fest:

Lars: Lauras Sexualität ist anders als meine!
Wodurch?
Wodurch? Ja schon durch, ehm, (stöhnt) ja, schon, schon dadurch, wie schnell ich z. B. zum Orgasmus, zu erregen bin. Durch so was, das ist bei Laura nicht so!
Ist das spezifisch männlich bei dir, würdest du sagen?
Das weiß ich nicht, kann sein, ja. Das kann schon sein, ja.

Auch hier griff die Polarität: Dadurch, dass Laura den Orgasmus „anders" erlebte und eindeutig eine Frau ist, konnte Lars seine besondere Erregungsfähigkeit als typisch männliche Reaktionsweise einstufen. Benno bezog sein Abgrenzungskriterium ebenfalls aus der Polarisierung:

Benno: *Würdest du sagen, dass es männliche und weibliche Sexualität gibt?*
Also, das weiß ich nicht so genau.

Ist das das Gleiche?
Also, ich hab mal gehört, dass der männliche Orgasmus übern Rücken geht, der weibliche Orgasmus durch den Bauch.
Wo geht er denn bei dir durch?
[Unverständlich] Ist sehr unterschiedlich auch, ist ja nicht immer das Gleiche.

Sonst siehst du keinen Unterschied?
Man hat andere sexuelle Reize.
Z. B.?
Also ich find das z. B. schön, wenn ne Brust da ist. Ich glaub nicht,
dass Britta da was dran finden würde. ·

In den „anderen sexuellen Reizen" hatte Benno dann doch noch einen
Aufhänger für seine sexuelle Männlichkeit gefunden: Indem er nicht
„glauben" konnte, dass seine Partnerin - wie er - „was" an einer weiblichen
Brust „finden" würde, begründete er sein sexuelles Mannsein mit einer weiteren Polarität. Selbst wenn der Reiz der weiblichen Brust allen heterosexuellen Männern zugeschrieben werden kann, hatte Benno damit noch die
individuellste Begründung für sexuell männliches Verhalten geliefert. Gerd
dagegen begab sich wieder auf, wie er sagte, ganz „klassisches", also mehr
klischeehaftes Terrain: Für ihn war die „zielgerichtet" auf den Orgasmus
weisende Sexualität „spezifisch männlich":

Gerd: *Was gehört denn sexuell gesehen für dich zum Mannsein dazu?*
          (Überlegt länger) Also ganz, es ist schon was sehr Klassisches. Aber ich
          stelle fest, dass es durchaus, dass ich das auch mache, dass ich auch
          sehr zielgerichtet bin. Also, dass ich zuerst ne Vorstellung habe: Wollen
          wir jetzt Liebe machen oder will ich sexuell aktiv werden. Dann bein-
          haltet das auch immer alles.
          Alles heißt: Bis zum Orgasmus?
          Bis zum Orgasmus, schon in meiner Vorstellung. Also mit so ner
          Vorstellung fang ich auch an, weil ich kann dann auch nicht aufhören
          z. B., also in so ner Phase der Erregung, ich kann nicht irgendwie son
          bisschen streicheln, an besonders erotischen Stellen und dann aufhö-
          ren, das geht nicht.
          Und das ist spezifisch männlich?
          Und das finde ich ganz spezifisch männlich, dass es gar nicht so viele
          Zwischenstufen gibt.

Anders als Benno konnte Gerd sich in diesem „sehr zielgerichteten" sexuellen Vorgehen von Männern durchaus wiederfinden und präsentierte diese
typische sexuelle Männlichkeit mit derselben genussvollen Attitüde, mit der
er im entsprechenden Gesprächsabschnitt mit Gerda ein weiteres Männlich-
keitsmerkmal eingeworfen hatte:

Gerd: Mir würde noch was einfallen: Dass ich hinterher gleich einschlafe!

Diese vier Männer hinzu genommen, stützten sich 19 der 22 Befragten hinsichtlich der Männlichkeit bzw. des Mannseins des Transsexuellen in der Sexualität auf weitgehend abstrakte Vorstellungen von der geschlechtlichen Rolle und nicht auf konkrete Schilderungen seines tatsächlichen Verhaltens im sexuellen Umgang. Sicherlich rief die Art meiner Fragestellung Klischees geradezu ab. Im Zusammenspiel mit ihren eigenen Definitionen von sexueller Männlichkeit und Weiblichkeit einerseits und ihren Erläuterungen zu ihren ganz konkreten Erfahrungen in der Sexualität andererseits aber hatten diese Antworten einen nicht zu unterschätzenden Erkenntniswert: Sie zeigten, auf welcher Seite sie den Transsexuellen gerne sehen wollten - und wo sie ihn im konkreten Umgang tatsächlich wiederfanden: Auch was die angestrebte sexuelle Zuordnung anging, waren die meisten Befragten jedenfalls bemüht, sich selbst bzw. ihrem Partner nicht allzu viel Weiblichkeit zuzuschreiben. Beispielhaft soll dies ein Gesprächsausschnitt mit Hanna verdeutlichen. Zunächst recht verunsichert durch meine Bitten um konkretere Erläuterungen, „lotste" sie sich selbst und damit mich in die Richtung, die sie ihrem Partner bereits vorgegeben hatte, nämlich in Richtung sexueller Männlichkeit:

Hanna: *Verhält er sich männlich in der Sexualität?*
Jo (grinst vielsagend).
Inwiefern?
Jaa, (stöhnt) ehm, ach Gott oh Gott, ehm, (stöhnt). Ja, so, ich, ich denke mir mal, (stöhnt) mhm, wie soll man das! jetzt erklären, meine Güte!
Du hast es ja sehr klar gesagt!
Ja!! Es ist für mich! eindeutig männlich!
Aber was ist das Männliche daran?!
Ja, kann ich, was ist, was ist das, was ist das!? Das ist ne gute Frage!
Jetzt will ich ne gute Antwort! (Ich lache)
Gut! (lacht). Ja also, ich denke mal, dass, dass ich ihn aber auch in diese Richtung lotse.
Inwiefern? Was machst du?
Ja, also eh, ich denke mir mal so, eh, ich übernehme zwar auch gelegentlich mal so die Oberhand, ne, aber meistens überlass ich es doch ihm! Also nicht, dass ich jetzt völlig passiv bin oder so, das um Gottes willen nicht! Aber so, so, so, ne, ja was so läuft (lacht).
Du lotst ihn dahin, dass er aktiver ist?
Ja, so ungefähr! (Lacht laut)
Und das ist dann das männliche Verhalten?
Ja, denk ich doch mal schon, dass das mehr männlich ist.

Hanna weist Hans den Weg zu einem sexuellen Verhalten, das sie als männliches versteht. Damit gewährleistet sie den klassischen Mann-Frau-Bezug, in dem der Mann sich - nicht selten initiiert durch das gegenläufige Verhalten der Frau - in der aktiveren Rolle wiederfindet, wodurch beide Partner den heterosexuellen Reiz der Polarität und Andersartigkeit erleben und gleichzeitig sein Mannsein auch im sexuellen Umgang bestätigt sehen.

Möglicherweise war es den Befragten wichtig, auch und gerade in der Sexualität das hinreichende Mannsein des Transsexuellen zu bestärken, um einen von den Männern selbst oft als defizitär empfundenen Körper zu überdecken. Dies könnte die Anhäufung von Klischees bei der Frage nach ihrer sexuellen Rolle erklären. Vielleicht betonten sie seine sexuelle Männlichkeit aber auch, um der tatsächlichen Wirklichkeit des Paares zu entkommen: Im konkreten sexuellen Umgang miteinander zeigten die meisten der hier befragten transsexuellen Männer nämlich Verhaltensweisen, die nach allgemeinen Kriterien, aber auch nach den Kriterien der Befragten selbst, der weiblichen Rolle zugerechnet werden bzw. wurden. Und zu dieser Weiblichkeit hatten viele der Befragten verständlicherweise ein gespaltenes Verhältnis, besteht doch immer die Gefahr, dass dieses Verhaltens mit nach außen zu dokumentierender Männlichkeit kollidiert. Zu deren Stärkung werden dem Transsexuellen dann - wie auch in anderen Lebensbereichen - auf eher abstrakte Weise typisch männliche Reaktions- und Verhaltensmuster zugeschrieben, während im konkreten sexuellen Miteinander klassisch weibliche Merkmale vorherrschen, Merkmale, die wiederum ganz entscheidend zur Qualität der - sexuellen - Beziehung der Paare beitragen.

Diese wohl unvermeidbare Ambivalenz trat immer wieder mehr oder weniger deutlich zu Tage, oft verfingen sich die Befragten in den Widersprüchen dieser beiden Ebenen. Zwar gab es Unterschiede zwischen den Paaren, wieweit sie sexuell weibliche Züge am Transsexuellen ertragen konnten, grundsätzlich aber wiesen ihre Darstellungen fast alle in dieselbe Richtung: Hatten sie etwa gerade eher pauschal die Männlichkeit des Transsexuellen auch in der Sexualität betont, schrieben sie ihm kurz später diejenigen Verhaltensweisen zu, die sie zuvor als weibliche gekennzeichnet hatten, um diese auf meinen entsprechenden Hinweis hin dann wieder zu entweiblichen oder in anderer Weise zu relativieren. Näherte sich das Gespräch also gemeinhin als weiblich verstandenen Charakterzügen des Transsexuellen, waren die meisten Befragten eher vorsichtig und zurückhaltend. Offenbar wollten sie keinesfalls seine sexuelle Männlichkeit antasten.

Als traditionell weiblich hatten die Befragten folgende Merkmale angeführt: Den Wunsch nach Intensität, Zärtlichkeit, Einfühlung und Respekt des Partners vor den Wünschen und dem Körper der Frau; das Umfassendere, Ganzheitlichere und weniger Zielgerichtete weiblicher Sexualität; die Bedeutung des „Drumherum", des Vorspiels, der Erotik, des Streichelns, des Kuschelns, insgesamt also des Gefühlvollen in der Sexualität. Männer dagegen seien zielgerichteter, triebbetonter, härter, ihre Sexualität sei oft genital orientiert und auf den reinen Geschlechtsakt ausgerichtet. Nur fünf der Befragten griffen nicht auf solche spezifischen Merkmale männlicher und weiblicher Sexualität zurück (Anna, Ahmed, Eva, Felix, Hans). Aber auch sie mussten Unterschiede sehen, stuften doch auch sie sich bzw. ihren Partner als sexuell eindeutig männlich ein.

Trotz der Vorsicht, den Partner bzw. sich selbst gemessen an den eigenen Kriterien sexuell als nicht zu weiblich erscheinen zu lassen, kamen die Befragten letztlich nicht umhin, in den Schilderungen ihrer sexuellen Erfahrungen genau auf diese Eigenschaften und emotionalen Qualitäten des Transsexuellen zu stoßen. Dirk war einer der wenigen transsexuellen Männer, der diese Zuordnung bewusst vornahm, wobei er eine direkte Beziehung zwischen seinen sexuellen Vorlieben und seiner körperlichen Situation herstellte:

Dirk: Dadurch dass mir eben mein Penis fehlt, leg ich eben auch viel Wert drauf, dieses Vorspiel, das ist für mich auch sehr wichtig. Das koste ich dann auch aus. Und das ist, denk ich, dann auch angenehm für die Frau, wenn ich nicht jetzt so, fünf Minuten, sondern dann Zeit lassen.
Das ist dann auch ein Gewinn für die Partnerin?!
Ja, für die Partnerin ist es auf jeden Fall en Gewinn! (lacht). Die hat daraus Vorteile. (...)
Erlebst du dich in der Sexualität eher männlicher oder eher weiblicher als sonst im Alltag?
(Überlegt) Eher weiblicher.
Warum?
Weil's in der Sexualität nun wirklich auch! mit nem Penis zu tun hat und im Alltag nicht. Im Alltag ist egal, ob man was zwischen den Beinen hat oder nicht, weil's keiner sieht! (...) Es ist ja nicht nur diese Situation im Bett, die wichtig ist, sondern es ist so viel drum rum, so Zärtlichkeit und der Körperkontakt ist uns beiden unheimlich wichtig, (...) dass ich diese Wärme hab und diesen Körperkontakt. Und das ist für mich schon ne gewisse Form von Sexualität, man muss nicht immer miteinander schlafen.

Dirk definierte seinen Wunsch nach Zärtlichkeit, Wärme, Nähe und Intensität aus einem körperlichen Defizit heraus: Ohne Penis gehe er quasi notgedrungen mehr auf die weibliche Seite sexuellen Erlebens. Offen blieb, ob er sich mit Penis anders, männlicher, verhalten würde. Positiv konnte Dirk den „Gewinn" für seine Partnerin einordnen: Durch diese spezifische Situation bekomme sie genau das, was ihr gut tut. Aber auch sein eigener Gewinn ließ sich nicht verbergen: Die beschriebenen emotionalen Qualitäten in der Sexualität waren auch ihm „unheimlich wichtig".

Marc genoss ebenfalls die klassisch weiblichen sexuellen Erlebnisfähigkeiten. Nachdem er sein Verständnis von männlicher und weiblicher Sexualität kurz skizziert hatte, ordnete er sich „eher der weiblichen Seite" zu und stand dazu, weil „es ja auch schöner ist so", also auch ihm einen höheren Lustgewinn garantiert:

Marc: *Und wie ist es bei dir: Würdest du sagen, dass du auch son one-night-stand-Typ bist, also weniger Vorspiel, schneller zur Sache kommen oder mehr anders?*
Ja, mehr anders, mehr einfühlsamer.
Ordnest du dich da mehr der weiblichen Seite zu, also wenn ich frage: männliche Sexualität, weibliche Sexualität?
Ja, dann schon eher der weiblichen Seite.
Von den Bedürfnissen, vom Empfinden her?
Ja, genau!
Ist das ein Problem für dich, wenn du so denkst, dann bin ich ja vielleicht eher weiblicher? Oder sagst du, ja gut, ist auch besser?
Ja, umso besser denk ich mir dann, weil, ist ja auch schöner so.
Also da stehst du auch zu?
Ja.

Marc war einer der wenigen befragten Männer, der seine gemeinhin als weiblich verstandene Empfindungsfähigkeit für sich positiv definierte und nicht zu relativieren versuchte, indem er etwa die zuvor skizzierten Unterschiede zwischen männlicher und weiblicher Sexualität wieder verwischte. Und Marc beschrieb ebenfalls die Vorteile, die Frauen im sexuellen Zusammensein mit einem solchen Mann haben, mit einem Mann also, der ihre spezifischen Bedürfnisse kennt und mehr auf sie eingeht als „normale" Männer:

Marc: Da waren auch viele Frauen dabei, die gesagt haben: Ja, das war also gut mit dir, also besser wie mit nem normalen Mann.

Marc hatte allerdings, da er seine Penislosigkeit im sexuellen Kontakt als Mangel erlebte, Schwierigkeiten, dieses Lob anzunehmen:

Marc: Ich bin immer sehr misstrauisch und weiß nicht, ob ich das immer so glauben soll.

Ihm fiel es schwer zu verstehen, wieso eine Frau mit einem Mann zusammen ist, der keinen Penis hat, und mit diesem Mann auch noch sexuelle Befriedigung erlebt. Dabei war seine Partnerin nicht nur ganz allgemein sehr angetan von der Sexualität mit ihm, ihre Zufriedenheit gründete sich gerade auf seine klassisch weiblichen Verhaltensweisen, die sie im Vergleich zur Egozentrik und Ignoranz, „anderer" Männern als wohltuend empfand:

Maria: Also mit Marc hab ich den besten Sex!
          Inwiefern den besten?
          Ja, so, von der Zärtlichkeit her, vom Orgasmus her. Hab ich früher auch nicht so gekannt, also.
          Was meinst du, wie das kommt?
          Weiß ich nicht. Vielleicht von seiner Einfühlsamkeit her, weiß ich nicht. Also weil er eben halt viel zärtlicher ist und sich auch mehr Zeit nimmt und, und.
          Der weiß wahrscheinlich mehr, was du magst.
          Ja. Er würde jetzt auch sofort merken, wenn ich jetzt keinen Spaß hab da dran oder wenn das jetzt nicht geht. Das merkt er sofort. Andere Männer, die merken so was ja dann nicht. Die machen dann weiter, um ihren Spaß zu haben. Und ist denen im Endeffekt egal. Und Marc ist das immer sehr wichtig. (...)
          Also da ist ja offenbar ein ziemlicher Gleichklang?
          Mhm, doch, hat er was von weg (lacht).

Kurt hatte ein ganz anderes Selbstbewusstsein als Marc. Er war sich sicher, einer Frau sexuell etwas „ganz Besonderes" bieten zu können, hatte erlebt, wie sehr Frauen ein Mann gefällt, der „auf sie eingeht" und nicht nur an sich denkt. Da seine Partnerin sehr jung war und vor ihrer Beziehung noch keine im engeren Sinne sexuellen Erfahrungen mit anderen Männern gemacht hatte, befürchtete er, sie wisse gar nicht zu schätzen, was sie an ihm habe:

Kurt: Manchmal denke ich: Eigentlich müsste sie ja mal mit nem Mann schlafen, um zu merken, dass das mit mir viel besser ist (lacht), ne, um einfach, weil die ganzen anderen Frauen, die ich vorher hatte, da war es ja so, die ham ja alle gesagt, dass ich halt in Anführungsstrichen was ganz Besonderes wäre.
          Inwiefern besonders?
          Also dass es, dass es halt mit mir schöner wäre, als mit nem Mann.

Haben die auch gesagt, warum es schöner ist?
(Überlegt länger) Ja doch, also schon so in dem Sinne, dass halt eh Männer vielleicht wirklich nur das Eine wollen, also rein, raus, rein, raus und fertig und eigentlich gar nicht so auf die Frau eingehen. Und dass das bei mir halt nicht so wäre. (...)
Denkst du denn, dass sie das eventuell mal will und dass sie es dann macht und dann abspringt?
Nee, ich denke, dass sie es, ich glaube es nicht, aber vielleicht würde sie es mal machen. Ich denke nicht, dass sie mich danach verlassen würde, weil ich, ich einfach davon überzeugt bin, dass, dass das nicht besser sein kann.

Interessant ist, wie Kurt in diesem Zusammenhang sprachlich erstmals eine Grenze zwischen sich und „nem Mann", also einem normalen Mann, zog. Das spezifisch Nicht-Männliche seines Verhaltens gewann kurzfristig die Oberhand. Ein Mann, der nicht immer nur „das Eine" will - und kann -, kümmert sich mehr um sein Gegenüber als nur um seine eigene Befriedigung. Die Vorzüge, die „viele Frauen" (Marc) im sexuellen Kontakt mit transsexuellen Männern erlebten, erwuchsen also nicht zuletzt aus deren Penislosigkeit. Ob notgedrungen oder ureigenen Bedürfnissen folgend, entwickelten diese Männer mehr Phantasie und Einfühlung im sexuellen Umgang mit Frauen. Sie setzten nicht nur ihr Genital, sondern ihren ganzen Körper und ihre reiche Gefühlswelt ein, um ihre Partnerin und sich selbst zu befriedigen. Womöglich griffen sie dabei auch auf Erfahrungen mit der Reaktion ihres eigenen Körpers zurück. Und vielleicht spielte bei manchem doch die weibliche Sozialisation eine Rolle. So wusste denn auch Dirk um die Befriedigung, die Frauen aus der Sexualität mit einem Transsexuellen ziehen können:

Dirk: (...) weil die ja auch immer sagen, das ist nicht wichtig, unbedingt da, dass die da penetriert werden, sondern wichtiger ist das Vorspiel und die Zärtlichkeit.

Dirks Partnerin war im Übrigen diejenige der Frauen, die im gesamten Gesprächsverlauf am klarsten zum Ausdruck brachte, wie wenig ihr ein Penis bedeutete, und zwar sowohl für das Mannsein als auch für die Sexualität. Für Doris bräuchte Dirk sich jedenfalls nicht mit all seinen vermeintlichen Defiziten herum zu plagen. Gerda wiederum konnte die Relevanz des üblichen Penis für ihre sexuelle Befriedigung aus konkreten Erfahrungen heraus relativieren:

Gerda: *Du hast ja schon viele Jahre mit Männern verbracht, die diesen Penis mitgebracht haben. Du könntest ja sagen, das fehlt mir jetzt.*
Also es fehlt mir insofern nicht, dass ich denke, dass davon nicht irgendwie ne gute Sexualität abhängig ist. Das weiß ich eben einfach, dass es davon nicht abhängig ist.
Hast du denn damals, mit den geborenen Männern, die Sexualität, speziell auf den Penis bezogen, als befriedigend erlebt oder eher nicht?
Ich hab das schon als schön empfunden, aber nicht, nicht alleinig sozusagen. Also nur Penis reicht eben irgendwie nicht.
Sondern, was ist für dich auch noch wichtig?
Also für mich ist schon eben auch Streicheln, und Erotik und alles so was auch genau so wichtig.
Das Einbeziehen des ganzen Körpers?
Ja genau! Ja.

Stufte Gerda hier „Streicheln und Erotik" als „genauso wichtig" ein wie den Penis, war dieser für eine „gute" Sexualität in Wirklichkeit offenbar sogar eher nachrangig. Ansonsten wäre nicht nachvollziehbar, wieso sie die seit Jahren mit einem Mann ohne herkömmlichen Penis praktizierte Sexualität nicht nur als „gut", sondern als „viel besser" als die mit geborenen Männern erlebte bewertete:

Gerda: *Ist denn die Sexualität mit ihm eher gleich oder eher anders als mit den Männern, mit denen du früher Sexualität hattest?*
Anders und besser!
Was ist anders und besser?
Also, das Bessere macht es dann auch wieder anders (lacht). Das Bessere ist, denke ich, dass wir sehr viel besser zueinander passen, also besser so auf einem Level sind, eher so ähnliche Sachen mögen, glaub ich, in ähnliche Gefühlsstimmungen kommen. Ehm, in der Regel ist z. B. auch die Häufigkeit kein Problem, was ich ne ganz wichtige Sache, das kenn ich nämlich aus meiner Ehe, wo das ein wirkliches Problem war. Das ist eigentlich kein Problem. Und, ja, dass ich so das Gefühl habe: Das passt einfach gut zusammen. Insofern ist es viel besser und eben auch anders! dann, weil ich das eben wirklich auch anders erlebt habe.

Die emotionale Übereinstimmung zwischen Gerd und ihr schien beträchtlich zu sein: Sie mochten „ähnliche Sachen", erlebten „ähnliche Gefühlsstimmungen" und hatten etwa gleich oft Lust aufeinander. Dieses „Zusammenpassen" könnte allerdings gerade auf eine Polarität der Bedürfnisse und damit auf Gerds sexuelle Männlichkeit verweisen. Dass Gerda das „gemeinsame Empfinden" jedoch auf seine eher weiblichen Eigenschaften zurückführte, wurde an anderer Stelle deutlich, nämlich, als sie ganz allgemein die Unterschiede zwischen männlicher und weiblicher Sexualität ansprach:

Gerda: *Würdest du denn sagen, dass es männliche und weibliche Sexualität gibt?*
Ja, finde ich schon.
Inwiefern?
Also ich empfinde, dass weibliche Sexualität sehr viel allumfassender ist, weniger auf den eigentlichen Geschlechtsakt bezogen, sondern so das ganze, ehm, Drum und Dran, ja, insgesamt so das gemeinsame Empfinden, dass das alles da mit reinspielt. Während ich männliche Sexualität mehr auf den Geschlechtsakt bezogen empfinde.
Ist das bei ihm auch so?
(Überlegt lange) Also ich finde schon, dass für ihn auch das ganze Drum und Dran sehr wichtig ist, das denk ich, das ist nicht so! zielgerichtet.

Auch wenn - und vielleicht gerade weil - Gerda das umfassendere und nicht so zielgerichtete Erleben Gerds damit zumindest implizit als eher weibliches Erleben kennzeichnete, scheute sie doch vor der direkten Charakterisierung ihres Partners als sexuell weiblich zurück: Auf mein weiteres Nachfragen hin nämlich löste sie Gerds Verhalten von dessen transsexueller Situation und machte es ganz allgemein an seinem „Typ" fest. Gerd selbst ging da offensiver auf seine sexuelle Weiblichkeit zu:

Gerd: *Würdest du denn sagen, dass es männliche und weibliche Sexualität gibt?*
Ja, glaub ich schon.
Inwiefern?
Also ich weiß, im Grunde bin ich da nicht so der extreme Prototyp. Also ich glaube, dass Frauen auch Sexualität ganzheitlicher sehen, dass etwas, dass es weniger wichtig ist, also nicht unwichtig, also nicht raus zu lassen oder braucht man überhaupt nicht machen, ehm, um Orgasmus oder um Genitalien geht und andere vorstehende erogene Zonen, also dass Sexualität auch ist, wenn das nicht ist. Oder andersrum, dass die genitale Sexualität nicht ohne das andere auch vorstellbar ist. Da muss halt alles stimmen, Stimmung, alle Bedingungen.
Und bei Männern?
(Überlegt länger)

Mehr genital?
Mehr genital. Und da geht das auch, wenn nicht alles Drumrum stimmt. Also es ist die Frage, ob es dann in sich stimmt! Also ich kann das auch nicht so, so doll trennen. Also da wär so ne starke weibliche Seite übrigens auch von mir: Für mich müsste das Drumrum nämlich auch im Wesentlichen stimmen.

In Gerds Schilderungen trat deutlicher zu Tage, was Gerda an der Sexualität mit ihm so gefallen dürfte. Die von ihr beschriebene Übereinstimmung schwebte nicht zuordnungslos im Raum, sondern war aus der Nähe ihres Partners zu klassisch weiblichen sexuellen Verhaltens- und Erlebnisweisen zu erklären. Nur, weil Gerd auf der sexuellen Ebene eher wie sie empfand, hatte Gerda eine so befriedigende Sexualität mit ihm. Und Gerd gelang es offenbar erst dann, zu dieser „weiblichen Seite" zu stehen, als er sich seines Mannseins in allen anderen Bereichen sicher war:

Gerd: *Also da würdest du dich, wenn man das mal so in Schubladen packen würde, eher auf die weibliche Seite rechnen, was für dich wichtig ist?*
Ja, obwohl ich das auch erst jetzt gelernt habe: Interessanter Weise, je männlicher ich werde, desto wichtiger oder, oder wichtig oder bestimmender wird für mich diese Seite.

Wann ein Transsexueller sich seines Mannseins sicher genug ist, um auch weibliche Seiten offen legen zu können, kann nur er selbst beurteilen. Dies mag erklären, warum manche der befragten Partnerinnen mit einer solchen Zuordnung sogar zurückhaltender umgingen als ihr Partner: Um diese prekäre Balance wissend, wollten sie ihn offensichtlich nicht bloßstellen. Und ein transsexueller Mann erlebt das Offenbaren weibliche Merkmale eine geraume Zeit lang - wenn nicht immer - als Bloßstellung seiner Bemühungen um hinreichendes soziales Mannsein.
Ähnlich wie Gerda sprach auch Hanna die bemerkenswerte sexuelle Übereinstimmung mit ihrem Partner und die „Stimmigkeit" auf der „Gefühlsebene" an. Erst mit Hans habe sie „befriedigende" Sexualität „kennen gelernt":
Hanna: *Da hast du ja auch Koitus gemacht. War der befriedigend für dich damals?*
(Stöhnt etwas) Teils, teils. Also ehm, also meistens musste ich dann doch die Erfahrung machen, dass den Männern eigentlich so mehr ihre! Gefühle, ihr! Orgasmus wichtig war. Und als Frau bleibt man dann so, mhm, größtenteils auf der Strecke, und, na ja, eigentliche! Sexualität hab ich eigentlich! erst mit Hans kennen gelernt.
Was meinst du: eigentliche Sexualität?

Ja, also auch die für mich prinzipiell befriedigend ist in allen Varianten
Auch schon vor der Penisoperation?
Auch schon vorher! Weil das einfach mit dieser ganzen Gefühlsebene,
weil das einfach stimmte! Und während, wenn ich jetzt im Nachhinein
so drüber nachdenke mit meinen andern Partnern ehm, ja, ich denke
mir mal, das war einfach nur, ja, nennen wir es ein Rumgehoppel. Wo
ich auch manchmal gedacht hab: Meine Güte, Hauptsache es ist mal
bald zu Ende (lacht)! So, ne.
Hast du nicht viel von gehabt?
Nee. (...)
*Also würdest du sagen, dass die Sexualität mit ihm jetzt eher gleich oder eher
anders ist als mit geborenen Männern?*
Es ist wesentlich anders! Es ist eh, ja schöner, für mich, weil er auf
mich eingeht, auf meine Wünsche oder wie auch immer, während
geborene Männern da eigentlich sehr egoistisch sind, wie ich festgestellt habe.

Die Beschreibungen ähneln sich: Wie Maria schilderte Hanna den sexuellen
„Egoismus" der „geborenen Männer", wie Gerda hob diese deren eher
genitale Fixierung hervor und schwärmte davon, dass es mit ihrem jetzigen
Partner „wesentlich anders" und „schöner" sei, weil dieser auf „ihre Wünsche" „eingeht". Und diese Wünsche hatten sich für Hanna nicht verändert:
Ob vor oder nach Hans' operativem Penisaufbau, am wichtigsten waren ihr
in der Sexualität Zärtlichkeit, Nähe und gegenseitige Einfühlung:

Hanna: *Wie war das vorher, wie ist das jetzt, von der Art der Sexualität, von der
Befriedigung her?*
Also von den Befriedigung, mir hat eigentlich auch vorher nichts
gefehlt. Also ich sag mal, für mich! eh, ist, ist, ist Kuscheln und Schmu-
sen wesentlich wichtiger! als, sag ich mal, dieser eigentliche Akt, also
der ist mir eigentlich gar nicht so! wichtig, ne. (...)
Und das ist jetzt mit ihm befriedigender, sowohl ohne diese Operation als auch mit?
Ja! (...)
Hat sich denn eure Sexualität, also von deiner Seite aus, die Sexualität verändert?
*Dass er mehr auf seinen Penis jetzt fixiert ist? Weil, du magst ja auch die andere
Seite, das Kuscheln*
Hmhm, nee, das eigentlich nicht, wir kuscheln noch genauso.

Im konkreten sexuellen Kontakt, also vom körperlichen Erleben her, war
der Neopenis - und der Penis allgemein - für Hanna gänzlich unwichtig:
Außer ihrer Freude darüber, dass Hans nun mit sich selbst zufriedener war,

brachte der Penisaufbau ihr in der Sexualität keine wesentliche Befriedigung. Selbst wenn hinter dieser Haltung funktionelle Probleme mit dem Neopenis stehen mochten, ganz ließ sich damit ihre als so bereichernd erlebte Sexualität mit Hans nicht erklären bzw. vom Tisch wischen. Befriedigung erlangte sie vorrangig durch gemeinhin als weiblich angesehene sexuelle Verhaltens- und Erlebnisweisen ihres Partners. Auch Hans, der ebenfalls betont hatte, für ihn sei in der Sexualität das „Kuscheln" wichtig, hob hervor, dass seiner Partnerin der Koitus nicht viel bedeutete:

Hans: *Für sie ist dieses Eindringen nicht wichtig?*
       Nein, das ist für sie nicht wichtig.

Und auch Hans sah keine Veränderung ihrer Sexualität seit der Operation. Anders als seine Partnerin definierte er dies jedoch aus dem Mangel heraus, nämlich aus der fehlenden Empfindungsfähigkeit seines Neopenis:

Hans: *Also in der Sexualität hat sich so gar nichts verändert?*
       Nee.
       Also es ist genauso befriedigend?
       Ja.
       Also rein technisch gesehen ist ja jetzt auch ein Penis da. Machst du denn etwas damit, also macht ihr Koitus damit?
       Ja, machen wir schon, aber da ich ja nicht viel empfinde oder fast gar nichts, machen wir das auch nicht lange.

Während Hanna ihre Sexualität mit Hans als Bereicherung vermittelte, hing bei ihm doch eine gewisse Resignation über seiner Schilderung.
     Jana war in einer ähnlichen Situation wie Hanna. Auch ihr Partner hatte den operativen Penisaufbau durchführen lassen, auch sie kannte die sexuelle Situation vor und nach dem Aufbau. Offenbar hatte sie aber vor dieser Beziehung positivere sexuelle und speziell auch Koitus-Erfahrungen mit geborenen Männern gemacht als Hanna. Deshalb fiel es ihr zunächst schwer, sich eine Sexualität ohne Penis überhaupt als befriedigend vorstellen zu können. Zu ihrer „Verwunderung" musste sie dann feststellen, dass ihr „nix abhanden gekommen" war:

Jana: Ich hatte immer gedacht, dass das vielleicht son bisschen Problemsi-
        tuation immer bleibt oder wäre, nicht bleiben würde, sondern dass das
        so wäre. Weil ich hab so gedacht: Na ja, wir sind nicht optimal fürein-
        ander gebaut, wie Männlein und Weiblein füreinander gebaut sind,
        nach dem Motto: Wird vielleicht ganz nett in Anführungsstrichen aber

nie, dass das toll würde. Und dann war ich ziemlich verwundert, ja wie, wie toll! das auch sein kann! Ich meine, ist ja nicht so, als wenn man, als wenn ich mit anderen Männern diese Erfahrung nicht hätte. Man muss ja nicht mit jedem Mann den Penis nutzen. Aber ich mein, trotzdem lebst du es jetzt ja wahrscheinlich intensiver aus, weil du einfach nichts Anderes hast! Du hast eben keinen Penis! Und so, hab ich's, denk ich, noch intensiver erfahren, als ich's so erlebt
Was meinst du jetzt mit es? Diese andere Art von
Ja! sich, sich einfach nur mit der Hand so, so, so zu befriedigen. Das nutzt du sonst ja, wenn der Penis da ist, nicht so oft oder machst es vielleicht auch nicht so gefühlvoll. Und ich denk mal, andere Männer sind da vielleicht auch nicht so, so bewandert vielleicht (lacht etwas) sozusagen.
Das heißt, er ist da allein aufgrund seiner Situation und das schlägt dann zum Vorteil aus für dich?
Genau!
Einfach einfühlsamer?
Ja!
Hast du das so erlebt, als bei anderen, also geborenen Männern
Ja genau!
wie er mit deinem Körper mit dir umgeht?
Genau!
Und da hast du's erst mal gemerkt, warst richtig überrascht?
Genau, was das auch für Vorteile hat irgendwo! Von daher war ich da wirklich, sehr positiv überrascht, dass ich, ja! mich gewundert hab, wie normal! das in Anführungsstrichen nachher ist oder wie, dass mir eigentlich nix abhanden kommt, ne.

Jana erlebte Sexualität ohne Penis als befriedigend und sogar als „toll", weil Jan viel „gefühlvoller" mit ihrem Körper umging. Die anderen Männer waren offenbar nicht so „bewandert" in den sexuellen Wünschen von Frauen. Dieses „Eingehen" auf ihre „Belange" bezeichnete sie denn folgerichtig auch als eine seiner weiblichen Seiten, die ihren sexuellen „Bedürfnissen" entgegenkam und auf deren „Vorteile" sie nicht - mehr - verzichten wollte:

Jana: *Würdest du sagen, dass er sich männlich verhält im sexuellen Kontakt?*
Nee, eigentlich nicht
Inwiefern nicht?
Ja, obwohl, wie gesagt, das ist die Frage, wie du das definierst, also, ehm, wenn ich männlich meine, dann ist das wahrscheinlich eher so, so fordernd und, und, und forsch und ich mein, da!, denk ich, er geht eben sehr auf meine Belange! ein. Obwohl ich das andererseits eben

auch eh so, so, so, so gut finde. Also ich hätte Probleme mit nem Mann, der auf meine Bedürfnisse nicht! eingeht.

Auch Jan hob im Zusammenhang mit der Definition von männlicher und weiblicher Sexualität seine eher „weiblichen Züge" hervor. Ihm war es jedoch wichtig zu betonen, „manchen Männern" erginge es ähnlich wie ihm bzw. er „gestehe" Männern grundsätzlich solche Erlebnisweisen „zu". „Dann", also wenn er hierdurch nicht aus dem Kreis der Männer herausfalle, könne auch er sich zu den Männern „zählen", die sich sexuell eher weiblich verhielten. Insgesamt tastete Jan sich recht vorsichtig an dieses Thema heran. Nur so konnte er offenbar „Zweifel" an seiner Männlichkeit ausräumen bzw. sie gar nicht erst aufkommen lassen:

Jan: Vielleicht kann man das auch da wieder zuordnen: So mehr so dieser Kuschelsex vielleicht eher weiblich und das andere eher männlich. Wobei ich durchaus glaube, dass, dass vielleicht manche Männer durchaus auch, auch eher, eher weibliche Züge an den Tag legen, wobei ich mich dann da auch zu zählen würde.
Zu was würdest du dich genau zählen? Was wären dann weibliche Züge?
Ja ich denke, dass man vielleicht auch mal! nur kuschelt oder, oder eben auch durchaus auch, auch, eh, streichelt oder, oder so, nicht jetzt immer nur den, den eigentlichen Sex will.
Und da kommst du auch mit zurecht, dass du auch solche Bedürfnisse hast? Weil du sagst, da würde ich mich eher zurechnen. Oder ist das ein Problem für dich?
Was heißt eher zurechnen, also ich würde, nee, ich komm damit zurecht und ich würde da also
Also das kannst du dir zugestehen?
Ja, da hab ich kein Problem mit. (...) Ich glaube, dass ich schon da eher recht, was weiß ich, zärtlich oder, oder, oder schmusig bin.
Würdest du das eher als weibliche Seite sehen?
Vielleicht schon, aber nur so, nicht jetzt, dass ich das Männern nicht zugestehe oder jetzt da an meiner Männlichkeit zweifle oder so was, das eigentlich nicht.

Wie für Hanna und Hans hatte sich auch für Jana und Jan durch den operativen Penisaufbau an der Art ihres sexuellen Umgangs und Erlebens nichts Grundlegendes geändert:

Jana: *Hat sich da denn nochmal was verändert, dadurch dass er jetzt diesen Penisaufbau hat? Ist er da jetzt anders geworden im Verhalten, dass er sich doch mehr auf den Penis konzentriert?*
Nee!

Oder geht er da genauso weiter auf dich ein?
Ja, das tut er auch.

Offensichtlich verlor Jan die sexuellen Bedürfnisse seiner Partnerin auch jetzt nicht aus dem Auge - so wichtig ihm sein Neopenis auch war. Grund dafür könnte natürlich dessen ungenügende Funktionalität sein. Und anders als bei Hanna und Hans stellte nicht nur der männliche Partner, sondern auch Jana in Bezug auf den Koitus auf den Zustand des Neopenis ab, begründete das Aussparen des Koitus also ebenfalls aus dem Mangel heraus:

Jana: *Und jetzt nach dem Penisaufbau, könnt ihr da, von der Operationssituation her, schon zusammen schlafen? Also Koitus machen?*
Nee, das geht nicht!
Weil er noch nicht diese Pumpe bzw. den Stab hat?
Ja, nee, das geht nicht, es ist ja auch, ja, wie gesagt, es, ehm, das hat ja kein, erstens ist es nicht zusammengenäht und es hat ja keine Standfestigkeit.

Da Jana im Gesprächsverlauf mehrfach betont hatte, für sie hätte Jan den operativen Aufbau nicht machen lassen müssen, sie brauche in der Sexualität nicht unbedingt einen Penis, dürften sie und Jan jedoch auch bei einem besseren Funktionieren seines Neopenis ihre eigentlichen sexuellen Bedürfnisse wie Einfühlung, Kuscheln, Schmusen und Zärtlichkeit nicht zugunsten einer von beiden abgelehnten Penisfixierung aufgeben bzw. zurückstellen.

Die sexuelle Zufriedenheit mit ihrem transsexuellen Partner war durchgängig zu beobachten: Sowohl Frauen, deren Partner bereits einen Neopenis hatte bzw. diese Operation noch plante, als auch Frauen, deren Partner von diesem Aufbau absah, knüpften ihre sexuelle Befriedigung an seine gemeinhin als weiblich verstandenen Erlebnis- und Verhaltensweisen, und zwar meist im Vergleich mit geborenen Männer. So dachte etwa Laura an die langjährige Beziehung vor ihrer Partnerschaft mit Lars:

Laura: *Der Koitus, den du mit geborenen Männern, also ich denke jetzt mal an den T., gemacht hast, war das für dich befriedigend?*
Mhmh, hmhm. (Sehr zögernd) Also in dem Moment schon, aber wenn ich jetzt zurückblicke, dann würd ich sagen, was ich jetzt habe mit Lars, das ist befriedigender für mich.

Und wieso ist das jetzt befriedigender?
Ja, wie gesagt, Lars, der achtet viel mehr auf mich irgendwie. (...) Und
auch so, wie er mich streichelt, nicht nur der Orgasmus alleine, auch
ehm so insgesamt, wie er mich streichelt, also. (...)
*Also grundsätzlich würdest du sagen, dass du diese Art von Sexualität, also
Koitus, mit nem Mann, gar nicht brauchst?*
Ja, also würd ich nicht sagen, also für mich sind andere Sachen viel
wichtiger irgendwie dabei. Also das gibt mir auch viel mehr! Befriedigung eigentlich. Also, also Lars z. B., der kann mit meinem Körper
z. B. viel besser umgehen, als das jetzt T. gekonnt hat, obwohl! er
dieses Teil hat eben, und ehm.
Inwiefern besser? Also was gefällt dir so, wie er mit dir umgeht?
Ja, er ist, ehm, eher zärtlicher und länger andauernd auch, mhm, ja
vielleicht auch nicht so, nicht so sehr zielgerichtet. Lars achtet auch
sehr darauf, dass, dass ich also auch auf meine Kosten komme und
ehm, mhm. Also, wenn er jetzt fertig ist, sag ich jetzt mal, dann passiert
halt trotzdem irgendwie noch was, so, und, ehm. Dann wird sich halt
nicht umgedreht. (...) Er konnte echt von Anfang an total gut mit meinem Körper umgehen. (...) Ich mein klar, er kennt sich wahrscheinlich
auch besser als jeder Mann es jemals könnte mit, mit nem Frauenkörper aus. Das ist ja halt ganz klar irgendwie. Also das merkt man schon
irgendwie. (...) Dieses ganz lange Streicheln oder so, das kannte ich
nicht so, also. Ja, ich weiß nicht, ich hab das immer so empfunden,
bei, bei Männern!, die, die wollen dann, also klar, son bisschen ist dann
auch mal ganz schön oder so. Aber irgendwie, dann muss es dann aber
auch zur Sache gehen und das Teil muss rein, also so irgendwie, wenn
man das mal ganz krass ausdrückt. (...) Er geht auch immer respektvoll
mit meinem Körper um, also egal, was er jetzt macht mit meinem
Körper so.

Auch bei Laura tauchten alle schon bekannten Vorzüge des Transsexuellen
auf: Das Umfassendere und Intensivere seiner Zuwendung, seine Zärtlichkeit, seine Einfühlung, sein Respekt. Dem standen auch hier wieder Erfahrungen gegenüber, die sie mit der genitalen Fixierung, dem Zielgerichteten,
der Ignoranz und dem Egoismus geborener Männer gemacht hatte. Für
Laura resultierten all diese angenehmen und befriedigenden Verhaltens- und
Erlebnisweisen aus dem früheren Frausein ihres Partners: So gut wie ein
Transsexueller könne ein geborener Mann niemals den Körper einer Frau
kennen. Schon hieran zeigte sich, dass sie Lars' sexuelle Vorzüge der weiblichen Seite zuschrieb. Und bereits bei der allgemeinen Fragestellung war
seine sexuelle Weiblichkeit unüberhörbar gewesen:

Laura: *Würdest du sagen, dass es männliche und weibliche Sexualität gibt?*
Ja ehm, also, ich hab's halt bei Bio-Männern so kennen gelernt, dass die halt schon ein bisschen, dass das halt zielgerichteter ist, diese männliche Sexualität, Frauen halt schon ein bisschen mehr so diese langsamere Schiene fahren und auch zärtlicher sind, wobei es auch Frauen gibt, die ganz schön rangehen können. (...)
Bei Bio-Männern sagst du. Also würdest du ihn da nicht einbeziehen?
Mhm, ja, irgendwo schon, aber er, er ist eben, es ist bei ihm alles ein, also, es ist nicht so, so, so, so zielgerichtet, also er ist eben auch sehr, auch eben sehr zärtlich, also selbst wenn wir, wenn wir jetzt mal etwas härteren Sex haben oder so, dann ist er trotzdem noch, ja irgendwie noch zärtlich dabei, also, und er achtet eben sehr darauf, dass ich halt auf meine Kosten komme.

So klar sah Lars die Grenzziehung zu geborenen Männern nicht: Er bezeichnete sich zwar in sexueller Hinsicht als „Softie", bestand jedoch gleichzeitig auf seiner kraftvollen männlichen Seite und führte - wie Jan - andere Männer an, wenn auch in Form einer Forderung:

Lars: *Findest du das weiblich? Weil du sagtest: Softie, dieses Zärtliche?*
Nein! Es wäre schön, wenn viele, also wenn andere, wenn mehr! Männer auch so wären. Das wäre schön, weil, dann würd es auch nicht so viele Probleme auf dieser Welt, ich glaube! es einfach, dass es damit zu tun hat.

Für Lars beinhaltete eine Verweiblichung des - sexuellen - Umgangs eine Vermenschlichung der „Welt" Er sah sich quasi als Vorreiter einer utopischen Vision und überschritt auf diese Weise seine spezifisch transsexuelle Situation. Eva machte gleich zu Beginn ihrer Beziehung mit Eike für sie neue und geradezu überwältigende sexuelle Erfahrungen:

Eva: *War das denn anders als mit den anderen Männern?*
Wie soll ich das sagen, anders. Also ich hatte vorher Männer, wenn ich Beziehungen hatte, die so an sich gedacht haben. Das ist so, man steht auf ne Frau, macht dann diese Aktbewegungen, dann ist es fertig und vorbei. Mit Eike das war irgendwie, allein Berühren mit der Hand, war man total erregt. Das passierte im Kopf eigentlich, ich hab auch keine Gedanken da zugelassen. Ich hab in anderen Beziehungen immer sehr viel gedacht: Jetzt musst du mal gukken wie dies ist und fühlen wie das ist, das war alles so vom Ver-

stand geregelt. Und bei Eike war der Verstand irgendwie ausge-
schaltet. Man hat nur gefühlt, gespürt, und dann (lacht) war das erste Mal auch schon vorbei (lacht).
Kam das durch diese Art und Weise, also nicht Koitus?
Ja, dieses in den Arm nehmen, sich aneinander drücken. Das war alles
schon für mich total anders, irgendwie intensiv. Weil mein Verstand
hat da gar nicht mehr mit gearbeitet, das war irgendwie wie ausgeklinkt.
War das das erste Mal, dass du das so erlebt hast?
Ja, das erste Mal, ja, weil vorher war ich immer diejenige, die die Männer eigentlich immer so um den Finger gewickelt hat, mein Verstand
war immer da.
Du hast die Situation immer kontrolliert?
Ja.
Und diesmal nicht?
Nee, ich hab einfach die Augen zu gemacht und hab mich fallen gelassen. Weil, das Gefühl! war einfach so übermächtig! Ich habe einfach
gedacht: Mach die Augen zu und lass passieren, was passiert. Und bei
ihm hab ich das erste Mal nen Orgasmus gekriegt, geb ich ganz ehrlich
zu (lacht).
Durch Berührung?
Durch Berührung, nur durch Berührung! (...)
Das hast du vorher gar nicht erlebt?
Nee, weil der Verstand so übermächtig war. Und manche Männer sind
ja wirklich blöde, wie die sich dann benehmen und verhalten und hin-
terher vielleicht noch fragen, war ich gut. (...) Nee, und bei Eike war
das alles von Anfang an gleich mit sehr viel Gefühl, so von innen raus.
(...)
*Nun hattest du ja früher Beziehungen zu geborenen Männern, die hatten ja einen
größeren Penis. Ich weiß nicht, hattest du auch Koitus gemacht mit denen?*
Ja logisch!
Ja hätte ja sein können, dass du sagst: Das bringt mir nichts.
Nein, aber die Männer brauchen's doch dann.
*Und was hast du da für dich erlebt, also wie war das? War das unangenehm,
angenehm?*
Nee, na gut, die Männer erleben es dadurch. Na ja, ich musste dann
eben, eh, an anderen Stellen stimuliert werden, um eben dann meine
Befriedigung zu kriegen. Aber, na ja, das war nicht so toll, weil sie
irgendwie doof waren.
Weil sie nicht auf deine Bedürfnisse eingegangen sind?
Ja, ja, eben.
Und dieser Koitus selbst, wie war der für dich?

Ich hab, ich hab, na gut, die Männer sind ja irgendwann dann fertig, und dann waren sie fertig, und gut ist.

Durch die „übermächtigen Gefühle", die „allein" Eikes „Berührungen" bei ihr auslösten, konnte Eva erstmals den „Verstand ausschalten", sich ganz in ihr sexuelles Erleben „fallen lassen" und „nur durch Berührung" ihren ersten Orgasmus mit einem Mann erleben. Ihr sexueller Kontakt mit Eike erschien wie ein einheitliches Fließen, bestimmt von „sehr viel Gefühl" und „intensiver" Nähe, nicht zerhackt durch die „Aktbewegungen" der Männer, die vorrangig ihre eigene Befriedigung suchten und sich dann als zu „blöde" erwiesen, Eva „an anderen Stellen zu stimulieren". Mit Eike ergab sich all dies wie von selbst, ganz „von Innen heraus". Anders als Laura wollte Eva die Einfühlsamkeit ihres Partners, sein Verständnis für ihren Körper, seine Zärtlichkeit und intensive Zuwendung aber nicht einer eher weiblichen Erlebnisfähigkeit zurechnen. Obwohl sie zuvor keinerlei Unterschied zwischen männlicher und weiblicher Sexualität gemacht hatte, schlug sie ihren Partner - direkt gefragt - eindeutig der männlichen Seite zu, ohne dies jedoch im Einzelnen begründen zu können:

Eva: *Was würdest du sagen: Verhält er sich in der Sexualität männlich?*
        Ja! Jetzt frag nicht, woran machst du das fest! (Lacht) Ich weiß es nicht, manchmal kann ich irgendwas nicht in Worte fassen.

Und trotz mehrmaliger Nachfragen blieb Eva auch dabei, es sei reiner Zufall gewesen, diese positiven Erfahrungen gerade mit einem Transsexuellen gemacht zu haben, mit seiner spezifischen emotionalen oder körperlichen Situation habe dies nichts zu tun, dies hätte ihr mit jedem anderen Mann passieren können. Auch auf meinen Hinweis hin, es sei aber nicht passiert, blieb sie dabei, es sei aber jederzeit „möglich" gewesen:

Eva: *Hast du das auch mit den anderen Männern so erlebt oder wollten die sofort?*
        Nee, nee! Unter Umständen hätte es genauso laufen können.
        Aber es lief nicht so?! Es lief anders, die haben sofort Koitus gewollt?
        Nee, nee, also, ich weiß das nicht mehr so genau, aber ich denke mal, dass es, wenn man jetzt jemanden kennen lernt, ja genau so sein könnte, wie es mit ihm war, also genauso.
        Aber es war nie so!?
        Das weiß ich nicht mehr, könnte natürlich möglich sein.

Für Eva war es offenbar wichtig, bei Eike keine Anflüge von Weiblichkeit und insbesondere auch keine Nähe zu lesbischer Sexualität aufscheinen zu lassen. Er selbst ging da etwas offener mit sich um. Eike machte durchaus

Unterschiede zwischen männlicher und weiblicher Sexualität und ordnete sich in der Mitte zwischen beiden ein, konnte es sich also zugestehen und bewertete es sogar als positiv, sich partiell von geborenen Männern abzuheben:

Eike: Also ein total Gefühlsduseliger bin ich nicht. Aber ich bin auch nicht so, so, sag ich mal, so ein Kaninchenmensch (lacht laut). [Er hatte vorher das „typische Kaninchengerammel" vieler Männer beschrieben].

Frauke wiederum sah an ihrem Partner Verhaltensweisen, die sie zuvor als sexuell weibliche gekennzeichnet hatte. Auch Felix sei das „Drumrum", die Zärtlichkeit, wichtiger als vielen anderen Männern. Und Frauke konnte diese Seite auch ohne Probleme in einen Zusammenhang mit seiner weiblichen Vergangenheit stellen. Dies tat seinem Mannsein offenbar keinen Abbruch und sie befürchtete nicht, ihren Partner damit bloßzustellen:

Frauke: *Würdest du sagen, dass es männliche und weibliche Sexualität gibt?*
Ich glaub mal, ne Frau sieht das schon als Sexualität an, wenn ich mich jetzt z. B. begucke. Dann bin ich mir ja meiner Sexualität als Frau bewusst. Und für nen Mann ist das vielleicht so, dass Sexualität ist, ja, der reine Sex, könnte ich mir vorstellen.
Der reine Sex, was meinst du damit?
Ja, einfach die Sache: rein, raus, fertig, nicht diese Zärtlichkeit drum rum, (...) das ist ja einfach nur lästig, am liebsten rein, raus und fertig.
Meinst du denn, dass er das auch so sieht, oder ist er da anders?
Nee, nee, ich denke, er ist da schon anders. Das ganze Drumrum, das ist auch für ihn wichtig.
Gibt es da doch noch Differenzen oder stimmt ihr überein, was ihr braucht in der Sexualität?
Ja.
Da ist er mehr wie du?
Ja, ich denke mal, er weiß, dass ich das brauche, darauf stellt er sich ein. Das ist ihm auch nicht unangenehm, das ist sogar schön und das ist o.k.
Meinst du, dass es manchmal auch ein Vorteil ist, dass er mal eine Frau war?
Ja, denk ich doch.

Trotz dieser offensichtlichen Zufriedenheit, die Frauke in der Sexualität mit Felix erlebte, war sie die Einzige der befragten Frauen, die im direkten Vergleich mit geborenen Männern die Sexualität mit ihrem früheren Partner und konkret mit dem herkömmlichen Penis letztlich als befriedigender einstufte. Nicht zuletzt aus diesem Grund sah sie wohl von allen Frauen auch am ungeduldigsten dem operativen Penisaufbau entgegen:

Frauke: *Du hast ja mit dem einem geborenen Mann Koitus gehabt und du hast jetzt mit ihm andere sexuelle Erfahrungen: Was ist denn befriedigender für dich?*
(Stöhnt) Das ist beides eigentlich gleich, sag ich mal. Aber rein vom Gefühl her, würde ich sagen, ist es das andere, mit dem N. damals.
Vom Gefühl her?
Da hat man viel mehr Möglichkeiten, finde ich, rein stellungsmäßig gesehen. Das andere ist zwar befriedigend, aber immer gleich. Da fehlt das (schnippt mit dem Finger) noch! Nee, immer gleich ist es auch nicht! Da fehlt das I-Tüpfelchen, in Form von, ich weiß nicht, 20 Zentimetern (lacht).

Von der sexuellen Befriedigung her stand die Sexualität mit Felix ihren sexuellen Erfahrungen mit geborenen Männern offenbar in keiner Weise nach, sie war für sie „eigentlich gleich". „Vom Gefühl her" aber fehlte Frauke das „I-Tüpfelchen, wobei unklar blieb, was genau sie hier mit dem Begriff „Gefühl" meinte. Nicht ohne Einfluss dürfte gerade für sie aber die Orientierung an der „normalen" Sexualität sein: Für sie „gehört" zur Beziehung mit einem Mann ein Penis und der Koitus unabdingbar „dazu":

Frauke: *Willst du den Koitus haben, weil nur diese Art von Sexualität dich lustmäßig befriedigt oder weil es eben normal ist?*
Hmm (stöhnt leicht), weil es normal ist, weil es dazu gehört, und ehh, ja, weil es dazugehört.

Egal, ob die rein körperliche Befriedigung mit Felix nun besser, schlechter oder gleich gut war wie mit einem geborenen Mann: Solange Felix keinen annähernd normalen Penis hatte, würde er immer hinter einem Mann mit Penis zurückstehen. Für Frauke nämlich prägte letztlich die Genugtuung, eine ganz „normale" heterosexuelle Beziehung zu führen, maßgeblich die Bewertung ihrer sexuellen Zufriedenheit.

Festzuhalten bleibt, dass von den elf befragten Frauen mindestens neun gerade durch die - nach ihren eigenen Kriterien - sexuell eher weiblichen Verhaltens- und Erlebnisweisen ihres Partners ein hohes Maß an sexueller Befriedigung erlebten. Anna und Britta waren in gewisser Weise Sonderfälle: Anna hatte aufgrund ihrer zu wahrenden Jungfernschaft bis zum Zeitpunkt des Gesprächs weder mit Ahmed noch mit einem anderen Mann einen Koitus erlebt. Darüber hinaus war sie sehr zurückhaltend beim Thema Sexualität, so dass keine Schilderungen über ihre sexuelle Befriedigung vorliegen. Britta wiederum litt durch eine frühere Beziehung mit einem geborenen Mann unter massiven sexuellen Problemen, die sie nicht näher erläutern wollte. Hiervon war ihre Offenheit gegenüber Benno in der Sexualität sehr beeinträchtigt. Eine ihrer wenigen Aussagen, in denen sie sich vorsichtig dem Bereich Sexualität näherte, deutete jedoch ebenfalls dahin, dass sie zumindest potentiell von Benno eine befriedigendere Zuwendung „bekommen würde" als von ihrem früherem Partner, und zwar ebenfalls durch eine eher klassisch weibliche Form der Zuwendung:

Britta: *Was ist für dich wichtig in der Sexualität?*
            Streicheln, das wär ganz wichtig
            Wäre? Bekommst du's nicht?
            (Lacht verlegen) Ich bekam es nicht. Ich würd es jetzt schon ganz gut bekommen, aber ich kann's nicht ertragen!

Für sechs (mit Britta sieben) der elf Frauen war die Sexualität mit ihrem jetzigen Partner ausdrücklich schöner und erfüllender als mit geborenen Männern. Nur Frauke zeigte sich - mit Einschränkungen - durch die Sexualität mit einem geborenen Mann letztlich befriedigter. Die verbleibenden drei Frauen (Anna, Doris, Karin) konnten einen direkten Vergleich nicht anstellen, da sie vor ihrer jetzigen Partnerschaft noch keine im engeren Sinne sexuelle Beziehung zu einem Mann gehabt hatten. Bis auf eine - oder eventuell zwei - der Frauen, denen ein Vergleich möglich war, beschrieben also alle befragten Frauen die Sexualität mit ihrem transsexuellen Partner als befriedigender als mit einem geborenen Mann.

Dabei hatten fast alle Befragten, Frauen wie Männer, bei der allgemein gehaltenen Fragestellung die sexuelle Männlichkeit des Transsexuellen hervorgehoben. Erst bei den Schilderungen ihrer konkreten sexuellen Erfahrungen traten - gemessen an ihren eigenen Kriterien von klassisch männlichem und weiblichem sexuellen Verhalten - seine für ihre sexuelle Erfüllung bedeutsamen weiblichen Züge zu Tage. Und speziell diese weiblichen Züge waren körperlich und emotional der Grund für die sexuelle Befriedigung insbesondere der Partnerinnen, aber auch für die Qualität der sexuellen Beziehung des Paares insgesamt. Diese sexuelle Wirklichkeit aber wollten die meisten Befragten möglichst nicht zu deutlich offen legen.
Zweifellos erlebten die Frauen ihren Partner und die Männer sich selbst auch im Bett als Mann. Dieses Mannsein erwächst ja aus der authentisch gelebten männlichen Identität des Transsexuellen. Sie überlagert weitgehend die weiblichen Zeichen seines Körpers und verdeckt offenbar auch seine sexuell eher weiblichen Verhaltens- und Erlebnisweisen. Dieses sexuelle

Mannsein bilden sich die Befragten also nicht nur ein, sondern es folgt für die Paare aus der Dynamik seines sozialen Mannseins. Da dessen Akzeptanz aber gerade in körpernahen Bereichen immer wieder gefährdet ist, sehen sich die Partner einem fortwährenden sozialen Druck ausgesetzt, sein Mannsein zu beweisen. Deshalb wohl fällt es ihnen schwer, sich den weiblichen Seiten des Transsexuellen offen zu stellen. So werden die - im Vergleich zum konkreten Verhalten des Transsexuellen - abstrakt anmutenden Vermännlichungsbemühungen auch in der Sexualität verständlich. Gerade weil Verhalten so konkret fassbar ist, droht es, das Mannsein des Transsexuellen und damit auch die Heterosexualität des Paares zu torpedieren. Denn auch die sexuelle Orientierung wird nicht aus der Identität, sondern aus dem Körper der Beteiligten geschlossen. Damit sehen sich die Paare als lesbisch tituliert, was ihrem inneren Erleben zuwiderläuft. Sie jedoch sind für sich (in dieser Beziehung) eindeutig heterosexuell und für sie legt sich sein diese Heterosexualität garantierendes Mannsein bemerkenswert problemlos über noch vorhandene, gemeinhin als weiblich verstandene Zeichen seines Körpers. So wird nicht nur die für die Heterosexualität der Beziehung so unabdingbare Polarität der Körper gewährleistet, sondern damit stören die sexuell weiblichen Erlebnisweisen des Transsexuellen auch nicht seine Einstufung in eine - für fast alle Befragten - eindeutige sexuelle Männlichkeit.

Und so konnten fast alle der hier befragten Frauen eine sehr befriedigende Hetero-Sexualität auch ohne den gängigen Penis erleben. Denn immerhin neun der elf transsexuellen Männer verfügten zum Zeitpunkt des Gesprächs über keinen realen Penis. Und auch die sexuelle Zufriedenheit der beiden Paare, bei denen der Transsexuelle einen Neopenis hatte, resultierte nicht aus dessen Existenz oder Gebrauch. In der sexuellen Wirklichkeit war der Penis also für die meisten - wenn nicht für alle - Befragten schlichtweg entbehrlich. Und insbesondere die Frauen erlebten seine körperliche Irrelevanz sehr konkret sexuell und emotional. Für sie hat, wie sich immer wieder zeigte, der Körper des Transsexuellen tendenziell eine viel geringere Bedeutung als für den transsexuellen Mann selbst. Vorrangig war für sie immer das authentisch erfahrene Mannsein ihres Partners. Vielen - nicht allen - der befragten transsexuellen Männer dagegen blieb das Fehlen des - herkömmlichen - Penis ein Pfahl im Fleische, es beeinträchtigte ihre sexuelle Zufriedenheit. Und dies nicht, weil sie nicht auch ohne Penis sexuell zu befriedigen waren. Rein körperlich war dies gerade wegen der starken Erregbarkeit der gewachsenen Klitoris kein Problem. Insbesondere für die transsexuellen Männer aber bestand der Penis eben nicht in erster Linie aus einigen Zentimetern mehr Fleisch als die Klitoris, sondern repräsentierte für sie als Phallus ihr - körperliches - Mannsein. Nur der durch den - wie auch immer - im Penis verkörperte Phallus konnte sie letztlich auch körperlich und sexuell zum Mann machen. Für die meisten Partnerinnen dagegen war die Kombination aus sozialem Mannsein und klassisch eher weiblichen sexuellen Verhaltens- und Erlebnisweisen der Garant für eine optimale sexuelle Begegnung. Das soziale Mannsein des Transsexuellen sicherte die für die meisten von ihnen unabdingbare Heterosexualität ihrer Beziehung und seine sexuell weiblichen Anteile ermöglichten ihnen körperlich die konkrete sexuelle Befriedigung.

So verdeutlicht gerade der konkrete sexuelle Kontakt der Paare zweierlei: Nämlich, wie irrelevant der spezifisch männliche Körper für die sexuelle Befriedigung der Frauen ist und wie unbedeutend dieser männliche Körper in Wirklichkeit für das Mannsein des Transsexuellen ist. Der Penis verliert für die konkrete sexuelle Befriedigung umso mehr an Bedeutung, je näher man ihm auf den Leib rückt. Und je genauer man sich die realen sexuellen Wünsche und Handlungen der Paare anschaut, als umso irrelevanter, ja oft geradezu störend, offenbaren sich klassisch sexuell männliche Verhaltens- und Erlebnisweisen für die sexuelle Befriedigung insbesondere der Frauen, aber auch vieler transsexueller Männer.

Schlussbemerkung

In den Partnerschaften mit heterosexuellen Frauen finden transsexuelle Männer einen Raum - und zu Beginn ihres Weges nicht selten einen Schutzraum -, der es ihnen erlaubt, ihr oft von früh auf gefühltes Mannsein in immer weiter reichende Felder ihres Lebens hinein zu verwirklichen. Viele Jahre fielen sie durch die Raster der sie umgebenden Geschlechterordnung, weil ihre tatsächliche geschlechtliche Identität nicht zu beweisen ist. Immer wieder stellt sich ihr Körper als fassbarer Gegenbeweis ihrer inneren Wirklichkeit in den Weg. Wie überwältigend, ja manchmal irritierend, muss es da sein, wenn plötzlich auch ein anderer Mensch nicht das als maßgeblich ansieht, was der Körper des Transsexuellen bedeuten soll, sondern das Geschlecht nachvollzieht, das er sozial vermittelt - und dies sogar bis weit in die intime körperliche Begegnung hinein. Zusammen mit seiner Partnerin verwirklicht der Transsexuelle sein Mannsein also zunächst darüber, worauf er es selbst immer gestützt hat: allein über seine innere Gewissheit. Diese Gewissheit, Mann zu sein, ist die Basis für die Partnerschaft und für all das, was die Paare miteinander erleben und worüber sie sein Mannsein den anderen glaubwürdig zu vermitteln versuchen.

Und diese glaubwürdige Vermittlung seines Mannseins stützt sich auf das, was man gemeinhin von einem Mann erwartet, darauf, wie ein Mann eben zu erscheinen hat. Dabei legen die transsexuellen Männer und ihre Partnerinnen keine anderen Kriterien an als andere Menschen auch. Auch sie orientieren sich zunächst einmal am ganz normalen Mannsein. Manche ziehen die Grenzen enger, andere weiter, je nachdem, was in ihrer sozialen Situation jeweils angesagt ist, um nicht als Außenseiter zu gelten. Und als Außenseiter lässt es sich auf Dauer schlecht leben, das hat der Transsexuelle über Jahre schmerzlich erfahren.

Einen wichtigen Unterschied gibt es aber doch: Die Anforderungen an das Mannsein des Transsexuellen sind höher geschraubt als an jeden geborenen Mann. Der Transsexuelle soll sein Mannsein erst einmal beweisen, und zwar überall und jedem: Seinen Verwandten, Kollegen, Freunden, den Ärzten, Juristen - und nicht zuletzt sich selbst. Hierdurch fühlen sich viele von ihnen unter Druck gesetzt, ihr Mannsein besonders herauszustellen. Und da liegt der Griff zu Extremen oft nahe. Das aber macht die Partnerin nicht mit, einen Macho will sie nicht haben, ist für sie - neben seinem sozial fraglosen Mannsein - doch gerade das an ihm attraktiv, was vielen Männern immer noch fehlt: Einfühlung, Verständnis, Empfindsamkeit, emotionale Offenheit, liebevolle Zuwendung, Respekt, Gesprächsbereitschaft, Partnerschaftlichkeit, alles Charakterzüge also, die herkömmlich eher Frauen zugeschrieben werden. Neben für die Beziehung mit einem Transsexuellen so unabdingbaren Eigenschaften wie Toleranz, Selbstbewusstsein, Belastbarkeit und Verlässlichkeit auf Seiten der Partnerin prägen diese Merkmale des transsexuellen Mannes ganz wesentlich die Qualität der Beziehung - im Zusammenleben des Paares ganz allgemein und in der sexuellen Begegnung im Besonderen.

Nur: Über diese gemeinhin als weiblich verstandenen Seiten des Transsexuellen wird nicht gerne gesprochen, sie werden lieber in aller Stille genossen. Transsexuelle Männer befürchten immer noch und wohl nicht ohne Grund, ihr Mannsein damit infrage zu stellen. Gerade ihnen fordert ein offener Umgang mit der gesamten Bandbreite ihrer Gefühle aber auch einen besonderen Mut ab, mehr Mut jedenfalls, als jedem anderen Mann. Gerade dem Transsexuellen ist die Aberkennung seiner geschlechtlichen Identität ja schmerzlich vertraut und nur bei ihm steht damit neben seinem Mannsein seine gesamte soziale Existenz auf dem Spiel. Denn der Transsexuelle ist nur solange Mann, wie ihm sein Mannsein geglaubt wird. Einen handfesten Beweis dafür hat er nicht. Vielmehr muss er immer wieder das überspringen, was die einzige Legitimation seines Mannseins sein soll und sein könnte: seinen Körper mit all seinen entlarvenden Zeichen von Weiblichkeit. Denn dieser Körper ist nur solange ein männlicher, solange ihn auch andere als männlichen nachvollziehen. Nur über eine solche soziale Akzeptanz kann aus einer Frau ein Mann werden. Auf rein körperlichem Wege ist dies nicht oder eben nur dann möglich, wenn die verbleibenden, gemeinhin als weiblich verstandenen körperlichen Zeichen als männliche gesehen oder in ihrer gängigen Weiblichkeit einfach übersehen werden - wie dies den Partnerinnen transsexueller Männer gelingt.

Würden auch alle anderen allein der geschlechtlichen Identität des Transsexuellen folgen, bräuchte es all die körperlichen Anpassungen an diese männlichen Zeichen nicht. Denn an sich ist ja nicht der Körper des Transsexuellen ein falscher, sondern die gängigen Zuschreibungen auf ihn sind für den Transsexuellen die falschen. Sie verweisen ihn immer wieder auf eine Weiblichkeit, die mit seinem gefühlten Mannsein kollidiert, ist doch der männlichen Identität ein ganz spezifischer Geschlechtskörper zugeordnet. Und zu einer Kollision zwischen geschlechtlicher Identität und Geschlechtskörper kommt es, solange es das Entweder-Oder körperlicher Zeichen gibt - und so lange es die beiden Geschlechter gibt, die sich ganz wesentlich über die jeweiligen Körper verwirklichen sollen.

Warum aber unterwirft sich der Transsexuelle dieser Polarität der Geschlechter, wieso also passt er sich an die herrschende Geschlechterordnung an, wie manche es nennen? Warum belässt er es nicht bei dem Körper, den er hat und lebt „einfach so als Mann" - was ihm oft nahe gelegt wird? Die Antwort ist schlicht: Solange sich die Geschlechterordnung derart tief in jedes Individuum eingräbt, wie sie es auch heute noch tut, ist ein solches Leben aus psychischen Gründen nicht möglich. Die Anpassung ist jeweils so weit reichend, wie sie individuell unabdingbar ist. Hier hat der Transsexuelle ebenso viele - oder wenige - Alternativen wie jede(r) andere auch. Nur sein Mut, diese Anpassung zu verwerfen, müsste größer sein als bei geborenen Männern. Er nämlich würde seine gesamte soziale Existenz vernichten, mitsamt seiner Partnerschaft, denn dann wäre er für die anderen weder wirklich Mann noch heterosexuell. Dass er dennoch genügend Mut zum Unkonventionellen besitzt, hat er schon dadurch bewiesen, dass er seine geschlechtliche Identität gegen die Zuschreibungen aller anderen über viele Jahre nicht aus der Hand gab.

Und der Transsexuelle strebt auch gar nicht an, „einfach so als Mann zu leben", weiß er doch, wo er hin will - und eben auch, wohin er körperlich will. Anders als jemand, der oder die sich zwischen den Geschlechtern fühlt, erfährt der Transsexuelle sein Mannsein auf der Basis der auch ihm eingebrannten geschlechtlichen Polarität als eine eindeutig ausgerichtete geschlechtliche Identität, die er so weit wie möglich verwirklichen will. Und fühlen und verwirklichen kann er immer nur die Identität, die Art von Mannsein, die ihm durch seine persönliche Geschichte vertraut ist. Also führt er seine geschlechtliche Identität so nahe an das ihm sozial vertraute Mannsein heran, wie es für ihn - ganz allgemein, aber eben auch körperlich - stimmig ist. Und die überschüssige soziale Anpassung der Anfänge relativiert sich meist schnell. Seine Identität als Mann geht gerade nicht fraglos und statisch in den angebotenen Klischees und Stereotypien auf. Hierzu verhilft ihm nicht zuletzt seine Partnerin, die zwar einen Mann, aber durchaus den etwas anderen Mann sucht. Und dieses etwas Andere, emotional Weitere am Transsexuellen ist gerade das, was die Partnerschaften mit transsexuellen Männern so bereichert - und was alle Erfahrungsfelder des Transsexuellen bereichern kann, sobald er sich mit wachsender Sicherheit, als Mann akzeptiert zu werden, die Chance gibt, dieses Potential auch in anderen sozialen Räumen zu verwirklichen.

Anhang

1. Zur Methode

Die Interviews und ihre TeilnehmerInnen

Basis der vorliegenden Studie sind von mir geführte Tiefeninterviews mit transsexuellen Männern und ihren Partnerinnen. Zunächst plante ich Interviews mit 15 Paaren, also insgesamt 30 Gespräche. Da sich die Interviews auf jeweils drei bis fünf Stunden Dauer einpendelten, mithin sehr viel Zeit für Durchführung, Abschrift und Auswertung beanspruchten, beließ ich es bei 22 Gesprächen. Auch elf Paare einer kleinen und sehr spezifischen Population haben einen beträchtlichen Aussagewert. Statistische Repräsentativität wäre auch mit 15 Paaren nicht zu erreichen gewesen. Sie war ohnehin nicht mein Ziel.

Die TeilnehmerInnen an der Studie gewann ich auf verschiedenen Wegen, so u.a. über die Selbsthilfetagung der Transidentitas e.V. im April 1998 in Frankfurt. Dort hatte ich ein Flugblatt mit der Erläuterung meiner Ziele und der Bitte um Mitarbeit ausgelegt und verteilt. Die meisten Betroffenen und ihre Partnerinnen sprach ich direkt im Arbeitskreis „Liebe und Partnerschaft", beim Essen oder beim abendlichen Fest an, insgesamt waren es elf transsexuelle Männer mit Partnerin. Weitere fünf trugen sich auf Listen in anderen Arbeitskreisen ein. Von diesen 16 interessierten Paaren blieben letztlich vier transsexuelle Männer und ihre Partnerinnen übrig, mit denen ich Interviews durchführte. Kontakt zu weiteren vier interviewten Paaren erhielt ich durch die hilfreiche Unterstützung eines während meines eigenen Behandlungsprozesses zuständigen Psychiaters/Psychotherapeuten. Die restlichen drei Paare, die an den Gesprächen teilnahmen, gewann ich über zwei Selbsthilfegruppen in meinem näheren und weiteren Umkreis. Vier Kontaktaufnahmen aus Selbsthilfegruppen zerschlugen sich demgegenüber. Gespräche mit der zuständigen Ärztin und ein Aushang meiner Flugblätter in der Psychiatrischen Poliklinik Münster, die die Transsexuellen-Sprechstunde durchführt, zeigten ebenfalls keinen Erfolg. Insgesamt erhielt ich - abgesehen von den InteressentInnen, die ich nicht (mehr) ansprach bzw. von meiner Seite aus ausschloss - elf Absagen und elf Zusagen. Grund für alle mir bekannten Absagen war die zu erwartende große Intimität der Antworten gegenüber einer fremden Person.

Die Paare, die sich zur Teilnahme an den Interviews bereit fanden, bilden eine zufällige Auswahl und einen Querschnitt transsexueller Männer und ihrer Partnerinnen, wie sie mir aus Selbsthilfegruppen, von Selbsthilfetagungen, aus wissenschaftlichen Studien, Autobiografien, den Medien etc. bekannt sind. Das Alter der transsexuellen Männer bewegte sich zum Zeitpunkt der Gespräche zwischen 25 und 38 Jahren, das ihrer Partnerinnen zwischen 19 und 44 Jahren. Sowohl bei den Männern als auch bei den Frauen lag es im Mittel bei knapp 31 Jahren. Fünf der Männer waren jünger als ihre Partnerin. Die Dauer der Partnerschaften schwankte zum Zeitpunkt der Interviews zwischen einem und 16 Jahren, die Dauer der geschlechtsangleichenden Behandlung der transsexuellen Männer zwischen acht Monaten und sieben Jahren. Sieben der elf Partnerschaften waren vor Behandlungsbeginn aufgenommen worden, ein weiterer befragter Mann hatte zu diesem Zeitpunkt lediglich männliche Sexualhormone erhalten.

Fünf Paare wohnten zusammen, sieben lebten in getrennten Haushalten. Bzgl. ihres Ausbildungsstandes, ihrer sozialen Schicht und ihrer Beschäftigungssituation waren die befragten Männer tendenziell etwas niedriger einzustufen als ihre Partnerinnen. Sieben der transsexuellen Männer waren ledig, zwei verheiratet mit der interviewten Partnerin, einer verheiratet mit einer anderen Frau, einer war geschieden. Von den Partnerinnen waren sechs ledig, zwei verheiratet mit dem transsexuellen Mann, eine mit einem anderen Mann und zwei geschieden.

Von den elf befragten Frauen hatten neun vor ihrer Partnerschaft mit dem transsexuellen Mann längerfristige (mindestens ein halbes Jahr dauernde) Beziehungen mit geborenen Männern, keine mit einer Frau. Drei der Frauen konnten sich jedoch eine lesbische Beziehung vorstellen. Zwei der Frauen hatten langfristige, eine weitere eine sehr kurze Ehe geführt. Aus den beiden erstgenannten Ehen waren zwei bzw. vier Kinder hervorgegangen.

Acht der elf transsexuellen Männer hatten vor ihrer aktuellen eine oder mehrere längerfristige Beziehungen zu Frauen gehabt, drei zu Männern. Drei weitere hatten ein- bis zweimaligen sexuellen Kontakt bis hin zum Koitus mit Männern erlebt. Zwei hatten Partnerschaften sowohl mit Frauen als auch mit Männern geführt. Einer war zweimal verheiratet gewesen. Aus einer dieser Ehen gingen zwei Kinder hervor. Durch den sexuellen Kontakt eines anderen Mannes wurde ein Kind gezeugt. Zum Zeitpunkt des Interviews bezeichneten sich zehn der Männer als heterosexuell, also auf Frauen ausgerichtet, einer als potentiell bisexuell.

Da der Kreis transsexueller Männer und ihrer Partnerinnen recht über-
schaubar ist und sich viele untereinander kennen, also identifizierbar sind
bzw. wären, müssen diese wenigen Angaben als Hintergrundinformationen
zu den TeilnehmerInnen genügen. Alle weiteren statistischen Angaben
haben hinter dem verständlichen Schutzbedürfnis der Betroffenen
zurückzustehen.

Kennzeichnung der TeilnehmerInnen

Alle TeilnehmerInnen betonten nämlich, dass für sie die Anonymisierung
ihrer Daten unabdingbar sei. Deshalb kennzeichnete ich sie nach der
Reihenfolge der Interviews mit jeweils anderen Vornamen in der Reihenfolge des Alphabets von A - M, so dass die Namen der zuerst interviewten
Partnerin und des zuerst interviewten transsexuellen Mannes mit A anfangen, die Namen der zuletzt Interviewten mit M. Damit ist aufgrund des
Anfangsbuchstabens des Namens auch ersichtlich, welche TeilnehmerInnen
zusammen gehören, z. B. Anna und Ahmed usw. Bei manchen Teilnehmern
musste auch der frühere weibliche Vorname des Transsexuellen anonymi-
siert werden. Dabei verfuhr ich nach demselben Schema. Diese Namen
stehen in der folgenden Auflistung in Klammern hinter den männlichen
Namen. Die weiteren Kennzeichnungen beziehen sich darauf, worüber ich
die GesprächspartnerInnen gewonnen habe:
- T = über die Transidentitas-Tagung
- S = über eine Selbsthilfegruppe
- P = über den Psychotherapeuten,
womit sich folgende Pseudonyme für die TeilnehmerInnen ergaben:

Anna	-	Ahmed (Alma)	P
Britta	-	Benno	T
Doris	-	Dirk	T
Eva	-	Eike	T Z*
Frauke	-	Felix (Friederike)	S
Gerda	-	Gerd (Gudrun)	T Z
Hanna	-	Hans	S
Jana	-	Jan (Jasmin)	S
Karin	-	Kurt	P
Laura	-	Lars (Lisa)	P K*
Maria	-	Marc (Maja)	P

(* Die Kürzel Z und K werden im folgenden Abschnitt erläutert)

Darüber hinaus sind auch die Namen von Freunden, Verwandten, Städten, Ausbildungsplätzen, Arbeitsstellen etc. mit willkürlichen - in dem jeweiligen Interview ansonsten nicht auftauchenden - Buchstabenkürzeln versehen.

Durchführung, Bearbeitung und Wiedergabe der Interviews

Bis auf ein einziges Paar forderte keines der interviewten Paare oder ein(e) einzelne(r) TeilnehmerIn ein *Vorgespräch*, um zu wissen, mit wem sie es zu tun haben. (Nur Laura und Lars, die später eine Tonbandkopie der Gespräche wünschten, war es wichtig, mich vorab kennen zu lernen). Dies ist erstaunlich: Bei sieben der elf Paare war der Interviewtermin - bis auf die telefonische Terminabsprache - der erste Kontakt zu mir überhaupt. Und auch bei weiteren drei Paaren hatten nur kurze Gespräche (jeweils ca. ein bis fünf Minuten) auf der Selbsthilfetagung stattgefunden. Nur bei einem einzigen Paar kannte ich den Mann flüchtig, seine Partnerin jedoch gar nicht. Bemerkenswert ist dieser Vertrauensvorschuss auch deswegen, da ich jeweils einen der Partner - überwiegend dem Mann, meist am Telefon - über die Intimität mancher Fragen informiert hatte. Spürte ich daraufhin ein Zögern auf der anderen Seite, bot ich an, bei zu viel Intimität Antworten ggf. zu verweigern. Einigen Partnerinnen, die zu Beginn eher zurückhaltend waren, war dies willkommen und sie sagten daraufhin ihre Teilnahme zu. Umso überraschender war dann für mich - und manchmal auch für die Teilnehmerinnen -, dass diese Möglichkeit nur sehr selten in Anspruch genommen wurde.

Die Interviews selbst führte ich, wenn möglich, im *häuslichen Umkreis* des Paares durch. So gewann ich einen Einblick in ihre Lebenssituation, zum anderen wollte ich den TeilnehmerInnen aber auch die zum Teil weite Anreise ersparen. Mit neun Paaren sprach ich jeweils in der Wohnung eines der Partner. Bei einem - getrennt wohnenden Paar - wechselten wir den Ort des Interviews entsprechend. Lediglich ein Paar interviewte ich bei mir zu Hause, weil der Mann bei mir in der Nähe wohnte, die räumlichen Bedingungen für ein Gespräch bei ihm selbst jedoch nicht gegeben waren. Bei seiner Freundin wiederum war es sinnvoll, das Gespräch ebenfalls bei mir durchzuführen, da sie zwar in einer weiter entfernten Stadt lebte, am Wochenende jedoch oft bei ihrem Freund war.

Mir lag daran, die Interviews *getrennt* durchzuführen, die Partner sollten also beim jeweiligen Interview der/des anderen nicht anwesend sein. Davon erwartete ich mir unbefangenere Antworten. Ich wollte aber auch die Spontaneität erhalten, da sich manche Fragen im zweiten Interview wiederholten. Zweimal ließ sich dies nicht durchhalten, weil die Paare das Interview andernfalls verweigert hätten (Eva/Eike und Gerda/Gerd). Sie sagten, sie hätten keine Geheimnisse voreinander und keine Lust, sich im Nachhinein alles stundenlang zu erzählen. Ein weiteres Paar (Laura/Lars) fand sich zwar bereit, die Interviews getrennt zu führen, wollte aber nach Abschluss eine Kopie der Kassetten zugesandt bekommen. Auch hierauf ließ ich mich ein. Alle sechs Beteiligten an einer solchen Situation sicherten mir zu, auch in Anwesenheit der Partnerin/des Partners bzw. trotz späteren Hörens des Bandes durch die Partnerin/den Partner vollkommen offen zu sein bzw. nichts Anderes zu sagen als ohne die Anwesenheit der/des anderen. In der obigen namentlichen Auflistung sind diese Paare mit Z für „zusammen" und K für „Kopie" gekennzeichnet.

Bei fünf von den neun Paaren, die die Interviews getrennt durchführten, also bei zehn Gesprächen, hielt sich der/die andere währenddessen *in einem anderen Raum der Wohnung* auf. Sie betraten jeweils nur in Ausnahmefällen den Interviewraum. Bei einem Gespräch (Kurt/Karin) kam die Partnerin allerdings wegen räumlicher Probleme während des letzten Drittels des Interviews mit ihrem Partner hinzu. Die Themenbereiche „Sexualität" und „Körper" waren zu diesem Zeitpunkt bereits abgeschlossen. In einem Fall (Ahmed/Anna) saß die Halbschwester des Mannes beim Gespräch mit seiner Partnerin die ganze Zeit neben ihr, da diese als Türkin nicht mit einem Mann alleine in einem Raum sein durfte. Mir wurde zugesichert, diese verstünde kein Deutsch, beeinflusse von daher also nicht ihre Antworten. Zudem spielte der kleine Sohn der von der Partnerin so genannten Gouvernante die ganze Zeit in einer Ecke des Zimmers. Bei drei weiteren Paaren waren Kinder im Haus bzw. in der Wohnung, was häufiger zu Unterbrechungen führte.

Bereits zu Beginn des Interview-Kontaktes bot ich den TeilnehmerInnen das „Du" an, und zwar mit der Begründung, ein solches Gespräch ließe sich auf diese Weise lockerer führen.

In allen Fällen machte ich das Interview *zuerst mit der Partnerin*, dann mit dem Mann. Da die Partnerinnen von transsexuellen Männern noch weitgehend unbekannte Wesen sind, versprach ich mir hiervon die Möglichkeit, bei überraschenden Aussagen ihrerseits die Fragen an ihn konkret und vom Fragebogen abweichend erweitern zu können. Hiervon machte ich mehrmals Gebrauch. Die Interviews mit jeweils einem Paar fanden immer *an zwei aufeinander folgenden Tagen* statt.

Bei vier Paaren musste ich aufgrund der räumlichen Entfernung zu meinem Wohnort in einem Hotel übernachten, zu dem mich drei der Paare jeweils brachten bzw. wo sie mich abholten. Auch von den anderen Paaren - bis auf drei - wurde ich, jeweils von dem Mann, vom Bahnhof abgeholt, was aufgrund großer Neugierde z.T. das Problem mit sich brachte, nicht sofort in Themen einzusteigen, die im Interview auftauchen sollten. Insbesondere wollte ich nicht vorab kundtun, ob ich den Penisaufbau hatte durchführen lassen, da dies unter transsexuellen Männern ein besonders brisantes Thema ist. Soweit ich dies einschätzen kann, gelang mir dies auch überwiegend zumindest bis zum Abschluss des Gespräches mit der Partnerin.

Die Gespräche nahm ich auf einem von mir mitgebrachten *Kassettenrecorder* auf, das Mikrofon stand auf dem Wohnzimmer- oder Küchentisch, so dass eine recht entspannte Gesprächsatmosphäre aufkam.

Nach Beendigung des Gespräches bat ich die Partnerinnen jeweils, wenn irgend möglich, *nicht* mit ihrem Partner *über die Inhalte zu sprechen.* Dies wurde mir in jedem Fall zugesichert.

Die *Interviews* zogen sich über *insgesamt sechs Monate* hin. Ich *transkribierte* sie überwiegend mit Hilfe eines Spracherkennungsprogramms. Insgesamt ergaben sich ausgedruckt etwa 1150 eng beschriebene Seiten. Anschließend bearbeitete ich jedes Gespräch inhaltsanalytisch und stellte Auswertungsschwerpunkte zusammen, die letztlich die Struktur der Studie ergaben.

Auszüge aus den Interviews sind im Text jeweils abgesetzt wiedergegeben, meine Fragen sind dabei kursiv gesetzt. (...) zeigt Auslassungen an, die keinerlei Bezug zum Thema haben, Gefühlsreaktionen sind durch Dehnungen o. ä. gekennzeichnet, wie etwa pohhh, mhm. Nichtsprachliche Äußerungen sind oft auch beschreibend in Klammern wiedergegeben, wie etwa (lacht laut), (stöhnt) etc. Hinter Ausrufe oder Betonungen habe ich in den laufenden Text Ausrufungszeichen eingefügt. Sehr starker Dialekt, besonders bei einem der Männer, wurde, soweit er von keinerlei inhaltlicher Relevanz war, an die Hochsprache angeglichen. Viele umgangssprachliche Verkürzungen habe ich dagegen beibehalten, z. B. „ham", „son" gehn" u. ä., weil sich die Hochsprache hier zu gestelzt angehört bzw. gelesen hätte.

2. Begriffe und Zuordnungen

Die Begriffe
- Mann, Frau, Männlichkeit, Weiblichkeit, männlich, weiblich, feminin, maskulin;
- Normalität, normal;
- Homosexualität, Heterosexualität, Bisexualität, homosexuell, heterosexuell, bisexuell, schwul, lesbisch;
- Sexualität, sexuell;

- Transssexualität, Transsexualismus, transsexuell, Transidentität, transident;

wurden in der entsprechenden Gesprächssituation von den Befragten jeweils selbst definiert. Für die Analyse vieler ihrer Schilderungen war es unabdingbar, ihnen nicht mein Verständnis von diesen Begriffen aufzudrängen. Ich warf sie lediglich ein und löste damit bestimmte Gedanken, Gefühle und Reaktionen bei den TeilnehmerInnen aus. Nur so war in komplexen Gesprächszusammenhängen herauszulesen, was sie jeweils mit diesen Begriffen verbanden, wo sie sich und andere einordneten und ob sich auf verschiedenen Gesprächsebenen ggf. Widersprüche auftaten.

Erläutert werden soll hier dagegen mein Verständnis von folgenden Begriffen, da sie in der Literatur z. T. unterschiedlich, wenn nicht gar gegenläufig, verstanden werden:

Frau-zu-Mann-Transsexueller: Diese Zuschreibung kennzeichnet einen vom allgemeinen Verständnis her als körperlich weiblich geborenen Menschen vom Moment des bewussten Erkennens seiner Transsexualität bis zu dem Zeitpunkt, an dem er sich nur noch oder überwiegend selbst als Mann sieht bzw. beschreibt.

Mann-zu-Frau-Transsexuelle: Diese Zuschreibung kennzeichnet einen vom allgemeinen Verständnis her als körperlich männlich geborenen Menschen vom Moment des bewussten Erkennens seiner Transsexualität bis zu dem Zeitpunkt kennzeichnen, an dem er sich nur noch oder überwiegend selbst als Frau sieht bzw. beschreibt.

Transsexueller Mann: Gemeint ist ein Mensch, der früher im o. g. Sinne körperlich eine Frau war und jetzt als Mann lebt. Dieser Begriff wurde z. T. von den Befragten selbst benutzt, meist, wenn ihre Behandlung - weitgehend - abgeschlossen war, sie aber der Auffassung waren, nie ein geborener Mann zu sein, also wenn sie sich selbst nicht als solchen sehen wollten oder konnten. Ich selbst verwende diesen Begriff auch als Gegensatz zu einem geborenen Mann. Und ich meine dasselbe, wenn ich von einem *Transsexuellen* oder in Abgrenzung zu den befragten Frauen verkürzt einfach von den „Männern" bzw. dem *Mann* spreche - vorausgesetzt, es bleibt deutlich, dass es sich um einen der hier befragten transsexuellen Männer und nicht um irgendeinen geborenen Mann handelt.

Transsexuelle Frau: Im o.g. Sinne ist hiermit ein Mensch gemeint, der früher im o.g. Sinne körperlich ein Mann war und jetzt als Frau lebt.

Transsexualismus / Transsexualität: Diese Begriffe bezeichnen für mich das Phänomen, dass jemand innerlich sicher ist, sein gefühltes Geschlecht laufe seinem körperlichen Geschlecht zuwider, wenn sich also ein biologischer Mann als Frau und eine biologische Frau als Mann fühlt. Wie viele der Betroffenen bin ich der Ansicht, dass dieser Begriff die Situation dieser Menschen nicht oder nur unzureichend trifft, sie - etwa aufgrund der Hervorhebung von ‚Sexualität' - vielmehr eher falsch beschreibt bzw. verschleiert. Da die Betroffenen aber mit genau diesen Zuschreibungen für ihren Zustand konfrontiert wurden und über Jahre mit ihnen lebten bzw. heute noch leben, bleibe ich im Rahmen dieser Studie bei diesen Begriffen.

Viele Betroffene empfinden den Begriff *Transidentität* als für sich stimmiger, weil er das Wesentliche, nämlich die andere, vom biologischen Geschlecht aus gesehene Grenzüberschreitung der geschlechtlichen Identität der Betroffenen markiert. Dagegen bleibt jedoch festzuhalten, dass es vom Erleben der Betroffenen her ja gerade nicht die geschlechtliche Identität ist, die überschritten wird, sondern die körperliche Zuordnung. Von daher würden Begriffe wie ‚transkorporale Identität' oder ‚transsexuelle Identität' die Situation besser treffen.

Transgender: Zur Abgrenzung von Transsexuellen meine ich damit im Rahmen dieser Studie diejenigen Menschen, die die Geschlechtergrenzen überschreiten, sich aber nicht einem bestimmten Geschlecht zuordnen wollen oder können, die also zwischen den Geschlechtern verbleiben oder aber in ihrem Fühlen und/oder Verhalten von einem zum anderen Geschlecht wechseln.

Identität meint die als beständig erlebte Kontinuität des Ich, das Gefühl und das Bewusstsein der Übereinstimmung mit sich selbst im Rahmen eines spezifischen Lebenslaufes. Damit ist Identität auch etwas Prozesshaftes, also etwas Formbares und Geformtes und eben nicht nur rein Statisches eigen. Vorrangig aber stellt dieser Begriff auf die als Selbst erlebte innere Einheit der Person ab, also auf ein Gefühl oder Bewusstsein, das jemandem über Jahre bzw. sein Leben lang nicht verloren geht.

Geschlechtliche Identität / Geschlechtsidentität ist auf dem Hintergrund dieses Verständnisses von Identität die Kontinuität und innere Sicherheit des Selbst bezogen auf das Geschlecht, das jemand fühlt zu sein.

Mit *Kerngeschlechtsidentität* meine ich - im Anschluss an Stoller - die bis zur Vollendung des dritten Lebensjahres festgelegte, nicht mehr veränderbare geschlechtliche Identität eines Menschen.

Ideologie ist eine weltanschauliche Konzeption, in der Ideen dem Erreichen bestimmter im weitesten Sinne politischer Ziele dienen, in denen diese Ideen solchen Zielen also untergeordnet sind.

Fiktion/fiktiv bezeichnet hier etwas, das nur in der Vorstellung existiert, also etwas Erdachtes, das vielleicht einen materiellen - z. B. körperlichen - Anknüpfungspunkt, jedoch keinen direkten materiellen Repräsentanten hat.

Behandlung: Mit diesem Begriff meine ich - und darauf habe ich mich mit den TeilnehmerInnen der Interviews zu Beginn jeweils explizit verständigt - alle medizinischen Eingriffe wie Hormongaben und Operationen, sowie alle psychiatrischen, psychotherapeutischen und sonstigen Gespräche mit den im Verlauf ihres geschlechtlichen Angleichungsprozesses den Betroffenen zugewiesenen, als Fachleute bezeichneten Bezugspersonen.

Die interviewten transsexuellen Männer werden durchgehend, also auch im Rückblick auf ihre Kindheit, in der sie noch Mädchen waren, bzw. bezogen auf die gesamte Zeit vor Behandlungsbeginn, mit der *grammatikalisch männlichen Form*, also mit er, ihm, sein etc. bezeichnet. Dies geschieht aus Respekt vor ihrer Lebensgeschichte und vor ihrer Entscheidung, sich selbst in der Rückschau nur noch oder überwiegend als Jungen und nicht als Mädchen bzw. als Mann und nicht als Frau zu benennen. Darüber hinaus sind diese Selbstbezeichnungen ein bedeutender Teil ihrer Verwirklichungsstrategien, die andernfalls hinter einer rein lebenslogischen Begriffswahl für den Leser und die Leserin der Studie verschwinden bzw. diese entscheidend verfälschen würden.

In derselben Weise handhabe ich die Begriffe ‚heterosexuell' und ‚homosexuell': Maßgeblich ist die von den Betroffenen selbst gewählte Bezeichnung ihrer sexuellen Orientierung. Die hier befragten transsexuellen Männer verstanden und bezeichneten ihre Partnerschaften zu Frauen immer als heterosexuelle, egal ob vor oder nach Beginn der Behandlung.

3. Die Fragebögen

Fragebogen für die Partnerinnen

Sozialdaten

Wie alt bist du?
Bist du verheiratet, seid wann? Warst du schonmal verheiratet?
Seid ihr verheiratet? Würdet ihr gerne heiraten? Warum (nicht)?
Hast du Kinder? Alter, Geschlecht? Möchtest du Kinder?
Welchen Beruf übst du aus / hast du ausgeübt?
Ausbildung/Schulabschluss
Wie lange seid ihr zusammen? Kanntet Ihr euch schon vor seinem Behandlungsbeginn?
Lebt ihr die Transsexualität deines Partners offen, versteckt oder unterschiedlich?
Welche und wie viele längerfristige Beziehungen hattest du vor dieser Beziehung?

Kindheit / Jugend / Ursprungsfamilie

Kommst du aus der Stadt oder aus einem kleineren Ort?
Waren deine Eltern beide berufstätig? Oder war deine Mutter immer zu Hause?
War dein Vater eher abwesend oder eher anwesend?
Was sind/waren deine Eltern von Beruf?
Wart ihr früher eher eine ganz normale Familie?
Wie ist deine Geschwisterkonstellation (Alter, Geschlecht)? Wie bewertest du sie?
Welche Erfahrungen hast du mit deinen Geschwistern gemacht, allgemein, als Mädchen?
Welches Geschlecht haben deine Eltern sich für dich gewünscht?
Warst du gerne ein Mädchen? Was fandest du angenehm, unangenehm daran?
Warst du lieber mit Jungen als mit Mädchen zusammen?
Wie erlebtest du deine Kindheit, wie deine Pubertät?
Hattest du mal eine richtige (Geschlechts)identitätskrise?
Würdest du sagen, dass Geschwister von dir irgendwelche Probleme mit ihrer Geschlechtsidentität hatten / haben?

Hast/hattest du den Eindruck, dass deine Mutter mit ihrem Leben zufrieden war/ist: Mit ihrer Weiblichkeit, ihrem Frausein, ihrer Rolle in Familie, Beruf etc.? Und dein Vater, mit seiner Männlichkeit, seiner Rolle etc.?

Beschreib mal deinen Vater. (nach 2) („nach 2" u.ä. bedeutet, dass ich diese Frage nach dem 2. Gespräch in den Bogen aufnahm. Im Gespräch davor kam diese Thematik dann bereits vor.)

Wurden in deinem Elternhaus die Unterschiede zwischen Männern und Frauen eher hervorgehoben oder verwischt? (waren sie wichtig/unwichtig?)

Glaubst du, dass deine Kindheit/Jugend einen großen Einfluss auf dein jetziges Leben hat?

Selbsteinschätzung

Mit welchen Adjektiven würdest du dich beschreiben?

Welche Beschreibung trifft auf dich zu: geduldig, tolerant, flexibel, anpassungsfähig, abhängig, einfühlsam, dominant, kontrollierend, ängstlich, depressiv, optimistisch, konventionell, schwierig, selbstbewusst, autonom, schüchtern, extrovertiert, feminin?

Wie stehst du zu Deinem Körper?

Denkst du, dass du grundsätzlich anders als andere Frauen oder eher ganz normal bist?

Findest du es außergewöhnlich, mit einem Frau-zu-Mann-Transsexuellen (im folgenden: FzM) zusammenzuleben?

Hättest du dir vorher träumen lassen, vorstellen können, eine solche Beziehung einzugehen?

Hattest du Probleme aufgrund der Entdeckung, dass Dein Partner transsexuell ist?

Bist du bzw. warst du von irgendetwas abhängig (Alkohol, Zigaretten, Drogen, Beziehung)?

Hattest du schonmal Selbstmordgedanken? Hast du schonmal einen Selbstmordversuch unternommen?

Warst du schonmal in psychiatrischer Behandlung?

Von deiner politischen Einstellung her, würdest du dich eher als rechts, Mitte, links bezeichnen?

Wie würdest du am liebsten leben, wenn es keine Vorgaben und Zwänge gäbe?

Beschreibung des Partners

Wie würdest du deinen Partner beschreiben? Aufzählung in mehreren Adjektiven.

Was magst du am meisten an ihm? Was stört dich eher?

Was denkst du, warum er transsexuell ist? Habt ihr darüber eine (gemeinsame) Theorie?

Kannst du seine transsexuellen Gefühle nachempfinden?

Spürst du manchmal Unsicherheiten bzgl. der Geschlechtsidentität bei ihm?

Findest du, ihm ist die Lebenswelt von Frauen, also wie Frauen denken und empfinden, eher fremd oder eher vertraut?

Könntest du ihn dir als Hausmann vorstellen? Warum (nicht)?

Wie ist er, wenn er sich ganz bei dir fallen lässt?

Wie würdest du sein Verhältnis insbes. zu seiner Mutter (zu seinem Vater) charakterisieren?

Frühere Partnerschaften

Frühere Partnerschaften/Ehe(n): Wie lange? Grund der Trennung / Scheidung?

Waren frühere Partner ähnliche Typen wie dein jetziger Partner oder eher anders? Wie?

Könntest du dir vorstellen, heute wieder mit einem geborenen Mann zusammen zu sein? Was würde sich ändern? Was gefiele dir, was würde dich stören, würde dir fehlen? Denkst du das oder sind das Erfahrungen (von früher)?

Hattest du mal lesbische Beziehungen? Wenn ja: Gab es Ähnlichkeiten zur jetzigen Beziehung? Vergleiche? Wenn nein: Könntest du dir das vorstellen, würdest du es dir wünschen?

Partnerschaft

Wohnt ihr zusammen? Seit wann? Gibt es diesbzgl. Probleme?

Was macht ihr in Eurer Freizeit / zusammen/getrennt?

Siehst du eure Beziehung als eher klassisch heterosexuell, als ganz normal an, oder doch als irgendwie anders?

Willst du, wollt ihr, gerne ganz normal leben? Was heißt das für dich?

Wie würdest du diese Partnerschaft im Vergleich zu früheren Beziehungen einschätzen: Was ist für dich im konkreten Alltag bzgl. Themen und

Hauptproblemen (z. B. Nähe - Distanz) genauso wie/anders als in deinen
früheren heterosexuellen und/oder lesbischen Beziehungen?
Gibt dir dein Partner Sicherheit?
Habt ihr schonmal an Trennung gedacht? Aus welchen Gründen?
Was denkst du, wer emotional der/die Starke in der Beziehung ist? Wer,
der/die alles zusammenhält? Wer hat den dominanteren Part? Denkst du, er
sieht das jeweils genau so?
Bist du zufrieden damit, wie Dein Partner seine Gefühle äußert/sich dir
emotional zuwendet? Fühlst du dich von ihm verstanden?
Würdest du sagen, dass du ihn bemutterst? Oder dass er das gerne hätte?
Überwiegen zwischen euch eher die Ähnlichkeiten oder die Unterschiede
(Beispiele)?
Überwiegen zwischen euch eher Nähe oder Distanz (Beispiele)?
Bist du verliebt in Deinen Partner? Liebst du ihn?
Bist du abhängig von deinem Partner?
Lebt ihr monogam? Was wäre/ist, wenn dein Partner oder du eine andere
sex. Beziehung hätte (hättest)/hat (hast)? Wie würdest du/würde er reagie-
ren? Wäre es ein Unterschied, ob dies ein Mann oder eine Frau wäre?
Kennt ihr Eifersucht, Trennungs- und Verlassensängste, die mit der spezifi-
schen Situation zusammenhängen, dass er transsexuell ist?
Ist es (manchmal) schwierig, mit einem FzM zusammen zu sein?
Denkst du, dass es in eurer Beziehung Probleme gibt, die andere Paare nicht
haben? (nach 2)
Welche Konflikte habt ihr? (nach 2)
Welche Probleme, inneren Kämpfe erlebst du für dich? Sprichst du darüber?
Mit wem?
Wie geht ihr mit seiner Vergangenheit/eurer gemeinsamen lesbischen
Vergangenheit um?
Welche Zukunftspläne habt ihr: zusammen/jede(r) für sich?

Kontakte / Umfeld / Reaktionen

Erzähl mal, wer so eure Freunde und Bekannten sind, mit wem ihr wie viel
Zeit verbringt.
Hat sich euer Freundeskreis durch seine Behandlung geändert? Inwiefern?
Warum?
Hat dein Partner mehr Kontakte mit Männern oder mit Frauen? In welcher
Form? Und du?
Macht ihr grundsätzlich seine Transsexualität offen (Beruf, Familie,
Nachbarn etc.)?

Wenn nein, was würde das ändern, was befürchtest du?

Wenn ja, was wäre anders, wenn die anderen es nicht wüssten?

Beim Offenlegen: Macht ihr das zusammen oder einzeln? Welche Reaktionen hast du auf dein/euer Offenlegen hin erlebt? Welche Sätze fallen? Wie stehst du dazu?

Gibt es bei den Reaktionen Unterschiede zwischen Männern und Frauen?

Möchtest du seine Transsexualität grundsätzlich lieber offen machen oder nicht? Gründe?

Wenn ihr euch nicht outet: Ist es manchmal anstrengend, bestimmte Dinge aus seiner/eurer Vergangenheit nicht erzählen zu können, so dass der Wunsch aufkommt, alles offen zu legen?

Verändert sich deine Einstellung, dein Verhalten hinsichtlich des Offenlegens mit der Zeit?

Wodurch könnte es am ehesten passieren, dass dein Partner heute noch „entlarvt" würde?

Wie und als was wirst du von der Familie deines Partners/von deiner eigenen Familie angesehen? Reaktionen? Konflikte? Wie fühlst du dich gegenüber der eigenen/der Familie deines Partners hinsichtlich seiner Transsexualität?

Kinder

Wenn du Kinder hast: Wissen sie über seine Transsexualität? Wie stehen sie zu deinem Partner, zu deiner Entscheidung, mit ihm zusammenzuleben, zu dir?

Wie hast du deinen Kindern ggf. von seiner Transsexualität erzählt? Wie haben sie reagiert? Gibt es bestimmte Probleme? Bzw. wieso erzählst du es nicht?

Hast du den Eindruck, dass sie ihn als Mann sehen können? War das am Anfang schwer?

Wie verhält er sich zu ihnen: als Vater, als Freund; als Beschützer, Familienoberhaupt?

Wie schätzt du die Entwicklung der Geschlechtsidentität und -rollen bei den Kindern ein/unterschiedlich nach Mädchen/Jungen? Gab es diesbzgl. Probleme, Veränderungen?

Auseinandersetzung mit Transsexualität

Wie stehst du zum Begriff Transsexualismus/Transsexualität?

Nennst du den Behandlungsprozess Geschlechtsangleichung oder Geschlechtsumwandlung?

Was meinst du, was Transsexualität ausmacht, woher es kommt?

Was verstehst du unter Geschlechtsidentität?

Wie findest du es eigentlich, dass es so wichtig ist, dass es nur zwei Geschlechter gibt?

Siehst du Transsexualität als Krankheit an? Wenn ja, wie soll die Behandlung ablaufen? Ist man danach wieder gesund, wodurch? Wenn nein, was ist es dann?

Wie findest du das Auftreten von Transsexuellen in Talkshows etc.? Eher nützlich, eher schädlich, wovon hängt das ab?

Liest du Literatur oder Artikel über Transsexualität? Wie findest du die? Wirken die sich auf dein / euer Alltagsleben aus?

Verhältnis zu anderen FzM, Lesben, butches, Schwulen etc.

Wie erlebst du andere FzM? Ganz allgemein? In Bezug auf ihre Männlichkeit, Weiblichkeit?

Sind FzM anders als andere Männer, z. B. zu Frauen? (nach 4)

Habt ihr Kontakt zu anderen FzM? Was sind eure Themen? Was macht ihr zusammen?

Hast du/hättest du gerne Kontakt zu Partner/innen? Was redet/macht ihr ggf.?

Nimmst du an einer Selbsthilfegruppe teil? Warum (nicht)? Alleine, zusammen?

Wie findest du Leute, die eher zwischen den Geschlechtern leben bzw. so aussehen (z. B. Androgyne, Transvestiten, effeminierte Schwule etc.)? Hast du Kontakt zu ihnen? Findest du sie interessant, anziehend, abstoßend, nervig?

Wie findest du die sog. Kessen Väter, also sehr männliche Lesben? Kennst du welche? Wie erlebst du ihre Männlichkeit/Weiblichkeit?

Wo siehst du den Unterschied zwischen Kessen Vätern und FzM?

Könntest du dir vorstellen, dich durch solch eine sehr männlich erscheinende Lesbe angezogen zu fühlen? Warum (nicht)? Hast du das schonmal erlebt?

Mannsein / Frausein

Hat Mannsein und Frausein, das Geschlecht, also jetzt nicht körperlich gesehen, in deiner alltäglichen Erfahrung eine Bedeutung? Spielt es eine Rolle oder ist es gar kein Thema?

Ist dir das Geschlecht eines Menschen eigentlich wichtig?

Was heißt/bedeutet es für dich, dich als Frau zu fühlen? Woran machst du das fest?

Bist du dir deiner Geschlechtsidentität ganz sicher oder eher unsicher?

Was macht einen Mann/eine Frau aus? Was ist unabdingbar für einen Mann/eine Frau?

Ab wann nahmst du deinen Partner als Mann wahr? Wovon hing das ab (Körper, Behandlungsschritte, seine Selbstwahrnehmung, deine Wahrnehmung, Reaktion der Umwelt)?

Ab wann und wodurch ist/war er für dich soweit Mann, dass Du Dich als heterosexuell bezeichnetest?

Wünscht du dir bei Deinem Partner eher Klarheit oder Unklarheit hinsichtlich seines Körpers und seiner Geschlechtsidentität?

Siehst du deinen Partner als Transsexuellen oder als Mann?

Willst du eigentlich mit einem Mann zusammen sein? Ist dir das wichtig?

Was ist für dich das Bedeutendste an einer Beziehung mit einem Mann (im Unterschied zu einer Frau)?

Welche Art von Mann möchtest du denn, dass er ist?

Hast du den Eindruck, auch deine Vorstellungen von Mannsein einbringen zu können? Oder setzt er das fest/wird das von außen vorgegeben?

Hast du dir sein Mannsein/Mannwerden so vorgestellt?

Was genau hat sich eigentlich geändert?

Fordert dein Partner von Dir ein eindeutiges Verhalten ihm gegenüber als Mann? Wenn ja, wie ist das für dich?

Ist zwischen euch auch dein Frausein, deine Weiblichkeit (Männlichkeit) Thema?

Kannst du manchmal einfach vergessen, dass er ein Transsexueller ist? Wovon hängt das ab? Wie machst du das konkret?

Hast du den Eindruck, dass ihm das Mannsein schon in Fleisch und Blut übergegangen ist? Woran merkst du das? Wenn nicht, woran hapert es? Wünschst du dir das? Warum (nicht)?

Verhältst du dich - bezogen auf sein Mannsein - anders ihm gegenüber, wenn ihr alleine als wenn ihr mit anderen zusammen seid?

Ist es dir wichtig, dass er (nach außen) ganz als Mann durchgeht?

Hast du den Eindruck, dass dein Partner nach außen sein Mannsein eher betont oder eher als unbedeutend ansieht/darstellt, zum Ignorieren beiträgt? Wie genau?
Genießt er (manchmal) die Privilegien/Vorteile des Mannseins? Z. B.? Wie findest du das?
Willst du, dass das Thema Mannsein (Frausein) irgendwann abgehakt ist?

Männlichkeit / Weiblichkeit

Was verstehst du unter Männlichkeit und Weiblichkeit? Beschreibe es genauer.
Findest du dich weiblich, feminin/männlich, maskulin? Ist dir das wichtig?
Findest du deinen Partner männlich/maskulin oder weiblich/feminin? Inwiefern?
Magst du ihn so, wie er ist, oder wünscht du ihn dir eher anders?
Seid ihr euch einig darüber, was ihr unter männlich und weiblich versteht und was bzw. wie ihr das leben wollt?
Gibt es manchmal Konflikte darüber, was dir bzw. deinem Partner Männlichkeit bedeutet?
Findest du manchmal, dass er sie zu wichtig nimmt?
Beschreib mal die Entwicklung seiner Männlichkeit (Beispiele). Wovon hängt sie ab?
Bist du wichtig für diesen Prozess? Was tust du konkret dafür/dagegen?
Erlebst du ihn bemüht um die Herstellung von Männlichkeit? Auf welche Weise?
Was meinst du, woher er seine Männlichkeitsbilder nimmt?
Gibt es da über die Zeit Veränderungen? Wovon, meinst du, hängen sie ab?
Bist du zufrieden mit den Bildern von Männlichkeit, an denen er sich orientiert?
Woher nimmst du deine Bilder von Männlichkeit?
Hast du das Gefühl, eigene Vorstellungen von Männlichkeit/Weiblichkeit entwickeln zu können, oder wirst du von außen einge-schränkt/fremdbestimmt?
Verunsichern dich weibliche Anteile bei ihm oder findest du sie angenehm/Beispiele?
Mit welchem „Mangel" an Männlichkeit bei ihm fällt es dir am leichtesten /am schwersten umzugehen?
Lässt er es mit der Zeit zu, auch seine femininen Seiten anzusprechen? Oder geht das nicht?
Verhält er sich Männern oder Frauen gegenüber männlicher? (nach 2)

Inwieweit wird seine Darstellung von Männlichkeit, von der Umwelt akzeptiert? Gibt es Rückmeldungen? Gab es Veränderungen? Wie kommt es ggf. zur (Nicht)-Akzeptanz?

Veränderungen / Operationen / Hormone

Ist dein Partner schon operiert? (Welche Operationen?) Bekommt er Hormone (Seit wann)?
Wie stehst du zu der ganzen Behandlung: Hormone, Operationen? Wie findest du es, dass es diese Möglichkeiten gibt?
Entscheidest du mit oder lässt du alles geschehen bzw. ihn machen?
Was ist für dich grundsätzlich das Ziel dieser Behandlung? Welche Wünsche hast du an die Behandlung?
Wie wäre es für dich, wenn er die Behandlung nicht machen würde/gemacht hätte?
Fühlst du Druck zu bestimmten Veränderungen/Behandlungen bei ihm?
Welche Veränderungen erlebst du durch die Wirkung der Hormone/ durch die Operationen (körperlich, psychisch, Verhalten, Männlichkeit, Weiblichkeit)?
Hattest du die Veränderungen so gewünscht, erwartet oder sind sie anders, überraschend, enttäuschend, unangenehm?
Bist du mit den Operationsergebnissen und der Hormonbehandlung zufrieden?
Hat sich grundsätzlich in deinem Leben etwas dadurch verändert, dass du mit einem FzM zusammen bist?
Bist du jetzt mit einem anderen Menschen zusammen oder ist er immer noch derselbe? (nach 5, und in 1)

Körper

Welche Bereiche seines Körpers sind dir wichtig für sein Erscheinungsbild als Mann?
Hat dein Partner einen Neopenis/einen Klitoris-Aufbau?
Wenn *ja*, bist du mit dem Ergebnis zufrieden (Optisch, funktionell)? Wieso (nicht)? Wenn *nein*, warum, denkst du, hat er nichts von beidem machen lassen?
Was denkst du: Will er sich ihn doch irgendwann machen lassen?
Willst du, dass er sich einen Neopenis machen lässt? Wieso (nicht)?
Wie wichtig ist dir die Existenz eines Penis   a) für das Mannsein   b) für die Sexualität?

Was genau bedeutet er dir/was verkörpert er für dich? Oder sind es einfach nur einige Zentimeter Fleisch?

Gibt es manchmal Konflikte darüber, was dir und was ihm ein Penis bedeutet? Findest du manchmal, dass er ihn zu wichtig nimmt?

Setzt du deinem Partner irgendwelche Bedingungen/Grenzen, was passieren muss/nicht passieren darf hinsichtlich körperlicher Veränderungen, damit du mit ihm zusammen bleibst?

Welche Veränderungen/Behandlungen waren/sind unabdingbar für dein Empfinden?

Wenn er einen Neopenis hat: Beschreib mal den Unterschied bzgl. der Zeit davor und danach in der Sexualität und bzgl. deines Gefühls zu ihm bzw. dein Erleben grundsätzlich.

Wenn er keinen hat: „Fühlst/siehst" du den Penis trotzdem im erotisch-sexuellen Kontakt?

Würdest du dir wünschen, er hätte einen Bio-Penis?

(die Fragen „ohne Neopenis" wurden auch an Partnerinnen mit FzM mit Neopenis gestellt, und zwar für die Zeit vor der Operation)

Welche Bedeutung hat für dich die (weibliche) Brust deines Partners?

Wenn er sie noch hat: Ist es dir wichtig, dass er sie abnehmen lässt oder ist dir das egal? Gibt es da Unterschiede im Vergleich zum Penisaufbau? Wieso? Welche?

Wenn er sie nicht mehr hat: Hat sich dadurch in der Sexualität, in deinem Gefühl zu ihm etwas verändert? Was genau?

Siehst du deinen Partner körperlich als Frau oder als Mann?

Wenn als Frau, siehst du ihn trotzdem ansonsten als Mann?

Wenn dein Partner keinen Neopenis hat, siehst du ihn dann - körperlich - als Frau oder als Mann ohne Penis oder ‚siehst' du den Penis mit, wenn ihr zusammen seid?

Kannst/konntest du ihn trotz Busens bzw. und/oder ohne Penis als Mann sehen? Ganz allgemein/„unten herum"? Wie machst du das genau? Wovon hängt das ab?

Ist für dich im Zusammensein mit einem Partner der Körper grundsätzlich wichtig?

Ist der Körper wichtig als Hinweis auf das Geschlecht? Was siehst du, was siehst du nicht, wenn du ihn ansiehst? Oder siehst du ihn nicht an? Verändert sich das mit der Zeit? Wovon ist das abhängig?

Hast du ihn - auch ohne körperliche Behandlung - als Mann erlebt? Wodurch?

Erlebst du manchmal eine spontane Irritation, wenn du seinen Körper siehst? Wenn ja, wodurch/in welchen Situationen? Wenn nein, wie erklärst du dir das?

In der Sexualität seid ihr ja am stärksten auf zwei weibliche Körper in Anführungsstrichen zurückgeworfen. Warum ist das für euch keine lesbische Beziehung?

Sexualität

Was heißt für Dich Sexualität? Was macht für dich Sexualität aus?
Würdest du sagen, dass es männliche und weibliche Sexualität gibt?
Wie wichtig ist dir Sexualität/emotionale Intimität?
Was ist dir besonders wichtig in der Sexualität?
Welche Art von Sexualität macht ihr? (nach 2)
Was zieht dich an der Sexualität mit Männern an? Was ist für dich das Bedeutendste an der Sexualität mit einem Mann?
Seid ihr euch hinsichtlich der Bedeutung von Sexualität und dem, was euch wichtig ist und was befriedigend für euch ist, einig oder gibt es Differenzen?
Hat die Behandlung die Art, Häufigkeit, Bedeutung der Sexualität, deine Gefühle, sexuellen Praktiken u.ä. beeinflusst?
Hat sich für dich in deiner Zufriedenheit etwas geändert? Und für ihn?
Verhältst du dich ihm gegenüber anders als zu der Zeit, als du dachtest, er wäre eine Frau? Z.B. bezüglich Art und Stellen der Berührung?
Verhält er sich männlich im sexuellen Kontakt? Inwiefern? Oder/und weiblich?
Erlebst du die Sexualität mit ihm als heterosexuelle oder als lesbische? Wodurch?
Benutzt ihr in der Sexualität einen Dildo o.ä.? Wenn ja, von wem geht das aus?
Erlebst du ihn wie einen Bio-Penis oder anders? Bzw. warum benutzt ihr keinen?
Hattest du mit geborenen Männern Koitus? War er befriedigend für dich? Inwiefern? Wieso nicht?
Ist Sexualität jetzt eher gleich oder eher anders als mit Bio-Männern?
Und Vergleich zu lesbischer Beziehung: Ähnlichkeiten/Unterschiede?

Sexuelle Orientierung

Bist du heterosexuell, homosexuell, bisexuell? Und wie lebst du jetzt?
Wie stehst du zu diesen Bezeichnungen?

Woran genau machst du deine Heterosexualität fest?
Könntest du dir Sexualität mit einer Frau vorstellen?
Wie waren deine früheren Beziehungen: lesbisch, hetero, bisexuell?
Hat sich deine sexuelle Orientierung im Laufe deines Lebens geändert?
Einmal, häufiger?
Bist du jetzt sicher, unsicher, was du bist? Ist dir das wichtig?
Ist es dir wichtig, als heterosexuell angesehen zu werden?
Warum willst du keine lesbische Beziehung?
Was würde dir in der Sexualität mit einer Frau fehlen/hat dir gefehlt?
Falls Partnerschaft zunächst als lesbische definiert: Warst du mit seinem
Mannwerden zunächst unwillig, nun als heterosexuell, normal, angesehen zu
werden?
Was, denkst du, warum du mit einem Transsexuellen zusammen bist?
Bist du manchmal unsicher, irritiert über deine sexuelle Orientierung, weil
du mit einem FzM zusammen bist?
Beeinflusst die Männlichkeit/Weiblichkeit deines Partners deine sexuelle
Orientierung?
Wie ist die sexuelle Orientierung deines Partners?

Was ist dir noch wichtig zu sagen, was noch nicht Thema war?
Wie ging es dir mit den Fragen / Themen, wie geht es dir jetzt?

Fragebogen für die transsexuellen Männer

Sozialdaten

Wie alt bist du?
Hast du Kinder? Alter, Geschlecht? Möchtest du Kinder?
Bist du verheiratet/möchtest du heiraten?
Welche Ausbildung hast du? Welchen Beruf übst du aus?
Schildere mal, wie du Deine Partnerin kennen gelernt hast. (nach 4)

Kindheit / Jugend / Ursprungsfamilie

Waren deine Eltern beide berufstätig? Oder war deine Mutter immer zu
Hause?
War dein Vater eher abwesend oder eher anwesend?
Wart ihr früher eher eine ganz normale Familie?

Wie ist deine Geschwisterkonstellation (Alter, Geschlecht)? Wie bewertest du sie?
Welche Erfahrungen hast du mit deinen Geschwistern gemacht?
Wie sind deine Geschwister im Vergleich zu dir? Was machen sie? (nach 2)
Welches Geschlecht haben sich deine Eltern für dich gewünscht?
Wie erlebtest du deine Kindheit, wie deine Pubertät?
Hast/hattest du den Eindruck, dass deine Mutter mit ihrem Leben zufrieden war/ist: Mit ihrer Weiblichkeit, ihrem Frausein, ihrer Rolle in Familie, Beruf etc.? Und dein Vater, mit seiner Männlichkeit, seiner Rolle etc.?
War deine Mutter eher selbstständig, selbstbestimmt oder abhängig, untergeordnet?
Wurden in deinem Elternhaus die Unterschiede zwischen Männern und Frauen eher hervorgehoben oder verwischt?
Glaubst du, dass deine Kindheit/Jugend einen großen Einfluss auf dein jetziges Leben hat?

Selbsteinschätzung

Mit welchen Adjektiven würdest du dich beschreiben?
Bist du eher ein angepasster Mensch, der es allen recht machen will? (nach 2)
Findest du dich gefühlvoll/emotional? (nach 3)
Könntest du dir vorstellen, Hausmann zu sein? Warum (nicht)?
Stehst/standest du der Frauen- oder Lesbenbewegung nahe? Wie stehst Du zu den Gleichberechtigungsforderungen von Frauen?
Denkst du, dass es - außer Deinem Körper - irgendetwas in deinem Leben gibt, dass dadurch kommt, dass du früher mal eine Frau warst (Ansichten, Gefühle, Einstellungen, Aktivitäten, Bekanntschaften)? (nach 2)
Wie würdest du dein heutiges Verhältnis insbesondere zu Deiner Mutter charakterisieren?
Siehst du Ähnlichkeiten zwischen deinem Vater und dir?
Wie würdest du am liebsten leben, wenn es keine Vorgaben und Zwänge gäbe?

Beschreibung der Partnerin

Beschreib deine Partnerin mal mit einigen Adjektiven.
Fühlst du dich abhängig von deiner Partnerin?
Spürst du bei ihr manchmal Unsicherheiten bzgl. ihrer Geschlechtsidentität?

Welche früheren Partnerschaften hattest du?
Waren frühere Partner/innen vom Typ her ähnlich/anders wie/als deine jetzige Partnerin?
Hattest du mal lesbische Beziehungen? Wenn ja: Ähnlichkeiten / Unterschiede?
Wenn du eine neue sexuelle Beziehung eingehen wolltest/müsstest: Hättest du Sorgen wegen deiner körperlichen Situation oder wäre dir das egal?
Zu welchem Zeitpunkt würdest du ihr / hast du ihr von deiner Situation erzählen/erzählt?
Welche Erfahrungen hast du evtl. schonmal diesbzgl. gemacht?
Hattest du schonmal Lust, eine schwule Beziehung auszuprobieren? Wieso (nicht)?

Partnerschaft

Siehst du eure Beziehung als eher klassisch heterosexuell, als ganz normal an oder doch als irgendwie anders?
Willst du, wollt ihr, gerne normal sein? Was heißt das für dich?
Was denkst du, wer emotional der/die Starke in der Beziehung ist? Wer, der/die alles zusammenhält? Wer hat den dominanteren Part?
Überwiegen zwischen euch eher die Ähnlichkeiten oder die Unterschiede (Beispiele)?
Bist Du verliebt in deine Partnerin? Liebst du Sie?
Bist du abhängig von deiner Partnerin?
Denkst du, dass es in eurer Beziehung Probleme gibt, die andere Paare nicht haben? (nach 2)
Welche Konflikte habt ihr? (nach 2)
Lebt ihr monogam? Was wäre/ist, wenn deine Partnerin oder du eine andere sexuelle Beziehung hätte (hättest)/hat (hast)? Wie würdest du/würde sie reagieren? Wäre es ein Unterschied für dich, ob dies ein Mann oder eine Frau ist?
Kennt ihr Eifersucht, Trennungs- und Verlassensängste, die mit der spezifischen Situation zusammenhängen, dass du transsexuell bist?
Wie geht ihr mit deiner Vergangenheit/eurer gemeinsamen lesbischen Vergangenheit um?

Kontakte / Umfeld / Reaktionen

Mit wem hast du/habt ihr Kontakte?

Bist du vor/während der Behandlung an einen anderen Ort gezogen/hast du das vor?

Machst du grundsätzlich deine Transsexualität offen (Beruf, Familie, Nachbarn etc.)?

Wenn nein, was würde das ändern, was befürchtest du?

Wenn ja, was wäre anders, wenn die anderen es nicht wüssten?

Möchtest du deine Transsexualität am liebsten offen machen?

Welche Reaktionen hast du auf dein/euer outing hin erlebt? Welche Sätze fallen? Wie stehst du dazu?

Gibt es bei den Reaktionen Unterschiede zwischen Männern und Frauen?

Verändert sich deine Einstellung zum Offenlegen deiner Transsexualität mit der Zeit?

Hast du mehr Kontakte mit Männern oder mit Frauen? Wie genau/wieso?

Hat sich daran im Laufe der Behandlung etwas geändert?

Fühlst du dich eher von Männern/von Frauen in deinem Mannsein/deiner Transsexualität akzeptiert?

Erlebst du einen Unterschied in der Akzeptanz deines Mannseins, ob du mit deiner Freundin/Frau in der Öffentlichkeit erscheinst oder alleine?

Was erlebst du in Männergruppen? Fühlst du dich dort wohl/wohler als mit Frauen? Warum (nicht)? Wie ist es dort bzgl. deiner Männlichkeit: leichter/schwerer zu beweisen als mit Frauen/in gemischten Gruppen? Und bzgl. Intimität, Kameradschaft, Frauenfeindlichkeit?

Hat sich dein Verhältnis zu Männern/zu Frauen verändert?

Kinder

Wenn du/deine Partnerin Kinder hast/hat: Wissen sie über deine Transsexualität? Wie haben sie reagiert? Bzw. wieso erzählst du es nicht?

Welche Einstellung hast du allgemein zu Kindern?

Auseinandersetzung mit Transsexualität

Seid wann hast du das Gefühl, transsexuell zu sein?

Was meinst, was Transsexualität ausmacht, woher es kommt? Allgemein/bei dir?

Würdest du diesen Prozess Geschlechtsangleichung oder Geschlechtsumwandlung nennen?

Was verstehst du unter Geschlechtsidentität?

Wie findest du es eigentlich, dass es so wichtig ist, dass es nur zwei Geschlechter gibt?

Hast du eine Zeitlang als Lesbe gelebt/dich so erlebt/bezeichnet? Erfahrungen? Warum ging das dann nicht mehr?

Bist du manchmal traurig über die Zeit/die Erlebnisse, die unwiederbringlich verloren sind?

Verhältnis zu anderen FzM, Lesben, butches, Schwulen etc.

Wie erlebst du andere FzM? Ganz allgemein? In Bezug auf ihre Männlichkeit, Weiblichkeit?

Hast du ein bestimmtes Bild, wie ein FzM sein/nicht sein sollte, z. B. auch hinsichtlich seiner Männlichkeit und Weiblichkeit? (nach 3)

Wie findest du Transsexuelle in Talkshows, Dokumentationen u.ä.?

Wie findest du Leute, die eher zwischen den Geschlechtern leben bzw. so aussehen? Hast du Kontakt zu ihnen? Findest du sie interessant, anziehend, abstoßend, nervig?

Wie findest du die sog. Kessen Väter, die sehr männlichen Lesben? Kennst du welche? Wie erlebst du ihre Männlichkeit/Weiblichkeit?

Wo siehst du den Unterschied zwischen diesen sehr männlichen Lesben und FzM? Wieso kannst/konntest du nicht als männliche Lesbe leben? Hast du es gemacht (Gefühl, Erfahrungen) / könntest du es dir vorstellen?

Mannsein / Frausein

Hat Mannsein und Frausein, das Geschlecht, also jetzt nicht körperlich gesehen, in deiner alltäglichen Erfahrung eine Bedeutung? Spielt es eine Rolle oder ist es gar kein Thema?

Was heißt/bedeutet es für dich, dich als Mann zu fühlen? Woran machst du das fest?

Ab wann bist du ein Mann? Wovon hängt das ab?

Ab wann hattest / hättest du das Gefühl, wirklich als Mann zu leben?

Beschreibe dein Körperbild? Veränderungen?

Welche Art von Mann willst du sein? Gibt es da Diskrepanzen zu deiner Partnerin?

Hast du dir das Mannsein/Mannwerden so vorgestellt?

Was genau erlebst du als Mann anders als als Frau? Was genau hat sich eigentlich geändert?

Siehst du dich als Transsexuellen oder als Mann?

Was meinst du: Sieht deine Freundin/Frau dich als Mann, als Frau, als Transsexuellen?
Bist du dir deiner Geschlechtsidentität ganz sicher oder eher unsicher?
Ist dir das Mannsein schon in Fleisch und Blut übergegangen? Woran merkst du das? Wenn nicht, woran hapert es?
Wobei bzw. in welchem Bereich fällt es dir am schwersten, Mann zu sein, als Mann aufzutreten?
Verhältst du dich - bezogen auf dein Mannsein - deiner Partnerin gegenüber anders, wenn ihr alleine als wenn ihr mit anderen zusammen seid?
Ist es leichter, in Gesellschaft von Frauen oder von Männern als Mann gesehen zu werden?
Ist es dir wichtig, (nach außen) ganz als Mann durchzugehen?
Hat es lange gedauert und findest du es schwer, als Mann durchzugehen?
Betonst du nach außen dein Mannsein oder siehst du es als unbedeutend an?
Genießt du (manchmal) die Privilegien des Mannseins? Welche z. B.?
Wenn du die Wahl hättest, wärest du dann lieber ein Mann oder eine Frau?
Willst du, dass das Thema Mannsein (Frausein) irgendwann abgehakt ist?

Männlichkeit / Weiblichkeit

Was verstehst du unter Männlichkeit und Weiblichkeit? Beschreibe es genauer.
Findest du dich weiblich, feminin/männlich, maskulin? Ist dir das wichtig?
Findest du deine Partnerin weiblich/feminin oder männlich/maskulin? Inwiefern?
Gibt es manchmal Konflikte darüber, was dir bzw. deiner Partnerin Männlichkeit bedeutet, wie wichtig sie dir ist?
Beschreib mal die Entwicklung deiner Männlichkeit (Beispiele). Wovon hängt sie ab?
Ist deine Partnerin wichtig für diesen Prozess? Was tut sie konkret dafür/dagegen?
Wie genau setzt du deine Männlichkeit(sbilder) um? Woher nimmst du sie?
Gibt es da über die Zeit Veränderungen? Wovon, meinst du, hängen sie ab?
Bist du zufrieden mit den Bildern von Männlichkeit, an denen du dich orientierst?
Hast du das Gefühl, eigene Vorstellungen über Männlichkeit/Weiblichkeit entwickeln zu können, oder wirst du von außen eingeschränkt / fremdbestimmt?
Meinst du, dich in bestimmten Situationen besonders männlich verhalten zu müssen?

Fühlst du dich manchmal unsicher in deinem Auftreten/Erscheinungsbild?
In welchen Situationen fühlst du dich in deiner Männlichkeit am unsichersten?
Verunsichern dich weibliche Anteile bei dir; wie gehst du damit um? Oder sind sie kein Problem für dich?
Wird deine Männlichkeit durch die Beziehung gesteigert, geschwächt oder bleibt sie unbeeinflusst?
Erlebst du dich in der Privatsphäre bzgl. deiner Männlichkeit/Weiblichkeit anders als in der Öffentlichkeit? Falls ja, auf welche Weise?
Inwieweit wird deine Darstellung von Männlichkeit von der Umwelt akzeptiert? Gibt es Rückmeldungen? Gab es Veränderungen?

Veränderungen / Operationen / Hormone

Welche Operationen hast du machen lassen/willst du machen lassen?
Bekommst du Hormone? Seit wann? Wie oft? Gesundheitliche Probleme?
Bzw. warum willst du keine Hormone nehmen?
Hast du es schonmal bereut, die Behandlung oder einzelne Schritte gemacht zu haben?
Wie stehst du zu der ganzen Behandlung: Hormone, Operationen?
Was ist für dich grundsätzlich das Ziel dieser Behandlung? Wünsche an die Behandlung?
Welche Veränderungen / Behandlungen waren/sind unabdingbar für dein Empfinden?
Wie wäre es für dich, wenn du die Behandlung nicht machen würdest/gemacht hättest?
Fühlst du Druck von irgendeiner Seite zu bestimmten Veränderungen/Behandlungen?
Wenn du ohne medizinische Eingriffe als Mann - inkl. Personenstand - leben könntest, was würdest du trotzdem aus freien Stücken machen an Eingriffen?
Welche Veränderungen erlebst du durch die Wirkung der Hormone/durch die Operationen (körperlich, psychisch, Verhalten, bzgl. Männlichkeit, Weiblichkeit)?
Hattest du die Veränderungen so gewünscht, erwartet oder sind sie anders, überraschend, enttäuschend, unangenehm?
Würdest du den Penisaufbau auch machen lassen, wenn du dadurch deine Lustfähigkeit einbüßen würdest (bzw. hast du ihn trotz dieser Möglichkeit machen lassen)? (nach 4)

Bist du/warst du sehr mit deinem Körper beschäftigt? Womit genau?

Welche Bereiche deines Körpers sind wichtig für dein Erscheinungsbild als Mann?

Hast du einen Neopenis/einen Klitoris-Aufbau? Bzw. willst du ihn machen lassen?

Wenn *ja*, warum? Bist du zufrieden (Optisch, funktionell)? Wieso (nicht)?

Wenn *nein*, warum hast du / willst du nichts von beidem machen lassen?

Was denkst du, wie deine Partnerin (jeweils) dazu steht?

Wie denkst du über FzM, die den Penisaufbau (nicht) machen lassen ?

Wie wichtig ist dir die Existenz eines Penis   a) für das Mannsein   b) für die Sexualität?

Bist du traurig darüber, nie einen Bio-Penis zu haben?

Was genau bedeutet dir der Penis? Welche Gefühle verkörpert er für dich?

Gibt es manchmal Konflikte zwischen euch, welche Bedeutung der Penis für dich hat?

Hast du manchmal den Eindruck, der Penis ist deiner Partnerin weniger wichtig/oder wichtiger als dir? Wie findest du das?

Wenn du einen Neopenis hast: Beschreib mal den Unterschied bzgl. der Zeit davor und danach in der Sexualität und bzgl. deines Gefühls zu dir und zu deiner Partnerin bzw. dein Erleben grundsätzlich.

Wenn du keinen Neopenis hast: „Spürst" du ihn trotzdem: allgemein / im erotisch-sexuellen Kontakt? Oder fehlt dir was? Was genau?

Hast du vor der Angleichung deinen Körper als männlichen gesehen bzw. siehst du ihn auch ohne Operation als männlichen Körper? Wie im Einzelnen?

Welche Bedeutung hat/te für dich deine (weibliche) Brust?

Wenn du sie noch hast: Ist es dir wichtig, sie abnehmen zu lassen?

Gibt es da Unterschiede im Vergleich zum Penisaufbau? Wieso? Welche?

Wenn du sie nicht mehr hast: Hat sich dadurch in der Sexualität, in deinem Gefühl zu dir und zur Partnerin etwas verändert? Was genau?

War/ist dir wichtig, dass Gebärmutter und Eierstöcke herausgenommen, dass die Vagina verschlossen wurde(n)/werden, wird?

In der Sexualität seid ihr ja am stärksten auf zwei weibliche Körper in Anführungsstrichen zurückgeworfen. Warum ist das für euch keine lesbische Beziehung?

Sexualität

Was heißt für dich Sexualität? Was macht für dich Sexualität aus?
Würdest du sagen, dass es männliche und weibliche Sexualität gibt?
Fühlst du dich im Bett als Mann? Was gehört für dich sexuell gesehen zum Mannsein dazu?
Wie wichtig ist dir Sexualität/emotionale Intimität?
Was ist dir besonders wichtig in der Sexualität?
Welche Art von Sexualität macht ihr? (nach 2)
Seid ihr euch hinsichtlich der Bedeutung von Sexualität und dem, was euch wichtig ist und was befriedigend für euch ist, einig oder gibt es Differenzen?
Hat die Behandlung die Art, Häufigkeit, Bedeutung der Sexualität, deine Gefühle, sexuellen Praktiken u.ä. beeinflusst? Womit hat das deines Erachtens zu tun?
Benutzt ihr in der Sexualität einen Dildo o.ä.? Wenn ja, von wem geht das aus? Bzw. warum benutzt ihr keinen? Erlebst du ihn wie einen Bio-Penis oder anders?

Sexuelle Orientierung

Bist du heterosexuell, homosexuell, bisexuell? Und wie lebst du jetzt? Wie stehst du zu diesen Bezeichnungen?
Woran genau machst du Deine Heterosexualität fest?
Wie waren deine früheren Beziehungen: lesbisch, hetero, bisexuell, schwul?
Hat sich deine sexuelle Orientierung im Laufe deines Lebens geändert? Einmal, häufiger? Bist du jetzt sicher, unsicher, was du bist? Ist dir das wichtig?
Ist es dir wichtig, als heterosexuell angesehen zu werden?
Wenn deine Partnerin sich nicht heterosexuell fühlen würde, könnte das deine Identität als Mann bedrohen?

Was ist dir noch wichtig zu sagen, was noch nicht Thema war?
Wie ging es dir mit den Fragen/Themen, wie geht es dir jetzt?

4. Rechtliche und medizinische Vorgaben

Das Transsexuellengesetz (TSG)

Gesetz über die Änderung der Vornamen und die Feststellung der Geschlechtszugehörigkeit in besonderen Fällen (Transsexuellengesetz - TSG) Vom 10. September 1980 (Bundesgesetzblatt, Jahrgang 1980, Teil I, Seite 1654ff)

Erster Abschnitt: Änderung der Vornamen

§ 1 Voraussetzungen

(1) Die Vornamen einer Person, die sich auf Grund ihrer transsexuellen Prägung nicht mehr dem in ihrem Geburtseintrag angegebenen, sondern dem anderen Geschlecht als zugehörig empfindet und seit mindestens drei Jahren unter dem Zwang steht, ihren Vorstellungen entsprechend zu leben, sind auf ihren Antrag vom Gericht zu ändern, wenn
1. sie Deutscher im Sinne des Grundgesetzes ist oder wenn sie als Staatenloser oder heimatloser Ausländer ihren gewöhnlichen Aufenthalt oder als Asylberechtigter oder ausländischer Flüchtling ihren Wohnsitz im Geltungsbereich dieses Gesetzes hat, und
2. mit hoher Wahrscheinlichkeit anzunehmen ist, daß sich ihr Zugehörigkeitsempfinden zum anderen Geschlecht nicht mehr ändern wird.

(2) In dem Antrag sind die Vornamen anzugeben, die der Antragsteller künftig führen will.

§ 2 Zuständigkeit

(1) Für die Entscheidung über Anträge nach § 1 sind ausschließlich die Amtsgerichte zuständig, die ihren Sitz am Ort eines Landgerichts haben. Ihr Bezirk umfaßt insoweit den Bezirk des Landgerichts. Haben am Orte des Landgerichts mehrere Amtsgerichte ihren Sitz, so bestimmt die Landesregierung durch Rechtsverordnung das zuständige Amtsgericht, soweit nicht das zuständige Amtsgericht am Sitz des Landgerichts schon allgemein durch Landesrecht bestimmt ist. Die Landesregierung kann auch bestimmen, daß ein Amtsgericht für die Bezirke mehrerer Landgerichte zuständig ist. Sie

kann die Ermächtigungen nach Satz 3 und 4 durch Rechtsverordnung auf die Landesjustizverwaltung übertragen.

(2) Örtlich zuständig ist das Gericht, in dessen Bezirk der Antragsteller seinen Wohnsitz oder, falls ein solcher im Geltungsbereich dieses Gesetzes fehlt, seinen gewöhnlichen Aufenthalt hat; maßgebend ist der Zeitpunkt, in dem der Antrag eingereicht wird. Ist der Antragsteller Deutscher und hat er im Geltungsbereich dieses Gesetzes weder Wohnsitz noch gewöhnlichen Aufenthalt, so ist das Amtsgericht Schöneberg in Berlin zuständig; es kann die Sache aus wichtigen Gründen an ein anderes Gericht abgeben; die Abgabeverfügung ist für dieses Gericht bindend.

§ 3 Verfahrensfähigkeit, Beteiligte

(1) Für eine geschäftsunfähige Person wird das Verfahren durch den gesetzlichen Vertreter geführt. Der gesetzliche Vertreter bedarf für einen Antrag nach § 1 der Genehmigung des Vormundschaftsgerichts.

(2) Beteiligte des Verfahrens sind nur
1. der Antragsteller
2. der Vertreter des öffentlichen Interesses.

(3) Der Vertreter des öffentlichen Interesses in Verfahren nach diesem Gesetz wird von der Landesregierung durch Rechtsverordnung bestimmt.

§ 4 Gerichtliches Verfahren

(1) Auf das gerichtliche Verfahren sind die Vorschriften des Gesetzes über die Angelegenheiten der freiwilligen Gerichtsbarkeit anzuwenden, soweit in diesem Gesetz nichts anderes bestimmt ist.

(2) Das Gericht hört den Antragsteller persönlich an.

(3) Das Gericht darf einem Antrag nach § 1 nur stattgeben, nachdem es die Gutachten von zwei Sachverständigen eingeholt hat, die auf Grund ihrer Ausbildung und ihrer beruflichen Erfahrung mit den besonderen Problemen der Transsexualität ausreichend vertraut sind. Die Sachverständigen müssen unabhängig voneinander tätig werden; in ihren Gutachten haben sie auch dazu Stellung zu nehmen, ob sich nach den Erkenntnissen der medizini-

schen Wissenschaft das Zugehörigkeitsempfinden des Antragstellers mit hoher Wahrscheinlichkeit nicht mehr ändern wird.

(4) Gegen die Entscheidung, durch die einem Antrag nach § 1 stattgegeben wird, steht den Beteiligten die sofortige Beschwerde zu. Die Entscheidung wird erst mit Rechtskraft wirksam.

§ 5 Offenbarungsverbot

(1) Ist die Entscheidung, durch welche die Vornamen des Antragstellers geändert werden, rechtskräftig, so dürfen die zur Zeit der Entscheidung geführten Vornamen ohne Zustimmung des Antragstellers nicht offenbart oder ausgeforscht werden, es sei denn, daß besondere Gründe des öffentlichen Interesses dies erfordern oder ein rechtliches Interesse glaubhaft gemacht wird.

(2) Der frühere Ehegatte, die Eltern, die Großeltern und die Abkömmlinge des Antragstellers sind nur dann verpflichtet, die neuen Vornamen anzugeben, wenn dies für die Führung öffentlicher Bücher und Register erforderlich ist. Dies gilt nicht für Kinder, die der Antragsteller nach der Rechtskraft der Entscheidung nach § 1 angenommen hat.

(3) In dem Geburtseintrag eines leiblichen Kindes des Antragstellers oder eines Kindes, das der Antragsteller vor der Rechtskraft der Entscheidung nach § 1 angenommen hat, sind bei dem Antragsteller die Vornamen anzugeben, die vor der Rechtskraft der Entscheidung nach § 1 maßgebend waren; gleiches gilt für den Eintrag einer Totgeburt.

§ 6 Aufhebung auf Antrag

(1) Die Entscheidung, durch welche die Vornamen des Antragstellers geändert worden sind, ist auf seinen Antrag vom Gericht aufzuheben, wenn er sich wieder dem in seinem Geburtseintrag angegebenen Geschlecht als zugehörig empfindet.

(2) Die §§ 2 bis 4 gelten entsprechend. In der Entscheidung ist auch anzugeben, daß der Antragsteller künftig wieder die Vornamen führt, die er zur Zeit der Entscheidung, durch welche seine Vornamen geändert worden sind, geführt hat. Das Gericht kann auf Antrag des Antragstellers diese Vor-

namen ändern, wenn dies aus schwerwiegenden Gründen zum Wohl des Antragstellers erforderlich ist.

§ 7 Unwirksamkeit

(1) Die Entscheidung, durch welche die Vornamen geändert worden sind, wird unwirksam, wenn
1. nach Ablauf von dreihundertzwei Tagen nach der Rechtskraft der Entscheidung ein Kind des Antragstellers geboren wird, mit dem Tag der Geburt des Kindes, oder
2. bei einem nach Ablauf von dreihundertzwei Tagen nach der Rechtskraft der Entscheidung geborenen Kind die Abstammung von dem Antragsteller anerkannt oder gerichtlich festgestellt wird, mit dem Tag, an dem die Anerkennung wirksam oder die Feststellung rechtskräftig wird, oder
3. der Antragsteller eine Ehe schließt, mit der Abgabe der Erklärung nach § 13 des Ehegesetzes.

(2) der Antragsteller führt künftig wieder die Vornamen, die er zur Zeit der Entscheidung, durch die seine Vornamen geändert worden sind, geführt hat. Diese Vornamen sind
1. im Fall des Absatzes 1 Nr. 1 und 2 in das Geburtenbuch, bei einer Totgeburt in das Sterbebuch,
2. im Fall des Absatzes 1 Nr. 3 in das im Anschluß an die Eheschließung anzulegende Familienbuch einzutragen.

(3) In Fällen des Absatzes 1 Nr.1 kann das Gericht die Vornamen das Antragstellers auf dessen Antrag wieder in die Vornamen ändern, die er bis zum Unwirksamwerden der Entscheidung geführt hat, wenn festgestellt ist, daß das Kind nicht von dem Antragsteller abstammt, oder aus sonstigen schwerwiegenden Gründen anzunehmen ist, daß der Antragsteller sich weiter dem nicht seinem Geburtseintrag entsprechenden Geschlecht als zugehörig empfindet. Die §§ 2, 3, 4 Abs. 1, 2 und 4 sowie § 5 Abs. 1 gelten entsprechend.

Zweiter Abschnitt: Feststellung der Geschlechtszugehörigkeit

§ 8 Voraussetzungen

(1) Auf Antrag einer Person, die sich auf Grund ihrer transsexuellen Prägung nicht mehr dem in ihrem Geburtseintrag angegebenen, sondern dem anderen Geschlecht als zugehörig empfindet und die seit mindestens drei Jahren unter dem Zwang steht, ihren Vorstellungen entsprechend zu leben, ist vom Gericht festzustellen, daß sie als dem anderen Geschlecht zugehörig anzusehen ist, wenn sie

1. die Voraussetzungen des § 1 Abs. 1 bis 3 erfüllt,
2. nicht verheiratet ist,
3. dauernd fortpflanzungsunfähig ist und
4. sich einem ihre äußeren Geschlechtsmerkmale verändernden operativen Eingriff unterzogen hat, durch den eine deutliche Annäherung an das Erscheinungsbild des anderen Geschlechts erreicht worden ist.

(2) In dem Antrag sind die Vornamen anzugeben, die der Antragsteller künftig führen will; dies ist nicht erforderlich, wenn seine Vornamen bereits auf Grund von § 1 geändert worden sind.

§ 9 Gerichtliches Verfahren

(1) Kann dem Antrag nur deshalb nicht stattgegeben werden, weil der Antragsteller sich einem seine äußeren Geschlechtsmerkmale verändernden operativen Eingriff noch nicht unterzogen hat, noch nicht dauernd fortpflanzungsunfähig ist oder noch verheiratet ist, so stellt das Gericht dies vorab fest. Gegen die Entscheidung steht den Beteiligten die sofortige Beschwerde zu.

(2) Ist die Entscheidung nach Absatz 1 Satz 1 unanfechtbar und sind die dort genannten Hindernisgründe inzwischen entfallen, so trifft das Gericht die Endentscheidung nach § 8. Dabei ist es an seine Feststellungen in der Entscheidung nach Absatz 1 Satz 1 gebunden.

(3) Die §§ 2 bis 4 und 6 gelten entsprechend; die Gutachten sind auch darauf zu erstrecken, ob die Voraussetzungen nach § 8 Abs. 1 Nr. 3 und 4 vorliegen. In der Entscheidung auf Grund von § 8 und in der Endentscheidung nach Absatz 2 sind auch die Vornamen des Antragstellers zu ändern, es sei denn, daß diese bereits auf Grund von § 1 geändert worden sind.

§ 10 Wirkungen der Entscheidung

(1) Von der Rechtskraft der Entscheidung an, daß der Antragsteller als dem anderen Geschlecht zugehörig anzusehen ist, richten sich seine vom Geschlecht abhängigen Rechte und Pflichten nach dem neuen Geschlecht, soweit durch Gesetz nichts anderes bestimmt ist.

(2) § 5 gilt sinngemäß.

§ 11 Eltern-Kind-Verhältnis

Die Entscheidung, daß der Antragsteller als dem anderen Geschlecht zugehörig anzusehen ist, läßt das Rechtsverhältnis zwischen dem Antragsteller und seinen Eltern sowie zwischen dem Antragsteller und seinen Kindern unberührt, bei angenommenen Kindern jedoch nur, soweit diese vor Rechtskraft der Entscheidung als Kind angenommen sind. Gleiches gilt im Verhältnis zu den Abkömmlingen dieser Kinder.

§ 12 Renten und vergleichbare wiederkehrende Leistungen

(1) Die Entscheidung, daß der Antragsteller als dem anderen Geschlecht zugehörig anzusehen ist, läßt seine bei Rechtskraft der Entscheidung bestehenden Ansprüche auf Renten und vergleichbare wiederkehrende Leistungen unberührt. Bei einer sich unmittelbar anschließenden Leistung aus dem selben Rechtsverhältnis ist, soweit es hierbei auf das Geschlecht ankommt, weiter von den Bewertungen auszugehen, die den Leistungen bei Rechtskraft der Entscheidung zugrunde gelegen haben.

(2) Ansprüche auf Leistung aus der Versicherung oder Versorgung eines früheren Ehegatten werden durch die Entscheidung, daß der Antragsteller als dem anderen Geschlecht zugehörig anzusehen ist, nicht begründet.

Vierter Abschnitt: Übergangs- und Schlußvorschriften

§ 16 Übergangsvorschrift

(1) Ist vor Inkrafttreten dieses Gesetzes auf Grund des § 47 des Personenstandsgesetzes wirksam angeordnet, daß die Geschlechtsangabe im Geburtseintrag einer Person zu ändern ist, weil diese Person nunmehr als dem

anderen Geschlecht zugehörig anzusehen ist, so gelten auch für diese Person die §§ 10 bis 12 dieses Gesetzes sowie § 61 Abs. 4 und § 65a Abs. 2 des Personenstandsgesetzes in der Fassung des § 15 Nr. 2 und 4 dieses Gesetzes.

(2) Ist die Person im Zeitpunkt der gerichtlichen Anordnung verheiratet gewesen und ist ihre Ehe nicht inzwischen für nichtig erklärt, aufgehoben oder geschieden worden, so gilt die Ehe mit dem Inkrafttreten dieses Gesetzes als aufgelöst. Die Folgen der Auflösung bestimmen sich nach den Vorschriften über die Scheidung.

(3) Hat eine Person vor Inkrafttreten dieses Gesetzes bei dem nach § 50 des Personenstandsgesetzes zuständigen Gericht beantragt anzuordnen, daß die Geschlechtsangabe in ihrem Geburtseintrag zu ändern ist, weil diese Person nunmehr als dem anderen Geschlecht zugehörig anzusehen ist, und ist eine wirksame Anordnung bei Inkrafttreten des Gesetzes noch nicht ergangen, so hat das damit befaßte Gericht die Sache an das nach § 9 Abs. 3 in Verbindung mit § 2 dieses Gesetzes zuständige Gericht abzugeben; für das weitere Verfahren gelten die Vorschriften dieses Gesetzes.

§ 17 Berlin-Klausel

Dieses Gesetz gilt nach Maßgabe des § 13 Abs. 1 des Dritten Überleitungsgesetzes auch im Land Berlin.

§ 18 Inkrafttreten

§ 2 Abs. 1 Satz 3 bis 5, § 3 Abs. 3 und 9 Abs. 3 Satz 1, soweit er auf § 2 Abs. 1 Satz 3 bis 5 und § 3 Abs. 3 verweist, treten am Tage nach der Verkündung in Kraft. Im übrigen tritt das Gesetz am 1. Januar 1981 in Kraft.

Standards der Behandlung und Begutachtung Transsexueller

Die im Folgenden im Wortlaut wiedergebenen Standards sind der Zeitschrift für Sexualforschung, 10. Jahrgang (1997), Heft 2, S. 147 - 156 entnommen:

Standards der Behandlung und Begutachtung von Transsexuellen

der Deutschen Gesellschaft für Sexualforschung, der Akademie für Sexualmedizin und der Gesellschaft für Sexualwissenschaft

Sophinette Becker, Hartmut A.G. Bosinski, Ulrich Clement, Wolf Eicher, Thomas M. Goehrlich, Uwe Hartmann, Götz Kockott, Dieter Langer, Willhelm F. Preuss, Gunter Schmidt, Alfred Springer, Reinhard Wille

1. Einleitung

Transsexualität ist durch die dauerhafte innere Gewißheit, sich dem anderen Geschlecht zugehörig zu fühlen, gekennzeichnet. Dazu gehören die Ablehnung der körperlichen Merkmale des angeborenen Geschlechts und der mit dem biologischen Geschlecht verbundenen Rollenerwartungen sowie der Wunsch, durch hormonelle und chirurgische Maßnahmen soweit als möglich die körperliche Erscheinungsform des Identitätsgeschlechts anzunehmen und sozial und juristisch anerkannt im gewünschten Geschlecht zu leben. Nach den heute gültigen diagnostischen Klassifikationsschemata wird die Transsexualität als eine besondere Form der Geschlechtsidentitätsstörungen angesehen.
Ursachen und Verlaufsbedingungen von Störungen der Geschlechtsidentität sind noch weitgehend ungeklärt und Gegenstand verschiedenartiger theoretischer Ansätze. Ein persistierendes transsexuelles Begehren ist das Resultat sequentieller, in verschiedenen Abschnitten der psychosexuellen Entwicklung gelegener, eventuell kumulativ wirksam werdender Einflußfaktoren. Dementsprechend können unterschiedliche Entwicklungswege zur Ausprägung des transsexuellen Wunsches führen.
Wegen der weitreichenden und irreversiblen Folgen hormoneller und/oder chirurgischer Transformationsmaßnahmen besteht im Interesse der Patien-

ten die Notwendigkeit einer sorgfältigen Diagnostik und Differentialdiagnostik. Die Heftigkeit des Geschlechtsumwandlungswunsches und die Selbstdiagnose allein können nicht als zuverlässige Indikatoren für das Vorliegen einer Transsexualität gewertet werden. Eine zuverlässige Beurteilung ist nur im Rahmen eines längerfristigen diagnostisch-therapeutischen Prozesses möglich. Wesentlicher Teil dieses Prozesses ist der sogenannte Alltagstest, in dem der Patient [1] kontinuierlich und in allen sozialen Bereichen im gewünschten Geschlecht lebt, um die notwendigen Erfahrungen zu machen. Behandlungskonzepte müssen der individuellen Entwicklung des jeweiligen Patienten gerecht werden, wobei die scheinbare Alternative "körperliche Behandlungsmaßnahmen" versus "psychotherapeutische Behandlung" zugunsten eines integrativen Ansatzes überwunden werden sollte. Der Patient wird darüber informiert, daß er die Modalitäten der Kostenübernahme (Psychotherapie, organmedizinische Behandlungen, Gutachten) klären muß.

Die folgenden Standards der Behandlung und Begutachtung von Transsexuellen sind Mindestanforderungen. Abweichungen von diesen Standards sind in der Patientenakte schriftlich zu begründen.

2.   Standards der Diagnostik und Differentialdiagnostik

Bei der Interpretation der Angaben des Patienten ist zu beachten, daß das Anstreben einer "Geschlechtsumwandlung" eine Lösungsschablone für verschiedenartige Probleme der Identität und/oder Geschlechtsidentität sein kann. Ergibt der diagnostische Prozeß, daß die Diagnose Transsexualität im Sinne der Standards nicht vorliegt, sind die "Standards der Behandlung und Begutachtung von Transsexuellen" nicht anwendbar.

2.1 Standards der Diagnostik

Für die Diagnose der Transsexualität müssen folgende Kriterien erfüllt sein:
-    eine tiefgreifende und dauerhafte gegengeschlechtliche Identifikation;
-    ein anhaltendes Unbehagen hinsichtlich der biologischen Geschlechtszugehörigkeit bzw. ein Gefühl der Inadäquatheit in der entsprechenden Geschlechtsrolle;
-    ein klinisch relevanter Leidensdruck und/oder Beeinträchtigungen in sozialen, beruflichen oder anderen wichtigen Funktionen.

Diese Kriterien entsprechen weitestgehend jenen, die in den international gebräuchlichen Klassifikationssystemen der Krankheiten (DSM-IV, ICD-10) genannt werden. Im Unterschied zu diesen Klassifikationssystemen wird jedoch ein intersexuelles Syndrom nicht zwingend als Ausschlußkriterium betrachtet. Allerdings sollte in derartigen Fällen geprüft werden, ob anstelle des Transsexuellengesetzes (TSG) die Regelung des § 47 Personenstandsgesetz ("Irrtümliche Geschlechtsfeststellung zum Zeitpunkt der Geburt") anzuwenden ist.

Die genannten Kriterien verlangen folgende diagnostische Maßnahmen:

- eine Erhebung der biographischen Anamnese mit den Schwerpunkten Geschlechtsidentitätsentwicklung, psychosexuelle Entwicklung (einschließlich der sexuellen Orientierung), gegenwärtige Lebenssituation;
- eine körperliche Untersuchung mit Erhebung des gynäkologischen bzw. andrologischen/urologischen sowie endokrinologischen Befundes;
- eine klinisch-psychiatrische/psychologische Diagnostik, da viele Patienten mit Störungen der Geschlechtsidentität erhebliche psychopathologische Auffälligkeiten aufweisen. Diese können der Geschlechtsidentitätsstörung vorausgegangen oder reaktiv sein oder gleichzeitig bestehen.

Die klinisch-psychiatrische/psychologische Diagnostik soll breit angelegt sein. Untersucht und beurteilt werden sollen:

- das Strukturniveau der Persönlichkeit und deren Defizite;
- das psychosoziale Funktionsniveau;
- neurotische Dispositionen bzw. Konflikte;
- Abhängigkeiten / Süchte;
- suizidale Tendenzen und selbstbeschädigendes Verhalten;
- Paraphilien/Perversionen;
- psychotische Erkrankungen;
- hirnorganische Störungen;
- Minderbegabungen.

2.2. Standards der Differentialdiagnostik

Im Bereich der Geschlechtsidentitätsstörungen besteht eine ausgeprägte Vielfalt an Verlaufsformen, Persönlichkeitsstrukturen, assoziierten psychosozialen Merkmalen und sexuellen Partnerpräferenzen, die eine präzise Differentialdiagnostik erforderlich machen.

Folgende Differentialdiagnosen sind zu beachten:

- Unbehagen, Schwierigkeiten oder Nicht-Konformität mit den gängigen Geschlechtsrollenerwartungen, ohne daß es dabei zu einer überdauernden und profunden Störung der geschlechtlichen Identität gekommen ist;
- partielle oder passagere Störungen der Geschlechtsidentität, etwa bei Adoleszenzkrisen;
- Transvestitismus und fetischistischer Transvestitismus, bei denen es in krisenhaften Verfassungen zu einem Geschlechtsumwandlungswunsch kommen kann;
- Schwierigkeiten mit der geschlechtlichen Identität, die aus der Ablehnung einer homosexuellen Orientierung resultieren;
- eine psychotische Verkennung der geschlechtlichen Identität;
- schwere Persönlichkeitsstörungen mit Auswirkung auf die Geschlechtsidentität.

3. Standards der Psychotherapie / psychotherapeutischen Begleitung

Die psychotherapeutische Begleitung hat in Verbindung mit dem Alltagstest zentrale Bedeutung in der Behandlung transsexueller Patienten und muß in jedem Fall vor der Einleitung somatischer Therapiemaßnahmen stehen.
Die Psychotherapie ist neutral gegenüber dem transsexuellen Wunsch. Sie hat weder das Ziel, dieses Bedürfnis zu forcieren noch es aufzulösen (auch wenn es zu einer Auflösung des transsexuellen Wunsches kommen kann). Darüber hinaus soll sie dazu dienen, die Diagnose Transsexualität zu sichern. Zusammen mit dem Alltagstest soll die Psychotherapie dem Betroffenen dazu verhelfen, die adäquate individuelle Lösung für sein spezifisches Identitätsproblem zu finden. Sie soll eine Bearbeitung relevanter psychischer Probleme des Patienten ermöglichen.
Bezüglich des transsexuellen Wunsches müssen vor der Einleitung organmedizinischer Maßnahmen zumindest folgende Kriterien gegeben sein:
- die innere Stimmigkeit und Konstanz des Identitätsgeschlechts und seiner individuellen Ausgestaltung;
- die Lebbarkeit der gewünschten Geschlechtsrolle;
- die realistische Einschätzung der Möglichkeiten und Grenzen somatischer Behandlungen.

3.1 Qualifikation des Therapeuten

Der Therapeut muß psychodiagnostische, psychopathologische und psychotherapeutische Kompetenzen durch eine entsprechende Ausbildung erworben haben und mit den Problemen der Transsexualität auf dem aktuellen Kenntnisstand vertraut sein.

3.2 Frequenz und Dauer der Psychotherapie

Frequenz und Dauer der Psychotherapie sollen Patient und Therapeut gemeinsam bestimmen. Der Therapeut muß dabei die Möglichkeit haben, den Patienten so gut kennen zu lernen, daß er das Vorliegen der drei genannten Kriterien beurteilen kann. Ist eine Indikation zur Transformationsoperation gegeben, so soll die Psychotherapie bis zur Operation fortgesetzt werden. Nach einer Operation wird dem Patienten eine psychotherapeutische Weiterbetreuung empfohlen.

3.3. Psychotherapie und Indikation / Begutachtung

Der Psychotherapeut kann sich sowohl an der Indikationsstellung zur Hormonbehandlung und zur Transformationsoperation als auch an der Begutachtung im Rahmen des TSG beteiligen. Er kann dies aber auch aus therapieimmanenten Gründen ablehnen. Dies soll zu Beginn der Behandlung mit dem Patienten geklärt werden. In dem Fall, in dem der Psychotherapeut die Indikationsstellung und/oder Begutachtung nicht übernimmt, müssen diese durch einen anderen Arzt/Psychologen entsprechend den Standards erfolgen. Der Begriff "Therapeut" bezieht sich im Folgenden auf beide Möglichkeiten der Indikationsstellung.

4. Standards der Indikationsstellung zur somatischen Behandlung

4.1 Indikation zur Hormonbehandlung

Vor der Indikation zur hormonellen Behandlung müssen folgende Voraussetzungen erfüllt sein:
- Der Therapeut kennt den Patienten in der Regel mindestens seit einem Jahr.
- Der Therapeut hat die diagnostischen Kriterien überprüft.
- Der Therapeut ist zu dem klinisch begründeten Urteil gekommen, daß bei dem Patienten die drei genannten Kriterien der Psychotherapie

(die innere Stimmigkeit und Konstanz des Identitätsgeschlechts und seiner individuellen Ausgestaltung, die Lebbarkeit der gewünschten Geschlechtsrolle und die realistische Einschätzung der Möglichkeiten und Grenzen somatischer Behandlungen) gegeben sind.

- Der Patient hat das Leben in der gewünschten Geschlechtsrolle mindestens ein Jahr lang kontinuierlich erprobt (sogenannter Alltagstest).

Sind die Voraussetzungen erfüllt, erfolgt die Indikation in Form einer schriftlichen Stellungnahme.

4.2 Indikation zur Transformationsoperation

Vor der Indikationsstellung müssen neben der Überprüfung der Diagnose und des Vorliegens der unter 3. (Standards der Psychotherapie/psychotherapeutischen Begleitung) genannten Kriterien folgende Voraussetzungen erfüllt sein:

- Der Therapeut kennt den Patienten in der Regel mindestens seit eineinhalb Jahren
- Der Patient hat das Leben in der gewünschten Geschlechtsrolle mindestens seit eineinhalb Jahren kontinuierlich erprobt (sogenannter Alltagstest).
- Der Patient wird seit mindestens einem halben Jahr hormonell behandelt.

Erfolgt die Indikationsstellung zur Transformationsoperation nicht durch den Psychotherapeuten, so überzeugt sich der in diesen Fällen hinzugezogene Therapeut/Gutachter, daß die oben genannten Voraussetzungen erfüllt sind und die Psychotherapie stattgefunden hat.

Die Indikationsstellung zu einer Transformationsoperation muß in Form einer gutachterlichen Stellungnahme durch einen qualifizierten Therapeuten erfolgen.

Diese muß folgende Punkte beinhalten:

- Der Therapeut soll nachvollziehbar darstellen, daß im Behandlungsverlauf die Diagnose Transsexualität bestätigt wurde, d. h. daß es im Erleben zu einem stabilen Identitätsgefühl im anderen Geschlecht und im Verhalten zu einer dauerhaften Übernahme der anderen Geschlechtsrolle gekommen ist.
- Der Patient soll in Erscheinungsbild, Verhalten, Erleben und Persönlichkeit charakterisiert werden.
- Die biographische Anamnese soll mit Schwerpunkt auf dem individuellen Gesamtverlauf der transsexuellen Entwicklung und den ihn beein-

flussenden Faktoren in den wesentlichen Aspekten dargestellt werden (ggfs. unter Einbeziehung fremdanamnestischer Informationen).

- Der Verlauf im Behandlungszeitraum (mit Angabe von Behandlungsdauer und -frequenz) soll unter Bezugnahme auf die Erkenntnisse aus dem sogenannten Alltagstest dargestellt werden. Insbesondere soll angegeben werden, wann mit dem Alltagstest begonnen wurde, ob und wann eine Vornamensänderung nach dem Transsexuellengesetz beantragt oder schon erfolgt ist und zu welchen Veränderungen es in folgenden Bereichen gekommen ist: Befinden und psychisches Gleichgewicht, Sicherheit in der Geschlechtsrolle, Sexualität, Beziehungen zu Partnern, Familie und Freunden, Arbeitsfähigkeit und Akzeptanz am Arbeitsplatz.

- Die körperlichen Gegebenheiten für das Leben in der anderen Geschlechtsrolle sollen geschildert werden. Angegeben werden soll, wie sich die Hormonbehandlung körperlich und psychisch ausgewirkt hat, wie der Patient die körperlichen Veränderungen bewertet und ggfs. wie der Patient mit möglichen negativen Reaktionen der Umwelt auf sein Äußeres oder sein Verhalten umzugehen vermag.

- Es soll beschrieben werden, ob sich der Patient realistisch mit der Operation und möglichen unerwünschten Folgen auseinander gesetzt hat, welche spezifischen Erwartungen an das Operationsergebnis für den Patienten im Vordergrund stehen (z. B. Aussehen, Funktion, Sexualität) und ob der Wunsch nach weiteren operativen Eingriffen besteht.

- Es soll erklärt werden, warum der Patient ohne Operation auf Dauer unter einem größeren Leidensdruck stehen würde.

- Es soll eine Prognose gestellt werden, wie sich die Transformationsoperation auf die soziale Integration, Beziehungsfähigkeit, Arbeitsfähigkeit und Selbstständigkeit wahrscheinlich auswirken wird.

5. Standards der somatischen Behandlung

Hormonbehandlung und Transformationsoperation vor dem vollendeten 18. Lebensjahr sind nur in Ausnahmefällen indiziert und bedürfen einer besonderen Begründung.

5.1 Standards der Hormonbehandlung

- Die Indikation zur hormonellen Behandlung, wie unter 4.1 (Indikation zur Hormonbehandlung) beschrieben, ist unabdingbare Voraussetzung.

Die Auswirkungen dieser Behandlung sind zum Teil irreversibel (Stimmbruch, Behaarung, Hodenatrophie). Eine zu früh begonnene Hormonbehandlung kann die Diagnostik erschweren und eine ungünstige vorzeitige Festlegung bedeuten.

- Die Einleitung der Hormonbehandlung und die Bestimmung der Frequenz der Kontrollen soll durch einen endokrinologisch erfahrenen Arzt erfolgen. Zu Beginn der Behandlung soll eine körperliche Untersuchung mit Befunddokumentation (unter anderem zur Kontrolle des Therapieeffekts) vorgenommen werden. Zur Beurteilung des aktuellen Thromboembolie-Risikos sollen familiäre und eigene thromboembolische Ereignisse in der Vorgeschichte des Patienten erfaßt werden. Des weiteren soll eine Leberanamnese erhoben und die aktuelle Leberfunktion beurteilt werden.
- Die psychische Verträglichkeit der hormonellen Behandlung und ihrer Auswirkungen soll geprüft werden, ebenso die dauerhafte körperliche Verträglichkeit.

Der Patient muß über die Folgen der hormonellen Substitution aufgeklärt werden. Er muß ferner darüber informiert werden, daß die hormonelle Behandlung lebenslang erfolgen soll, da sonst Schäden infolge eines hormonellen Defizits auftreten können.

Eine Einverständniserklärung wird empfohlen.

5.2 Standards der Transformationsoperation

5.2.1 Voraussetzungen der Operation

- Der Operateur muß sich davon überzeugen, daß die gutachterliche Stellungnahme zur Indikation den Standards (siehe 4.2 Indikation zur Transformationsoperation) entspricht.
- Der Operateur soll durch die körperliche Untersuchung die technische Durchführbarkeit des Eingriffs im speziellen Fall feststellen. Genitale Fehlbildungen sind kein Ausschlußkriterium, sie sollen in das operative Konzept integriert werden. Die Operabilität muß unter allgemeinmedizinischen Kriterien gegeben sein.
- Vor der Operation soll in allen Fällen eine für Mann-zu-Frau- und Frau-zu-Mann-Transsexuelle unterschiedliche Einverständniserklärung vorliegen, in der die Art der Behandlung sowie die Folgen und die möglichen Komplikationen ausführlich erklärt werden. Notwendig ist auch eine mündliche Aufklärung, die sich auf die Operation selbst und ihre

Irreversibilität, die Folgen der Gonadektomie und die Notwendigkeit der dauerhaften hormonellen Substitution bezieht.

5.2.2 Empfehlungen für die Frau-zu-Mann-Transformationsoperationen

Die Ziele der Operationen bei Frau-zu-Mann-Transsexuellen sind unterschiedlich:
-   Brustplastik: Bei kleinen Brüsten subkutane Mastektomie mit Mamillenreduktion, bei großen Brüsten Mastektomie mit freier Retransplantation der verkleinerten Mamille.
-   Hysterektomie mit Exstirpation der Adnexe, wobei von vaginal auch die Scheide mit entfernt werden kann.
-   Operationen am äußeren Genitale haben noch nicht zu einem Standardkonzept geführt. Die Techniken der Peniskonstruktion und der Implantation von Surrogat-Hoden sind noch im Erprobungsstadium. Deshalb sind individuelle Lösungen indiziert.

5.2.3 Empfehlungen für die Mann-zu-Frau-Transformationsoperation

Die Ziele der Operation bei Mann-zu-Frau-Transsexuellen sind die Amputation des Penisschafts und der Hoden und die Bildung von Vulva, Klitoris und Vagina.
Anders als bei Frau-zu-Mann-Transsexuellen kann für die Transformationsoperation eine Standardmethode empfohlen werden:
-   Die Bildung einer Neovagina durch Implantation der invertierten Penishaut. Dabei ist darauf zu achten, daß eine ausreichende Tiefe der Vagina erreicht wird (z. B. durch Durchtrennung der Denonvillierschen Faszie). Die Operierten müssen darüber aufgeklärt werden, daß auch bei gutem Operationserfolg für die Funktionsfähigkeit der Scheide regelmäßiges Bougieren nach der Operation unerläßlich ist.
-   Die Auskleidung der Neovagina mit Penoskrotallappen sollte nicht durchgeführt werden, da diese Methode zu einer behaarten Vagina führt.
-   Die Auskleidung der Neovagina mit freitransplantiertem Epidermislappen oder Darmscheiden sollte wegen unbefriedigender Ergebnisse und erhöhtem Risiko nur bei Komplikationen angewendet werden, speziell nach Schrumpfung oder bei fehlender Tiefe.
-   Führt die hormonelle Behandlung nicht zu einer ausreichenden Gynäkomastie, kann eine Mammaaugmentationsplastik indiziert sein.

- Die Veränderung des männlichen Haarbalgverteilungsbildes ist nur durch Entfernung der Haarwurzeln (Epilation) möglich. Diese Methode ist deshalb in vielen Fällen indiziert; die Epilation kann schon während der hormonellen Behandlung begonnen werden.

Andere operative Eingriffe (z. B. Nasenplastiken, Facelifting, Stimmbandverkürzung) werden nach der Transformationsoperation immer wieder angestrebt, gelten jedoch nicht als Standard.

6. Standards der Begutachtung nach dem Transsexuellengesetz

Die Gutachten zur Vornamensänderung und zur Personenstandsänderung müssen nach den Bestimmungen des TSG erstellt werden. Der Gutachter muß wissen, daß die Begutachtung zur Vornamensänderung (§ 1) bei weitem konsequenzenreicher ist (Mißbrauch zur Operationserlangung) als die Begutachtung zur Personenstandsänderung (§ 8) nach erfolgter Transformationsoperation.

6.1 Begutachtung nach § 1 TSG

Das Ziel der Begutachtung ist es, die Entwicklung der Geschichte der Geschlechtsidentität und ihrer Störung (unter Vergegenwärtigung der Besonderheiten von Mann-zu-Frau- und Frau-zu-Mann-Transsexuellen) im psychosozialen Umfeld mit seinen jeweiligen Einflußfaktoren in den aufeinanderfolgenden Lebensphasen nachzuzeichnen. Der Gutachter soll sich, wenn erforderlich, zusätzliche Informationen beschaffen, unter denen Angaben wichtiger Bezugspersonen (Fremdanamnese) und psychologisch-medizinische Befunde besondere Bedeutung haben. Das Gutachten muß sich an den Standards der Diagnostik und Differentialdiagnostik (siehe 2.1. und 2.2) orientieren und diese ausführlich zur Darstellung bringen. Die Beurteilung soll wissenschaftlich begründet sein und eine kritische informationsverarbeitende Diskussion einschließen. Eine Zusammenfassung des Probanden- bzw. des Patientenberichts über subjektives Empfinden oder die Wiedergabe der Selbstinterpretation seines Lebenslaufes allein ist keine gutachterliche Urteilsbildung. Ebenso wichtig wie die Einfühlung in die Subjektivität der transsexuellen Überzeugung ist die kritische Aufmerksamkeit für objektivierbare Aspekte des Verhaltens.

Das Vorliegen der Voraussetzungen zur Vornamensänderung muß aus der Beurteilung schlüssig hervorgehen. Die im TSG genannten Voraussetzungen sind folgendermaßen zu interpretieren:

- Transsexuelle "Prägung" ist nicht verhaltensbiologisch zu verstehen, sondern als schrittweise und mehrfaktorielle Entwicklung der Transsexualität, die rekonstruierend bewertet werden muß.

- Der mindestens dreijährige "Zwang" bedeutet die Unmöglichkeit, sich mit dem Geburtsgeschlecht zu versöhnen, und die anhaltende innere Gewißheit (deren Konstanz möglichst aus dem Verlauf des sogenannten Alltagstests zu bewerten ist), dem anderen Geschlecht anzugehören.

- Die "hohe" Wahrscheinlichkeit der Unveränderbarkeit des Zugehörigkeitsempfindens zum anderen Geschlecht bezieht sich auf den derzeitigen medizinischen Wissensstand und ist zu prognostizieren aus den diagnostischen, anamnestischen und lebenssituativen Belegen für eine irreversible transsexuelle Entwicklung.

Wenn die Begutachtung zu dem Ergebnis führt, daß die Voraussetzungen nicht erfüllt sind, soll dies benannt und ggfs. eine Nachbegutachtung vorgeschlagen werden.

Die gutachterliche Empfehlung, dem Antrag auf Vornamensänderung gemäß § 1 TSG zu entsprechen, ist keine Indikation für eine somatische Behandlung. Dies soll in der Beurteilung klar und deutlich zum Ausdruck gebracht werden. Allerdings eröffnet § 4 TSG die Möglichkeit, im Rahmen prognostischer Erwägungen zur Indikation bzw. Kontraindikation somatischer Behandlungen Stellung zu nehmen.

6.2 Begutachtung nach § 8 TSG

Bei der Begutachtung zur Personenstandsänderung im Sinne des § 8 TSG ist zu klären, ob die Kriterien nach § 1 vorliegen (siehe 6.1 Begutachtung nach § 1 TSG), eine dauerhafte Unfruchtbarkeit gegeben und "eine deutliche Annäherung an das körperliche Erscheinungsbild des anderen Geschlechts" erzielt worden ist. Die Erfüllung der letztgenannten Voraussetzung richtet sich nach dem Stand des medizinischen Wissens (siehe 5.2 Standards der Transformationsoperation) und der Rechtsprechung.

Für die redaktionelle Unterstützung bei der Erarbeitung dieser Standards danken die Autoren Bärbel Kischlat-Schwalm.

Anmerkung

[1] Mit "der Patient" ("der Therapeut", "der Gutachter") ist hier und im folgenden stets auch "die Patientin" ("die Therapeutin", "die Gutachterin") gemeint. Der Einfachheit halber wird jedoch durchgehend das männliche Personalpronomen verwendet.

5. Literaturverzeichnis

Angerer, Marie-Luise (1995): The body of Gender. Wien (Passagen).

Augstein, Maria Sabine (1992): Transsexuelle sind Männer und Frauen. Zeitschrift für Sexualforschung, 5. Jahrgang, Heft 3, 255-260.

Badinter, Elisabeth (1993): XY. Die Identität des Mannes. München, Zürich (Piper).

Barrett, James (1998): Psychological and Social Function Before and After Phalloplasty. The International Journal of Transgenderism, Vol. 1, Jan - March.

Becker, Sophinette (1998): Es gibt kein richtiges Leben im Falschen. Antwort auf die Kritik an den „Standards der Behandlung und Begutachtung von Transsexuellen". Zeitschrift für Sexualforschung, 11. Jg., Heft 2, 155-162.

Bem, Sandra L. (1974): The measurement of Psychological Androgyny. Journal of Consulting and Clinical Psychology, Vol 42, No. 2, 155-162.

Bettochi, C. & Ralph, D. J. et. al (1997): Pubic Phalloplasty in female-to-male transsexuals. The International Journal of Transgenderism, Vol. 2, Apr. - June.

Blanchard, Ray & Steiner, B. W. et. al. (1983): Gender Reorientation, Psychological Adjustment and Involvement with Female Partners in F-t-M Transsexuals. Arch Sex Behav, 12, 2, 149-157.

Blanchard, Ray & Steiner, B. W. et. al. (1989): Prediction of regrets in post-operative transsexuals. Can J Psychiatry, Feb, 34 (1), 43-45.

Boothe, Brigitte & Heigl-Evers, Annelise (1996): Psychoanalyse der frühen weiblichen Entwicklung. München, Basel (Ernst Reinhardt).

Brauckmann, Jutta (1981): Weiblichkeit, Männlichkeit und Antihomosexualität. Zur Situation der lesbischen Frau. Berlin (Verlag rosa Winkel).

Brauckmann, Jutta (1984): Die vergessene Wirklichkeit. Männer und Frauen im weiblichen Leben. Münster (Eigenverlag).

Brech, Claudia & Richter, Rainer (1999): Brustkrebserkrankung und weibliche Identitätsentwicklung. Zeitschrift für Sexualforschung, 12. Jg., Heft 4, 308-329.

Bullough, Vern L. (2000): Transgenderism and the Concept of Gender. The International Journal of Transgenderism, Vol. 3, July - Sept.

Butler, Judith (1991): Das Unbehagen der Geschlechter. Frankfurt a. M. (Suhrkamp).

Butler, Judith (1993): Ort der politischen Neuverhandlung. Der Feminismus braucht „die Frauen", aber er muss nicht wissen, „wer" sie sind. Frankfurter Rundschau vom 27.7.1993.

Califia, Pat (1997): The Invisible Gender Outlaws: Partners of Transgendered People. In: Pat Califia: Sex Changes. The Politics of Transgenderism, 196-220. San Francisco (Cleis).

Cancian, Francesca M. (1986): The Feminization of Love. In: Signs, 11, 692-709.

Clare, Dorothy & Tully, Bryan (1989): Transhomosexuality, or the Dissociation of Sexual Orientation and Sex Object Choice. Arch Sex Behav, 18 (6), 531-536.

Cole, Sandra S. (1999): A Transgender Dilemma: The Forgotten Journey of the Partners and Families. The International Journal of Transgenderism, Vol. 3, July - Sept.

Coleman, Eli & Bockting, Walter O. (1988): „Heterosexual" Prior to Sex Reassignment - „Homosexual" Afterwards: A Case Study of a Female-to-Male Transsexual. Journal of Psychology & Human Sexuality, 1 (2), 69-82.

Coleman, Eli & Bockting, Walter O. et. al. (1993): Homosexual and Bisexual Identity in Sex-Reassigned Female-to-Male Transsexuals. Arch Sex Behav, Vol. 22, No. 1, 37-50.

Connell, Robert (1999): Der gemachte Mann. Opladen (Leske & Budrich).

Davis, Kathy (1999): Umgestaltung des Körpers - Neugestaltung des Selbst. Einige Bemerkungen zur Schönheitschirurgie. Zeitschrift für Sexualforschung, 12. Jg., Heft 4, 1-9.

Desirat, Karin (1985): Die transsexuelle Frau. Stuttgart (Enke).

Devor, Holly (1987): Gender Blending Females. Women and sometimes Men. American Behavioral Scientist, Sept/Oct, Vol 31, No 1, 12-40.

Devor, Holly: Toward a Taxonomy of Gendered Sexuality. Journal of Psychology and Human Sexuality, 1993, Vol 6 (1), 23-55.

Devor, Holly (1993): Sexual Orientation, Identities, Attractions, and Practices of Female-to-Male Transsexuals. The Journal of Sex Research, 30 (4), 303-315.

Devor, Holly (1994): Transsexualism, Dissociation, and Child Abuse: An Initial Discussion Based on Nonclinical Data. Journal of Psychology and Human Sexuality, Vol 6 (3), 49-72.

Devor, Holly (1996): Female Gender Dysphoria in Context: Social Problem or Personal Problem. Annual Review of Sex Research, Vol 7, 44-89.

Devor, Holly (1997): FTM. Female-to-male Transsexuals in Society. Bloomington (Indiana University Press).

Dickey, Robert & Stephens, Judith (1995): Female-To-Male-Transsexualism, Heterosexual Type: Two Cases. Arch Sex Behav, 24 (4), 439-445.

Döge, Peter (1999): Die Erforschung der Männlichkeit. Neue wissenschaftliche Ansätze in der Debatte über Geschlechterdemokratie und was Männer dazu beitragen können. Frankfurter Rundschau vom 31.7.1999.

Dölling, Irene & Krais, Beate (Hg.) (1997): Ein alltägliches Spiel. Geschlechterkonstruktion in der sozialen Praxis. Frankfurt a. M. (Suhrkamp).

Dolto, Francoise (1987): Das unbewusste Bild des Körpers. Berlin (Quadriga).

Eicher, Wolf (1984): Transsexualismus. Stuttgart, New York (Gustav Fischer).

Ekins, Richard & King, Dave (1997): Blending Genders. Contributions of the Emerging Field of Transgender Studies. The International Journal of Transgenderism, Vol 1, July - Sept.

Eyler, A. E., Wright, Kathryn (1997): Gender Identifications and Sexual Orientation Among Genetic Females with Gender-Blended Self-Perception in Childhood and Adolescence. The International Journal of Transgenderism, Vol 1, July - Sept.

Feinberg, Leslie (1996): Träume in den erwachenden Morgen. Berlin (Krug & Schadenberg).

Feinbloom, Deborah H. & Fleming, Michael Z. et. al. (1976): Lesbian / feminist orientation among male-to-female transsexuals. Journal of Homosexuality, Vol 2 (I), Fall, 59-71.

Fleming, Michael Z. & Costos, D. et. al. (1984): Ego development in female-to-male transsexual couples. Arch Sex Behav, 13, 581-594.

Fleming, Michael Z. & MacGowan, Bradford R. et. al. (1982): The body image of the Postoperative Female-to-Male Transsexual. Journal of Consulting and Clinical Psychology, Vol 50, No 3, 461-462.

Fleming, Michael Z. & MacGowan, Bradford R. et. al. (1985): The dyadic adjustment of f-t-m transsexuals. Arch Sex Behav 19, Feb, 14 (1), 47-55.

Gooren, Louis J. G. (1990): The endocrinology of transsexualism: A review and commentary. Psychoneuroendocrinology, Jul, 15 (1), 3-14.

Green, Richard (1998): Transsexuals's Children. The International Journal of Transgenderism, Vol. 4, Oct. - Dec.

Grünberg, Serge (1993): M. Butterfly. Der Roman zum Film. München (Goldmann).

Heigl-Evers, Annelise (1997): Der Körper als Bedeutungslandschaft. Bern, Göttingen et. al. (Huber).

Hewitt, Paul (1995): A Self-made Man. The diary of a man born in a woman's body. London (Haedline).

Hirschauer, Stefan (1992 I): Ein Rückzug als Vormarsch. Zeitschrift für Sexualforschung, 5. Jg., Heft 3, 246-254.

Hirschauer, Stefan (1992 II): Konstruktivismus und Essentialismus. Zeitschrift für Sexualforschung, 5. Jg., Heft 4, 331-346.

Hirschauer, Stefan (1993): Die soziale Konstruktion der Transsexualität. Frankfurt a. M. (Suhrkamp).

Hirschauer, Stefan (1994): Die soziale Fortpflanzung der Zweigeschlechtlichkeit. Kölner Zeitschrift für Soziologie und Sozialpsychologie, 46, 668-692.

Hirschauer, Stefan (1997): The Medicalization of Gender Migration. The International Journal of Transgenderism, Vol. 1, July - Sept.

Huges, Simon (1998): Transsexual men in the netherlands. Vortrag, gehalten auf dem „Third International Congress on sex and gender", Exeter College (Oxford) vom 18.-20. Sept. 1998 (unveröffentl. Manuskript).

Huxley, P. J. & Kenna, J. C. et. al. (1981 I): Partnership in Transsexualism, Part I. Arch Sex Behav, 10 (2), 133-141.

Huxley, P. J. & Kenna, J. C. et. al. (1981 II): Partnership in Transsexualism, Part II. Arch Sex Behav, 10 (2), 143-160.

Johnson, Katherine (1998): Studying Transsexual Identity: A Discursive Approach. Vortrag, gehalten auf dem „Third International Congress on Sex and Gender", Exeter College (Oxford) vom 18.-20. Sept. 1998 (unveröffentl. Manuskript).

Kamprad, Barbara & Schiffels, Waltraud (1991): Im falschen Körper. Alles über Transsexualität. Zürich (Kreuz).

Kessler, Suzanne & McKenna, Wendy (2000): Who put the „Trans" in Transgender. Gender Theory and Everyday Life. The International Journal of Transgenderism, Vol. 3, July - Sept.

Knorr Cetina, Karin (1991): Die Fabrikation von Erkenntnis. Frankfurt a. M. (Suhrkamp).

Kockott, G. & Fahrner, E.-M. (1988): Male-to-female and female-to-male transsexuals: A comparison. Arch Sex Behavior, Dec, 17 (6), 539-546.

Kuiper, A. J. & Cohen-Kettenis, P. T. (1998): Gender Role Reversal among Post-operative Transsexuals. The International Journal of Transgenderism, Vol. 2, July - Sept.

Lief, Harold & Hubschmann, Lynn (1993): Orgasm in the Postoperative Transsexual. Arch Sex Behav, 22, 2, 145-155.

Lindgren, Thomas W. & Pauly, Ira B. (1975): A Body Image Scale for Evaluating Transsexuals. Arch Sex Behav, 4 (6), 639-656.

Lindemann, Gesa (1992): Volkmar Siguschs „unstillbare Suche" nach dem Guten oder warum die Transsexuellen moralisch homosexualisiert werden müssen. Zeitschrift für Sexualforschung, 5 Jg., Heft 3, 261-270.

Lindemann, Gesa (1993 I): Das paradoxe Geschlecht. Frankfurt a. M.

(Fischer Taschenbuch).

Lindemann, Gesa (1993 II): Der Körper und der Feminismus. Judith Butlers Begriff des „leiblichen Stils" bleibt unzureichend. Frankfurter Rundschau vom 15.6.1993.

Lindemann, Gesa (1997): Wieviel Ordnung muss sein? Zeitschrift für Sexualforschung, 10. Jg., Heft 4, 324-331.

Marone, P. & Iacoella, S. et.al. (1998): An Experimental Study of Body Image and Perception in Gender Identity Disorders. The International Journal of Transgenderism, Vol 2, July - Sept.

McCauley, Elizabeth A. & Ehrhardt, Anke (1977): Role Expectations and Definitions. A Comparison of Female Transsexuals and Lesbians. Journal of Homosexuality, 3 (2) Winter, 137-147.

Metzinger, Thomas (1993): Subjekt und Selbstmodell. Paderborn (F. Schöningh).

Meuser, Michael (1998): Geschlecht und Männlichkeit. Opladen (Leske & Budrich).

Money, John (1994): Zur Geschichte des Konzepts Gender Identity Disorder. Zeitschrift für Sexualforschung, 7. Jg., Heft 1, 20-34.

Munt, Sally R. (ed.) (1998): Butch / Femme: Inside lesbian gender. London, Washington (Cassell).

Nagl-Docekal, Herta (1993): Geschlechterparodie als Widerstandsform? Judith Butlers Kritik an der feministischen Politik beruht auf einem Trugschluss. Frankfurter Rundschau vom 29.6.1993.

Oldham, Sue & Farnill, Doug et. al. (1982): Sex-Role Identity of Female Homosexuals. Journal of Homosexuality, 8 (1), Fall, 41-46.

Pauly, Ira B. & Lindgren, Thomas W. (1976-1977): Body Image and Gender Identity. Journal of Homosexuality, 2 (2) Winter, 133-142.

Pfäfflin, Friedemann & Junge, Astrid (1992): Geschlechtsumwandlung. Stuttgart, New York (Schattauer).

Pühl, Katharina (1997): Let's forget about sex. Zur Materialität des Geschlechts: Zur Diskussion über Körper, Sex und Gender. Zeitschrift für Sexualforschung, 10. Jg., Heft 4, 311-322.

Rachlin, Katherine (1999): Factors which influence individual's desicions when considering female-to-male genital reconstructive surgery. The International Journal of Transgenderism, Vol. 3, July - Sept.

Rees, Mark (1996): Dear Sir or Madam: The Autobiography of a female-to-male transsexual. London (Cassell).

Roback, H. B. & Lothstein, L. M. (1986): The female midlife sex change applicant: a comparison with younger female transsexuals and older male sex change applicants. Arch Sex Behav, Oct, 15 (5), 401-415.

Rosenzweig, Julie M. & Lebow, Wendy C. (1992): Femme on the streets, butch in the sheets? Lesbian Sex-Roles, Dyadic Adjustment, and Sexual Satisfaction. Journal of Homosexuality, 23 (2), 1-20.

Schreurs, Karlein M. G. (1991): Sexuality in Lesbian Couples: The Importance of Gender. Annual Review of Sex Research, Vol. 4, 49-66.

Sell, Randall L. (1997): Defining and measuring sexual orientation: A review. Arch Sex Behav, Dec, 26 (6), 643-658.

Sigusch, Volkmar (1991 I): Die Transsexuellen und unser nosomorpher Blick. Teil I: Zur Enttotalisierung des Transsexualismus. Zeitschrift für Sexualforschung, 4. Jg., Heft 3, 225-256.

Sigusch, Volkmar (1991 II): Die Transsexuellen und unser nosomorpher Blick. Teil II: Zur Entpathologisierung des Transsexualismus. Zeitschrift für Sexualforschung, 4. Jg., Heft 4, 309-343.

Sigusch, Volkmar (1992): Geschlechtswechsel. Hamburg (KleinVerlag).

Sigusch, Volkmar (1998): Kritische Sexualwissenschaft und die große Erzählung vom Wandel. Zeitschrift für Sexualforschung, 11. Jg., Heft 1, 17-29.

Silberstein, L. R. & Mishkind, M. E. et.al. (1989): Men and their bodies: A comparison of homosexual and heterosexual men. Psychosom Med, May, 51 (3), 337-346.

Sorensen, T. & Hertoft, P.(1982): Male and female transsexualism: The Danish experience with 37 patients. Arch Sex Behav, Apr, 11 (2), 133-155.

Steiner, Betty W. & Bernstein, Stephen M. (1981): Female to male transsexuals and their partners. Canadian Journal of Psychiatry, 26, 3, 178-182.

Stoller, Robert J. (1972): Etiological Factors in Female Transsexualism: A First Approximation. Arch Sex Behav, Vol. 2, No. 1, 47-64.

Stoller, Robert J. (1976): Primary Femininity. Journal of the American Psychoanalytic Association 24, Suppl., 59-78.

Stoller, Robert J. (1977): Sex and Gender. Vol 1: The Development of Masculinity and Femininity. London (Maresfield Reprints).

Stoller, Robert J. (1979): Fathers of transsexual children. Journal of the American Psychoanalytic Association, 27, 837-866.

Stoller, Robert J. (1985): Presentation of Gender. New Haven, London (Yale University Press).

Swartz, Louis H. (1997): Updated Look at Legal Responses to Transsexualism: Especially three Marriage Cases in U.K., U.S. and New Zealand. The International Journal of Transgenderism, Vol. 1, Oct. - Dec.

Torok, Maria (1977): Die Bedeutung des „Penisneides" bei der Frau. In: Janine Chasseguet-Smirgel (Hgg.): Psychoanalyse der weiblichen

Sexualität, 192-232. Frankfurt a. M. (Suhrkamp).

Trettin, Käthe (1996): Zum Zirkelschluss des Konstruktivismus. Zeitschrift für Sexualforschung, 9. Jg., Heft 3, 189-204.

Tsoi, W. F. & Kok, L. P. et. al. (1995): Follow-up study of female transsexuals. Ann Acad Med Singapore, Sep, 24 (5), 664-667.

Ulrich, Holde-Barbara & Karsten, Thomas (1994): Messer im Traum. Tübingen (Konkursbuch Verlag Claudia Gehrke).

Van Goozen, S. H. & Cohen-Kettenis, P. T. et al. (1994): Activating effects of androgens on cognitive performance: causal evidence in a group of female-to-male transsexuals. Neuropsychologica, Oct, 32 (10), 1153-1157.

Van Goozen, S. H. & Cohen-Kettenis, P. T. et al. (1995): Gender differences in behaviour: activating effects of cross-sex hormones. Psychoneuroendocrinology, 20 (4), 342-363.

Van Kesteren, P. J. & Asscheman, H. et. al. (1996): An epidemiological and demographic study of transsexuals in The Netherlands. Arch Sex Behav, Dec, 25 (6), 589-600.

Van Kesteren, P. J. & Asscheman, H. et. al. (1997): Mortality and morbidity in transsexuals subjects treated with cross-sex hormones. Clin Endocrinolog (Oxf), Sep, 47 (3), 337-342.

Vermeulen, A. (1994): Do hormones determine our fate. Verh K Acad Geeskd Belg, 56 (1), 5-16.

Vinken, Barbara (Hg.) (1992): Dekonstruktiver Feminismus. Frankfurt a. M. (Suhrkamp).

Vinken, Barbara (1993): Geschlecht als Maskerade. Judith Butler stellt natürliche Identitäten in Frage. Frankfurter Rundschau vom 4.5.1993.

Weir, Allison (1993): Viele Formen der Identität. Judith Butler untergräbt ihre eigenen Forderungen nach Subversion. Frankfurter Rundschau vom 18.5.1993.

Weitze, C. & Osburg, S. (1998): Empirical Data on Epidemiology and Application of the German Transsexual' Act During It's First Ten Years. The International Journal of Transgenderism , Vol. 1, Jan - March.

Winkelmann, Ulrike (1993): Transsexualität und Geschlechtsidentität. Münster (Skript einer Diplomarbeit im Fachbereich Erziehungswissenschaft der Westfälischen Wilhelms-Universität zu Münster).

Winter, Reinhard & Neubauer, Gunter (1998): Kompetent, authentisch und normal? Aufklärungsrelevante Gesundheitsprobleme, Sexualaufklärung und Beratung von Jungen. Reihe Forschung und Praxis der Sexualaufklärung und Familienplanung, Band 14, hgg. von der Bundeszentrale für gesundheitliche Aufklärung. Köln.

Woolf, Virginia (1981): Orlando. Frankfurt a. M. (Fischer Taxchenbuch).

Zhou, J.-N. & Gooren, L. et. al. (1997): A sex difference in the human brain and it's relation to transsexuality. The International Journal of Transgenderism, Vol. 1, July - Sept.

Zukunfts- und Kulturwerkstätte (Hg.) (1995): Gender Challenge. Zu Verwirrungen um Geschlechtsidentitäten. Wien (Selbstverlag).